BECK'SCHE GESETZESTEXTE
KOMMENTAR

Kruse/Reinhard/Winkler
SGB II
Grundsicherung für Arbeitsuchende

SGB II
Grundsicherung für
Arbeitsuchende

Kommentar

von

Dr. Jürgen Kruse

Professor an der Evangelischen Fachhochschule Nürnberg
und Rechtsanwalt, München

und

Dr. Hans-Joachim Reinhard

Professor an der Hochschule Fulda und
Wissenschaftlicher Referent am Max-Planck-Institut für ausländisches
und internationales Sozialrecht, München

und

Dr. Jürgen Winkler

Professor an der Katholischen Fachhochschule Freiburg

2. Aufl.

Verlag C. H. Beck München 2010

Verlag C. H. Beck im Internet:
beck.de

ISBN 978 3 406 59060 3

© 2010 Verlag C. H. Beck oHG
Wilhelmstraße 9, 80801 München

Druck: Nomos Verlagsgesellschaft
In den Lissen 12, 76547 Sinzheim

Satz: ottomedien
Marburger Straße 11, 64289 Darmstadt

Gedruckt auf säurefreiem, alterungsbeständigem Papier
(hergestellt aus chlorfrei gebleichtem Zellstoff)

Vorwort

Wohl kaum ein Sozialgesetz in der Geschichte der Bundesrepublik Deutschland war bei seiner Einführung im Jahre 2005 auf einen breiteren Widerstand gestoßen wie das Vierte Gesetz für moderne Dienstleistungen am Arbeitsmarkt, welches unter dem Titel SGB II als neues Buch in das Sozialgesetzbuch eingegliedert wurde. Der populäre, inoffizielle Titel „Hartz IV", gebildet nach dem damaligen Leiter der Kommission „Moderne Dienstleistungen am Arbeitsmarkt", steht immer noch für viele für Sozialabbau, sozialen Rückschritt oder gar eine Rückkehr in die kapitalistische Steinzeit mit ausbeuterischen Strukturen. „Montagsdemonstrationen", die in Anlehnung an die unmittelbar der Vereinigung vorangehenden Montagsdemonstrationen im Herbst 1989 organisiert wurden, sollten die damalige Regierung zur Rücknahme dieses Gesetzes bewegen. Besonders im Osten Deutschlands trafen diese Aufrufe zunächst auf eine gewisse Resonanz, wenngleich sich längst nicht so viele Menschen beteiligten, wie dies von den Organisatoren vorhergesagt wurde und angesichts der einschneidenden Änderungen zu erwarten gewesen wäre.

Die heftigen Reaktionen waren wohl auf mehrere Ursachen zurückzuführen. Die Hauptursache ist sicherlich zunächst in der hohen Arbeitslosigkeit zu sehen, die im Osten Deutschlands generell höher liegt, während im Westen Deutschlands etwas günstigere Zahlen vorliegen. Hinzu kam, dass durch die Bevölkerungsfluktuation nach der Wende die Zahl der über 45jährigen überproportional hoch und damit einer Bevölkerungsgruppe zuzurechnen war, die – so bedauerlich dies sein mag – kaum noch Chancen auf Wiedereingliederung in den Arbeitsmarkt hat. Die Wiedereingliederung in den Arbeitsmarkt ist aber gerade das Hauptanliegen, das mit dem SGB II verfolgt wird, ein Anliegen, das aber von vielen Betroffenen mangels eines funktionierenden Arbeitsmarktes überhaupt nicht umgesetzt werden kann. Das Gesetz verlangt mithin von den Betroffenen etwas, was sie objektiv unmöglich erfüllen können, selbst wenn sie alle ihre Bemühungen darauf konzentrieren. Zwar war auch nach dem vormaligen Recht der Bezieher von Arbeitslosenhilfe verpflichtet gewesen, sich um eine Wiedereingliederung in den Arbeitsmarkt zu bemühen. Die Differenzierung zwischen Arbeitslosenhilfe und Sozialhilfe und die Anbindung der Leistung der Arbeitslosenhilfe an das vorherige Erwerbsleben gab diesem Personenkreis aber zumindest psychologisch das Gefühl, nur vorübergehend aus dem Arbeitsmarkt ausgeschieden zu sein, während Sozialhilfe denen gewährt wurde, die entweder noch nie in den Arbeitsmarkt integriert waren oder – aus welchen Gründen auch immer – nicht vermittelbar waren.

Vorwort

Der Wegfall dieser Differenzierung zwischen Sozialhilfe und Arbeitslosenhilfe war fast einstimmig von allen relevanten Gruppen gefordert worden. Rechtssystematisch und administrativ spricht vieles für diese Vorgehensweise. Im politischen Prozess wurde aber dieser Paradigmenwechsel den Betroffenen nur sehr unzureichend vermittelt. Der Vorwurf, man spare bei den Bedürftigsten, während zugleich der Spitzensteuersatz gesenkt wurde, zeugte zumindest von einer geringen Sensibilität der politischen Akteure. Handwerkliche Unzulänglichkeiten taten ein Übriges, um das Gesetz bei seiner Einführung in Misskredit zu bringen. Zwar brachte das Gesetz gegenüber dem alten Sozialhilferecht, etwa durch die Anhebung der Freigrenzen, auch für eine ganze Reihe von Personen Verbesserungen mit sich. Gleichwohl ist nicht zu verkennen, dass das SGB II das erste Gesetz ist, welches offen zu massiven Einschnitten in die Lebenssituation und Lebensplanung eines großen Personenkreises führt, namentlich für Personen, die in der zweiten Lebenshälfte ohne ihr Verschulden eine langjährige Beschäftigung verlieren. Ihre bisherige Beschäftigungsleistung wird kaum noch honoriert. Durch den geforderten Einsatz von Einkommen und Vermögen verringert sich ihr Lebensstandard deutlich und es ist kaum noch möglich aus der „Falle Hartz IV" wieder herauszukommen. Die Hoffnung, diese weitgehende Ignorierung der bisherigen Lebensleistung alsbald verfassungsrechtlich zu kippen, hat sich nicht erfüllt.

Das Gesetz trat am 1. Januar 2005 in Kraft. Inzwischen gibt es reichlich Literatur und Rechtsprechung. Die Rechtsprechung hat zwar einige grobe Unzulänglichkeiten des Gesetzes abgemildert und Anstöße für einige Gesetzesänderungen gegeben. Im Großen und Ganzen hat das Gesetz aber auch der höchstrichterlichen Rechtsprechung Stand gehalten. Eine endgültige verfassungsmäßige Bewertung der pauschalen Leistungssätze, die auf individuelle Bedürfnisse keine Rücksicht nehmen, steht noch aus. Allein die neue Organisationsstruktur mit Bildung von Arbeitsgemeinschaften (ARGEN) wurde vom Bundesverfassungsgericht verfassungsrechtlich verworfen, jedoch nicht wegen grundsätzlicher Bedenken, sondern wegen einer unterbliebenen notwendigen Anpassung des Grundgesetzes.

Einleitend werden die wesentlichen Gründe aufgezeigt, die zum Erlass dieses Gesetzes geführt haben. Aus der Gesetzesbegründung kann wohl am besten der Geist des „Fördern und Fordern", dem das SGB II verpflichtet ist, entnommen werden. Den Betroffenen ist noch wie vor zu wünschen, dass Legislative, Exekutive und Judikative ebenfalls dieses beiden Komponenten des „Fordern *und* Fördern" endlich verinnerlichen. Leider ist es auch nach fast fünf Jahren der Anwendung häufig immer noch so, dass die Arbeitsuchenden gefordert werden, das Fördern aus finanziellen Erwägungen oder wegen unzureichender personeller Ressourcen auf der Strecke bleibt.

Vorwort

Die vorliegende zweite Auflage vollzieht die Änderungen nach, die in den vergangenen Jahren in das SGB II eingefügt wurden. Die wichtigsten Neuregelungen brachte –neben den mittlerweile fünf Gesetzen zur Änderung des SGBII- das Gesetz zur Fortentwicklung der Grundsicherung für Arbeitsuchende (GSiFoG – BGBl. I 2006,1706), welches fast keine Vorschrift des SGB II vor einer Neufassung oder Ergänzung verschonte. Als für die betroffenen Arbeitssuchenden wesentliche Änderungen zu nennen sind insbesondere die Abgrenzung des Kreises der Bedarfsgemeinschaft, die Frage der Zumutbarkeit von Beschäftigung, die Anrechnung von Einkommen und Vermögen, die Ergänzung des Leistungskatalogs sowie einige Modifikationen bei der Ausgestaltung der Leistungen zum Lebensunterhalt. Ebenso wurden die Möglichkeiten des Datenabgleichs erweitert *(s.a. Nakielski, SozSich 2009, 27–38)*.

Der Band wendet sich nicht nur an die juristischen Praktiker, die für ihre tägliche Arbeit einen komprimierten Zugang zur Materie der neuen Grundsicherung für Arbeitsuchende benötigen, sondern ganz bewusst auch an Betroffene, die versuchen wollen, sich zu einem noch tragbaren Preis einen der Kommentarform entsprechenden systematischen Zugang zu Problemen zu verschaffen, die sie in ihrem Alltag beschäftigen. Last but not least hoffen wir als Professoren an Fachbereichen für Soziale Arbeit/Sozialpädagogik/Sozialrecht, dass Kollegen und Studierende an Fachhochschulen, aber natürlich auch an den juristischen Fakultäten, die sich (noch) mit Sozialrecht befassen, von dem nun vorgelegten Band Nutzen ziehen können.

Für Anregungen und kritische Anmerkungen sind wir dankbar und wollen wieder ausdrücklich dazu ermuntern. Wir werden versuchen, die Rückmeldungen unserer Leser möglichst umfassend in der nächsten Auflage zu berücksichtigen.

Die Anschriften der Verfasser lauten:
Prof. Dr. Jürgen Kruse, Evangelische Fachhochschule Nürnberg, Bärenschanzstraße 4, D-90429 Nürnberg; e-mail: juergen.kruse@efh-nuernberg.de
Prof. Dr. Hans-Joachim Reinhard, Hochschule Fulda, Marquardstraße 35, D-36039 Fulda; e-mail: reinhard@mpisoc.mpg.de
Prof. Dr. Jürgen Winkler, Katholische Fachhochschule Freiburg, Karlstraße 63, D-79104 Freiburg; e-mail: winkler@kfh-freiburg.de

Nürnberg/Fulda/Freiburg
im November 2009   Die Autoren

Inhaltsverzeichnis

Kommentar SGB II – Grundsicherung für Arbeitsuchende

Kapitel 1. Fördern und Fordern   §§

Kapitel 2. Anspruchsvoraussetzungen

Kapitel 3. Leistungen
Abschnitt 1. Leistungen zur Eingliederung in Arbeit

Inhaltsverzeichnis

Abschnitt 2. Leistungen zur Sicherung des Lebensunterhalts

Unterabschnitt 1. Arbeitslosengeld II und befristeter Zuschlag

Unterabschnitt 2. Sozialgeld

Unterabschnitt 3. Anreize und Sanktionen

Unterabschnitt 4. Verpflichtungen anderer

Inhaltsverzeichnis

Inhaltsverzeichnis

Abkürzungsverzeichnis

Abkürzungsverzeichnis

Abkürzungsverzeichnis

Abkürzungsverzeichnis

Abkürzungsverzeichnis

Abkürzungsverzeichnis

Abkürzungsverzeichnis

Einleitung

I. Problemlage, Ziele und gesetzgeberische Lösung des SGB II

1. Grundsicherung für Arbeitsuchende. Wegen der konjunktu- **1**
rellen Krise und struktureller Defizite am Arbeitsmarkt mit einer an-
haltend hohen Arbeitslosenquote setzte die Bundesregierung im Jahr
2002 die „Kommission Moderne Dienstleistungen am Arbeitsmarkt"
mit dem Auftrag ein, Vorschläge zur Herstellung einer neuen Ordnung
auf dem Arbeitsmarkt zu erarbeiten. Ein Teil der Empfehlungen wurde
zum 1. Januar 2003 im Ersten und Zweiten Gesetz für Moderne
Dienstleistungen am Arbeitsmarkt umgesetzt. Mit dem Dritten und
Vierten Gesetz für Moderne Dienstleistungen am Arbeitsmarkt sollte
die Umsetzung der Vorschläge der Kommission abgeschlossen werden.
Das Zweite Buch des Sozialgesetzbuchs wurde als Art. 1 des Vierten
Gesetzes für Moderne Dienstleistungen am Arbeitmarkt vom 24. 12.
2003 (BGBl. I, S. 2954 ff.) in das Gesamtwerk des Sozialgesetzbuches
eingefügt und ist am 1. 1. 2005 in Kraft getreten.

Das bisherige Nebeneinander zweier staatlicher Fürsorgesysteme – **2**
der Arbeitslosenhilfe und der Sozialhilfe für Erwerbsfähige – wurde
als ineffizient, intransparent und wenig bürgerfreundlich angesehen.
Nach Auffassung der Kommission zur Reform der Gemeindefinanzen
war eine finanziell effiziente Gestaltung der unterschiedlichen sozialen
Transfersysteme Arbeitslosenhilfe und Sozialhilfe nur durch eine Zusammenführung von Arbeitslosenhilfe und Sozialhilfe für erwerbsfähige Hilfebedürftige möglich, was durch die Zwischenergebnisse
der Modellvorhaben zur Verbesserung der Zusammenarbeit von Ar-
beitsämtern und Trägern der Sozialhilfe (MoZArT) bestätigt wurde.
Zwischenergebnisse der Modellvorhaben „Förderung der Arbeitsaufnahme – integriert und regulär" (FAIR) hatten gezeigt, dass durch
intensivere Unterstützung der Hilfebedürftigen die Eingliederung in
Arbeit deutlich beschleunigt werden kann.

Der Gesetzgeber hatte sich deshalb für den Weg entschieden, er- **3**
werbsfähige Bezieher von Sozialhilfe ganz aus dem „eigentlichen" Sozialhilfesystem auszugliedern. Aus diesem Grund bildet nun der in § 8
SGB II geregelte Begriff der Erwerbsfähigkeit die zentrale Weichen-
stellung für die Zuordnung von Personen entweder zur Grundsicherung für Arbeitsuchende oder zur neuen Sozialhilfe, die als Zwölftes
Buch ebenfalls in das SGB eingefügt wurde.

Zu den wesentlichen Aufgaben der neuen Grundsicherung für Ar- **4**
beitsuchende gehört eine intensivere Unterstützung der Hilfebedürfti-

Einleitung

gen bei der Eingliederung in Arbeit. Die Grundsicherung für Arbeitsuchende soll die Eigeninitiative von erwerbsfähigen Hilfebedürftigen
durch schnelle und passgenaue Eingliederung in Arbeit unterstützen.
Die Bundesagentur für Arbeit kann dafür die im SGB III geregelten Instrumente einsetzen und darüber hinaus unter Berücksichtigung der
Grundsätze von Wirtschaftlichkeit und Sparsamkeit alle im Einzelfall
für die Eingliederung erforderlichen Hilfen leisten.

5   Die Eingliederung in Arbeit sollte dadurch unterstützt und inten-
siviert werden, dass
   – ein Mitarbeiter der Agentur für Arbeit als persönlicher Ansprech-
     partner für jeden erwerbsfähigen Hilfebedürftigen und die mit ihm
     in einer Bedarfsgemeinschaft lebenden Personen benannt wird,
   – ein Mitarbeiter der Agentur für Arbeit durchschnittlich nur noch
     75 erwerbsfähige Hilfebedürftige betreut.

6   Internationale Erfahrungen belegten, dass eine entscheidende Verringerung der Langzeitarbeitslosigkeit nur mit einer intensiven Betreuung möglich ist, so dass deshalb eine erhebliche Aufstockung des
Personaleinsatzes für die Integration von Langzeitarbeitslosen notwendig ist. Das angestrebte Verhältnis zwischen Fallmanagern und Leistungsempfängern von 1 : 75 macht rechnerisch den zusätzlichen Einsatz
von ca. 11 800 Mitarbeitern für die Betreuung erforderlich. Die Grundsicherung für Arbeitsuchende wird von der Bundesagentur für Arbeit
im Auftrag des Bundes erbracht und aus Steuermitteln des Bundes finanziert.

7   Die Beauftragung der Bundesagentur für Arbeit soll bundesweit
die gleichmäßige Anwendung des Rechts für vergleichbare Sachverhalte gewährleisten, die Kompetenz als Träger der Arbeitslosenversicherung und das bundesweite Netz von Agenturen für Arbeit nutzen.
Die Kompetenz insbesondere der Kommunen bei der Eingliederung
Hilfebedürftiger in Arbeit soll im Rahmen von Vereinbarungen zwischen den Agenturen für Arbeit und den Kommunen genutzt werden.

8   Die Bundesagentur für Arbeit soll aber nicht alle Leistungen der
Grundsicherung für Arbeitsuchende selbst erbringen, sondern Einrichtungen und Dienste Dritter nutzen, soweit sie vorhanden sind,
ausgebaut oder in Kürze geschaffen werden können. Die Übernahme
der Finanzverantwortung durch den Bund soll nach geltendem Recht
mögliche Lastenverschiebungen zwischen Bund und Kommunen verhindern und die Kommunen finanziell entlasten. Nach Verabschie-
dung des SGB II wurde 69 Kommunen die Möglichkeit eingeräumt,
für eine vollständige Übernahme der Aufgaben nach dem SGB II zu
optieren.

9   Soweit eine Eingliederung in das Erwerbsleben (noch) nicht möglich ist, wird der Lebensunterhalt der erwerbsfähigen Hilfebedürftigen
und der mit ihnen in einer Bedarfsgemeinschaft lebenden Personen

Reinhard

durch pauschalierte Leistungen und die Einbeziehung in die Sozialversicherung gesichert. Mit diesen Pauschalen sollen sämtliche Bedarfe gedeckt werden. Individuelle zusätzliche Leistungen sind ausgeschlossen.

Trotz dieser am Begriff der Erwerbsfähigkeit orientierten Zweiteilung sind die nicht erwerbsfähigen Angehörigen, die mit einem erwerbsfähigen Hilfebedürftigen in einer Bedarfsgemeinschaft (i. S. d. § 7 Abs. 3 SGB II) leben, dem Geltungsbereich des SGB II unterstellt. Ihnen wird in Gestalt des Sozialgeldes aber eine eigene Leistung eingeräumt. Zu diesen nicht erwerbsfähigen Angehörigen sind besonders die Kinder und jungen Erwachsenen bis zur Vollendung des 25. Lebensjahres zu zählen. **10**

Zugleich erfolgte eine weitere Konzentration dadurch, dass zum 1. 1. 2005 die für die Dauer von nur zwei Jahren in einem eigenständigen Gesetz geregelte Grundsicherung für Ältere oder voll erwerbsgeminderte Menschen in das Sozialhilferecht nach dem SGB XII eingegliedert wurde. **11**

2. Einführung eines Kinderzuschlages. Der erste Armuts- und Reichtumsbericht der Bundesregierung kam zu dem Ergebnis, dass insbesondere Familien von Armut bedroht sind. Etwa 1 Mio. Kinder waren vormals im Sozialhilfesystem und haben mit ihren Familien nun in der Regel Anspruch auf das „Arbeitslosengeld II". Durch die Zusammenführung von Arbeitslosenhilfe und Sozialhilfe sollten weitere Kinder und deren Familien aus der Arbeitslosenhilfe in das Arbeitslosengeld II wechseln. Es sollte jedoch verhindert werden, dass Familien allein wegen der Unterhaltsbelastung für ihre Kinder auf Arbeitslosengeld II angewiesen sind. Ergänzend hierzu erschien ein Arbeitsanreiz durch eine gezielte Förderung einkommensschwacher Familien erforderlich. § 6a BKGG sieht immer dann, wenn der dort vorgesehene Höchstbetrag von 140 Euro je Kind ausreicht, um die Hilfebedürftigkeit der gesamten Bedarfsgemeinschaft zu vermeiden, die Zahlung eines Zuschlages zum Kindergeld vor. Es handelt sich um eine dem Arbeitslosengeld II vorgelagerte einkommensabhängige Leistung, die zusammen mit dem Kindergeld und dem auf Kinder entfallenden Wohngeldanteil den durchschnittlichen Bedarf von Kindern an Arbeitslosengeld II bzw. Sozialgeld abdeckt. Die neue Leistung ist auf das Arbeitslosengeld II abgestimmt und verstärkt dessen Arbeitsanreize. Dieser Betrag wird nicht ausgezahlt, wenn die Lücke zwischen dem zu deckenden Bedarf der Bedarfsgemeinschaft und dem dafür zur Verfügung stehenden Einkommen so groß ist, dass nicht einmal der Maximalbetrag des Kinderzuschlages ausreichen würde, um sie zu schließen. In einem solchen Fall bleibt es bei der Hilfeberechnung allein nach den Bestimmungen des SGB II ohne Berücksichtigung des Kinderzuschlages nach § 6a BKiGG. Leider wurde der Betrag von 140 Euro nie angepasst. **12**

Einleitung

13 **3. Reform des Wohngeldgesetzes.** Es wurde geschätzt, dass mit der Einführung der Grundsicherung für Arbeitsuchende sich die Zahl der anspruchsberechtigten Wohngeldbezieher voraussichtlich von derzeit ca. 2,8 Millionen (Kosten ca. 4,5 Mrd. Euro für Bund und Länder zusammen) auf ca. 3,5 Millionen Personen (Kosten ca. 5,7 Mrd. Euro) erhöhen würde; hiervon wären ca. 2,5 Millionen Wohngeldbezieher zugleich Empfänger einer Transferleistung. Damit einhergehend wurde geschätzt, dass die Verwaltungskosten für das Wohngeld von 120 Mio. Euro auf rd. 300 Mio. Euro pro Jahr steigen werden.

14 Zur Reduzierung des Verwaltungsaufwandes erhalten Transferleistungsempfänger nach § 1 Abs. 2 Nr. 1 des im Zuge der Gesetzgebung geänderten Wohngeldgesetzes (WoGG) kein Wohngeld mehr. Ihre Unterkunftskosten sollen ausschließlich auf der Grundlage des jeweiligen Leistungsgesetzes abgedeckt werden. In diesem Zusammenhang wurde in den Leistungsgesetzen ein teilweiser Ausschluss der Rückforderung verankert. Im Übrigen wurden im Wesentlichen die Einkommensermittlungs- und Verfahrensvorschriften des Wohngeldgesetzes und des Wohnraumförderungsgesetzes sowie das Erste Buch Sozialgesetzbuch geändert.

15 **4. Alternativentwürfe.** Das Land Hessen hatte einen Entwurf eines Gesetzes zum optimalen Fördern und Fordern in Vermittlungsagenturen (OFFENSIV-Gesetz – *BR-Drs. 443/02 vom 21. Mai 2002*) eingebracht. Daneben hatte das Land Bayern einen Entwurf eines Gesetzes zum Fördern und Fordern arbeitsfähiger Sozialhilfeempfänger und Arbeitslosenhilfebezieher (Fördern-und-Fordern-Gesetz – *BR-Drs. 804/02 vom 29. Oktober 2002*) vorgelegt.

II. Finanzielle Auswirkungen

16 **1. Haushaltsausgaben ohne Vollzugsaufwand.** Die Einführung der Grundsicherung für Arbeitsuchende mit der gleichzeitigen Änderung des Wohngeldgesetzes führte geschätzt im Jahr 2007 zu einer Entlastung der Bundesagentur für Arbeit von −0,9 Mrd. €, bei den Kommunen von −2,5 Mrd. € und beim Bund von −3,1 Mrd. €. Für die Länder sollte die Neuregelung kostenneutral sein. Da bei allen Trägern eine Entlastung erwartet wurde, zeigt sich deutlich der Charakter des SGB II als Spargesetz.

17 **2. Haushaltsausgaben mit Vollzugsaufwand.** Mittelfristig sollten bei den Kommunen rd. 1,3 Mrd. Euro Personal- und Verwaltungskosten eingespart werden. Den entsprechenden Mehraufwendungen für Personal- und Verwaltungskosten bei der Bundesagentur für zusätzliche Fallmanager sollten deutlich höhere Einsparungen durch eine Steigerung der Effizienz bei der verwaltungsmäßigen Durchführung der Grundsicherung für Arbeitsuchende gegenüber stehen, die mittelfristig zu einem erheblichen Absinken der Zahl der Leistungsbezieher führen sollten.

III. Gleichstellungspolitische Bedeutung

Das Gesetz wollte geschlechtsspezifischen Nachteilen entgegenwir- **18** ken und sieht deshalb die Beachtung der familienspezifischen Lebensverhältnisse von erwerbsfähigen Hilfebedürftigen bei Kindererziehung oder Pflege von Angehörigen vor. Hilfebedürftigen, die ein Kind bis zur Vollendung des dritten Lebensjahres betreuen, ist eine Arbeit nicht zumutbar und Kindern Arbeitsuchender ist bevorzugt ein Platz in einer Tageseinrichtung zur Verfügung zu stellen

Angesichts der weitreichenden Neuerungen, die das SGB II mit sich **19** brachte, werden nachfolgend einige wesentliche Punkte aus der Gesetzesbegründung dargestellt.

Begründung (Auszug aus BT-Drs. 15/1516)

I. Notwendigkeit des Vierten Gesetzes für moderne Dienstleistungen am Arbeitsmarkt

1. Grundsicherung für Arbeitsuchende

a) Historischer Hintergrund. Grundstein für das System der Arbeitslosen- **20** hilfe war die Verordnung über die Erwerbslosenfürsorge vom 13. November 1918. Mit dieser Verordnung wurde erstmals für die Personengruppe der erwerbsfähigen Hilfebedürftigen, die ausdrücklich aus der klassischen Armenfürsorge ausgegliedert war, eine besondere Form der Fürsorge geschaffen. 1927 folgte im Gesetz über Arbeitslosenvermittlung und Arbeitslosenversicherung die Krisenunterstützung, später die Arbeitslosenfürsorge und 1969 im Arbeitsförderungsgesetz die Arbeitslosenhilfe. Sie wurde 1997 weitgehend unverändert in das Dritte Buch Sozialgesetzbuch übernommen.

Seit dem Inkrafttreten des Bundessozialhilfegesetzes am 1. Juli 1962, das an die Stelle der alten „Fürsorge" trat, bestanden mit der Arbeitslosenhilfe und Sozialhilfe zwei steuerfinanzierte staatliche Fürsorgeleistungen nebeneinander.

Die steigende Arbeitslosigkeit führte zu einem rasanten Anstieg der Empfängerzahlen: Bezogen 1991 rund 400 000 Menschen Arbeitslosenhilfe, waren es im Jahr 2002 im Jahresdurchschnitt rund 1,66 Millionen Personen. Die Zahl der Empfänger von laufender Hilfe zum Lebensunterhalt nach dem Bundessozialhilfegesetz stieg von 2,0 Millionen im Jahr 1991 auf 2,7 Millionen im Jahr 2002. Der Anstieg der Empfängerzahlen hat auch zur Folge, dass von beiden Leistungen mittlerweile eine große Zahl von Personen erfasst wird. In dieser Situation werden erhebliche Synergieeffekte erwartet, wenn die Aktivierung und Betreuung sowie die Erbringung der passiven Leistungen durch einen großen und leistungsfähigen Dienstleister am Arbeitsmarkt erfolgt.

b) Probleme des Nebeneinanders zweier Fürsorgeleistungen. Arbeits- **21** losenhilfe und Sozialhilfe für Erwerbsfähige waren steuerfinanzierte Fürsorgeleistungen, die sich in ihrer jeweiligen Zielsetzung teilweise überschnitten. Die vorrangige Aufgabe sowohl der Arbeitsämter als auch der Träger der Sozialhilfe bestand darin, die Hilfebezieher wieder in das Erwerbsleben zu integrieren. Dies

Einleitung

erfolgte allerdings zumeist mit unterschiedlichen Handlungsansätzen und nur teilweise aufeinander abgestimmt. Zudem beschränkten sich die Sozialämter darauf, ihre Klientel vorwiegend am örtlichen Arbeitsmarkt unterzubringen. – Trotz prinzipiell vergleichbarer Lebenslagen gab es für Bezieher von Arbeitslosenhilfe und erwerbsfähige Sozialhilfeempfänger keine arbeitsmarktpolitischen Maßnahmen aus einer Hand. Hinzu kam, dass in der Praxis beider Hilfesysteme in der Vergangenheit zu oft die Gewährung der passiven Transferleistung und nicht die Überwindung der Arbeitslosigkeit im Vordergrund stand.

Während die Sozialhilfe das sog. soziokulturelle Existenzminimum sichern sollte, orientierte sich die Arbeitslosenhilfe, die den vorherigen Bezug von Arbeitslosengeld voraussetzte, am zuletzt erzielten Arbeitsentgelt. Folgerichtig differierte der jeweilige Zahlbetrag der Arbeitslosenhilfe erheblich in der Höhe. Insgesamt rund 200 000 Personen erhielten daher bundesweit ergänzend Leistungen nach dem Bundessozialhilfegesetz. Die Niveauunterschiede zwischen beiden Systemen wurden verstärkt durch deutlich unterschiedliche Einkommens- und Vermögensgrenzen bei der Bedürftigkeitsprüfung, unterschiedliche Freibeträge von Erwerbseinkommen und unterschiedliche Zumutbarkeitsregelungen bei Aufnahme einer Erwerbstätigkeit. Die Zugehörigkeit der Hilfeempfänger zu unterschiedlichen Systemen führte auch zu einer deutlich unterschiedlichen sozialen Sicherung. Arbeitslosenhilfebezieher waren renten-, kranken- und pflegeversichert, Empfänger von Sozialhilfe hingegen nur in Ausnahmefällen.

Die Arbeitslosenhilfe und Sozialhilfe führten daher zu einer Verteilung der finanziellen Lasten der Arbeitslosigkeit auf Bund und Länder bzw. Kommunen, die nicht durch Beiträge zur Arbeitslosenversicherung abgedeckt war. Für die Arbeitslosenhilfe hatte der Bund im Jahr 2002 rund 11,8 Mrd. Euro und die Kommunen für die erwerbsfähigen Sozialhilfeempfänger rund 8,3 Mrd. Euro ausgegeben. Hinzu kamen noch Ausgaben für Eingliederungsleistungen (rund 4,2 Mrd. Euro für Arbeitslosenhilfebezieher und rund 2,1 Mrd. Euro für Sozialhilfeempfänger) und Personal und Verwaltung (rund 0,9 Mrd. Euro bei der Bundesagentur und rund 1,3 Mrd. Euro bei den Kommunen). Hieraus resultierte eine Vielzahl von Problemen: Leistungsbezieher aus beiden Systemen wurden bei den Integrationsbemühungen der Träger oftmals vernachlässigt, weil jeder Träger den jeweils anderen für vorrangig verantwortlich hielt. Damit verbunden konnte die Tendenz zu einem Verschiebebahnhof finanzieller Lasten zwischen Sozialhilfeträgern und der Bundesagentur nicht geleugnet werden. Für beide Leistungen waren unterschiedliche Gerichtsbarkeiten zuständig: für die Arbeitslosenhilfe die Sozialgerichte und für die Sozialhilfe die Verwaltungsgerichte.

22 **2. Einführung eines Kinderzuschlages.** Nach der Zusammenführung von Arbeitslosenhilfe und Sozialhilfe sollten weitere Kinder und deren Familien aus der Arbeitslosenhilfe in die neue Leistung „Arbeitslosengeld II" wechseln. Der Ausbau der Tagesbetreuung mit dadurch verbesserten Erwerbschancen wurde als ein wichtiger Beitrag zur Verhinderung und Beseitigung von Familienarmut angesehen.

23 **3. Reform des Wohngeldgesetzes.** Wegen des Verwaltungsaufwands und häufig fehlerhafter Umsetzung des Mietzuschusses für Empfänger der Sozialhilfe und Kriegsopferfürsorge war es aus Gründen der Gleichbehandlung geboten, weitere Einnahmepositionen in das Wohngeldgesetz und das Wohnraumförderungsgesetz aufzunehmen. Außerdem sollte der Umfang der Pfändbarkeit des Wohngeldes im Ersten Buch Sozialgesetzbuch eingeschränkt werden; insoweit

sollte eine dem Erziehungs- und Mutterschaftsgeld grundsätzlich gleiche Regelung gelten.

IV. Ziele des Vierten Gesetzes für moderne Dienstleistungen
am Arbeitsmarkt

1. Grundsicherung für Arbeitsuchende. Die Reform des Arbeitsmarktes **24**
soll ein Beitrag sein, längerfristig – entsprechend den Zielvorgaben der beschäftigungspolitischen Leitlinien der Europäischen Union – in Deutschland wieder
Vollbeschäftigung zu erreichen. Allen Bürgerinnen und Bürgern soll im Sinne
des Gender Mainstreaming die Chance eines gleichberechtigten Zugangs zu
einer Erwerbstätigkeit eröffnet werden. Auf der Bundesebene muss hierfür der
Handlungsrahmen bereitgestellt werden. Die Reformagenda der Bundesregierung wird als ein wichtiger Ansatz angesehen, Gesellschaft und Volkswirtschaft
zukunftsfähig zu machen. Die Arbeitsmarktpolitik ist dabei auf das erfolgreiche
Zusammenwirken mit anderen Politikbereichen angewiesen. Sie ist nicht in der
Lage, die beschäftigungspolitischen Herausforderungen allein zu bewältigen
und Beschäftigung zu schaffen. In einer Marktwirtschaft ist und bleibt die Schaffung von Beschäftigungsmöglichkeiten vorrangig Aufgabe der Unternehmen.

Die mit den Regelungen dieses Gesetzentwurfs durchzuführende Zusammenführung der bisherigen Arbeitslosenhilfe und der Sozialhilfe für erwerbsfähige
Personen zur ‚Förderung erwerbsfähiger Hilfebedürftiger‘ ist Teil der Reform-
Agenda der Bundesregierung. Damit soll insbesondere Langzeitarbeitslosigkeit
abgebaut werden. Die Grundsicherung für Arbeitsuchende wird von der Bundesagentur für Arbeit erbracht. Das bisherige Nebeneinander von zwei staat-
lichen Fürsorgeleistungen und den daraus folgenden „Verschiebebahnhöfen"
wird beendet. Zugleich kann in den Agenturen für Arbeit der Grundsatz *Arbeit
statt passiver Leistung* besser umgesetzt werden. Der Entwurf des Vierten Gesetzes
für moderne Dienstleistungen am Arbeitsmarkt verfolgte fünf Ziele:

**a) Schnelle und passgenaue Vermittlung in Arbeit, aktivierende Ar- 25
beitsmarktpolitik.** Leistungen zur Eingliederung in Arbeit haben Vorrang vor
Leistungen zum Lebensunterhalt und werden unter Berücksichtigung der
Grundsätze von Sparsamkeit und Wirtschaftlichkeit erbracht. Grundsätzlich
wird eine Eingliederung in den allgemeinen Arbeitsmarkt angestrebt. Zur Unterstützung stehen die gesamten Instrumente der Arbeitsförderung zur Verfügung. Soweit eine Eingliederung in den allgemeinen Arbeitsmarkt nicht möglich ist, sollen erwerbsfähige Hilfebedürftige Beschäftigungsangebote in einem
besonderen, öffentlich geförderten Arbeitsmarkt erhalten. Im Rahmen des Fallmanagements wird die konkrete Bedarfslage des Betroffenen erhoben; darauf
aufbauend wird dann ein individuelles Angebot unter aktiver Mitarbeit des Hilfebedürftigen geplant und gesteuert. Dabei spielt der Grundsatz „Fördern und
Fordern" eine zentrale Rolle. Die Eingliederung von Berufsrückkehrerinnen
wird im Rahmen des Dritten Buches gefördert. Arbeitslosen, die nach Ausschöpfen des Anspruchs auf Arbeitslosengeld keinen Anspruch auf die neue
Leistung haben, stehen die Fördermöglichkeiten des Dritten Buches zur Eingliederung in eine Erwerbstätigkeit weiterhin offen. Die Aufnahme einer Erwerbstätigkeit wird durch Eingliederungsleistungen und Anreize gefördert, die
Ablehnung einer zumutbaren Erwerbstätigkeit oder einer Eingliederungsmaßnahme durch die Kürzung der Leistung zum Lebensunterhalt sanktioniert. Damit soll dem Grundsatz Rechnung getragen werden, dass derjenige, der arbeitet,
über ein höheres Einkommen verfügen soll als derjenige, der trotz Erwerbsfähig-

keit nicht arbeitet und Leistungen aus der Grundsicherung für Arbeitsuchende bezieht.

26 **b) Ausreichende materielle Sicherung bei Arbeitslosigkeit in Abhängigkeit vom Bedarf.** Der Gesetzentwurf baut auf dem Grundgedanken auf, dass jeder Mensch grundsätzlich selbst dafür verantwortlich ist, seinen Bedarf und den Bedarf seiner Angehörigen zu sichern. Nur soweit er dazu nicht in der Lage ist, hat der Staat die entsprechende Verantwortung und dem Betroffenen und den mit ihm in einer Bedarfsgemeinschaft lebenden Angehörigen ein der Würde des Menschen entsprechendes Leben zu ermöglichen und der Lebensunterhalt im Rahmen des soziokulturellen Existenzminimums zu sichern. Darüber hinaus soll, um finanzielle Härten beim Übergang von Arbeitslosengeld in die Grundsicherung für Arbeitsuchende abzufedern, ein auf zwei Jahre befristeter Zuschlag gezahlt werden, dessen Höhe nach einem Jahr halbiert wird und der am Ende des zweiten Jahres entfällt. Um einseitige Lastenverschiebungen zwischen den Haushalten der Sozialversicherungsträgern und dem Bund zu vermeiden, werden alle erwerbsfähigen Hilfebedürftigen in die entsprechenden Sozialversicherungszweige einbezogen.

27 **c) Vermeidung einseitiger Lastenverschiebungen zwischen den Gebietskörperschaften.** Um zu vermeiden, dass die Kosten der Arbeitslosigkeit zwischen den Gebietskörperschaften, der Bundesagentur für Arbeit und. dem Bund verschoben, anstatt nachhaltig gesenkt werden, wird für die Grundsicherung für Arbeitsuchende eine einheitliche Aufgaben- und Finanzierungsverantwortung der Bundesagentur als Träger und des Bundes für die Aufwendungen geschaffen.

28 **d) Effiziente und bürgerfreundliche Verwaltung.** Die Job-Center der Agenturen für Arbeit werden einheitliche Anlaufstelle für alle erwerbsfähigen Hilfebedürftigen. Eine arbeitsteilige Administration mit den Kommunen bei einheitlicher Trägerschaft der Bundesagentur für Arbeit soll zu einer fruchtbaren Zusammenarbeit beider Institutionen führen. Ziel der datenschutzrechtlichen Vorschriften ist es, die Daten laufen zu lassen und nicht die Bürger.

29 **e) Breite Zustimmungsfähigkeit.** Die Zusammenführung der beiden Hilfesysteme entspricht einem wesentlichen Ergebnis der von der Bundesregierung eingesetzten Kommission zur Reform der Gemeindefinanzen, in der insbesondere die Länder, die Bundesagentur, die kommunalen Spitzenverbände, die Arbeitgeber und die Gewerkschaften vertreten waren.

30 **2. Einführung eines Kinderzuschlages.** Mit der Einführung eines Kinderzuschlages soll verhindert werden, dass Familien allein wegen ihrer Kinder auf Arbeitslosengeld II oder Sozialgeld angewiesen sind. Durch den Kinderzuschlag soll die Bereitschaft weiter gestärkt werden, durch Arbeitsaufnahme den Lebensunterhalt selbst zu erwirtschaften.

31 **3. Reform des Wohngeldgesetzes.** Vorrangiges Ziel der Änderung des Wohngeldgesetzes ist es, den hohen Verwaltungsaufwand auf Bundes-, Landes- und kommunaler Ebene ohne rechtliche und materielle Nachteile für Transferleistungsempfänger beachtlich zu minimieren (Vereinfachungsmodell). Außerdem sollen aus Gründen der Gleichbehandlung einige weitere Einnahmepositionen in das Wohngeldgesetz und das Wohnraumförderungsgesetz aufgenommen werden.

V. Inhalte des Vierten Gesetzes für moderne Dienstleistungen
am Arbeitsmarkt

1. Grundsicherung für Arbeitsuchende

a) Stärkung der Verantwortung erwerbsfähiger Bürgerinnen und Bürger für sich selbst und ihre Angehörigen; Sicherung des soziokulturellen Existenzminimums. 32 Erwerbsfähige Hilfebedürftige erhalten Arbeitslosengeld II und die Mitglieder ihrer Bedarfsgemeinschaft Sozialgeld als staatliche Fürsorgeleistungen. Das Arbeitslosengeld II ist eine aktivierende Grundsicherung für Erwerbsfähige, die sich nicht aus eigenen Mitteln und Kräften helfen können, wozu insbesondere gehört, durch eigene Erwerbstätigkeit Einkommen zu erzielen und vorhandenes Einkommen und Vermögen vorrangig zur Sicherung des Lebensunterhalts einzusetzen. Dabei wird auch Einkommen, auch aus Ansprüchen gegen andere Leistungsträger oder Dritte sowie Vermögen berücksichtigt.

Anspruchsberechtigt sind alle erwerbsfähigen Hilfebedürftigen zwischen 15 und dem Erreichen der Regelaltersgrenze sowie ihre Angehörigen. „Erwerbsfähig" ist entsprechend § 43 Abs. 1 S. 1 SGB VI, wer unter den üblichen Bedingungen des Arbeitsmarktes mindestens drei Stunden täglich erwerbstätig sein kann und darf oder innerhalb von sechs Monaten diese Voraussetzungen erfüllen wird. Unerheblich ist, ob eine Erwerbstätigkeit vorübergehend unzumutbar ist (z. B. wegen Kindererziehung). „Hilfebedürftig" ist, wer seinen Bedarf und den seiner Bedarfsgemeinschaft aus den einzusetzenden Mitteln und Kräften nicht in vollem Umfang decken kann.

Die Bedürftigkeitsprüfung orientiert sich hinsichtlich des Vermögens am Recht der Arbeitslosenhilfe. Zur privaten Altersvorsorge werden in angemessenem Umfang gesetzlich geförderte Vermögensteile nicht berücksichtigt. Hinsichtlich des Einkommens orientiert sich die Bedürftigkeitsprüfung am bisherigen Recht der Sozialhilfe. Die Freibeträge bei der Anrechung von Einkommen aus Erwerbstätigkeit wurden angehoben, um stärkere Anreize zur Arbeitsaufnahme zu schaffen.

Die Leistungen zur Sicherung des Lebensunterhalts entsprechen in der Regel dem Niveau der Sozialhilfe und werden unter Berücksichtigung des Bedarfsdeckungsgrundsatzes so weit wie möglich pauschaliert. Angemessene Unterkunftskosten werden in Höhe der tatsächlichen Aufwendungen übernommen.

b) Vorrang der Eingliederungsleistungen und Zuschnitt auf den Einzelfall. 33 Die Agentur für Arbeit benennt einen Fallmanager als persönlichen Ansprechpartner, der den Hilfebedürftigen und die Angehörigen umfassend mit dem Ziel der Eingliederung in Arbeit unterstützt und eine gemeinsam erarbeitete und unterzeichnete Eingliederungsvereinbarung abschließt, die sicherstellt, dass die Agentur für Arbeit individuelle Angebote unterbreitet und vereinbart, welche Anstrengungen vom Hilfebedürftigen erwartet werden. Der erwerbsfähige Hilfebedürftige soll grundsätzlich die für seine Eingliederung in Arbeit erforderlichen, insbesondere im SGB III geregelten Leistungen erhalten, sowie dem individuellen Bedarf angepasste Leistungen wie z. B. Schuldner- und Suchtberatung oder Kinderbetreuungsleistungen.

Bei erwerbsfähigen Hilfebedürftigen unter 25 Jahren soll Langzeitarbeitslosigkeit durch Vermittlung in Beschäftigung, Ausbildung oder eine Arbeitsgelegenheit vermieden werden.

Die Agentur für Arbeit soll für erwerbsfähige Hilfebedürftige, die voraussichtlich in absehbarer Zeit eine Erwerbstätigkeit auf dem allgemeinen Arbeitsmarkt nicht finden, befristete Arbeitsgelegenheiten im Sozialrechtsverhältnis schaffen, für die eine angemessene Mehraufwandsentschädigung gezahlt wird.

34　**c) Eigeninitiative fördern – Eigenverantwortlichkeit fordern.** Die Aufnahme einer Erwerbstätigkeit wird durch einen zeitlich befristeten Arbeitnehmerzuschuss (Einstiegsgeld) finanziell attraktiver ausgestaltet. Die finanziellen Anreize für die Beibehaltung einer Erwerbstätigkeit werden durch Erhöhung der Freibeträge und eine Familienkomponente gegenüber der bisherigen Sozialhilfepraxis verbessert, was im Ergebnis dazu führt, dass künftig in der Regel von jedem netto aus Erwerbseinkommen verdienten Euro weniger als 85 Cent auf das Arbeitslosengeld II angerechnet werden.

Die Aufnahme einer Erwerbstätigkeit wird nicht nur über Anreize gefördert, sondern auch mit Hilfe von Sanktionen, wie Kürzung der Regelleistung oder, sofern jugendliche erwerbsfähige Hilfebedürftige bis unter 25 Jahren eine zumutbare Erwerbstätigkeit oder Eingliederungsmaßnahmen ablehnen oder sich nicht ausreichend um einen Arbeitsplatz bemühen, gänzlicher Wegfall die Dauer von drei Monaten.

35　**d) Gewährleistung einer angemessenen sozialen Sicherung.** Erwerbsfähige Hilfebedürftige werden in der gesetzlichen Krankenversicherung und in der sozialen Pflegeversicherung pflichtversichert, soweit für sie nicht bereits im Rahmen einer Familienversicherung Versicherungsschutz besteht und werden in der gesetzlichen Rentenversicherung auf der Basis des Mindestbeitrags pflichtversichert. Von der Versicherungspflicht befreite Bezieher von Arbeitslosengeld II erhalten einen Zuschuss zu den Beiträgen, die für die Dauer des Leistungsbezugs freiwillig an die gesetzliche Rentenversicherung oder eine private Altersvorsorge gezahlt werden.

36　**e) Finanzielle Abfederung des Übergangs vom Arbeitslosengeld.** Um finanzielle Härten beim Übergang von Arbeitslosengeld in die Grundsicherung für Arbeitsuchende abzufedern, wird ein auf zwei Jahre befristeter Zuschlag gezahlt, der zwei Drittel der Differenz aus dem zuletzt bezogenen Arbeitslosengeld und dem Arbeitslosengeld II (ohne Zuschlag) beträgt und bei Alleinstehenden auf 160 Euro, bei nicht getrennt lebenden (Ehe-)Partnern auf 320 Euro und für die mit dem Zuschlagsberechtigten zusammenlebenden minderjährigen Kinder auf 60 Euro pro Kind begrenzt ist. Der Zuschlag wird nach einem Jahr halbiert und entfällt am Ende des zweiten Jahres nach dem Ende des Bezugs von Arbeitslosengeld.

37　**f) Übereinstimmung von Aufgaben- und Finanzierungsverantwortung.** Träger der Grundsicherung für Arbeitsuchende ist die Bundesagentur für Arbeit, sofern nicht die örtlich zuständige Kommune für die Trägerschaft optiert hat. Der Bund trägt die Aufwendungen für die Grundsicherung für Arbeitsuchende. Die Finanzierung umfasst Leistungen zur Eingliederung, Leistungen für den Lebensunterhalt (Arbeitslosengeld II und Sozialgeld), Zuschläge, Sozialversicherungsbeiträge sowie Verwaltungskosten.

38　**g) Schaffung effizienter Strukturen.** Die flächendeckende Einrichtung von Job-Centern mit dem Angebot aller relevanten Dienstleistungen unter einem Dach sollen Serviceeinrichtungen für die Arbeitgeber und bürgernahe Anlaufstellen für alle erwerbslosen Personen sein und eine umfassende Betreuung gewährleisten sowie alle im Einzelfall notwendigen Entscheidungen treffen; sie koordinieren alle Kompetenzen, die zur Eingliederung in Erwerbsarbeit und zur Überwindung der Hilfebedürftigkeit notwendig sind. Die Agentur für Arbeit soll keine neuen Strukturen schaffen, sondern sich – soweit vorhanden –

geeigneter Einrichtungen und Dienste anderer Träger bedienen. Bei Beauftragung Dritter mit der Erbringung von Eingliederungsleistungen ist insbesondere dafür zu sorgen, dass diese Leistungen wirtschaftlich erbracht werden und entsprechenden Qualitätsstandards genügen.

Das Bundesministerium für Wirtschaft und Arbeit schließt mit der Bundesagentur Vereinbarungen über Ziele der Leistungen nach diesem Buch, in denen sichergestellt wird, dass die Zielerreichung jederzeit messbar und überprüfbar ist.

Das Gesetz schafft die datenschutzrechtlichen Voraussetzungen für die Erhebung, Verarbeitung und Nutzung der erforderlichen Sozialdaten, auch bei Beauftragung Dritter. Zur Vermeidung von Leistungsmissbrauch ist ein automatisierter Datenabgleich mit anderen Leistungsträgern möglich.

h) Mitwirkung der Kommunen bei der Betreuung der erwerbsfähigen Hilfebedürftigen. In der Agentur für Arbeit administrieren Mitarbeiter der Bundesagentur und der örtlichen Träger der Sozialhilfe die Grundsicherung für Arbeitsuchende arbeitsteilig in der Form eines gesetzlichen Auftrags nach § 93 SGB X. Es sollen weitergehende und dauerhafte Formen der Zusammenarbeit zwischen den Agenturen für Arbeit und den Kommunen entwickelt werden, soweit die Kommune nicht für die alleinige Trägerschaft optiert hat. **39**

2. Einführung eines Kinderzuschlages. Mit der Einführung des Kinderzuschlages als eine dem Arbeitslosengeld II und dem Sozialgeld vorgelagerte einkommensabhängige Leistung wird unabhängig von der Zahl der Kinder ein einheitlicher Lohnabstand erreicht, der die Arbeitsanreize für Eltern verstärkt. Er bewirkt, dass sich Erwerbstätigkeit dann lohnt, wenn Eltern ihren eigenen Arbeitslosengeld II- und Sozialgeld- Bedarf erwirtschaften. **40**

3.) Reform des Wohngeldgesetzes. Zur Minimierung des zu erwartenden Verwaltungsaufwandes werden Empfänger von Transferleistungen und die nicht erwerbsfähigen Angehörigen Wohngeld nicht mehr erhalten. Zukünftig werden die angemessenen Unterkunftskosten vollständig durch die Transferleistung abgedeckt und es entfällt die Notwendigkeit, zwei Stellen in die Bewilligung der Unterkunftskosten einzuschalten. Als Konsequenz entfallen Erstattungsansprüche der verschiedenen Träger (Transferleistung – Wohngeld) nach § 104 SGB X untereinander, sowie auch ein erheblicher Verwaltungs- und Kontrollaufwand. Zugleich kann jede Person eines Haushalts hinsichtlich ihrer kopfanteiligen Unterkunftskosten eindeutig einem vorrangigen Leistungsträger zugeordnet werden. **41**

Mit dem Ausschluss der Transferleistungsempfänger vom Wohngeld werden diese hinsichtlich ihrer Unterkunftskosten finanziell und rechtlich nicht schlechter gestellt und dem Ausschluss der Transferleistungsempfänger vom Wohngeld steht auch die Entscheidung des Bundesverfassungsgerichts vom 14. November 1969 (1 BvL 4/69, BVerfGE 27, 220 ff.) nicht entgegen.

VI. Eigenes Buch Sozialgesetzbuch für die Grundsicherung für Arbeitsuchende

Die Regelung der Grundsicherung für Arbeitsuchende erfolgte deshalb in einem eigenen Buch im Sozialgesetzbuch, weil nicht nur eine neue Transferleistung entsteht, sondern ein völlig neues Leistungssystem geschaffen wird, das Eingliederungsleistungen und Transferleistungen umfasst. Die Eingliederungsleistungen tragen den Besonderheiten (insbes. Langzeitarbeitslosigkeit) der in die neue Leistung Personen Rechnung und gehen über die Leistungen der im **42**

Einleitung

SGB III geregelten aktiven Arbeitsförderung hinaus. Die Leistungen zur Bestreitung des Lebensunterhaltes orientieren sich nicht an den Regelungen zur Höhe des Arbeitslosengeldes, sondern sind wie die Sozialhilfe bedarfsdeckend. Den unterschiedlichen Personenkreisen (Versicherte/Fürsorgebezieher) entsprechend ist auch das Anreiz- und Sanktionssystem anders ausgestaltet als in den bestehenden Leistungssystemen.

Nach Ansicht der Verfasser wäre es jedoch konsequenter und ehrlicher gewesen, sämtliche vier Formen der Grundsicherung (bei Erwerbsminderung, im Alter, für Arbeitssuchende und für sonstige Personen) in *einem* Buch des Sozialgesetzbuches zu regeln. Mit der Schaffung eines eigenen Buches versucht man für die Hilfebedürftigen die Illusion aufrecht zu erhalten, sie seien keine Sozialhilfeempfänger, was immer noch mit einem gesellschaftlichen Makel behaftet ist, obwohl die meisten Betroffenen ohne eigenes Zutun in diese Situation geraten sind.

VII. Gesetzgebungskompetenz des Bundes

43   Der Bund hat die Gesetzgebungszuständigkeit aus Artikel 74 Abs. 1 Nr. 7 GG i.V.m. Art. 72 Abs. 2 GG), da die Grundsicherung für Arbeitsuchende an die Stelle der öffentlichen Fürsorgeleistung Arbeitslosenhilfe und teilweise der der Sozialhilfe tritt. Die Regelung muss auf Bundesebene erfolgen, um die Einheitlichkeit der Leistungsberechnung für das gesamte Bundesgebiet zu gewährleisten und um gleichwertige Lebensverhältnisse im Bundesgebiet herzustellen.

IV. Schlussbemerkung

44   Der Kommentar versucht in kritischer Distanz zu den „hehren Zielen des politisch Bekundeten" ganz bewusst, Partei zu ergreifen für die Personengruppen, die wir für von den Neuregelungen im Bereich der Grundsicherung für Arbeitsuchende in besonderer Weise negativ betroffen halten.

45   Zu ihnen gehören zunächst diejenigen, an die der Gesetzgeber offenbar in einer Reihe von Konstellationen nicht oder nicht in einer der Lebenswirklichkeit dieser Menschen entsprechenden Weise gedacht hat. Wohnungslose oder auch stationär untergebrachte, aber womöglich dennoch „arbeitsfähige" Personen sind in diesem Zusammenhang zu nennen.

46   Aber vor allem geht es uns um diejenigen, die langjährig erwerbstätig waren, dann – meist ohne irgendein eigenes Zutun – ihren Arbeitsplatz verlieren. Dieser Personenkreis hat oftmals während der Zeit des Bestehens des Beschäftigungsverhältnisses ergänzende private Vorsorge getroffen: Wohneigentum erworben, Lebensversicherungen oder Ausbildungsversicherungen u. ä. abgeschlossen. Diese private Vorsorge entsprach/entspricht durchaus dem Konzept der „Eigenvorsorge" und „Eigenverantwortung". Tritt jedoch der Fall von Langzeitarbeitslosigkeit ein – und dabei handelt es sich um ein zahlenmäßig stark zunehmendes Phänomen –, wird der Gedanke der Eigenvorsorge dadurch konterkariert, dass nunmehr der Einsatz des gebildeten Vorsorgevermögens verlangt wird. Hätten die Betroffenen in der Vergangenheit keine solche Sparleistung erbracht, sondern ihr laufendes Einkommen stets mehr oder weniger sofort konsumiert, würde sie die „Sanktion" des Vermögenseinsatzes nicht treffen. Daran ändern auch die Freibeträge wenig, da diese nicht sehr großzügig bemessen sind.

Verstärkt wird diese „Gerechtigkeitslücke" noch dadurch, dass nicht **47** nur die Geldleistung(en) nach dem SGB II, sondern auch die Sachleistungen, z. B. Leistungen zur Eingliederung, vom Vorliegen der Hilfebedürftigkeit abhängig gemacht wurden. Hier wäre zu wünschen gewesen, dass die Regelung in § 23 Abs. 3 S. 3 SGB II auch auf die Leistungen zur Eingliederung erstreckt worden wäre, so dass auch Eingliederungsleistungen gleichsam als einmalige Leistungen gewährt werden können, wenn es im übrigen an der Hilfebedürftigkeit mangelt.

Wird ein solches System nicht in einer Zeit wirtschaftlicher Stärke, **48** sondern hoher Arbeitslosigkeit eingeführt, erhält es eine zu große „Schlagseite" in Richtung des „Forderns", ohne einen Ausgleich durch entsprechendes „Fördern" gewähren zu können. Es entsteht dann eine Lage, die von den Betroffenen als „ausweglos" empfunden wird, weil sie gar keine Möglichkeit haben, den an sie gerichteten Erwartungen (dem „Fordern") in einer Weise gerecht zu werden, die es ihnen erlauben würde, ihr erworbenes Vermögen zu schonen.

Die Kritik an der gewählten Lösung richtet sich daher zum einen ge- **49** gen die entstandene Gerechtigkeitslücke, zum anderen aber auch dagegen, dass die Auswirkungen auf das Gesamtsystem der sozialen Sicherung nicht genügend beachtet sind. Das Einfordern von Vermögen, das der Absicherung der Betroffenen im Alter dient, wird schon mittelfristig ein Problem wieder entstehen lassen, von dem man gehofft hatte, es weitgehend gelöst zu haben: die Altersarmut. Anders als noch im 20. Jahrhundert wird diese Altersarmut nicht mehr „verschämt" oder „versteckt", sondern offen daherkommen kommen. Diese Altersarmut wird nicht kalkulierbare Belastungen für das Sozialhilfesystem nach dem SGB XII hervorrufen. Diese Belastungen werden dann allein die Kommunen treffen, so dass – wenn auch zeitversetzt – das SGB II die finanziellen Risiken des Armutsproblems neben den Betroffenen selbst den Kommunen auferlegt. Dies bedeutet, dass die Regeln zur Vermögensanrechnung in nicht abschätzbarem Umfang mit einer gewissen zeitlichen Verzögerung die kommunalen Kassen treffen werden. Sofern dadurch die Zahl der Grundsicherungsberechtigten signifikant ansteigt, gibt es auch das Regulativ des Angehörigen-Regresses faktisch fast gar nicht mehr. Es scheint, dass dieses zeitverzögert auftretende Problem überhaupt nicht gesehen oder bewusst auf künftige Generationen von Politikern, aber auch Steuerzahlern verlagert wurde.

Einleitung

50   Leider haben sich einige der bereits in der Vorauflage geäußerten Befürchtungen bewahrheitet. Die Zahl der Erwerbslosen, vor allem unter den älteren Menschen, ist nicht gefallen sondern gestiegen. Immer mehr Menschen erhalten ergänzende Leistungen nach dem SGB II, weil das Einkommen aus ihrer Erwerbstätigkeit nicht zum Lebensunterhalt ausreicht. Es mag zutreffen, dass die Erwerbslosen schneller in neue Arbeitsverhältnisse vermittelt werden und durch den gestiegenen finanziellen Druck vielleicht eher bereit sind, eine neue Stelle anzunehmen. Vielmals handelt es sich aber um geringer bezahlte Jobs, die häufig nicht der vormaligen Qualifikation entsprechen. Damit werden volkswirtschaftlich gesehen oft auch notwendige Bildungsressourcen vernichtet. Die zwischenzeitlich eingebrachten Gesetzesänderungen haben insgesamt zu einer Verschärfung der Forderungen an die Betroffenen geführt. Von der Idee der „Förderung" der Betroffenen ist wenig geblieben. Die überlasteten Sozialgerichte versuchten, einige der Probleme eines individuellen Mehrbedarfs pragmatisch zu lösen. Diesen Weg hat ihnen der Gesetzgeber abgeschnitten, da der Pauschalbetrag ausdrücklich als den gesamten Bedarf deckend erklärt wurde. Betroffene und Träger der Wohlfahrtspflege bestreiten dies. Am 20. Oktober 2009 hat sich das Bundesverfassungsgericht eingehend mit den Regelungen des SGB II beschäftigt. Ungewöhnlich kritische Nachfragen zum Zustandekommen des Regelsatzes legen die Vermutung nahe, dass das Bundesverfassungsgericht Nachbesserungsbedarf sieht, vor allem bei den Leistungen für Kinder und in besonderen Konstellationen. Ein Urteil wird jedoch erst im Frühjahr 2010 erwartet.

Sozialgesetzbuch (SGB) Zweites Buch (II) – Grundsicherung für Arbeitsuchende[1]

Vom 24. Dezember 2003, (BGBl. I S. 2954)

BGBl. III/FNA 860-2

Zuletzt geändert durch Art. 14 b Gesetz zur Änderung arzneimittelrechtlicher und anderer Vorschriften (AMRuaÄndG) vom 17. 7. 2009 (BGBl. I 2009, 1990)

Kapitel 1. Fördern und Fordern

Vorbemerkungen zu den §§ 1–6 c

Kapitel 1 regelt die **Grundlagen der Grundsicherung für Ar-** **1** **beitsuchende.** Die Grundsicherung für Arbeitsuchende basiert auf dem Grundsatz des Förderns und Forderns *(dazu Spindler, ArchsozArb 2008, Nr. 1, 70–80; Berlit, ZSR 2008, 57–78, Galuske, SozArb 2007, 409– 417; Viotto/Mushoff, FoR 2005, 76–79)*, einer „aktivierenden" Arbeitsmarktpolitik *(dazu Bieback, ZFSH/SGB 2009, 259–269)*, die sich nicht darauf beschränkt, finanzielle Transferleistungen zu gewähren. Einerseits wird dem Staat eine (Mit-) Verantwortung für die Arbeitslosigkeit zugeschrieben, an deren Abbau er sich aktiv durch Förderung der Betroffenen beteiligen muss. Andererseits wird vom Arbeitslosen erwartet und gefordert, dass er selbst aktiv an der Beseitigung seiner individuellen Situation Arbeitslosigkeit mitwirkt. Leistung des Staates und Gegenleistung des Betroffenen werden also in einen direkten Bezug zueinander gesetzt. Kritiker dieses Grundsatzes befürchten jedoch, dass diese Konnexität überwiegend zu Lasten der Arbeitsuchenden gehen könnte. Während von diesen mehr aktiver Eigeneinsatz verlangt wird, unterliegen die Förderungsmaßnahmen einem Finanzierungsvorbehalt. Angesichts leerer Kassen und Tendenzen zu einer steigenden Arbeitslosenquote könnten die Förderungsmaßnahmen bald finanziellen Sparzwängen unterliegen und das mögliche Potential an Förderung nicht ausgeschöpft werden. Bezeichnenderweise ist entgegen der Überschrift des Kapitels 1, in der das „Fördern" zuerst genannt wird, nur der Grundsatz des Forderns in diesem Kapitel in § 2 SGB II näher erläutert. Der Grundsatz des Förderns wird erst im Kapitel 3 in § 14 SGB II – und hier allein unter dem Blickwinkel der Leistungsträger – näher erläutert. Mit dieser bewussten gesetzestechnischen Einordnung wird die Gleichwertigkeit von Fördern und Fordern aufgehoben

---

[1] Verkündet als Art.1 Viertes Gesetz für moderne Dienstleistungen am Arbeitsmarkt vom 24. 12. 2003 (BGBl. I 2954). Das Gesetz trat am 1. 1. 2005 in Kraft, sofern nichts anderes vermerkt ist.

(s. a. Berlit, info also 2003, 195) und der programmatische Charakter des
§ 1 SGB II entwertet, wodurch die genannten Befürchtungen der Kritiker, dem Gesetzgeber sei mehr das Instrument der Forderung zur
Disziplinierung der Betroffenen ein Anliegen gewesen als die Förderung ihrer Chancen auf dem Arbeitsmarkt unterstrichen werden.

2   Die Grundsicherung für Arbeitsuchende betont die **Selbstverant-
wortlichkeit der erwerbsfähigen** (§ 8 SGB II) **Hilfebedürftigen**
(§ 9 SGB II). Diese sind in erster Linie selbst für die Sicherung ihres
Unterhalts und des Unterhalts der mit ihnen in einer Bedarfsgemeinschaft lebenden Angehörigen (§ 7 Abs. 3 SGB II) verantwortlich. Regelmäßig hat dies durch Aufnahme einer Erwerbstätigkeit zu geschehen. Durch Verschärfung der Kriterien gilt für Hilfebedürftige jede
gesetzlich erlaubte Erwerbstätigkeit grundsätzlich als zumutbar (§ 10
SGB II). Aber nicht nur der Hilfesuchende selbst wird in die Pflicht genommen. Nach dem **Grundsatz des Forderns** (§ 2 SGB II) wird von
den erwerbsfähigen Hilfebedürftigen erwartet, dass sie zunächst alle
Möglichkeiten ausschöpfen, bevor sie die Hilfe der Allgemeinheit in
Anspruch nehmen *(zur Integration von Langzeitarbeitslosen Spellbrink, SGb
2008, 445–451)*. Dazu gehört auch, dass vorrangig Unterhaltspflichtige
zur Bestreitung des Lebensunterhalts herangezogen werden. Weitaus
stärker als bei der bisherigen Arbeitslosenhilfe nach den §§ 190 ff. SGB
III a. F. wird das Einkommen Unterhaltspflichtiger oder von Personen,
die mit dem Arbeitsuchenden zusammenleben, bei der Prüfung der
Erfüllung der Anspruchsvoraussetzungen auf Grundsicherung für Arbeitsuchende herangezogen (§ 11 SGB II). Gleiches gilt für den Einsatz
von Vermögen nach § 12 SGB II. Trotz Anhebung der Freigrenzen gegenüber dem bisherigen Sozialhilferecht nach dem BSHG tritt der so-
zialhilferechtliche Charakter der Grundsicherung für Arbeitsuchende
als Auffangsicherung viel deutlicher hervor als dies bei Arbeitslosenhilfe nach dem SGB III der Fall war.

3   Erst wenn die eigenen Möglichkeiten ausgeschöpft sind, erhalten erwerbsfähige Hilfebedürftige nach dem **Grundsatz des Förderns** (§ 14
SGB II) eine Unterstützung. Damit wird eine eindeutige Rangfolge
zwischen den beiden Grundsätzen aufgestellt, obgleich nach der programmatischen Aussage des § 1 SGB II diese eigentlich gleichrangig
zum Tragen kommen sollten. Primäres Ziel dieser Unterstützung ist
die Eingliederung in Arbeit. Die Unterstützung wird jedoch nur gewährt, wenn die Grundsätze der Wirtschaftlichkeit und Sparsamkeit
(§ 14 S. 3 SGB III) erfüllt sind. Nach der Gesetzesbegründung sind damit Maßnahmen ausgeschlossen, die aller Voraussicht nach nicht zur
Eingliederung in Arbeit führen, die zur Eingliederung in Arbeit nicht
erforderlich sind oder die in einem deutlichen Missverhältnis zu dem
durch die Arbeitsaufnahme erzielbaren Einkommen stehen (z. B. Kosten der Betreuung für mehrere minderjährige Kinder, wenn durch die
Arbeit nur geringes Einkommen erzielt würde). Da die Grundsätze der

Wirtschaftlichkeit und Sparsamkeit nur eingeschränkt überprüfbar sind, weil es letztlich auf eine Gesamtbeurteilung der Situation des Arbeitsuchenden vor dem Hintergrund des konkreten Arbeitsplatzangebots ankommt, besteht die latente Gefahr, dass über die Grundsätze der Wirtschaftlichkeit und Sparsamkeit der Grundsatz der Förderung aus Ersparnisgründen ins Hintertreffen gerät.

Bereits durch die Formulierung des Gesetzes wird verdeutlicht, dass   **4** **Ziel des Gesetzes grundsätzlich nicht** die **Gewährung von Leistungen zur Sicherung des Lebensunterhaltes** ist, sondern Leistungen zur Eingliederung in Arbeit (§ 3 SGB II). Geldleistungen sind eindeutig nachrangig zu gewähren. In der Praxis werden sie aber angesichts der prekären Lage auf dem Arbeitsmarkt nach wie vor die Hauptrolle spielen, selbst wenn bei den Leistungsarten durch die enumerative Aufzählung (§ 4 SGB II) verdeutlicht wird, dass der Leistungsschwerpunkt in der Erbringung von Dienstleistungen liegen soll.

Die **Leistungen nach dem SGB II** sind als bedarfsorientierte So-   **5** zialleistung gegenüber anderen Leistungen, insbesondere anderen Sozialleistungen **grundsätzlich nachrangig**. Gegenüber der laufenden Hilfe zum Lebensunterhalt nach den §§ 27 ff. SGB XII sind die Leistungen nach dem SGB II hingegen **vorrangig**, was den Charakter der Grundsicherung für Arbeitsuchende als spezifische Sozialhilfe für Erwerbsfähige hervorhebt. Hingegen tritt das Sozialgeld (§ 28 SGB II) gegenüber den Grundsicherungsleistungen im Alter und bei Erwerbsminderungen nach §§ 41 ff. SGB XII im Rang zurück. Für die letztgenannten Leistungen gelten günstigere Vorschriften bei der Anrechnung von Einkommen und Vermögen als nach dem SGB II. Ohne den Nachrang würde dieser Personenkreis durch die Arbeitslosigkeit des erwerbsfähigen Hilfebedürftigen in den eigenen Rechten beeinträchtigt. Andererseits kann durch die günstigeren Anrechnungsvorschriften ein Leistungsanspruch nach §§ 41 ff. SGB XII bestehen, der seinerseits wieder zu einer Unterhaltspflicht gegenüber dem erwerbsfähigen Hilfesuchenden führen kann.

Grundsätzlich sind **Träger** der Grundsicherung für Arbeitsuchende   **6** die **Bundesagentur für Arbeit** und die **kreisfreien Städte und Gemeinden** (§ 6 SGB II). Die Bundesländer können in Ausführungsgesetzen zum SGB II (vgl. Anhang) bestimmen, inwieweit kreisangehörige Gemeinden oder Gemeindeverbände zur Durchführung von Aufgaben herangezogen werden können.

Nach intensiven politischen Debatten wurde 69 Kommunen die   **7** Möglichkeit eröffnet, durch Option, die an ein besonderes Zulassungsverfahren geknüpft war, die Aufgaben der Bundesagentur für Arbeit mit zu übernehmen. Sofern eine kommunale Trägerschaft nach dem **Kommunalen Optionsgesetz** mit der Kommunalträger-Zulassungsverordnung im Rahmen der Experimentierklausel (§ 6 a SGB II) zugelassen wurde, übernimmt sie auch die Aufgaben der Bundesagentur für Arbeit (§ 6 b SGB II). Das Experiment läuft bis zum Ende des Jahres 2010. Über seine Verlängerung wird auf der Grundlage des vom Bundesministeriums für Arbeit und Soziales Arbeit Ende 2008 erstellten Berichts (§ 6 c SGB II, BT-Drucks. 16/11488) entschieden.

Aufgabe und Ziel der Grundsicherung für Arbeitsuchende

1 (1) ¹Die Grundsicherung für Arbeitsuchende soll die Eigenverantwortung von erwerbsfähigen Hilfebedürftigen und Personen, die mit ihnen in einer Bedarfsgemeinschaft leben, stärken und dazu beitragen, dass sie ihren Lebensunterhalt unabhängig von der Grundsicherung aus eigenen Mitteln und Kräften bestreiten können. ²Sie soll erwerbsfähige Hilfebedürftige bei der Aufnahme oder Beibehaltung einer Erwerbstätigkeit unterstützen und den Lebensunterhalt sichern, soweit sie ihn nicht auf andere Weise bestreiten können. ³Die Gleichstellung von Männern und Frauen ist als durchgängiges Prinzip zu verfolgen. ⁴Die Leistungen der Grundsicherung sind insbesondere darauf auszurichten, dass

1. durch eine Erwerbstätigkeit Hilfebedürftigkeit vermieden oder beseitigt, die Dauer der Hilfebedürftigkeit verkürzt oder der Umfang der Hilfebedürftigkeit verringert wird,

2. die Erwerbsfähigkeit des Hilfebedürftigen erhalten, verbessert oder wieder hergestellt wird,

3. geschlechtsspezifischen Nachteilen von erwerbsfähigen Hilfebedürftigen entgegengewirkt wird,

4. die familienspezifischen Lebensverhältnisse von erwerbsfähigen Hilfebedürftigen, die Kinder erziehen oder pflegebedürftige Angehörige betreuen, berücksichtigt werden,

5. behindertenspezifische Nachteile überwunden werden.

(2) Die Grundsicherung für Arbeitsuchende umfasst Leistungen

1. zur Beendigung oder Verringerung der Hilfebedürftigkeit insbesondere durch Eingliederung in Arbeit und

2. zur Sicherung des Lebensunterhalts.

I. Allgemeines

1   **Geltende Fassung:** § 1 trat am 1. 1. 2005 i. d. F. von Art. 1 des Vierten Gesetzes für moderne Dienstleistungen am Arbeitsmarkt vom 24. 12. 2003 (BGBl. I S. 2954) in Kraft. Er entspricht unverändert dem Gesetzesentwurf der Fraktionen von SPD und Bündnis 90/Die Grünen (BT-Drucks. 15/1516, 9).

2   **Normstruktur und Normzweck:** In dieser Vorschrift werden die programmatischen Kernaussagen zu den Leistungen zur Eingliederung in Arbeit getroffen.

II. Eigenverantwortlichkeit und Hilfe zur Selbsthilfe (Abs. 1)

S. 1 unterstreicht die gesetzgeberische Intention, zum einen die **Ei-** 3
genverantwortung der erwerbsfähigen (§ 8 SGB II) Hilfebedürftigen
(§ 9 SGB II) zu stärken und ihnen zum anderen **Hilfe zur Selbsthilfe**
zu geben. Damit sollen die Erwerbsfähigen dazu gebracht werden,
ihren Unterhalt und denjenigen der mit ihnen in einer Bedarfsgemeinschaft Lebenden (§ 7 Abs. 2, 3 SGB II) aus einer eigenen Erwerbstätigkeit bestreiten können. Durch die Formulierung „soll" wird der programmatische Charakter dieser Vorschrift hervorgehoben, der durch
die allgemein gefassten **Aufgaben**, die Eigenverantwortung zu „stärken" und dazu „beizutragen" von den Leistungen der Grundsicherung
unabhängig zu werden noch zusätzlich betont wird. Letztlich bleibt es
wie bei allen Programmsätzen bei einer gewissen Unverbindlichkeit
ohne konkret durchsetzbare Rechte des Hilfesuchenden. Während dieser gegebenenfalls mit Sanktionen bis hin zur Einstellung sämtlicher
Leistungen (§§ 31, 32 SGB II) zur Einhaltung seiner Pflichten angehalten werden kann, können umgekehrt konkrete Leistungen seitens des
Trägers −mit Ausnahme der bezifferbaren Geldleistungen- nicht ein-
geklagt werden. Selbst bei der Gewährung von Ermessensleistungen
lassen sich die in § 1 SGB II formulierten Aufgaben der Grundsicherung für Arbeitslose bestenfalls als Indizien für eine politische Wertent-
scheidung des Gesetzgebers heranziehen. Das **Ziel** der Grundsicherung für Arbeitsuchende liegt darin, Arbeitsuchende dazu zu bringen,
ihren Lebensunterhalt aus eigenen Mitteln und Kräften bestreiten können. Während der Begriff der „eigenen Mittel" auf den Einsatz finanzieller Mittel abstellt, macht die Ausweitung auf „eigene Kräfte" deutlich, dass auch körperlicher Einsatz des Hilfesuchenden gefordert wird.
Ihre Konkretisierung findet diese Forderung in der Zumutbarkeits-
regelung des § 10 SGB II, wonach praktisch jede Erwerbstätigkeit zumutbar ist und der Verpflichtung des Hilfebedürftigen zur Annahme
von zumutbaren Arbeitsgelegenheiten (sog. Ein-Euro-Jobs) nach §§ 2
Abs. 1 S. 2, 16 Abs. 3 SGB II, die aber kein reguläres Arbeitsverhältnis
begründen.

Zugleich wird in S. 1 der **Kreis der Leistungsberechtigten** 4
umschrieben. Leistungsberechtigt können definitionsgemäß nur **erwerbsfähige hilfebedürftige Arbeitsuchende** sein. Ist keine Erwerbsfähigkeit gegeben, können die Betroffenen allenfalls andere
beitragsfinanzierte Sozialleistungen (z. B. Pflegegeld, Erwerbsminde-
rungsrente, Unfallrente) in Anspruch nehmen oder sind bei fehlender
Anspruchsberechtigung auf die Sozialhilfeleistungen nach dem SGB
XII zu verweisen. Mit dem Kriterium der Erwerbsfähigkeit wird somit eine eindeutige Abgrenzung zwischen den Leistungsberechtigten
nach dem SGB II und dem SGB XII gezogen. Zugleich wurde der Teil

der Berechtigten, der bislang erwerbsfähig war, in Ermangelung der
versicherungsrechtlichen Voraussetzungen aber keine Arbeitslosenhilfe
beanspruchen konnte, aus dem Kreis der Sozialhilfeberechtigten herausgenommen und dem SGB II zugeordnet mit der Folge, dass die
Zahl der Arbeitsuchenden statistisch zunächst spürbar angestiegen ist.
Die Erwerbsfähigen müssen hilfebedürftig sein, also über keine hin-
reichenden finanziellen Ressourcen verfügen und sich diese auch nicht,
sei es durch Erwerbstätigkeit, sei es durch Inanspruchnahme Dritter
verschaffen können. Schließlich müssen die Betroffenen arbeitsuchend
sein. Der Begriff des Arbeitsuchenden entspricht dem in § 15 S. 2 SGB
III, wonach Arbeitsuchende Personen sind, die eine Beschäftigung als
Arbeitnehmer suchen. Arbeitsuchend können nach § 15 S. 3 SGB III
auch Personen sein, die bereits eine Beschäftigung oder eine selbständige Tätigkeit ausüben. Mithin ist **Arbeitslosigkeit keine Anspruchsvoraussetzung** für den Bezug von Leistungen nach dem SGB
II, anders als für das Arbeitslosengeld nach §§ 117 ff. SGB III, auch
nicht für die Geldleistungen nach § 19 SGB II. Sofern das Einkommen
nicht ausreicht und eine besser bezahlte Erwerbstätigkeit durch Ver-
mittlungs- oder Eingliederungsmaßnahmen nicht gefunden wird, ist
ergänzend der Differenzbetrag als Arbeitslosengeld II zu zahlen. Im
Gegenzug ist wegen des Nachrangs der Hilfe zum Lebensunterhalt (§ 5
Abs. 2 SGB II) eine aufstockende Sozialhilfe nach dem SGB XII ausgeschlossen *(vgl. zur „Workfare" auch Wolf, Soz Sich 2008, 372–379; Spindler,
Soz Sich 2008, 365–372)*. Arbeitssuche setzt aber begrifflich eine **Arbeitsbereitschaft** voraus. Die Arbeitsbereitschaft ist letztlich Ausfluss
der nach § 31 Abs. 1 S. 1 Nr. 1c SGB II sanktionsbewehrten Mitwirkungspflichten des Arbeitsuchenden. Denn wer nicht arbeitsbereit ist,
kann auch mit geeigneten und individuell maßgeschneiderten Maßnahmen nicht in eine Arbeit eingegliedert werden *(zur „Aktivierung"
Bieback, ZFSH/SGB 2009, 259–269)*.

5   **Mitglieder der Bedarfsgemeinschaft** selbst sind **nicht originär leistungsberechtigt**, obwohl die programmatische Aufgabenbe-
schreibung in S. 1 zu dieser Annahme führen könnte, da die Eigenverantwortung von erwerbsfähigen Hilfebedürftigen *und* Personen, die
mit ihnen in einer Bedarfsgemeinschaft gestärkt werden soll. Ebenso
soll die Grundsicherung für Arbeitsuchende dazu beitragen, dass sowohl der erwerbsfähige Hilfebedürftige als auch die Mitglieder der Bedarfsgemeinschaft ihren Lebensunterhalt unabhängig von der Grundsicherung bestreiten können. Sie leiten ihren Anspruch auch auf das
Sozialgeld nach § 28 SGB II von der primären Anspruchsberechtigung
des erwerbsfähigen hilfebedürftigen Arbeitsuchenden ab. Entfällt dessen Anspruchsberechtigung, etwa durch Eintritt von Erwerbsunfähigkeit, entfällt auch der Anspruch des Mitglieds der Bedarfsgemeinschaft. Von der fehlenden originären Leistungsberechtigung ist zu
unterscheiden die Stellung der Mitglieder der Bedarfsgemeinschaft als

Anspruchsinhaber. Aus § 7 Abs. 2 SGB II ist zu entnehmen, dass die Mitglieder der Bedarfsgemeinschaft selbst Anspruchsinhaber und eigenständig leistungsberechtigt sind, solange die Voraussetzungen beim erwerbsfähigen Hilfebedürftigen erfüllt sind. Die fehlende Gleichstellung mit dem erwerbsfähigen Hilfebedürftigen ergibt sich jedoch daraus, dass den in Bedarfsgemeinschaft lebenden Personen Dienst- und Sachleistungen grundsätzlich nicht zu erbringen sind, sondern nur bei Vorliegen zusätzlicher Voraussetzungen.

S. 2 unterscheidet zwischen aktiven und passiven Leistungen und **6** nennt als **aktive Leistung** die Eingliederung in Arbeit (§§ 3 Abs. 1, 14 ff. SGB II). Die aktiven Leistungen sollen den Erwerbsfähigen bei der Aufnahme einer Erwerbstätigkeit unterstützen oder eingesetzt werden, um die Aufrechterhaltung einer ausgeübten Erwerbstätigkeit zu unterstützen, damit eine weitere Hilfebedürftigkeit erst gar nicht entsteht. Auch daraus ergibt sich, dass Arbeitslosigkeit nicht Voraussetzung für eine Leistungsberechtigung nach dem SGB II ist. Als **passive Leistung** wird die Sicherung des Lebensunterhalts (§§ 3 Abs. 3, 19 ff. SGB II) aufgeführt. Diese ist gegenüber den aktiven Leistungen nachrangig und soll den Lebensunterhalt des erwerbsfähigen Hilfebedürftigen und der Mitglieder der Bedarfsgemeinschaft nur dann sichern, soweit sie ihn nicht auf andere Weise, vornehmlich durch eine Erwerbstätigkeit, aber auch durch zu berücksichtigendes Einkommen und Vermögen, bestreiten können. Entgegen der Formulierung „soll" handelt es sich bei der Leistung zur Sicherung des Lebensunterhalts nicht um eine Ermessensleistung, sondern um eine Leistung auf die aus §§ 19 ff. SGB II ein einklagbarer Rechtsanspruch besteht.

Der **Gleichstellung der Geschlechter** kommt nach **S. 3** besondere **7** Bedeutung zu. Mit dieser besonderen Betonung, die dem Gleichstellungsgesetz nachempfunden ist, ist der Träger gehalten, zum einen geschlechtsspezifischen Nachteilen bei der beruflichen Eingliederung entgegenzuwirken. Darüber hinaus muss er zum anderen auf Verpflichtungen und Einschränkungen des Erwerbsfähigen wegen der Kindererziehung oder der Pflege von Angehörigen Rücksicht nehmen. Dies betrifft vornehmlich die Frauen, denen nach wie vor in der Praxis die Hauptlast der Kindererziehung oder der Pflege von Angehörigen obliegt. Über § 16 Abs. 1 Satz 4 SGB II ist § 8 SGB III (Frauenförderung) entsprechend anwendbar. In der Praxis kann dies bedeuten, dass der Träger verstärkte Anstrengungen unternehmen muss, um entsprechend qualifizierte Frauen auch in besser bezahlten Führungspositionen unterzubringen, wo sie regelmäßig immer noch unterrepräsentiert sind. Wegen des programmatischen Charakters der Vorschrift kann es durchaus zu einem Widerspruch mit den Grundsätzen der Wirtschaftlichkeit und Sparsamkeit kommen. Im Zweifel kommt der Gleichstellung der Geschlechter als allgemeinem Grundsatz Vorrang bei der Ausübung von Ermessensentscheidungen zu.

8   S. 4 beinhaltet wesentliche **Vorgaben für die Erbringung der Leistungen** der Grundsicherung, also der in § 4 Abs. 1 SGB II genannten Dienst-, Sach- und Geldleistungen. Die Aufzählung des Katalogs ist nicht abschließend („insbesondere"), nennt aber die wichtigsten Beispiele, die einer eigenen Sicherung des Lebensunterhalts entgegenstehen könnten. Durch die offene Formulierung besteht eine große Flexibilität für einzelne Maßnahmen. Damit soll das gesetzgeberische Ziel erreicht werden, durch eine individuell abgestimmte Betreuung nach § 14 S. 2 SGB II so schnell wie mögliche eine existenzsichernde Erwerbstätigkeit auszuüben. Durch die Verweisung in § 16 Abs. 1 SGB II können verschiedene Leistungen aus dem Leistungskatalog des SGB III erbracht werden. Darüber hinaus sehen die §§ 16 a–16 g SGB II noch weitere, im SGB III nicht vorgesehene Hilfen zur Eingliederung vor.

9   Nach **Nr. 1** sind in Konkretisierung der bereits in Abs. 1 S. 1 angeführten Aufgaben der Grundsicherung für Arbeitsuchende die Leistungen darauf auszurichten, dass eine Erwerbstätigkeit ausgeübt wird, mit der die Hilfebedürftigkeit präventiv vermieden oder möglich gänzlich beseitigt wird. Maßnahmen kommen aber auch in Betracht, wenn die Erwerbstätigkeit nicht vollständig zur Behebung der finanziellen Situation ausreicht. In zeitlicher Hinsicht kann etwa durch die Vermittlung einer befristeten Stelle die Dauer der Hilfebedürftigkeit verkürzt oder der Umfang der Hilfebedürftigkeit verringert werden. Bei der Vermittlung solcher Stellen ist aber zu beachten, dass die Dauerhaftigkeit der Eingliederung zu den übergeordneten Leistungsgrundsätzen zählt (§ 3 Abs. 1 Nr. 4 SGB II). Als Maßnahmen zur vorübergehenden Verbesserung der Situation des Hilfebedürftigen können vor allem die in § 16 Abs. 1 Satz 2 SGB II aufgeführten Leistungen aus dem Katalog des SGB III dienen wie **Beratung und Vermittlung** (§§ 29–44 SGB III), **Unterstützung der Beratung und Vermittlung** (§§ 45–47 SGB III), **Förderung der beruflichen Weiterbildung** (§§ 77–87 SGB III), **Leistungen an Arbeitgeber** (§§ 27–239 SGB III), **bestimmte Leistungen an Träger** wie Förderung der Berufsausbildung und Beschäftigung begleitende Eingliederungshilfen (§§ 240–247 SGB III), **Förderung beschäftigter Arbeitnehmer** (§ 417 SGB III), Eingliederungszuschuss für Ältere (§ 421 f SGB III), Ausgabe eines **Vermittlungsgutscheins** (§ 421 g SGB III), **Tragung der Beiträge zur Arbeitsförderung** bei Beschäftigung älterer Arbeitnehmer (§ 421 k SGB III) Qualifizierungs- bzw. Eingliederungszuschuss für jüngere Arbeitnehmer (§§ 421 o, 421 p SGB III), Erweiterte Berufsorientierung (§ 421 q SGB III). Da es sich nur um eine Rechtsfolgenverweisung handelt, werden die Maßnahmen stets als Leistungen nach dem SGB II erbracht. Ferner können das **Einstiegsgeld** nach § 16 b SGB II und über § 16 e Leistungen zur Beschäftigungsförderung gewährt werden. Denkbar ist aber auch die Geltendmachung oder Überleitung von bestehenden Unterhaltsansprüchen oder die Stellung eines Antrags auf Sozialleistungen nach § 5 Abs. 3 SGB II.

Nr. 2 befasst sich mit der körperlichen Leistungsfähigkeit des Ar- **10** beitsuchenden. Ohne Erwerbsfähigkeit können Maßnahmen der Grundsicherung für Arbeitsuchende nicht greifen und es bestünde die Gefahr, dass die Betroffenen dauerhaft auf Leistungen der Sozialhilfe angewiesen sind. Daher sind die Maßnahmen darauf auszurichten, dass die **Erwerbsfähigkeit** des Hilfebedürftige **erhalten, verbessert** oder **wieder hergestellt** wird. Hier ist etwa an eine psychosoziale Betreuung nach § 16 a Nr. 3 SGB II oder eine Suchtberatung nach § 16 a Nr. 4 SGB II zu denken. Ferner kann der Hilfesuchende dazu angehalten werden, Rehabilitationsmaßnahmen auf die er einen Anspruch hat, zu beantragen. Gegebenenfalls könnte der Träger selbst nach § 5 Abs. 3 SGB II einen solchen Antrag stellen.

Während Abs. 1 S. 3 die aktive Gleichstellung von Frauen und Män- **11** nern zum Ziel hat, verlangt **Nr. 3**, dass **geschlechtsspezifischen Nachteilen** entgegengewirkt wird, etwa bei der Belastung, bei den Arbeitszeiten oder bei der Qualifikation. Diese Forderung kann zudem im Rahmen der Frauenförderung nach § 16 Abs. 1 S. 4 SGB II, § 1 Abs. 2 Nr. 4 SGB III unterstützt werden.

Nr. 4 ist eng mit Nr. 3 verbunden, da es immer noch hauptsächlich **12** Frauen sind, die die Kindererziehung oder die Pflege von Angehörigen übernehmen. In Nr. 4 wird die **Berücksichtigung von familienspe- zifischen Lebensverhältnissen kindererziehender oder pflegen- der Hilfesuchender** gefordert. Daraus ist zu folgern, dass Leistungen der Grundsicherung für Arbeitsuchende auch dann gewährt werden können, wenn zunächst keine umfassende Verfügbarkeit des Arbeit- suchenden vorliegt. Hier unterscheidet sich die Rechtslage von der des SGB III, wonach Leistungen bei Arbeitslosigkeit nur gewährt werden, wenn eine Verfügbarkeit bejaht werden kann. Das SGB II hingegen er- öffnet die Möglichkeit, den Arbeitsuchenden erst für den Arbeitsmarkt verfügbar zu machen. Dazu können nach § 16 a Nr. 1 SGB II Leistun- gen für die Betreuung minderjähriger oder behinderter Kinder oder die häusliche Pflege von Angehörigen erbracht werden. Denkbar wären Hilfen bei der Suche nach geeigneten Unterbringungsmöglich- keiten oder unterstützenden Maßnahmen oder die Beantragung von Leistungen wie z. B. Pflegegeld.

Nr. 5 beschäftigt sich mit der **Überwindung behindertenspezifi-** **13** **scher Nachteile.** In § 16 Abs. 1 S. 2 SGB II wird auf eine Reihe von Leistungen der Förderung der Teilhabe behinderter Menschen am Ar- beitsleben nach §§ 97–111 SGB III verwiesen. Ferner kommt die In- anspruchnahme von Leistungen nach dem SGB IX in Betracht, die der Hilfesuchende beantragen kann.

III. Leistungskatalog (Abs. 2)

14   Abs. 2 wiederholt nochmals den Leistungskatalog der Grundsicherung für Arbeitsuchende. Gesetzessystematisch hätte die Regelung als allgemeine Vorschrift eigentlich an den Anfang gehört.

15   Die Formulierung in **Nr. 1** stellt zwar klar, dass die Eingliederung in Arbeit im Mittelpunkt der **Beendigung oder Verringerung der Hilfebedürftigkeit** steht. Hier sind vor allem die Leistungen nach § 16 SGB II zu nennen sowie die über §§ 16 a – 16 g SGB II eröffneten Beratungs- und Vermittlungsangebote und Zuschüsse. Möglich sind aber auch andere Formen der Beendigung oder Verringerung der Hilfebedürftigkeit, etwa die Verrentung. Es besteht durchaus die Gefahr, dass die Hilfebedürftigen dazu gedrängt werden, eine vorzeitige Altersrente in Anspruch zu nehmen, selbst wenn diese beispielsweise nach § 77 Abs. 2 S. 1 Nr. 2a SGB VI mit erheblichen Abschlägen belegt wird (*Spellbrink, Soz Sich 2004, 164–169; Büser, rv 2004, 174–175*), vgl. nun § 12 a SGB II. Eine Beendigung oder Verringerung der Hilfebedürftigkeit könnte auch dadurch erreicht werden, dass Hilfebedürftige bei der Verwertung seines einzusetzenden Vermögens unterstützt wird. Hier wäre darauf zu achten, dass der Hilfesuchende in einem solchen Fall objektiv beraten wird, damit er nicht zu für ihn unvorteilhaften Notverkäufen, etwa einer Immobilie, angehalten wird. Sollte tatsächlich durch falsche Beratung ein bezifferbarer Schaden entstehen, sind Amtshaftungsansprüche nicht ausgeschlossen.

16   **Nr. 2** erwähnt als weitere Leistung die **Sicherung des Lebensunterhalts**, die ihre gesetzliche Ausgestaltung hauptsächlich in der Zahlung von Arbeitslosengeld mit Leistungen für Unterkunft und Heizung nach §§ 19–27 SGB II und von Sozialgeld für nicht erwerbsfähige Angehörige nach § 28 SGB II findet.

Grundsatz des Forderns

2 (1) ¹Erwerbsfähige Hilfebedürftige und die mit ihnen in einer Bedarfsgemeinschaft lebenden Personen müssen alle Möglichkeiten zur Beendigung oder Verringerung ihrer Hilfebedürftigkeit ausschöpfen. ²Der erwerbsfähige Hilfebedürftige muss aktiv an allen Maßnahmen zu seiner Eingliederung in Arbeit mitwirken, insbesondere eine Eingliederungsvereinbarung abschließen. ³Wenn eine Erwerbstätigkeit auf dem allgemeinen Arbeitsmarkt in absehbarer Zeit nicht möglich ist, hat der erwerbsfähige Hilfebedürftige eine ihm angebotene zumutbare Arbeitsgelegenheit zu übernehmen.

(2) ¹Erwerbsfähige Hilfebedürftige und die mit ihnen in einer Bedarfsgemeinschaft lebenden Personen haben in eigener Verantwor-

tung alle Möglichkeiten zu nutzen, ihren Lebensunterhalt aus eigenen Mitteln und Kräften zu bestreiten. [2]Erwerbsfähige Hilfebedürftige müssen ihre Arbeitskraft zur Beschaffung des Lebensunterhalts für sich und die mit ihnen in einer Bedarfsgemeinschaft lebenden Personen einsetzen.

I. Allgemeines

Geltende Fassung: § 2 trat am 1. 1. 2005 i. d. F. von Art. 1 des Vierten Gesetzes für moderne Dienstleistungen am Arbeitsmarkt vom 24. 12. 2003 (BGBl. I S. 2954) in Kraft und entspricht dem Gesetzesentwurf. **1**

Übergangsvorschrift: § 65 Abs. 4 SGB II

Normstruktur und Normzweck: Die Vorschrift regelt die **Pflichten** des erwerbsfähigen Hilfebedürftigen sowie der mit ihm in einer Bedarfsgemeinschaft lebenden Personen und deren **Eigenverantwortlichkeit** für die Verbesserung ihrer Lebenssituation. Sie soll, jedenfalls nach der Überschrift des 1. Kapitels, komplementär zum Grundsatz des Förderns nach § 14 SGB II stehen. Befürchtungen von Kritikern des Gesetzes gehen dahin, dass dem Grundsatz der Forderns in der Praxis mehr Beachtung geschenkt wird als dem Grundsatz des Förderns, der weitgehend ressourcenabhängig ist. Angesichts knapper finanzieller Mittel ist dies sicherlich keine unberechtigte Befürchtung. **2**

II. Pflichten des Hilfesuchenden und der Mitglieder der Bedarfsgemeinschaft (Abs. 1)

Nach **S. 1** müssen der erwerbsfähige Hilfebedürftige und die mit ihnen in einer Bedarfsgemeinschaft lebenden Personen sich **vorrangig** und **eigeninitiativ** um die **Beendigung oder Verringerung der Hilfebedürftigkeit** durch Erwerbslosigkeit **bemühen**. Mithin erstreckt sich die Pflicht zur Verbesserung der finanziellen Situation nicht nur auf den erwerbsfähigen Hilfebedürftigen, sondern auch auf die mit ihm zusammenlebenden Dritten, soweit sie zur Bedarfsgemeinschaft nach § 7 Abs. 3 SGB II zählen. Sie haben **alle Möglichkeiten auszuschöpfen** um ihre finanzielle Situation zu verbessern, etwa durch Verwertung des zu berücksichtigenden Vermögens *(zum Verlust des Solidaritätsgedankens Rixen, Sozialrecht aktuell 2008, 81–88).* **3**

Im Gegensatz zu S. 1 wendet sich **S. 2** nur an den erwerbsfähigen Hilfebedürftigen und nicht an die Mitglieder der Bedarfsgemeinschaft. Der Hilfebedürftige muss seine Bedürftigkeit so weit wie möglich beseitigen und **aktiv** an allen Maßnahmen **mitwirken**, die seine Ein- **4**

gliederung unterstützen sollen. Diese Mitwirkungspflichten stehen
neben den besonderen Mitwirkungspflichten, wie sie im 8. Kapitel
(§§ 56–62 SGB II) geregelt sind. Eine Hauptpflicht für den Hilfebedürftigen ist es insbesondere, eine **Eingliederungsvereinbarung**
(§ 15 SGB II) **abschließen,** in der Leistungen des Trägers und nachzu-
weisende Bemühungen des Hilfesuchenden niedergelegt werden. Die
aktive Mitwirkungspflicht des Hilfebedürftigen verlangt darüber
hinaus, dass dieser selbst mit seinem Verhalten zur Veränderung seiner
Situation beiträgt, auch wenn dies in nicht ausdrücklich in einem Bescheid oder in einer von ihm abzuschließenden Eingliederungsvereinbarung ausgeführt ist, etwa Stellenangebote, von denen er durch Dritte
zufällig Kenntnis erhält, genauer zu recherchieren und sich gegebenenfalls darauf zu bewerben.

5   Sofern der Hilfesuchende in absehbarer Zeit keine Erwerbstätigkeit
auf dem allgemeinen Arbeitsmarkt findet, ist er nach **S. 3** verpflichtet,
eine ihm **angebotene zumutbare Arbeitsgelegenheit** zu übernehmen. Diese in § 16 Abs. 3 SGB II näher definierten Arbeitsgelegenheiten sind § 19 BSHG und § 5 AsylbLG nachgebildet und begründen
kein Arbeitsverhältnis im Sinne des Arbeitsrechts. Da der Begriff der
Zumutbarkeit in § 10 SGB II sehr weit gefasst ist, bestehen auch für
besser qualifizierte Hilfesuchende praktisch kaum Ablehnungsmög-
lichkeiten, selbst bei sog. Mini-Jobs.

III. Eigenverantwortlichkeit (Abs. 2)

6   Die **Eigenverantwortung** des erwerbsfähigen Hilfebedürftigen ist
nach **S. 1** eine zentrale Forderung des neuen Systems der Grundsicherung für Arbeitsuchende. Letztlich wird nur in sehr pathetischer Sprache der bereits in Abs. 1 normierte Grundsatz der Ausschöpfung aller
Mittel zur Veränderung der finanziellen Situation der Hilfebedürftigen
wiederholt.

7   Aufgrund dieser Eigenverantwortung muss der Hilfesuchende nach
S. 2 alle Möglichkeiten nutzen und vorrangig seine Arbeitskraft einsetzen, um seinen Lebensunterhalt und den der Mitglieder der Bedarfsgemeinschaft zu bestreiten. Ähnlich wie bei S. 1 handelt es sich hier um
eine nochmalige verstärkte Betonung der Pflichten des Hilfebedürftigen. Eigenverantwortung bedeutet nach der Gesetzesbegründung insbesondere, dass der Hilfesuchende nicht abwarten darf, bis die Agentur
für Arbeit ihm eine Arbeitsstelle vermittelt, sondern er sich eigenständig um seine berufliche Eingliederung bemühen muss. Diese **eigenen
Bemühungen** werden durch die Eingliederungsleistungen der Träger,
insbesondere der Agentur für Arbeit unterstützt. Ziel ist es, den Erwerbsfähigen möglichst unabhängig von der Eingliederung in Arbeit
durch die Agentur für Arbeit zu machen. S. 2 verdeutlicht zudem, dass

dem erwerbsfähigen Hilfebedürftigen nicht nur die Verantwortung für die Bestreitung seines eigenen Lebensunterhalts obliegt, sondern auch für die in seiner Bedarfsgemeinschaft lebenden Angehörigen.

Leistungsgrundsätze

3 (1) [1]Leistungen zur Eingliederung in Arbeit können erbracht werden, soweit sie unter Berücksichtigung der Grundsätze von Wirtschaftlichkeit und Sparsamkeit zur Vermeidung oder Beseitigung, Verkürzung oder Verminderung der Hilfebedürftigkeit für die Eingliederung erforderlich sind. [2]Bei den Leistungen zur Eingliederung in Arbeit sind

1. die Eignung,

2. die individuelle Lebenssituation, insbesondere die familiäre Situation,

3. die voraussichtliche Dauer der Hilfebedürftigkeit und

4. die Dauerhaftigkeit der Eingliederung

der erwerbsfähigen Hilfebedürftigen zu berücksichtigen. [3]Vorrangig sollen Maßnahmen eingesetzt werden, die die unmittelbare Aufnahme einer Erwerbstätigkeit ermöglichen. [4]Bei der Leistungserbringung sind die Grundsätze von Wirtschaftlichkeit und Sparsamkeit zu beachten.

(2) [1]Erwerbsfähige Hilfebedürftige, die das 25. Lebensjahr noch nicht vollendet haben, sind unverzüglich nach Antragstellung auf Leistungen nach diesem Buch in eine Arbeit, eine Ausbildung oder eine Arbeitsgelegenheit zu vermitteln. [2]Können Hilfebedürftige ohne Berufsabschluss nicht in eine Ausbildung vermittelt werden, soll die Agentur für Arbeit darauf hinwirken, dass die vermittelte Arbeit oder Arbeitsgelegenheit auch zur Verbesserung ihrer beruflichen Kenntnisse und Fähigkeiten beiträgt.

(2a) Erwerbsfähige Hilfebedürftige, die das 58. Lebensjahr vollendet haben, sind unverzüglich in eine Arbeit oder eine Arbeitsgelegenheit zu vermitteln.

(2b) [1]Die Agentur für Arbeit hat darauf hinzuwirken, dass erwerbsfähige Hilfebedürftige, die nicht über deutsche Sprachkenntnisse entsprechend dem Niveau B1 des Gemeinsamen Europäischen Referenzrahmens für Sprachen verfügen und die

1. zur Teilnahme an einem Integrationskurs nach § 44 Aufenthaltsgesetz berechtigt sind,

2. nach § 44a des Aufenthaltsgesetzes verpflichtet werden können oder

3. einen Anspruch nach § 9 Abs. 1 Satz 1 des Bundesvertriebenengesetzes haben,

an einem Integrationskurs nach § 43 des Aufenthaltsgesetzes teilnehmen, sofern sie nicht unmittelbar in eine Ausbildung oder Arbeit vermittelt werden können und ihnen eine Teilnahme an einem Integrationskurs nicht zumutbar ist. 2Eine Verpflichtung zur Teilnahme ist in
die Eingliederungsvereinbarung als vorrangige Maßnahme aufzunehmen.

(3) ¹Leistungen zur Sicherung des Lebensunterhalts dürfen nur
erbracht werden, soweit die Hilfebedürftigkeit nicht anderweitig beseitigt werden kann; die nach diesem Buch vorgesehenen Leistungen
decken den Bedarf der erwerbsfähigen Hilfebedürftigen und der mit
ihnen in einer Bedarfsgemeinschaft lebenden Personen. ²Eine davon
abweichende Festlegung der Bedarfe ist ausgeschlossen.

I. Allgemeines

1   **Geltende Fassung:** § 3 trat am 1.1. 2005 i. d. F. von Art. 1 des Vierten
Gesetzes für moderne Dienstleistungen am Arbeitsmarkt vom
24.12. 2003 (BGBl. I S. 2954) in Kraft. Er entspricht im Wesentlichen
dem Gesetzesentwurf. Abs. 2a wurde durch G v. 8.4. 2008 (BGBl. I
681) mWv. 1.1. 2008, Abs. 2b durch G v. 21.12. 2008 (BGBl. I 2917)
mWv 1.1. 2009 und Abs. 3 S. 1 Hs. 2 und S. 2 durch G v. 20. 7. 2006
(BGBl I 1706) mWv 1. 8. 2008 eingeführt.

2   **Normstruktur und Normzweck:** Die Vorschrift umschreibt die
Leistungsgrundsätze der Grundsicherung für Arbeitsuchende.
Abs. 1 nennt die allgemeinen Prinzipien der Leistungen zur Eingliederung in Arbeit. In Abs. 2 wird das besondere Schwergewicht deutlich,
dass der Gesetzgeber der Eingliederung junger Menschen unter 25 Jahren in den Arbeitsmarkt beimisst. In Abs. 2a soll die Erwerbslosigkeit
älterer Menschen und in Abs. 2b von Menschen ohne ausreichende
Deutschkenntnisse verhindert werden. Abs. 3 verdeutlicht nochmals
des Nachrang der (Geld-)Leistungen zur Sicherung des Lebensunterhalts und bekräftigt, dass die Leistungen in Art und Umfang abschließend geregelt sind.

II. Allgemeine Leistungsgrundsätze (Abs.1)

3   **Abs. 1** befasst sich mit den Leistungen zur Eingliederung in Arbeit,
die in **S. 1** als Ermessensleistungen ausgestaltet sind. Diese Ausgestaltung als Ermessensleistung steht in einem gewissen Widerspruch zu
dem in § 14 S. 1 SGB II verankerten Grundsatz des Förderns, der eine
umfassende Unterstützung des Hilfebedürftigen zur Verwirklichung
des Ziels der Eingliederung in Arbeit vorsieht. Dies spräche dafür, dem
Hilfebedürftigen einen unmittelbaren Anspruch auf die Leistungen
zur Eingliederung in Arbeit zuzuerkennen. Anderseits hat der Träger

bei der Erbringung der Leistungen die Grundsätze von Wirtschaftlichkeit und Sparsamkeit zu beachten, so dass schon aus finanziellen Überlegungen der Umfang der Leistungen begrenzt werden muss. Überdies müssen die Leistungen zur Eingliederung in Arbeit **erforderlich** sein. Mit diesem Kriterium der Erforderlichkeit ist der Träger gehalten, die Notwendigkeit der Leitungen einzuschätzen und zu begründen. Dies betrifft zum einen die interne Rechtfertigung innerhalb des Trägers, bestimmte Leistungen zu finanzieren. Es kann aber auch zu einem externen Rechtfertigungszwang gegenüber dem Hilfebedürftigen führen, wenn dieser entgegen der Auffassung des Trägers der Meinung ist, die Erforderlichkeit einer konkreten Leistung zur Eingliederung sei gegeben oder nicht gegeben. In der Praxis hat der nach § 14 S. 2 SGB II berufene Fallmanager anhand des individuellen Falles eine Prognose über die Erforderlichkeit einer Leistung zu erstellen. Er hat dabei zu beachten, dass die Leistung in zweierlei Hinsicht zielführend sein muss. Zum einen muss die Leistung zur Eingliederung in Arbeit erforderlich sein. Zum anderen muss dadurch die Hilfebedürftigkeit vermieden, beseitigt, verkürzt oder vermindert werden. Ob dieses Ziel tatsächlich erreicht wird, kann regelmäßig erst nach Abschluss der Maßnahme beurteilt werden. Deshalb ist bei der Ermessensausübung über eine Leistung zur Eingliederung diese immer dann als erforderlich anzusehen und zu gewähren, wenn ein hoher Grad an Wahrscheinlichkeit dafür spricht, dass die Leistung zur Erreichung der genannten Ziele führen wird (*so auch Löns / Herold-Tews* § 3 Rn. 3).

Die Erforderlichkeit der Leistung zur Eingliederung hängt eng zusammen mit der Geeignetheit der Leistung. Abstrakt geeignet sind alle in den §§ 16 ff. SGB II genannten Leistungen. Bei der Entscheidung über die konkreten Leistungen zur Eingliederung in Arbeit sind im Einzelfall in einer zweiten Prüfungsstufe die in **S. 2** genannten **persönlichen Kriterien** zu berücksichtigen und in die Entscheidung einzubeziehen. Selbst wenn eine Leistung abstrakt zur Eingliederung in Arbeit erforderlich wäre (z.B. eine Weiterqualifikation), kann die Durchführung an den individuellen Umständen des Hilfebedürftigen scheitern. Bei der Berücksichtigung der persönlichen Kriterien steht dem Träger kein Ermessen zu („sind"). Die **Eignung des Hilfebedürftigen** nach **Nr. 1** ist eine Grundvoraussetzung für eine Leistung der Eingliederung. Neben der körperlichen und geistigen Eignung muss der Hilfebedürftige auch sozial für eine erforderliche Leistung geeignet sein. Zu sozialen Eignung können etwa Teamfähigkeit, zur Nichteignung beispielsweise einschlägige Vorstrafen zählen. Die **individuelle Lebenssituation**, insbesondere die familiäre Situation, ist nach **Nr. 2** entscheidungsrelevant. Hier bieten sich Leistungen nach § 16 Abs. 2 S. 2 Nr. 1 SGB II an. Teil der individuellen Lebenssituation kann aber auch der Wohnort (z.B. schlechte Erreichbarkeit mit öffentlichen Verkehrsmitteln) sein. Nach **Nr. 3** ist die **voraussichtliche Dauer der Hilfe-**

bedürftigkeit und nach **Nr. 4** die **Dauerhaftigkeit der Eingliederung** in Arbeit zu beachten. Ziel der Leistungen ist eine dauerhafte
Eingliederung in Arbeit, da nur dadurch eine erneute Abhängigkeit
von Leistungen der Grundsicherung vermieden wird. Die Abwägung
zwischen diesen Kriterien ist vor allem für die Beachtung der Grundsätze von Wirtschaftlichkeit und Sparsamkeit wichtig. Eine eventuell
teurere Leistung, die zu einer dauerhaften Eingliederung in Arbeit
führt, ist beispielsweise einer kostengünstigeren Leistung, die zu einer
schnelleren, aber nicht dauerhaften Beendigung der Hilfebedürftigkeit
führt, vorzuziehen. Die **beruflichen Neigungen**, die noch in der Gesetzesbegründung als Kriterium genannt waren und bei denen die Interessen des Hilfebedürftigen stärker hätten beachtet werden können,
sind nicht mehr aufgeführt.

5   **S. 3** legt eine **Leistungshierarchie** fest. Vorrang haben diejenigen
Leistungen, die eine unmittelbare Aufnahme einer Erwerbstätigkeit
ermöglichen. Maßnahmen, die erst längerfristig zu einer Erwerbstätigkeit führen, wären demnach nachrangig. Der Leistungsvorrang ist
nicht absolut ausgestaltet („sollen"), sondern umschreibt ein Regel-
Ausnahme-Verhältnis. Damit können andere Maßnahmen gleichwohl
ergriffen werden, wenn sie zwar nicht zur unmittelbaren Aufnahme
einer Erwerbstätigkeit führen, aber etwa die Dauerhaftigkeit der Eingliederung gewährleistet würde.

6   Eine solche Beurteilung würden die **Grundsätze von Wirtschaftlichkeit und Sparsamkeit** gebieten, die nach **S. 4** im Rahmen der Ermessensentscheidung beachten sind. Die doppelte Verankerung dieser
Grundsätze, nämlich in dieser Vorschrift und in § 14 S. 3 SGB II betont
ganz besonders deren Gewicht bei der Entscheidungsfindung und bei
der Ermessensausübung durch den Fallmanager. Diese übermäßige
Bedeutungszumessung führt zu der Befürchtung, dass in der Praxis
diese Grundsätze häufig als kaum nachprüfbarer Ablehnungsgrund für
Leistungen zur Eingliederung in Arbeit herangezogen werden könnten.

III. Eingliederung junger Menschen
unter 25 Jahren (Abs. 2)

7   Zur Förderung der beruflichen **Eingliederung von jungen Menschen** sieht **S. 1** vor, dass allen erwerbsfähigen Hilfebedürftigen unter
25 Jahren unverzüglich ein Arbeits- oder Ausbildungsangebot unterbreitet wird. Die Regelung soll dazu beitragen, dass Arbeitslosigkeit
junger Menschen vermieden wird. Zugleich soll verhindert werden,
dass junge Menschen ihre Erwerbskarriere mit dem Bezug von Sozialleistungen beginnen und eine Gewöhnung an den Bezug von Sozialleistungen eintritt, was die Eingliederungschancen vermindern könnte

(*BT-Drucks. 15/1516, 51*). Die Vorschrift ist insoweit nicht ganz glücklich formuliert, weil unklar ist, ob jugendliche Hilfebedürftige bei der Vermittlung bevorzugt behandelt werden sollen, was dem Grundsatz widerspräche, dass auch für die übrigen Hilfebedürftigen die Hilfebedürftigkeit so schnell wie möglich beendet werden soll. Mit der Beschränkung auf eine Vermittlung in eine Arbeit, eine Ausbildung oder eine Arbeitsgelegenheit steht nicht das gesamte Spektrum der Leistungen nach §§ 16 ff. SGB II zur Verfügung. Der Gesetzgeber gibt hier eine Leitlinie für das Fallmanagement verbindlich vor und nimmt den Träger noch stärker in die Pflicht, die Eingliederung in Arbeit zu erreichen. Denkbar wäre in der Organisation des Trägers die Zuweisung des Personenkreises an mit der Jugendarbeitslosigkeit vertraute und besonders ausgebildete Fallmanager. Zur effizienteren Durchsetzung der Leistungen sieht das Gesetz für diesen Personenkreis in § 31 Abs. 5 SGB II schärfere Sanktionsmöglichkeiten vor.

Bei der **Vermittlung in Arbeit** ist zunächst an ein sozialversicherungsrechtliches Beschäftigungsverhältnis zu denken. Allerdings ist auch die Aufnahme einer selbständigen Erwerbstätigkeit, sofern damit die Hilfebedürftigkeit beendet werden kann, nicht ausgeschlossen. Die Förderung der Aufnahme einer selbständigen Tätigkeit ist nunmehr theoretisch nach § 16 c SGB II möglich. Unter **Ausbildung** ist nach § 25 Abs. 1 BBiG ein staatlich anerkannter Ausbildungsberuf oder ein Ausbildungsberuf für den die Anerkennung nach §§ 108, 25 Abs. 1 BBiG weiterbesteht, zu verstehen. In Anlehnung an § 60 SGB III können auch Ausbildungen nach der Handwerksordnung oder dem Seemannsgesetz in Frage kommen. Nach § 2 Abs. 2 BBiG gilt das BiBG nicht für eine Berufsbildung in einem öffentlich-rechtlichen Dienstverhältnis und für eine Berufsbildung auf einem Kauffahrteischiff, das die Bundesflagge führt, soweit es sich nicht um Schiffe der kleinen Hochseefischerei oder der Küstenfischerei handelt. Wenn man den Grundsatz der Förderung, die Hilfebedürftigkeit zu beseitigen, ernst nimmt, müssen auch diese Berufsbildungen als Ausbildungen zulässig sein, selbst wenn nach Abschluss der Ausbildung eine Verwendung als nicht sozialversicherungspflichtiger Beamter bzw. auf einem Schiff, das nicht die Bundesflagge führt, möglich ist. Denn schließlich ist bei einer anderen Ausbildung ebenfalls nicht gewährleistet, dass nach Abschluss ein sozialversicherungspflichtiges Beschäftigungsverhältnis aufgenommen wird (z. B. bei Selbständigkeit) oder dass wegen des Grundsatzes der Freizügigkeit nach europäischem Recht (Art. 18 EGV) dieses im Inland begründet wird. Der Begriff der **Arbeitsgelegenheit** entspricht dem in § 16 d SGB II. Anders als bei § 2 Abs. 1 S. 2 fehlt das Kriterium der Zumutbarkeit. Dies würde bedeuten, dass tatsächlich jede Arbeitsgelegenheit wahrgenommen werden muss. Dies kann aber im Hinblick auf die in Art. 1 GG garantierte Menschenwürde bzw. des Rechts auf körperliche Unversehrtheit nach Art. 2 GG nicht sein. Des-

8

halb müssen zumindest Arbeitsgelegenheiten, die den Hilfebedürftigen körperlich, geistig oder seelisch überfordern (§ 10 Abs. 1 Nr. 1 SGB
II) ausgenommen bleiben.

9   **S. 2** soll verdeutlichen, dass für junge ungelernte Menschen eine
Qualifikation für ihren weiteren beruflichen Lebensweg und zur Vermeidung von Langzeitarbeitslosigkeit eine besondere Bedeutung hat.
Sofern eine **Berufsausbildung** nicht vermittelt werden kann, aber
unmittelbar eine Arbeit oder Arbeitsgelegenheit angeboten wird, soll
die Bundesagentur darauf hinwirken, dass in dieser Arbeit oder im Anschluss daran die berufliche Qualifikation durch Qualifizierung oder
eine Ausbildung verbessert wird. Dabei sind insbesondere die Eignung
und die Dauerhaftigkeit der Eingliederung des jungen Menschen zu
berücksichtigen. Allerdings verpflichtet diese Bestimmung die Bundesagentur nicht, eine Ausbildung aus eigenen Mitteln bereitzustellen,
wenn eine Vermittlung in Ausbildung nicht möglich ist, weil § 16
Abs. 1 SGB II nicht auf §§ 59 ff. SGB III verweist. Unter jungen **Hilfebedürftigen ohne Berufsabschluss** sind über die Verweisung in § 16
Abs. 1 S. 2 SGB III nach der Definition in § 77 Abs. 2 Satz 1 Nr. 1 und 2
SGB III auch diejenigen jungen Hilfebedürftigen zu verstehen, die
zwar über einen Berufsabschluss verfügen, jedoch auf Grund einer
mehr als vier Jahre ausgeübten Beschäftigung in an- oder ungelernter
Tätigkeit eine entsprechende Beschäftigung voraussichtlich nicht mehr
ausüben können oder nicht über einen Berufsabschluss verfügen, für
den nach bundes- oder landesrechtlichen Vorschriften eine Ausbil-
dungsdauer von mindestens zwei Jahren festgelegt ist. Da § 77 Abs. 2
SGB III keine Altersgrenze für Arbeitnehmer ohne Berufsabschluss
vorsieht, lässt sich mit gutem Grund vertreten, dass auch für Hilfebedürftige nach S. 2 keine Altersgrenze gilt (*vgl. Löns-Herold-Tews,* § 3
Rn. 12). Wenn der Gesetzgeber den S. 2 auf unter 25jährige hätte beschränken wollen, hätte er genauer formulieren müssen. Aus dem
Wortlaut ergibt sich eine Altersbeschränkung jedenfalls nicht zwangsläufig, ebenso wenig aus der systematischen Stellung der Norm. Im
Hinblick auf den Grundsatz der dauerhaften Vermeidung oder Beseitigung der Hilfebedürftigkeit wäre die Verbesserung der beruflichen
Kenntnisse oder Fertigkeiten gerade für diese Klientel angezeigt. In der
Praxis dürfte der Streit aber wenig Relevanz haben, da es sich nur um
eine programmatische Aufforderung an die Agentur für Arbeit handelt
(„soll hinwirken"), die Vermittlung in eine andere Arbeit oder Arbeitsgelegenheit aber nicht untersagt.

IV. Eingliederung älterer Menschen ab dem 58. Lebensjahr (Abs. 2a)

Ältere Menschen ab dem 58. Lebensjahr werden von den Unter- **10** nehmen trotz Kündigungsschutzes mit Sozialklauseln häufig entlassen, da sie als nicht mehr so leistungsfähig angesehen werden. Sie sind dann gezwungen, vorzeitig eine Altersrente in Anspruch zu nehmen, was mit erheblichen Abschlägen verbunden ist. Um zu vermeiden, dass dieser Personalabbau durch Leistungen für Erwerbslose bis zum Rentenbezug überbrückt wird, sollen diese Personen **unverzüglich vermittelt** werden. Das Ziel der Vermittlung in Arbeit dürfte selten zu verwirklichen sein, da aus dem genannten Grund Betriebe Personen dieses Alters kaum noch einstellen. Damit kommen fast nur noch Arbeitsgelegenheiten (Ein-Euro-Jobs) in Betracht. Außerdem droht ab dem 63. Lebensjahr die Zwangsverrentung, vgl. § 12 a SGB II.

V. Förderung des Erwerbs von Deutschkenntnissen (Abs. 2a)

Ohne ausreichend Deutschkenntnisse ist eine Vermittlung kaum **11** möglich. Das in **S. 1** genannte **Niveau B1** ist die dritte Stufe des Gemeinsamen Europäischen Referenzrahmens für Sprachen und erfordert die Möglichkeit Alltagssituationen zu verstehen und sich in einfacher Weise in zusammenhängenden Sätzen zu verständigen. Zur **Teilnahme an einem Integrationskurs berechtigt** sind nach § 44 AufenthG Ausländer, die sich dauerhaft (d.h. länger als ein Jahr) im Bundesgebiet aufhalten und denen erstmals eine Aufenthaltserlaubnis zu Erwerbszwecken, zum Zweck des Familiennachzugs, aus humanitären Gründen oder als langfristig Aufenthaltsberechtigter oder ein Aufenthaltstitel aus politischen Gründen erteilt wird. Die Berechtigung auf Teilnahme erlischt zwei Jahre nach Erteilung des Aufenthaltstitels. Bei mangelnden Sprachkenntnissen sind auch Deutsche teilnahmeberechtigt. Zur **Teilnahme verpflichtet** sind nach § 44 a AufenthG Ausländer, bei denen unzureichende Sprachkenntnisse festgestellt wurden, die besonders integrationsbedürftig sind oder die als Leistungsbezieher nach dem SGB II aufgrund einer Eingliederungsvereinbarung (§ 15 SGB II) dazu verpflichtet sind. Bei Nichterfüllung der Teilnahmepflicht oder dem nicht erfolgreichen Bestehen des Abschlusstests kann der Aufenthaltstitel entzogen werden. § 9 BVertriebG bietet Integrationskurse als **Hilfe für Spätaussiedler** an. Die unmittelbare Vermittlung in eine Ausbildung oder Arbeit hat Vorrang. Daneben dürfte ein Integrationskurs in de Regel auch zumutbar sein (z. B. als Abendkurs).

S. 2 korrespondiert mit § 44 a Abs. 1 Nr. 2 AufenthG. Die Teilnah- **12** meverpflichtung ist zwingend als **vorrangige Maßnahme** in eine Eingliederungsvereinbarung nach § 15 SGB II aufzunehmen.

VI. Nachrangigkeit der Leistungen zur Sicherung des Lebensunterhalts (Abs. 3)

13   Abs. 3 betont in S. 1 abermals den Grundsatz des Förderns und Forderns und schreibt ausdrücklich die **Subsidiarität der Leistungen zur Sicherung des Lebensunterhalts** gegenüber anderweitigen Maßnahmen zur Beseitigung der Hilfebedürftigkeit, insbesondere durch Ausübung einer Erwerbstätigkeit fest. Da dieser Vorrang bereits in § 2 SGB II normiert wurde und auch an anderen Stellen aufgegriffen wurde, erweist sich diese Vorschrift gesetzestechnisch als überflüssig. Der Gesetzgeber sah sich gleichwohl mit der Einfügung des 2. Hs. und des S. 2 veranlasst, nochmals explizit festzuhalten, dass die pauschalierten Leistungen als ausreichend angesehen werden und damit sämtliche Bedarfe gedeckt werden müssen. Damit ist es auch den Gerichten verwehrt im Einzelfall angemessene Lösungen zu finden.

Leistungsarten

4 **(1) Die Leistungen der Grundsicherung für Arbeitsuchende werden in Form von**

1. Dienstleistungen, insbesondere durch Information, Beratung und umfassende Unterstützung durch einen persönlichen Ansprechpartner mit dem Ziel der Eingliederung in Arbeit,

2. Geldleistungen, insbesondere zur Eingliederung der erwerbsfähigen Hilfebedürftigen in Arbeit und zur Sicherung des Lebensunterhalts der erwerbsfähigen Hilfebedürftigen und der mit ihnen in einer Bedarfsgemeinschaft lebenden Personen, und

3. Sachleistungen
erbracht.

(2) Die nach § 6 zuständigen Träger der Grundsicherung für Arbeitsuchende wirken darauf hin, dass erwerbsfähige Hilfebedürftige und die mit ihnen in einer Bedarfsgemeinschaft lebenden Personen die erforderliche Beratung und Hilfe anderer Träger, insbesondere der Kranken- und Rentenversicherung, erhalten.

I. Allgemeines

1   **Geltende Fassung:** § 4 trat am 1. 1. 2005 i. d. F. von Art. 1 des Vierten Gesetzes für moderne Dienstleistungen am Arbeitsmarkt vom 24. 12. 2003 (BGBl. I S. 2954) in Kraft. Er weicht nur in Abs. 1 Nr. 1 auf Empfehlung des Ausschusses für Wirtschaft und Arbeit von der Formulierung des Gesetzesentwurfs geringfügig ab. Während dort nur von „umfassender Betreuung" die Rede war, wurde in der Gesetz gewordenen Fassung dieser Betreuungsauftrag in die Punkte Information, Beratung und umfassende Unterstützung differenziert. Noch vor Inkrafttreten wurde Abs. 2 durch Art. 1 des Gesetzes zur optionalen Trägerschaft von Kommunen nach dem Zweiten Buch Sozialgesetzbuch (Kommunales Optionsgesetz) vom 30. 7. 2004 (BGBl. I S. 2014) bei der Benennung der Träger an den neuen § 6 angepasst.

Normstruktur und Normzweck: Die Vorschrift nennt in **Abs. 1** 2 abschließend die **Leistungen der Grundsicherung für Arbeitsuchende. Abs. 2** verankert die **Pflicht der Träger zur Beratung** um Hilfebedürftigkeit möglichst zu vermeiden.

II. Leistungen der Grundsicherung für Arbeitsuchende (Abs. 1)

In Abs. 1 werden abschließend die Leistungen der Grundsicherung 3 für Arbeitsuchende aufgezählt. Die Reihenfolge der Aufzählung weicht von § 11 S. 1 SGB I (Dienst-, Sach- und Geldleistungen) ab und spiegelt die **Gewichtung** durch den Gesetzgeber wider. Diese Gewichtung wird sich zwar regelmäßig als sachgerecht erweisen, ist aber nicht absolut zwingend, sondern hat sich am Einzelfall und an den Grundsätzen von Wirtschaftlichkeit und Sparsamkeit zu orientieren.

Im Vordergrund stehen nach **Nr. 1** die **Dienstleistungen** des Trä- 4 gers, insbesondere der Agentur für Arbeit nach §§ 14–18 SGB II. Denn vorrangiges Ziel des Gesetzgebers ist es, den Hilfebedürftigen durch die Erbringung von Dienstleistungen in Arbeit einzugliedern. Im Ergebnis kann der Träger deshalb wegen der Verweisung in § 16 SGB II die meisten der als Dienstleistung ausgestalteten Eingliederungsleistungen erbringen, die auch für Bezieher von Arbeitslosengeld I vorgesehen sind. Dem Vorrang der Dienstleistung entspricht zudem die individuelle Aufarbeitung der Situation des Hilfebedürftigen durch einen zugewiesenen Fallmanager (§ 14 SGB II) als persönlichem Ansprechpartner. Dieser hat als Dienstleistung Information, Beratung und umfassende Unterstützung zu geben. Dieser Katalog ist zwar nicht abschließend, doch lässt sich kaum etwas vorstellen, was nicht unter den Begriff der umfassenden Unterstützung subsumiert werden könnte. Leider ist der Gesetzgeber insoweit nicht konsequent geblieben, als die Agentur für Arbeit nach § 14 S. 2 SGB II einen persönlichen Ansprechpartner benennen „soll" aber nicht muss.

Geldleistungen nach **Nr. 2** sind in erster Linie die nach dem SGB 5 III vorgesehenen verschiedenen Zuschüsse zu Eingliederungsmaßnahmen sowie das Einstiegsgeld nach § 29 SGB II. Aus dem allgemeinen Zweck des Gesetzes ergibt sich, dass Geldleistungen zur Eingliederung der erwerbsfähigen Hilfebedürftigen den Leistungen zur Sicherung des Lebensunterhalts (Arbeitslosengeld II) nach §§ 19 ff. SGB II und dem Sozialgeld nach § 28 SGB II vorgehen. Die Geldleistungen sind ebenfalls nicht abschließend benannt. Wegen der Bindung der Verwaltung an das Gesetz müssen aber andere Geldleistungen eine rechtliche Grundlage haben. Denkbar sind einzelfallbezogene Leistungen zur Überbrückung, die gegebenenfalls als Darlehn gewährt werden oder Zuschüsse in besonderen Härtefällen im Rahmen des § 23 SGB II.

6   **Sachleistungen** nach **Nr. 3** können z. B. nach § 16 a Nr. 1–4 die Bereitstellung von Betreuungsmöglichkeiten für Kinder, Schuldner- oder Suchtberatung oder psychosozialer Dienste sein, vor allem wenn die dafür nach § 6 Abs. 1 S. 1 Nr. 2 SGB II zuständigen kommunalen Träger diese Leistung selbst bereitstellen. Denkbar ist aber auch, dass für Leistungen Gutscheine ausgegeben werden bzw. die Kosten unmittelbar vom Träger übernommen werden, vor allem wenn die Gefahr einer unzweckmäßigen Verwendung der Geldleistungen besteht. Bei Drogen- und Alkoholabhängigkeit sowie im Falle unwirtschaftlichen Verhaltens kann die Regelleistung nach § 23 Abs. 2 SGB II in voller Höhe oder anteilig in Form von Sachleistungen erbracht werden. Als Sachleistungen können ebenfalls die Erstausstattungen für die Wohnung einschließlich Haushaltsgeräten und die Erstausstattungen für Bekleidung einschließlich bei Schwangerschaft und Geburt nach § 23 Abs. 3 S. 1 Nr. 1 und 2, S. 5 SGB II gewährt werden.

III. Beratungsauftrag der Träger (Abs. 2)

7   In ihrer Konzeption als Grundsicherung ist die Grundsicherung für Arbeitsuchende gemäß § 5 Abs. 1 SGB II gegenüber den Leistungen anderer Träger nachrangig. Abs. 2 hält die zuständigen Träger an darauf hinzuwirken, dass der Hilfebedürftige oder die mit ihm in einer Bedarfsgemeinschaft lebenden Personen die Beratungs- und Hilfsangebote und gegebenenfalls die Leistungen anderer Träger nutzen (*s. a. Krahmer, Sozialrecht aktuell 2008, 41–45, zum Fallmanagement Reis, WSI-Mitteilungen 2006, 194–196*). Der **Beratungsanspruch** ergibt sich bereits aus § 14 SGB I. Exemplarisch sind die Kranken- und Rentenversicherung genannt. Die Träger der gesetzlichen Krankenversicherung ist nach § 15 Abs. 1 SGB I Ansprechpartner für Auskünfte in allen sozialen Angelegenheiten nach dem SGB. Sie hat den Auskunftssuchenden die zuständigen Leistungsträger zu benennen und im Rahmen ihrer Möglichkeiten alle Rechts- und Sachfragen zu beantworten, die für ihn von Bedeutung sein können. Die in § 15 Abs. 4 SGB I genannte Rentenversicherung soll insbesondere über den Aufbau einer – auch zusätzlichen – Altersvorsorge beraten. Aber auch andere Sozialleistungsträger wie z. B. die Unfallversicherung nach dem SGB VIII können für Beratung und Hilfe gleichfalls in Betracht kommen, ebenso Beratungsleistungen nach dem SGB VIII für die in der Bedarfsgemein-

schaft lebenden Kinder des Hilfebedürftigen, bei Behinderung nach
dem SGB IX und bei pflegebedürftigen Mitgliedern der Bedarfsgemeinschaft oder Angehörigen nach dem SGB XI. Andere Träger sind
nur die in §§ 18–29 SGB I genannten Träger. Der Hilfesuchende kann
daher nicht aufgefordert werden Beratung und Hilfe privater Initiati-
ven oder karitativer Einrichtungen in Anspruch zu nehmen.

Die Aufforderung des zuständigen Trägers soll eine Mitwirkungs- **8**
pflicht gemäß § 60 SGB I begründen (*BT-Drucks. 15/1516, 51*), obgleich
zumindest nach dem Wortlaut des § 60 SGB I die Inanspruchnahme
von Beratung durch andere Sozialleistungsträger als Mitwirkungspflicht nicht aufgeführt ist. § 66 SGB I als Sanktionsmöglichkeit greift
deshalb nicht, soweit der Hilfebedürftige sein Recht auf Beratung aus
§ 14 SGB I nicht in Anspruch nimmt. Allenfalls könnte man über die
Verpflichtung zur Angabe der leistungserheblichen Tatsachen, die der
Hilfebedürftige ohne die Inanspruchnahme einer kompetenten Beratung eventuell nicht kennen kann (z. B. Möglichkeit der vorzeitigen
Rente), zu einer Mitwirkungspflicht des Hilfebedürftigen nach § 60
Abs. 1 S. 1 Nr. 1, 1. Alt. SGB I gelangen. Diese Mitwirkungspflicht besteht aber ohnehin, so dass es der Vorschrift des § 4 Abs. 2 SGB II nicht
bedurft hätte. Gleiches gilt für die Verpflichtung des Hilfebedürftigen,
nach § 60 Abs. 1 S. 1 Nr. 1, 2. Alt. SGB I auf Verlangen des Trägers der
Erteilung von Auskünften durch Dritte zuzustimmen.

Sollte sich der Hilfebedürftige tatsächlich einer Beratung verwei- **9**
gern, greift auch nicht die Sanktionsmöglichkeit des § 31 SGB II, da
dies als Tatbestand dort nicht explizit aufgeführt ist. Bestenfalls könnte
man in der unzureichenden Inanspruchnahme der Beratung indirekt
die Absicht erkennen, durch Einkommensverminderung die Voraussetzungen für die Gewährung oder Erhöhung des Arbeitslosengelds II
herbeizuführen (§ 31 Abs. 4 Nr. 1 SGB II). In der Praxis dürfte § 4 Abs. 2
SGB II eher als Handlungsanweisung für den Träger zu verstehen sein,
den Hilfebedürftigen zur Inanspruchnahme der Beratung und Hilfe
durch andere Träger anzuhalten. Umgekehrt ist aber auch der Träger
gehalten, gegebenenfalls auf andere Träger einzuwirken, dem Hilfesuchenden in angemessener Zeit Beratung und Hilfe zukommen zu
lassen und ihn nicht (etwa bei der Terminsvergabe) zu vertrösten.
Ebenfalls denkbar ist es, wegen des Grundsatz des Förderns beim anderen Träger einen baldigen Bescheid oder einen Leistungsvorschuss an-
zumahnen, wenn es etwa dem Hilfesuchenden an entsprechender
Durchsetzungsfähigkeit fehlt um seine Rechte aus § 14 SGB I und § 17
SGB I wahrzunehmen.

Nachrang der Leistungen

5 (1) [1]Auf Rechtsvorschriften beruhende Leistungen Anderer, insbesondere der Träger anderer Sozialleistungen, werden durch dieses
Buch nicht berührt. [2]Ermessensleistungen dürfen nicht deshalb versagt
werden, weil dieses Buch entsprechende Leistungen vorsieht.

(2) [1]Der Anspruch auf Leistungen zur Sicherung des Lebensunterhalts nach diesem Buch schließt Leistungen nach dem Dritten Kapitel
des Zwölften Buches aus. [2]Leistungen nach dem Vierten Kapitel des
Zwölften Buches sind gegenüber dem Sozialgeld vorrangig.

(3) [1]Stellen Hilfebedürftige trotz Aufforderung einen erforderlichen
Antrag auf Leistungen eines anderen Trägers nicht, können die Leistungsträger nach diesem Buch den Antrag stellen sowie Rechtsbehelfe
und Rechtsmittel einlegen. [2]Der Ablauf von Fristen, die ohne Verschulden der Agentur für Arbeit verstrichen sind, wirkt nicht gegen die
Agentur für Arbeit; dies gilt nicht für Verfahrensfristen, soweit die
Agentur für Arbeit das Verfahren selbst betreibt.

I. Allgemeines

1   **Geltende Fassung:** § 5 trat am 1. 1. 2005 i. d. F. von Art. 1 des Vierten Gesetzes für moderne Dienstleistungen am Arbeitsmarkt vom
24. 12. 2003 (BGBl. I S. 2954) in Kraft. Abs. 1 und 3 sind aus dem Gesetzesentwurf unverändert übernommen worden. Der Ausschluss der
Leistungen nach dem SGB XII (Erstausstattung, mehrtägige Klassenfahrten) wurde erweitert, aber durch eine inhaltsgleiche Vorschrift
(§ 23 Abs. 3 SGB II) ersetzt. Noch vor Inkrafttreten wurde Abs. 2 S. 2
durch Art. 1 des Gesetzes zur optionalen Trägerschaft von Kommunen
nach dem Zweiten Buch Sozialgesetzbuch (Kommunales Optionsgesetz) vom 30. 7. 2004 (BGBl. I S. 2014) der ursprünglich genannte § 35
durch § 34 ersetzt, um die Vorschrift der Nummerierung des SGB
XII, die sich gegenüber dem Gesetzentwurf leicht verschoben hatte,
anzupassen. Der vormalige Abs. 2 S. 2 mit einer Verweisung auf § 34
SGB XII (Übernahme von Schulden) wurde durch G v. 24. 3. 2006
(BGBl. I 558) mWv 1. 4. 2006 gestrichen. Mit G v. 20. 7. 2006 (BGBl I
1706) mWv 1. 8. 2006 wurde in Abs. 3 S. 1 den Trägern erlaubt auch
Rechtsbehelfe und Rechtsmittel einzulegen.

2   **Normstruktur und Normzweck:** Die Vorschrift regelt in **Abs. 1**
die **Nachrangigkeit** zu anderen Leistungen, in **Abs. 2** hingegen die
grundsätzliche **Vorrangigkeit** der Leistungen nach dem SGB II gegenüber Leistungen nach dem SGB XII. In **Abs. 3** wird der **Träger ermächtigt,** für den Hilfesuchenden selbst Anträge bei Sozialleistungsträgern zu stellen und das Verfahren zu betreiben.

II. Nachrang gegenüber anderen Leistungen (Abs. 1)

Die Vorschrift regelt in **S. 1** das **Rangverhältnis zu anderen Leis-** 3
tungen. Wegen ihres subsidiären Charakters als Grundsicherung haben
Verpflichtungen und Leistungen anderer grundsätzlich Vorrang vor
Leistungen nach dem SGB II. Das Rangverhältnis ist zwar nicht ausdrücklich erwähnt, ergibt sich aber aus der eventuellen Einkommensanrechnung nach § 11 SGB II *(zum Existenzgründerzuschuss Hengelhaupt,
jurisPR-SozR 18/2008 Anm. 1).* Bei Dienst- oder Sachleistungen ist der
Geldeswert anzusetzen, sofern sie einen solchen besitzen (z. B. freie Verpflegung). Bei der Bewertung von Sachleistungen ist auf die Sachbe-
zugsverordnung zurückzugreifen (§ 2 Abs. 2 Alg II–V). Die Leistungen
müssen auf Rechtsvorschriften beruhen. Beispielhaft werden die Leistungen von Trägern anderer Sozialleistungen genannt. Wie aus der Formulierung „insbesondere der Träger anderer Sozialleistungen" zu entnehmen ist, müssen die Leistungen nicht zwingend durch Träger im
Sinne der §§ 18–29 SGB I erbracht werden. In Betracht kommen als
Verpflichtungen Anderer nach §§ 3–35 SGB II etwa auch Zahlungen
von ausländischen Leistungsträgern (z. B. ausländische Rentenversicherung), da S. 1 allgemein von Rechtsvorschriften spricht, sich also nicht
auf inländische Rechtsvorschriften beschränkt. Der Nachrang ist nicht
auf Leistungen von öffentlichen Trägern beschränkt. Deshalb bleiben
privatrechtliche gesetzliche Unterhalts- oder Entschädigungsansprüche
ebenfalls unberührt. Letztere können gegebenenfalls nach § 11 Abs. 3
Nr. 2 SGB II anrechnungsfrei bleiben. Rein vertragliche Ansprüche
zählen mithin nicht. Diese können aber bei der Einkommensanrechnung nach § 11 SGB II eine Rolle spielen. Anders ist dies, wenn mit
dem Vertrag nur eine gesetzliche Verpflichtung umgesetzt wird, etwa
bei Unterhaltsverträgen oder gerichtlichen Vergleichen der Fall.

Soweit Andere **Ermessensleistungen** erbringen, dürfen diese nach 4
S. 2 nicht deshalb versagt werden, weil Leistungen nach dem SGB II
gewährt werden könnten. Die mögliche Leistungsverpflichtung darf
demnach bei der Ermessensausübung keine Rolle spielen. Dies würde
auch für die Bundesagentur als Träger der Versicherungsleistungen
nach dem Dritten Buch gelten. Ursprünglich sollte § 22 Abs. 4 SGB III
regeln, dass bestimmte Eingliederungsleistungen erwerbsfähigen Hilfebedürftigen nicht aus Mitteln der Versichertengemeinschaft zur Verfügung stehen: Vorgesehen war nach Art. 3 Nr. 4 des Gesetzesentwurfs
(BT-Drucks. 15/1516) folgende Fassung: „*(4) Leistungen nach den §§ 37,
37 c, nach dem Ersten bis Sechsten Abschnitt des Vierten Kapitels, nach dem Ersten Abschnitt des Fünften Kapitels, nach dem Ersten, Fünften und Siebten Abschnitt des Sechsten Kapitels, sowie nach den §§ 417, 421 g und 421 k werden
nicht an erwerbsfähige Hilfebedürftige erbracht, für die entsprechende Leistungen
in § 16 des Zweiten Buches vorgesehen sind.*" Diese Vorschrift ist nicht Gesetz

geworden. Vielmehr wurden in § 16 Abs. 1 die meisten der in § 22 Abs. 4 – Entwurf genannten Leistungen als unmittelbare Leistungen des SGB II aufgenommen. Bei der Finanzierung ist darauf zu achten, dass Leistungen nach dem SGB II, auch wenn sie denen des SGB III entsprechen, keinesfalls nach § 340 SGB III, sondern vollständig aus Steuermitteln des Bundes nach § 46 SGB II zu finanzieren sind. Die Abgrenzung zwischen der Verpflichtung zur Erbringung von Leistungen nach dem SGB II und SGB III erfolgt primär über das Merkmal der Hilfebedürftigkeit. Wenn eine Anspruchsberechtigung nach dem SGB II nicht (mehr) besteht, etwa weil es an der Hilfebedürftigkeit i. S. d. § 9 SGB II fehlt oder diese entfallen ist, sind Leistungen nach dem SGB III zu gewähren (§ 22 SGB III).

III. Vorrang vor Leistungen nach dem SGB XII (Abs. 2)

5   S. 1 stellt klar, dass der Anspruch auf Leistungen zur Sicherung des Lebensunterhalts nach dem SGB II **Hilfe zum Lebensunterhalt** nach §§ 27–40 SGB XII **ausschließt**. Über das Kriterium der Erwerbsfähigkeit (§ 8 SGB II) wird der Anwendungsbereich der beiden Gesetze abgegrenzt. Entfällt die Erwerbsfähigkeit oder ist sie nicht gegeben, sind Leistungen nach dem SGB XII zu gewähren. Der Ausschluss jeglicher Sozialhilfeleistung widerspricht dem sozialhilferechtlichen Bedarfsdeckungsprinzip und stößt auf deutliche verfassungsrechtliche Bedenken (*Krahmer, ZfF 2004, 178–182*).

6   **Als** einzige **Ausnahme** von diesem Vorrang sah der bisherige S. 2 die **Übernahme von Schulden zur Sicherung der Unterkunft** oder zur Behebung einer vergleichbaren Notlage nach § 34 SGB XII vor, sofern nicht ohnehin § 22 Abs. 5 SGB II zum Tragen kommt. Der Unterschied zwischen beiden Vorschriften lag vor allem darin, dass § 22 Abs. 5 SGB II auf *Miet*schulden begrenzt ist. Hingegen konnten nach § 34 SGB XII (Hilfe zum Lebensunterhalt in Sonderfällen) auch andere Schulden als Darlehn oder als Beihilfe übernommen werden. Die Vorschrift war wenig geglückt, weil doch wieder eine Verknüpfung von SGB II und SGB XII stattfand. Die Verweisung wurde nunmehr gestrichen. Der modifizierte § 22 Abs. 5 SGB II lässt aber nur die Übernahme von Schulden zu, die im Zusammenhang mit der Unterkunft stehen, nicht aber sonstiger Schulden.

7   Im Gesetz wurde die noch im Gesetzesentwurf enthaltene Verweisung auf die einmaligen Leistungen (jetzt § 31 SGB XII) gestrichen. Auch diese Leistungen dürfen nicht vom Sozialhilfeträger erbracht werden, sondern nach § 23 Abs. 3 Satz 1 SGB II von den § 6 Abs. 1 S. 1 Nr. 2 SGB II zuständigen kommunalen Träger erbracht.

8   Der Vollständigkeit halber ist anzuführen, dass Sozialhilfe als Hilfe zum Lebensunterhalt auch dann nicht gewährt werden darf, wenn das

Arbeitslosengeld II oder das Sozialgeld nach §§ 31, 32 SGB II abgesenkt oder weggefallen sind.

Der in **S. 2** niedergelegte **Vorrang der Leistungen der Grund-** 9
sicherung nach §§ 41–46 SGB XII kommt in der Praxis nur für die Ansprüche der Mitglieder der Bedarfsgemeinschaft zum Tragen, da beim Hilfebedürftigen selbst sich die Anspruchsvoraussetzungen wechselseitig ausschließen. Die Grundsicherung im Alter wird nur ab Erreichen der Regelaltersgrenze gewährt, was zum Anspruchswegfall nach § 7 Abs. 1 S. 1 Nr. 1 SGB II führt. Während Leistungen nach dem SGB II nur an Erwerbsfähige gewährt werden, ist Anspruchsvoraussetzung für die Grundsicherung bei Erwerbsminderung die dauerhafte Erwerbsunfähigkeit. Der Vorrang der Grundsicherung nach dem SGB XII wird nochmals in § 28 Abs. 1 SGB II bekräftigt.

IV. Antragstellung durch Träger (Abs. 3)

S. 1 ermächtigt den **Träger** der Grundsicherung, an Stelle eines Hil- 10
febedürftigen **selbst einen Antrag** nach § 16 SGB I auf Leistungen bei einem anderen Träger zu **stellen**. Voraussetzung ist jedoch, dass der Hilfebedürftige **zuvor zur Antragstellung aufgefordert** wurde. Damit soll die Verwirklichung von Ansprüchen gegen andere Träger und der Nachrang der Leistungen der Grundsicherung für Arbeitsuchende sichergestellt werden. Die Problematik dieser Vorschrift liegt darin, dass der Träger einen Antrag auch gegen den Willen eines Hilfebedürftigen stellen kann, etwa auf vorzeitige Altersrente, was für die Hilfesuchenden zu erheblichen Abschlägen gemäß § 77 Abs. 2 Nr. 2a SGB VI verbunden wäre. Für Mitglieder der Bedarfsgemeinschaft kann der Träger hingegen keinen Ersatzantrag stellen. Der Träger der Grundsicherung wird durch die Antragstellung nicht Anspruchsinhaber, sondern nur Verfahrensbeteiligter. Die Vorschrift wurde erweitert und erlaubt den Trägern die selbständige **Einlegung von Rechtsbehelfen und Rechtsmitteln**. Eine vorherige Aufforderung des Hilfebedürftigen ist nach dem Gesetzeswortlaut nicht erforderlich und dürfte angesichts der kurzen Fristen auch nicht tunlich sein.

S. 2 1. Hs. lässt sogar bereits **verstrichene Fristen** außer Acht. Hat 11
es der Hilfebedürftige versäumt, rechtzeitig einen Antrag zu stellen, kann dies der Träger noch nach Ablauf der Frist tun. Es handelt sich um eine Art „gesetzliche Wiedereinsetzung in den vorigen Stand zugunsten Dritter". Für die Beurteilung des Verschuldens wird man auf die Kenntnis des Trägers der Grundsicherung abstellen müssen. Hat der Träger der Grundsicherung Kenntnis von der Möglichkeit einer Antragstellung und weigert sich der Hilfebedürftige vor Fristablauf einen Antrag zu stellen, hat der Träger die Frist zu beachten. Liegt vor Fristablauf noch keine definitive Weigerung vor, dürfte ein Verschulden zu

verneinen sein. Denn der Hilfebedürftige als Anspruchsinhaber hat grundsätzlich das Recht, Fristen voll auszuschöpfen. Erfährt der Träger erst nach Fristablauf, dass eine Antragstellung möglich ist, liegt kein Verschulden vor. Die Heilung eines Fristversäumnisses kann aber nur gegenüber inländischen Trägern gelten, da das SGB II nicht ausländisches Verfahrensrecht (z. B. bei Beantragung einer ausländischen Altersrente) überlagern kann.

12 Der Hilfebedürftige ist nicht gehindert selbst weitere Verfahrenshandlungen vorzunehmen. Dies ergibt sich aus **S. 2 2. Hs.**, wonach der Leistungsträger, wenn er das Verfahren selbst betreibt, **Verfahrensfristen** beachten muss. Er muss also beispielsweise rechtzeitig Widerspruch oder Klage gegen einen ablehnenden (Widerspruchs-)bescheid eines anderen Trägers einlegen. Konsequenterweise müsste dazu dem Träger aber der Bescheid zugestellt werden. Es dürfte sich um den Fall einer notwendigen Beteiligung nach § 12 Abs. 2 Nr. 2 SGB X bzw. einer notwendigen Beiladung nach § 75 Abs. 2 SGG handeln.

Träger der Grundsicherung für Arbeitsuchende

6 (1) ¹Träger der Leistungen nach diesem Buch sind:
1. Die **Bundesagentur für Arbeit (Bundesagentur)**, soweit Nummer 2 nichts Anderes bestimmt,
2. die kreisfreien Städte und Kreise für die Leistungen nach § 16a, §§ 22 und 23 Abs. 3, soweit durch Landesrecht nicht andere Träger bestimmt sind (kommunale Träger).

²Zu ihrer Unterstützung können sie Dritte mit der Wahrnehmung von Aufgaben beauftragen; sie sollen einen Außendienst zur Bekämpfung von Leistungsmissbrauch einrichten.

(2) ¹Die Länder können bestimmen, dass und inwieweit die Kreise ihnen zugehörige Gemeinden oder Gemeindeverbände zur Durchführung der in Abs. 1 Satz 1 Nr. 2 genannten Aufgaben nach diesem Gesetz heranziehen und ihnen dabei Weisungen erteilen können; in diesen Fällen erlassen die Kreise den Widerspruchsbescheid nach dem Sozialgerichtsgesetz. ²§ 44b Abs. 3 Satz 3 bleibt unberührt. 3Die Sätze 1 und 2 gelten auch in den Fällen des § 6a mit der Maßgabe, dass eine Heranziehung auch für die Aufgaben nach § 6b Abs. 1 Satz 1 erfolgen kann.

(3) Die Länder Berlin, Bremen und Hamburg werden ermächtigt, die Vorschriften dieses Gesetzes über die Zuständigkeit von Behörden für die Grundsicherung für Arbeitsuchende dem besonderen Verwaltungsaufbau ihrer Länder anzupassen.

I. Allgemeines

Geltende Fassung: § 6 sollte am 1. 1. 2005 i. d. F. von Art. 1 des **1** Vierten Gesetzes für moderne Dienstleistungen am Arbeitsmarkt vom 24. 12. 2003 (BGBl. I S. 2954) in Kraft treten. Noch vor Inkrafttreten wurde Abs. 1 S. 1 Nr. 2 durch Art. 1 des Gesetzes zur optionalen Trägerschaft von Kommunen nach dem Zweiten Buch Sozialgesetzbuch (Kommunales Optionsgesetz) vom 30. 7. 2004 (BGBl. I S. 2014) neu gefasst und Abs. 2 und 3 angefügt. Nach Art. 17 trat die Vorschrift am 6. 8. 2004 in Kraft. Das G v. 21. 12. 2008 (BGBl. I 2917) mWv 1. 1. 2009 brachte keine inhaltliche Änderung, sondern trug nur der Neufassung der Kommunalen Eingliederungsleistungen in § 16 a SGB II Rechnung. Das G v. 20. 7. 2006 (BGBl I 1706) mWv 1. 8. 2006 fordert in Abs. 1 S. 3 die Einrichtung eines Außendienstes zur Missbrauchskontrolle und ermöglicht durch Erweiterung des Abs. 2 S. 3 den Ländern, Kommunen auch für Aufgaben nach § 6 b SGB II heranzuziehen.

Normstruktur und Normzweck: In **Abs. 1** werden die **Träger** **2** **der Leistungen** bestimmt. **Abs. 2** eröffnet den Ländern die Möglichkeit, **kreisangehörige Gemeinden und Gemeindeverbände** heranzuziehen. **Abs. 3** trägt den **Besonderheiten der Stadtstaaten** Rechnung.

II. Träger der Leistungen (Abs. 1)

Im Gesetzesentwurf wurde zunächst die Bundesagentur für Arbeit **3** zum alleinigen Träger der Leistungen der Grundsicherung für Arbeitsuchende bestimmt. Geplant war, dass die Bundesagentur im Rahmen einer Organleihe für den Bund tätig wird und Dritte mit dem Erbringen von Eingliederungsleistungen beauftragen kann.

Die ausschließliche Trägerschaft der Bundesagentur wurde sehr kri- **4** tisch betrachtet. In einer ganzen Reihe von Kommunen *(zur Rolle der Kommunen Hofmann/Niermann, BlWohlpfl 2009, 16–18)* war man der Auffassung, dass von ihnen aufgrund der Ortsnähe eine effektivere Betreuung und Eingliederung der Hilfesuchenden geleistet werden könnte. Es gab auch Diskussionen darüber, ob nicht generell die kommunale Ebene, die ohnehin Träger der Sozialhilfe nach dem SGB XII bleibt, für die Durchführung der Grundsicherung für Arbeitsuchende zuständig sein sollte. Bereits in § 6 a SGB II a. F. war eine Optionsmöglichkeit für eine Trägerschaft der kommunalen Ebene eingebaut worden. Die kreisfreien Städte und Kreise sollten auf Antrag durch Rechtsverordnung des Bundesministeriums für Wirtschaft und Arbeit anstelle der Bundesagentur für Arbeit zugelassen werden, wozu die oberste Landesbehörde ihre Zustimmung hätte erteilen müssen. Das nähere sollte

ein Bundesgesetz regeln. Mit dem Entwurf eines Kommunalen Optionsgesetzes (*BT-Drucks. 15/2816*) sollte diesen Wünschen Rechnung
getragen werden. Der Entwurf wurde im Ausschuss für Wirtschaft und
Arbeit (*BT-Drucks. 15/2997*) in einigen Punkten geändert und im
Vermittlungsausschuss (*BR-Drucks. 529/04*) modifiziert. Im Ergebnis
existiert zunächst eine nach Art der zu erbringenden Leistung duale
Struktur zwischen Bundesagentur für Arbeit und kommunalen Trägern (§ 6 Abs. 1 S. 1 SGB II). Diese duale Struktur wird zugunsten einer
einheitlichen Struktur aufgehoben, wenn der kommunale Träger nach
§ 6 a SGB II dafür optiert hat, die Aufgaben der Bundesagentur für Arbeit wahrzunehmen und zugelassen wurde.

5   **S. 1 Nr. 1** legt die **Grundzuständigkeit der Bundesagentur für
Arbeit** fest. Diese erbringt die in §§ 16 SGB II vorgesehenen Leistungen nach dem SGB III, sowie das Arbeitslosengeld II nach §§ 19 ff., das
Sozialgeld nach § 28 SGB II, das Einstiegsgeld nach § 29 SGB II und
gegebenenfalls die Leistungen nach §§ 1, 4 ATG.

6   Die **kommunalen Träger** sind hingegen nach **S. 1 Nr. 2** für die
weiteren Ermessensleistungen nach § 16 a SGB II zuständig. Da der
Katalog des § 16 a SGB II abschließend ist, wären weitere Leistungen
von der Bundesagentur für Arbeit zu erbringen. Die kommunalen Träger sind zudem zuständig für Leistungen für Unterkunft und Heizung
nach § 22 SGB II. Diese Zuständigkeit war bereits nach dem BSHG im
Rahmen der ergänzenden Sozialhilfe gegeben. Die Kommunen be-
fürchteten jedoch, durch die Einführung des SGB II finanziell überfor-
dert zu werden, da der Kreis der Leistungsbezieher insgesamt höher
liegt, als nach dem bisherigen Recht. Eine weitere Zuständigkeit wird
für die Erstausstattung für Wohnung und Bekleidung sowie mehrtägige Klassenfahrten gemäß § 23 Abs. 3 SGB II begründet. Die ursprünglich geplante Verweisung auf § 31 SGB XII wurde damit gegen-
standslos.

7   Kommunale Träger sind die kreisfreien Städte und die Kreise, welche
aufgrund der landesrechtlichen Ausführungsbestimmungen nach
Abs. 2 S. 1 Gemeinden und Gemeindeverbände zur Durchführung der
Aufgaben heranziehen können. Meist ist nach § 3 Abs. 2 SGB XII die
Identität mit dem Sozialhilfeträger gegeben.

8   **S. 2** lässt die **Beauftragung Dritter** sowohl durch die Bundesagentur als auch durch die kommunalen Träger mit der Wahrnehmung ihrer
jeweiligen Aufgaben zu. Eine solche Beauftragung bietet sich beispielsweise für Träger der freien Wohlfahrtspflege oder private Initiati-
ven, etwa bei Betreuungs- und Beratungsleistungen, an.

II. Ausführungsgesetze der Länder (Abs. 2)

S.1 räumt den Ländern die Möglichkeit ein, durch **Ausführungs-** 9
gesetze[1] zu bestimmen, dass die Kreise kreisangehörige Gemeinden
und Gemeindeverbände (z.B. Verwaltungsgemeinschaften, Regionen)
zur Durchführung der Aufgaben nach Abs.1 S.1 Nr.2 heranziehen
können. Die Kreise sind gegenüber den herangezogenen Institutionen
weisungsbefugt (übertragener Wirkungsbereich) und erlassen gegebenenfalls einen Widerspruchsbescheid nach §§ 77 ff. SGG.

Soweit die kommunalen Träger die Wahrnehmung ihrer Aufgaben 10
nach § 44b Abs.3 S.21. Hs. SGB II auf **Arbeitsgemeinschaften** übertragen haben, sind diese weiterhin nach §§ 6 Abs. 2 **S.2,** 44b Abs. 3 S.3
SGB II zum Erlass der Widerspruchsbescheide zuständig *(zur Verfassungswidrigkeit der ARGEn BVerfGE v. 20.12. 2008; Loher, NDV 2009,
49–51; Dyllick u.a., ZFSH/SGB 204–211; Mempel, ArchsozArb 2008,
Nr.1 114–125).*

S.3 stellt klar, dass die **Heranziehung** kreisangehöriger Gemein- 11
den und von Gemeindeverbänden auch dann möglich ist, wenn die
kommunalen Träger die Aufgaben der Bundesagentur nach §§ 6a, 6b
SGB II übernommen haben. Die Heranziehungsmöglichkeit beschränkt sich aber nur auf die in Abs.1 S.1 Nr.2 genannten Aufgaben.
Auch hier erlassen die Kreise den Widerspruchsbescheid.

III. Stadtstaatenklausel (Abs. 3)

Abs.3 trägt den **Besonderheiten des Verwaltungsaufbaus der** 12
Stadtstaaten Rechnung, da dort keine Kreisebene existiert.

Experimentierklausel

6a (1) [1]Zur Weiterentwicklung der Grundsicherung für Arbeitsuchende sollen an Stelle der Agenturen für Arbeit als Träger der
Leistung nach § 6 Abs.1 Satz 1 Nr.1 im Wege der Erprobung kommunale Träger im Sinne des § 6 Abs.1 Satz 1 Nr.2 zugelassen werden
können. [2]Die Erprobung ist insbesondere auf alternative Modelle der
Eingliederung von Arbeitsuchenden im Wettbewerb zu den Eingliederungsmaßnahmen der Agenturen für Arbeit ausgerichtet.

(2) [1]Auf Antrag werden kommunale Träger vom Bundesministerium
für Arbeit und Soziales als Träger im Sinne des § 6 Abs.1 Satz 1 Nr.1
durch Rechtsverordnung ohne Zustimmung des Bundesrates zugelassen, wenn sie sich zur Schaffung einer besonderen Einrichtung nach

---

[1] Siehe Anhang.

Abs. 6 und zur Mitwirkung an der Wirkungsforschung nach § 6 c verpflichtet haben (zugelassene kommunale Träger). [2]Für die Antragsbe-
rechtigung gilt § 6 Abs. 3 entsprechend.

(3) [1]Die Zahl der zugelassenen kommunalen Träger beträgt höchstens 69. [2]Zur Bestimmung der zuzulassenden kommunalen Träger
werden zunächst bis zum Erreichen von Länderkontingenten, die sich
aus der Stimmenverteilung im Bundesrat (Artikel 51 des Grundgesetzes) ergeben, die von den Ländern nach Abs. 4 benannten kommunalen Träger berücksichtigt. [3]Nicht ausgeschöpfte Länderkontingente
werden verteilt, indem die Länder nach ihrer Einwohnerzahl nach den
Erhebungen des Statistischen Bundesamtes zum 31. Dezember 2002
in eine Reihenfolge gebracht werden. [4]Entsprechend dieser Länder-
reihenfolge wird bei der Zulassung von kommunalen Trägern jeweils
der in der Nennung des Landes nach Abs. 4 am höchsten gereihte
kommunale Träger berücksichtigt, der bis dahin noch nicht für die Zulassung vorgesehen war.

(4) [1]Der Antrag des kommunalen Trägers ist an die Zustimmung
der zuständigen obersten Landesbehörde gebunden. [2]Stellen in
einem Land mehr kommunale Träger einen Antrag auf Zulassung als
Träger im Sinne des § 6 Abs. 1 Satz 1 Nr. 1, als nach Abs. 3 zugelassen
werden können, schlägt die oberste Landesbehörde dem Bundesministerium für Arbeit und Soziales vor, in welcher Reihenfolge die antragstellenden kommunalen Träger zugelassen werden sollen.

(5) [1]Der Antrag kann bis zum 15. September 2004 mit Wirkung ab
dem 1. Januar 2005 gestellt werden. [2]Die Zulassung wird für einen
Zeitraum von sechs Jahren erteilt. [3]Die zugelassenen kommunalen
Träger nehmen die Trägerschaft für diesen Zeitraum wahr.

(6) Zur Wahrnehmung der Aufgaben an Stelle der Bundesagentur
errichten die zugelassenen kommunalen Träger besondere Einrichtungen für die Erfüllung der Aufgaben nach diesem Buch.

(7) [1]Das Bundesministerium für Arbeit und Soziales kann mit Zustimmung der obersten Landesbehörde durch Rechtsverordnung ohne
Zustimmung des Bundesrates die Zulassung widerrufen. [2]Auf Antrag
des zugelassenen kommunalen Trägers, der der Zustimmung der obersten Landesbehörde bedarf, widerruft das Bundesministerium für
Arbeit und Soziales die Zulassung durch Rechtsverordnung ohne Zustimmung des Bundesrates. [3]In den Fällen des Satzes 2 endet die Trägerschaft, wenn eine Arbeitsgemeinschaft mit der Agentur für Arbeit
gebildet worden ist, im Übrigen ein Jahr nach der Antragstellung.

I. Allgemeines

Geltende Fassung: §6a sollte am 1.1.2005 i.d.F. von Art.1 des **1** Vierten Gesetzes für moderne Dienstleistungen am Arbeitsmarkt vom 24.12.2003 (BGBl. I S. 2954) in Kraft treten. Noch vor Inkrafttreten wurde die Vorschrift durch Art.1 des Gesetzes zur optionalen Trägerschaft von Kommunen nach dem Zweiten Buch Sozialgesetzbuch (Kommunales Optionsgesetz) vom 30.7.2004 (BGBl. I S. 2014) völlig neu formuliert. Nach Art.17 trat die Vorschrift am 6.8.2004 in Kraft. Die Änderungen des Abs.2 S.1, Abs.4 S.2 durch G v. 31.10.2006 (BGBl. I 2407) mWv 8.11.2006 und des Abs.7 S.1 und 2 durch G v. 20.7.2006 (BGBl. I 1706) mWv 1.8.2006 waren redaktionell durch Umbenennung des bisherigen Bundesministeriums für Wirtschaft und Arbeit erforderlich.

Normstruktur und Normzweck: Nach dem Gesetz zur optiona **2** len Trägerschaft von Kommunen nach dem Zweiten Buch Sozialgesetzbuch (Kommunales Optionsgesetz) vom 30. Juli 2004 (BGBl. I 2014) sollten die Kreise und kreisfreien Städte die Möglichkeit erhalten, die Aufgaben der Agenturen für Arbeit nach dem SGB II durchzuführen. In dem neu gefassten §6a wird das **Zulassungsverfahren** geregelt.

II. Experimentierklausel (Abs. 1)

Die Grundsicherung für Arbeitsuchende steht in einem Spannungs **3** verhältnis zwischen dem von den Kommunen ausgeführten Sozialhilferecht und der Arbeitsförderung durch die Bundesagentur. Die Ausgestaltung als eine dem SGB XII äquivalente Grundsicherung hat die Frage aufgeworfen, ob die Bundesagentur tatsächlich der geeignete Träger für die Durchführung der Leistungen nach dem SGB II ist oder ob nicht die Sozialhilfeträger wegen der Ortsnähe und der besseren Kenntnis vom Umfeld der Klientel dazu berufen werden sollten. Der Gesetzgeber hat sich diesem Ansinnen geöffnet und eine bislang nicht bekannte optionale Trägerschaft zugelassen. **S.1** verdeutlicht, dass die Vorschrift der **Weiterentwicklung der Grundsicherung** für Arbeitsuchende dienen soll. Dem trägt auch die im Bundesrat (*BR-Drs. 529/04*) eingefügte Paragrafenüberschrift „Experimentierklausel" Rechnung. **S.2** soll klarstellen, dass die **Erprobung** den **Wettbewerb** insbesondere zwischen Alternativmodellen der Eingliederung von Arbeitsuchenden durch das kommunalen Träger zu den Eingliederungsmaßnahmen der Bundesagentur für Arbeit fördern soll. Denkbar sind günstigere Verwaltungsstrukturen, offenere Formen der Zusammenarbeit mit lokalen Institutionen oder die Einbeziehung Dritter (z.B. als Beliehene, vgl. etwa §4 ThAGSGB II).

III. Zulassungsverfahren (Abs. 2)

4   Nach **S. 1** müssen auf **Antrag** den kreisfreien Städte und den Kreisen
die Aufgaben nach § 6 Abs. 1 Satz 1 Nr. 1 übertragen werden. Sie müssen sich aber verpflichten, besondere Einrichtungen nach Abs. 6 zu
schaffen und an der Wirkungsforschung nach § 6 c SGB II mitzu-
wirken. Ein Ermessen des Bundesministeriums für Wirtschaft und Arbeit bei der Zulassung besteht nicht. Das Erfordernis der Zustimmung
der obersten Landesbehörde als Voraussetzung für die Zulassung ergibt
sich aus Abs. 4 S. 1. Die Rechtsverordnung wurde als Kommunalträger-Zulassungsverordnung – KomtrZV (BGBl. 2004 I 2349) erlassen.
S. 2 ermöglicht auch den entsprechend bestimmten Stellen der **Stadtstaaten** die Übernahme der Aufgaben der Bundesagentur für Arbeit.
Diese haben jedoch bislang keine Option ausgeübt. (vgl. Anlage zur
KomTr-ZV).

IV. Zahl der zugelassenen Träger (Abs. 3)

5   **S. 1** begrenzt die **Zahl** der insgesamt zulassungsfähigen Träger auf
69. Die Zahl der je Bundesland zuzulassenden Träger orientiert sich
nach **S. 2** an der Stimmverteilung der **Sitze im Bundesrat. Nicht
ausgeschöpfte Kontingente** werden nach **S. 3** auf die übrigen Länder
anhand der Einwohnerzahl verteilt, wobei **S. 4** eine Regelung für eine
Konkurrenz mehrerer Bewerber trifft. Das Verfahren ist inzwischen
abgeschlossen und die 69 kommunalen Träger wurden durch die obersten Landesbehörden bestimmt und in der Anlage zur KomTr-ZV benannt. Von der Option wurde vor allem in Hessen, Niedersachsen,
Nordrhein-Westfalen, Sachsen und Sachsen-Anhalt Gebrauch gemacht, während die übrigen Länder ihre Kontingente nicht völlig,
oder – wie die Stadtstaaten – überhaupt nicht ausgeschöpft haben.

V. Zustimmungserfordernis (Abs. 4)

6   Die Ausübung der Option durch die kreisfreien Städte oder Kreise
ist nach **S. 1** an die **Zustimmung der obersten Landesbehörde** gebunden, um etwa Belange anderer Träger- etwa der kreisangehörigen
Gemeinden zu berücksichtigen. Nach **S. 2** hat die oberste Landesbehörde bei einer Überzahl von Anträgen ein **Vorschlagsrecht** hinsichtlich der Auswahl. Das Recht zur endgültigen Bestimmung steht dem
Bundesministerium für Wirtschaft und Arbeit zu, das an die Vorschläge zwar nicht gebunden ist, wegen des Mitspracherechts der Länder aber nur in begründeten Ausnahmefällen abweichen sollte.

VI. Fristen (Abs. 5)

Der Gesetzesentwurf sah vor, dass die Stellung des Antrags auf erst- 7
malige Zulassung nur zu bestimmten Terminen zugelassen war, nämlich alle drei Jahre beginnend mit dem Jahr 2006. Dabei sollte der Antrag bis zum 31. März mit Wirkung zum 1. Januar des Folgejahres zu
stellen sein. Der Gesetz gewordene **S. 1** ließ nur eine Zulassung bis
15. September 2004 [ursprünglich war der 31. August vorgesehen] mit
Wirkung vom 1. Januar 2005 zu. Da nach **S. 2** die Zulassung auf
sechs Jahre zu erteilen ist, enden die bisher ausgesprochenen Zulassun-
gen am **31. Dezember 2010**. Bis dahin müssen die zugelassenen kommunalen Träger nach **S. 3** die Aufgaben **wahrnehmen**. Eine Rück-
kehroption besteht über Abs. 7 S. 2 SGB II, der einen Widerruf auf
Antrag des kommunalen Träger zulässt. Nach dem Gesetzesentwurf
sollten die Aufgaben regelmäßig für einen Zeitraum von fünf Jahren
übertragen werden und nach Ablauf dieses Zeitraums für die Kommune die Möglichkeit bestehen, die Zulassung erneut zu beantragen.
Wegen des experimentellen Charakters wurde diese Verlängerungsmöglichkeit gestrichen. Es dürfte von den Ergebnissen der Wirkungsforschung nach § 6 c SGB II abhängen, ob § 6 a SGB II über den
31. 12. 2010 hinaus verlängert wird.

VII. Errichtung besonderer Einrichtungen (Abs. 6)

Soweit die kommunalen Träger zur Durchführung der Aufgaben der 8
Bundesagentur für Arbeit zugelassen worden sind, haben sie besondere
Einrichtungen zu errichten. Diese nehmen die Aufgaben wahr, die sonst
im organisatorischen Rahmen einer Arbeitsgemeinschaft nach § 44b
SGB II durchzuführen sind. Mit der Errichtung besonderer Einrichtungen wird gewährleistet, dass der kommunale Träger die Aufgaben
nach dem SGB II nicht mit anderen kommunalen Aufgaben vermengt
und die Finanzierung nach § 6 b Abs. 1 SGB II transparent bleibt.

VIII. Widerruf und Beendigung der Zulassung (Abs. 7)

Nach **S. 1** kann das Bundesministerium für Wirtschaft und Arbeit 9
die Zulassung durch Rechtsverordnung, die nicht der Zustimmung des
Bundesrates bedarf, **von Amts wegen widerrufen**. Anders als noch
im Gesetzesentwurf ist für den Widerruf ein wichtiger Grund nicht erforderlich, wohl aber nunmehr die Zustimmung der obersten Landesbehörde. Stellt ein kommunaler Träger nach **S. 2** einen **Antrag auf
Widerruf** und stimmt diesem die oberste Landesbehörde zu, widerruft der Bundesminister für Wirtschaft und Arbeit durch Rechtsver-

ordnung. Ein Ermessen steht ihm dabei nicht zu. Voraussetzung für das Ende der Trägerschaft des kommunalen Trägers ist nach **S. 3** die Bildung einer Arbeitsgemeinschaft mit der Agentur für Arbeit nach § 44 b SGB II oder der Ablauf eines Jahres nach Antragstellung. Damit soll ein reibungsloser Übergang der Aufgaben auf die Agentur für Arbeit gewährleistet werden.

Anhang zu § 6 SGB II

Verordnung zur Zulassung von kommunalen Trägern als Träger der Grundsicherung für Arbeitsuchende (Kommunalträger-Zulassungsverordnung – KomtrZV)

Vom 24. September 2004 BGBl. I S. 2349

Auf Grund des § 6 a Abs. 2 des Zweiten Buches Sozialgesetzbuch – Grundsicherung für Arbeitsuchende – (Artikel 1 des Gesetzes vom 24. Dezember 2003, BGBl. I S. 2954, 2955), der durch Artikel 1 Nr. 5 des Gesetzes vom 30. Juli 2004 (BGBl. I S. 2014) eingefügt worden ist, verordnet das Bundesministerium für Wirtschaft und Arbeit:

§ 1 Zugelassene kommunale Träger

(1) 1Die in der Anlage bezeichneten kommunalen Träger werden als Träger der Leistung nach § 6 Abs. 1 Satz 1 Nr. 1 des Zweiten Buches Sozialgesetzbuch zugelassen. 2Sie treten insoweit an die Stelle der für ihr Gebiet jeweils zuständigen Agentur für Arbeit.

(2) Die Zulassung wird für die Zeit vom 1. Januar 2005 bis 31. Dezember 2010 erteilt.

§ 2 Inkrafttreten, Außerkrafttreten

Diese Verordnung tritt am Tag nach der Verkündung in Kraft. Sie tritt am 31. Dezember 2010 außer Kraft.

Anlage (zu § 1 Abs. 1)

Baden-Württemberg: (6)[3]
1. Landkreis Biberach
2. Landkreis Bodenseekreis
3. Landkreis Ortenaukreis
4. Landkreis Tuttlingen
5. Landkreis Waldshut

Bayern: (6)
1. Stadt Erlangen
2. Landkreis Miesbach

---

[3] Die vom Verfasser eingefügten Zahlen in Klammern entsprechen der Zahl der Sitze im Bundesrat.

3. Stadt Schweinfurt
4. Landkreis Würzburg

Brandenburg: (4)
1. Landkreis Spree-Neiße
2. Landkreis Uckermark
3. Landkreis Oberhavel
4. Landkreis Ostprignitz-Ruppin
5. Landkreis Oder-Spree

Hessen: (5)
 1. Landkreis Main-Kinzig-Kreis
 2. Stadt Wiesbaden
 3. Landkreis Main-Taunus-Kreis
 4. Landkreis Fulda
 5. Landkreis Odenwaldkreis
 6. Landkreis Marburg-Biedenkopf
 7. Landkreis Hochtaunuskreis
 8. Landkreis Vogelsbergkreis
 9. Landkreis Hersfeld-Rotenburg
10. Landkreis Offenbach
11. Landkreis Darmstadt-Dieburg
12. Landkreis Bergstraße
13. Landkreis Rheingau-Taunus-Kreis

Mecklenburg-Vorpommern: (3)
Landkreis Ostvorpommern

Niedersachsen: (6)
 1. Landkreis Osnabrück
 2. Landkreis Peine
 3. Landkreis Emsland
 4. Landkreis Osterode am Harz
 5. Landkreis Osterholz
 6. Landkreis Grafschaft Bentheim
 7. Landkreis Leer
 8. Landkreis Verden
 9. Landkreis Oldenburg
10. Landkreis Göttingen
11. Landkreis Rotenburg (Wümme)
12. Landkreis Soltau-Fallingbostel
13. Landkreis Ammerland

Nordrhein-Westfalen: (6)
1. Stadt Hamm
2. Stadt Mülheim a. d. Ruhr
3. Landkreis Steinfurt
4. Landkreis Coesfeld

5. Landkreis Düren
6. Landkreis Ennepe-Ruhr-Kreis
7. Landkreis Minden-Lübbecke
8. Landkreis Hochsauerlandkreis
9. Landkreis Kleve
10. Landkreis Borken

Rheinland-Pfalz: (4)
1. Landkreis Daun
2. Landkreis Südwestpfalz

Saarland: (3)
Landkreis St. Wendel

Sachsen: (4)
1. Landkreis Bautzen
2. Landkreis Kamenz
3. Landkreis Döbeln
4. Landkreis Meißen
5. Landkreis Muldentalkreis
6. Landkreis Löbau-Zittau

Sachsen-Anhalt: (4)
1. Landkreis Schönebeck
2. Landkreis Wernigerode
3. Landkreis Anhalt-Zerbst
4. Landkreis Merseburg-Querfurt
5. Landkreis Bernburg

Schleswig-Holstein: (4)
1. Landkreis Nordfriesland
2. Landkreis Schleswig-Flensburg

Thüringen: (4)
1. Stadt Jena
2. Landkreis Eichsfeld

Rechtsstellung der zugelassenen kommunalen Träger

6b (1) [1]Die zugelassenen kommunalen Träger sind an Stelle der Bundesagentur im Rahmen ihrer örtlichen Zuständigkeit Träger der Aufgaben nach § 6 Abs. 1 Satz 1 Nr. 1 mit Ausnahme der sich aus den §§ 44 b, 50, 51 a, 51 b, 53, 55, 65 d ergebenden Aufgaben. [2]Sie haben insoweit die Rechte und Pflichten der Agentur für Arbeit.

(2) [1]Der Bund trägt die Aufwendungen der Grundsicherung für Arbeitsuchende einschließlich der Verwaltungskosten mit Ausnahme der Aufwendungen für Aufgaben nach § 6 Abs. 1 Satz 1 Nr. 2. § 46 Abs. 1

Satz 4, Abs. 2 und 3 gilt entsprechend. [2]**§ 46 Abs. 5 bis 8 bleibt unberührt.**

(3) Der Bundesrechnungshof ist berechtigt, die Leistungsgewährung zu prüfen.

I. Allgemeines

Geltende Fassung: § 6 b wurde durch Art. 1 des Gesetzes zur optio-   **1** nalen Trägerschaft von Kommunen nach dem Zweiten Buch Sozialgesetzbuch (Kommunales Optionsgesetz) vom 30. 7. 2004 (BGBl. I S. 2014) neu eingefügt. Er war im Gesetzgebungsverfahren wesentlich umgestaltet worden. Nach Art. 17 trat die Vorschrift am 6. 8. 2004 in Kraft. Das G v. 20. 7. 2006 (BGBl. I 1706) mWv 1. 8. 2006 verringerte in Abs. 1 S 1 den Aufgabenvorbehalt der Bundesagentur und übertrug in Abs. 2 S. 2 die für die Bundesagentur geltenden Zuweisungskriterien auf die zugelassenen kommunalen Träger. Die durch G v. 22. 12. 2005 (BGBl. I 3675) mWv 31. 12. 2005 und G v. 22. 12. 2006 (BGBl. I 3376) mWv 1. 1. 2007 erfolgten Änderungen des Abs. 2 S. 3 waren durch die Neufassung der Finanzierungsstruktur in § 46 SGB II bedingt.

Normstruktur und Normzweck: Die Vorschrift beschreibt die   **2** **Rechtsstellung der Kommunen,** die nach § 6 a zugelassen worden sind, die **Kostentragung des Bundes** und das **Prüfungsrecht des Bundesrechnungshofs.**

Gesetzgebungsgeschichte: Im § 6 a Abs. 1 SGB II-Entwurf war   **3** vorgesehen, dass die kommunalen Träger die Aufgaben als Organe der Bundesagentur für Arbeit wahrnehmen. Abs. 2 des Entwurfs hatte bestimmt, dass zwischen den kommunalen Stellen und den Regionaldirektionen der Bundesagentur Zielvereinbarungen geschlossen werden sollten. Damit sollte deutlich werden, dass das neue, flexibel ausgestaltete Steuerungsmodell der Bundesagentur für Arbeit auch gegenüber den kommunalen Stellen als Organen der Bundesagentur hätte wirksam werden sollen. Abs. 3 – Entwurf hatte den zugelassenen kommunalen Stellen ausdrücklich Handlungsspielräume eröffnet, wenn sie sich bei der Gewährung von Leistungen zur Eingliederung und der Zusammenarbeit mit Dritten bei der Erbringung dieser Leistungen im Rahmen von nach Abs. 2 – Entwurf geschlossenen Zielvereinbarungen bewegten. Fachliche Weisungen kamen dann im Regelfall nicht in Betracht. Allerdings galt diese Einschränkung nicht im Hinblick auf Maßnahmen, die zur Sicherstellung der Erfüllung der Zielvereinbarung erforderlich gewesen wären. Abs. 4 – Entwurf sicherte die Eigenständigkeit der kommunalen Stellen im Bereich der Personal- und Organisationshoheit.

II. Rechtsstellung der zugelassenen kommunalen Träger (Abs. 1)

4   In der Gesetz gewordenen Fassung ist in **S. 1** geregelt, dass die kommunalen Träger die Aufgaben nach § 6 Abs.1 Satz 1 Nr. 1 **anstelle der Bundesagentur für Arbeit** wahrnehmen. Ausgenommen von der Wahrnehmung sind die Aufgaben, die sich aus der Tätigkeit der Bundesagentur in einer Arbeitsgemeinschaft ergeben sowie Datenübermittlung, Statistik, Erstellung einer Eingliederungsbilanz und Wirkungsforschung. Auch die Zuständigkeit der Bundesagentur im Rahmen der Übergangsregelungen bei der Einführung des SGB II bleiben unberührt. Die Vorschrift ist allerdings insofern etwas unglücklich formuliert, als in §§ 50, 51a, 51b, 53 SGB II ohnehin den zugelassenen kommunalen Trägern gewisse Aufgaben zugewiesen wurden. Sie soll wohl bedeuten, dass die Verantwortung für die Durchführung der Aufgaben bei der Bundesagentur liegt. **S. 2** gibt den kommunalen Trägern **dieselben Rechte und Pflichten** wie der Bundesagentur, was insbesondere im Bereich von Auskunfts- und Mitwirkungspflichten von Bedeutung sein dürfte, sowie beim Übergang von Ansprüchen nach § 33 SGB II.

III. Kostentragung (Abs. 2)

5   **S. 1** stellt klar, dass die durch die Option nach § 6a SGB III entstehenden Kosten **einschließlich der Verwaltungskosten vom Bund** zu tragen sind. Ausgenommen von der Kostentragung sind die Ausgaben, die auch ohne Option angefallen wären. Gemäß **S. 2** ist eine **Pauschalierung von Eingliederungsleistungen und Verwaltungskosten** nach § 46 Abs. 1 S. 4, Abs. 2 SGB II nach denselben Kriterien wie bei der Bundesagentur für Arbeit zulässig. Die Mittel sind nach § 44 Abs. 3 zur Hälfte, maximal zu 10 % des Gesamtbudgets ins Folgejahr übertragbar. Auch beim Optionsmodell beteiligt sich nach **S. 3** der Bund weiterhin an den **Leistungen für Unterkunft und Heizung** nach dem in § 46 Abs. 5 bis 8 SGB II ausgearbeiteten Schlüssel, so dass die im Vermittlungsausschuss ausgehandelte Entlastung der Kommunen von 2,5 Mrd. € gewährleistet bleibt.

IV. Prüfungsrecht des Bundesrechnungshofes (Abs. 3)

6   Abs. 3 räumt dem Bundesrechnungshof ein **Prüfungsrecht der kommunalen Träger** ein, soweit sie für die Aufgaben der Bundesagentur optiert haben. Diese Vorschrift war notwendig geworden, weil der Bundesrechnungshof normalerweise nicht für das Finanzgebaren der Kommunen zuständig ist, diese aber wegen der Kostenübernahme nach Abs. 2 Bundesmittel als durchlaufenden Posten erhalten.

Wirkungsforschung zur Experimentierklausel

6c [1]Das Bundesministerium für Arbeit und Soziales untersucht die Wahrnehmung der Aufgaben durch die zugelassenen kommunalen Träger im Vergleich zur Aufgabenwahrnehmung durch die Agenturen für Arbeit und berichtet den gesetzgebenden Körperschaften des Bundes bis zum 31. Dezember 2008 über die Erfahrungen mit den Regelungen nach den §§ 6 a bis 6 c. [2]Die Länder sind bei der Entwicklung der Untersuchungsansätze und der Auswertung der Untersuchung zu beteiligen.

I. Allgemeines

Geltende Fassung: § 6 c wurde durch Art. 1 des Gesetzes zur optionalen Trägerschaft von Kommunen nach dem Zweiten Buch Sozialgesetzbuch (Kommunales Optionsgesetz) vom 30. 7. 2004 (BGBl. I S. 2014) neu eingefügt. Nach Art. 17 ist er am 6. 8. 2004 in Kraft getreten. Die Änderungen des Abs. 1 durch G v. 20. 7. 2006 (BGBl. I 1706) mWv 1. 8. 2006 waren redaktionell durch Umbenennung des bisherigen Bundesministeriums für Wirtschaft und Arbeit erforderlich. **1**

Normstruktur und Normzweck: Diese erst im Vermittlungsverfahren entwickelte Vorschrift (*BR-Drs. 529/04*) zielt darauf ab, die **Wirkung des Optionsmodells** untersuchen, um so die bessere Lösung nach Ablauf der Experimentierphase gesetzlich zu verankern. **2**

II. Berichtspflicht

Die Regelung verpflichtet in **S. 1** das Bundesministerium für Arbeit und Soziales, eine **vergleichende Untersuchung** zwischen Bundesagentur für Arbeit und den zugelassenen kommunalen Trägern vorzunehmen. Spätestens zwei Jahre vor Auslaufen des Optionsmodells hatte es Bundestag und Bundesrat als gesetzgebenden Körperschaften des Bundes über die Erfahrungen mit dem Optionsmodell zu **berichten**. Dem ist es durch den Bericht zur Evaluation nach § 6 c des Zweiten Buches Sozialgesetzbuch (BT-Drucks. 16/11488 v. 18. 12. 2008) nachgekommen. Neben dem wissenschaftlichen Interesse wird das Ergebnis des Berichtes des Bundesministeriums für Wirtschaft und Arbeit entscheidend für die Verlängerung des Optionsmodells über den 31. 12. 2010 hinaus sein. Mit einstimmigem Beschluss vom 14. 7. 2008 hat die Arbeits- und Sozialministerkonferenz eine Richtungsentscheidung dahingehend getroffen, dass es auch künftig zumindest zwei Modelle **3**

der Aufgabenwahrnehmung geben soll, die sich in ihren Grund-
strukturen nicht (zugelassene kommunale Träger) oder nicht gänzlich
(ARGEn) von den bestehenden Modellen unterscheiden werden, die
während des Zeitraums der Evaluation vorzufinden waren (BT-
Drucks. 16/11488, S. 162).

III. Beteiligung der Länder

4   Zur **Wahrung der Interessen der Länder** waren diese bereits im
Vorfeld bei der Entwicklung der Untersuchungsgrundsätze und nach
Abschluss der Untersuchung bei deren Auswertung zu beteiligen.

Kapitel 2. Anspruchsvoraussetzungen

Kapitel 2 regelt die **Voraussetzungen für die Geltendmachung** 1
eines Anspruchs. Anspruchsberechtigt sind nur Personen zwischen
15 Jahren und Erreichen der Regelaltersgrenze mit gewöhnlichem
Aufenthalt in Deutschland (§ 7 SGB II), die erwerbsfähig (§ 8 SGB II)
und hilfebedürftig sind (§ 9 SGB II) und für die keine zumutbare Arbeit (§ 10 SGB II) gefunden wird. Ein Leistungsanspruch besteht nur,
soweit das Einkommen (§ 11 SGB II) und das Vermögen (§ 12 SGB II)
bestimmte Grenzen nicht übersteigen.

Berechtigte

7 (1) ¹Leistungen nach diesem Buch erhalten Personen, die
1. mindestens 15 Jahre alt sind und die Altersgrenze nach § 7a
noch nicht erreicht haben,
2. erwerbsfähig sind,
3. hilfebedürftig sind und
4. ihren gewöhnlichen Aufenthalt in der Bundesrepublik Deutschland haben,
(erwerbsfähige Hilfebedürftige). ²Ausgenommen sind
1. Ausländer, die weder in der Bundesrepublik Arbeitnehmer oder
Selbständige noch aufgrund des § 2 Abs. 3 des Freizügigkeitsgeset-
zes/EU freizügigkeitsberechtigt sind, und ihre Familienangehörigen
für die ersten drei Monate ihres Aufenthalts,
2. Ausländer, deren Aufenthaltsrecht sich allein aus dem Zweck
der Arbeitssuche ergibt, und ihre Familienangehörigen,
3. Leistungsberechtigte nach § 1 des Asylbewerberleistungsgesetzes. ³Satz 2 Nr. 1 gilt nicht für Ausländer, die sich mit einem Aufenthaltstitel nach Kapitel 2 Abschnitt 5 des Aufenthaltsgesetzes in der
Bundesrepublik Deutschland aufhalten. ⁴Aufenthaltsrechtliche Bestimmungen bleiben unberührt.

(2) ¹Leistungen erhalten auch Personen, die mit erwerbsfähigen Hilfebedürftigen in einer Bedarfsgemeinschaft leben. ²Dienstleistungen
und Sachleistungen werden ihnen nur erbracht, wenn dadurch
1. die Hilfebedürftigkeit der Angehörigen der Bedarfsgemeinschaft
beendet oder verringert,
2. Hemmnisse bei der Eingliederung der erwerbsfähigen Hilfebedürftigen beseitigt oder vermindert werden.

(3) Zur Bedarfsgemeinschaft gehören
1. die erwerbsfähigen Hilfebedürftigen,
2. die im Haushalt lebenden Eltern oder der im Haushalt lebende El-

ternteil eines unverheirateten erwerbsfähigen Kindes welches das 25. Lebensjahr noch nicht vollendet hat und der im Haushalt lebende Partner dieses Elternteils,

3. als Partner der erwerbsfähigen Hilfebedürftigen
a) der nicht dauernd getrennt lebende Ehegatte,
b) der nicht dauernd getrennt lebende Lebenspartner,
c) eine Person, die mit dem erwerbsfähigen Hilfebedürftigen in einem gemeinsamen Haushalt so zusammenlebt, dass nach verständiger Würdigung der wechselseitige Wille anzunehmen ist, Verantwortung füreinander zu tragen und füreinander einzustehen,

4. die dem Haushalt angehörenden unverheirateten Kinder der in den Nummern 1 bis 3 genannten Personen, wenn sie das 25. Lebensjahr noch nicht vollendet haben, soweit sie die Leistungen zur Sicherung ihres Lebensunterhalts nicht aus eigenem Einkommen oder Vermögen beschaffen können.

(3a) Ein wechselseitiger Wille, Verantwortung füreinander zu tragen und füreinander einzustehen, wird vermutetet, wenn Partner
1. länger als ein Jahr zusammenleben,
2. mit einem gemeinsamen Kind zusammenleben,
3. Kinder oder Angehörige im Haushalt versorgen, oder
4. befugt sind, über Einkommen oder Vermögen des anderen zu verfügen

(4) [1]Leistungen nach diesem Buch erhält nicht, wer in einer stationären Einrichtung untergebracht ist oder eine Rente wegen Alters oder Knappschaftsausgleichsleistung oder ähnliche Leistungen öffentlich-rechtlicher Art bezieht. [2]Dem Aufenthalt in einer stationären Einrichtung ist der Aufenthalt in einer in einer stationären Einrichtung ist der Aufenthalt in einer Einrichtung zum Vollzug richterlich angeordneter Freiheitsentziehung gleichgestellt. [3]Abweichend von Satz 1 erhält Leistungen nach diesem Buch,
1. wer voraussichtlich für weniger als sechs Monate in einem Krankenhaus (§ 107 des Fünften Buches) untergebracht ist oder
2. wer in einer stationären Einrichtung untergebracht und unter den üblichen Bedingungen des allgemeinen Arbeitsmarktes mindestens 15 Stunden wöchentlich erwerbstätig ist.

(4a) Leistungen nach diesem Buch erhält nicht, wer sich ohne Zustimmung des persönlichen Ansprechpartners außerhalb des in der Erreichbarkeits-Anordnung vom 23. Oktober 1997 (ANBA 1997, 1685), geändert durch die Anordnung vom 16. November 2001 (ANBA 2001, 1476), definierten zeit- und ortsnahen Bereiches aufhält; die übrigen Bestimmungen dieser Anordnung gelten entsprechend.

(5) [1]Auszubildende, deren Ausbildung im Rahmen des Bundesausbildungsförderungsgesetzes oder der in §§ 60 bis 62 des Dritten Buches dem Grunde nach förderungsfähig ist, haben keinen Anspruch

auf Leistungen zur Sicherung des Lebensunterhalts. [2]In besonderen Härtefällen können Leistungen zur Sicherung des Lebensunterhalts als Darlehen geleistet werden.

(6) Absatz 5 findet keine Anwendung auf Auszubildende,
1. die auf Grund von § 2 Abs. 1a des Bundesausbildungsförderungsgesetzes keinen Anspruch auf Ausbildungsförderung oder auf Grund von § 64 Abs. 1 des Dritten Buches keinen Anspruch auf Berufsausbildungsbeihilfe haben oder
2. deren Bedarf sich nach § 12 Abs. 1 Nr. 1 des Bundesausbildungsförderungsgesetzes oder nach § 66 Abs. 1 Satz 1 des Dritten Buches bemisst.
3. die eine Abendhauptschule, eine Abendrealschule oder ein Abendgymnasium besuchen, sofern sie aufgrund von § 10 Abs. 3 des Bundesausbildungsförderungsgesetzes keinen Anspruch auf Ausbildungsförderung haben.

I. Allgemeines

Geltende Fassung: § 7 trat am 1. 1. 2005 i. d. F. von Art. 1 des Vier- **1** ten Gesetzes für moderne Dienstleistungen am Arbeitsmarkt vom 24. 12. 2003 (BGBl. I S. 2954) in Kraft. Der Gesetzesentwurf wurde auf Empfehlung des Ausschusses für Wirtschaft und Arbeit um die Abs. 5 und 6 ergänzt und in einigen Punkten geringfügig redaktionell geändert (*BT-Drucks. 15/1728, 173; 15/1749, 31*). Noch vor Inkrafttreten wurde durch Art. 1 des Gesetzes zur optionalen Trägerschaft von Kommunen nach dem Zweiten Buch Sozialgesetzbuch (Kommunales Optionsgesetz) vom 30. 7. 2004 (BGBl. I S. 2014) Abs. 3 Nr. 2, 3 und 4 geändert. Die Vorschrift wurde durch mehrere Gesetze modifiziert, vor allem um den Kreis der Anspruchsberechtigten zu verringern. Mit G v. 20. 4. 2007 (BGBl. I 554) wurde mWv 1. 1. 2008 wie in der gesetzlichen Rentenversicherung in Abs. 1 Nr. 1 die Altersgrenze heraufgesetzt. Durch G v. 19. 8. 2007 (BGBl. I 1970 wurde mWv 28. 8. 2007 die Anspruchsberechtigung von Ausländern in Abs. 1 S. 2–4 neu geregelt. Das G v. 24. 3. 2006 (BGBl. I 558) erweiterte mWv 1. 7. 2006 in Abs. 3 die Bedarfsgemeinschaft auf unverheiratete Kinder bis zum 25. Lebensjahr, umschrieb zusammen mit dem neu eingeführten Abs. 3a die nichteheliche Lebensgemeinschaft neu, erstreckte in Abs. 4 den Ausschluss von Leistungen auf freiheitsentziehende Maßnahmen und stellte im neu eingeführten Abs. 4a strengere Anforderung an die Erreichbarkeit der Hilfebedürftigen. Das G v. 23. 12. 2007 (BGBl. I 3254) mWv 1. 1. 2008 bezieht in Abs. 6 Teilnehmer von Abendbildungseinrichtungen in den Leistungsanspruch teilweise ein.
Übergangsvorschrift: § 68 SGB II.

2   **Normstruktur und Normzweck:** § 7 legt den **Kreis der Leistungsberechtigten** fest. **Abs. 1** umschreibt den persönlichen Anwendungsbereich der Leistungsbezieher. **Abs. 2** erweitert den Kreis der
Leistungsberechtigten auf die Mitglieder der Bedarfsgemeinschaft, die
in **Abs. 3** näher definiert wird. **Abs. 4** schließt längerfristig stationär
untergebrachte Personen und Bezieher von Altersrenten aus dem Kreis
der Leistungsberechtigten aus. Ebenso sind nach **Abs. 5** Auszubildende von Leistungen der Grundsicherung für Arbeitsuchende ausgeschlossen, sofern nicht eine Ausnahme nach **Abs. 6** greift.

II. Persönlicher Anwendungsbereich (Abs. 1)

3   **S. 1** legt für die Leistungen zur Eingliederung in Arbeit den **Kreis
der Berechtigten** fest. Berechtigt sind nach **Nr. 1** Personen im Alter
zwischen 15. und dem Erreichen der Regelaltersgrenze. Die Altersgrenzen ergeben sich aus § 2 Abs. 1 JArbSchG i.V.m. § 5 Abs. 1
JArbSchG, wonach die Beschäftigung von Kindern verboten ist und
§ 35 Nr. 1 SGB VI und dem neu eingeführten § 7a SGB II, die die Regelaltersgrenze auf ansteigend auf das 67. Lebensjahr festlegen. Für die
Entstehung oder Beendigung des Leistungsanspruchs ist nicht der
Zeitpunkt der Antragstellung, sondern die Vollendung des Lebensjahres nach § 187 Abs. 2 S. 2 BGB entscheidend, so dass der Leistungsbezug mit Erreichen der für den Geburtsjahrgang festgelegten Regelaltersgrenze definitiv endet. Das maßgebliche Geburtsdatum richtet
sich, was vor allem bei den bisweilen im Ausland vorgenommenen
nachträglichen Änderungen relevant wird, nach § 33a SGB I. Zu beachten ist, dass für Anspruchsberechtigte zwischen dem 15. und 25. Lebensjahr die Leistung nach § 3 Abs. 2 SGB II unverzüglich zu erbringen
ist. Problematisch ist, dass für Jugendliche die allgemeine Schulpflicht
noch nicht beendet sein kann oder sie sich noch in Ausbildung befinden.
Es gab Träger, die allein einen Verweis auf die Schulpflicht nicht zur
Verneinung einer Erwerbsfähigkeit ausreichen ließen (*Thür. Landtag,
Kleine Anfr. 69 v. 30. 8. 2004, Schulpflicht und Hartz IV*). Die allgemeine
Schulpflicht geht einer Pflicht zur Erwerbstätigkeit in jedem Fall vor,
weshalb weiterhin Sozialgeld nach § 28 SGB II zu bezahlen ist. Dies er-
gibt sich bereits schon aus dem Zweck des § 3 Abs. 2 SGB II, wonach je-
der Jugendliche eine (Mindest-)Ausbildung haben sollte. Aber auch bei
Jugendlichen, deren Schulpflicht beendet ist, die sich jedoch noch in
Ausbildung befinden, kann ein Abbruch der Ausbildung und die Aufnahme einer Erwerbstätigkeit wegen des Gedankens der verbesserten
Qualifikation nur in Ausnahmefällen verlangt werden. Ein solcher
Ausnahmefall kann etwa dann zu bejahen sein, wenn offensichtlich ist,
dass der Schulbesuch nur zur Vermeidung der Aufnahme einer Erwerbstätigkeit dient, beispielsweise bei häufigem unentschuldigtem

Fehlen. Die Wiederholung einer Jahrgangsstufe allein ist kein Indiz, wenn das Ausbildungsziel noch erreicht werden kann. Einer Erwerbstätigkeit dürfte vielmehr ein wichtiger Grund i. S. d. § 10 Abs. 1 Nr. 5 SGB II entgegenstehen. Dafür spricht auch die Herausnahme der Auszubildenden aus dem Kreis der Leistungsberechtigten nach § 7 Abs. 5 SGB II.

Die Hilfebedürftigen müssen nach **Nr. 2 erwerbsfähig** sein. Der **4** Begriff der Erwerbsfähigkeit ist in § 8 SGB II näher definiert *(s.a. Rixen, ArchsozArb 2008, Nr. 1 46–52)*. Sind die Hilfebedürftigen dies nicht, sind sie auf die Inanspruchnahme einer Erwerbsunfähigkeitsrente nach § 43 SGB VI oder eine vergleichbare Leistung zu verweisen. Besteht kein Anspruch auf eine Rentenleistung, können Leistungen nach dem SGB XII, insbesondere nach § 41 Abs. 1 Nr. 2 SGB XII in Betracht kommen. Anders als nach §§ 118 SGB III ist **Arbeitslosigkeit keine Anspruchsvoraussetzung**.

Leistungen erhält nach **Nr. 3** nur, wer **hilfebedürftig** gemäß § 9 **5** SGB II ist, sich also nicht selbst durch eigenes Einkommen, Vermögen oder Ansprüche gegen unterhaltsverpflichtete Dritte unterhalten kann. Hilfebedürftig können auch Personen sein, die zwar eigenes Einkommen aus Erwerbstätigkeit beziehen, dieses aber für den Lebensunterhalt nicht ausreicht.

Nr. 4 nimmt für alle Berechtigten Bezug auf den Begriff des **ge- 6 wöhnlichen Aufenthaltes** in § 30 Abs. 1 S. 2 SGB I. Danach hat den gewöhnlichen Aufenthalt jemand dort, wo er sich unter Umständen aufhält, die erkennen lassen, dass er an diesem Ort oder in diesem Gebiet nicht nur vorübergehend verweilt. Bei Wohnungslosen ist die Feststellung des gewöhnlichen Aufenthalts von den Gesamtumständen abhängig zu machen. Da die Eingliederung in Arbeit eine aktive Mitwirkung verlangt, dürfte der gewöhnliche Aufenthalt und Zuständigkeit dort begründet sein, wo eine Erreichbarkeit für den Fallmanager besteht. Bei umherziehenden Personen sind damit nicht Leistungen nach dem SGB II sondern nach dem SGB XII zu gewähren *(vgl. Brühl/ Hofmann, S. 68)*. Der gewöhnliche Aufenthalt muss in der Bundesrepublik Deutschland liegen. Da der gewöhnliche Aufenthalt Anspruchsvoraussetzung ist, haben die in einem benachbarten Mitgliedstaat der Europäischen Gemeinschaft wohnenden Grenzgänger i.S. des Art. 1b) VO (EWG) 1408/71 keinen Anspruch auf Leistungen nach dem SGB II. Dies ist wegen des Grundsatzes der Freizügigkeit der Arbeitnehmer (§ 39 EGV) europarechtlich nicht unbedenklich. In der bisherigen Rechtsprechung *(BVerfG SozR 3–1200 § 30 Nr. 20)* zu den Leistungen nach dem SGB III musste § 30 SGB I wegen Art. 3 Abs. 1 GG verfassungskonform dahingehend ausgelegt werden, dass ein Leistungsanspruch auch bei einem Wohnsitz im grenznahen Bereich besteht, sofern zuvor Ansprüche im Inland erworben worden waren. Anders als die Arbeitslosenhilfe nach dem SGB III knüpft aber das SGB II

als Grundsicherung nicht mehr an eine vorherige Beitragszahlung an.
Dies würde bedeuten, dass Grenzgänger, die langjährige Beitragszahler
waren, nach Ablauf des Anspruchs auf Arbeitslosengeld nach §§ 117 ff.
SGB III ohne jegliche soziale Absicherung blieben, sofern der Wohn-
sitzstaat keine entsprechende Grundsicherung kennt. Für deutsche
Grenzgänger, die im benachbarten Ausland wohnen, besteht wegen
§ 24 SGB XII auch kein Anspruch auf Sozialhilfe. Es ist fraglich, ob
diese Konsequenz vereinbar mit dem Grundsatz der Freizügigkeit der
Arbeitnehmer nach Art. 39 EGV ist. Deshalb ist zu überlegen, ob § 7
Abs. 1 Nr. 4 SGB II europarechtskonform ausgelegt werden sollte. Der
gewöhnliche Aufenthalt in der Bundesrepublik Deutschland kann nur
dann als zusätzliche Anspruchsvoraussetzung verlangt werden, wenn
es sich um den erstmaligen Bezug von Leistungen nach dem SGB II
handelt. Sind hingegen die übrigen Voraussetzungen für das Arbeitslosengeld II im Anschluss an den Wegfall des Anspruchs auf Arbeitslosengeld nach §§ 117 ff. SGB III erfüllt, so ist es nach der hier vertretenen Meinung „als Nachwirkung aus dem Arbeitsverhältnis" an
Grenzgänger zumindest für den Zeitraum zu zahlen, für den Zuschlag
nach § 24 SGB II zu gewähren ist. Für diesen Zeitraum dürften auch
die Eingliederungsleistungen nach § 16 SGB II zu gewähren sein, diese
allerdings nur für Maßnahmen im Inland. Hingegen muss EU-Staats-
angehörigen, die erstmals zur Arbeitsuche nach Deutschland einrei-
sen, nach europäischem Recht keine Leistung nach dem SGB II gewährt werden *(vgl. EuGH C-138/02 – Collins, s.a. Trenk-Hinterberger, info
also 2007, 273–274).*

7   Nach der Rechtsprechung des Bundessozialgerichtes gibt es bei
drittstaatsangehörigen Ausländern keine einheitliche Auslegung
des Begriffes „gewöhnlicher Aufenthalt" für die verschiedenen Sozialleistungen nach dem Sozialgesetzbuch *(vgl. z.B. BSG v. 27.1. 2001 SozR
3-1200 § 30 Nr. 11* (Anschluss und Fortführung von BSG SozR 3-6710
Art. 1 Nr. 1), BSG v. 15.3. 1995 SozR 3-1200 § 30 Nr. 13, BSG v.
30.9. 1996 SozR 3-1200 § 30 Nr. 17 (Aufgabe von BSGE 53, 49), BSG
vom 3.4. 2001 SozR 3-1200 § 30 Nr. 21). Deshalb wurde im bisherigen
S. 2 der Begriff des gewöhnlichen Aufenthalts für die Leistungen nach
dem SGB II definiert. Es genügte nicht, dass Ausländer sich in der
Bundesrepublik unter Umständen aufhalten, die erkennen lassen, dass
sie dort nicht nur vorübergehend verweilen (§ 30 Abs. 3 S. 2 SGB I),
sondern es musste noch zusätzlich noch das arbeitserlaubnisrechtliche
Kriterium des § 8 Abs. 2 SGB II erfüllt sein, wonach die Aufnahme
einer Beschäftigung erlaubt ist oder erlaubt werden könnte. Die einst-
mals positiv gefasste Umschreibung der anspruchsberechtigten Ausländer wurde in eine negativ gefasste Umschreibung der nicht
anspruchsberechtigten Ausländer normiert. Hintergrund waren ver-
einzelte Vorfälle, in denen Ausländer allein zu dem Zweck in die Bundesrepublik einreisten um Leistungen nach dem SGB II zu beziehen.

Nunmehr sind nach **S. 2 Nr. 1** nicht freizügigkeitsberechtigte Aus- 8
länder und ihre Familienangehörigen für die ersten drei Monate des
Aufenthalts ausgenommen, nach **Nr. 2 ebenso** die sog. „Sozialtouris-
ten". Die Verknüpfung mit der Arbeitserlaubnis nach § 8 Abs. 2 SGB II
besteht nicht mehr. Gleichwohl ist dieses Kriterium entscheidend, weil
bei fehlender Arbeitserlaubnis nach § 8 Abs. 1 SGB II keine Erwerbsfähigkeit vorliegt *(vgl. aber EuGH C-22/08 v. 4. 6. 09, dazu Schreiber, info*
also 2009, 195–201; zu den Ansprüchen nicht erwerbstätiger Unionsbürger Heil-
bronner, ZFSH/SGB 2009, 195–203; Kunkel/Frey ZFSH/SGB 2008, 387–
394; Mangold/Pattar, VSSR 2008, 243–268, Schreiber, info also 2008, 3–9).

Asylbewerber und ausreisepflichtige, geduldete Personen er- 9
halten als Leistungsberechtigte nach dem Asylbewerberleistungsgesetz
(AsylBLG) nach **Nr. 3** keine Leistungen der Grundsicherung für
Arbeitsuchende. Das Asylbewerberleistungsgesetz ist ein besonderes
Sicherungssystem, das im Rahmen des sog. Asylkompromisses entstanden ist und diesen Personenkreis aus dem Kreis der Sozialhilfeberechtigten nach dem BSHG herausnahm. Es enthält eigenständige und
abschließende Regelungen zur Sicherung des Lebensunterhalts sowie
zur Annahme und Durchführung von Arbeitsgelegenheiten für einen
eng begrenzten Personenkreis von Ausländern. Zu den Leistungsberechtigten nach § 1 Abs. 1 AsylBLG gehören nach Nr. 1 Asylbewerber
im laufenden Asylverfahren, die eine Aufenthaltsgestattung nach dem
AsylVfG besitzen, nach Nr. 3 Ausländer, die wegen eines Krieges in ihrem Heimatland eine Aufenthaltsbefugnis nach § 32 oder § 32a AuslG
besitzen, nach Nr. 4 eine Duldung nach § 55 AuslG besitzen oder nach
Nr. 5 vollziehbar ausreisepflichtig sind, auch wenn eine Abschiebe-
androhung noch nicht oder nicht mehr vollziehbar ist, sowie die Ehegatten und Kinder dieses genannten Personenkreises, selbst wenn die
Voraussetzungen bei ihnen selbst nicht erfüllt sind.

Nach **S. 3** sind auch leistungsberechtigt Ausländer, denen nach 10
§§ 22–26 AufenthG der Aufenthalt aus völkerrechtlichen, humanitären oder politischen Gründen gestattet ist.

In diesem Kontext stellt **S. 4** klar, dass **aufenthaltsrechtliche Be-** 11
stimmungen und darauf beruhende Entscheidungen der Innenbehör-
den durch den Bezug der neuen Leistung unberührt bleiben, so dass
der Bezug der neuen Leistung aufenthaltsbeendende Maßnahmen
nicht verhindert *(in diesem Sinne BT-Drucks. 15/1516, 52).*

III. Leistungsberechtigte Mitglieder der
Bedarfsgemeinschaft (Abs. 2)

S. 1 eröffnet den mit dem erwerbsfähigen Hilfebedürftigen in einer 12
Bedarfsgemeinschaft Lebenden einen eigenständigen Leistungsanspruch. Der Begriff der Bedarfsgemeinschaft wird in Abs. 3 näher defi-

niert *(kritisch Spellbrink, NZS 2007, 121–127)*. Die Leistungsberechtigung ist abhängig von der primären Anspruchsberechtigung des erwerbsfähigen Hilfebedürftigen. Entfällt diese, entfällt auch die daraus abgeleitete Leistungsberechtigung der Mitglieder der Bedarfsgemeinschaft. Leistungsberechtigt ist nicht die Bedarfsgemeinschaft als solche, sondern jedes einzelne Mitglied *(dazu Meißner, 2008 44–55)*, so dass Leistungsbescheide an jedes einzelne Mitglied unter Beachtung der jeweiligen Vertretung, etwa bei Minderjährigen oder Personen, die unter Betreuung stehen, zu richten sind (vgl. aber § 38 SGB II). Nach **S. 2** werden Dienst- und Sachleistungen (§ 4 Abs. 1 SGB II) nur erbracht, wenn dadurch die Hilfebedürftigkeit der Angehörigen der Bedarfsgemeinschaft (also auch des Hilfebedürftigen selbst) beendet oder verringert wird (**Nr. 1**) beziehungsweise Hemmnisse bei der Eingliederung des erwerbsfähigen Hilfebedürftigen (also nicht der sonstigen Mitglieder der Bedarfsgemeinschaft) beseitigt oder vermindert werden (**Nr. 2**). Die Voraussetzungen nach Nr. 1 und 2 können alternativ erfüllt werden. Denkbar ist etwa eine Unterstützung bei der Kinderbetreuung oder Pflege, wodurch der Angehörige oder der Hilfebedürftige selbst wieder (voll) erwerbstätig werden kann. Eine kumulative Erfüllung beider Ziele dürfte wohl kaum zu erreichen sein. Da es sich um zu erreichende Ziele handelt, ist bei der Gewährung von Leistungen nur von einer Wahrscheinlichkeitsprognose auszugehen, die nach den Grundsätzen von Wirtschaftlichkeit und Sparsamkeit zu erstellen ist. Einen Anspruch auf Geldleistungen haben die sonstigen Mitglieder der Bedarfsgemeinschaft mit Ausnahme des Sozialgeldes nach § 28 SGB II nicht.

13   Der Anspruch der Bedarfsgemeinschaft auf Leistungen wird grundsätzlich nach der Vermutungsregelung des § 38 realisiert, wonach der erwerbsfähige Hilfebedürftige bevollmächtigt ist, Leistungen nach dem SGB II auch für die mit ihm in einer Bedarfsgemeinschaft lebenden Personen und entgegenzunehmen.

IV. Bedarfsgemeinschaft (Abs. 3)

14   **Abs. 3 definiert** die **Bedarfsgemeinschaft** *(vgl. a. Schoch, ZfF 2004, 169–177; Armborst, Archsoz Arb 2008, Nr. 1, 20–28); von Brosius-Gersdorf, NZS 2007, 410–418; zur sog. gemischten Bedarfsgemeinschaft nach SGB II und XII Conradis, jurisPR-SozR 2/2009, Anm. 1, Berlit, jurisPR-SozR 6/2009, Anm. 1; Berendes, NZS 2008, 634–639)* abschließend. Sie umfasst nach **Nr. 1** zunächst den **erwerbsfähigen Hilfebedürftigen** selbst.

15   **Nr. 2** kommt zum Tragen, wenn der erwerbsfähige Hilfebedürftige noch **unverheiratet** ist, also zwischen 15 Jahre (Abs. 1 S. 1 Nr. 1) und 25 Jahre alt ist. Die Altersgrenze wurde von 18 Jahren heraufgesetzt um zu vermeiden, dass junge Erwachsene allein deshalb ausziehen um selbst in vollem Umfang leistungsberechtigt zu werden. In diesem Fall

zählen die im Haushalt lebenden Eltern bzw. der im Haushalt lebende Elternteil und dessen Partner zur Bedarfsgemeinschaft. Damit werden Stiefkinderverhältnisse einbezogen, obwohl in diesen Fällen keine zivilrechtlichen Unterhaltsverpflichtungen nach dem BGB bestehen *(s.a. Schnath, NDV 2009. 205–210; zur Verfassungswidrigkeit Spindler, info also 2007, 125)*. Die Formulierung wurde durch das Kommunale Optionsgesetz ergänzt. Es sollte eine Lücke geschlossen werden, weil andernfalls der nicht erwerbsfähige Partner keine Bedarfsgemeinschaft mit einem nicht erwerbsfähigen Elternteil und dessen minderjährigen unverheirateten Kind bilden könnte *(BT-Drucks. 15/2816, S. 12)*. Nr. 2 ist wohl aufgrund dieses Nachtrags unklar formuliert, denn die Definition des Partnerbegriffs nach Nr. 3 bezieht sich nur auf den Partner *der erwerbsfähigen Hilfebedürftigen*, gibt aber keine allgemeine Definition der Partnerschaft. Eine eheähnliche Gemeinschaft genügt jedenfalls nach dem Wortlaut des Gesetzes nicht, auch wenn der Gesetzgeber dies wohl anders geregelt wissen wollte. Dieser Partner muss zusätzlich im Haushalt des Elternteils leben. Im Haushalt lebt dieser Partner dann, wenn gemeinsam gewirtschaftet wird und der Partner auch regelmäßig anwesend ist. Vorübergehende Abwesenheit, etwa bei Wochenendpendlern, Montage, ist nicht anspruchsschädlich. Als Kinder zählen neben leiblichen Kindern auch Adoptivkinder und nichteheliche Kinder.

Nach **Nr. 3a** zählt der **Partner des erwerbsfähigen Hilfebedürf-** **16** **tigen** ebenfalls zur Bedarfsgemeinschaft. Anders als bei Nr. 2 wird der Begriff des Partners konkret umschrieben. Die **Ehegatten** oder nach **Nr. 3b** die **Lebenspartner** nach dem LebensPartG dürfen nicht dauernd getrennt leben. Nach § 1567 Abs. 1 S. 1 BGB leben Ehegatten getrennt, wenn zwischen ihnen keine häusliche Gemeinschaft besteht und ein Ehegatte sie erkennbar nicht mehr herstellen will, weil er die eheliche Lebensgemeinschaft (§ 1353 BGB) ablehnt. Ein Getrenntleben ist auch innerhalb der gemeinsamen Wohnung möglich (§ 1567 Abs. 1 S. 2). Ob die Ehe nach inländischem oder ausländischem Recht geschlossen wurde, ist unerheblich. Sie muss aber in jedem Fall nach deutschem Recht rechtsgültig und anerkennungsfähig sein, was u.U. bei nach ausländischem Recht erlaubten Mehrehen problematisch werden könnte. Fraglich ist, ob der Schutz des Art. 6 GG sich auch auf solche Mehrehen erstreckt *(vgl. zur Hinterbliebenenversorgung in der gesetzlichen Rentenversicherung BSG NZS 2001, 426; BSG SozR 2200 § 1268 RVO Nr. 26)*. Sofern die Ehen nicht allein deshalb geschlossen wurden, um den Kreis der Leistungsberechtigten auszuweiten, dürfte dies wohl nicht von vorneherein zu verneinen sein. Häufig dürfte aber, ähnlich wie bei bigamischen Ehen, ein dauerndes Getrenntleben von einem Partner anzunehmen sein. Eine ähnliche Problematik stellt sich bei Zweifeln an der rechtsgültigen Auflösung der Ehe durch (Auslands-) scheidung, Aufhebung oder Nichtigerklärung, wenngleich wahrscheinlich eher im Zusammenhang mit der Frage nach bestehenden

Unterhaltsverpflichtungen. Eine **eheähnliche Gemeinschaft** nach **Nr. 3c** kann ebenfalls eine Anspruchsberechtigung begründen, also nicht nur anspruchsvernichtend sein. Eine eheähnliche Gemeinschaft erfordert sehr enge Bindungen zwischen den Partnern. Da in der Praxis es häufig schwierig war eine eheähnliche Gemeinschaft nachzuweisen, wurde die Rechtsprechung (*vgl. BVerfGE 87, 234 zur Alhi; BVerwGE 98, 195 zur HLU*) zu gegenseitiger Verantwortung und Einstand normiert und in Abs. 3a durch eine Beweislastumkehr ergänzt. Da nicht auf das Geschlecht der Person Bezug genommen wird, genügt eine lebenspartnerschaftsähnliche Gemeinschaft. Eine weitere Beziehung schließt eine eheähnliche Gemeinschaft aus. Anders als bei einer Wohngemeinschaft werden regelmäßig alle Räumlichkeiten gemeinsam genutzt.

17 **Nr. 4** schließt **unverheiratete Kinder** der in Nr. 1 bis 3 genannten Personen in die Bedarfsgemeinschaft ein, soweit sie **unter 25 Jahre alt** sind und sich ihren Lebensunterhalt nicht aus eigenem Einkommen oder Vermögen sichern können. Wie in Nr. 2 wurde die Altersgrenze von bisher 18 Jahren heraufgesetzt. Der Kinderzuschlag nach § 6a BKGG soll als dem Kind anzurechnendes Einkommen (*vgl. § 1 Rn. 4*) eine Hilfebedürftigkeit der Eltern und einen Bezug von Grundsicherung für Arbeitssuchende allein wegen der Unterhaltsverpflichtung vermeiden. Damit soll auch der Träger der Grundsicherung entlastet werden (*BT-Drucks. 15/1516, 48, 83*). Bei der Berücksichtigung von Einkommen oder Vermögen ist auf die Berechnung nach §§ 11, 12 SGB II abzustellen. Dabei ist nach § 9 Abs. 2 S. 2 SGB II auch das Einkommen und Vermögen der Eltern oder des Elternteils zu berücksichtigen. Weitere Anspruchsvoraussetzung ist, dass diese Kinder dem Haushalt angehören, also mit der genannten Person räumlich zusammenleben und gemeinsam mit ihr wirtschaften oder von ihr versorgt und unterhalten werden. Sofern die Kinder das 15. Lebensjahr erreichen, können sie gegebenenfalls einen eigenen Anspruch als erwerbsfähiger Hilfebedürftiger nach Abs. 1 Nr. 1 haben. Bei Heirat nach § 1303 Abs. 2 BGB oder Vollendung des 25. Lebensjahres endet die Leistungsberechtigung als Mitglied dieser Bedarfsgemeinschaft.

V. Eheähnliche Gemeinschaft (Abs. 3a)

18 Die Vorschrift normiert die **Kriterien**, die auch bisher schon von der Verwaltung und den Gerichten angewandt wurden um das Bestehen einer eheähnlichen Gemeinschaft zu begründen. Es ist ausreichend, wenn eines der Kriterien erfüllt ist. Die **Vermutungsregel** führt für die Hilfebedürftigen zu einer Beweislastumkehr. Die **Dauer des Zusammenlebens** nach **Nr. 1** kann beispielsweise durch die Anmeldung beim Einwohnermeldeamt oder einen Mietvertrag nachgewiesen werden. Bei **Nr. 2** muss es sich um **gemeinsame Kinder** handeln, während bei **Nr. 3** die Rechtsbeziehung zum **versorgten Kind** unerheblich ist. Beim Begriff des **Angehörigen** kann auf § 16 Abs. 5 SGB X Bezug genommen werden. Die **Verfügungsbefugnis** nach **Nr. 4** kann sich aus einer Vollmacht (§§ 164 ff. BGB) ergeben, die aber nicht zwingend schriftlich erteilt sein muss *(zur Auskunftspflicht nichtehelicher Partner Ambrost, info also 147–148).*

VI. Ausschluss von der Leistung (Abs. 4)

Von Leistungen nach dem SGB II ausgeschlossen sind gem. S. 1 Per- **19** sonen, die länger als sechs Monate in einer **stationären Einrichtung** untergebracht sind. Als stationäre Einrichtungen kommen insbesondere Krankenhäuser und Pflegeinrichtungen in Betracht *(zum Begriff Münder/Geiger, SGb 2007, 1–8).* Dieser Personenkreis dürfte aber bereits deshalb von der Leistungsberechtigung ausgeschlossen sein, weil keine Erwerbsfähigkeit i. S. d. § 8 SGB II vorliegt, da stationäre Unterbringung einen dauerhaften und im Tagesablauf grundsätzlich ununterbrochenen Aufenthalt voraussetzt. Zudem müssen die erforderlichen Hilfen dort erbracht werden (vgl. § 12 Abs. 1 S. 2 SGB II). In der Regel erhält dieser Personenkreis andere Sozialleistungen (z. B. Krankengeld, Pflegegeld). Die Unterbringung in **teilstationären Einrichtungen,** d.h. in Einrichtungen in denen die Betroffenen nicht üblicherweise den gesamten Tag verbringen, schließt nach Ansicht des Verf. den Leistungsanspruch nicht aus. Gerade für diesen Personenkreis, der in der Regel in der Vergangenheit allein auf die Leistungen der Sozialhilfe angewiesen war, könnte das SGB II neue Chancen eröffnen. Dieser Personenkreis kann häufig mindestens drei Stunden täglich, aber oft nicht länger erwerbstätig sein, konnte aber bislang die Vermittlungsmöglichkeiten nach dem SGB III mangels Erfüllung der versicherungsrechtlichen Voraussetzungen nicht in Anspruch nehmen. Soweit es sich aber um in einer Werkstatt beschäftigte Menschen handelt, soll es bei der bisherigen Rechtslage bleiben, wonach Leistungen nach dem SGB XII, SGB IX und SGB III erbracht werden *(Wendt, br 2003, 215, Brühl/ Hofmann S. 77).*

Ausgeschlossen vom Kreis der Leistungsberechtigten sind ferner **20** **Bezieher einer Rente wegen Alters.** Dabei ist es unerheblich, ob es sich um eine vorgezogene Altersrente handelt oder um die Regelaltersrente. Ebenso ist es nicht von Belang, ob es sich um eine Rente wegen Alters der gesetzlichen Rentenversicherung handelt oder um die Leistung eines anderen Trägers, wie etwa eines berufsständischen Versorgungswerks oder eines ausländischen Trägers. Es muss sich aber um eine Leistung öffentlich-rechtlicher Art handeln. Private Rentenversicherungen sind gegebenenfalls beim Einkommen zu berücksichtigen. Da einzelne Träger die Leistungsberechtigten zu einer vorgezogenen Altersrente drängten oder sogar selbst den Antrag gegen den Willen des erwerbsfähigen Hilfebedürftigen stellten (*vgl. oben* § 5 Rn. 10), hat der Gesetzgeber in § 12 a SGB II klargestellt, dass die Hilfebedürftigen erst ab Vollendung des 63. Lebensjahres verpflichtet sind, die Altersrente vorzeitig in Anspruch zu nehmen. Die **Knappschaftsausgleichsleistung** für ehemals unter Tage beschäftigte Bergleute ist in § 239 SGB VI geregelt.

21   S. 2 stellt nunmehr klar, dass auch der Aufenthalt in einer **Vollzugseinrichtung** einen Leistungsanspruch ausschließt. Der Freiheitsentzug muss aber durch einen Richter angeordnet sein. Bei Unterbringung in einer ausländischen Haftanstalt fehlt es schon am gewöhnlichen Aufenthalt im Inland nach Abs. 1 S. 1 Nr. 4. In **Nr. 1** kommt es nur auf die Prognose der wahrscheinlichen Dauer des **Krankenhausaufenthalts** an. Wenn sich erst später herausstellt, dass eine stationäre Unterbringung von mehr als sechs Monaten, etwa aufgrund von Komplikationen im Krankheitsverlauf notwendig ist, kann dies nicht zu einem nachträglichen Leistungswegfall führen, sondern allenfalls nach dem 6. Monat. Es muss sich um ein Krankenhaus i. S. d. § 107 SGB V handeln. Die Vorschrift ist insofern nicht eindeutig, weil der Begriff des Krankenhauses in § 107 Abs. 1 SGB V definiert ist, § 107 Abs. 2 SGB V aber auch die **Vorsorge- und Rehabilitationseinrichtungen** erwähnt. Nach dem Gesetzeswortlaut würde bei Unterbringung in einer solchen Einrichtung kein Leistungsanspruch bestehen, selbst wenn von vorneherein feststeht, dass der Aufenthalt weniger als sechs Monate sein wird. **Nr. 2** verlangt vom in einer stationären Einrichtung Untergebrachten eine Erwerbstätigkeit von mindestens 15 Wochenstunden unter den üblichen Bedingungen des allgemeinen Arbeitsmarkts. Damit sind etwa Personen in Werkstätten für behinderte Menschen (§ 136 SGB IX) ausgenommen. Unklar ist, zudem, ob wegen der Gleichstellung in S. 2 auch Freigänger im (halb-)offenen Vollzug erfasst werden.

VII. Erreichbarkeit (Abs. 4a)

22   Die neu eingefügte Vorschrift stellt klar, dass für die Bezieher von Leistungen nach dem SGB II dieselben Voraussetzungen hinsichtlich der Erreichbarkeit gelten wie für die Bezieher von Leistungen nach dem SGB III. Daraus ergibt sich, dass der Hilfebedürftige sich grundsätzlich in seiner häuslichen Umgebung oder im näheren Umkreis aufzuhalten hat und maximal für drei Wochen „beurlaubt" werden kann. Da in den ersten drei Monaten eine solche Erlaubnis nur in Ausnahmefällen erteilt werden soll, kann dies bei bereits fest gebuchten Reiseterminen problematisch werden. Fallen hohe Stornokosten an oder handelt es sich um Reisen mit schulpflichtigen Kindern während der

Ferien, dürfte das Ermessen der Behörde stark eingeschränkt sein *(vgl. Winkler, info also 2007, 3–9).*

**Anordnung des Verwaltungsrats der Bundesanstalt
für Arbeit zur Pflicht des Arbeitslosen, Vorschlägen des Arbeitsamtes
zur beruflichen Eingliederung zeit- und ortsnah Folge leisten zu
können (Erreichbarkeits-Anordnung – EAO –)**

Vom 23. Oktober 1997 (Amtliche Nachrichten der Bundesanstalt für Arbeit 1997 S. 1685, ber. S. 1100) geändert durch 1. Änderungsanordnung zur EAO vom 16. November 2001 (ANBA Nr. 12 vom 28. 12. 2001 S. 1476), in Kraft ab 1. 1. 2002

Aufgrund der §§ 152 Nr. 2, 376 Abs. 1 Satz 1 des Dritten Buches Sozialgesetzbuch erläßt der Verwaltungsrat der Bundesanstalt für Arbeit mit Genehmigung des Bundesministeriums für Arbeit und Sozialordnung folgende Anordnung:

§ 1 Grundsatz

(1) [1]Vorschlägen des Arbeitsamtes zur beruflichen Eingliederung kann zeit- und ortsnah Folge leisten, wer in der Lage ist, unverzüglich

1. Mitteilungen des Arbeitsamtes persönlich zur Kenntnis zu nehmen,
2. das Arbeitsamt aufzusuchen,
3. mit einem möglichen Arbeitgeber oder Träger einer beruflichen Eingliederungsmaßnahme in Verbindung zu treten und bei Bedarf persönlich mit diesem zusammenzutreffen und
4. eine vorgeschlagene Arbeit anzunehmen oder an einer beruflichen Eingliederungsmaßnahme teilzunehmen.

[2]Der Arbeitslose hat deshalb sicherzustellen, daß das Arbeitsamt ihn persönlich an jedem Werktag an seinem Wohnsitz oder gewöhnlichen Aufenthalt unter der von ihm benannten Anschrift (Wohnung) durch Briefpost erreichen kann. [3]Diese Voraussetzung ist auch erfüllt, wenn der Arbeitslose die an einem Samstag oder an einem Tag vor einem gesetzlichen Feiertag eingehende Post erst am folgenden Sonn- bzw. Feiertag zur Kenntnis nehmen kann.

(2) [1]Über Ausnahmen von diesem Grundsatz entscheidet das Arbeitsamt im Rahmen der nachfolgenden Vorschriften. [2]Es läßt sich von dem Ziel leiten, den Arbeitslosen beruflich einzugliedern und Leistungsmißbrauch zu vermeiden.

(3) Kann der Arbeitslose Vorschlägen des Arbeitsamtes zur beruflichen Eingliederung wegen der nachgewiesenen Wahrnehmung eines Vorstellungs-, Beratungs- oder sonstigen Termins aus Anlaß der Arbeitsuche nicht zeit- oder ortsnah Folge leisten, steht dies der Verfügbarkeit nicht entgegen.

§ 2 Aufenthalt innerhalb des zeit- und ortsnahen Bereichs

[1]Der Arbeitslose kann sich vorübergehend auch von seinem Wohnsitz oder gewöhnlichen Aufenthalt entfernen, wenn

1. er dem Arbeitsamt rechtzeitig seine Anschrift für die Dauer der Abwesenheit mitgeteilt hat,
2. er auch an seinem vorübergehenden Aufenthaltsort die Voraussetzungen des § 1 Abs. 1 erfüllen kann und
3. er sich im Nahbereich des Arbeitsamtes aufhält.

[2]Zum Nahbereich gehören alle Orte in der Umgebung des Arbeitsamtes, von denen aus der Arbeitslose erforderlichenfalls in der Lage wäre, das Arbeitsamt täglich ohne unzumutbaren Aufwand zu erreichen.

§ 3 Aufenthalt außerhalb des zeit- und ortsnahen Bereichs

(1) [1]Erfüllt der Arbeitslose nicht die Voraussetzungen des § 2 Nrn. 1 bis 3, steht dies der Verfügbarkeit bis zu drei Wochen im Kalenderjahr nicht entgegen, wenn das Arbeitsamt vorher seine Zustimmung erteilt hat. [2]In den ersten drei Monaten der Arbeitslosigkeit soll das Arbeitsamt die Zustimmung nur in begründeten Ausnahmefällen erteilen. [3]Die Zustimmung darf jeweils nur erteilt werden, wenn durch die Zeit der Abwesenheit die berufliche Eingliederung nicht beeinträchtigt wird.

(2) Abs. 1 ist entsprechend anzuwenden

1. bei Teilnahme des Arbeitslosen an einer ärztlich verordneten Maßnahme der medizinischen Vorsorge oder Rehabilitation,
2. bei Teilnahme des Arbeitslosen an einer Veranstaltung, die staatspolitischen, kirchlichen oder gewerkschaftlichen Zwecken dient oder sonst im öffentlichen Interesse liegt. Der Arbeitslose muß sicherstellen, daß er während der Teilnahme werktäglich persönlich unter der dem Arbeitsamt benannten Anschrift durch Briefpost erreichbar ist; er muß die Teilnahme jederzeit abbrechen können und sich vor der Teilnahme für den Fall der beruflichen Eingliederung glaubhaft zum jederzeitigen Abbruch bereit erklärt haben,
3. bei Ausübung einer ehrenamtlichen Tätigkeit.

(3) In Fällen außergewöhnlicher Härten, die aufgrund unvorhersehbarer und für den Arbeitslosen unvermeidbarer Ereignisse entstehen, kann die Drei-Wochenfrist nach Abs. 1 und 2 vom Arbeitsamt tageweise, höchstens um drei Tage verlängert werden.

(4) Abs. 1 und 2 finden keine Anwendung, wenn sich der Arbeitslose zusammenhängend länger als sechs Wochen außerhalb des zeit- und ortsnahen Bereiches aufhalten will.

§ 4 Sonderfälle

¹In Fällen des § 428 und 429 des Dritten Buches Sozialgesetzbuch beträgt die Frist nach § 3 Abs. 1 siebzehn Wochen. ²In besonderen Fällen kann der Zeitraum nach Satz 1 mit Zustimmung
des Arbeitsamtes im notwendigen Umfang überschritten werden.
³Das Arbeitsamt kann den Arbeitslosen aus gegebenem Anlaß in
der Verlängerungszeit vorladen. ⁴Der Vorladung ist innerhalb eines Zeitraums von vier Wochen Folge zu leisten.

§ 5 Inkrafttreten

Diese Anordnung tritt am 1. 1. 1998 in Kraft.

VIII. Auszubildende (Abs. 5)

Personen in Ausbildung sind nach **S.** 1 ebenfalls nicht berechtigt   **23**
auf Leistungen zur Sicherung des Lebensunterhalts, sofern nicht eine
Ausnahme nach Abs. 6. vorliegt. Sie können aber auf Dienst- und
Sachleistungen anspruchsberechtigt sein. Der Begriff des Auszubildenden ist zunächst in § 14 SGB III definiert. Danach sind Auszubildende die zur Berufsausbildung Beschäftigten (§ 25 Abs. 1 SGB III)
und Teilnehmer an nach §§ 60 bis 62 SGB III förderungsfähigen be-
rufsvorbereitenden Maßnahmen. Nach § 2 Abs. 1 BAFöG wird Ausbildungsförderung geleistet für den Besuch von:
1. weiterführenden allgemeinbildenden Schulen und Berufsfachschu-
   len, einschließlich der Klassen aller Formen der beruflichen Grund-
   bildung, ab Klasse 10 sowie von Fach- und Fachoberschulklassen,
   deren Besuch eine abgeschlossene Berufsausbildung nicht voraussetzt, wenn der Auszubildende die Voraussetzungen des § 2 Abs. 1a
   BAFöG erfüllt,
2. Berufsfachschulklassen und Fachschulklassen, deren Besuch eine
   abgeschlossene Berufsausbildung nicht voraussetzt, sofern sie in
   einem zumindest zweijährigen Bildungsgang einen berufsqualifi-
   zierenden Abschluss vermitteln,
3. Fach- und Fachoberschulklassen, deren Besuch eine abgeschlossene
   Berufsausbildung voraussetzt,
4. Abendhauptschulen,   Berufsaufbauschulen,   Abendrealschulen,
   Abendgymnasien und Kollegs,
5. Höheren Fachschulen und Akademien,
6. Hochschulen *(vgl. Spellbrink, SozSich 2008, 30–34).*
   In besonderen Härtefällen können nach **S.** 2 Leistungen zur Siche-   **24**
rung des Lebensunterhalts auch als Darlehn gewährt werden. Das kann
insbesondere dann in Betracht kommen, wenn Leistungen nach **S.** 1
zwar dem Grund nach bestehen, aus irgendwelchen rechtlichen Gründen aber nicht tatsächlich erbracht werden können.

IX. Ausnahmen (Abs. 6)

25   Auszubildende, die nach Abs. 5 nicht leistungsberechtigt sind, sollen nach Abs. 6 doch **ausnahmsweise Anspruch auf Leistungen nach dem SGB II** haben. Nach **Nr. 1** sind dies Auszubildende, die nach § 2 Abs. 1a BAFöG oder § 64 Abs. 1 SGB III deshalb keinen Anspruch auf Ausbildungsförderung bzw. Berufsausbildungsbeihilfe haben, weil sie im Haushalt der Eltern bzw. eines Elternteils wohnen und die Ausbildungsstätte in angemessener Zeit von dort aus erreicht werden kann. Ein Leistungsanspruch nach dem BAFöG bzw. dem SGB III besteht aber gleichwohl, wenn die Auszubildenden das 18. Lebensjahr vollendet haben, verheiratet sind oder waren, mit mindestens einem Kind zusammenleben oder aus schwerwiegenden sozialen Gründen nicht auf die Wohnung der Eltern oder eines Elternteils verwiesen werden können. **Nr. 2** betrifft die Auszubildenden, deren Bedarf nach sich § 12 Abs. 1 Nr. 1 BAFöG bzw. § 66 Abs. 1 S. 1 SGB III i.V. m. § 12 Abs. 1 Nr. 1 BAFöG bemisst, weil sie im Haushalt der Eltern oder eines Elternteils leben (hier ist ein redaktioneller Fehler unterlaufen, da es einen S. 1 bei § 66 Abs. 1 SGB III nicht gibt). Durch die hinzugenommene **Nr. 3** sind auch Teilnehmer in Abendbildungseinrichtungen leistungsberechtigt, wenn sie keinen Anspruch nach § 10 Abs. 3 BaFöG haben.

Altersgrenze

7a (1) [1]Personen, die vor dem 1. Januar 1947 geboren sind, erreichen die Altersgrenze mit Vollendung des 65. Lebensjahres. [2]Für Personen, die nach dem 31. Dezember 1946 geboren sind, wird die Altersgrenze wie folgt angehoben:

für den Geburts-jahrgang	erfolgt eine Anhebung um Monate	auf Vollendung eines Lebensalters von
1947	1	65 Jahren und 1 Monat
1948	2	65 Jahren und 2 Monaten
1949	3	65 Jahren und 3 Monaten
1950	4	65 Jahren und 4 Monaten
1951	5	65 Jahren und 5 Monaten
1952	6	65 Jahren und 6 Monaten
1953	7	65 Jahren und 7 Monaten
1954	8	65 Jahren und 8 Monaten
1955	9	65 Jahren und 9 Monaten
1956	10	65 Jahren und 10 Monaten
1957	11	65 Jahren und 11 Monaten
1958	12	66 Jahren

für den Geburts- jahrgang	erfolgt eine Anhebung um Monate	auf Vollendung eines Lebensalters von
1959	14	66 Jahren und 2 Monaten
1960	16	66 Jahren und 4 Monaten
1961	18	66 Jahren und 6 Monaten
1962	20	66 Jahren und 8 Monaten
1963	22	66 Jahren und 10 Monaten
ab 1964	24	67 Jahren.

I. Allgemeines

Geltende Fassung: § 7a wurde durch G v. 20. 4. 2007 (BGBl I 554)   1
mWv 1. 1. 2008 eingeführt.

Normstruktur und Normzweck: § 7a passt die für § 7 Abs. 1   2
SGB II maßgebliche Altersgrenze an die auf das 67. Lebensjahr herauf-
gesetzte Regelaltersgrenze der gesetzlichen Rentenversicherung (§ 35
S. 2 SGB VI) an.

II. Altersgrenze

Die Altersgrenze wird in Übereinstimmung mit den Regelungen   3
der gesetzlichen Rentenversicherung (§ 235 SGB VI) für nach dem
31. 12. 1947 geborene Hilfebedürftige stufenweise auf das 67. Lebensjahr
erhöht.

Erwerbsfähigkeit

8 (1) Erwerbsfähig ist, wer nicht wegen Krankheit oder Behinderung
auf absehbare Zeit außerstande ist, unter den üblichen Bedingungen des Arbeitsmarktes mindestens drei Stunden täglich erwerbstätig
zu sein.

(2) Im Sinne von Absatz 1 können Ausländer nur erwerbstätig
sein, wenn ihnen die Aufnahme einer Beschäftigung erlaubt ist oder
erlaubt werden könnte.

I. Allgemeines

Geltende Fassung: § 8 trat am 1. 1. 2005 i. d. F. von Art. 1 des Vierten   1
Gesetzes für moderne Dienstleistungen am Arbeitsmarkt vom
24. 12. 2003 (BGBl. I S. 2954) in Kraft. Er wurde während des Gesetz-
gebungsverfahrens geändert. Die Regelungen über das Verfahren der

Festsstellung der Erwerbsfähigkeit wurden herausgenommen und vollständig in §§ 44 a, 45 SGB II eingefügt.

2   **Normstruktur und Normzweck:** Die Vorschrift gibt in **Abs. 1** eine **Legaldefinition der Erwerbsfähigkeit.** In **Abs. 2** wird die **Erwerbsfähigkeit von Ausländern** mit den Bestimmungen des Arbeitserlaubnisrechts verknüpft.

II. Begriff der Erwerbsfähigkeit (Abs. 1)

3   Abs. 1 gibt eine **Legaldefinition der Erwerbsfähigkeit** *(dazu Rixen, ArchsozArb 2008, Nr. 1, 46–52).* Die Regelung lehnt sich an § 43 Abs. 2 Satz 2 SGB VI an, wonach eine Person erwerbsfähig ist, die unter den üblichen Bedingungen des allgemeinen Arbeitsmarktes mindestens drei Stunden täglich erwerbstätig sein kann und darf. Die Vorschrift ist durch die positive Beschreibung der Erwerbsfähigkeit sprachlich wenig geglückt. Da die Erwerbsfähigkeit nach § 7 Abs. 1 Nr. 1 SGB II Anspruchsvoraussetzung ist, ist sie vom Hilfebedürftigen im Feststellungsverfahren nach § 44 b SGB II im Zweifelsfall nachzuweisen. Wie dieser allerdings seine Erwerbsfähigkeit nachweisen kann, wenn er noch gar keinen Arbeitsplatz hat, bleibt offen. Dies dürfte vor allem für Hilfebedürftige schwierig werden, die nur eingeschränkt erwerbsfähig sind, also über drei Stunden aber weniger als Vollzeit. Bei Verneinung der Erwerbsfähigkeit wäre der Betroffene auf die Leistungen nach dem SGB XII verwiesen und die mögliche Förderung bei der Eingliederung in Arbeit entfiele. Zu berücksichtigen ist die individuelle gesundheitliche Leistungsfähigkeit der Person. **Individuelle gesundheitliche Einschränkungen** können insbesondere im Hinblick auf die körperliche oder psychische Belastbarkeit bestehen. Die Einschränkung der Fähigkeit, eine Erwerbstätigkeit auszuüben, muss auf einer Krankheit oder Behinderung beruhen. Krankheit und Behinderung sind regelwidrige körperliche, geistige oder seelische Zustände, die geeignet sind, die Erwerbsfähigkeit herabzusetzen oder gänzlich aufzuheben. Während bei Krankheit regelmäßig von einer Besserung durch Behandlung ausgegangen werden kann (vgl. § 27 SGB V), sind nach der Definition des § 2 SGB IX Menschen behindert, wenn ihre körperliche Funktion, geistige Fähigkeit oder seelische Gesundheit mit hoher Wahrscheinlichkeit länger als sechs Monate von dem für das Lebensalter typischen Zustand abweichen und daher ihre Teilhabe am Leben in der Gesellschaft beeinträchtigt ist.

4   Zeitliche Beschränkungen in der Ausübung einer möglichen Erwerbstätigkeit wegen **Kindererziehung** oder der **Pflege von Angehörigen** sind im Hinblick auf den Programmsatz des § 1 Abs. 1 Satz 3 Nr. 4 nicht von Bedeutung. Gegebenenfalls muss der Träger versuchen die Vereinbarkeit der familienspezifischen Lebensverhältnisse mit der

Erwerbstätigkeit herzustellen, etwa durch Vermittlung geeigneter Unterbringungsmöglichkeiten nach § 16 Abs. 2 S. 2 Nr. 1 SGB II.

Krankheit oder **Behinderung** hindern die Erwerbsfähigkeit nicht, 5 sofern eine Heilung oder Linderung absehbar ist. Erwerbsfähig ist deshalb auch, wer die gesundheitlichen Voraussetzungen innerhalb von sechs Monaten erfüllen wird. Die Frist von sechs Monaten ergibt sich zum einen aus der bereits genannten Definition des § 2 SGB IX, zum anderen daraus, dass befristete Renten wegen Erwerbsminderung nicht vor Beginn des siebten Kalendermonats nach dem Eintritt der Minderung der Erwerbsfähigkeit geleistet werden (§ 101 Abs. 1 SGB VI). Entscheidend und ausreichend ist eine verlässliche **Prognose** nach dem üblichen Krankheitsverlauf bzw. nach der Wahrscheinlichkeit der Verringerung oder dem Wegfall der Behinderung, etwa nach Rehabilitationsmaßnahmen. Zeigt sich nach Ablauf von sechs Monaten, dass eine Heilung der Krankheit etwa wegen eines unvorhersehbaren Krankheitsverlaufs bzw. eine Beseitigung der Behinderung wegen unzureichender Wirkung von Rehabilitationsmaßnahmen nicht möglich ist, ändert sich eventuell die Zuständigkeit des Sozialleistungsträgers. Die bislang durch die Arbeitsagentur erbrachten Leistungen nach dem SGB II wurden jedoch rechtmäßig erbracht, da von einer Erwerbsfähigkeit grundsätzlich auszugehen war. Anders ist dies, wenn üblicherweise mit einem langwierigen Krankheitsverlauf gerechnet werden muss oder die Behinderung als dauerhaft erscheint und es überraschenderweise zu einer Heilung bzw. Verbesserung der Behinderung kommt. Hier werden die Leistungen des anderen Sozialleistungsträgers (z. B. Krankenkasse) zu Recht erbracht. Der Träger nach § 6 SGB II wird erst dann zuständig, wenn verlässlich feststeht, dass eine Erwerbstätigkeit in dem im Abs. 1 genannten zeitlichen Umfang ausgeübt werden kann.

Die Erwerbstätigkeit muss unter den **üblichen Bedingungen des** 6 **Arbeitsmarktes** durchführbar sein. Ähnlich wie bei § 43 Abs. 2 Satz 2 SGB VI müssen überhaupt allgemein Arbeitsplätze vorhanden sein können, auf denen der Hilfebedürftige aufgrund seiner persönlichen Eignung und Fähigkeit eingesetzt werden könnte. Keine Voraussetzung für die Erwerbsfähigkeit ist das tatsächliche Vorhandensein solcher Arbeitsplätze (abstrakte Betrachtungsweise). Angesichts der relativ geringen zeitlichen Anforderung von mindestens drei Stunden dürfte es nur wenige Hilfebedürftige geben, die nicht erwerbstätig sein können. Letztlich fallen nur Schwerkranke und schwer behinderte Personen aus der Erwerbsfähigkeit heraus. Bei schwer körperbehinderten Personen ist sogar die Anpassung des Arbeitsplatzes an die Beeinträchtigung denkbar, eventuell mit Zuschüssen für den Arbeitgeber nach dem SGB IX. Hingegen ist wird bei psychischen Behinderungen je nach Krankheitsbild eine Erwerbsfähigkeit oftmals zu verneinen sein, weil dieser Personenkreis einer kontinuierlichen Belastung häufig nicht gewachsen ist. Bei der Bewertung der Erwerbsfähigkeit ist aber nicht allein auf das Restleitungsvermögen des Hilfebedürftigen abzustellen, sondern auch darauf, ob dieser unter den üblichen Bedingungen des Arbeitsmarktes überhaupt eine Erwerbstätigkeit erlangen kann, etwa wegen stark eingeschränkter körperlicher Mobilität oder der Notwendigkeit häufiger Ruhepausen, die mit einem geordneten Betriebsablauf nicht vereinbar wären (*vgl. BSG NZA 1987, 38; BSG SozR § 2200 § 1247 Nr. 43 und Nr. 53; SozR 3–2200 § 1246 Nr. 34; SozR 3–2600 § 44 Nr. 8*).

7   Andererseits könnte die Vorschrift, wenn sie ernst genommen wird, dem Personenkreis der Teilerwerbsfähigen neue Chancen und Perspektiven eröffnen. Bislang war dieser Personenkreis regelmäßig Bezieher von Sozialhilfe und nicht von Arbeitslosenhilfe, weil die versicherungsrechtlichen Voraussetzungen nicht erfüllt waren. Damit war das Arbeitsamt für eine Vermittlung nicht zuständig, während das Sozialamt nicht über die entsprechenden Vermittlungsmöglichkeiten verfügte. Genau dieses Dilemma war einer der Beweggründe für die Zusammenlegung von Arbeitslosenhilfe und Sozialhilfe. Es bleibt abzuwarten, ob diese Klientel angesichts der Lage auf dem Arbeitsmarkt tatsächlich in eine Erwerbstätigkeit vermittelt wird oder ob nicht nur eine Sozialleistung, nämlich die Sozialhilfe durch eine andere Sozialleistung, nämlich die Grundsicherung für Arbeitsuchende abgelöst wird.

III. Feststellung der Erwerbsfähigkeit

8   Im Gesetzesentwurf war ursprünglich im Abs. 2 geregelt, dass die Agentur für Arbeit als zuständiger Träger die Entscheidung über die bestehende bzw. die voraussichtlich innerhalb von sechs Monaten vorliegende Erwerbsfähigkeit trifft. Sofern die Agentur für Arbeit entschieden hätte, dass Erwerbsfähigkeit nicht gegeben ist, und sich der in diesem Falle zuständige Träger der Auffassung der Agentur für Arbeit nicht angeschlossen hätte, wäre die gemeinsame Einigungsstelle der beiden Träger nach § 45 zur Entscheidung berufen gewesen. Bis zu dieser Entscheidung hätte die Agentur für Arbeit die Leistungen zur Eingliederung in Arbeit zu erbringen gehabt, ggf. mit Erstattungsanspruch gegen den anderen Träger. Diese Fassung ist nicht als § 8 Abs. 2 SGB II Gesetz geworden. Die **Feststellung der Erwerbsfähigkeit** ist nunmehr zusammen mit der Festsstellung der Hilfebedürftigkeit in **§ 44a SGB II** geregelt, die inhaltlich im Wesentlichen mit dem § 8 Abs. 2 SGB II-Entwurf übereinstimmt (*zu den Kriterien der Feststellung § 44, a. Schoch, NDV, 2006, 512–516, 545–551; Bahemann, MEDSACH 2006, 36–38, Rixen, info also 2006, 153–161, Tänzer, ZfF 2005, 58–62; Müller-Gazurek, FÜR 2005, 466–468*).

IV. Erwerbsfähigkeit von Ausländern (Abs. 2)

Die Beschäftigung von Ausländern steht grundsätzlich unter **Er-** 9
laubnisvorbehalt. Abs. 2 regelt die Frage der Erwerbsfähigkeit nur
allgemein nach den Bestimmungen des Arbeitsgenehmigungsrechts
(*s. a. Sieveking, ZAR 2004, 283–287*). Neben den körperlichen, geistigen
und seelischen Merkmalen ist zusätzlich darauf abzustellen, ob rechtlich ein Zugang zum Arbeitsmarkt besteht oder zulässig wäre. Für
Unionsbürger nach Art. 17 EGV ist die Arbeitserlaubnis regelmäßig
unproblematisch, da Arbeitnehmer innerhalb der europäischen Gemeinschaft Freizügigkeit nach Art. 18 EGV genießen. Staatsangehörige
der am 1. Mai 2004 und am 1. Januar 2007 beigetretenen Staaten bedürfen nach § 284 SGB III einer Arbeitsgenehmigung-EU. Freizügigkeits-
regelungen gelten für die Staatsangehörigen eines Mitgliedstaates des
Europäischen Wirtschaftsraumes (EWR), wozu Norwegen, Island und
Liechtenstein zählen sowie aufgrund des Freizügigkeitsabkommens
für schweizerische Bürger. Günstigere Regelungen gelten nach dem
Assoziierungsabkommen EWG-Türkei auch für türkische Arbeitnehmer und ihre Familienangehörigen *(zum europäischen Koordinationsrecht*
Fuchs NZS 2007, 1–6; zur Zuständigkeit der ARGE Neubauer NJ 2007, 47–
48)). Gewisse Erleichterungen bestehen im Rahmen der Beitrittsver-
handlungen zur Europäischen Union nach den europarechtlichen
Vorschriften. Für sonstige Staatsangehörige verbleibt es bei den allgemeinen Bestimmungen der Verordnung über die Arbeitsgenehmigung
für ausländische Arbeitnehmer (Arbeitsgenehmigungsverordnung –
ArGV) vom 17. September 1998 (BGBl. I S. 2899). Danach kann eine
Arbeitserlaubnis grundsätzlich nur erteilt werden, wenn keine geeigneten inländischen Arbeitskräfte verfügbar sind. Die Frage, ob ein
solcher unbeschränkter oder nachrangiger Arbeitsmarktzugang rechtlich gewährt wird, richtet sich dabei ausschließlich nach den durch das
SGB II insoweit unberührten arbeitsgenehmigungsrechtlichen Regelungen. Die Arbeitsberechtigung nach § 2 ArGV ist weniger weitergehend als die Arbeitserlaubnis und wird daher von Abs. 2 mitumfasst.
Ausreichend ist aber, dass die Voraussetzungen für die Erteilung vorliegen („erlaubt werden könnte"). Man wird nicht verlangen können,
dass wegen einer Ermessensreduzierung auf Null eine Arbeitserlaubnis erteilt werden muss. Zusätzlich zur Arbeitsberechtigung nach
§ 12 a ArGV ist die Arbeitsgenehmigung nach § 284 SGB III erforderlich.

Hilfebedürftigkeit

9 (1) Hilfebedürftig ist, wer seinen Lebensunterhalt, seine Eingliederung in Arbeit und den Lebensunterhalt der mit ihm in einer Bedarfsgemeinschaft lebenden Personen nicht oder nicht ausreichend
aus eigenen Kräften und Mitteln, vor allem nicht
1. durch Aufnahme einer zumutbaren Arbeit,
2. aus dem zu berücksichtigenden Einkommen und Vermögen sichern kann und die erforderliche Hilfe nicht von anderen, insbesondere von Angehörigen oder von Trägern anderer Sozialleistungen erhält.

(2) ¹Bei Personen, die in einer Bedarfsgemeinschaft leben, sind das
Einkommen und Vermögen des Partners zu berücksichtigen. ²Bei unverheirateten Kindern, die mit ihren Eltern oder einem Elternteil in einer Bedarfsgemeinschaft leben und die die Leistungen zur Sicherung
ihres Lebensunterhalts nicht aus ihrem eigenen Einkommen oder Vermögen beschaffen können, sind auch das Einkommen und Vermögen
der Eltern oder des Elternteils und dessen in Bedarfsgemeinschaft lebenden Partners zu berücksichtigen. ³Ist in einer Bedarfsgemeinschaft
nicht der gesamte Bedarf aus eigenen Kräften und Mitteln gedeckt,
gilt jede Person der Bedarfsgemeinschaft im Verhältnis des eigenen
Bedarfs zum Gesamtbedarf als hilfebedürftig.

(3) Absatz 2 Satz 2 findet keine Anwendung auf ein Kind, das
schwanger ist oder sein Kind bis zur Vollendung des sechsten Lebensjahres betreut.

(4) Hilfebedürftig ist auch derjenige, dem der sofortige Verbrauch
oder die sofortige Verwertung von zu berücksichtigendem Vermögen
nicht möglich ist oder für den sie eine besondere Härte bedeuten
würde.

(5) Leben Hilfebedürftige in Haushaltsgemeinschaft mit Verwandten oder Verschwägerten, so wird vermutet, dass sie von ihnen Leistungen erhalten, soweit dies nach ihrem Einkommen und Vermögen
erwartet werden kann.

I. Allgemeines

1   **Geltende Fassung:** § 9 trat am 1. 1. 2005 i. d. F. von Art. 1 des Vierten Gesetzes für moderne Dienstleistungen am Arbeitsmarkt vom
24. 12. 2003 (BGBl. I S. 2954) in Kraft. Die Vorschrift wurde inhaltlich aus dem Gesetzesentwurf unverändert übernommen; nur redaktionell wurden die Sätze 2 bis 4 des Entwurfs als neuer Abs. 2 ausgestaltet. In Abs. 2 S. 2 ist durch G v. 24. 3. 2006 (BGBl. I 558) mWv
1. 7. 2006 und G v. 10. 7. 2006 (BGBl. I 1706) mWv 1. 8. 2006 nunmehr
das Einkommen oder Vermögen auch volljähriger Kinder und des in

der Bedarfsgemeinschaft lebenden Partners des Elternteils zu berücksichtigen. **Übergangsvorschrift:** § 68 SGB II.

Normstruktur und Normzweck: Die Vorschrift gibt in **Abs. 1**   2
eine **Definition der Hilfebedürftigkeit.** In **Abs. 2** wird die **Berücksichtigung von Einkommen und Vermögen der Mitglieder der Bedarfsgemeinschaft** geregelt. **Abs. 3** trifft **Ausnahmen** zugunsten von Schwangeren oder Betreuern von Kindern unter sechs Jahren. **Abs. 4** gibt Anhaltspunkte für **Härtefälle** und **Abs. 5** stellt eine **Unterhaltsvermutung** bei Zusammenleben mit Verwandten und Verschwägerten in einer Haushaltsgemeinschaft auf.

II. Begriff der Hilfebedürftigkeit (Abs. 1)

Abs. 1 definiert die Hilfebedürftigkeit. Hilfebedürftig ist derjenige,   3
der seinen Lebensunterhalt, seine Eingliederung in Arbeit und den Lebensunterhalt der Mitglieder der Bedarfsgemeinschaft nicht oder nicht ausreichend aus eigenen Mitteln bestreiten kann *(s.a. Labrenz, ZfF 2008, 217–224).* Die Vorschrift ist Ausdruck des Gedankens der **Subsidiarität** der Leistungen des SGB II als Grundsicherung, der bereits an anderen Stellen im Gesetz angesprochen wurde, wie z. B. in §§ 2 und 3. Die Vorschrift ist weitergehend als die sozialrechtliche Bestimmung des § 19 SGB XII, weil neben dem finanziellen Lebensunterhalt auch die fehlende Fähigkeit zur Eingliederung in Arbeit (§ 14 SGB II) zur Hilfebedürftigkeit führen kann. Durch dieses Nebeneinanderstellen von Lebensunterhaltssicherung und Eingliederung in Arbeit wird deutlich, dass auch bei gesichertem Lebensunterhalts unabhängig davon Eingliederungsleistungen zu gewähren sind. Zudem ist nicht allein auf den Lebensunterhalt des Hilfebedürftigen abzustellen, sondern die unzureichende Sicherung des Lebensunterhalts wird auf die Mitglieder der Bedarfsgemeinschaft erweitert. Selbst wenn der Betroffene sich selbst unterhalten könnte, ist eine nach dem SGB II zu behebende Hilfebedürftigkeit zu bejahen. Damit wird zugleich ausgeschlossen, dass von den Mitgliedern der Bedarfsgemeinschaft Leistungen nach dem SGB XII beantragt werden können. Der Hilfesuchende hat insbesondere seine Arbeitskraft einzusetzen. Tut er dies nicht, so entfällt nicht der Leistungsanspruch sofort, es greifen vielmehr nach entsprechender Belehrung zunächst die Sanktionen nach § 31 Abs. 1 Nr. 1c SGB II ein. Der notwendige Lebensunterhalt bemisst sich nach § 19 bzw. 28 SGB II. Dazu ist das nach §§ 11, 12 SGB II zu berücksichtigende Einkommen und Vermögen einzusetzen, um Hilfebedürftigkeit zu vermeiden. Dies korrespondiert mit den Grundsätzen des Forderns, insbesondere der Eigenverantwortung. Der Hilfebedürftige darf auch nicht die erforderliche Hilfe von Angehörigen erhalten. Der **Begriff**

des Angehörigen ist im SGB II gesetzlich nicht bestimmt. Er dürfte
neben dem Verlobten und Ehegatten in Anlehnung an Abs. 5 die Verwandten und Verschwägerten umfassen, keinesfalls aber Freunde. Er
sollte aber nicht über den in § 16 Abs. 5 SGB X genannten Personenkreis ausgedehnt werden. Nicht erforderlich ist es, dass die Hilfe von
im Haushalt lebenden Angehörigen erbracht wird und dass darauf ein
Rechtsanspruch (z. B. Unterhaltsverpflichtung) besteht. Maßgeblich
ist nur die tatsächliche Verfügbarkeit der Mittel. Regelmäßig wird es
sich um Einkommen oder Einnahmen in Geld oder Geldeswert handeln (z. B. Unterkunft, Verpflegung). Der Vorrang anderer Sozialleistungen ergibt sich bereits aus § 5 SGB II.

III. Berücksichtigung des Einkommens von Angehörigen der Bedarfsgemeinschaft (Abs. 2)

4   Bei einer Bedarfsgemeinschaft ist nach **S. 1** auch das **Einkommen
oder Vermögen des Partners** § 7 Abs. 3 Nr. 3 SGB II zu berücksichtigen. Diese Berücksichtigung erfolgt unabhängig von einem bestehenden Unterhaltsanspruch (etwa bei einer eheähnlichen Gemeinschaft).
Nach dem Wortlaut des Gesetzes ist Einkommen und Vermögen der
Kinder nicht automatisch anzurechnen. Hat ein Kind nennenswertes
Einkommen oder Vermögen, kann dies nur mittels eines Unterhaltsanspruchs einbezogen werden. Lebt ein **hilfebedürftiges, unverheira-
tetes Kind** unter 25 Jahren (vgl. § 7 Abs. 3) mit den Eltern oder einem
Elternteil in einer Bedarfsgemeinschaft zusammen, ist nach **S. 2** das
Einkommen der Eltern bzw. des Elternteils oder dessen Partners (z. B.
Stiefvaters) zu berücksichtigen. Diese Regelung ist bedenklich, da kein
familienrechtlicher Unterhaltsanspruch besteht. Es ist ohne Belang, ob
die Kinder über § 7 Abs. 3 Nr. 2 oder Nr. 4 Mitglied der Bedarfsgemeinschaft geworden sind oder ob der Minderjährige selbst nach § 7
Abs. 1 Nr. 1, Abs. 2 Nr. 1 SGB II als erwerbsfähiger Hilfebedürftiger zu
qualifizieren ist. Ist in einer Bedarfsgemeinschaft nicht der gesamte Bedarf aus eigenen Kräften und Mitteln gedeckt, ist nach **S. 3** jede Person
der Bedarfsgemeinschaft im **Verhältnis** des eigenen Bedarfs zum Gesamtbedarf an der Hilfebedürftigkeit beteiligt. Es handelt sich um eine
unwiderlegbare Vermutung, nach der jedes Mitglied der Bedarfsgemeinschaft einen individuellen Anspruch in Höhe seines anteilig nicht
gedeckten Bedarfs hat *(zur horizontalen Methode der Ermittlung der Hilfebedürftigkeit Spellbrink, Sozialrecht aktuell 2008, 10–12; Kievel, ZfF 2005,
217–227).*

IV. Schwangere Kinder oder Betreuung von Kindern unter sechs Jahren (Abs. 3)

Abs. 3 dient dem Schutz des ungeborenen Lebens und soll sicher- 5
stellen, dass schwangere Minderjährige nicht wegen des ansonsten
üblichen Einsatzes des Elterneinkommens für die in der Bedarfsgemeinschaft lebenden Kinder zu einem Schwangerschaftsabbruch veranlasst werden oder sonstige Nachteile erleiden. Die Regelung entspricht dem Sozialhilferecht.

V. Unzumutbare Vermögensverwertung (Abs. 4)

Hilfebedürftig ist auch derjenige, der wegen tatsächlicher oder recht- 6
licher Hindernisse das zu berücksichtigende Vermögen objektiv nicht
sofort verwerten kann. Darüber hinaus ist derjenige hilfebedürftig, für
den die sofortige Verwertung eine Härte bedeuten würde, beispielsweise bei einer kapitalbildenden Lebensversicherung kurz vor dem
vereinbarten Auszahlungszeitpunkt (*so beispielhaft BT-Drucks 15/1516,
53*). Die vormals vorgesehene Option, in diesen Fällen die Leistungen
nur als Darlehen zu erbringen, wurde gestrichen. Soweit bewertbare
Dienst- oder Sachleistungen erbracht werden, entsteht ein Erstattungsanspruch zugunsten des Leistungserbringers als Surrogat (*so auch
Löns/Herold-Tews* § 9 Rn. 4).

VI. Unterhaltsvermutung (Abs. 5)

Abs. 5 enthält eine widerlegbare gesetzliche Vermutung, dass mit 7
dem erwerbsfähigen Hilfebedürftigen verwandte oder verschwägerte
Personen, die nicht zur Bedarfsgemeinschaft im Sinne des § 7 Abs. 3
gehören und in einem gemeinsamen Haushalt mit dem Erwerbsfähigen leben, diesem Leistungen zum Lebensunterhalt erbringen. **Verwandte** sind nach § 1589 BGB Personen, die von derselben Person
abstammen (gerade Linie wie z. B. Eltern-Kinder, Großeltern-Enkel)
oder von derselben dritten Person (z. B. Geschwister, Cousins, Neffe/
Nichte-Tante/Onkel). **Verschwägerte** sind die Verwandten des Ehegatten (§ 1590 BGB). Eine **Haushaltsgemeinschaft** liegt vor, wenn
die Personen mit dem Erwerbsfähigen in einem gemeinsamen Haushalt zusammen leben und „aus einem Topf" wirtschaften. Anhaltspunkte für ein solches gemeinsames Wirtschaften sind der gemeinsame
Einkauf, gemeinsames Kochen, gemeinsame Beschaffung von Heizmaterial. Diese gemeinsame Haushaltsführung dient der Abgrenzung
zur reinen Wohngemeinschaft, bei der nur die Räumlichkeiten teilweise gemeinsam genutzt werden. Der Umfang, in dem von den Ver-

wandten der Einsatz von Einkommen und Vermögen erwartet werden kann, entspricht demjenigen bei § 16 BSHG (*so ausdrücklich BT-Drs 15/ 1516, 53*). Auf den Grad der Verwandtschaft oder Schwägerschaft kommt es nicht an, so dass die Vermutung grundsätzlich auch bei weitläufiger Verwandtschaft oder Schwägerschaft besteht. Je ferner allerdings der Grad ist, desto einfacher dürfte es sein, die Vermutung zu widerlegen, vor allem dann, wenn die Person nicht mehr zu dem in § 16 Abs. 5 SGB X genannten Kreis gehört. Erforderlich ist in jedem Fall eine engere Beziehung zum Hilfebedürftigen (*vgl. zur Abgrenzung und Auskunftspflicht BVerfG Beschl. v. 2. 9. 2004 – 1 BuR 1962/04*); gleichwohl zählt der Verlobte des Hilfebedürftigen nicht dazu, sofern er nicht zugleich verwandt oder verschwägert ist. In welcher Höhe das Einkommen zu berechnen ist, regelt die Alg II-V (abgedruckt nach § 13 SGB II), die einen relativ kompliziert zu errechnenden Freibetrag vorsieht (*vgl. unten § 11*).

Zumutbarkeit

10 (1) Dem erwerbsfähigen Hilfebedürftigen ist jede Arbeit zumutbar, es sei denn, dass

1. er zu der bestimmten Arbeit körperlich, geistig oder seelisch nicht in der Lage ist,

2. die Ausübung der Arbeit ihm die künftige Ausübung seiner bisherigen überwiegenden Arbeit wesentlich erschweren würde, weil die bisherige Tätigkeit besondere körperliche Anforderungen stellt,

3. die Ausübung der Arbeit die Erziehung seines Kindes oder des Kindes seines Partners gefährden würde; die Erziehung eines Kindes, das das dritte Lebensjahr vollendet hat, ist in der Regel dann nicht gefährdet, wenn und soweit unter Berücksichtigung der besonderen Verhältnisse in der Familie die Betreuung des Kindes in einer Tageseinrichtung oder in Tagespflege im Sinne der Vorschriften des Achten Buches sichergestellt ist; die Agentur für Arbeit soll darauf hinwirken, dass erwerbsfähigen Erziehenden vorrangig ein Platz zur Tagesbetreuung des Kindes angeboten wird,

4. die Ausübung der Arbeit mit der Pflege eines Angehörigen nicht vereinbar wäre und die Pflege nicht auf andere Weise sichergestellt werden kann,

5. der Ausübung der Arbeit ein sonstiger wichtiger Grund entgegensteht.

(2) Eine Arbeit ist nicht allein deshalb unzumutbar, weil

1. sie nicht einer früheren beruflichen Tätigkeit des erwerbsfähigen Hilfebedürftigen entspricht, für die er ausgebildet ist oder die er ausgeübt hat,

2. sie im Hinblick auf die Ausbildung des erwerbsfähigen Hilfebedürftigen als geringerwertig anzusehen ist,

3. der Beschäftigungsort vom Wohnort des erwerbsfähigen Hilfebedürftigen weiter entfernt ist als ein früherer Beschäftigungs- oder
Ausbildungsort,

4. die Arbeitsbedingungen ungünstiger sind als bei den bisherigen
Beschäftigungen des erwerbsfähigen Hilfebedürftigen,

5. sie mit der Beendigung einer Erwerbstätigkeit verbunden ist, es
sei denn, es liegen begründete Anhaltspunkte vor, dass durch die bisherige Tätigkeit künftig die Hilfebedürftigkeit beendet werden kann.

(3) Die Absätze 1 und 2 gelten für die Teilnahme an Maßnahmen
zur Eingliederung in Arbeit entsprechend.

I. Allgemeines

Geltende Fassung: § 10 trat am 1.1.2005 i. d. F. von Art. 1 des Vier- 1
ten Gesetzes für moderne Dienstleistungen am Arbeitsmarkt vom
24.12.2003 (BGBl. I S. 2954) in Kraft. Noch vor Inkrafttreten wurde
Abs. 1 Nr. 3 dritter Teilsatz durch Art. 1 des Gesetzes zur optionalen Trägerschaft von Kommunen nach dem Zweiten Buch Sozialgesetzbuch
(Kommunales Optionsgesetz) vom 30.7.2004 (BGBl. I S. 2014) neu
gefasst. In Abs. 1 Nr. 3 Hs. 3 ist seit G v. 30. 7. 2004 (BGBl. I 2014) mWv
1.1.2005 nicht mehr erforderlich, dass der Hilfebedürftige alleinerziehend ist. Abs. 1 Nr. 5 wurde durch G v. 21.12.2008 (BGBl. I 2919)
mWv 1.1.2009 eingefügt.

Normstruktur und Normzweck: Die Vorschrift umschreibt in 2
Abs.1 die **Zumutbarkeit von Erwerbstätigkeit** und stellt in Abs. 2
klar, auf welche Gründe sich der Hilfebedürftige bei der Feststellung
der Zumutbarkeit einer Erwerbstätigkeit in der Regel **nicht berufen**
kann.

II. Begriff der Zumutbarkeit (Abs. 1)

Die Vorschrift konkretisiert die Grundsätze des Forderns hinsichtlich 3
der Zumutbarkeit von Tätigkeiten und Maßnahmen. Die Anforderungen an den Erwerbsfähigen sind schärfer als diejenigen bei dem Versi-
cherungssystem des Dritten Buches (vgl. § 121 SGB III). **Grundsätzlich** ist dem Erwerbsfähigen **jede Erwerbstätigkeit zumutbar**, weil
er verpflichtet ist, die Belastung der Allgemeinheit durch seine Hilfebedürftigkeit zu minimieren. Dieser faktische Zwang, jegliche Erwerbstätigkeit anzunehmen, war einer der Hauptkritikpunkte an der
Neuregelung, da damit der soziale Abstieg vorprogrammiert erscheint
(*Köbl, FS Birk 2008, 385–415, Kohte, SozSich 2005, 146–152; Griesche,*

FPR 2005, 442–448; zu den sog. Ein-Euro-Jobs Spindler, info also 2008, 218, Zwanziger, ArbuR 2005, 8–15; zum Lohnwucher Feldhoff SGb 2006, 701–709).

4 **Abs. 1** enthält eine abschließende **Aufzählung von Hinderungs-gründen.** Zunächst wird in **Nr. 1** auf die **persönlichen Einschrän-kungen** eingegangen.

5 **Nr. 2** behandelt die Fälle, in denen an die bisherige Arbeit besondere körperliche Anforderungen gestellt wurden, die durch die neue Er-werbstätigkeit beeinträchtigt werden könnten. Immerhin geht der Ge-setzgeber davon aus, dass der Hilfebedürftige wieder einmal in seinem ursprünglichen Beruf arbeiten sollte. Denkbar wäre beispielsweise ein Feinmechaniker oder Pianist, der auf dem Bau eingesetzt soll und da-durch seine Fingerfertigkeit und Sensibilität verlieren könnte. Geistige Anforderungen werden nicht genannt, so dass ein Akademiker auch für Routinetätigkeiten eingesetzt werden könnte.

6 Die **Erziehung eines Kindes** ist nach **Nr. 3 1. Hs.** nicht von vorne-herein mit der Ausübung einer Erwerbstätigkeit unvereinbar. Die Er-ziehung des Kindes oder des Kindes des Partners muss gefährdet sein. Dies ist immer dann der Fall, wenn eine anderweitige Unterbringung nicht gewährleistet ist. Kinder vor Vollendung des dritten Lebensjahres können zwar in einer Krippe untergebracht werden. Zu bedenken ist jedoch, dass zum einen die Erziehung des Kindes durch seine Eltern verfassungsmäßigen Schutz genießt (Art. 6 GG) und der Gesetzgeber den Erziehungsurlaub, jetzt Elternurlaub gerade deswegen eingeführt hat, damit es den Eltern möglich ist, während der für die Entwicklung des Kindes so wichtigen Kleinkindphase zu Hause zu bleiben. Deshalb verbietet sich eine allzu restriktive Anwendung. Bei Kindern unter drei Jahren dürfte für den erziehenden Elternteil regelmäßig nur eine Teil-zeiterwerbstätigkeit in Betracht kommen oder eine Vollzeittätigkeit, die mit der Kindererziehung in Einklang gebracht werden kann (z. B. Telearbeit). Übermäßig lange Pendelzeiten dürfen ebenfalls nicht ge-fordert werden. Zugunsten des Trägers wird in **Nr. 3 2. Hs.** vermutet, dass bei einer adäquaten Unterbringung des Kindes, welches das dritte Lebensjahr vollendet hat, in einer Tageseinrichtung oder Tagespflege nach dem SGB VIII die Erziehung regelmäßig nicht gefährdet ist. Aus-nahmen könnten im Einzelfall bei besonderen Erziehungsschwierig-keiten oder Behinderungen, Traumata u. ä. zu bejahen sein. Der Nach-weis für eine solche Ausnahmesituation obliegt dem Hilfebedürftigen. Um kindererziehende Personen schneller wieder in Arbeit eingliedern zu können, sollen die kommunalen Träger auf die vorrangige Bereit-stellung von Tagesbetreuungsplätzen hinwirken. Dies ist eine dringli-che Aufforderung an die Träger tätig zu werten; ein Anspruch auf einen Betreuungsplatz lässt sich daraus nicht ableiten. Sollte allerdings der Träger keine geeignete Betreuungseinrichtung benennen können, kehrt sich die Beweislast hinsichtlich der Vermutung um und es ist

grundsätzlich davon auszugehen, dass die Erziehung der Kinder gefährdet ist. Anders als in der ursprünglichen Fassung muss der Erziehende erwerbsfähig, aber nicht mehr alleinerziehend sein.

Nr. 4 beschäftigt sich mit der **Pflege** eines Angehörigen. Der Begriff des Angehörigen dürfte in gleicher Weise abzugrenzen sein wie in § 9 (*vgl.* § 9 Rn. 3). Mit der Pflege nicht vereinbar sind längere Abwesenheitszeiten, da dann die dauerhafte Versorgung des zu Pflegenden nicht gewährleistet ist. Entscheidend ist aber eine Gesamtbetrachtung, die auch von der Art und Schwere der notwendigen Pflege abhängt. **7**

Der Auffangtatbestand der **Nr. 5 (sonstiger wichtiger Grund)** ist restriktiv anzuwenden. Der einer Aufnahme der Erwerbstätigkeit entgegenstehende individuelle Grund des Erwerbsfähigen muss im Verhältnis zu den Interessen der Allgemeinheit, welche die Leistungen an den Erwerbsfähigen und die Mitglieder der Bedarfsgemeinschaft aus Steuermitteln erbringt, besonderes Gewicht haben. Grundsätzlich müssen die persönlichen Interessen zurückstehen. Auch hier ist eine Abwägung aller Umstände vorzunehmen. Ein wichtiger Grund wäre etwa die Beendigung der Schulausbildung (*vgl. oben* § 7 Rn. 3) oder eine völlige Neuorientierung der Lebenssituation (z. B. Umzug) für eine auf wenige Monate befristete Stelle ohne Verlängerungsmöglichkeit. **8**

III. Konkretisierung des Begriffs der Zumutbarkeit (Abs. 2)

In **Abs.** 2 werden die **Zumutbarkeitskriterien** nochmals **konkretisiert** und Umstände und Bedingungen genannt, deren Vorliegen die Unzumutbarkeit einer Erwerbstätigkeit nicht begründen können. Aus der Formulierung „allein" ist zu schließen, dass die genannten Punkte für sich noch keine Ablehnung einer Arbeit rechtfertigen können. Treffen aber mehrere Punkte nebeneinander zu, kann bei einer Gesamtbetrachtung dies ein sonstiger wichtiger Grund i. S. d. Abs. 1 Nr. 5 sein. Dabei wird auch zu prüfen sein, wieviele Abstriche im beruflichen und privaten Bereich der Hilfebedürftige insgesamt gegenüber seiner bisherigen Lebenssituation machen muss. Der verfassungsrechtliche Schutz aus Art. 2 und Art. 12 GG erfordern eine gewisse Rücksichtnahme auf die Interessen und Belange des Hilfebedürftigen. Er darf nicht völlig rechtlos gestellt werden, in dem er kurzfristig auf jede Arbeit an jedem Ort in der Bundesrepublik verwiesen wird. Da aber bereits § 122 SGB II schon verschärfte Zumutbarkriterien für die Versicherungsleistungen anlegt (insbesondere hinsichtlich des Pendelns und eines Umzugs), ist dem Hilfebedürftigen nach dem SGB II längeres Pendeln oder ein Umzug zumutbar, wenn am bisherigen Wohnort ersichtlich keine Eingliederungsmöglichkeiten bestehen und eine gewisse Dauerhaftigkeit der angebotenen Arbeit besteht. Ein mehrmali- **9** ger Umzug kurz hintereinander oder eine Art „Wanderarbeitnehmer-schaft" dürften wohl nicht mehr zumutbar sein, da auch ein Hilfebe-dürftiger die Möglichkeit haben muss, soziale Kontakte aufzubauen.

10   In **Nr. 1** wird klargestellt, dass die **bisherige berufliche Stellung** und die Ausbildung unbeachtlich sind. Es besteht mithin kein Berufs- und Ausbildungsschutz und ein Berufswechsel kann verlangt werden. In **Nr. 2** wird auf die „soziale" Wertigkeit der Tätigkeit abgestellt. Selbst wenn sie der Ausbildung entspricht, besteht kein Anspruch auf ein bestimmtes **Niveau der Tätigkeit**, so dass eine qualifizierte Kraft auch auf Hilfstätigkeiten verwiesen werden kann (z. B. ehemalige Bib-liotheksleiterin zur Katalogisierung). **Nr. 3** gibt keine Vorgaben hin-sichtlich zeitlichen oder räumlichen **Entfernung** zwischen Beschäfti-gungsort und Wohnort. Die in § 122 SGB III angeführten Pendelzeiten können zumindest als Anhaltspunkt dienen. Primär dürfte auf die zeit-liche Erreichbarkeit abzustellen sein, vor allem auch auf bestehende Schnellverbindungen (Autobahn, ICE). **Nr. 4** lässt ungünstigere Ar-beitsbedingungen zu. Zu den Arbeitsbedingungen zählen vor allem Entlohnung und soziale Nebenleistungen (z. B. Kantine, zusätzliche Altersversorgung) aber auch zeitliche Kriterien (z. B. Schichtdienst, Nachtdienst, Arbeitsbeginn und -ende, Urlaubsregelungen). Der Hil-febedürftige darf aber nicht auf Arbeitsbedingungen verwiesen wer-den, die gesetzlichen Vorgaben widersprechen (z. B. Arbeitsverbote für Jugendliche und Schwangere, unzureichender Arbeitsschutz, Verstoß gegen Arbeitszeitordnung, geringerer Urlaubsanspruch als nach dem BUrlaubG), wohl aber auf geringfügige Beschäftigungsverhältnisse. Fraglich ist aber, ob der Hilfebedürftige dauerhaft auf geringfügige Beschäftigungsverhältnisse verwiesen werden kann, die eine soziale Absicherung nur unzureichend oder überhaupt nicht vermitteln. Nach der neu eingefügten **Nr. 5** kann vom Hilfebedürftigen sogar die Auf-gabe einer Erwerbstätigkeit verlangt werden. Sinn macht dies aller-dings nur, wenn der Leistungsträger eine besser bezahlte oder auf Dauer angelegte andere Erwerbstätigkeit vermittelt.

IV. Maßnahmen zur Eingliederung in Arbeit (Abs. 3)

11   Die Grundsätze der Zumutbarkeit einer Erwerbstätigkeit gelten für Leistungen zur Eingliederung in Arbeit nach §§ 16 ff. SGB II entspre-chend. Da Eingliederungsmaßnahmen häufig zeitlich begrenzt sind, muss eine solche Befristung bei der Frage der Zumutbarkeit des Pen-delns oder eines Ortswechsel besonders in die Abwägung Eingang fin-den.

Zu berücksichtigendes Einkommen

11 (1) [1]Als Einkommen zu berücksichtigen sind Einnahmen in Geld oder Geldeswert mit Ausnahme der Leistungen nach diesem Buch, der Grundrente nach dem Bundesversorgungsgesetz und nach Gesetzen, die eine entsprechende Anwendung des Bundesversorgungsgesetzes vorsehen und der Renten oder Beihilfen, die nach dem Bundesentschädigungsgesetz für Schäden an Leben sowie an Körper oder Gesundheit erbracht werden, bis zur Höhe der vergleichbaren Grundrente nach dem Bundesversorgungsgesetz. [2]Der Kinderzuschlag nach § 6a des Bundeskindergeldgesetzes ist als Einkommen dem jeweiligen Kind zuzurechnen. [3]Dies gilt auch für das Kindergeld für zur Bedarfsgemeinschaft gehörende Kinder, soweit es bei dem jeweiligen Kind zur Sicherung des Lebensunterhalts benötigt wird.

(2) [1]Vom Einkommen sind abzusetzen

1. auf das Einkommen entrichtete Steuern,

2. Pflichtbeiträge zur Sozialversicherung einschließlich der Beiträge zur Arbeitsförderung,

3. Beiträge zu öffentlichen oder privaten Versicherungen oder ähnlichen Einrichtungen, soweit diese Beiträge gesetzlich vorgeschrieben oder nach Grund und Höhe angemessen sind; hierzu gehören Beiträge

a) zur Vorsorge für den Fall der Krankheit und der Pflegebedürftigkeit für Personen, die in der gesetzlichen Krankenversicherung nicht versicherungspflichtig sind,

b) zur Altersvorsorge von Personen, die von der Versicherungspflicht in der gesetzlichen Rentenversicherung befreit sind,

soweit die Beiträge nicht nach § 26 bezuschusst werden,

4. geförderte Altersvorsorgebeiträge nach § 82 des Einkommensteuergesetzes, soweit sie den Mindesteigenbeitrag nach § 86 des Einkommensteuergesetzes nicht überschreiten,

5. die mit der Erzielung des Einkommens verbundenen notwendigen Ausgaben,

6. für Erwerbstätige ferner ein Betrag nach § 30,

7. Aufwendungen zur Erfüllung gesetzlicher Unterhaltsverpflichtungen bis zu dem in einem Unterhaltstitel oder in einer notariell beurkundeten Unterhaltsvereinbarung festgelegten Betrag,

8. bei erwerbsfähigen Hilfebedürftigen, deren Einkommen nach dem Vierten Abschnitt des Bundesausbildungsförderungsgesetzes oder § 71 oder § 108 des Dritten Buches bei der Berechnung der Leistungen der Ausbildungsförderung für mindestens ein Kind berücksichtigt wird, der nach den Vorschriften der Ausbildungsförderung berücksichtigte Betrag.

[2]Bei erwerbsfähigen Hilfebedürftigen, die erwerbstätig sind, ist an Stelle der Beträge nach Satz 1 Nr. 3 bis 5 ein Betrag von insgesamt

100 Euro monatlich abzusetzen. [3]Beträgt das monatliche Einkommen mehr als 400 Euro, gilt Satz 2 nicht, wenn der erwerbsfähige Hilfebedürftige nachweist, dass die Summe der Beträge nach Satz 1 Nr. 3 bis 5 den Betrag von 100 Euro übersteigt.

(3) Nicht als Einkommen sind zu berücksichtigen

1. Einnahmen, soweit sie als

a) zweckbestimmte Einnahmen,

b) Zuwendungen der freien Wohlfahrtspflege

einem anderen Zweck als die Leistungen nach diesem Buch dienen und die Lage des Empfängers nicht so günstig beeinflussen, dass daneben Leistungen nach diesem Buch nicht gerechtfertigt wären,

2. Entschädigungen, die wegen eines Schadens, der nicht Vermögensschaden ist, nach § 253 Abs. 2 des Bürgerlichen Gesetzbuchs geleistet werden.

(3a) Abweichend von den Absätzen 1 bis 3 wird der Teil des Elterngeldes, der die nach § 10 des Bundeselterngeld- und Elternzeitgesetzes anrechnungsfreien Beträge übersteigt, in voller Höhe berücksichtigt.

(4) Abweichend von den Absätzen 1 bis 3 wird der Teil des Pflegegeldes nach dem Achten Buch, der für den erzieherischen Einsatz gewährt wird,

1. für das erste und zweite Pflegekind nicht,

2. für das dritte Pflegekind zu 75 vom Hundert,

3. für das vierte und jedes weitere Pflegekind in voller Höhe berücksichtigt.

I. Allgemeines

1   **Geltende Fassung:** § 11 trat am 1.1.2005 i.d.F. von Art.1 des Vierten Gesetzes für moderne Dienstleistungen am Arbeitsmarkt vom 24.12.2003 (BGBl. I S. 2954) in Kraft. Im Gesetzgebungsverfahren wurde neben einigen geringfügigen redaktionellen Änderungen wurde in Abs. 2 die Regelung gestrichen, wonach für die Beurteilung der Angemessenheit die Lebensumstände während des Bezugs der Grundsicherung für Arbeitsuchende maßgeblich sein sollten. Noch vor Inkrafttreten wurde Abs. 2 Nr. 3 b durch Art. 1 des Gesetzes zur optionalen Trägerschaft von Kommunen nach dem Zweiten Buch Sozialgesetzbuch (Kommunales Optionsgesetz) vom 30.7.2004 (BGBl. I S. 2014) redaktionell angepasst. Abs. 2 S. 1 Nr. 6–8 sowie Abs. 4 wurden durch G v. 20.7.2006 (BGBl. I 1706) mWv 1.8.2006, Abs. 2 S. 2 und 3 bereits durch G v. 14.8.2005 (BGBl. I 2407) mWv 1.10.2005 eingefügt, Abs. 3a durch G v. 5.12.2006 (BGBl. I 2748) mWv 1.1.2007.

Übergangsvorschriften: §§ 67, 68 Abs. 1 SGB II.

2   **Normstruktur und Normzweck:** Die Vorschrift befasst sich in **Abs. 1** mit der **Anrechnung von Einkommen**, das der Hilfebedürf-

tige erzielt und das bei der Leistungsberechnung zu berücksichtigen ist. In **Abs. 2** werden die Posten genannt, die vom Einkommen **abgesetzt** werden können und dieses verringern. **Abs. 3** nennt einige **Einnahmen**, die trotz ihres Einkommenscharakters **nicht** bei der Anrechnung **berücksichtigt** werden. § 11 wird ergänzt durch §§ 1–5 Alg II–V (abgedruckt nach § 13 SGB II). Die Vorschrift regelt die Berücksichtigung von Einkommen ähnlich wie das Sozialhilferecht.

II. Zu berücksichtigendes Einkommen (Abs. 1)

Abs. 1 entspricht inhaltlich dem Sozialhilferecht. In **S. 1** wird der 3 **Begriff des Einkommens** umschrieben. Als Einkommen *(s. Wenner, SozSich 2007, 395–398)* gelten alle Einnahmen in Geld oder Geldeswert, also insbesondere Arbeitentgelt, Entgeltersatzleistungen wie Renten *(s. Grote-Seifert, jurisPR-SozR 11/2008 Anm. 2 zur Berufsunfähigkeitsrente)*, Krankengeld, Arbeitslosengeld nach dem SGB III, sowie Einnahmen aus Vermögen, etwa Kapitalerträge oder der Verwertung von Rechten z. B. Tantiemen. Der Begriff der Einnahmen wird in der Alg II–V für Einkommen aus nichtselbständiger Arbeit, aus selbständiger Arbeit, Gewerbebetrieb oder Land- und Forstwirtschaft (§ 3 Alg II–V) und sonstige Einkommen (§ 4 Alg II–V) konkretisiert.

Bei **Einkommen aus nichtselbständiger Arbeit (§ 2 Alg II–V)** 4 sind maßgeblich die **Bruttoeinnahmen** (§ 2 Abs. 1 Alg II–V) für den Monat, für den sie zufließen (§ 2 Abs. 2 S. 1 Alg II–V). Für **laufende Einnahmen** gilt das **Zuflussprinzip** (§ 2 Abs. 2 Alg II–V). Es kommt also nicht darauf an, *für* welchen Zeitraum die Einnahme geleistet wurde. Dieses Zuflussprinzip kann (z. B. bei Lohnnachzahlungen) zu zufälligen und ungerechtfertigten Benachteiligungen des Hilfebedürftigen führen, die dieser auch nicht beeinflussen kann *(vgl. auch BSG v. 23. 11. 2006)*. Bei **unregelmäßigen Einnahmen** kann nach § 2 Abs. 3 Alg II–V ein Durchschnittseinkommen gebildet werden oder es ist eine angemessene Aufteilung vorzunehmen. Bei Leistungen zur Sicherung des Lebensunterhalts sind zunächst von den Einnahmen die Frei- und Absetzbeträge abzuziehen. Das so ermittelte Gesamteinkommen ist durch den ermittelten täglichen Bedarf einschließlich der zu zahlenden Beiträge für eine freiwillige Weiterversicherung in der Kranken- und Pflegeversicherung zu teilen. Dies ergibt die Anzahl der Tage, für die Hilfe zur Sicherung des Lebensunterhalts nicht zu zahlen ist. (§ 2 Abs. 2 S. 2, Abs. 3 Alg II–V). **Einmalige Einnahmen** sind ab dem Monat zu berücksichtigen, in dem sie zufließen. Deshalb ist nach § 2 Abs. 4 S. 2 Alg II–V eine vom Zuflussprinzip abweichende Berücksichtigung im Folgemonat zulässig. Voraussetzung ist aber, dass für den Monat des Zuflusses Leistungen nach dem SGB II bezogen wurden. Einmalige Einnahmen (z. B. Urlaubsgeld, Weihnachtsgeld, Prämien,

Steuererstattungen) *sind* jetzt angemessen aufzuteilen. Dies hatte immer wieder zu Diskussionen geführt, weil die Beträge in vollem Umfang angerechnet wurden und dadurch ein Leistungsanspruch entfiel *(dazu Geiger, info also 2009, 20–23; Berlit, jurisPR-SozR 7/2009 Anm. 1, Lauterbach, NJ 2009, 131–132).* **Geldwerte Einnahmen** sind vor allem Sachbezüge wie kostenlose Unterkunft, Verpflegung, Fahrkarten, Bereitstellung eines Kraftfahrzeugs oder Übernahme der Betriebskosten. Diese sind nunmehr pauschal bei Verpflegung mit 1% der Regelleistung bei Vollverpflegung (§ 2 Abs. 5 Alg II–V), im Übrigen nach dem Verkehrswert und nicht mehr wie bisher nach der SachBezVO zu bewerten *(s. a. Groth, juris-PR-SozR 1/2009 Anm. 2 zur Krankenhausverpflegung).* Höchstens kann der Betrag angesetzt werden, der sich aus der Zusammensetzung des Eckregelsatzes ergibt (§ 2 Abs. 6 Alg II–V). Unter bestimmten Voraussetzungen kann das Einkommen auch geschätzt werden. Der Hilfesuchende ist aber zuvor zwingend zu hören (§ 2 Abs. 7 Alg II- V). Aber auch bei einer Schätzung muss dem Hilfebedürftigen die Möglichkeit eingeräumt werden, durch genauere Angaben nachträglich den Leistungsanspruch exakt ermitteln zu lassen. Trotz ihres grundsätzlichen Charakters als Einkommen bleiben die in S. 1 genannten Leistungen außer Betracht. Gesetzestechnisch wäre es günstiger gewesen, sämtliche nicht zu berücksichtigenden Einnahmen in § 11 Abs. 3 SGB II aufzuzählen. Nicht als Einkommen zu berücksichtigen sind zunächst Leistungen nach dem SGB II. Damit wird verhindert, dass etwa bei einer Bedarfsgemeinschaft der Anspruch eines Mitglieds wieder entfällt, weil ein anderes Mitglied Leistungen nach dem SGB II erhält. Dies würde zu einem rechtlichen Zirkelschluss führen. Von der Berücksichtigung ausgenommen sind Renten mit Entschädigungscharakter. Diese Entschädigungsleistungen können zwar der Sicherung des Lebensunterhalts dienen, haben aber keine Entgeltersatzfunktion, sondern sollen einen immateriellen Ausgleich für erlittene Schäden bieten (vgl. auch unten Abs. 3 Nr. 2). Als mögliche Anspruchsgrundlagen sind das Bundesversorgungsgesetz (das für Kriegsopfer gilt), die Gesetze, die eine entsprechende Anwendung des BVG vorsehen (z. B. § 1 Abs. 1 S. 1 OEG, § 4 HHG, § 80 SVG, § 60 IfSG), und das BEG, das der Entschädigung der Opfer der nationalsozialistischen Verfolgung dient, aufgeführt. Die Nichtberücksichtigung als Einkommen ist betragsmäßig auf die Höhe der Grundrente nach dem Bundesversorgungsgesetz (§ 31 BVG) begrenzt. Die Unfallrente nach dem SGB VII wäre zu berücksichtigen, da sie nicht in entsprechender Anwendung des BVG gezahlt wird *(dazu Heinz, Behindertenrecht 2009, 13–21; Berlit, jurisPR-SozR 1/2008 Anm. 1).* Andererseits hat die Unfallrente auch Entschädigungscharakter. Dies ist ganz offensichtlich bei der sog. unechten Unfallversicherung nach § 2 Abs. 1 Nr. 13 SGB VII, die Lebensretter, Blut- und Organspender und die Verfolger von Straftätern einschließt, sowie für ehrenamtliche Helfer bei

Unglücken und im Zivilschutz nach § 2 Abs. 1 Nr. 12. Es erscheint nicht sachgerecht bei diesem Personenkreis, der sich für die Allgemeinheit aufgeopfert hat, die Rente voll als Einkommen anzurechnen. Aus § 93 Abs. 2 Nr. 2a SGB VII ist zu entnehmen, dass die Verletztenrente diesen Entschädigungscharakter in Höhe der Grundrente nach dem BVG hat. Auch wenn die Rente nach dem SGB VII die Verantwortlichkeit des Arbeitgebers kompensieren soll und nicht die des Staates ist es wenig nachvollziehbar, weshalb die Berücksichtigung nach § 11 Abs. 1 S. 1 SGB II von der zufälligen Verantwortlichkeit des Schädigers für den erlittenen Körper- oder Gesundheitsschaden abhängen soll, dies umso mehr, als nach § 11 Abs. 3 Nr. 2 SGB II Entschädigungen in unbegrenzter Höhe nicht zu berücksichtigen sind.

Bei **Einkommen aus selbständiger Arbeit, Gewerbebetrieb oder** **5** **Land- und Forstwirtschaft** (§ 3 Alg II–V) ist von den **(Brutto-)** **betriebseinnahmen** auszugehen, von denen **notwendige Ausgaben** nach § 3 Abs. 2 und 3 abgesetzt werden können, sofern sie nach den Umständen angebracht sind. Anders als bei abhängig Beschäftigten können **Fahrten mit dem Kraftfahrzeug** nach § 3 Abs. 7 abgezogen werden, wobei der Betrag von 0,10 € je gefahrenen Kilometer wesentlich geringer ist als die nach Steuerrecht vorgesehene Pauschale *(eingehend Geiger, ZFSH/SGB 2009, 9–16)*.

Bei der **Berechnung des Einkommens in sonstigen Fällen**, ins- **6** besondere bei Einnahmen aus Sozialleistungen, Vermietung und Verpachtung, Kapitalvermögen sowie Wehr und Ersatzdienstverhältnissen verweist § 4 Alg II–V auf die Berechnungsgrundsätze des § 2 Alg II– V. Einschlägig dürften vor allem die Regelungen über das Zuflussprinzip und die Aufteilung einmaliger Einnahmen sein.

In **S. 2** wird klargestellt, dass der mit § 6a BKGG neu eingeführte **7** **Kinderzuschlag** nur dem jeweiligen Kind als Einkommen zuzurechnen ist. Mit dem Kinderzuschlag soll vermieden werden, dass Bezieher von niedrigen Einkommen allein wegen ihrer Kinder Bezieher von Leistungen nach dem SGB II werden. Ohne Zurechnung an das Kind könnte durch dieses Instrument nicht die Abhängigkeit des Kindes von Sozialgeld oder Arbeitslosengeld II beseitigt werden. Ein Kinderzuschlag wird nur gezahlt, wenn Anspruch auf Kindergeld oder vergleichbare Leistungen besteht. Der Kinderzuschlag beträgt für jedes berücksichtigungsfähige Kind maximal € 140 monatlich, was zusammen mit dem Kindergeld und den anteiligen Unterkunftskosten den durchschnittlichen Bedarf eines Kindes auf Alg II bzw. Sozialgeld deckt *(BT-Drucks. 15/1516, 48, 83)*. Der Kinderzuschlag mindert sich um das anrechnungsfähige Einkommen des Kindes (außer Kindergeld). Die Eltern bzw. ein Elternteil und dessen Partner müssen mindestens ein Einkommen haben, das ihren eigenen Alg II bzw. Sozialgeldbedarf deckt. Reicht das Einkommen der Eltern bzw. deren Partner zur Deckung des eigenen Bedarfs nicht aus, ist kein Kinderzuschlag zu zahlen, sondern es verbleibt bei den Leistungen nach dem SGB II. Die Eltern bzw. ihre Partner dürfen höchstens Einkommen haben, das ihren eigenen Bedarf um höchstens € 140 je berücksichtigungsfähigen Kind übersteigt. Bei höherem Einkommen entfällt der Kinderzuschlag und es besteht regelmäßig auch kein Anspruch auf Leistungen nach dem SGB II. Sofern das Einkommen die genannte Grenze von € 140 je berücksichtigungsfähigem Kind nicht übersteigt, mindert sich der Kinderzuschlag um € 7 je € 10 Erwerbseinkommen. Der Zuschlag entfällt, wenn das Erwerbseinkommen (bei einem Kind) € 200 über dem eigenen Bedarf der Eltern bzw. des Partners liegt. Mit dieser nur teilweisen Anrechnung von Erwerbseinkommen soll die Arbeitsaufnahme privilegiert werden. Wegen dieser Anreizfunktion gilt die **privilegierte Anrechnung** nicht für anderes Einkommen. Bei mehreren Kindern ist ein Gesamtkinderzuschlag zu bilden, bei dem ggf. die Minderung vorzunehmen ist. Der Kinderzuschlag wird längstens 36 Monate gezahlt.

8   Nach **S. 3** ist das **Kindergeld** ebenfalls als Einkommen des Kindes anzurechnen. Das Kind muss zur Bedarfsgemeinschaft gehören (§ 7 Abs. 3 Nr. 2) und es muss zur Sicherung des Lebensunterhaltes des Kindes, also zur Bedarfsdeckung benötigt werden. nicht aber der im Kinderzuschlag (*vgl. Rn. 4*). Das Kindergeld beträgt ab 1. 1. 2009 für das 1.–2. Kind € 164, für das dritte Kind 170 € und für jedes weitere Kind € 195.

III. Absetzbare Beträge (Abs. 2)

9   Abs. 2 nennt abschließend die Beträge, die vom Einkommen abzusetzen sind. Nach **§ 5 Alg II–V** können Ausgaben nur bei der jeweiligen Einkunftsart bis zur Höhe der Einnahmen verrechnet werden. Anders als im Steuerrecht sind negative Einkünfte oder eine Übertragung von Verlusten in eine spätere Periode nicht vorgesehen. Für einige Beträge sind Pauschalierungen nach § 6 Alg II–V vorgesehen *(vgl. Bergkemper, SteuerR 8/2008 Anm. 1)*.

10   Nach **S. 1 Nr. 1** sind **Steuern** abzusetzen, die auf das Einkommen nach § 1 EStG erhoben werden. Welche Einkünfte steuerpflichtig sind, ergibt sich aus § 2 EStG. Neben Erwerbseinkommen, Einkünften aus Kapitalvermögen und Vermietung und Verpachtung sind seit 1. 1. 2005 nach § 2 Abs. 1 S. 1 Nr. 7 h i.V. m. § 22 Nr. 1 EStG u. a. auch die Altersrenten der gesetzlichen Rentenversicherung und steuerpflichtig. Zu den einkommensbezogenen Steuern zählen Einkommens-, Lohn-, Kapitalertrags-, Gewerbe- und Kirchensteuern. Der Solidaritätszuschlag ist ebenfalls abzusetzen, obwohl es sich nicht um eine Steuer handelt, sondern um eine Ergänzungsabgabe (§ 1 SolZG). Nicht abzusetzen sind Verbrauchssteuern wie z. B. Mehrwert-, Versicherungs-

oder Mineralölsteuer. Dafür ist auch kein Pauschbetrag vorgesehen. Das ist insofern nicht unbedenklich, als gerade Bezieher von niedrigem Einkommen relativ gesehen mehr Verbrauchssteuern entrichten, als Bezieher höherer Einkommen und dadurch effektiv weniger Geld zur Verfügung haben. Nach dem Wortlaut des Gesetzes sind nur entrichtete d.h. bereits gezahlte Steuern abzusetzen. Gleiches dürfte für im Leistungszeitraum fällige und bindend festgestellte Steuern wie z. B. bei Steuervorauszahlungen gelten.

Pflichtbeiträge zur Sozialversicherung sind nach **S. 1 Nr. 2** ab- **11** zusetzen. Es muss somit ein Versicherungspflichtverhältnis (§ 5 SGB V, §§ 1–4 SGB VI, §§ 20, 21 SGB XI, § 24 SGB III) bestehen. Zur Sozialversicherung gehören nach § 1 Abs. 1 S. 1 SGB I die gesetzliche Kranken-, Unfall- und Rentenversicherung einschließlich der Alterssicherung der Landwirte sowie die soziale Pflegeversicherung. Die Arbeitsförderung zählt wegen der Mischfinanzierung (§ 340 SGB III) nicht zur unmittelbar zur Sozialversicherung, weshalb eine eigene eigenständige Erwähnung vonnöten war (vgl. auch § 1 Abs. 1 S. 2 SGB I). In der Unfallversicherung trägt die Beiträge der Unternehmer allein (§ 150 SGB VII). Soweit der Hilfebedürftige als Unternehmer selbst Mitglied der Unfallversicherung ist, liegt nach § 6 Abs. 1 SGB VII eine freiwillige Versicherung vor, die gegebenenfalls nach Nr. 3 absetzbar ist.

Beiträge oder Prämien zu öffentlichen und privaten Versi- 12 cherungen und ähnlichen Einrichtungen (z. B. berufsständische Versorgungswerke, ausländische Sozialversicherungsträger) müssen nach **S. 1 Nr. 3** gesetzlich vorgeschrieben sein, etwa durch Satzung bei berufsständischen Versorgungswerken. Diese Beiträge oder Prämien können stets abgesetzt werden. Sonstige, nicht gesetzlich vorgeschriebene Versicherungen müssen nach Grund und Höhe angemessen sein. Hinsichtlich der Angemessenheit der Beiträge zu öffentlichen und privaten Versicherungen oder ähnlichen Einrichtungen sollte in S. 2 des Gesetzesentwurfs klargestellt werden, dass auf die aktuellen Lebensumstände, nämlich die Inanspruchnahme staatlicher Fürsorgeleistungen, und nicht auf den bisherigen Lebenszuschnitt abgestellt wird. Diese Einschränkung wurde gestrichen (*vgl. BT-Drs 15/1516, 12; 15/ 1728, 174*). Die Beitrags- und Prämienzahlung betrifft vornehmlich Personen, die in keiner Weise versicherungspflichtig sind oder von der Versicherungspflicht befreit sind aber auch Personen in Zusatzversorgungssystemen (z. B. betriebliche Altersvorsorge), soweit nicht ohnehin die Absetzbarkeit nach Nr. 4 zum Zuge kommt. Als angemessen ist in jedem Fall ein vorgeschriebener Mindestbeitrag bzw. -prämie anzusehen; sollten deutliche Verluste, z. B. bei privaten Versicherungen die Folge sein, auch ein höherer Beitrag, ebenso wenn der bisherige Beitrag den üblichen Leistungsrahmen einer vergleichbaren Pflichtversicherung abdeckt. Aus der Aufzählung in den Buchstaben a) und

b) auf nicht nach § 26 SGB II bezuschusste Beiträge lässt sich entnehmen, dass auch freiwillige Versicherungen abgesetzt werden können,
die nicht der Vorsorge für den Fall der Krankheit, der Pflegebedürftigkeit oder der Altersvorsorge dienen. Sie müssen aber im jeweiligen Le-
bensumfeld üblich sein um dem Grunde nach anerkannt zu werden.
Haftpflicht- und Hausratversicherungen dürften heutzutage Standard
sein, zumal Vermieter diese oftmals verlangen und bei einem Schaden
die Hilfebedürftigkeit verringern; auch Unfallversicherungen können
ggf. zur Entlastung des Trägers führen. Angesichts der kommenden
Studiengebühren dürften auch Ausbildungsversicherungen dazu dienen, einem künftigen Bezug von Grundsicherung wirksam entgegen-
zusteuern. Nach **§ 6 Abs. 1 Alg II–V** ist für dem Grunde nach anzuer-
kennende Versicherungen ein Pauschbetrag von € 30 vorgesehen, für
Minderjährige nach der Neuregelung des § 6 Abs. 1 Nr. 2 Alg II–V
aber nur dann, wenn tatsächlich eine Versicherung abgeschlossen
wurde.

13   **S. 1 Nr. 4** befasst sich mit der freiwilligen nach § 82 EStG **geförderten Altersvorsorge** (sog. Riester-Rente). Dafür sind die Beiträge bis
zur Höhe des Mindesteigenbeitrags (§ 86 EStG) abzusetzen.

14   **S. 1 Nr. 5** lässt vergleichbar mit dem EStG den **Abzug notwendiger Ausgaben** zu. Die Ausgaben müssen in Zusammenhang mit
der Einkommenserzielung stehen, z. B. Arbeitskleidung, Fahrtkosten,
Gebühren und Provisionen bei Kapitalerträgern, notwendiger zweiter
Haushalt, Gewerkschaftsbeiträge, Beiträge zu Berufsverbänden. **§ 6
Nr. 3 Alg II–V** legt Pauschbeträge für Einkommen aus Erwerbstätigkeit fest.

15   Zu den in den Nr. 1 bis 5 genannten Absetzungsbeträgen ist bei Erwerbstätigen nach **S. 1 Nr. 6** noch **zusätzlich** ein Betrag abzusetzen,
der sich nach § 30 SGB II bemisst. Damit soll ein weiterer Anreiz für
die Aufnahme einer Erwerbstätigkeit gegeben werden. Vor der Ermittlung des Absetzbetrages sind erst die Absetzungen nach Nr. 1 bis Nr. 5
vorzunehmen. Diese Regelung ist sprachlich sehr komplex und dürfte
für einen Hilfebedürftigen kaum verständlich sein. Fraglich ist, ob
hierbei noch der Gedanke der Rechtsklarheit gewahrt ist. Sie besagt,
dass zunächst das Verhältnis zwischen dem um die Absetzbeträge nach
Nr. 1 bis 5 bereinigten Einkommen und dem Bruttoeinkommen zu
bilden ist (einheitlicher Satz). Dieser Satz ist dann auf die in § 30 genannten Prozentsätze anzuwenden (*vgl. Berechnungsbeispiel bei* § 30). Ferner ist vor der Berechnung bei Einkommen aus Erwerbstätigkeit noch
ein Pauschbetrag nach **§ 6 Abs. 1 Nr. 3 Alg II–V** abzusetzen.

16   Nach dem neu eingefügten **Nr. 7** können auch gesetzliche **Unterhaltsverpflichtungen** abgezogen werden. Sie müssen aber tituliert
sein oder notariell beurkundet. Private Abreden reichen nicht aus *(s. a.
Schürmann, SGb 2009, 200–206; Klein, Sozialrecht aktuell 2008, 88–92;
Götsche, ZFE 2008, 170–172; Reinken, FÜR 2007, 352–354).*

Um eine **Doppelanrechnung** zu vermeiden bleibt nach **Nr.** 8 für 17
erwerbsfähige Hilfebedürftige, deren Einkommen nach §§ 21–25
BAföG, bei der Förderung der Berufsausbildung (§ 71 SGB III) oder
beim Ausbildungsgeld (§ 108 SGB III) für mindestens ein Kind berücksichtigt wird, der bereits bei der Ausbildungsförderung berücksichtigte Betrag anrechnungsfrei.

Neu eingefügt wurde mit **S.** 2 eine **Pauschale** von 100 € monatlich 18
für Versicherungsbeiträge, zusätzliche Altersvorsorge und Aufwendungen zur Einkommenserzielung. Liegt das Einkommen über **400 €**
(entspricht der Grenze der geringfügigen Beschäftigung nach § 8
Abs. 1 Nr. 1 SGB IV) können bei Nachweis auch höhere Ausgaben als
100 € angesetzt werden.

IV. Nicht zu berücksichtigendes Einkommen (Abs. 3)

Abs. 3 orientiert sich ebenfalls am Sozialhilferecht und nimmt be- 19
stimmte Einnahmen wegen ihres Charakters oder der Zweckbestim-
mung von der Einkommensberücksichtigung aus. Nach **Nr.** 1 muss es
sich um Einkommen handeln, die einem anderen als dem vom SGB II
verfolgten Zweck dienen. Zusätzlich muss daneben die Leistungserbringung nach dem SGB II noch gerechtfertigt sein. Als Beispiel könnten kleinere Geschenke zu bestimmten Anlässen angeführt werden, die
einer sittlichen Anstandspflicht entsprechen, (z. B. Geburtstags-, Weih-
nachts- oder Hochzeitsgeschenke, Einladungen zu Festlichkeiten, ge-
legentliche Mitnahme im Kfz aus Gefälligkeit bei gleichem Weg zur
Arbeitsstätte, besondere Medikamente, eventuell kleinere gebrauchte
Einrichtungsgegenstände oder Kleidung. Die Abgrenzung zu einkom-
mensrelevanten Sach- oder Dienstleistungen und die Berechnung nach
der SachBezV dürfte häufig schwierig und aufwändig sein. Nach dem
Grundsatz der Sparsamkeit und Wirtschaftlichkeit der Erbringung
von Leistungen (§ 14 S. 3 SGB II) sollte die Nichtberücksichtigung solcher Leistungen großzügig gehandhabt werden. Nach **Nr.** 2 bleiben
Schmerzensgeldzahlungen nach § 253 Abs. 2 BGB bei der Einkommensanrechnung unberücksichtigt.

Zusätzlich listet **§ 1 Abs. 1 Alg II–V** eine Reihe weiterer, nicht zu 20
berücksichtigender Einkommen auf, nämlich **einmalige, nicht monatliche Einnahmen bis € 50 jährlich (Nr.1)**, **Zuwendungen
Dritter**, die einem anderen Zweck als die Leistungen nach dem SGB II
(Einkommenssicherung) dienen (z. B. Mithilfe im Haushalt, Mitfahr-
gelegenheiten) und für die die in § 11 Abs. 3 Nr. 1 SGB II genannten
Voraussetzungen vorliegen **(Nr. 2)**, **Zuwendungen der freien Wohlfahrtspflege (Nr. 3)**, die (anders als nach Nr. 2) dem gleichen Zweck
dienen wie die Leistungen nach dem SGB II (z. B. Tafeln, Kleiderbei-
hilfen, *Rixen, SGb 2008, 501–505; aber keine Pflicht zur Inanspruchnahme,*

Berlit, info also 2008, 183–184), nicht steuerpflichtige Einnahmen einer
Pflegeperson für **Leistungen der Grundpflege** nach § 37 SGB XI
i.V.m. § 3 Nr. 37 EStG **(Nr. 4)**, der Ausland- und Leistungsverwen-
dungszuschlag bei Soldaten **(Nr. 5)** sowie bestimmte Überbrückungs-
und Übergangsbeihilfen **(Nr. 6)**. Zusätzlich sind nach der Neufassung
der Alg II -V nunmehr nicht zu berücksichtigen die (allerdings auslau-
fende) **Eigenheimzulage (Nr. 7)**, *(dazu BSG v. 30. 9. 2008)*, das **Kindergeld (Nr. 8)**, sofern das Kind nicht im Haushalt lebt und das Kindergeld tatsächlich erhält (sog. Abzweigung), **Einnahmen** von nicht
selbst anspruchsberechtigten Kindern **unter 100 €** nach **Nr. 9** (z. B.
durch Zeitungsaustragen). Gleiches nunmehr nach **Nr. 10** für **Leistungen der Ausbildungsförderung** für Fahrtkosten und Ausbildungsmaterial. Eine doppelte Berücksichtigung ist aber ausgeschlossen, da
der nach § 11 Abs. 2 S. 2 SGB II absetzbare Betrag vorrangig abzuziehen
ist. Aufgrund der Diskussion um Schulverpflegung und der Anrechnung von Lebensmitteln, die von Institutionen wie „Die Tafel" gewährt
werden, ist jetzt die nicht erwerbstätigkeits- wehrdienst oder ersatz-
dienstbezogene **Verpflegung** nach **Nr. 11** anrechnungsfrei. Um eine
Stigmatisierung und Benachteiligung von Kindern zu vermeiden,
bleiben nach **Nr. 12 Geldgeschenke zu bestimmten einmaligen
Feierlichkeiten** bis zu einem Gesamtbetrag von 3100 € anrechnungsfrei, nicht zuletzt deshalb weil solche Geschenke oftmals als „Startkapital" für das spätere Berufsleben dienen können oder die Vermitt-
lungsaussichten verbessern (z. B. durch Erwerb eines Führerscheins).
Schließlich belässt **Nr. 13** Hilfebedürftigen, die ein freiwilliges soziales
Jahr oder eine freiwilliges ökologisches Jahr nach dem JFDG v.
16. 5. 2008 (BGBl. I 842) ein Taschengeld in Höhe von 60 €.

21   Von größerem praktischen Interesse dürfte sein, dass § 1 Abs. 2 Alg
II–V einen relativ komplizierten geregelten Freibetrag bei dem nach § 9
Abs. 5 SGB II vermuteten Unterhalt von Verwandten oder Verschwägerten, die in Haushaltsgemeinschaft mit dem Hilfebedürftigen leben,
vorsieht. Dieser errechnet sich wie folgt: Zunächst sind von den Einnahmen (also nicht nur vom Einkommen aus Erwerbstätigkeit, sondern auch die anzurechnenden Beträge nach § 11 Abs. 1, 3, 3a und 4
SGB II) die Absetzbeträge nach § 11 Abs. 2 Nr. 1–13 abzuziehen. Dieser
bereinigte Betrag ist aber nicht in voller Höhe zu berücksichtigen, sondern erst nach Abzug eines Freibetrages. Zum doppelten Regelleistungsbetrag (*im Entwurf war noch der dreifache Regelleistungsbetrag vorgesehen*) sind die anteiligen Aufwendungen für Unterkunft und Heizung
hinzuzurechnen. Von dem darüber hinausgehenden Betrag bleiben
weitere 50 % berücksichtigungsfrei.

Beispiel: Bruttoeinkommen	€ 3000	
./. Absetzungen	€ 1500	
= Bereinigter Betrag	€ 1500	
./. 2★ Regelsatz West	€ 718	
./. anteilige Kosten für Unterkunft und Heizung	€ 200	
= Freibetrag	€ 582	
./. Zusatzfreibetrag	€ 459	[50 % ★ (€ 1500 − € 582)]
anzurechnendes Einkommen	€ 116	

Auch aus anderen Vorschriften kann sich eine Nichtberücksichti- **19** gung als Einkommen ergeben, so etwa aus § 299 SGB VI für Kindererziehungsleistungen (die allerdings aufgrund der Geburtsjahrgänge 1921–1927 wegen der Altersgrenze 65 für SGB II-Leistungen keine Relevanz mehr haben dürften), Leistungen nach § 5 Gesetz zur Errichtung der Stiftung „Mutter und Kind – Schutz des ungeborenen Lebens", Leistungen der Pflegeversicherung nach § 13 Abs. 5 S. 1 SGB XI, Leistungen nach § 17 Abs. 2 HIV-Hilfegesetz.

V. Elterngeld (Abs. 3a)

Abs. 3a trägt dem 2007 eingeführten **Elterngeld** Rechnung. Nach **20** § 10 BEEG bleibt grundsätzlich ein Betrag von 300 € anrechnungsfrei. Dieser Betrag verringert sich bei der nach § 6 S. 2 möglichen Verlängerung der Elternzeit durch Teilung auf 150 € und erhöht sich bei Mehrlingsgeburten entsprechend der Anzahl der Kinder. Nur soweit das Elterngeld diese Beträge übersteigt, ist es als Einkommen anzurechnen.

VI. Pflegegeld (Abs. 4)

Das Pflegegeld nach § 39 SGB VIII wird bei Vollzeitpflege (§ 33 **21** SGB VIII) und bei Tagespflege (§ 23 SGB VIII) gezahlt. Die Vergütung der Pflegepersonen besteht aus Pflegegeld (Aufwendungsersatz) und einem Erziehungsbeitrag (Anerkennungsbetrag für den erzieherischen Einsatz) zusammen. Es war in der Rechtsprechung umstritten, ob das Pflegegeld angerechnet werden kann. Mit **Abs. 4** hat der Gesetzgeber Anrechnung ab dem dritten Pflegekind vorgesehen. Angerechnet wird nur der Teil des Pflegegelds, der für den erzieherischen Einsatz gewährt wird. Dies sind 2009 nach den Empfehlungen des Deutschen Vereins für öffentliche und private Fürsorge auf 202 € pro Kind und Monat, so dass für das dritte Kind 151,50 (75%) anzurechnen sind. Der Aufwendungsersatz ist kein Einkommen der Pflegeperson *(s.a Grote-Seifert, jurisPR-SozR 3/2008 Anm. 2).*

Zu berücksichtigendes Vermögen

12 (1) Als Vermögen sind alle verwertbaren Vermögensgegenstände zu berücksichtigen.

(2) [1]Vom Vermögen sind abzusetzen

1. ein Grundfreibetrag in Höhe von 150 Euro je vollendetem Lebensjahr des erwerbsfähigen Hilfebedürftigen und seines Partners, mindestens aber jeweils 3.100 Euro;
der Grundfreibetrag darf für den erwerbsfähigen Hilfebedürftigen und seinen Partner jeweils den nach Abs. 2 maßgebenden Höchstbetrag nicht übersteigen,

1a. Ein Grundfreibetrag in Höhe von 3.100 Euro für jedes hilfebedürftige minderjährige Kind,

2. Altersvorsorge in Höhe des nach Bundesrecht ausdrücklich als Altersvorsorge geförderten Vermögens einschließlich seiner Erträge und der geförderten laufenden Altersvorsorgebeiträge, soweit der Inhaber das Altersvorsorgevermögen nicht vorzeitig verwendet,

3. geldwerte Ansprüche, die der Altersvorsorge dienen, soweit der Inhaber sie vor dem Eintritt in den Ruhestand auf Grund einer vertraglichen Vereinbarung nicht verwerten kann und der Wert der geldwerten Ansprüche 250 Euro je vollendetem Lebensjahr des erwerbsfähigen Hilfebedürftigen und seines Partners, höchstens jedoch jeweils den nach Satz 2 maßgebenden Höchstbetrag nicht übersteigt,

4. ein Freibetrag für notwendige Anschaffungen in Höhe von 750 Euro für jeden in der Bedarfsgemeinschaft lebenden Hilfebedürftigen.
[2]Bei Personen, die

1. vor dem 1. Januar 1958 geboren sind, darf der Grundfreibetrag nach Satz 1 Nr. 1 jeweils 9.750 Euro und der Wert der geldwerten Ansprüche nach Satz 1 Nr. 3 jeweils 16.250 Euro,

2. nach dem 31. Dezember 1957 und vor dem 1. Januar 1964 geboren sind, darf der Grundfreibetrag nach Satz 1 Nr. 1 jeweils 9.900 Euro und der Wert der geldwerten Ansprüche nach Satz 1 Nr. 3 jeweils 16.500 Euro,

3. nach dem 31. Dezember 1963 geboren sind, darf der Grundfreibetrag nach Satz 1 Nr. 1 jeweils 10.050 Euro und der Wert der geldwerten Ansprüche nach Satz 1 Nr. 3 jeweils 16.750 Euro
nicht übersteigen.

(3) [1]Als Vermögen sind nicht zu berücksichtigen

1. angemessener Hausrat,

2. ein angemessenes Kraftfahrzeug für jeden in der Bedarfsgemeinschaft lebenden erwerbsfähigen Hilfebedürftigen,

3. vom Inhaber als für die Altersvorsorge bestimmt bezeichnete Vermögensgegenstände in angemessenem Umfang, wenn der er-

werbsfähige Hilfebedürftige oder sein Partner von der Versicherungspflicht in der gesetzlichen Rentenversicherung befreit ist,

4. ein selbst genutztes Hausgrundstück von angemessener Größe
oder eine entsprechende Eigentumswohnung,

5. Vermögen, solange es nachweislich zur baldigen Beschaffung
oder Erhaltung eines Hausgrundstücks von angemessener Größe bestimmt ist, soweit dieses zu Wohnzwecken behinderter oder pflegebedürftiger Menschen dient oder dienen soll und dieser Zweck durch den
Einsatz oder die Verwertung des Vermögens gefährdet würde.

6. Sachen und Rechte, soweit ihre Verwertung offensichtlich unwirtschaftlich ist.

²Für die Angemessenheit sind die Lebensumstände während des
Bezugs der Leistungen zur Grundsicherung für Arbeitsuchende maßgebend.

(4) ¹Das Vermögen ist mit seinem Verkehrswert zu berücksichtigen.
²Für die Bewertung ist der Zeitpunkt maßgebend, in dem der Antrag
auf Bewilligung oder erneute Bewilligung der Leistungen der Grundsicherung für Arbeitsuchende gestellt wird, bei späterem Erwerb von
Vermögen der Zeitpunkt des Erwerbs. ³Wesentliche Änderungen des
Verkehrswertes sind zu berücksichtigen.

I. Allgemeines

Geltende Fassung: § 12 trat am 1. 1. 2005 i. d. F. von Art. 1 des Vier- 1
ten Gesetzes für moderne Dienstleistungen am Arbeitsmarkt vom
24. 12. 2003 (BGBl. I S. 2954) in Kraft. Auf Empfehlung des Ausschusses für Wirtschaft und Arbeit wurden in § 12 SGB II-Entwurf die
Abs. 2 Nr. 3 und Abs. 3 Nr. 5 sowie die Härtefallklausel nach Abs. 3
Nr. 6 eingefügt. Durch G v. 19. 11. 2004 (BGBl. I 2902) wurde Abs. 2
Nr. 1a eingefügt. Mit G v. 20. 7. 2006 (BGBl. I 1706) mWv 1. 8. 2006
wurden die Beträge in Abs. 2 Nr. 1, 1a und 3 geändert. Die Einfügung
des Abs. 2 S. 2 durch G v. 20. 4. 2007 (BGBl. I 554) mWv 1. 1. 2008
wurde durch die Anhebung der Altersgrenzen in der gesetzlichen Rentenversicherung erforderlich. Die Vorschrift wird ergänzt durch §§ 7, 8
Alg II-V.

Übergangsvorschrift zu Abs. 2 Nr. 1: § 65 Abs. 5 SGB II.

Normstruktur und Normzweck: Die Vorschrift regelt die **Be-** 2
rücksichtigung von Vermögen und ist gesetzestechnisch ähnlich
aufgebaut wie § 11 SGB II. **Abs. 1** legt das zu berücksichtigende Vermögen fest, von dem Freibeträge nach **Abs. 2** abzusetzen sind. **Abs. 3**
nimmt eine Reihe von Gegenständen von der Berücksichtigung aus
und **Abs. 4** beschäftigt sich mit der Frage der Bewertung.

II. Zu berücksichtigendes Vermögen (Abs. 1)

3   **Abs. 1 geht** von einer grundsätzlichen **Berücksichtigung aller Vermögensgegenstände** aus. Der Begriff des Vermögens wird zwar im BGB an mehreren Stellen verwendet, aber nicht definiert. Unter Vermögen werden alle Sachen und Rechte einer Person verstanden, die in Geld oder Geldeswert bewertet werden können *(zur Abgrenzung Conradis, info also 2007, 10–16)*. Auf die aktuelle Verwertbarkeit kommt es nicht an, doch kann eventuell ein Grund für eine Nichtberücksichtigung nach Abs. 3 Nr. 6 gegeben sein. Zum Vermögen zählen insbesondere Barvermögen, Immobilien, Schmuck, Forderungen, Inventar, Sammlungen, Wertpapiere aber auch Urheberrechte und Patente. Erträgnisse daraus wie Zinsen, Mieteinnahmen, Verleihgebühren oder Tantiemen sind als Einkommen zu rechnen, nicht aber die Erlöse aus der Verwertung *(zur Rechtsprechung Mester, ZfF 2009, 1–11; für Erbschaften Linnartz, jurisPR-FamR 14/2009 Anm. 4; zur Bestattungsvorsorge Jacobsen, WzS 2009, 22–26, Luthe, SGb 2009, 38–40)*.

III. Absetzbare Beträge (Abs. 2)

4   Vorab ist nach **Nr. 1** ein altersabhängiger **Grundfreibetrag** € 150 (vormals € 200) je Lebensjahr, aber von mindestens € 3.100 (bisher € 4.100) für den erwerbsfähigen Hilfebedürftigen und seinen Partner (§ 7 Abs. 3 Nr. 3 SGB II) abzusetzen. Die Höchstbeträge nach Abs. 2 S. 2 entsprechen den Absetzbeträgen bei Erreichen der maßgeblichen Altersgrenze in der gesetzlichen Rentenversicherung, nach deren Erreichen keine Leistungen nach dem SGB II mehr gewährt werden (§ 7 Abs. 1 Nr. 1 SGB II). Ein Grundfreibetrag von € 3.100 (bisher € 4.100) steht nach **Nr. 1a** ebenfalls jedem hilfebedürftigen minderjährigen **Kind** zu. Diese Vorschrift wurde erst aufgrund von Protesten in das SGB II eingefügt, damit Kindern das Startkapital nicht gänzlich genommen wird. Der Freibetrag ist altersunabhängig. Das nach § 82 EStG ausdrücklich **als Altersvorsorge geförderte Vermögen** („Riesterrente") wird nach **Nr. 2** eigenständig und ohne Obergrenze privilegiert. Das Altersvorsorgevermögen wird nicht auf den Grundfreibetrag angerechnet. Es darf allerdings nicht vorzeitig, d.h. vor Erreichen des 60. Lebensjahres verwendet werden. Privilegiert ist das geförderte Altersvorsorgevermögen insgesamt, also neben dem angesparten Vermögen auch die gutgeschriebenen Zulagen und die dem Vermögensstock gutgeschriebenen Erträge. Zusätzlich kann nach **Nr. 3** ein altersabhängiger Freibetrag abgesetzt werden. Es muss sich aber um einen geldwerten Anspruch handeln. Barvermögen, Schmuck, Immobilien usw. fallen nicht hierunter, selbst wenn sie für die Altersvorsorge gedacht sind. Diese Gegenstände können aber gege-

benenfalls nach Abs. 3 Nr. 3 nicht zu berücksichtigen sein. Weitere Voraussetzung ist die vertragliche Bindung des Anspruchs bis zum Eintritt in den Ruhestand, also regelmäßig bis zum Erreichen des 65. Lebensjahres. Unschädlich ist es, wenn der Vertrag die Geltendmachung des Anspruchs bereits bei vorzeitigem tatsächlichen Eintritt in den Ruhestand zulässt (z. B. bei vorgezogener Altersrente ab dem 60. Lebensjahr). Hinzu kommt nach **Nr. 4** ein Freibetrag in Höhe von € 750 für notwendige Anschaffungen. Der Freibetrag korrespondiert mit der Konzeption der Regelleistung, die künftig alle pauschalierbaren Leistungen im Rahmen der von der Regelleistung zu deckenden Bedarfe umfasst. Da davon ausgegangen wird, dass der Leistungsberechtigte aus dieser Regelleistung Ansparungen für größere Anschaffungen, wie z. B. für Haushaltsgeräte oder den Wintermantel, erbringt, müssen diese Ansparungen konsequenterweise bei der Vermögensanrechnung unberücksichtigt bleiben.

In **Abs. 2 S. 2** sind die Höchstbeträge nochmals aufgeführt. Die Vorschrift ist eigentlich überflüssig, da sich der Höchstbetrag bereits aus dem altersabhängigen Freibetrag und der maßgeblichen Altersgrenze für den Bezug von Leistungen nach § 7a SGB II ergibt. 5

IV. Nicht zu berücksichtigendes Vermögen (Abs. 3)

Nicht als Vermögen ist nach **S. 1 Nr. 1 angemessener Hausrat** zu 6 berücksichtigen. Zum Hausrat gehört, was bei einer Scheidung nach der HausratsVO aufzuteilen wäre, üblicherweise Möbel, Wäsche, Elektrogeräte, Ausstattungsgegenstände, Wandschmuck, Teppiche. Da nur der Hausrat geschont werden soll, der angemessen während des Bezugs der Grundsicherung bei Arbeitssuche ist, müssten bei einem zuvor höheren Lebensstandard teurere Haushaltsgegenstände verwertet werden. Hier ist zu bedenken, dass die Verwertung von gebrauchten Haushaltsgegenständen häufig unwirtschaftlich sein dürfte und zudem den sozialen Abstieg auch nach außen offenkundig macht. Außer bei der Verwertung sehr teurer oder luxuriöser Gegenstände sollte deshalb bei der Nichtberücksichtigung von Hausrat großzügig verfahren werden, da sonst der Aufwand größer ist als der Ertrag (*vgl. auch Brühl-Hofmann, S. 129*).

Nach **Nr. 2** ist ein **angemessenes Kraftfahrzeug** für jeden Er- 7 werbsfähigen der Bedarfsgemeinschaft nicht zu berücksichtigen (*dazu Hengelhaupt, jurisPR-SozR 23/2008 Anm. 1*). Üblich ist der Kfz bis € 5000,– (*Münder, § 12, Rn. 36*). Bei der Angemessenheit dürfte regelmäßig ein Fahrzeug der unteren Klasse ausreichen, es sei denn es wäre wegen seines Alters oder aufgrund von Vorschäden ohnehin von geringem Verkaufswert oder der Hilfebedürftige benötigte es für seine Erwerbstätigkeit (z. B. Kleinlaster für Ausfahrer). Bei einer behindertengerechten Ausstattung des Fahrzeugs oder bei einer Familie mit mehreren Kindern wäre auch ein größeres Fahrzeug noch angemessen. Es macht wenig Sinn bei zwei Erwerbsfähigen zwei Fahrzeuge je € 5000,– anzuerkennen, nicht aber ein einziges höherwertiges Fahrzeug, das tatsächlich benötigt wird. Aus dem Begriff der Angemessenheit ergibt sich aber auch, dass, das Fahrzeug von der jeweiligen Person genutzt werden kann. Bei dauerhaftem Verlust der Fahrerlaubnis ist das Fahrzeug zu verwerten, nicht aber bereits bei zeitlich begrenztem Fahrverbot.

8   Ist der erwerbsfähige Hilfebedürftige oder sein Partner (z. B. als ehemaliger Beamter, Selbständiger, Nichterwerbstätiger) nicht in der gesetzlichen Rentenversicherung versicherungspflichtig (§§ 5,6 SGB VI), ist nach **Nr. 3** auch Vermögen privilegiert, das vom Inhaber als für die **angemessene Altersvorsorge** bestimmt bezeichnet wird *(zu privaten Vorsorgeverträgen Thomas, VW 2008, 1459–1462; Ladage, SGb 2008, 613–616, Fahlbusch, jurisPR-SozR 2/2008 Anm. 1).* Eine bestimmte Vermögensform ist nicht vorgeschrieben, doch muss erkennbar sein, dass mit dem Vermögen eine Altersvorsorge beabsichtigt ist. Indizien können etwa langfristige Anlage, Art der Vertragsgestaltung, Zeitpunkt der Verfügbarkeit, Wertbeständigkeit sein. Spekulative Anlagen sind in der Regel für die Altersvorsorge, die eine gewisse Vorhersehbarkeit und Dauerhaftigkeit voraussetzt, nicht geeignet. Bei der Angemessenheit ist auf entsprechend zu erwartende Leistungen der gesetzlichen Rentenversicherung abzustellen. Da das Vermögen die Altersversorgung in der gesetzlichen Rentenversicherung ersetzen soll, muss entgegen S. 2 der bisherige Lebensstandard und das bereits erreichte Sicherungsniveau berücksichtigt werden. Das Vermögen ist nicht abzuschmelzen, weil ein entsprechend erreichtes Sicherungsniveau in der gesetzlichen Rentenversicherung ebenfalls erhalten bliebe. Allenfalls für zukünftige Zeiträume kann erwartet werden, dass der Altersversorgung dienende Vermögen abzubauen, da auch in der gesetzlichen Rentenversicherung bei Versicherungspflicht nach § 3 S. 1 Nr. 3a SGB VI für die Zeit des Bezugs von Grundsicherung für Arbeitsuchende wegen der Beitragsbemessungsgrundlage von € 400 nach § 166 Abs. 1 Nr. 2a SGB VI nur geringe Entgeltpunkte erworben werden.

9   Bei der Nichtberücksichtigung eines selbst genutzten **Hausgrundstücks** von angemessener Größe *(Busse, SGb 2007, 436–441)* oder eine entsprechende **Eigentumswohnung** nach **Nr. 4** kann wie bei Mietunterkünften Wohnraum von ca. 45–50 m², 60 m² für 2 Personen, 75 m² für 3 Personen und 85–90m² für vier Personen sowie ca. 15–20 m² für jede weitere Person als Orientierung für eine Mindestgröße genommen werden. Bei Wohneigentum ist ein großzügigerer Maßstab anzulegen, da der Hilfebedürftige bei Bau oder Erwerb meist schon erhebliche Vorleistungen erbracht hat und Wohneigentum im Alter als zusätzliche indirekte Altersvorsorge dienen kann, die ihn weniger von Hilfe abhängig macht. Zudem eignet sich Wohneigentum besser als Si-

cherheit für eventuelle Kredite zur Eingliederung in Arbeit. Überdies ist zu beachten, dass bei Wohneigentum die soziale Verwurzelung häufig größer ist als bei Miete. Bei Grundstücken dürften 500–800 m² als angemessen anzusehen sein, in ländlichen, abgelegeneren Gegenden auch mehr (*Brühl/Hofmann S. 130 mit Hinweis auf die bisherige Arbeitslosenhilfe-VO*).

Bei der Beurteilung der Angemessenheit von Vermögen zur baldigen **10** Beschaffung oder Erhaltung eines Hausgrundstücks für **Wohnzwecke behinderter oder pflegebedürftiger Personen** nach **Nr. 5** sollte ebenfalls nicht allzu kleinlich verfahren werden. Der Begriff der „baldigen" Beschaffung ist als unbestimmter Rechtsbegriff der gerichtlichen Überprüfung zugänglich. Es muss wohl noch kein Notartermin vereinbart worden sein, aber der Erwerb muss sich, etwa durch Grundstücksbesichtigungen, Vorverhandlungen schon konkretisiert haben.

Nr. 6 mutet dem Hilfebedürftigen keine Verwertung von Sachen **11** oder Rechten zu, wenn diese **offensichtlich unwirtschaftlich** ist, etwa zu erheblichen Verlusten führt (z. B. niedriger Rückkaufswert von Lebensversicherungen) oder wenn die Verwertung eine **besondere Härte** bedeuten würde, etwa bei sehr persönlichen Erinnerungsstücken. Gleiches muss gelten, wenn Vermögen aus Einkommen gebildet wurde, dass nicht einzusetzen ist, wie Schmerzensgeld nach § 11 Abs. 3 Nr. 2 SGB II (*Brühl/Hofmann, S. 130*).

Anders als bei der Berücksichtigung des Einkommens, wo die ent- **12** sprechende Regelung im Gesetzgebungsverfahren gestrichen wurde (*vgl. oben* § 11 Rn. 7) bestimmt sich nach **S. 2** die **Angemessenheit des Vermögens** jeweils nach der aktuellen Lebenssituation des Bezuges der Leistungen nach dem SGB II und nicht nach vorherigem Lebenszuschnitt. Dies ist damit zu erklären, dass die Grundsicherung für Arbeitsuchende anders als die Arbeitslosenhilfe keinerlei Bezug zum vormaligen Einkommen und damit zum bisherigen Lebensstandard hat. Ganz kann aber die bisherige Lebenssituation nicht außer Betracht bleiben, besonders bei der Verwertung von Hausrat und Wohnraum. An diesen Dingen wird auch für Dritte der soziale Status deutlich. Ein plötzlicher Verlust würde soziale Bindungen zerstören und könnte sogar eine Wiedereingliederung erschweren. Diese soziale Komponente muss vor allem dann Eingang bei der Ausübung des Ermessenes (§ 39 SGB I) finden, wenn Kinder mitbetroffen sind, da diese ganz besonders unter sozialer Stigmatisierung leiden.

Neben den in Abs. 3 genannten Vermögensgegenstände sind nach **13** **§ 7 Abs. 1 Alg II–V** die **Vermögensgegenstände** nicht zu berücksichtigen, die der **Aufnahme oder Fortsetzung der Berufsausbildung oder der Erwerbstätigkeit unentbehrlich** sind, wie z. B. Handwerkszeug, Computer, Fachliteratur, Verkaufswaren bei Selbständigen, Adresskarteien bei Vertretern, Instrumente aber auch Immaterialgüter wie Patente oder Urheberrechte.

14   Vergleichbar mit der Regelung bei der Anrechnung von Einkommen als Unterhalt bei der Vermutung des § 9 Abs. 5 SGB II trifft **§ 7 Abs. 2 Alg II−V** eine spezielle Regelung für die Berücksichtigung von Vermögen dieses Personenkreises. Sofern die Vermutung nach § 9 Abs. 5 SGB II besteht (und nicht widerlegt wird), wird Vermögen nicht berücksichtigt, das nach § 12 Abs. 2 abzusetzen ist oder nach Abs. 3 nicht zu berücksichtigen ist.

V. Bewertung des Vermögens (Abs. 4)

15   Abs. 4 regelt **Art und Zeitpunkt der Bewertung** von Vermögen. Es ist nach **S. 1** mit dem **Verkehrswert** zu berücksichtigen. Ergänzend bestimmt **§ 8 Alg II−V**, dass es auf den steuerrechtlichen Wert, der wegen Abschreibungen besonders bei Immobilien regelmäßig niedriger liegt als der Verkehrswert, nicht ankommt. Als **Zeitpunkt der Bewertung** ist gemäß **S. 2** der Tag der Antragstellung anzunehmen. Bei Folgeanträgen ist neu zu bewerten. Bei späterem Erwerb, etwa durch Erbfall, gilt der Zeitpunkt des Erwerbs. **S. 3** stellt sicher, dass Wertänderungen den Leistungsanspruch negativ, aber auch positiv, etwa bei Beschädigung oder Untergang der Sache beeinflussen können.

Vorrangige Leistungen

12a [1]Hilfebedürftige sind verpflichtet, Sozialleistungen anderer Träger in Anspruch zu nehmen und die dafür erforderlichen Anträge zu stellen, sofern dies zur Vermeidung, Beseitigung, Verkürzung oder Verminderung der Hilfebedürftigkeit erforderlich ist. [2]Abweichend von Satz 1 sind Hilfebedürftige bis zur Vollendung des 63. Lebensjahres nicht verpflichtet, eine Rente wegen Alters vorzeitig in Anspruch zu nehmen.

I. Allgemeines

1   **Geltende Fassung:** § 1a wurde durch G v. 8. 4. 2008 (BGBl. I 681) mWv 1. 1. 2008 eingeführt.

2   **Normstruktur und Normzweck:** Die Vorschrift betont abermals die Nachrangigkeit der Leistungen des SGB II und die Verpflichtung des Hilfebedürftigen, andere Sozialleistungen zu beantragen.

II. Vorrang anderer Sozialleistungen (S. 1)

3   **S. 1** greift den bereits in § 2 Abs. 1 S. 1, § 5 Abs. 3 SGB II verankerten Gedanken der Nachrangigkeit der Leistungen nach dem SGB II gegenüber anderen Sozialleistungen und der Mitwirkungspflicht des Hilfebedürftigen auf.

III. Inanspruchnahme der Rente wegen Alters (S. 2)

In der Vergangenheit hatten Träger die Hilfebedürftigen dazu ge- **4**
drängt, eine Altersrente vorzeitig in Anspruch zu nehmen *(vgl. Steffen,
SozSich 2007, 386–394; Knickrehm, SozSich 2008, 192–198; Berlit, info also
2007, 195–198; Dietz u. a. IAB-Forum 2008, Nr. 1 70–75).* Dies ist mit erheblichen Abschlägen verbunden und verstärkt die Altersarmut oder
verweist die Betroffenen auf die Leistungen der Grundsicherung im
Alter. Besonders nach Auslaufen der sog. „58er"-Regelung zum
31.12.2007, nach der Arbeitnehmer Arbeitslosengeld beziehen konnten, ohne als arbeitslos zu gelten (§§ 428 SGB III, 65 Abs. 4 SGB II) ergab sich Handlungsbedarf. Der durch G v. 8.4.2008 mWv 1.1.2008
eingeführte § 53a SGB II fingiert, dass erwerbsfähige Hilfebedürftige,
die nach Vollendung des 58. Lebensjahres mindestens für eine Dauer
von zwölf Monaten Grundsicherung für Arbeitslose bezogen haben,
ohne dass ihnen eine sozialversicherungspflichtige Beschäftigung angeboten wurde, nicht mehr arbeitslos sind. Gleichwohl können sie
Leistungen nach dem SGB II beziehen und unterliegen dessen Beschränkungen. Die örtlichen Träger des SGB II wurden verpflichtet,
„erwerbsfähige Hilfebedürftige, die das 58. Lebensjahr vollendet" haben „unverzüglich in Arbeit oder eine Arbeitsgelegenheit zu vermitteln" (§ 3 Absatz 2a SGB II). Keinen Anspruch auf die 58er-Regel
haben somit alle Menschen, die nach dem 1. Januar 2008 erwerbslos
oder 58 Jahre alt werden. Sie müssen nunmehr ab dem 63. Lebensjahr
vorzeitig in Rente gehen, womit dauerhafte Abschläge bei der Rente
in Höhe von 0,3 Prozentpunkten pro Monat verbunden sind. Die
Zwangsverrentung wird als ein Eingriff in die Persönlichkeitsrechte
der Betroffenen gesehen, da ihr Wille, ob sie weiter dem Arbeitsmarkt
zur Verfügung stehen wollen, keine Rolle spielt. Zugleich werden die
Renten für ältere Erwerbslose erheblich gekürzt. Ein Ende 2008 von
der Fraktion DIE LINKE eingebrachtes Gesetz, das die Zwangsverrentung ausgeschlossen hätte (Anhörung der Ausschuss Arbeit und Soziales am 21.1.2008, 74. Sitzung) fand keine parlamentarische Mehrheit.
Die Bundesregierung hielt an der Zwangsverrentung fest, nicht zuletzt
weil § 53a SGB II einen senkenden Effekt auf die Arbeitslosenstatistik
hat.

Zur Vermeidung unbilliger Härten sieht die Unbilligkeitsverord- **5**
nung vom 14.4.2008 (abgedruckt nach § 13 SGB II) eine Reihe von
Ausnahmefällen vor. Hiernach sind ältere Hilfebedürftige insbesondere nicht verpflichtet, eine Rente vorzeitig in Anspruch zu nehmen,
wenn sie hierdurch einen Anspruch auf Arbeitslosengeld verlieren

würden, sie die Altersrente in nächster Zukunft abschlagsfrei in Anspruch nehmen könnten, sozialversicherungspflichtig beschäftigt sind oder eine entsprechende Erwerbstätigkeit konkret in Aussicht haben.

6   Nach den mit dem BMAS abgestimmten und für die Agenturen für Arbeit geltenden fachlichen Hinweisen der Bundesagentur für Arbeit zu §§ 5 und 12 a SGB II haben die Träger der Grundsicherung für Arbeitsuchende zu prüfen, ob die Voraussetzungen für einen Anspruch auf Altersrente im Einzelfall vorliegen. Wurde noch keine Rentenauskunft eingereicht, werden die Leistungsbezieher ab der Vollendung des 63. Lebensjahres aufgefordert, diese vorzulegen, um das Bestehen eines möglichen Rentenanspruches feststellen zu können. Im Folgenden prüfen die Träger der Grundsicherung für Arbeitsuchende für jeden Einzelfall, ob die Bestandsschutzregelung des § 65 Abs. 4 SGB II i.V. m. § 428 SGB III einschlägig ist oder die Inanspruchnahme einer geminderten Altersrente unbillig wäre. Liegen die Voraussetzungen für die Inanspruchnahme einer vorgezogenen Altersrente vor und ist kein Unbilligkeitsgrund einschlägig, so sind Hilfebedürftige, die noch keinen erforderlichen Rentenantrag gestellt haben, regelmäßig aufzufordern, unter Einhaltung einer Frist von höchstens zwei Wochen und unter Hinweis auf die Verpflichtung nach § 1 a SGB II, einen Antrag bei dem zuständigen Rentenversicherungsträger zu stellen. Stellen diese trotz der Aufforderung durch den Träger der Grundsicherung für Arbeitsuchende den Antrag auf vorzeitige Gewährung einer Altersrente nicht, kann der Antrag vom Träger gestellt werden. Die entsprechenden Vorgänge werden in der Leistungsakte und im Leistungsverfahren A2LL dokumentiert.

Der Bezug einer geminderten Altersrente bedeutet nicht, dass die Betroffenen vom Arbeitsmarkt ausgeschlossen sind. Das Zweite Buch Sozialgesetzbuch enthält keine Regelung, wonach der Anspruch auf Arbeitslosengeld II zu kürzen oder zu mindern ist, wenn Hilfebedürftige der rechtmäßigen Aufforderung, einen Rentenantrag zu stellen, nicht nachkommen. Sanktionen können nur festgesetzt werden, wenn Bezieher von Arbeitslosengeld II trotz Belehrung über die Rechtsfolgen eine in der Eingliederungsvereinbarung bzw. in dem die Eingliederungsvereinbarung ersetzenden Verwaltungsakt geregelte Pflicht verletzen oder ein anderer Fall des § 31 SGB II vorliegt. Allerdings haben die Träger der Grundsicherung für Arbeitsuchende die Möglichkeit, die Bezieher von Arbeitslosengeld II durch Verwaltungsakt aufzufordern, einen entsprechenden Antrag zu stellen. In der Aufforderung ist der zuständige Leistungsträger zu benennen und die zu beantragende Leistung konkret zu bezeichnen. Auf die Möglichkeit der Antragstellung durch den Leistungsträger im Falle der Nichtbeachtung der Aufforderung ist hinzuweisen. Der Widerspruch gegen einen solchen Verwaltungsakt hat grundsätzlich aufschiebende Wirkung.

Stellen Hilfebedürftige trotz der Aufforderung den Antrag auf vorzeitige Altersrente nicht, kann der Antrag vom Leistungsträger gestellt werden (vgl. §5 Abs. 3 SGB II). Die Mitwirkungspflichten (z. B. formeller Antrag, Beibringung von Unterlagen) der Hilfebedürftigen gegenüber dem vorrangigen Rentenversicherungsträger sind vom Leistungsträger zu überwachen. Die Leistungen der Grundsicherung für Arbeitsuchende werden so lange weitergezahlt, bis der Rentenversicherungsträger tatsächlich Leistungen erbringt. Erst nach Bewilligung der Altersrente besteht wegen des Einkommens kein beziehungsweise nur noch ein geminderter Anspruch auf Leistungen nach dem SGB II. Bereits gewährte Leistungen sind durch entsprechenden Bescheid aufzuheben und ihre Erstattung geltend zu machen (vgl. §48 SGB X i.V. m. §50 SGB X), zu den Einzelheiten des Verfahrens vgl. *Deutscher Bundestag, Drucks. 16/13346 v. 15. 6. 2009.*

Verordnungsermächtigung

13 (1) Das Bundesministerium für Arbeit und Soziales wird ermächtigt, im Einvernehmen mit dem Bundesministerium der Finanzen ohne Zustimmung des Bundesrates durch Rechtsverordnung zu bestimmen,

1. welche weiteren Einnahmen nicht als Einkommen zu berücksichtigen sind und wie das Einkommen im Einzelnen zu berechnen ist,

2. welche weiteren Vermögensgegenstände nicht als Vermögen zu berücksichtigen sind und wie der Wert des Vermögens zu ermitteln ist,

3. welche Pauschbeträge für die von dem Einkommen abzusetzenden Beträge zu berücksichtigen sind.

(2) Das Bundesministerium für Arbeit und Soziales wird ermächtigt, ohne Zustimmung des Bundesrates durch Rechtsverordnung zu bestimmen, unter welchen Voraussetzungen und für welche Dauer Hilfebedürftige nach Vollendung des 63. Lebensjahres ausnahmsweise zur Vermeidung von Unbilligkeiten nicht verpflichtet sind, eine Rente wegen Alters vorzeitig in Anspruch zu nehmen.

I. Allgemeines

Geltende Fassung: § 13 trat gemäß Art. 61 Abs. 2 i. d. F. von Art. 1 1
des Vierten Gesetzes für moderne Dienstleistungen am Arbeitsmarkt vom 24. 12. 2003 (BGBl. I S. 2954) am 1. 1. 2004 in Kraft.

Normstruktur und Normzweck: Die Vorschrift ermächtigt das 2
Bundesministerium für Arbeit und Soziales im Sinne des Art. 87 GG, eine Rechtsverordnung zu Einzelheiten der Anrechnung von Einkommen nach § 11 SGB II, der Berücksichtigung des Vermögens nach § 12

SGB II für die Berechnung der Anspruchsvoraussetzungen bzw. die
Höhe des Anspruchs und für die Inanspruchnahme einer vorzeitigen
Altersrente nach § 12 a SGB II.

II. Berücksichtigung von Einkommen und Vermögen

3   Die Vorschrift **ermächtigt** in **Abs. 1** das Bundesministerium für
Wirtschaft und Arbeit Einzelheiten zur Hilfebedürftigkeit nach diesem Buch zu bestimmen. So kann es auf Erfahrungen und Erkenntnisse der Praxis flexibel reagieren, möglichen Fehlentwicklungen
entgegenwirken und Verwaltungsvereinfachungen ermöglichen. Ursprünglich war auch vorgesehen das Bundesministerium zu ermächti-
gen, Einzelheiten zur Erwerbsunfähigkeit festzulegen. Es sollte bestimmen können unter welchen Voraussetzungen ein Antragsteller
nicht erwerbsfähig ist. Diese Ermächtigung sollte der Arbeitserleichte-
rung dienen und sich auf eindeutig der Erwerbsunfähigkeit zuzuord-
nende Fallgruppen beschränken, damit es nicht zur einseitigen Ver-
schiebung zu Lasten anderer Sozialleistungsträger – oder wie nach
Einführung des SGB II behauptet- zwischen Kommunen und Bundesagentur hätte kommen können. Geregelt werden sollten auch Voraussetzungen, unter denen davon auszugehen gewesen wäre, dass ein
Antrasteller nicht hilfebedürftig ist. Hier sollten bestimmte Lebensumstände oder -gewohnheiten in Betracht kommen. Von der ursprünglich vorgesehenen Verordnungsermächtigung ist nur der Teil
Gesetz geworden, nach dem ergänzend zu den Regelungen des SGB II
zur Berücksichtigung von Einkommen und Vermögen bestimmt werden kann, dass weitere Einnahmen nicht als Einkommen und weitere
Vermögensgegenstände nicht als Vermögen zu berücksichtigen sind.
Bestimmt werden kann auch, wie Einkommen und Vermögen zu ermitteln sind und dass bestimmte Pauschbeträge für die vom Einkommen abzusetzenden Beträge zu berücksichtigen sind.

III. Zustimmung des Bundesrates

4   Da das SGB II in die Interessen der Länder eingreift, wäre normalerweise die Zustimmung des Bundesrates für den Erlass der Ermächtigung notwendig. Von diesem Erfordernis wurde jedoch in der Ermächtigung aus Vereinfachungsgründen abgesehen.

IV. Einvernehmen

5   Hingegen ist vor Erlass der Verordnung durch das Bundesministerium für Wirtschaft und Arbeit das Einvernehmen mit dem **Bundesministerium der Finanzen** zu erzielen. Da das Alg II steuerfinanziert

ist, müssen die Mittel aus dem Bundeshaushalt aufgebracht werden. Großzügigere Grenzen bei der Einkommensanrechnung oder der Berücksichtigung von Vermögen würden den Kreis der Anspruchsberechtigten vergrößern und somit den Bundeshalt zusätzlich belasten. Mit dem notwendigen Einvernehmen erhält das Bundesministerium der Finanzen eine Einflussmöglichkeit für eventuelle Korrekturen.

V. Inanspruchnahme einer vorzeitigen Altersrente

In **Abs.** 2 wurde das BMAS ermächtigt, die Einzelheiten zu bestim- 6 men, nach denen eine vorzeitige Altersrente nicht ab Vollendung des 63. Lebensjahres in Anspruch genommen werden muss.

Von der Verordnungsermächtigung hat das Bundesministerium in 7 den nachfolgend abgedruckten **Verordnungen** Gebrauch gemacht. Zu den Einzelheiten der Verordnungen vgl. auch oben die Anmerkungen zu §§ 11, 12 und 12 a SGB II.

Anhang 1 zu § 13 SGB II
Verordnung zur Berechnung von Einkommen sowie zur
Nichtberücksichtigung von Einkommen und Vermögen beim
Arbeitslosengeld II / Sozialgeld
(Arbeitslosengeld II / Sozialgeld-Verordnung – Alg II–V)
vom 17. Dezember 2007 (BGBl. I S. 2942),
geändert durch Verordnung vom 23. Juli 2009 (BGBl. I S. 2340)

Auf Grund des § 13 des Zweiten Buches Sozialgesetzbuch – Grundsicherung für Arbeitsuchende – (Artikel 1 des Gesetzes vom 24. Dezember 2003, BGBl. I S. 2954, 2955), der durch Artikel 1 Nr. 11 des Gesetzes vom 20. Juli 2006 (BGBl. I S. 1706) geändert worden ist, verordnet das Bundesministerium für Arbeit und Soziales im Einvernehmen mit dem Bundesministerium der Finanzen:

§ 1 Nicht als Einkommen zu berücksichtigende Einnahmen

(1) Außer den in § 11 Abs. 3 des Zweiten Buches Sozialgesetzbuch genannten Einnahmen sind nicht als Einkommen zu berücksichtigen:

1. einmalige Einnahmen und Einnahmen, die in größeren als monatlichen Zeitabständen anfallen, wenn sie 50 Euro jährlich nicht übersteigen,
2. Zuwendungen Dritter, die einem anderen Zweck als die Leistungen nach dem Zweiten Buch Sozialgesetzbuch dienen, soweit sie die Lage des Empfängers nicht so günstig beeinflussen, dass daneben Leistungen der Grundsicherung für Arbeitsuchende nicht gerechtfertigt wären,

3. Zuwendungen der freien Wohlfahrtspflege, die dem gleichen Zweck wie die Leistungen des Zweiten Buches Sozialgesetzbuch dienen, soweit sie die Lage des Empfängers nicht so günstig beeinflussen, dass daneben Leistungen nach dem Zweiten Buch Sozialgesetzbuch nicht gerechtfertigt wären,

4. nicht steuerpflichtige Einnahmen einer Pflegeperson für Leistungen der Grundpflege und der hauswirtschaftlichen Versorgung,

5. bei Soldaten der Auslandsverwendungszuschlag und der Leistungszuschlag,

6. die aus Mitteln des Bundes gezahlte Überbrückungsbeihilfe nach Artikel IX Abs. 4 des Abkommens zwischen den Parteien des Nordatlantikvertrages über die Rechtsstellung ihrer Truppen (NATO-Truppenstatut) vom 19. Juni 1951 (BGBl. 1961 II S. 1190) an ehemalige Arbeitnehmer bei den Stationierungsstreitkräften und nach Artikel 5 des Gesetzes zu den Notenwechseln vom 25. September 1990 und 23. September 1991 über die Rechtsstellung der in Deutschland stationierten verbündeten Streitkräfte und zu den Übereinkommen vom 25. September 1990 zur Regelung bestimmter Fragen in Bezug auf Berlin vom 3. Januar 1994 (BGBl. 1994 II S. 26) an ehemalige Arbeitnehmer bei den alliierten Streitkräften in Berlin,

7. die Eigenheimzulage, soweit sie nachweislich zur Finanzierung einer nach § 12 Abs. 3 Satz 1 Nr. 4 des Zweiten Buches Sozialgesetzbuch nicht als Vermögen zu berücksichtigenden Immobilie verwendet wird,

8. Kindergeld für Kinder des Hilfebedürftigen, soweit es nachweislich an das nicht im Haushalt des Hilfebedürftigen lebende Kind weitergeleitet wird,

9. bei Sozialgeldempfängern, die das 15. Lebensjahr noch nicht vollendet haben, Einnahmen aus Erwerbstätigkeit, soweit sie einen Betrag von 100 Euro monatlich nicht übersteigen,

10. Leistungen der Ausbildungsförderung, soweit sie für Fahrtkosten zur Ausbildung oder für Ausbildungsmaterial verwendet werden; ist bereits mindestens ein Betrag nach § 11 Abs. 2 Satz 2 des Zweiten Buches Sozialgesetzbuch von der Ausbildungsvergütung absetzbar, gilt dies nur für den darüber hinausgehenden Betrag,

11. Verpflegung, die außerhalb der in den §§ 2, 3 und 4 Nummer 4 genannten Einkommensarten bereitgestellt wird,

12. Geldgeschenke an Minderjährige anlässlich der Firmung, Kommunion, Konfirmation oder vergleichbarer religiöser

Feste sowie anlässlich der Jugendweihe, soweit sie den in § 12 Absatz 2 Satz 1 Nummer 1a des Zweiten Buches Sozialgesetzbuch genannten Betrag nicht überschreiten,

13. vom Taschengeld nach § 2 Absatz 1 Nummer 3 des Jugendfreiwilligendienstegesetzes, das ein Teilnehmer an einem Jugendfreiwilligendienst erhält, ein Betrag in Höhe von 60 Euro.

(2) Bei der § 9 Abs. 5 des Zweiten Buches Sozialgesetzbuch zugrunde liegenden Vermutung, dass Verwandte und Verschwägerte an mit ihnen in Haushaltsgemeinschaft lebende Hilfebedürftige Leistungen erbringen, sind die um die Absetzbeträge nach § 11 Abs. 2 des Zweiten Buches Sozialgesetzbuch bereinigten Einnahmen in der Regel nicht als Einkommen zu berücksichtigen, soweit sie einen Freibetrag in Höhe des doppelten Satzes der nach § 20 Abs. 2 Satz 1 des Zweiten Buches Sozialgesetzbuch maßgebenden Regelleistung zuzüglich der anteiligen Aufwendungen für Unterkunft und Heizung sowie darüber hinausgehend 50 Prozent der diesen Freibetrag übersteigenden bereinigten Einnahmen nicht überschreiten. § 11 Abs. 1, 3, 3a und 4 des Zweiten Buches Sozialgesetzbuch gilt entsprechend.

(3) Für Bewilligungszeiträume, die vor dem 1. Januar 2009 begonnen haben, ist Kindergeld nicht als Einkommen zu berücksichtigen, soweit es die bis zum 31. Dezember 2008 geltenden Beträge nach § 66 Absatz 1 des Einkommensteuergesetzes und § 6 Absatz 1 und 2 des Bundeskindergeldgesetzes übersteigt. Satz 1 gilt bis zum Ende des Bewilligungszeitraums, längstens jedoch bis zum 31. Mai 2009.

§ 2 Berechnung des Einkommens aus nichtselbständiger Arbeit

(1) Bei der Berechnung des Einkommens aus nichtselbständiger Arbeit (§ 14 des Vierten Buches Sozialgesetzbuch) ist von den Bruttoeinnahmen auszugehen.

(2) Laufende Einnahmen sind für den Monat zu berücksichtigen, in dem sie zufließen. Zu den laufenden Einnahmen zählen auch Einnahmen, die an einzelnen Tagen eines Monats auf Grund von kurzzeitigen Beschäftigungsverhältnissen erzielt werden. Für laufende Einnahmen, die in größeren als monatlichen Zeitabständen zufließen, gilt Absatz 4 entsprechend.

(3) Ist bei laufenden Einnahmen im Bewilligungszeitraum zu erwarten, dass diese in unterschiedlicher Höhe zufließen, kann als Einkommen ein monatliches Durchschnittseinkommen zu Grunde gelegt werden. Als monatliches Durchschnittseinkommen ist für jeden Monat im Bewilligungszeitraum der Teil des Einkommens zu berücksichtigen, der sich bei der Teilung des Gesamteinkommens im Bewilligungszeitraum durch die Anzahl der Monate im

Bewilligungszeitraum ergibt. Soweit über die Gewährung von Leistungen zum Lebensunterhalt nach § 40 Abs. 1 Satz 2 Nr. 1a des Zweiten Buches Sozialgesetzbuch vorläufig entschieden wurde, ist das bei der vorläufigen Entscheidung berücksichtigte monatliche Durchschnittseinkommen bei der abschließenden Entscheidung als Einkommen zu Grunde zu legen, wenn das tatsächliche monatliche Durchschnittseinkommen das bei der vorläufigen Entscheidung zu Grunde gelegte monatliche Durchschnittseinkommen um nicht mehr als 20 Euro übersteigt.

(4) Einmalige Einnahmen sind von dem Monat an zu berücksichtigen, in dem sie zufließen. Abweichend von Satz 1 ist eine Berücksichtigung der Einnahmen ab dem Monat, der auf den Monat des Zuflusses folgt, zulässig, wenn Leistungen für den Monat des Zuflusses bereits erbracht worden sind. Einmalige Einnahmen sind, soweit nicht im Einzelfall eine andere Regelung angezeigt ist, auf einen angemessenen Zeitraum aufzuteilen und monatlich mit einem entsprechenden Teilbetrag zu berücksichtigen.

(5) Bei der Berechnung des Einkommens ist der Wert der vom Arbeitgeber bereitgestellten Vollverpflegung mit täglich 1 Prozent der nach § 20 des Zweiten Buches Sozialgesetzbuch maßgebenden monatlichen Regelleistung anzusetzen. Wird Teilverpflegung bereitgestellt, entfallen auf das Frühstück ein Anteil von 20 Prozent und auf das Mittag- und Abendessen Anteile von je 40 Prozent des sich nach Satz 1 ergebenden Betrages.

(6) Sonstige Einnahmen in Geldeswert sind mit ihrem Verkehrswert als Einkommen anzusetzen. Ist die Einnahme in Geldeswert auch als Bedarf in der Regelleistung nach § 20 des Zweiten Buches Sozialgesetzbuch berücksichtigt, ist als Wert der Einnahme in Geldeswert höchstens der Betrag anzusetzen, der sich aus der Zusammensetzung des Eckregelsatzes in der Sozialhilfe nach § 2 Absatz 2 der Regelsatzverordnung ergibt.

(7) Das Einkommen kann nach Anhörung geschätzt werden, wenn

1. Leistungen der Grundsicherung für Arbeitsuchende einmalig oder für kurze Zeit zu erbringen sind oder Einkommen nur für kurze Zeit zu berücksichtigen ist oder

2. die Entscheidung über die Erbringung von Leistungen der Grundsicherung für Arbeitsuchende im Einzelfall keinen Aufschub duldet.

§ 3 Berechnung des Einkommens aus selbständiger Arbeit, Gewerbebetrieb oder Land- und Forstwirtschaft

(1) Bei der Berechnung des Einkommens aus selbständiger Arbeit, Gewerbebetrieb oder Land- und Forstwirtschaft ist von den

Betriebseinnahmen auszugehen. Betriebseinnahmen sind alle aus selbständiger Arbeit, Gewerbebetrieb oder Land- und Forstwirtschaft erzielten Einnahmen, die im Bewilligungszeitraum (§ 41 Abs. 1 Satz 4 des Zweiten Buches Sozialgesetzbuch) tatsächlich zufließen. Wird eine Erwerbstätigkeit nach Satz 1 nur während eines Teils des Bewilligungszeitraums ausgeübt, ist das Einkommen nur für diesen Zeitraum zu berechnen.

(2) Zur Berechnung des Einkommens sind von den Betriebseinnahmen die im Bewilligungszeitraum tatsächlich geleisteten notwendigen Ausgaben mit Ausnahme der nach § 11 Abs. 2 des Zweiten Buches Sozialgesetzbuch abzusetzenden Beträge ohne Rücksicht auf steuerrechtliche Vorschriften abzusetzen.

(3) Tatsächliche Ausgaben sollen nicht abgesetzt werden, soweit diese ganz oder teilweise vermeidbar sind oder offensichtlich nicht den Lebensumständen während des Bezuges der Leistungen zur Grundsicherung für Arbeitsuchende entsprechen. Nachgewiesene Einnahmen können bei der Berechnung angemessen erhöht werden, wenn anzunehmen ist, dass die nachgewiesene Höhe der Einnahmen offensichtlich nicht den tatsächlichen Einnahmen entspricht. Ausgaben können bei der Berechnung nicht abgesetzt werden, soweit das Verhältnis der Ausgaben zu den jeweiligen Erträgen in einem auffälligen Missverhältnis steht.

(4) Für jeden Monat ist der Teil des Einkommens zu berücksichtigen, der sich bei der Teilung des Gesamteinkommens im Bewilligungszeitraum durch die Anzahl der Monate im Bewilligungszeitraum ergibt. Im Fall des Absatzes 1 Satz 3 gilt als monatliches Einkommen derjenige Teil des Einkommens, der der Anzahl der in den in Absatz 1 Satz 3 genannten Zeitraum fallenden Monate entspricht. Von dem Einkommen sind die Beträge nach § 11 Abs. 2 des Zweiten Buches Sozialgesetzbuch abzusetzen.

(5) Ist auf Grund der Art der Erwerbstätigkeit eine jährliche Berechnung des Einkommens angezeigt, soll in die Berechnung des Einkommens nach den Absätzen 2 bis 4 auch Einkommen nach Absatz 1 Satz 1 einbezogen werden, das der erwerbsfähige Hilfebedürftige innerhalb eines Zeitraums von sechs Monaten vor wiederholter Antragstellung erzielt hat, wenn der erwerbsfähige Hilfebedürftige darauf hingewiesen worden ist. Dies gilt nicht, soweit das Einkommen bereits in dem der wiederholten Antragstellung vorangegangenen Bewilligungszeitraum berücksichtigt wurde oder bei Antragstellung in diesem Zeitraum hätte berücksichtigt werden müssen.

(6) Soweit über die Gewährung von Leistungen zum Lebensunterhalt nach § 40 Abs. 1 Satz 2 Nr. 1a des Zweiten Buches So-

zialgesetzbuch vorläufig entschieden wurde, kann das Einkommen im Bewilligungszeitraum für die abschließende Entscheidung geschätzt werden, wenn das tatsächliche Einkommen nicht innerhalb eines Zeitraums von zwei Monaten nach Ende des Bewilligungszeitraums nachgewiesen wird.

(7) Wird ein Kraftfahrzeug überwiegend betrieblich genutzt, sind die tatsächlich geleisteten notwendigen Ausgaben für dieses Kraftfahrzeug als betriebliche Ausgabe abzusetzen. Für private Fahrten sind die Ausgaben um 0,10 Euro für jeden gefahrenen Kilometer zu vermindern. Ein Kraftfahrzeug gilt als überwiegend betrieblich genutzt, wenn es zu mindestens 50 Prozent betrieblich genutzt wird. Wird ein Kraftfahrzeug überwiegend privat genutzt, sind die tatsächlichen Ausgaben keine Betriebsausgaben. Für betriebliche Fahrten können 0,10 Euro für jeden mit dem privaten Kraftfahrzeug gefahrenen Kilometer abgesetzt werden, soweit der erwerbsfähige Hilfebedürftige nicht höhere notwendige Ausgaben für Kraftstoff nachweist.

§ 4 Berechnung des Einkommens in sonstigen Fällen

Für die Berechnung des Einkommens aus Einnahmen, die nicht unter die §§ 2 und 3 fallen, ist § 2 entsprechend anzuwenden. Hierzu gehören insbesondere Einnahmen aus
1. Sozialleistungen,
2. Vermietung und Verpachtung,
3. Kapitalvermögen sowie
4. Wehr- und Ersatzdienstverhältnissen.

§ 5 Begrenzung abzugsfähiger Ausgaben

Ausgaben sind höchstens bis zur Höhe der Einnahmen aus derselben Einkunftsart abzuziehen. Einkommen darf nicht um Ausgaben einer anderen Einkommensart vermindert werden.

§ 6 Pauschbeträge für vom Einkommen abzusetzende Beträge

(1) Als Pauschbeträge sind abzusetzen
1. von dem Einkommen volljähriger Hilfebedürftiger ein Betrag in Höhe von 30 Euro monatlich für die Beiträge zu privaten Versicherungen nach § 11 Abs. 2 Satz 1 Nr. 3 des Zweiten Buches Sozialgesetzbuch, die nach Grund und Höhe angemessen sind,
2. von dem Einkommen Minderjähriger ein Betrag in Höhe von 30 Euro monatlich für die Beiträge zu privaten Versicherungen nach § 11 Absatz 2 Satz 1 Nummer 3 des Zweiten Buches Sozialgesetzbuch, die nach Grund und Höhe angemessen sind, wenn der oder die Minderjährige eine entsprechende Versicherung abgeschlossen hat,

3. von dem Einkommen Erwerbstätiger für die Beträge nach
§ 11 Abs. 2 Satz 1 Nr. 5 des Zweiten Buches Sozialgesetzbuch

  a) monatlich ein Sechzigstel der steuerrechtlichen Werbungs-
     kostenpauschale (§ 9a Abs. 1 Satz 1 Nr. 1 Buchstabe a
     des Einkommensteuergesetzes) als mit seiner Erzielung ver-
     bundene notwendige Ausgaben; dies gilt nicht für Einkom-
     men nach § 3,

  b) zusätzlich bei Benutzung eines Kraftfahrzeugs für die Fahrt
     zwischen Wohnung und Arbeitsstätte für Wegstrecken zur
     Ausübung der Erwerbstätigkeit 0,20 Euro für jeden Entfer-
     nungskilometer der kürzesten Straßenverbindung,

  soweit der erwerbsfähige Hilfebedürftige nicht höhere notwendige Ausgaben nachweist.

(2) Sofern die Berücksichtigung des Pauschbetrags nach Absatz 1 Nummer 3 Buchstabe b im Vergleich zu den bei Benutzung eines zumutbaren öffentlichen Verkehrsmittels anfallenden
Fahrtkosten unangemessen hoch ist, sind nur diese als Pauschbetrag abzusetzen.

(3) Für Mehraufwendungen für Verpflegung ist, wenn der erwerbsfähige Hilfebedürftige vorübergehend von seiner Wohnung
und dem Mittelpunkt seiner dauerhaft angelegten Erwerbstätigkeit entfernt erwerbstätig ist, für jeden Kalendertag, an dem der
erwerbsfähige Hilfebedürftige wegen dieser vorübergehenden
Tätigkeit von seiner Wohnung und dem Tätigkeitsmittelpunkt mindestens zwölf Stunden abwesend ist, ein Pauschbetrag in Höhe
von 6 Euro abzusetzen.

§ 7 Nicht zu berücksichtigendes Vermögen

(1) Außer dem in § 12 Abs. 3 des Zweiten Buches Sozialgesetzbuch genannten Vermögen sind Vermögensgegenstände
nicht als Vermögen zu berücksichtigen, die zur Aufnahme oder
Fortsetzung der Berufsausbildung oder der Erwerbstätigkeit unentbehrlich sind.

(2) Bei der § 9 Abs. 5 des Zweiten Buches Sozialgesetzbuch
zu Grunde liegenden Vermutung, dass Verwandte und Verschwägerte an mit ihnen in Haushaltsgemeinschaft lebende Hilfebedürftige Leistungen erbringen, ist Vermögen nicht zu berücksichtigen,
das nach § 12 Abs. 2 des Zweiten Buches Sozialgesetzbuch abzusetzen oder nach § 12 Abs. 3 des Zweiten Buches Sozialgesetzbuch nicht zu berücksichtigen ist.

§ 8 Wert des Vermögens

Das Vermögen ist ohne Rücksicht auf steuerrechtliche Vorschriften mit seinem Verkehrswert zu berücksichtigen.

§ 9 Übergangsvorschrift

Für Bewilligungszeiträume, die vor dem 1. Januar 2008 begonnen haben, ist § 2a der Arbeitslosengeld II/Sozialgeld-Verordnung vom 20. Oktober 2004 in der bis zum 31. Dezember 2007 geltenden Fassung weiterhin anzuwenden. § 2a Abs. 4 der Arbeitslosengeld II/Sozialgeld-Verordnung vom 20. Oktober 2004 in der bis zum 31. Dezember 2007 geltenden Fassung ist mit der Maßgabe anzuwenden, dass für den Teil des Bewilligungszeitraums, der im Berechnungsjahr 2007 liegt, bei der abschließenden Entscheidung als Einkommen der Teil des vom Finanzamt für das Berechnungsjahr festgestellten Gewinns zu berücksichtigen ist, der auf diesen Teil des Bewilligungszeitraums entfällt. Für den Teil des Bewilligungszeitraums, der nach dem 31. Dezember 2007 liegt, ist bei der abschließenden Entscheidung § 3 dieser Verordnung entsprechend anzuwenden.

§ 10 Inkrafttreten, Außerkrafttreten

Diese Verordnung tritt am 1. Januar 2008 in Kraft.

I. Allgemeines

1   **Geltende Fassung:** Die ursprüngliche Alg II–V wurde durch die am 1. 1. 2008 in Kraft getretene neue Alg II–V abgelöst. Diese wurde mWv 1. 8. 2009 in § 6 geändert.

2   **Normstruktur und Normzweck:** Die Alg II–V ergänzt die allgemeinen Vorschriften zur Be- und Anrechnung von Einkommen (§ 11 SGB II) und Vermögen (§ 12 SGB II).

II. Berücksichtigung von Einkommen und Vermögen

Die am 1. 1. 2008 in Kraft getretene Neuregelung klärt gegenüber der vormaligen Alg II–V Regelung einige in der Praxis aufgetretene Rechtsfragen. Wesentliche Neuerung ist die Differenzierung der Einkommensberechnung zwischen abhängig beschäftigten Erwerbstätigen und selbständig Erwerbstätigen. Hintergrund ist die Tatsache, dass bei Einführung des SGB II der Gesetzgeber vornehmlich die abhängig Beschäftigten im Blick hatte. Mit der Zunahme prekärer Arbeitsverhältnisse steigt die Zahl der selbständig Erwerbstätigen, die ebenfalls Leistungen nach dem SGB II in Anspruch nehmen müssen. Da das Einkommen Selbständiger meist stärkeren Schwankungen ausgesetzt ist, wurden in § 3 Alg II–V entsprechende Regeln für die Berechnung des Einkommens eingeführt. Neu ist zudem, dass Einnahmen und Ausgaben nur innerhalb der jeweiligen Tätigkeit ausgeglichen werden können. Die Anrechnung von Verpflegung wurde vereinfacht und Zuwendungen von Trägern der Wohlfahrtspflege (z. B. Lebensmittel- und Geldspenden) aus dem Katalog des anzurechnenden Einkommens ausgenommen. Gleiches gilt für Leistungen der Ausbildungsförde- rung, soweit sie Fahrtkosten oder Ausbildungsmaterial betreffen.

III. Versicherungspauschbetrag für Kinder

Durch die Zweite Verordnung zur Änderung der Arbeitslosengeld II/Sozialgeld-Verordnung wurde § 6 Abs. 1 Nr. 1 Alg II–V neu gefasst. Nach Ansicht des BMAS wird dadurch der Rechtszustand vor der Ent- scheidung des Bundessozialgerichts vom 13. Mai 2009 – B 4 AS 39/08 R wiederherstellt. Das BSG hatte entschieden, dass aufgrund des mehr- deutigen Wortlauts diese Versicherungspauschale von 30 € minder- jährigen, nicht hilfebedürftigen Personen auch dann zu gewähren ist, wenn sie keine Versicherungen abgeschlossen haben. Das BMAS sah diese Rechtsprechung als sozialpolitisch problematisch an, da im Er- gebnis hilfebedürftige Kinder mit zu geringem Einkommen aufgrund der Versagung der Pauschale schlechter gestellt werden, als Kinder, die aufgrund eigenen Einkommens nicht mehr hilfebedürftig sind und die Pauschale erhalten. Die Änderungen beschränken nunmehr den Abzug eines Pauschbetrages für Versicherungen auf minderjährige Personen, die mindestens eine Versicherung abgeschlossen haben. Unter § 6 Ab- satz 1 Nummer 1 wird nur noch der pauschalierte Abzug von Versiche- rungsbeiträgen in Höhe von 30 € für volljährige Hilfebedürftige gere- gelt, ohne dass ein Nachweis bestehender Versicherungen zu erbringen ist, weil davon ausgegangen wird, dass solche Versicherungen bei voll- jährigen Personen üblicherweise bestehen.

Minderjährige sollten grundsätzlich vom Abzug des Pauschbetrages ausgenommen werden, weil sie üblicherweise keine Versicherungen abgeschlossen haben und – insbesondere wenn sie im Haushalt der El- tern leben – in den Hausrat und Haftpflichtversicherungsschutz der Eltern einbezogen sind. Falls zwei Minderjährige gemeinsam eine Be- darfsgemeinschaft außerhalb des Haushaltes ihrer Eltern bilden (zum Beispiel wenn sie ein gemeinsames Kind haben), sollte zudem geregelt werden, dass in solchen Fällen auch Minderjährigen die Pauschale ein- geräumt werden soll. Die bisherige Regelung war mehrdeutig, wes- halb die Frage streitig war, ob die Versicherungspauschale innerhalb einer Haushaltsgemeinschaft mehrfach abzusetzen ist, wenn minder- jährige Kinder ihren Lebensunterhalt aus eigenem Einkommen be- streiten können und deshalb das Kindergeld nicht (vollständig) dem jeweiligen Kind, sondern dem Kindergeldberechtigten als Einkom- men zugerechnet wird.

Bislang, konnten Minderjährige nach § 11 Abs. 2 S. 1 Nr. 3 SGB II die tatsächlichen Versicherungsbeiträge absetzen, soweit diese nach

Grund und Höhe als angemessen zu betrachten waren. Bei eigener Bedarfsgemeinschaft der Minderjährigen war demgegenüber der Pauschbetrag vom Einkommen abzuziehen. Künftig wird der Abzug für alle Minderjährigen einheitlich geregelt: Der Pauschbetrag ist nur abzuziehen, wenn Minderjährige tatsächlich mindestens eine nach Grund und Höhe angemessene Versicherung abgeschlossen haben und der entsprechende Versicherungsschutz nicht bereits innerhalb der Haushaltsgemeinschaft, der die Minderjährigen angehören, sichergestellt ist. Die Angemessenheit einer Versicherung ist bei Minderjährigen restriktiv auszulegen, zu den Einzelheiten vgl. *BMAS, Begründung zur Zweiten Verordnung zur Änderung der Arbeitslosengeld II/Sozialgeld-Verordnung v. 29. 7. 2009.*

Anhang 1 zu § 13 SGB II
Verordnung zur Vermeidung unbilliger Härten durch Inanspruchnahme einer vorgezogenen Altersrente (Unbilligkeitsverordnung – UnbilligkeitsV)
vom 14. April 2008 (BGBl. I S. 734)

Auf Grund des § 13 Abs. 2 des Zweiten Buches Sozialgesetzbuch – Grundsicherung für Arbeitsuchende – (Artikel 1 des Gesetzes vom 24. Dezember 2003, BGBl. I S. 2954, 2955), der durch Artikel 2 Nr. 4 Buchstabe b des Gesetzes vom 8. April 2008 (BGBl. I S. 681) eingefügt worden ist, verordnet das Bundesministerium für Arbeit und Soziales:

§ 1 Grundsatz

Hilfebedürftige sind nach Vollendung des 63. Lebensjahres nicht verpflichtet, eine Rente wegen Alters vorzeitig in Anspruch zu nehmen, wenn die Inanspruchnahme unbillig wäre.

§ 2 Verlust eines Anspruchs auf Arbeitslosengeld

Unbillig ist die Inanspruchnahme, wenn und solange sie zum Verlust eines Anspruchs auf Arbeitslosengeld führen würde.

§ 3 Bevorstehende abschlagsfreie Altersrente

Unbillig ist die Inanspruchnahme, wenn Hilfebedürftige in nächster Zukunft die Altersrente abschlagsfrei in Anspruch nehmen können.

§ 4 Erwerbstätigkeit

Unbillig ist die Inanspruchnahme, solange Hilfebedürftige sozialversicherungspflichtig beschäftigt sind oder aus sonstiger Erwerbstätigkeit ein entsprechend hohes Einkommen erzielen. Dies gilt nur, wenn die Beschäftigung oder sonstige Erwerbstätigkeit den überwiegenden Teil der Arbeitskraft in Anspruch nimmt.

§ 5 Bevorstehende Erwerbstätigkeit

(1) Unbillig ist die Inanspruchnahme, wenn Hilfebedürftige durch die Vorlage eines Arbeitsvertrages oder anderer ebenso verbindlicher, schriftlicher Zusagen glaubhaft machen, dass sie in nächster Zukunft eine Erwerbstätigkeit gemäß § 4 aufnehmen und nicht nur vorübergehend ausüben werden.

(2) Haben Hilfebedürftige bereits einmal glaubhaft gemacht, dass sie alsbald eine Erwerbstätigkeit nach Absatz 1 aufnehmen, so ist eine erneute Glaubhaftmachung ausgeschlossen.

(3) Ist bereits vor dem Zeitpunkt der geplanten Aufnahme der Beschäftigung oder Erwerbstätigkeit anzunehmen, dass diese nicht zu Stande kommen wird, entfällt die Unbilligkeit.

§ 6 Inkrafttreten

Diese Verordnung tritt mit Wirkung vom 1. Januar 2008 in Kraft.

Kapitel 3. Leistungen

Abschnitt 1. Leistungen zur Eingliederung in Arbeit

Grundsatz des Förderns

14 [1]Die Träger der Leistungen nach diesem Buch unterstützen erwerbsfähige Hilfebedürftige umfassend mit dem Ziel der Eingliederung in Arbeit. [2]Die Agentur für Arbeit soll einen persönlichen Ansprechpartner für jeden erwerbsfähigen Hilfebedürftigen und die mit ihm in einer Bedarfsgemeinschaft Lebenden benennen. [3]Die Träger der Leistungen nach diesem Buch erbringen unter Beachtung der Grundsätze von Wirtschaftlichkeit und Sparsamkeit alle im Einzelfall für die Eingliederung in Arbeit erforderlichen Leistungen.

1   Die Regelung entspricht inhaltlich überwiegend dem ursprünglichen Entwurf. Allerdings wurde sie redaktionell insofern angepaßt, als die ursprüngliche Entwurfsfassung noch von der alleinigen Zuständigkeit der Bundesagentur für Arbeit für die Leistungen nach dem neuen SGB II ausging.

2   Daraus resultiert eine ganz erhebliche Abweichung. In den Sätzen 1 und 3 ist nun allgemeiner von den „Trägern der Leistungen nach diesem Buch" die Rede. Dagegen ordnet S. 2 die Aufgabe, einen **Fallmanager** („persönlichen Ansprechpartner für jeden erwerbsfähigen Hilfesuchenden ...") zu benennen, unverändert ausdrücklich allein den Agenturen für Arbeit zu. Nachdem schon unter dem Aspekt der Personalhoheit wohl kaum in Betracht kommen dürfte, dass seitens einer Agentur für Arbeit ein Ansprechpartner benannt wird, der einer kommunalen Stelle zugeordnet ist, scheint damit das Fallmanagement bei den Agenturen für Arbeit angesiedelt worden zu sein. Zugleich handelt es sich bei der in S. 2 geregelten Verpflichtung um eine solche objektiv-rechtlicher Art; ein subjektiv-rechtlicher Anspruch des Leistungsempfängers auf einen pAP wird hierdurch nicht begründet (so auch KSW-Knickrehm, § 14 SGB II Rn. 3).

3   Es hat daran auch durch das kommunale Optionsgesetz keine redaktionelle Veränderung gegeben. Dies kann aber jedenfalls für die 69 Kommunen (s. § 6a Abs. 3 S. 1), die vollständig an die Stelle der Bundesagentur für Arbeit treten, nicht das „letzte Wort" sein, da ja auch in ihrem Bereich der Einsatz von Fallmanagern gewollt ist, aber eine Beteiligung der Bundesagentur überhaupt nicht in Betracht kommt. Und eine Lösung des Problems auf dem „Umweg" über § 6b Abs. 1 erscheint hier fragwürdig, weil § 14 im ersten Satz von „den Trägern der Leistungen nach diesem Buch" spricht; das wäre auch im zweiten Satz

ohne weiteres möglich gewesen. Sollte diesbezüglich ein redaktionelles Versehen vorliegen, so wäre es wünschenswert, wenn eine Korrektur noch erfolgte.

Die Zuordnung nach Möglichkeit nur eines Ansprechpartners soll **4** nach der Gesetzesbegründung (*BT-Drs. 15/1516, S. 54*) ein kompetentes Fallmanagement sicherstellen, ein Vertrauensverhältnis zwischen dem Erwerbsfähigen und dem Mitarbeiter der Agentur für Arbeit fördern und der Effizienz der Betreuung des Erwerbsfähigen dienen. Damit dieser Anspruch auch erfüllt wird, müssen die Mitarbeiter der Agenturen für Arbeit aber über entsprechende Kompetenzen verfügen. Das bedeutet, sie müssen mit den spezifischen Methoden eines Fallmanagements vertraut sein und über die Kenntnisse verfügen, die erforderlich sind, um beispielsweise ein bestehendes Suchtproblem zu erkennen und zumindest eine diesbezüglich zur Hilfe geeignete Person einschalten zu können. Entsprechendes gilt auch für Fälle, in denen Überschuldung eines Arbeitsuchenden vorliegt, die nicht selten die Bereitschaft, wieder ins Erwerbsleben eingegliedert zu werden, erheblich vermindert, so dass zunächst das darin liegende Vermittlungshindernis beseitigt werden muss, bevor sich der Fallmanager mit der Vermittlung des Arbeitsuchenden befassen kann/sollte.

S. 1 verdeutlicht, dass alle Hilfestellungen nach dem SGB II primär **5** dem Ziel der Eingliederung in Arbeit verpflichtet sind. Die materielle Absicherung des Arbeitsuchenden und seiner Bedarfsgemeinschaft steht also nicht im Vordergrund. Hierin lag zugleich auch der mit dem Erlass des SGB II angestrebte **Paradigmenwechsel in der Arbeitsmarktpolitik**.

S. 3 enthält eine Art von Generalermächtigung zur Leistungserbrin- **6** gung an die Träger der Leistungen nach dem SGB II. Dahinter steht der Wille, von der strengen und ausdifferenzierten Ausgestaltung von Leistungen, wie dies bis zuletzt auch im SGB III gegeben war, abzugehen. Ziel ist eine größere Flexibilität der Leistungsträger im allgemeinen und der Fallmanager im besonderen. Grenzen errichten insoweit nur die Grundsätze der Sparsamkeit und Wirtschaftlichkeit. Diese Grundsätze sind nicht als solche im SGB II verankert, sondern bilden allgemeine Prinzipien für das Handeln im Bereich der Leistungsverwaltung. § 3 Abs. 1 S. 4 setzt ihre Existenz und Geltung ebenfalls nur voraus, bestimmt also den Inhalt der Grundsätze nicht selbst näher (dies gilt im übrigen auch für § 6 Abs. 1 HGrG). Zum Inhalt der Grundsätze der Sparsamkeit und Wirtschaftlichkeit s. die Kommentierung zu § 3. Nach Knickrehm führt die Erwähnung dieser Grundsätze dazu, dass die Haushaltslage zum Tatbestandsmerkmal wird (s. *KSW-Knickrehm*, § 14 SGB II Rn. 4 mit dem Hinweis, dass frühere Aussagen des BSG – so in BSGE 67, 279 – zur Ermessensfehlerhaftigkeit einer Leistungsverweigerung wegen Erschöpfung von Haushaltsmitteln womöglich nicht mehr herangezogen werden können). Mit der Einfügung der §§ 16 a ff.

wird das Ziel größerer Flexibilität bei der Leistungserbringung nicht
konterkariert, weil diese Vorschriften entweder schon an anderer Stelle
vorhanden waren oder aber selbst sehr „offen" ausgestaltet wurden.

7   Mit dem **Grundsatz des Förderns,** der in der Vorschrift als solcher
nicht definiert wird, ist die umfassende Unterstützung von Hilfebedürftigen mit dem Ziel der Eingliederung in Arbeit gemeint. Letztlich
gibt schon **§ 1 Abs. 1** eine Beschreibung dessen, was mit Fördern gemeint ist. Nachdem der in **§ 2** geregelte **Grundsatz des Forderns** stets
in einem Atemzug mit dem Fördern genannt wird, liegt auf der Hand,
dass zwischen beiden Prinzipien eine Schieflage entsteht, wenn die
Situation am Arbeitsmarkt ein Fördern der Betroffenen massiv erschwert. An diese Überlegung schließt sich fast zwangsläufig die Frage
an, ob in Zeiten, in denen das Fördern zurückbleibt, auch das Fordern
eigentlich nur reduziert zur Geltung gebracht werden dürfte. Es war
im Vorfeld der Gesetzgebung immer wieder von „Geben und Nehmen" oder ähnlichen Bildern die Rede, so dass eine solche Konsequenz
nicht abwegig erscheint.

Eingliederungsvereinbarung

15 (1) [1]Die Agentur für Arbeit soll im Einvernehmen mit dem kommunalen Träger mit jedem erwerbsfähigen Hilfebedürftigen
die für seine Eingliederung erforderlichen Leistungen vereinbaren
(Eingliederungsvereinbarung). [2]Die Eingliederungsvereinbarung soll
insbesondere bestimmen,

1. welche Leistungen der Erwerbsfähige zur Eingliederung in Arbeit
erhält,

2. welche Bemühungen der erwerbsfähige Hilfebedürftige in welcher Häufigkeit zur Eingliederung in Arbeit mindestens unternehmen
muss und in welcher Form er die Bemühungen nachzuweisen hat,

3. welche Leistungen Dritter, insbesondere Träger anderer Sozialleistungen, der erwerbsfähige Hilfebedürftige zu beantragen hat.
[3]Die Eingliederungsvereinbarung soll für sechs Monate geschlossen
werden. [4]Danach soll eine neue Eingliederungsvereinbarung abgeschlossen werden. [5]Bei jeder folgenden Eingliederungsvereinbarung
sind die bisher gewonnenen Erfahrungen zu berücksichtigen. [6]Kommt
eine Eingliederungsvereinbarung nicht zustande, sollen die Regelungen nach Satz 2 durch Verwaltungsakt erfolgen.

(2) [1]In der Eingliederungsvereinbarung kann auch vereinbart werden, welche Leistungen die Personen erhalten, die mit dem erwerbsfähigen Hilfebedürftigen in einer Bedarfsgemeinschaft leben. [2]Diese
Personen sind hierbei zu beteiligen.

(3) Wird in der Eingliederungsvereinbarung eine Bildungsmaßnahme vereinbart, ist auch zu regeln, in welchem Umfang und unter

**welchen Voraussetzungen der erwerbsfähige Hilfebedürftige scha-
denersatzpflichtig ist, wenn er die Maßnahme aus einem von ihm zu
vertretenden Grund nicht zu Ende führt.**

Schrifttum: *Klein/Langnickel*, NDV 2004, 104; Schön,

Die Vorschrift wurde durch Gesetz vom 20. 7. 2006 (BGBl. I, 1706) **1**
um die Nr. 3 in Abs. 1 S. 2 erweitert.

Die Vorschrift, die den Abschluss einer Eingliederungsvereinbarung **2**
regelt, ist eine „Soll-Vorschrift". Dies bedeutet, dass eine solche Vereinbarung zu schließen ist, wenn nicht besondere Gründe dem entgegenstehen. Solche besonderen Gründe dürften sich nur dann ergeben,
wenn es entweder um sog. „Informationskunden" der Agentur für Arbeit, also um Personen geht, die sich (erst einmal) einen Überblick über
die Angebote am Arbeitsmarkt verschaffen wollen, oder wenn es um
sog. „Marktkunden" geht, bei denen es nach aller Erfahrung nur erforderlich ist, einen als solchen „sicheren" Arbeitsplatzwechsel zu unterstützen. Zu dieser zweiten Gruppe gehören besonders Hochschulabsol-
venten, die tendenziell gut ausgebildet sind und sich deshalb bei der
Suche nach einem (anderen) Arbeitsplatz vergleichsweise leichter tun.

Zielgruppe der Eingliederungsvereinbarung sind damit vor allem **3**
die sog. „Beratungs- und Betreuungskunden". Betreuungs- und Bera-
tungskunden werden insbesondere jugendliche oder ältere Langzeitarbeitslose sein, bei denen sich nicht selten gleich mehrere Vermittlungshindernisse finden (z. B. Suchtprobleme, Überschuldung etc.).

Vergleicht man die Vorschrift mit § 35 Abs. 4 S. 1 SGB III, der **4**
ebenfalls den Abschluss einer Eingliederungsvereinbarung vorsieht, so
fällt auf, dass trotz der Proklamation des „Förderns" die (Vermittlungs-)
Bemühungen der Agentur für Arbeit im SGB II keine Erwähnung finden. Dies sollte aber auf jeden Fall auch Gegenstand einer Eingliederungsvereinbarung sein, damit für die Betroffen der Abschluss der
Vereinbarung nicht von Anfang an den Charakter einer „Einbahn-
straße" erhält. Es ist auch kein sachlicher Grund erkennbar, warum insoweit zwischen der Eingliederungsvereinbarung nach SGB III und
derjenigen nach dem SGB II ein Unterschied bestehen sollte, es sei
denn man wollte einen solchen Grund darin erkennen, dass bei den unter das SGB II Betroffenen das Primärziel der Vermeidung von Langzeitarbeitslosigkeit bereits verfehlt wurde.

Die Eingliederungsvereinbarung wird dazu dienen, die Vermitt- **5**
lungsbemühungen und das weitere Leistungsgeschehen in einem gemeinsamen Plan zusammenzufassen und zu ordnen. In Anlehnung an
einen ökonomischen Begriff spricht *Mutschler* in *PK-SGB III*, § 35
Rz. 42 auch von einer „Zielvereinbarung". Anders als das gleichnamige
Instrument des SGB III kann aber mit der Eingliederungsvereinbarung
im Sinne des SGB II Langzeitarbeitslosigkeit ganz überwiegend nicht

mehr vermieden werden, da diese bereits eingetreten sein dürfte, wenn die Betroffenen in den Leistungsbezug nach dem SGB II eintreten.

6   Der Passus, dass eine Eingliederungsvereinbarung „im Einvernehmen mit dem kommunalen Träger" – wer das ist, wird in § 6 Abs. 1 S. 1 Nr. 2 legal definiert – getroffen werden soll, wurde erst nachträglich durch das Kommunale Optionsgesetz in Abs. 1 S. 1 eingefügt. Diese Ergänzung trägt dem Umstand Rechnung, dass die kommunalen Träger für die in § 6 Abs. 1 S. 1 Nr. 2 aufgezählten Leistungen zuständig sind, d. h. die dadurch verursachten Kosten zu tragen haben.

7   Die Regelungen in **Abs. 1 S. 2 Nr. 1 und 2** bilden gleichsam den Mindestinhalt, die **„essentialia negotii" einer Eingliederungsvereinbarung.** Dies kommt darin zum Ausdruck, dass diese Gegenstände, wenn eine Vereinbarung nicht zustande kommt, auch durch VA geregelt werden sollen (**Abs. 1 S. 6**). Der Einsatz „hoheitlichen Zwangs" bleibt damit für die Leistungsträger gleichsam eine „Reserve-Option". Realistischerweise sollte man deshalb einräumen, dass die Freiwilligkeit des Abschlusses einer Eingliederungsvereinbarung für den erwerbsfähigen Hilfebedürftigen nur eine relative ist. Zudem kann gegen den Hilfebedürftigen eine Sanktion (§ 31 Abs. 1 Nr. 1a) verhängt werden, wenn er sich zum Abschluss der Eingliederungsvereinbarung nicht bereit findet. Allein dies spricht bereits gegen die durchaus verbreitete Ansicht, es handele sich bei der Eingliederungsvereinbarung um einen öffentlich-rechtlichen Vertrag. Die insoweit im Vergleich mit dem SGB III abweichende Gestaltung – dort wird keine Sperrzeit wegen Nichtabschlusses einer Eingliederungsvereinbarung verhängt – spricht auch dafür, dass die verfahrensrechtliche Position der Leistungsberechtigten eine deutlich schwächere sein wird als die von Versicherten der Arbeitslosenversicherung.

8   Ausgehend davon, dass es sich bei der Eingliederungsvereinbarung nicht um einen Vertrag handelt, steht dem betroffenen Arbeitsuchenden der Weg über Anfechtung eines VA und anschließende Anfechtungsklage frei. Denn wenn bei Weigerung des Betroffenen, eine EV zu schließen, kein ersetzender VA, sondern die Sanktion nach § 31 verhängt wird, kann dagegen vorgegangen werden; insbesondere mit dem Einwand, die Sanktion sei unverhältnismäßig, weil der Behörde der einfachere und mildere Weg des VA-Erlasses zur Verfügung gestanden habe. Wird ein VA erlassen, der dem Betroffenen Pflichten auferlegt, so kann gegen diesen VA im Wege der Anfechtung vorgegangen werden. Und schließlich gibt es die Möglichkeit der Anfechtung auch dann, wenn ein ersetzender VA erlassen und bei Nichterfüllung der darin festgelegten Pflichten mit Sanktionen nach § 31 reagiert wird. Letzteres gilt im Übrigen auch dann, wenn der Betroffene eine in der EV eingegangene Verpflichtung nicht erfüllt und dagegen seitens der Behörde mit einer Sanktion vorgegangen wird.

9   Bevor es zum Abschluss einer Eingliederungsvereinbarung kommt, müssen die beruflichen und persönlichen Merkmale des Arbeitsuchen-

den, seine Eignung und Fähigkeiten, aber auch seine Neigungen ermittelt werden. Bei diesem als **Profiling** bezeichneten Vorgang hat das Beratungsgespräch mit dem Fallmanager naturgemäß zentrale Bedeutung. Es können aber auch ergänzend Maßnahmen der Eignungsfeststellung (§ 48 SGB III i.V. m. § 16 Abs. 1 S. 1 SGB II) durchgeführt werden. Formale Qualifikationen werden i. d. R. durch Urkunden (Zeugnisse, Teilnahmebescheinigungen etc.) nachgewiesen.

Nachdem § 36 SGB I Personen ab Vollendung des 15. Lebensjahres **10** für sozialrechtlich „geschäftsfähig" erklärt, muss eine EV mit jedem erwerbsfähigen Hilfebedürftigen geschlossen werden. Lediglich die nicht erwerbsfähigen Mitglieder einer BG können in eine – für sie dann „fremde" – EV einbezogen werden, dies aber auch nur dann, wenn ihnen Leistungen zur Eingliederung zu gewähren sind, was nur in seltenen Ausnahmegestaltungen der Fall sein dürfte (hierzu auch *KSW-Knickrehm*, § 15 SGB II Rn. 12 f.).

Auf der anderen Seite einer EV steht die zuständige Agentur für Ar- **11** beit, die „im Einvernehmen" mit dem kommunalen Träger zu handeln hat, was jedoch nur dann relevant wird, wenn keine ARGE gegründet wurde.

Abs. 1 S. 3 sieht vor, dass eine Eingliederungsvereinbarung für ei- **12** nen Zeitraum von sechs Monaten geschlossen wird. Diese Regelung beruhte noch auf der – ehrgeizigen – Annahme/Zielvorstellung, dass künftig, spätestens drei Jahre nach dem Start der Arbeit auf Grundlage des Gesetzes, ein Fallmanager 75 Kunden betreuen sollte. Da dies aber noch nicht erreicht wurde, regelt **§ 65 Abs. 6**, dass Eingliederungsvereinbarungen bis zum 31. 12. 2006 längerfristig, nämlich für bis zu 12 Monate abgeschlossen werden können.

Grundsätzlich soll mit der Regelung zur sechsmonatigen Geltungs- **13** dauer einer Eingliederungsvereinbarung und dem in **Abs. 1 S. 4** vorgesehenen Abschluss einer neuen Vereinbarung eine ständige Überprüfung der zu treffenden/getroffenen Maßnahmen bewirkt werden. Dies setzt wiederum voraus, dass versucht wird herauszufinden, warum im zurückliegenden Zeitraum eine Vermittlung in Arbeit nicht gelungen ist. Dies meint Abs. 1 S. 5, wenn er die Vereinbarungspartner zur Berücksichtigung der bisher gewonnenen Erfahrungen verpflichtet.

Nachdem die Leistungen an die Angehörigen der Bedarfsgemein- **14** schaft des Hilfebedürftigen an gesetzliche Voraussetzungen gebunden sind, bei deren Vorliegen ein Rechtsanspruch auf die Leistungen besteht, hat die in **Abs. 2 S. 1** vorgesehene Möglichkeit eher deklaratorischen Charakter. Außerdem ist davon auszugehen, dass sie sich nur auf die nicht erwerbsfähigen Angehörigen der Bedarfsgemeinschaft bezieht. Denn **mit erwerbsfähigen Angehörigen** der Bedarfsgemeinschaft soll ja nach Abs. 1 S. 1 **ohnehin eine (eigene) Eingliederungsvereinbarung** geschlossen werden. Welche Funktion die Beteiligung der betreffenden Angehörigen, die **Abs. 2 S. 2** vorsieht, hat, wird nicht ganz klar. Sie ist aber nach dem eindeutigen Gesetzeswortlaut zwingend, wenn die an die Angehörigen zu erbringenden Leistungen Gegenstand der Eingliederungsvereinbarung werden. Sind diese Angehörigen der deutschen Sprache nicht oder nicht ausreichend mächtig, so setzt eine ordnungsgemäße Beteiligung voraus, dass durch einen Übersetzer die Inhalte, Bedeutung und Reichweite der Vereinbarungen vermittelt werden können.

15   Aus **Abs. 3** ergibt sich zunächst, dass auch die Teilnahme an einer **Bildungsmaßnahme** Gegenstand einer Eingliederungsvereinbarung sein kann. Ist dies der Fall, so wird damit zugleich eine in der „Eingliederungsvereinbarung festgelegte Pflicht" im Sinne des § 31 Abs. 1 S. 1 Nr. 1b begründet. Wenn der Betroffene keinen wichtigen Grund nachweisen kann und über die Rechtsfolgen ausreichend belehrt worden war, wird das vorzeitige Beenden einer Bildungsmaßnahme zunächst die Sanktionen nach § 31 auslösen. Darüber hinaus muss aber in der Eingliederungsvereinbarung zwingend eine Regelung über eine Schadensersatzpflicht des Hilfebedürftigen getroffen werden. Der Gesetzeswortlaut lässt keinen Spielraum bzgl. des „Ob" einer solchen Schadensersatzpflicht. Denn es können nur Vereinbarungen zu den Voraussetzungen und dem Umfang der Ersatzpflicht getroffen werden. Zu denken ist an eine Erstattung von Lehrgangskosten, z. B. in einem bestimmten prozentualen Umfang der Gesamtkosten. Um entsprechende Klarheit zu verschaffen, wäre es wünschenswert, wenn sich bereits aus der Vereinbarung ergeben würde, welche Gründe für die Nichtfortsetzung der Maßnahme vom Hilfebedürftigen zu vertreten sind und welche Gründe als so wichtig anzusehen sind, dass den Betroffenen bei ihrem Vorliegen auch keine Sanktionen treffen. Zu beachten ist, dass den Leistungsträger eine Schadensminderungspflicht trifft, dass er also etwa zur Nachbesetzung eines Maßnahmeplatzes verpflichtet ist, wenn ihm dies möglich ist (s. *KSW-Knickrehm*, § 15 SGB II Rn. 21 m. w. N.).

16   Die in Abs. 1 S. 2 Nr. 3 neu aufgenommene Regelung beschränkt sich in ihrer Bedeutung darauf, gleichsam die Rolle einer Aufforderung, Anträge auf vorrangige Leistungen zu stellen, im Sinne des § 5 Abs. 3 zu übernehmen. Kommt der erwerbsfähige Hilfebedürftige dieser Aufforderung nicht nach, kann also der Grundsicherungsträger den entsprechenden Antrag selbst stellen. Und weil er diese Möglichkeit hat, die sich als das gegenüber dem Betroffenen mildere Mittel darstellt, ist die Verhängung einer Sanktion wegen der unterbliebenen Antragstellung als unverhältnismäßig anzusehen.

17   Damit reduziert sich der mögliche Inhalt einer Eingliederungsvereinbarung über die in Abs. 3 ausdrücklich genannten Bildungsmaßnahmen auf eine Konkretisierung der Eigenbemühungen des arbeitsuchenden Hilfebedürftigen.

Sofortangebot

15a Erwerbsfähigen Personen, die innerhalb der letzten zwei Jahre laufende Geldleistungen, die der Sicherung des Lebensunterhaltes dienen, weder nach diesem Buch noch nach dem Dritten Buch bezogen haben, sollen bei der Beantragung von Leistungen nach diesem Buch unverzüglich Leistungen zur Eingliederung in Arbeit angeboten werden.

Wer erstmalig seit mindestens zwei Jahren einen Antrag auf (Geld-) **1** Leistungen stellt, zuvor also weder nach SGB III noch nach SGB II Geldleistungen bezogen hat, „soll" nach dieser Regelung sofort ein Angebot auf Leistungen zur Eingliederung in Arbeit unterbreitet bekommen. Nachdem es eine Soll-Vorschrift, nicht nur eine Kann-Bestimmung ist, müssen wichtige Gründe bestehen, damit dem Betroffenen kein Sofortangebot gemacht wird. Obwohl nicht ausdrücklich bestimmt, ist bei der Feststellung des Zwei-Jahres-Zeitraumes vom Tag der Antragstellung an zurückzurechnen. Wurden in dieser Zeit Leistungen der aktiven Arbeitsförderung gewährt, so steht dies nach dem eindeutigen Wortlaut der Norm dem Anspruch auf ein Sofortangebot nicht entgegen. Der Gesetzgeber hat in der Begründung zur Einführung der Vorschrift deutlich gemacht, dass mit dem Sofortangebot (auch) getestet werden soll, ob es eine ernsthafte Bereitschaft des Arbeitsuchenden gibt, eine angebotene Arbeit aufzunehmen. Damit ist das Sofortangebot zugleich Förder- und Kontrollinstrument (s. *BT-Drs.16/1410, S. 21*).

Leistungsberechtigt im Hinblick auf das Sofortangebot ist, wer im **2** Sinne des § 8 erwerbsfähig ist und einen Antrag auf Leistungen gestellt hat. Es ist danach also nicht einmal erforderlich, dass schon eine Berechtigung auf Leistungen nach dem SGB II festgestellt wurde. Man hat es insoweit mit einer möglichen Ausweitung des Kreises der potentiell Anspruchsberechtigten zu tun.

Im Schrifttum ist umstritten, ob es einen Rechtsanspruch der Be- **3** troffenen auf ein Sofortangebot gibt. Im Sinne eines „ausgewogeneren" Umgangs mit dem Grundsatz des „Förderns und Forderns" ist das in dem Maße zu bejahen, das sich aus der Konstruktion als „Soll-Vorschrift" ergibt. Dies bedeutet, dass der Leistungsträger jedenfalls zur Mitteilung an die Betroffenen verpflichtet ist, wenn ihm die Erfüllung seiner Verpflichtung aus Gründen der Lage am Arbeitsmarkt unmöglich ist. Es ist jedoch nicht nachzuvollziehen, weshalb nicht auch die „Gegenseite" alles ihr Mögliche zu unternehmen haben sollte, um den beabsichtigten Eingliederungserfolg zu erzielen. Geht man von einem – aus der Natur der Sache heraus begrenzten – Rechtsanspruch aus, so verändert sich möglicherweise das Rollenverständnis zwischen Leistungsträger und Arbeitsuchenden ein wenig. Die von *Spellbrink* (in

Eicher/Spellbrink, § 15 a RdNr. 3) vorgetragenen Argumente, wonach es zu einem „Ungleichgewicht" gegenüber § 16 SGB II kommen könne, sind zwar bedenkenswert, aber im Interesse einer evtl. zu erzielenden größeren Transparenz für die Betroffenen hintanzustellen. Nachdem vom Leistungsträger schon nach allgemeinen (zivilrechtlichen) Grundsätzen etwas Unmögliches nicht verlangt werden kann, bleibt bei einer schwierigen Arbeitsmarktlage immerhin die Verpflichtung, auf eine Nachfrage des Anspruchsinhabers in angemessener Weise zu reagieren und die Unmöglichkeit eines Angebotes näher zu erläutern.

4   Für die Betroffenen führt die Weigerung, ein unverzüglich unterbreitetes, zumutbares Arbeitsangebot anzunehmen, nach § 31 Abs. 1 S. 1 Nr. 1c zu einer Absenkung des Arbeitslosengeldes II. Ist der Betroffene der Ansicht, es habe berechtigte Gründe zur Ablehnung gegeben, kann dies im Rahmen eines Widerspruchsverfahrens über den Sanktionsbescheid überprüft werden.

5   Der Leistungsträger muss sein Angebot „unverzüglich", was im Rechtssystem allgemein unter Rückgriff auf § 121 BGB als „ohne schuldhaftes Zögern" verstanden wird, unterbreiten. *Spellbrink* (in *Eicher/Spellbrink*, § 15 a RdNr. 11) hält im Regelfall eine Frist von einer Woche für noch tolerabel.

Leistungen zur Eingliederung

16 (1) ¹Zur Eingliederung in Arbeit erbringt die Agentur für Arbeit Leistungen nach § 35 des Dritten Buches. ²Sie kann die übrigen im Dritten Kapitel, im Ersten und Sechsten Abschnitt des Vierten Kapitels, im Fünften Kapitel, im Ersten Abschnitt des Sechsten Kapitels und die in den §§ 417, 421 f, 421 g, 421 k, 421 o, 421 p, 421 q und 421 t Absatz 4 bis 6 des Dritten Buches geregelten Leistungen erbringen. ³Für Eingliederungsleistungen an erwerbsfähige behinderte Hilfebedürftige nach diesem Buch gelten die §§ 97 bis 99, 100 Nr. 1 und 4, § 101 Abs. 1, 2 und 5, die §§ 102, 103 Satz 1 Nr. 3, Satz 2 und die §§ 109 und 111 des Dritten Buches entsprechend. ⁴§ 1 Abs. 2 Nr. 4, die §§ 36, 46 Abs. 3 und § 77 Abs. 3 des Dritten Buches sind entsprechend anzuwenden.

(2) ¹Soweit dieses Buch nichts Abweichendes regelt, gelten für die Leistungen nach Absatz 1 die Voraussetzungen und Rechtsfolgen des Dritten Buches mit Ausnahme der Verordnungsermächtigung nach § 47 des Dritten Buches sowie der Anordnungsermächtigungen für die Bundesagentur und mit der Maßgabe, dass an die Stelle des Arbeitslosengeldes das Arbeitslosengeld II tritt. ²§ 45 Abs. 3 Satz 3 des Dritten Buches gilt mit der Maßgabe, dass die Förderung aus dem Vermittlungsbudget auch die anderen Leistungen nach dem Zweiten Buch

nicht aufstocken, ersetzen oder umgehen darf. [3]Die Arbeitsgelegenheiten nach diesem Buch stehen den in § 421f Abs.1 Nr.1 des Dritten Buches genannten Maßnahmen der öffentlich geförderten Beschäftigung und den in § 421g Abs.1 Satz1 des Dritten Buches genannten Arbeitsbeschaffungs- und Strukturanpassungsmaßnahmen gleich.

(3) Abweichend von § 45 Abs.1 Satz1 des Dritten Buches können Leistungen auch für die Anbahnung und Aufnahme einer schulischen Berufsausbildung erbracht werden.

(4) [1]Die Agentur für Arbeit als Träger der Grundsicherung für Arbeitsuchende kann die Ausbildungsvermittlung durch die für die Arbeitsförderung zuständigen Stellen der Bundesagentur wahrnehmen lassen. [2]Das Bundesministerium für Arbeit und Soziales wird ermächtigt, durch Rechtsverordnung ohne Zustimmung des Bundesrates das Nähere über die Höhe, Möglichkeiten der Pauschalierung und den Zeitpunkt der Fälligkeit der Erstattung von Aufwendungen bei der Ausführung des Auftrags nach Satz1 festzulegen.

(5) Die Entscheidung über Leistungen und Maßnahmen nach §§ 45, 46 des Dritten Buches trifft der nach § 6 Abs.1 Satz1 Nr.1 oder der nach § 6b Abs.1 zuständige Träger.

I. Allgemeines

Die Regelung wurde schon vor ihrem Inkrafttreten am 1.1.2005 erheblich verändert (Abs.1) und zwar durch *Art.1 Nr.9a des Gesetzes zur optionalen Trägerschaft von Kommunen nach dem Zweiten Buch Sozialgesetzbuch (Kommunales Optionsgesetz) vom 30. Juli 2004 (BGBl. I, 2014ff. [2016]).* 1

Dabei wurde einerseits das Bezugssystem des Abs.1 S.1 noch einmal umgestellt. Neu war aber besonders die Regelung in Abs.1 S.2 a.F., die sich auf erwerbsfähige behinderte Hilfebedürftige bezieht und jetzt in veränderter Form in Abs.1 S.3 enthalten ist. Für sie werden eine Reihe von Bestimmungen des SGB III, die sich mit der Weiterbildung von behinderten Arbeitslosen befassen, für entsprechend anwendbar erklärt. 2

Im Übrigen wurde § 16 seit seinem Erlass jedoch mehr oder weniger vollständig verändert. Die Abs. 2 bis 5 sind neu. Ihre Vorläufer wurden z.T. in eigene Vorschriften in den folgenden §§ integriert. Die derzeitige Fassung erhielt die Vorschrift durch das *Gesetz zur Neuausrichtung der arbeitsmarktpolitischen Instrumente vom 21.12.2008 (BGBl. I, S. 2917),* welches eine umfassende Neustrukturierung von Eingliederungsleistungen nach SGB III und SGB II in Umsetzung des Koalitionsvertrages zwischen CDU/CSU und SPD vornahm (s. hierzu weiterführend auch *Löns* in: *Löns/Herold-Tews,* § 16 Rn.1 sowie BT-Drs. 16/10810). 3

4   Weil Eingliederungsleistungen z.T. nicht nur von kurzer Dauer sind,
bedurfte es einer Regelung, wie mit Leistungen/Maßnahmen zu verfahren ist, die bereits vor der Gesetzesänderung zuerkannt wurden
bzw. begonnen haben oder wenn der Anspruch auf die Leistung bereits
entstanden war. Die Funktion einer solchen Regelung von „Altfällen"
übernimmt § 66. Auf die Kommentierung dieser Vorschrift wird verwiesen.

II. (Primär-) Leistungen zur Eingliederung (Abs. 1)

3   In **Abs. 1** wird in weitem Umfang auf das Leistungsrecht nach dem
SGB III verwiesen. Die dort genannten Leistungen stehen – wie sich
aus § 14 ergibt – den erwerbsfähigen Hilfebedürftigen offen. Bei den
Leistungen zur Eingliederung geht es also nicht um Leistungen an
nicht erwerbsfähige Angehörige, die „Sozialgeld" beziehen. Die in
Abs. 1 S. 1 und 2 genannten Leistungen werden als Leistungen der
Agentur für Arbeit bezeichnet. Die zugelassenen kommunalen Träger
stehen insoweit über § 6 b Abs. 1 S. 2 i.V. m. §§ 6 b Abs. 1 S. 1; 6 Abs. 1
S. 1 Nr. 1 in der Pflicht. Die Leistungen nach Abs. 1 S. 2 sind aber (nur)
Ermessensleistungen („… kann …"), und zwar auch dann, wenn sie es
bei unmittelbarer Anwendung der entsprechenden Vorschrift des SGB
III nicht wären. Die Verweisung nach Abs. 1 ist im Übrigen jedoch eine
Rechtsgrundverweisung, da es nach Abs. 2 S. 1 zumindest subsidiär auf
die Leistungsvoraussetzungen nach dem SGB III ankommt (a. A. –
allerdings auf Basis der früheren Fassung – offenbar *Spellbrink* JZ 2004,
538 ff. [542 unter IV], *Löns* in: *Löns/Herold-Tews*, § 16 Rn. 8 geht nun
von einer einhelligen Ansicht im Sinne einer Rechtsgrundverweisung
aus; s. auch *Eicher* in: *Eicher/Spellbrink*, SGB II § 16 RdNr. 25).

4   Nach **Abs. 1 S. 1** erbringt die Agentur für Arbeit Leistungen der Arbeitsvermittlung. Es handelt sich dabei um einen Rechtsanspruch der
Betroffenen. Der Agentur für Arbeit steht insoweit kein Ermessen zu.
Die anderen Leistungen der Beratung und Vermittlung werden jedoch
nur nach pflichtgemäßem Ermessen auf der Grundlage der Verweisung
in Abs. 1 S. 2 erbracht.

5   Es geht im einzelnen bei dieser Verweisung in **Abs. 1 S. 2** um fol-
gende Leistungskomplexe des SGB III:
*   Leistungen zur Beratung und Vermittlung (§§ 29 bis 44 SGB III)
*   Vermittlungsunterstützende Leistungen (§§ 45 bis 46 SGB III), zu
    denen auch Coaching und Unternehmensberatung gehören kann,
    wenn (und bevor) der Hilfebedürftige eine selbständige Existenz
    gründen will (s. § 46 Abs. 1 S. 1 Nr. 4 SGB III)
*   Leistungen zur Förderung der beruflichen Weiterbildung (§§ 77 bis
    96 SGB III)
*   Leistungen an Arbeitgeber (§§ 218 und 219; 235 a bis 238 SGB III)

- Bei den Leistungen an Träger solche zur Förderung der Berufsausbildung und Beschäftigung begleitende Eingliederungshilfen (§§ 241 bis 246 SGB III)
- Förderung der Weiterbildung älterer Beschäftigter (§ 417 SGB III)
- Sonderregelungen für ältere AN beim Eingliederungzuschuss (§ 421 f SGB III)
- Vermittlungsgutschein (§ 421g SGB III)
- Tragung der Beiträge zur Arbeitsförderung bei Beschäftigung älterer Arbeitnehmer (§ 421 k SGB III)
- Qualifizierungszuschuss für jüngere AN (§ 421 o SGB III)
- Eingliederungszuschuss für jüngere AN (§ 421 p SGB III
- Berufsorientierung (§ 421 q SGB III)

Die Liste ist im Zusammenhang mit § 22 Abs. 4 SGB III idF des **6** kommunalen Optionsgesetzes zu sehen. Danach werden bestimmte Leistungen des SGB III für erwerbsfähige Hilfebedürftige, für die entsprechende Leistungen in § 16 SGB II vorgesehen sind, ausgeschlossen. Allerdings handelt es sich nicht um eine gegenüber § 16 spiegelbildliche Aufzählung. Das bedeutet, nachdem die Liste in § 16 umfangreicher ist, die Ausschlüsse durch § 22 Abs. 4 SGB III also nicht alle in § 16 Abs. 1 genannten Leistungen erfassen, dass nicht durch § 22 Abs. 4 SGB III ausgeschlossene Leistungen und nicht in § 16 Abs. 1 genannte Leistungen von erwerbsfähigen Hilfebedürftigen direkt auf der Grundlage des SGB III in Anspruch genommen werden können. Dies dürfte besonders wichtig sein für die zugelassenen kommunalen Träger, da sie ihre Kunden für solche Leistungen direkt an die Bundesagentur und an deren Haushalt verweisen können. *Geiger/Stascheit/U. Winkler* (Leitfaden zum Arbeitslosengeld II, 6. Aufl. 2009, S. 471) kritiseren zu Recht deutlich, dass schon die Geetzgebungs"technik" dazu führt, dass Betroffene auf Grund schlichter Lektüre des Gesetzestextes nicht erkennen können, welche Leistungen eigentlich für sie in Betracht kommen.

Gesetzessystematisch schwierig ist die Tatsache, dass die Verweisung **7** nach Abs. 1 S. 2 auch **Leistungen an Arbeitgeber und Träger** vorsieht, die aber im Rahmen des SGB II nur in wenigen Ausnahmefällen und dann bei einer ausdrücklichen Regelung (s. etwa nun § 16 e) als Anspruchsberechtigte genannt werden. Man wird gleichwohl, soweit Abs. 1 S. 2 i.V. m. entsprechenden Regelungen des SGB III auf Leistungen an AG oder Träger verweist, von einer „Anspruchsgrundlage" im technischen Sinne für AG oder Träger auszugehen haben. Der jeweilige Anspruch ist dann allerdings gegen den Träger der Grundsicherung für Arbeitsuchende und nicht gegen die Bundesagentur als Trägerin der Leistungen nach dem SGB III gerichtet, so dass auch die Finanzierung aus einem anderen Haushalt erfolgt.

Für **erwerbsfähige behinderte Hilfebedürftige** gelten nach **8** **Abs. 1 S. 3** eine Reihe von Bestimmungen des SGB III, die sich mit der

Weiterbildung befassen, entsprechend. Die §§ 97 bis 99 betreffen die Grundsätze der beruflichen Rehabilitation – Teilhabe am Arbeitsleben, wie der Terminus nun in Übereinstimmung mit dem SGB IX lauten muss –. Es folgen eine Reihe von Bestimmungen zu den allgemeinen und besonderen Leistungen zur Teilhabe am Arbeitsleben. Hinzuweisen ist darauf, dass seit dem 1. 7. 2004 die in Betracht kommenden besonderen Leistungen auch als Teil eines trägerübergreifenden Persönlichen Budgets (dazu vor allem § 17 SGB IX) erbracht werden können. In entsprechender Anwendung von § 109 sind insbesondere auch Teilnahmekosten übernahmefähig. Das SGB II enthält keine eigene **Definition des Begriffs der Behinderung**. In Abs. 1 S. 3 ist von Leistungen an erwerbsfähige behinderte Hilfebedürftige „nach diesem Buch", also dem SGB II, die Rede. Es wird sodann auf ausgewählte Bestimmungen des SGB III verwiesen. § 19 SGB III ist nicht unter diesen in Bezug genommenen Vorschriften. Daher ist die Frage, ob ein Hilfebdürftiger zum Kreis der behinderten Menschen gehört, für den Kontext des SGB II anhand des § 2 SGB IX und damit der im Vergleich weiter gefassten Regelung zu beantworten (so wohl auch *Löns* in: *Löns/Herold-Tews*, § 16 Rn. 12; a. A.: *Eicher* in *Eicher/Spellbrink*, SGB II § 16 RdNr. 98).

9   Die arbeitsförderungsrechtlichen Grundsätze zur **Frauenförderung** nach **§ 1 Abs. 2 Nr. 4 SGB III** werden durch **Abs. 1 S. 4** auch in das System des SGB II und damit in die Grundsicherung für Arbeitsuchende übertragen.

10   Es bleibt auch während des Leistungsbezuges nach dem SGB II dabei, dass Arbeitsuchende, die die Bundesagentur für Arbeit nach Ablauf von sechs Monaten noch immer nicht in Arbeit vermitteln konnte, von der Bundesagentur für Arbeit verlangen können, dass ein Dritter, sprich: ein Privater, mit ihrer Vermittlung beauftragt wird. Dies folgte bislang aus **Abs. 1 S. 4 a. F.** i. V. m. **§ 37 Abs. 4 SGB III**. Es ergibt sich nunmehr indirekt aus Abs. 1 S. 4 i. V. m. § 46 Abs. 3 SGB III. Erwerbsfähige Hilfebedürftige, die sich selbst aktiv um die Beseitigung ihrer Vermittlungshemmnisse bemühen, haben auf diesem „Umweg" einen Rechtsanspruch auf Maßnahmen zur Aktivierung und beruflichen Eingliederung (so ausdrücklich *KSW/Knickrehm*, § 16 SGB II Rz. 4). Entsprechendes gilt für die Leistung(en) nach § 77 Abs. 3 SGB III.

III. Weitere Abgrenzungsregeln im Verhältnis zwischen SGB II und SGB III (Abs. 2)

11   **1. Rechtsgrundverweisung auf in Abs. 1 genannte Leistungen (Abs. 2 S. 1).** In **Abs. 2 S. 1** wird vor dem Hintergrund früher bestehenden Streits klar gestellt, dass es sich bei der Inbezugnahme von SGB III-Leistungen in Abs. 1 um eine Rechtsgrundverweisung handelt. Na-

türlich mit der Modifikation, dass an die Stelle des Alg I hier das Alg II
tritt. Und mit der klaren Aussage, dass die RVO nach § 47 SGB III sowie die an verschiedenen Stellen des SGB III ausgesprochenen Anordnungsermächtigungen zu Gunsten der BA im Kontext des SGB II nicht
gelten. *Löns* spricht sich allerdings dafür aus, die AO'en der BA durchaus
zur Orientierung in den Blick zu nehmen (*Löns* in: *Löns/Herold-Tews*,
§ 16 Rz. 15). Mit einer Betonung auf der grundsätzlichen Unverbindlichkeit einer solchen Orientierung kann dem zugestimmt werden.

2. Keine Aufstockung von SGB II–Leistungen aus dem Ver- 12
mittlungsbudget (Abs. 2 S. 2). Durch das *Gesetz zur Neuausrichtung*
der arbeitsmarktpolitischen Instrumente vom 21. 12. 2008 (BGBl. I, S. 2917)
wurde u. a. auch § 45 SGB III neu gefasst. Er sieht in Abs. 1 vor, dass
Ausbildungsuchende, von Arbeitslosigkeit bedrohte Arbeitsuchende
sowie Arbeitslose aus dem Vermittlungsbudget der BA bei der Anbahnung oder Aufnahme einer versicherungspflichtigen Beschäftigung
gefördert werden können, wenn dies für die berufliche Eingliederung
notwendig ist, z. B. weil eine entsprechende Förderung nicht durch
den (potentiellen neuen) AG geleistet wird. § 45 Abs. 3 S. 3 SGB III
n. F. ordnet an, dass die Förderung aus dem Vermittlungsbudget nicht
zu einer Aufstockung, Ersetzung oder Umgehung der anderen Leistungen nach dem SGB III führen darf. Daran knüpft nun für das SGB
II auch **Abs. 2 S. 2** an. Auch die anderen Leistungen nach dem SGB II
sollen aus dem Vermittlungsbudget nicht aufgestockt, ersetzt oder umgangen werden.

3. Leistungserweiterungen zu Gunsten älterer erwrbsfähiger 13
Hilfebedürftiger (Abs. 2 S. 3). Die Regelung in **Abs. 2 S. 3** war bislang in Abs. 1 S. 6 enthalten. Sie stellt die Arbeitsgelegenheiten „nach
diesem Buch", insbesondere also i. S. d. § 16 d, den ABM und SAM sowie den sonstigen Maßnahmen der öffentlich geförderten Beschäftigung nach dem SGB III gleich. Dies kommt älteren erwerbsfähigen
Hilfebedürftigen zugute, denen so die Leistungen nach § 421 f Abs. 1
Nr. 1 SGB III (Eingliederungszuschuss für ältere AN) – derzeit befristet bis 31. 12. 2010 – und nach § 421 g Abs. 1 S. 1 SGB III (Vermittlungsgutschein) eröffnet werden.

IV. Förderung der Anbahnung und Aufnahme einer
schulischen Berufsausbildung (Abs. 3)

Der neu geschaffene Abs. 3 erweitert die Einsatzmöglichkeiten des 14
ebenfalls seit 1. 1. 2009 neu eingeführten Vermittlungsbudgets (s. zu
ihm auch schon **Rn. 12**) nach § 45 Abs. 1 S. 1 SGB III. Danach kann im
Rahmen des SGB II nicht nur die Anbahnung und Aufnahme einer
sozialversicherungspflichtigen Beschäftigung, sondern auch einer
schulischen Berufsausbildung gefördert werden. Ob dies die einzige

Ausweitung des Anwendungsbereiches des § 45 SGB III bleiben soll,
wird entgegen der Gesetzesbegründung (s. BT-Drs. 16/10810 zu Art. 2
Nr. 5 zu § 16 Abs. 3) bestritten (z. B. von *KSW/Knickrehm*, § 16 SGB II
Rn. 10 oder auch *Löns* in: *Löns/Herold-Tews*, § 16 Rz. 16). Gerade, weil
schon diese Ausnahme mit dem weitgehenden Eingliederungsansatz
des SGB II begründet wurde, der aber eben auch sonst Geltung beansprucht und mit einem versicherungsrechtlichen Sytem wie dem
SGB III nicht zusammenhängt, dürften die Zweifel berechtigt sein.

IV. Beauftragung der Bundesagentur mit der Ausbildungsvermittlung (Abs. 4)

19   Die Grundsicherungsträger können einseitig nach Ausübung pflichtgemäßen Ermessens entscheiden, eine Arbeitsagentur mit der Ausbildungsvermittlung zu beauftragen. Für die betreffende AA besteht
dann Kontrahierungszwang. Hierin liegt der wesentliche Unterschied
zu einer Konstruktion, die auf die allgemeine Regelung zum öffentlich-rechtlichen Auftrag nach § 88 SGB X i.V. m. §§ 53 ff. SGB X zurückgegriffen hätte.

20   In **Abs. 4 S. 2** ist eine Verordnungsermächtigung an das BMAS enthalten. Von ihr wurde – noch unter Geltung von Abs. 1b a. F. – bereits
Gebrauch gemacht. Die „Erste Verordnung über die Erstattung von
pauschalierten Aufwendungen bei Ausführung der Ausbildungsvermittlung (**Ausbildungsvermittlungs-Erstattungs-Verordnung**)"
stammt vom 20. 12. 2006 (BGBl. I, S. 3322) und ist am 28. 12. 2006 in
Kraft getreten. Von einem Abdruck der VO wurde hier abgesehen.
Nach § 1 dieser VO erhält die BA monatlich- nachträglich (dazu § 3 der
VO) einen Pauschalbetrag zur Erstattung ihrer notwendigen Aufwendungen.

V. Zuständigkeit der Grudsicherungsträger auch für neue Maßnahmen nach §§ 45 und 46 SGB III

21   Mit der – von *Knickrehm* (*KSW/Knickehm*, § 16 SGB II Rz. 12)
schlicht für überflüssig gehaltenen – Regelung in Abs. 5 wird klar gestellt, dass die Träger der Grundsicherung (AA und Optionskom-
munen) im Kontext des SGB II auch für die Nutzung der neuen und
offeneren Fördermöglichkeiten nach den §§ 45 und 46 SGB III zuständig sind.

Kommunale Eingliederungsleistungen

16a Zur Verwirklichung einer ganzheitlichen und umfassenden Betreuung und Unterstützung bei der Eingliederung in Arbeit können die folgenden Leistungen, die für die Eingliederung des erwerbsfähigen Hilfebedürftigen in das Erwerbsleben erforderlich sind, erbracht werden:

1. die Betreuung minderjähriger oder behinderter Kinder oder die häusliche Pflege von Angehörigen,
2. die Schuldnerberatung,
3. die psychosoziale Betreuung,
4. die Suchtberatung.

Mit Wirkung vom 1. 1. 2009 wurde diese Bestimmung zur Verbesserung der Übersichtlichkeit des Systems der Eingliederungsleistungen durch das Gesetz zur Neuausrichtung der arbeitsmarktpolitischen Instrumente vom 21. 12. 2008 (BGBl. I, 2917) geschaffen. Im Kern war die Regelung zuvor in § 16 Abs. 2 enthalten. Allerdings wurden das Einstiegsgeld und die Leistungen zur Beschäftigungsförderung an dieser Stelle herausgenommen und bilden mit den §§ 16 b und 16 e eigene Bestimmungen, was systematisch zutrifft, da diese beiden Leistungen nicht in die Zuständigkeit der kommunalen Leistungsträger fallen. **1**

Auffallend und neu ist zunächst, dass die **Aufzählung** der in Betracht kommenden kommunalen Eingliederungsleistungen nunmehr **abschließend** ist; bislang machte das Wort „insbesondere" deutlich, dass auch andere Leistungen denkbar waren. **2**

Schon in der alten Fassung des § 16 Abs. 2 war eine möglicherweise missverständliche Formulierung gewählt worden, wenn es wie auch jetzt in der neuen Vorschrift heißt „... folgenden Leistungen, die ... erforderlich sind". Bei einer „kleinlichen" Auslegung könnte man dies auch als eine Feststellung betrachten, nicht als Voraussetzung für die Leistungsgewährung, was gar nicht sachwidrig wäre. Man wird allerdings davon auszugehen haben, dass namentlich die Rechtsprechung die Formulierung im Sinne von „wenn die Leistungen erforderlich sind" verstehen und anwenden wird und dies auch bislang schon getan hat. **3**

Mit der Leistung sollen die Arbeitsuchenden dabei unterstützt werden, eine Arbeit aufzunehmen bzw. eine bereits ausgeübte Erwerbstätigkeit, die auch in selbständiger Form geleistet werden kann, aufrecht zu erhalten. Erforderlich für den so umschriebenen Eingliederungserfolg ist die jeweilige Leistung nach Ansicht des BSG (Urt. vom 23. 11. 2006 – B 11b AS 3/05 R) dann, wenn die Eingliederung mit hinreichender Sicherheit prognostiziert werden kann. **4**

Die flankierenden Angebote zur Kinderbetreuung oder zur häuslichen Pflege von Angehörigen nach **Nr. 1** sind im **Zusammenhang** **5**

mit § 10 Abs. 1 Nr. 3 und 4 zu sehen. Wenn die Versorgung betreuungsbedürftiger Kinder oder die Betreuung pflegebedürftiger Angehöriger nicht sichergestellt ist, wird das Angebot einer Beschäftigung unzumutbar; ein Vermittlungserfolg kann in solchen Fällen nicht erreicht werden. Vor allem für alleinerziehende Mütter stellt der Vorrang nach § 10 Abs. 1 Nr. 3 einen gewissen Fortschritt dar, soll es doch Kommunen geben, in denen – ohne dass es offiziell zugegeben werden dürfte – steuerzahlende Doppelverdiener und alleinerziehende Väter vorrangig vor alleinerziehenden Müttern mit den immer noch viel zu knappen Kinderbetreuungsangeboten ausgestattet werden.

6   Fraglich ist, wie sich **Nr. 2** auf die Infrastruktur bei Angeboten von Leistungen der **Schuldnerberatung** auswirken wird. Mit den finanziellen Kürzungen allerorten waren in der Zeit vor dem Inkrafttreten des Gesetzes Anfang 2005 zahlreiche Schuldnerberatungsstellen in Schwierigkeiten geraten und konnten Beratungstermine nur noch mit langen Wartezeiten vergeben. Dies wäre für eine erfolgreiche Vermittlungstätigkeit fatal, so dass hier wieder deutliche Verbesserungen notwendig sein werden, um der Verschuldung Erwerbsloser, die ein bedeutsames Hindernis für eine nachhaltige Vermittlung in Arbeit darstellt, begegnen zu können.

7   Entsprechendes gilt auch für die **Suchtberatung** nach **Nr. 4**. Gelingt es einem Fallmanager nicht, ein bestehendes Suchtproblem bei einem Arbeitsuchenden zu erkennen und ihm mit geeigneten Beratungsangeboten zu begegnen, dürfte das zumeist den Erfolg von Vermittlungsbemühungen zunichte machen. Für die Suchtberatungsstellen gilt wie für die Schuldnerberatungen, dass das Gesetz Chancen birgt, die den Einrichtungen wieder zu einer verlässlicheren Finanzierungsbasis verhelfen könnten.

8   Die **psychosoziale Betreuung** nach **Nr. 3** dürfte im Einzelfall nicht nur dem arbeitsuchenden Hilfebedürftigen, sondern unter Umständen auch seinen von der Arbeitslosigkeit nicht selten erheblich mit betroffenen Angehörigen zur Verfügung gestellt werden müssen, damit ein nachhaltiger Erfolg bei der Wiedereingliederung des Betroffenen in das Erwerbsleben erzielt werden kann. Allerdings hat die Praxis – unter der bisherigen Regelung in § 16 Abs. 2 a. F. – gezeigt, dass meist die notwendige Verbindung zwischen Betreuungsleistung und Eingliederungserfolg verneint wurde, so dass die Betroffenen auf Leistungen der Sozialhilfe verwiesen wurden, weil es als allein der sozialen Eingliederung dienend erachtet wurde, psychoziale Betreuungsleistungen zu erbringen. Probleme bereitet dies besonders dann, wenn für die entsprechende Sozialhilfeleistung nicht der örtliche, sondern ein überörtlicher Träger der Sozialhilfe zuständig ist. Ob das Abstellen auf eine „ganzheitliche und umfassende" Betreuung Schnittstellenproblematiken wird vermeiden helfen, bleibt abzuwarten.

Einstiegsgeld

16b (1) ¹Zur Überwindung von Hilfebedürftigkeit kann erwerbsfähigen Hilfebedürftigen, die arbeitslos sind, bei Aufnahme einer sozialversicherungspflichtigen oder selbständigen Erwerbstätigkeit ein Einstiegsgeld erbracht werden, wenn dies zur Eingliederung in den allgemeinen Arbeitsmarkt erforderlich ist. ²Das Einstiegsgeld kann auch erbracht werden, wenn die Hilfebedürftigkeit durch oder nach Aufnahme der Erwerbstätigkeit entfällt.

(2) ¹Das Einstiegsgeld wird, soweit für diesen Zeitraum eine Erwerbstätigkeit besteht, für höchstens 24 Monate erbracht. ²Bei der Bemessung der Höhe des Einstiegsgeldes sollen die vorherige Dauer der Arbeitslosigkeit sowie die Größe der Bedarfsgemeinschaft berücksichtigt werden, in der der erwerbsfähige Hilfebedürftige lebt.

(3) ¹Das Bundesministerium für Arbeit und Soziales wird ermächtigt, im Einvernehmen mit dem Bundesministerium der Finanzen ohne Zustimmung des Bundesrates durch Rechtsverordnung zu bestimmen, wie das Einstiegsgeld zu bemessen ist. ²Bei der Bemessung ist neben der Berücksichtigung der in Absatz 2 Satz 2 genannten Kriterien auch ein Bezug zu der für den erwerbsfähigen Hilfebedürftigen jeweils maßgebenden Regelleistung herzustellen.

Schrifttum: *Dann, Sabine/Kirchmann, Andrea*, Das Einstiegsgeld in Baden-Württemberg – Ergebnisse eines Modellversuchs zur Erprobung von finanziellen Arbeitsanreizen für Sozialhilfeempfänger, NDV 2003, 147 ff.; *Dann, Sabine/ Kirchmann, Andrea/Sperrmann, Alexander/Volkert, Jürgen (Hrsg.)*, Kombi-Einkommen – Ein Weg aus der Sozialhilfe?, 2002

1. Funktion des Einstiegsgeldes (Abs. 1 S. 1). Abgesehen von **1** Abs. 1 S. 2 und der zwischenzeitlichen Veränderung in der ministeriellen Zuständigkeit wurde die Regelung wortgleich aus § 29 a. F. übernommen und zugleich § 29 aufgehoben. Nach der Gesetzesbegründung (BT-Drs. 15/1516, S. 59 li. Sp.) kommt dem Einstiegsgeld folgende Funktion zu:

> „Der zeitlich befristete Arbeitnehmerzuschuss (Einstiegsgeld) wird eingeführt, um für die Aufnahme einer Erwerbstätigkeit einen finanziell attraktiven Anreiz zu schaffen. Es handelt sich um eine Ermessensvorschrift, so dass jeweils einzelfallbezogen zu entscheiden ist, ob diese Art der Förderung als zeitlich begrenzte und gezielte Maßnahme zur Aufnahme von Erwerbstätigkeit geeignet erscheint. Durch die Ausgestaltung als befristete Ermessensregelung wird zum einen das Risiko von Mitnahmeeffekten minimiert. Zum anderen wird verhindert, dass dauerhafte finanzielle Benachteiligungen für diejenigen eintreten, die auf Grund ihres, zumindest auch auf Erwerbseinkommen beruhenden, Haushaltseinkommens nicht mehr bedürftig sind und daher auch kein Einstiegsgeld erhalten, während derjenige, der trotz seines Erwerbseinkommens noch hilfebedürftig ist, durch das Einstiegsgeld ein insgesamt höheres Haushaltseinkommen erzielen kann."

2 Wird ein Einstiegsgeld gewährt, so verfügt der Berechtigte dann über mindestens drei Arten von Einkünften: das Arbeitslosengeld II (es sei denn, dass nach Aufnahme der Erwerbstätigkeit die Hilfebedürftigkeit entfällt [s. Abs. 1 S. 2]), den Eingliederungszuschuss sowie die Teile aus der aufgenommenen Erwerbstätigkeit, die ihm nach Maßgabe des § 30 SGB II belassen werden. Ggf. kann noch der Zuschlag nach § 24 hinzukommen. Auf diese Weise könnten Anreize entstehen, sich um die Eingliederung in das Erwerbsleben zu bemühen. Das Einstiegsgeld könnte dabei eine Hilfe sein, dass die Eingliederung nicht nur kurzfristig, sondern nachhaltig gelingt.

3 **2. Gebundenes Ermessen bezüglich des Ob der Leistung (Abs. 1 S. 1). a) Anspruchsberechtigter Personenkreis: arbeitslose erwerbsfähige Hilfebedürftige.** Einstiegsgeld kann an erwerbsfähige Hilfebedürftige gezahlt werden, die arbeitslos sind. Zum Begriff der **Erwerbsfähigkeit** s. §§ 7 Abs. 1 und 8. Zum Begriff der **Hilfebedürftigkeit** s. § 9 Abs. 1. Der Begriff der **Arbeitslosigkeit** wird im Gesetz selbst nicht definiert; für ihn kann daher auf § 119 SGB III zurückgegriffen werden. Danach müssen die potentiell Anspruchsberechtigten **beschäftigungslos** sein, was nicht nur bei Fehlen jeglicher Tätigkeit, sondern auch bei Ausübung einer **Tätigkeit** im Umfang **von weniger als 15 Stunden** wöchentlich der Fall sei kann. Sie müssen hinreichende **Eigenbemühungen** unternehmen und der Agentur für Arbeit **zur Verfügung** stehen. Wer sich also beispielsweise aus einer Vollzeitbeschäftigung heraus um eine neue Stelle bemüht, kann nicht in den Genuss des Einstiegsgeldes gelangen.

4 **b) Aufnahme einer Erwerbstätigkeit.** Ferner muss eine abhängige Beschäftigung oder eine selbständige Tätigkeit neu aufgenommen werden, mit der die bislang bestehende Arbeitslosigkeit überwunden wird, so dass zu fordern ist, dass in der neuen Tätigkeit regelmäßig mindestens 15 Stunden Arbeitsleistung anfallen müssen. Die aufgenommene abhängige Beschäftigung muss zudem sozialversicherungspflichtig sein.

5 **c) Erforderlichkeit der Leistung zur Eingliederung in allgemeinen Arbeitsmarkt.** Ausgesprochen undeutlich ist die weitere Ermessensbeschränkung durch das Merkmal der **Erforderlichkeit** der Leistung **zur Eingliederung** in den allgemeinen Arbeitsmarkt. Mit dem allgemeinen Arbeitsmarkt ist die deutschlandweite Gesamtheit aller Arbeitsplätze gemeint, die für den Arbeitsuchenden objektiv und subjektiv (Fähigkeiten) in Betracht kommen (s. auch *Herold-Tews* in *Löns/Herold-Tews*, § 16 b Rz. 11). Zwar lässt sich abstrakt formulieren, dass das Einstiegsgeld dann erforderlich ist, wenn ohne seine Gewährung auf absehbare Zeit keine Eingliederung zu erwarten ist (so *Herold-Tews* a. a. O.). Es ist aber nicht zu erkennen, um welche Fallkonstellationen es sich handeln könnte, bei denen dies konkret zutrifft. Wenn nach der Regelung in § 10 grundsätzlich jede erlaubte Tätigkeit zumutbar ist, kann sich die Erforderlichkeit nicht auf den subjektiven Willen des Betroffenen beziehen, eine bestimmte Stelle anzunehmen. Denn wenn er sich etwa wegen des zu geringen Entgelts weigern würde, dies zu tun, könnte das Instrumentarium des § 31 eingesetzt werden. Damit bleibt im Grunde nur die Situation, in der mit dem Einstiegsgeld individuell flankierende Unterstützung finanziert wird, die erst die Arbeitsaufnahme überhaupt oder in diesem Umfang ermöglicht. Nachdem die Modellstudien, die im Schrifttumsnachweis zum Teil genannt wurden, eine weit überproportionale Teilnahme von allein erziehenden Eltern belegt haben, könnte dies zugleich ein Hinweis auf die konkrete Anreizwirkung eines Einstiegsgeldes sein. So ist denkbar, dass erst das Einstiegsgeld die Finanzierung einer Kinderbetreuung ermöglicht, was wiederum erst die Voraussetzung für die Aufnahme einer Erwerbstätigkeit schafft.

d) Ziel: Überwindung von Hilfebedürftigkeit. Nimmt man **6** das in Abs. 1 S. 1 genannte Ziel der Leistungsgewährung, nämlich die **Überwindung von Hilfebedürftigkeit**, wörtlich, so käme die Leistung immer nur dann in Betracht, wenn am Ende des Bezugszeitraumes eine Erwerbstätigkeit stünde, die ein Leben ohne Angewiesenheit auf Leistungen nach dem SGB II möglich macht. Denn Hilfebedürftigkeit (i. S. d. § 9 Abs. 1) ist nur dann überwunden, wenn aus eigenen Kräften und Mitteln alle anzuerkennenden Bedarfe gedeckt werden könnten. Dies kann aber nicht gemeint sein, weil dann schon bei Leistungsbeginn Gewissheit herrschen müsste. Daher wird man eine Prognose zum Zeitpunkt der Ermessensausübung für ausreichend halten müssen, nach der **hinreichend wahrscheinlich** ist, dass die Hilfe den Anstoß zu einem menschenwürdigen Leben ohne Angewiesenheit auf Leistungen geben wird.

3. Umfang der Leistung (Abs. 2). a) Dauer der Leistungsge- 7 währung. Die Leistungsgewährung ist zunächst an den Bestand der aufgenommenen Erwerbstätigkeit gebunden. Endet diese, so endet auch die Zahlung des Einstiegsgeldes. Der Berechtigte ist verpflichtet, über das Ende seiner Erwerbstätigkeit unverzüglich Mitteilung zu machen (§ 60 Abs. 1 S. 1 Nr. 2 SGB I).

Im Übrigen wird das Einstiegsgeld „für höchstens 24 Monate" er- **8** bracht, soweit für diesen Zeitraum eine Erwerbstätigkeit besteht. Der Umstand, dass von „einer" Erwerbstätigkeit die Rede ist, spricht dafür, dass ein Berechtigter insgesamt nur einmal für insgesamt höchstens 24 Monate Einstiegsgeld erhalten soll. Ist also mit Hilfe des Einstiegsgeldes eine Eingliederung in das Erwerbsleben gelungen und wurde bereits für 24 Monate Einstiegsgeld bezogen, so kommt eine erneute Leistungsgewährung nicht mehr in Betracht, wenn zu einem späteren Zeitpunkt erneut Erwerbslosigkeit eintreten sollte. Dies ist nicht nur mit der Knappheit der Mittel, die insgesamt für diese Leistung zur Verfügung stehen dürften, sondern auch mit der Erwägung zu begründen, dass mit der Leistung nur ein erster Wiedereinstieg flankiert werden und nicht eine wiederholte Aufstockung des Arbeitslosengeldes II erreicht werden soll (insoweit a. A.: *Herold-Tews* in *Löns/Herold-Tews*, § 16 b Rn. 14).

9   Außerdem soll nach der Gesetzesbegründung a. a. O. bei der Festlegung der Dauer der Maßnahme auch die Qualifikation des Hilfebedürftigen berücksichtigt sowie dem Umstand Rechnung getragen werden, dass der Hilfebedürftige mit zunehmender Dauer der Erwerbstätigkeit über eine größere Qualifikation verfügt, so dass auch sein Erwerbseinkommen hierdurch schneller steigen kann und das Erfordernis eines zusätzlichen Einstiegsgeldes verringert wird oder ganz entfällt.

10   **b) Höhe der Leistung.** Bei der Festlegung der Höhe des Einstiegsgeldes sind nach pflichtgemäßem Ermessen auch die vorherige Dauer der Arbeitslosigkeit sowie die Größe der jeweiligen Bedarfsgemeinschaft (Familienkomponente) angemessen zu berücksichtigen.

11   Dabei wird man als Faustregel angeben können, dass je länger der Hilfebedürftige zuvor erwerbslos gewesen ist, desto schwieriger sich seine Wiedereingliederung gestalten dürfte, so dass mit der Dauer der vorherigen Arbeitslosigkeit auch das Einstiegsgeld steigen dürfte.

12   Nicht nachzuvollziehen ist der Zusammenhang zwischen Höhe des Einstiegsgeldes und Größe der Bedarfsgemeinschaft. Dies wäre nur dann zu erklären, wenn es einen nachweisbaren Zusammenhang gäbe zwischen der Zahl der in einer Bedarfsgemeinschaft lebenden Personen und den Schwierigkeiten eines Betroffenen, in das Erwerbsleben zurückzukehren. Es ist jedoch völlig unklar, ob der Gesetzgeber den Förderungsbedarf für höher hält, wenn die Bedarfsgemeinschaft größer ist oder gerade vom umgekehrten Zusammenhang ausgeht. Für beide Ansätze ließen sich durchaus treffliche Argumente finden: bessere Motivationsförderung durch die anderen Angehörigen in einer Bedarfsgemeinschaft gegen größere Versuchung eines Alleinstehenden, keine zusätzlichen Anstrengungen zu unternehmen, oder: finanzielles Auffangen von Einkommensverlusten in einer größeren Bedarfsgemeinschaft gegen unbedingtes Angewiesensein eines Alleinstehenden auf eigene Einkünfte (aus Erwerbstätigkeit). Nachdem die Gesetzesbegründung ohnehin verlangt, die Wirkung des Einstiegsgeldes zu evaluieren, um mögliche Mitnahmeeffekte festzustellen, könnten auch derartige weitere Wirkungszusammenhänge noch geprüft werden.

13   Schließlich darf das Einstiegsgeld im Verhältnis zum Arbeitslosengeld II nicht unverhältnismäßig hoch ausfallen; hierauf deutet auch Abs. 3 S. 2 hin; dazu unten Rz. 17–19.

14   **4. Gewährung als Zuschuss (Abs. 1 S. 2).** Soweit eine Bewilligung von Einstiegsgeld erfolgt, ist dessen Gewährung als Zuschuss zwingend vorgesehen. Eine Rückgewähr kommt daher grundsätzlich nicht in Betracht, sieht man einmal von allgemeinen Gründen ab, die

zur Rückzahlung einer, insbesondere zu Unrecht bezogenen, Leistung führen können.

5. Verordnungsermächtigung (Abs. 3). Das BMAS wird durch **15** Abs. 3 S. 1 ermächtigt, ohne Zustimmung des Bundesrates eine ausführende Rechtsverordnung zu erlassen. Dafür ist allerdings Einvernehmen mit dem Bundesministerium der Finanzen herzustellen. Die Rechtsverordnungsermächtigung benennt nach der Gesetzesbegründung die Rahmenbedingungen, nach denen die Einzelheiten für die Bemessung des Einstiegsgeldes festgelegt werden sollen.

Es geht also nur um den Umfang, die Bemessung der Leistung. Da- **16** mit ist gegenüber denkbaren verfassungsrechtlichen Bedenken davon auszugehen, dass die Voraussetzungen, unter denen die Leistungsträger das ihnen eingeräumte Ermessen zugunsten der Betroffenen ausüben können, abschließend im Gesetz geregelt wurden.

Bei der Bemessung sollen nach Abs. 3 S. 2 insgesamt drei Kriterien **17** zugrundegelegt werden:
1. Vorherige Dauer der Arbeitslosigkeit (s. bereits oben zu Abs. 2 S. 2)
2. Größe der Bedarfsgemeinschaft des erwerbsfähigen Hilfebedürftigen (s. bereits oben zu Abs. 2 S. 2)
3. Verhältnis Einstiegsgeld − Regelleistung, die für den erwerbsfähigen Hilfebedürftigen maßgebend ist

Die Bundesagentur hat sich bislang in ihren Durchführungsanwei- **18** sungen, die noch zu § 29 SGB II a. F. erlassen wurden, an diesen Kriterien orientiert. So darf das Einstiegsgeld nicht die Höhe der Eckregelleistung nach § 20 Abs. 2 S. 1 übersteigen. Grundsätzlich soll aber nur ein Zuschuss von 50 % der Eckregelleistung und für jedes weitere Mitglied der BG ein „Aufschlag" von 10 % gewährt werden. Eine Staffelung nach der bisherigen Dauer der Arbeitslosigkeit enthalten die DA der BA jedoch nicht (hierauf weist *Herold-Tews* in *Löns/Herold-Tews*, § 16 b Rn. 15) zu Recht hin.

Herold-Tews (in *Löns/Herold-Tews*, § 16 b Rn. 16) erwartete schon nicht **19** mehr, dass überhaupt noch eine VO auf Grund von Abs. 3 erlassen werden wird. Doch mit dem Datum 29. 7. 2009 wurde die Verordnung zur Bemessung von Einstiegsgeld erlassen BGBl. I, S. 2342), die am 1. 8. 2009 in Kraft getreten ist und im folgenden Anhang zu dieser Kommentierung in ihren wesentlichen Teilen abgedruckt wird.

Anhang zu § 16 b SGB II
Verordnung zur Bemessung von Einstiegsgeld (Einstiegsgeld-Verordnung − ESGV)
vom 29. 7. 2009

§ 1 Einzelfallbezogene Bemessung des Einstiegsgeldes

(1) Bei der einzelfallbezogenen Bemessung des Einstiegsgeldes ist ein monatlicher Grundbetrag zu bestimmen, dem Ergän-

zungsbeträge hinzugefügt werden sollen. Der monatliche Grundbetrag berücksichtigt die für den erwerbsfähigen Hilfebedürftigen jeweils maßgebende monatliche Regelleistung. Die Ergänzungsbeträge berücksichtigen die vorherige Dauer der Arbeitslosigkeit und die Größe der Bedarfsgemeinschaft, in der der erwerbsfähige Hilfebedürftige lebt.

(2) Der Grundbetrag des Einstiegsgeldes darf höchstens 50 vom Hundert der für den geförderten erwerbsfähigen Hilfebedürftigen maßgebenden Regelleistung nach § 20 des Zweiten Buches Sozialgesetzbuch betragen. Bei der Bemessung kann festgelegt werden, dass sich die Höhe des Grundbetrages innerhalb des Förderzeitraums in Abhängigkeit von der Förderdauer verändert.

(3) Bei erwerbsfähigen Hilfebedürftigen, die vor Aufnahme der mit Einstiegsgeld geförderten sozialversicherungspflichtigen oder selbständigen Erwerbstätigkeit bereits zwei Jahre oder länger arbeitslos waren, soll ein Ergänzungsbetrag gezahlt werden. Der Ergänzungsbetrag entspricht 20 vom Hundert der Regelleistung zur Sicherung des Lebensunterhalts nach § 20 Absatz 2 Satz 1 des Zweiten Buches Sozialgesetzbuch. Bei Personen, deren Eingliederung in Arbeit wegen in ihrer Person liegender Umstände erschwert ist, soll der Ergänzungsbetrag nach Satz 2 bereits nach einer vorherigen Dauer der Arbeitslosigkeit von mindestens sechs Monaten gezahlt werden. § 18 Absatz 2 des Dritten Buches Sozialgesetzbuch gilt für Satz 1 und Satz 3 entsprechend.

(4) Bei erwerbsfähigen Hilfebedürftigen, die mit weiteren Personen in einer Bedarfsgemeinschaft leben, soll je weiterer leistungsberechtigter Person ein Ergänzungsbetrag gezahlt werden. Der Ergänzungsbetrag entspricht 10 vom Hundert der Regelleistung zur Sicherung des Lebensunterhalts nach § 20 Absatz 2 Satz 1 des Zweiten Buches Sozialgesetzbuch.

(5) Das Einstiegsgeld für den erwerbsfähigen Hilfebedürftigen darf bei der einzelfallbezogenen Bemessung monatlich einen Gesamtbetrag nicht überschreiten, der der Regelleistung zur Sicherung des Lebensunterhalts nach § 20 Absatz 2 Satz 1 des Zweiten Buches Sozialgesetzbuch entspricht.

§ 2 Pauschale Bemessung des Einstiegsgeldes bei besonders zu fördernden Personengruppen

(1) Das Einstiegsgeld kann abweichend von § 1 pauschal bemessen werden, wenn dies zur Eingliederung von besonders zu fördernden Personengruppen in den allgemeinen Arbeitsmarkt erforderlich ist. Bei der Bemessung kann festgelegt werden, dass sich die Höhe des Einstiegsgeldes innerhalb des Förderzeitraums in Abhängigkeit von der Förderdauer verändert.

(2) Das Einstiegsgeld für den erwerbsfähigen Hilfebedürftigen darf in den Fällen des Absatzes 1 monatlich einen Betrag nicht überschreiten, der 75 vom Hundert der Regelleistung zur Sicherung des Lebensunterhalts nach § 20 Absatz 2 Satz 1 des Zweiten Buches Sozialgesetzbuch entspricht.

Leistungen zur Eingliederung Selbständiger

16c (1) ¹Leistungen zur Eingliederung von erwerbsfähigen Hilfe-bedürftigen, die eine selbständige, hauptberufliche Tätigkeit aufnehmen oder ausüben, können nur gewährt werden, wenn zu erwarten ist, dass die selbständige Tätigkeit wirtschaftlich tragfähig ist und die Hilfebedürftigkeit durch die selbständige Tätigkeit innerhalb eines angemessenen Zeitraums dauerhaft überwunden oder verringert wird. ²Zur Beurteilung der Tragfähigkeit der selbständigen Tätigkeit soll die Agentur für Arbeit die Stellungnahme einer fachkundigen Stelle verlangen.

(2) Erwerbsfähige Hilfebedürftige, die eine selbständige, hauptberufliche Tätigkeit aufnehmen oder ausüben, können Darlehen und Zuschüsse für die Beschaffung von Sachgütern erhalten, die für die Ausübung der selbständigen Tätigkeit notwendig und angemessen sind. Zuschüsse dürfen einen Betrag von 5.000 Euro nicht übersteigen.

Hauptaufgabe dieser mWv 1.1.2009 erstmals eingeführten Vorschrift ist es zu verhindern, dass die Aufnahme einer selbständigen Tätigkeit schon am Fehlen relativ geringer Investitionsmittel scheitert, obwohl Geschäftsidee und persönliche Voraussetzungen Erfolg versprechen würden (vgl. BR–Drs. 755/08, S. 80). **1**

In **Abs. 1 S. 1** werden gleichsam die Voraussetzungen für die Gewährung von Einstiegsgeld nach § 16 b an Personen, die eine selbständige hauptberufliche Tätigkeit aufnehmen wollen oder eine solche bereits ausüben – letzteres ist neu –, ergänzt. Wer bereits selbständig tätig ist, hat überhaupt nur über § 16 c die Möglichkeit, Förderleistungen zu erhalten. Außerdem macht auch die Investitionshilfe nach Abs. 2 den eigenständigen Charakter der Vorschrift gegenüber § 16 b deutlich und setzt namentlich die Gewährung von Einstiegsgeld gar nicht voraus (so *Herold-Tews* in: *Löns/Herold-Tews*, § 16c Rz. 7). **2**

Durch die selbständige Tätigkeit muss die Hilfebedürftigkeit „innerhalb eines angemessenen Zeitraumes dauerhaft überwunden oder verringert" werden (Abs. 1 S. 1 HS 2). Wird einem bereits seit einiger Zeit tätigen Selbständigen Hilfe gewährt, geht der Gesetzgeber von einem Jahr aus, innerhalb dessen das Ziel erreichbar sein muss. Bei Neu-Gründern werden immerhin 24 Monate zugestanden (s. BR–Drs. 755/08, S. 80). **3**

4   Die **Geschäftsidee des Hilfebedürftigen** muß nach dem Urteil einer „fachkundigen Stelle" (**Abs. 1 S. 2**) **tragfähig** sein. Eine Einrichtung oder Einzelperson kommt als **fachkundige Stelle** in Betracht,
wenn sie nach Fachwissen und Aufgabenstellung geeignet ist, die Tragfähigkeit eines unternehmerischen Vorhabens zu prüfen. Zu denken ist
an die jetzt etwa in § 57 SGB III ausdrücklich genannten Einrichtungen wie Industrie-, Handels- oder Handwerkskammern, aber auch
Kreditinstitute sowie an Personen wie Unternehmens- oder Steuerberater, unter Umständen Rechtsanwälte mit einschlägigem Fachwissen
(s. hierzu auch *Estelmann* in *Eicher/Schlegel, SGB III* § 57 Rz 64). Im Kontext des SGB III ist es die **Pflicht des Antragstellers**, die Stellungnahme einer fachkundigen Stelle vorzulegen; und zwar auf seine Kosten. Gelingt ihm dies nicht, kann ihm das Überbrückungsgeld nach
§ 57 SGB III nicht gewährt werden. Es gilt also der Beibringungsgrundsatz. Dies kann nicht vollumfänglich auf das SGB II übertragen
werden. So kann von einem erwerbsfähigen Hilfebedürftigen zwar erwartet werden, sich um eine derartige Stellungnahme zu kümmern;
über evtl. nötige Finanzmittel zur Vergütung des mit der Stellungnahme verbundenen Aufwandes wird er jedoch in aller Regel nicht
verfügen.

5   Entscheidungsgrundlage für die eingeschaltete fachkundige Stelle
ist neben einer Kurzbeschreibung des Vorhabens und dem bisherigen
Werdegang des Antragstellers (Lebenslauf mit Befähigungsnachweisen) vor allem ein Kapitalbedarfs- und Finanzierungsplan sowie Angaben zu den Umsatz- und Rentabilitätserwartungen des Antragstellers (s. auch die Auflistung bei *Geiger/Stascheit/Winkler*, S. 536). Die
fachkundige Stelle hat sich bei ihrer Prüfung daran zu orientieren, **ob
die angestrebte selbständige Tätigkeit voraussichtlich dauerhaft
eine Lebensgrundlage bieten kann,** wobei als Vergleichsmaßstab
das durchschnittliche monatliche Bruttoeinkommen abhängig Beschäftigter herangezogen werden kann (s. – zur Gewährung von Einstiegsgeld – auch *LSG Berlin-Brandenburg*, Bechluss vom 8. 9. 2006 –
L 14 B 524/06 AS ER – und –zur erneuten Erforderlichkeit bei einem
Antrag auf Verlängerung der Förderung *Bayer. LSG*, Urt. v. 19. 1. 2007
– L 7 AS 128/06). Konkret fordert für den Bereich der Arbeitsförderung § 24 Abs. 2 FdA-AO, dass nach Einräumung einer gewissen Vorlaufzeit das erzielte Einkommen bei zwei Dritteln des durchschnittlichen Bruttoeinkommens von Arbeitnehmern liegen muss, damit die
Förderung gewährt werden kann.

6   Die vom Gesetzgeber (s. BT-Drs. a. a. O.) als begleitende Hilfen bezeichneten Leistungen nach **Abs. 2 S. 1** können als **Zuschuss** oder als
Darlehen gewährt werden, wobei aber das Darlehen den Regelfall bilden wird. Wird ein Zuschuss gewährt, darf dieser nach **Abs. 2 S. 2**
einen Betrag von 5.000 Euro nicht übersteigen. Im Umkehrschluss ergibt sich aus Abs. 2 S. 2, dass es für Darlehen keine grundsätzliche

Obergrenze gibt. Es ist auch eine Kombination von Darlehens- und Zuschussgewährung möglich (*Geiger/Stascheit/Winkler*, S. 539).

Weil auch für § 16c der Nachranggrundsatz gilt, kann die Beschaffung von Sachgütern nur gefördert werden, wenn eine andere, demselben Zweck dienende Hilfe nicht zu erlangen ist. *Geiger/Stascheit/Winkler* (S. 538) weisen auf eine entsprechende DA der BA (3.5 zu § 16c) hin, wonach ein abschlägiger Bescheid der Hausbank des Hilfebedürftigen, die wiederum bei der Beschaffung von Krediten der KfW mitwirken muss, ausreicht, um das Fehlen anderweitiger Unterstützung nachweisen zu können.   **7**

Aus DA 4 zu § 16c ist zu entnehmen, an welche Sachgüter zu denken ist, für die eine Investitionshilfe beantragt werden könnte: die übliche technische Büroausstattung (PC incl. Software, Kopierer, Telefonanlage), Einrichtungsgegenstände, aber auch Maschinen oder eine Erstausstattung von Material-, Waren- oder Ersatzteillagern bzw. deren Aufstockung im notwendigen Umfang. Für den Einzelfall kann nur eine vorherige Abklärung mit dem zuständigen Sachbearbeiter des Grundsicherungsträgers empfohlen werden.   **8**

Arbeitsgelegenheiten

16d [1]Für erwerbsfähige Hilfebedürftige, die keine Arbeit finden können, sollen Arbeitsgelegenheiten geschaffen werden. [2]Werden Gelegenheiten für im öffentlichen Interesse liegende, zusätzliche Arbeiten gefördert, ist den erwerbsfähigen Hilfebedürftigen zuzüglich zum Arbeitslosengeld II eine angemessene Entschädigung für Mehraufwendungen zu zahlen; diese Arbeiten begründen kein Arbeitsverhältnis im Sinne des Arbeitsrechts; die Vorschriften über den Arbeitsschutz und das Bundesurlaubsgesetz mit Ausnahme der Regelungen über das Urlaubsentgelt sind entsprechend anzuwenden; für Schäden bei der Ausübung ihrer Tätigkeit haften erwerbsfähige Hilfebedürftige nur wie Arbeitnehmerinnen und Arbeitnehmer.

Die Regelung wurde durch das Gesetz zur Neuausrichtung der arbeitsmarktpolitischen Instrumente vom 21.12.2008 (BGBl. I, 2917) mit Wirkung vom 1.1.2009 eingefügt. Sie war bislang – im Wesentlichen sogar wortgleich – in § 16 Abs. 3 a.F. enthalten. Lediglich die Negativvoraussetzung, dass keine Förderung im Rahmen von ABM vorliegen durfte, wurde gestrichen und die Regelungen über das Urlaubsentgelt vom Verweis auf das BUrlG ausgenommen. Eine Bezugnahme auf ABM war deshalb entbehrlich geworden, weil diese gar nicht mehr zum Katalog möglicher Eingliederungsleistungen nach dem SGB II gehören.   **1**

2 **1. Generelles Prinzip: Soweit möglich Geldleistungen nur bei Gegenleistung.** Aus **S. 1** – Regelung der Arbeitsgelegenheiten in der sog. Entgeltvariante – folgt zunächst einmal ganz deutlich die Feststellung, dass auch Menschen, die eine Arbeit gefunden haben, erwerbsfähige Hilfebedürftige sein können. An sie gleichwohl erbrachte Geldleistungen haben daher ergänzenden, aufstockenden Charakter; das erzielte Einkommen mindert die Bedürftigkeit. Zugleich sieht S. 1 als Soll-Regelung vor, dass für erwerbsfähige Hilfebedürftige, die keine Arbeit finden können, **Arbeitsgelegenheiten** geschaffen werden.

3 **2. Arbeitsgelegenheiten mit Mehraufwandsentschädigung: sog. „Ein-Euro-Jobs"** **(S. 2).** Die gute Nachricht zuerst: der Name „Ein-Euro-Job" verschleiert mehr als er erklärt, insbesondere wird es auch künftig keine Vergütung von lediglich einem Euro je geleisteter Arbeitsstunde geben. Denn die Bezeichnung deutet nur darauf hin, dass für Tätigkeiten im Rahmen von Arbeitsgelegenheiten zusätzlich zur Regelleistung ein Betrag, den das Gesetz ohne Nennung seiner Höhe als „angemessene Entschädigung für Mehraufwendungen" bezeichnet, gezahlt werden kann. Die Verantwortlichen, die den irreführenden Terminus in die Debatte eingeführt haben, sind dabei entgegen dem „neuen" Anspruch des Gesetzes der alten Vorstellung erlegen, dass Sozialhilfe „ohne Gegenleistung des Empfängers" erbracht wurde.

4 Es muss sich um Arbeiten handeln, die
 – (wie ABM nach dem SGB III) im öffentlichen Interesse liegen, also nicht lediglich irgendwelchen privaten Zwecken dienen und
 – zusätzlich sind, also ohne die Förderung nicht, nicht in diesem Umfang oder erst zu einem späteren Zeitpunkt durchgeführt werden würden (s. dazu § 261 Abs. 2 S. 1 SGB III).

5 Ob eine gezahlte Mehraufwandsentschädigung angemessen ist, richtet sich zum einen nach der Zahl von Arbeitsstunden, zu denen der Leistungsempfänger herangezogen wird, zum anderen nach der Summe aus der an ihn gezahlten Regelleistung und der Mehraufwandsentschädigung. Der Gesamtbetrag geteilt durch die Anzahl der Arbeitsstunden bildet gleichsam den auf seine Angemessenheit hin zu prüfenden „Stundenlohn" des Leistungsempfängers. „Angemessenheit" ist ein unbestimmter Rechtsbegriff, dessen Ausfüllung durch die Leistungsträger der vollen gerichtlichen Kontrolle unterliegt. Dabei wird eine wichtige Rolle spielen, welche Freibeträge jemandem nach § 30 verbleiben, der neben dem Leistungsbezug einer Erwerbstätigkeit am ersten Arbeitsmarkt nachgeht. Hier darf kein Missverhältnis entstehen, weil andernfalls das Gesetz selbst Anreize beseitigen würde, am ersten Arbeitsmarkt gegen relativ geringe Entlohnung tätig zu sein oder zu bleiben.

6 Zwar begründen die Tätigkeiten im Rahmen derartiger Arbeitsgelegenheiten nach ausdrücklicher Bestimmung kein Arbeitsverhältnis.

Aber ein bestimmter „arbeitsrechtlicher" Schutz kommt auch den dort eingesetzten Leistungsempfängern zu, wie Arbeitszeit- oder Jugendarbeitsschutz, das Bundesurlaubsgesetz oder die Grundsätze über die nur eingeschränkte Haftung von Arbeitnehmern für Schäden, die diese im Rahmen ihres Arbeitsverhältnisses anrichten. In Analogie zu der hierzu vom BAG entwickelten Dreiteilung des Verschuldens kommt es in Fällen leichter Fahrlässigkeit nicht zu einer Haftung der Leistungsempfänger. Trifft sie ein mittleres Verschulden, so kommt es in der Regel zu einer Haftungsteilung zwischen dem Betroffenen und dem Träger der Arbeitsgelegenheit. Bei grobem Verschulden oder Vorsatz gilt grundsätzlich eine alleinige Einstandspflicht des Leistungsempfängers. Nur wird man hier gegenüber dem Arbeitsrecht noch in gesteigerter Form auf das Verhältnis zwischen angerichtetem Schaden und der Höhe der gezahlten Aufwandsentschädigung achten müssen, so dass es bei einem krassen Missverhältnis trotz der Schwere des Verschuldens möglich sein kann, dass den Hilfebedürftigen keine volle Einstandspflicht triff.

Leistungen zur Beschäftigungsförderung

16e (1) ¹Arbeitgeber können zur Eingliederung von erwerbsfähigen Hilfebedürftigen mit Vermittlungshemmnissen in Arbeit einen Beschäftigungszuschuss als Ausgleich der zu erwartenden Minderleistungen des Arbeitnehmers und einen Zuschuss zu sonstigen Kosten erhalten. ²Voraussetzung ist, dass

1. der erwerbsfähige Hilfebedürftige das 18. Lebensjahr vollendet hat, langzeitarbeitslos im Sinne des §18 des Dritten Buches ist und in seinen Erwerbsmöglichkeiten durch mindestens zwei weitere in seiner Person liegende Vermittlungshemmnisse besonders schwer beeinträchtigt ist,

2. der erwerbsfähige Hilfebedürftige auf der Grundlage einer Eingliederungsvereinbarung für einen Zeitraum von mindestens sechs Monaten betreut wurde und Eingliederungsleistungen unter Einbeziehung der übrigen Leistungen nach diesem Buch erhalten hat,

3. eine Erwerbstätigkeit auf dem allgemeinen Arbeitsmarkt voraussichtlich innerhalb der nächsten 24 Monate ohne die Förderung nach Satz 1 nicht möglich ist und

4. zwischen dem Arbeitgeber und dem erwerbsfähigen Hilfebedürftigen ein Arbeitsverhältnis mit in der Regel voller Arbeitszeit unter Vereinbarung des tariflichen Arbeitsentgelts oder, wenn eine tarifliche Regelung keine Anwendung findet, des für vergleichbare Tätigkeiten ortsüblichen Arbeitsentgelts begründet wird. Die vereinbarte Arbeitszeit darf die Hälfte der vollen Arbeitszeit nicht unterschreiten.

(2) [1]Die Höhe des Beschäftigungszuschusses richtet sich nach der Leistungsfähigkeit des erwerbsfähigen Hilfebedürftigen und kann bis zu 75 Prozent des berücksichtigungsfähigen Arbeitsentgelts betragen. [2]Berücksichtigungsfähig sind

1. das zu zahlende tarifliche Arbeitsentgelt oder, wenn eine tarifliche Regelung keine Anwendung findet, das für vergleichbare Tätigkeiten ortsübliche zu zahlende Arbeitsentgelt und

2. der pauschalierte Anteil des Arbeitgebers am Gesamtsozialversicherungsbeitrag abzüglich des Beitrags zur Arbeitsförderung.

[3]Wird dem Arbeitgeber auf Grund eines Ausgleichssystems Arbeitsentgelt erstattet, ist für den Zeitraum der Erstattung der Beschäftigungszuschuss entsprechend zu mindern.

(3) Ein Zuschuss zu sonstigen Kosten kann erbracht werden

1. für Kosten für eine begleitende Qualifizierung in pauschalierter Form bis zu einer Höhe von 200 Euro monatlich sowie

2. in besonders begründeten Einzelfällen einmalig für weitere notwendige Kosten des Arbeitgebers für besonderen Aufwand beim Aufbau von Beschäftigungsmöglichkeiten. Die Übernahme von Investitionskosten ist ausgeschlossen.

(4) Die Förderdauer beträgt

1. für den Beschäftigungszuschuss bis zu 24 Monate. Der Beschäftigungszuschuss soll anschließend ohne zeitliche Unterbrechung unbefristet erbracht werden, wenn eine Erwerbstätigkeit auf dem allgemeinen Arbeitsmarkt ohne die Förderung nach Absatz 1 Satz 1 voraussichtlich innerhalb der nächsten 24 Monate nicht möglich ist,

2. für die sonstigen Kosten nach Absatz 3 Nr. 1 bis zu zwölf Monate je Arbeitnehmer.

(5) Bei einer Fortführung der Förderung nach Absatz 4 Nr. 1 Satz 2 kann der Beschäftigungszuschuss gegenüber der bisherigen Förderhöhe um bis zu 10 Prozentpunkte vermindert werden, soweit die Leistungsfähigkeit des erwerbsfähigen Hilfebedürftigen zugenommen hat und sich die Vermittlungshemmnisse verringert haben.

(6) Wird ein erwerbsfähiger Hilfebedürftiger für die Dauer der Erbringung des Beschäftigungszuschusses eingestellt, liegt ein sachlicher Grund vor, der die Befristung des Arbeitsverhältnisses rechtfertigt.

(7) [1]Die Förderung ist aufzuheben, wenn feststeht, dass der Arbeitnehmer in eine konkrete zumutbare Arbeit ohne eine Förderung nach Absatz 1 Satz 1 vermittelt werden kann. [2]Die Förderung ist auch aufzuheben, wenn nach jeweils zwölf Monaten der Förderdauer feststeht, dass der Arbeitnehmer eine zumutbare Arbeit ohne eine Förderung nach Absatz 1 Satz 1 aufnehmen kann. [3]Eine Förderung

ist nur für die Dauer des Bestehens des Arbeitsverhältnisses möglich.

(8) Das Arbeitsverhältnis kann ohne Einhaltung einer Frist gekündigt werden

1. vom Arbeitnehmer, wenn er eine Erwerbstätigkeit auf dem allgemeinen Arbeitsmarkt aufnehmen kann,

2. vom Arbeitgeber zu dem Zeitpunkt, zu dem die Förderung nach Absatz 7 Satz 1 oder 2 aufgehoben wird.

(9) Eine Förderung ist ausgeschlossen, wenn zu vermuten ist, dass der Arbeitgeber

1. die Beendigung eines anderen Beschäftigungsverhältnisses veranlasst hat, um einen Beschäftigungszuschuss zu erhalten oder

2. eine bisher für das Beschäftigungsverhältnis erbrachte Förderung ohne besonderen Grund nicht mehr in Anspruch nimmt.

(10) Das Bundesministerium für Arbeit und Soziales untersucht die Auswirkungen auf die erwerbsfähigen Hilfebedürftigen mit besonderen Vermittlungshemmnissen, den Arbeitsmarkt und die öffentlichen Haushalte in den Jahren 2008 bis 2010 und berichtet dem Deutschen Bundestag hierüber bis zum 31. Dezember 2011.

A. Allgemeines

Die Vorschrift war bereits als § 16 a in das SGB II eingefügt worden **1** durch das 2. SGB II-ÄndG vom 10. 10. 2007 (BGBl. I, S. 2326) und wurde durch das Gesetz zur Neuausrichtung der arbeitsmarktpolitischen Instrumente vom 21. 12. 2008 lediglich an seine jetzige Stelle verschoben.

Es war schon Zweck des ursprünglichen Erlasses der Regelung, **2** Langzeitarbeitslosen mit mehrfachen Vermittlungshemmnissen eine Chance der Arbeitsmarktintegration zu geben. Galt dies zu Zeiten einer deutlichen Entspannung am Arbeitsmarkt, so muss es umso mehr gelten, sollten sich im Laufe des Jahres 2009 und der Folgejahre als Konsequenz der Finanzmarktkrise wieder verschärfte Probleme am Arbeitsmarkt einstellen.

Der Gesetzgeber schreckt zur Erreichung dieses Zieles nicht mehr **3** grundsätzlich vor einer auch unbefristeten Förderung zurück, wie **Abs. 4 Nr. 1 S. 2** deutlich macht.

Das Gesetz ist im Kontext der Einführung vergleichbarer Instru- **4** mente im SGB III zu sehen, zu denen insbesondere auch § 235 b SGB III gehört (s. zum Zusammenhang mit dem Dritten Buch ausführlicher *Eicher* in: *Eicher/Spellbrink*, SGB II § 16 a RdNr. 8).

B. Der Anspruch dem Grunde nach

5   Die Voraussetzungen des Anspruchs sind mit dem Merkmal der „zu erwartenden Minderleistungen" des erwerbsfähigen und hilfebedürftigen Arbeitnehmers in Abs. 1 S. 1 sowie in Abs. 1 S. 2 Nr. 1 bis 4 enthalten. Im Sinne von Negativ-Voraussetzungen sind die Ausschlusstatbestände nach Abs. 9 Nr. 1 oder 2 zu verstehen.

I. Anspruchsvoraussetzungen

6   **1. Kreis der Berechtigten.** Die Leistung nach § 16e können „Arbeitgeber" erhalten. Arbeitgeber ist, wer mindestens einen Arbeitnehmer beschäftigt. Nach **§ 71** kamen bis zum 31. 3. 2008 als Arbeitgeber nur Träger i. S. d. § 21 SGB III in Betracht. Und es konnten nur Arbeiten i. S. d. § 260 Abs. 1 Nr. 2 und 3 SGB III gefördert werden. Diese Beschränkungen sind ab dem 1. 4. 2008 entfallen. Es können nun also insbesondere auch rein erwerbswirtschaftlich ausgerichtete Arbeitgeber gefördert werden. Es muss daher in jedem Einzelfall darauf geachtet werden, dass der Zuschuss mit den EU-Regeln zu Beihilfen des Staates konform geht.

7   **2. Zu erwartende Minderleistung des Arbeitnehmers.** Es ist umstritten, ob es sich bei der zu erwartenden **Minderleistung** um ein „vollwertiges" Tatbestandsmerkmal handelt (bejahend: *Löns* in: *Löns/Herold-Tews*, § 16 e Rz. 3; ablehnend: *Eicher* in: *Eicher/Spellbrink*, SGB II § 16 a RdNr. 12).

8   Der Streit dürfte kaum praktische Bedeutung haben, nachdem die weiteren Voraussetzungen in **Abs. 1 S. 2 Nr. 1 bis 4** in Summe fast immer auch zur **Prognose** einer **Minderleistung** führen werden (so auch *Eicher*, a. a. O. [Rz. 7]).

9   **3. In der Person des Arbeitnehmers liegende Voraussetzungen (Abs. 1 S. 2 Nr. 1).** Dies sind

- Vollendung des 18. Lebensjahres
- Vermittlungshindernis der Langzeitarbeitslosigkeit, also mindestens 12 Monate ohne eine Beschäftigung i. S. d. § 18 SGB III
- Mindestens zwei weitere in seiner Person liegende Vermittlungshindernisse, z.B. Vorliegen einer Behinderung, Überschuldung, Überschreiten eines bestimmten Alters
- Und DADURCH besonders schwere Beeinträchtigung der Erwerbsmöglichkeiten

10   **4. Objektive Voraussetzungen (Abs. 1 S. 2 Nr. 2).** Zu den – mehr oder weniger – „objektiven" Voraussetzungen gehört nach Abs. 1 S. 2 Nr. 2, dass vor dem Beginn der Förderung durch einen Beschäftigungszuschuss eine **Eingliederungsvereinbarung i. S. d. § 15** mit dem Arbeitnehmer geschlossen worden war. In dieser Eingliederungsvereinbarung müssen Förder- und Betreuungsmaßnahmen vorgesehen gewesen sein, die darauf zielten, zunächst eine Eingliederung ohne diese besonders intensive Unterstützung nach § 16e zu versuchen. Die Förderung der Beschäftigung des betreffenden Arbeitnehmers nach § 16e erhält dadurch den Charakter einer „ultima ratio".

Die Eingliederungsvereinbarung muss bereits **mindestens 6 Mo-** 11 **nate Bestand** gehabt haben; es kann sich aber auch um mehrere aneinander anschließende Vereinbarungen handeln (so ausdrücklich *Eicher* in: *Eicher/Spellbrink*, SGB II § 16 a RdNr. 20). Das „normale" Instrumentarium zur Eingliederung Langzeitarbeitsloser – vor allem i. S. d. § 16 – muss in dieser Zeit eingesetzt worden sein, was natürlich nicht heißt, dass bereits alles ausprobiert worden sein muss.

5. Negative Prognose bzgl. Chancen der Integration am allge- 12 **meinen Arbeitsmarkt (Abs. 1 S. 2 Nr. 3).** Die nach **Abs. 1 S. 2 Nr. 3** zu stellende Prognose ist gerichtlich voll überprüfbar und soll nach der Gesetzesbegründung „strengen Anforderungen" unterworfen werden (s. BT-Drs. 16/5715, S. 7). Eine Beschäftigungsmöglichkeit in einer WfbM ist nicht ausreichend, da dies keine Beschäftigung unter den üblichen Bedingungen des allgemeinen Arbeitsmarktes darstellt (s. *BSG*, Urt. v. 10. 5. 2007 – B 7a AL 30/06 R – zu einer vergleichbaren Problematik nach SGB III).

Wichtig ist, dass dabei im Sinne eines „negativen Kausalzusammen- 13 hanges" prognostiziert wird, dass trotz der bisherigen intensiven Förderung innerhalb der nächsten 24 Monate keine Eingliederung in den allgemeinen Arbeitsmarkt gelingen wird (dazu *BSG* SozR 4-4300 § 324 Nr. 2). Dies kann umgekehrt auch dann zu verneinen sein, wenn der Leistungsträger nachweisen kann, dass eine Einstellung des arbeitsuchenden Hilfebedürftigen auch ohne die Förderung erfolgt wäre, was in aller Regel nicht gelingen dürfte (*BSG* a. a. O.). Eine Ausnahme ist jedoch gegeben, wenn der Förderantrag wirklich erst nach Abschluss des Arbeitsvertrages gestellt wurde. Hier ist zugleich erkennbar, dass den Arbeitgebern durchaus „Gestaltungsmöglichkeiten" verbleiben.

II. Anspruchsausschluss (Abs. 9)

Eine Förderung ist nach **Abs. 9 Nr. 1** ausgeschlossen, wenn sich 14 deren Inanspruchnahme als „Mitnahme" erweist, weil zunächst ein anderes Beschäftigungsverhältnis beendet wurde, damit das zur Förderung vorgesehene Beschäftigungsverhältnis begründet werden konnte. Hier steht erkennbar die Missbrauchsbekämpfung im Vordergrund.

Bei dem zweiten Ausschlusstatbestand nach Abs. 9 Nr. 2 geht es hin- 15 gegen eher um einen effizienten Umgang mit Fördermitteln. Es soll die Beschäftigung von Langzeitarbeitslosen gefördert werden, die bislang noch nicht in den Genuss von Förderung durch „andere" Leistungen gekommen sind. Nur wenn ein „besonderer Grund" wie etwa die erkennbare Aussichtslosigkeit der bisherigen Förderung (dazu *Eicher* in: *Eicher/Spellbrink*, SGB II § 16 a RdNr. 28) für den Wechsel sprach, soll der Ausschluss nicht greifen.

C. Art und Umfang der Leistung

16   In der eigentlichen Anspruchsnorm des **Abs. 1 S. 1** werden als mögliche Leistungen der Beschäftigungszuschuss und ein Zuschuss zu sonstigen Kosten genannt. Die beiden unterschiedlichen Zuschüsse werden im Hinblick auf ihre Höhe in den **Abs. 2 und 3** weiter konkretisiert und ebenfalls in **Abs. 4** bzgl. der Leistungsdauer unterschieden.

I. Art der Leistungen

17   **1. Beschäftigungszuschuss (Abs. 1 S. 1).** Der Beschäftigungszuschuss i. e. S. hat vor allem die Funktion, die angesichts mehrfacher Vermittlungshindernisse in aller Regel großen Bedenken der Arbeitgeberseite gegenüber einer Einstellung überwinden zu helfen. Die Kostennachteile, die aus der sicheren oder erwartbaren Minderleistung folgen, sollen mit dem Zuschuss ganz oder teilweise kompensiert werden.

18   **2. Zuschuss zu sonstigen Kosten (Abs. 1 S. 1 und Abs. 3).** Demgegenüber erhalten Arbeitgeber einen Zuschuss zu sonstigen Kosten, um flankierend notwendige Aufwendungen zu erstatten bzw. zu mindern. Dies kann darin bestehen, dass dem Arbeitnehmer eine Person zur Seite gestellt wird, die gleichsam „on the job" zusätzliche Fertigkeiten vermittelt, oder auch dadurch, dass neben der eigentlichen Tätigkeit Kenntnisse vermittelt werden. Je nach der Art der bestehenden Vermittlungshemmnisse ist es auch denkbar, dass besonderer Aufwand des Arbeitgebers beim Aufbau von Beschäftigungsmöglichkeiten honoriert wird. Hier ist aber darauf zu achten, dass es nicht zu Überschneidungen etwa mit Leistungen an Arbeitgeber/Träger zur Ausstattung von Arbeitsplätzen für behinderte Menschen kommt. Ausdrücklich weist das Gesetz darauf hin, dass mit den sonstigen Kosten keine Investitionskosten übernommen werden sollen (s. **Abs. 3 Nr. 2 S. 2**).

II. Höhe der Zuschüsse

19   **1. Beschäftigungszuschuss (Abs. 2).** Die Höhe des Beschäftigungszuschusses richtet sich nach zwei Komponenten. Zum einen ist die verbliebene Leistungsfähigkeit des Arbeitnehmers zu ermitteln und in Relation zu dem Prozentsatz zu setzen, mit dem das berücksichtigungsfähige Arbeitsentgelt bezuschusst werden kann. Je geringer die Leistungsfähigkeit, desto höher der Prozentsatz, der maximal 75% erreichen kann. Bei der Beurteilung der verbliebenen Leistungsfähigkeit wird dem Grundsicherungsträger ein Spielraum verbleiben.

Die zweite Komponente, die die absolute Höhe des Beschäftigungs-   20
zuschusses bestimmt, ist das berücksichtigungsfähige Arbeitsentgelt. Dies ist anhand des tariflichen oder – in Ermangelung einer tarifvertraglichen Regelung – des ortsüblichen Entgelts für vergleichbare Tätigkeiten zu bestimmen (**Abs. 2 S. 2 Nr. 1**). Das Gesetz spricht von dem „zu zahlenden" Entgelt. Zusammen mit der Tatsache, dass der pauschalierte Anteil des Arbeitgebers am Gesamtsozialversicherungsbeitrag gesondert Erwähnung findet (**Abs. 2 S. 2 Nr. 2**) könnte dies dafür sprechen, dass (nur) das sich rechnerisch ergebende Nettoentgelt bezuschusst werden soll. Verstanden wird die Regelung aber wohl i. S. d. dem Arbeitnehmer zustehenden Bruttobetrages einschließlich etwaiger Einmalzahlungen zzgl. des pauschalierten AG-Anteils (so von *Eicher* in *Eicher/Spellbrink*, SGB II § 16 a RdNr. 38 f. mwN).

Gibt es während der Förderung Zeiträume, für die dem Arbeitgeber   21
Arbeitsentgelt oder Beitragsanteile erstattet werden, z. B. bei Arbeitsunfähigkeit oder Kurzarbeit nach dem AAG i. V. m. EntgFZG bzw. § 175 SGB III, so sind solche **Erstattungsbeträge** nach **Abs. 2 S. 3** mindernd auf den Zuschuss anzurechnen.

2. Nach Fortführung der Förderung gemäß Abs. 4 Nr. 1 S. 2   22
(Abs. 5). Auf die Möglichkeit einer – dann unbefristeten – Fortführung der Förderung wird unter C III noch einzugehen sein. Liegt ein solcher Fall vor und lässt sich feststellen, dass die bis dahin geleistete Förderung zu einer Steigerung der Leistungsfähigkeit und einer Verminderung der Vermittlungshemmnisse geführt hat, so kann der Beitragszuschuss nach **Abs. 5** um „bis zu 10 Prozentpunkte" gemindert werden. Ob diese Voraussetzungen kumulativ erfüllt sind, unterliegt dem Beurteilungsspielraum des Leistungsträgers. Ob er daraufhin den Zuschuss mindert, ist in sein pflichtgemäßes und durch die genannten Kriterien eingeschränktes Ermessen gestellt.

3. Sonstige Kosten (Abs. 3). Bei der Höhe des Zuschusses zu den   23
sonstigen Kosten nimmt Abs. 3 eine Differenzierung vor. Die oben (Rz. 18) bereits erwähnten zusätzlichen Qualifizierungsleistungen des Arbeitgebers werden ggf. mit einer Pauschale von 200 Euro monatlich erfasst. Eine Erstattung von Kosten für besonderen Aufwand beim Aufbau von Beschäftigungsmöglichkeiten ist zum einen an eine besondere Begründung geknüpft und dürfte zum anderen wegen des gleichzeitigen Ausschlusses der Übernahme von Investitionen kaum praktisch werden können (so *Löns* in: *Löns/Herold-Tews*, § 16 e Rz. 9 a. E.).

III. Dauer der Leistungen (Abs. 4)

24   Der Beschäftigungszuschuss wird zunächst bis zu 24 Monate lang gewährt (**Abs. 4 Nr. 1 S. 1**).

25   Nach dem Ende dieser „Basisförderung" ist erneut eine Prognose notwendig. Sie hat die Feststellung zum Gegenstand, dass ohne eine weitere Förderung eine Eingliederung am allgemeinen Arbeitsmarkt innerhalb von weiteren 24 Monaten nicht zu erreichen ist. Wird diese Feststellung getroffen, so erfolgt **im unmittelbaren Anschluss an die ersten 24 Fördermonate** eine **grundsätzlich unbefristete Bewilligung**; das Gesetz sagt in **Abs. 4 Nr. 1 S. 2** „soll", was aber in aller Regel, nämlich ohne das Vorliegen besonderer entgegenstehender Gründe, einem „muss" entspricht.

26   **Sonstige Kosten i. S. d. Abs. 3 Nr. 1** können für **bis zu 12 Monate** bezuschusst werden (**Abs. 4 Nr. 2**). Eine Regelung bezüglich der Dauer der Förderung gemäß Abs. 3 Nr. 2 war nicht erforderlich, weil es insoweit ohnehin um eine einmalige Leistung geht.

D. Aufhebung der Förderung (Abs. 7)

27   Endet das begründete Arbeitsverhältnis, so ist die Förderung auf jeden Fall nach Abs. 7 S. 3 aufzuheben. Angesichts der Regelung in Abs. 8 Nr. 2 wird es um eine Beendigung durch ordentliche, also fristgebundene Arbeitgeber-Kündigung gehen, wenn nicht einer der gesondert aufgeführten Fälle nach Abs. 7 S. 1 oder 2 vorliegt.

28   Diese beiden Fälle formuliert das Gesetz allerdings in äußerst missverständlicher Weise. Sowohl in Abs. 7 S. 1 als auch in Abs. 7 S. 2 wird verlangt, dass eine bestimmte Tatsache „feststeht". Aber: bei dieser Tatsache muss es sich darum handeln, dass der Arbeitnehmer eine „konkrete zumutbare Arbeit" (S. 1) oder eine „zumutbare Arbeit" (S. 2) ohne eine Förderung nach Abs. 1 S. 1 aufnehmen „kann". Bei der Lektüre stellt sich sofort die Frage, warum nicht die Formulierung „aufnehmen wird" gewählt wurde. Denn in dem Wort „kann" steckt eine gewisse Ungewissheit, die im Widerspruch zu dem „Feststehen" aus dem jeweils ersten Satzteil steht. Geht man von Sinn und Zweck der Förderung durch den Beschäftigungszuschuss aus, so wird man − jedenfalls für Abs. 7 S. 1 − zu fordern haben, dass dem Arbeitnehmer ein Angebot am allgemeinen Arbeitsmarkt gemacht wurde, dessen Annahme nur von seiner Entscheidung abhängt. Die Bedeutung von Abs. 7 S. 2, der kein „konkretes" Angebot fordert, bleibt dann aber immer noch im Ungewissen. Denn die theoretische Möglichkeit eines zumutbaren Angebots hat ein Arbeitnehmer immer, so dass dies nicht wirklich gemeint sein kann. Aber konkret i. S. v. bezogen auf ein bestimmtes Arbeits-

platzangebot ist offenbar auch nicht gemeint, weil sonst die ggü. S. 1
anders lautende Formulierung nicht zu erklären wäre. Die daraus resultierende Unsicherheit sollte nicht zu Lasten des Arbeitgebers und vor
allem nicht mittelbar des begünstigten Arbeitnehmers gehen. Dies
kann man dadurch erreichen, dass man dem Leistungsträger die volle
Beweislast dafür auferlegt, dass der Arbeitnehmer bereits eine konkrete
(S. 1) bzw. eine nicht nur theoretische (S. 2) Chance am ersten Arbeitsmarkt hat.

E. Ergänzende Bestimmungen mit arbeitsrechtlichem Inhalt
(Abs. 6 und 8)

Nachdem es zu den Voraussetzungen für den Beschäftigungszuschuss   **29**
gehört, dass zwischen dem geförderten Arbeitgeber und dem erwerbsfähigen Hilfebedürftigen ein Arbeitsverhältnis begründet wird, bedarf
eine Befristung dieses Arbeitsverhältnisses eines sachlichen Grundes.
Insoweit bezieht sich **Abs. 6** auf **§ 14 TzBfG** und stellt klar, dass eine
Befristung für die Dauer der Erbringung des Beschäftigungszuschusses
sachlich gerechtfertigt ist.

Durch **Abs. 8 Nr. 1** wird dem Arbeitnehmer das Recht zur Kündi-   **30**
gung ohne Einhaltung einer Kündigungsfrist eingeräumt für den Fall,
dass er am allgemeinen Arbeitsmarkt eine Erwerbstätigkeit aufnehmen
kann.

Der Arbeitgeber kann das Arbeitsverhältnis nach **Abs. 8 Nr. 2** frist-   **31**
los kündigen, sobald die Förderung nach Maßgabe des Abs. 7 aufgehoben wird.

F. Wirkungsforschung

Abs. 10 enthält eine Berichtspflicht des BMAS gegenüber dem
Deutschen Bundestag bis spätestens 31. 12. 2011 in Bezug auf die in der
Regelung aufgezählten Gegenstände. Es geht dabei um **Wirkungsfor-
schung**, die sich auf den Zeitraum 2008 bis 2010 bezieht.

Freie Förderung

16 f (1) [1]Die Agentur für Arbeit kann bis zu 10 Prozent der nach
§ 46 Abs. 2 auf sie entfallenden Eingliederungsmittel für Leistungen zur Eingliederung in Arbeit einsetzen, um die Möglichkeiten
der gesetzlich geregelten Eingliederungsleistungen durch freie Leistungen zur Eingliederung in Arbeit zu erweitern. [2]Die freien Leistungen
müssen den Zielen und Grundsätzen dieses Buches entsprechen.

(2) [1]Die Ziele der Maßnahmen sind vor Förderbeginn zu beschreiben. [2]Eine Kombination oder Modularisierung von Maßnahmeinhalten ist zulässig. [3]Die Maßnahmen dürfen gesetzliche Leistungen nicht umgehen oder aufstocken. [4]Ausgenommen hiervon sind Maßnahmen für Langzeitarbeitslose, bei denen in angemessener Zeit von in der Regel sechs Monaten nicht mit Aussicht auf Erfolg auf einzelne Gesetzesgrundlagen dieses Buches oder des Dritten Buches zurückgegriffen werden kann. [5]In Fällen des Satzes 4 ist ein Abweichen von den Voraussetzungen und der Förderhöhe gesetzlich geregelter Maßnahmen zulässig. [6]Bei Leistungen an Arbeitgeber ist darauf zu achten, Wettbewerbsverfälschungen zu vermeiden. [7]Projektförderungen im Sinne von Zuwendungen sind nach Maßgabe der §§ 23 und 44 der Bundeshaushaltsordnung zulässig. [8]Bei längerfristig angelegten Maßnahmen ist der Erfolg regelmäßig zu überprüfen und zu dokumentieren.

1   Die Vorschrift wurde dem mWv 1. 1. 2009 aufgehobenen § 10 SGB III a. F., den nunmehr § 45 SGB III funktional ersetzen soll, nachgebildet. Im November 2006 befanden sich bundesweit 34.750 TeilnehmerInnen in Maßnahmen der sog. Freien Förderung nach § 10 SGB III, davon 9.005 in Ostdeutschland (vorläufige Zahlen der BA nach ANBA 1/2007, S. 70, 76 und 82). Dies waren etwa 11.000 mehr als im Vorjahresmonat, aber knapp 2.000 weniger als im November 2004. In keinem Jahr seit der Einführung mit dem SGB III hatten Maßnahmen der freien Förderung einen Anteil am Eingliederungstitel von 5 % erreicht oder gar überschritten. Geht man von der gesetzlich festgelegten Obergrenze von 10 % aus (s. Abs. 1 S. 1), so kann man sagen, dass sich das Instrument noch nicht wirklich durchgesetzt hat.

2   Wenn es zutraf, dass der Gesetzgeber seinerzeit mit der Vorschrift des § 10 SGB III a. F. einem „oft geäußerten Wunsch der Praxis nach flexiblen, auf die konkrete Arbeitsmarktlage zugeschnittenen Instrumenten der aktiven Arbeitsförderung" nachgekommen ist, so muss es nach den soeben genannten Zahlen nicht genau das Instrument gewesen sein, das sich die Praxis so sehnlich gewünscht hat. Es kann aber auch sein, dass angesichts der immer noch sehr hierarchischen Struktur der BA innovativen Kräften auf der örtlichen Ebene noch nicht der Raum gelassen wurde, um wirksame, auf die lokalen Gegebenheiten zugeschnittene Maßnahmen zu entwerfen. Vor diesem Hintergrund sind die im Schrifttum zu § 10 SGB III (s. den Überblick m. w. N. bei *Armbrust*, Freie Förderung in: *Spellbrink/Eicher (Hrsg.)*, Kasseler Handbuch des Arbeitsförderungsrechts, 2003, § 23 A (S. 1190–1197) unter IV. [S. 1193 f.]) geäußerten verfassungsrechtlichen Bedenken gegen die sehr unbestimmt formulierte Norm, die Anforderungen an eine wirksame Leistungsermächtigung nicht genügen soll, jedenfalls quantitativ zu relativieren, was deren inhaltliche Berechtigung allerdings nicht schmälert. Vor allem die Vorgaben in **Abs. 1 S. 2** müssen danach als viel zu unbestimmt angesehen werden und würden der Exekutive, würde sie denn Gebrauch von ihnen machen, wohl zu weitreichende Spielräume und Gelegenheiten zu einem willkürlichen Umgang mit Haushaltsmitteln geben. Einer Nachprüfung unter dem Aspekt des Gesetzesvorbehaltes (zu ihm s. auch § 31 SGB I) würde die Norm womöglich nicht standhalten.

Mit entsprechender Skepsis ist § 16 f daher auch zu betrachten, der **3** durch das Gesetz zur Neuausrichtung der arbeitsmarktpolitischen Instrumente vom 21. 12. 2008 eingeführt wurde. Nach der Gesetzesbegründung soll erreicht werden, die Leistungen zur Eingliederung in Arbeit flexibler zu gestalten und mehr am individuellen Bedarf auszurichten. Auch eine Vermeidung von bürokratischen Hindernissen ist durchaus beabsichtigt.

Auch die Formulierung in **Abs. 2 S. 6**, wonach bei Leistungen an **4** Arbeitgeber darauf „zu achten" (!) ist, „**Wettbewerbsverfälschungen zu vermeiden**", ist kaum mehr als ein gut gemeinter Appel vor dem Hintergrund eines Problems, dass schon dem Gesetzgeber zu § 10 SGB . III offenbar bewusst war, das er aber nicht durch Aufstellen von Kriterien lösen wollte oder konnte. Hintergrund ist die nicht von der Hand zu weisende Befürchtung, solche Leistungen könnten eines Tages als unzulässige **staatliche Beihilfen i. S. d. Art. 87 ff. EG** eingestuft werden. Der Appel erfasst aber auch mögliche, rein innerstaatliche Wettbewerbsverzerrungen.

Nach **Abs. 2 S. 7** sind „**Projektförderungen**" zulässig. Dahinter **5** steht, dass die freie Förderung ursprünglich als (reine) Individualförderung konzipiert war. Dabei anfallende Gemeinkosten, die einem Arbeitgeber oder Träger entstehen (können), lassen sich dabei nicht eindeutig genug einem einzelnen Berechtigten zuordnen. Aus diesem Grund wurde auch schon kurz nach dem Erlass des SGB III eine Projektförderung im Sinne einer Ergänzung von Individualförderungen ausdrücklich zugelassen.

Den in **Rz. 2** erwähnten verfassungsrechtlichen Bedenken sollen **6** die Vorgaben in Abs. 2 begegnen.

In **Abs. 2 S. 1 und S. 8** sind Dokumentationspflichten festge- **7** schrieben. Vor Förderbeginn müssen die Ziele, die mit einer einzelnen Maßnahme oder auch einem groß angelegten Projekt verfolgt werden sollen, beschrieben werden. Während des Laufs einer geförderten Maßnahme soll eine Erfolgskontrolle stattfinden und nach dem Ende einer Förderung ist auch daran gedacht darzustellen, wenn und dass die Maßnahme nicht erfolgreich war (hierzu auch *Löns* in: *Löns/Herold-Tews*, § 16 f Rz. 3).

Mit Mitteln der freien Förderung dürfen nach **Abs. 2 S. 3** im Gesetz **8** bereits als solche ausgestaltete Leistungen weder umgangen noch aufgestockt werden. Das bedeutet, dass in diesem Fall gesetzliche Voraussetzungen und Begrenzungen der Leistungsgewährung nicht ausgehebelt werden dürfen. Nur für **Langzeitarbeitslose** wird in **Abs. 2 S. 4 und 5** eine Abweichung zugelassen. Einzige Voraussetzung für eine solche Abweichung ist, dass eine Prognose getroffen werden kann, dass mit den vorhandenen Mitteln/Instrumenten des Gesetzes innerhalb von 6 Monaten keine Verbesserung der Situation der Langzeitarbeitslosen erwartet werden kann.

9   Bei der Mittelvergabe müssen die einzelnen Grundsicherungsträger das ihnen eingeräumte **Ermessen fehlerfrei ausüben** (s. auch § 39 SGB I). Aus ihrer eigenen Verwaltungspraxis können sie dabei i. V. m. Art. 3 Abs. 1 GG gebunden sein. Eine Praxis anderer Träger führt nach der im Schrifttum zu § 10 SGB III hierzu vertretenen Ansicht wohl nicht zu einer **Selbstbindung**, was vor allem damit gerechtfertigt wird, dass ein Träger ja gerade den besonderen örtlichen Gegebenheiten Rechnung tragen soll und insoweit auch von ihrem Selbstverwaltungsrecht Gebrauch macht (s. namentlich *Armbrust*, a. a. O. [s. Rz. 2], S. 1195 f. [Rz. 17–20]).

10   Zu den bei der Mittelvergabe – im Sinne von Zuwendungen – zu beachtenden allgemeinen Regeln gehören nach **Abs. 2 S. 7** die Vorgaben in den §§ 23 und 44 BHO.

Förderung bei Wegfall der Hilfebedürftigkeit

16g (1) ¹Entfällt die Hilfebedürftigkeit des Erwerbsfähigen während einer Maßnahme zur Eingliederung, kann sie weiter gefördert werden, wenn dies wirtschaftlich erscheint und der Erwerbsfähige die Maßnahme voraussichtlich erfolgreich abschließen wird. ²Die Förderung soll als Darlehen erbracht werden.

(2) ¹Für die Dauer einer Förderung des Arbeitgebers oder eines Trägers durch eine Geldleistung nach § 16 Abs. 1, § 16 d Satz 1 oder § 16 e können auch Leistungen nach dem Dritten Kapitel und § 46 Abs. 1 Satz 1 Nr. 5 des Dritten Buches oder nach § 16 a Nr. 1 bis 4 und § 16 b erbracht werden, wenn die Hilfebedürftigkeit des Erwerbsfähigen auf Grund des zu berücksichtigenden Einkommens entfallen ist. ²Während der Förderdauer nach Satz 1 gilt § 15 entsprechend.

1   Auch diese Vorschrift wurde durch das Gesetz zur Neuausrichtung der arbeitsmarktpolitischen Instrumente vom 21. 12. 2008 (BGBl. I, 2917) mit Wirkung vom 1. 1. 2009 eingefügt. **Abs. 1** war inhaltlich weitgehend übereinstimmend als Abs. 4 in § 16 a. F. enthalten. **Abs. 2** geht auf § 16 Abs. 5 a. F. zurück.

I. Wegfall der Hilfebedürftigkeit während einer Maßnahme (Abs. 1)

Die Regelung in **Abs.** 1 dürfte in vielen Fällen an der Realität vor- 2
beigehen. Bei der Lektüre des Wortlautes fällt zunächst auf, dass hier
nicht ausdrücklich gesagt wird, wem das **Darlehen**, von dem die Rede
ist, gewährt werden soll, wer es also anschließend auch zurückzuzahlen
hat. Gemeint dürften aber allein die betreffenden Maßnahmeteilnehmer selbst und nicht beispielsweise Angehörige der Bedarfsgemeinschaft sein. Damit können auch nur die Maßnahmeteilnehmer selbst
zur Rückzahlung von Darlehen verpflichtet sein. Und es bedarf der
Klarstellung, dass Abs. 1 nicht Leistungen an Arbeitgeber oder Träger
betrifft (dazu auch *Eicher* in: *Eicher/Spellbrink*, § 16 Rz. 255a [zu bisherigen Fassung des Gesetzes]).

Der Gesetzgeber war aber immerhin „konsequent" und hat die Be- 3
lastung der Betroffenen mit Darlehenskosten als „Wohltat" ausgestaltet,
die einem Arbeitsuchenden nur zuteil wird, wenn er erstens bereits
einen Teil der betreffenden Maßnahme absolviert hat und wenn ihm
zweitens bescheinigt werden kann, dass er die Maßnahme voraussichtlich erfolgreich abschließen wird. Entgegen *Löns* (in der 1. Auflage von
Löns/Herold-Tews, SGB II, § 16 Rn. 7) kann die Prognose aber nicht darauf verengt werden, dass „nach dem bisherigen Verlauf" bereits „sicher
damit zu rechnen ist", dass die Maßnahme auch erfolgreich abgeschlossen werden wird. Dies würde dem Maßnahmeteilnehmer entweder das
Risiko der Verweigerung der Weiterförderung oder der Pflicht zur
Rückgewähr von Leistungen auferlegen, wenn sich die Situation im
konkreten Fall doch anders entwickelt. Es muss daher der „voraussichtlich erfolgreiche Abschluss" genügen (so nun auch *Löns* in der 2. Auflage
von *Löns/Herold-Tews*, § 16g Rn. 4).

Gar nicht berücksichtigt wurde aber die Möglichkeit, dass Betrof- 4
fene im Hinblick auf die Kostentragungspflicht für einen verbliebenen
Rest der Maßnahme zu dem Schluss gelangen könnten, eine Fortsetzung dieser Maßnahme gar nicht zu wollen. In diesem Falle wäre der
erste, häufig größere Teil der Maßnahme aus Steuermitteln finanziert
worden, ohne dass dem ein messbarer Qualifizierungserfolg gegen-
überstehen würde. Da auch keine Sanktionsbewehrung nicht in Betracht kommt, wenn Betroffene gar nicht mehr hilfebedürftig sind,
wäre es wohl insgesamt besser gewesen, sich an dieser Stelle „großzügig" zu erweisen und die Möglichkeit zu gewähren, die Maßnahme
ohne Belastung durch Darlehensrückzahlungspflichten zu Ende führen zu können. So aber steht zu befürchten, dass die Regelung zwar
„forsch daherkommt", letztlich aber genau das Gegenteil dessen erreichen wird, was beabsichtigt war, nämlich einen sparsamen Umgang
mit Steuermitteln. Ob der Gesetzgeber mit der Fassung von Abs. 1 S. 2

als Soll-Vorschrift auf diesen schon in der Vorauflage erhobenen Einwand reagiert hat, sei dahingestellt. Immerhin ist es nun unter besonderen Umständen möglich, eine Weiterförderung auch als Zuschuss zu erhalten, so dass dann keine Belastung mit einer Darlehensrückforderung entsteht.

5   Ein weiterer Aspekt ist zu beachten. Der Wegfall der Hilfebedürftigkeit dürfte nicht selten dadurch eintreten, dass Partner des Hilfebedürftigen eine Arbeit finden, so dass das zu berücksichtigende Einkommen der Bedarfsgemeinschaft höher ist als zuvor. Wenn in einem solchen Fall die darlehensweise Belastung des anderen eine der ersten Folgen der Arbeitsaufnahme ist, werden auch hierdurch falsche Signale gesetzt. Auch dieses Beispiel zeigt, dass die undifferenzierte Einbeziehung der Leistungen zur Eingliederung in die nach § 9 Abs. 1 von Bedürftigkeit abhängenden Leistungen äußerst kritisch zu sehen ist.

6   Einen jedenfalls bedenkenswerten Vorschlag zur Problemlösung macht *Löns* in *Löns/Herold-Tews*, § 16 Rn. 7. Nach ihm soll die Hilfebedürftigkeit des Betroffenen im Sinne des § 9 Abs. 1 erst dann entfallen, wenn der Betroffene auch die weiteren Maßnahmekosten selbst aufbringen kann. Allerdings wird das die Fälle, in denen Angehörige der Bedarfsgemeinschaft (wieder) zu Einkommen gelangen und deshalb die Hilfebedürftigkeit des Betroffenen entfällt, nicht wirklich lösen.

II. Leistungen nach Abs. 2

7   Die Regelung in Abs. 2 betrifft nur die Konstellation, dass die Hilfebedürftigkeit eines Arbeitsuchenden aufgrund des Bezuges von Einkommen entfällt; ein Zufluss von Vermögen ist ohne Relevanz.

8   Für diese Konstellation sollen die Arbeitsuchenden die Beratungs- und Vermittlungsleistungen nach §§ 29 ff. SGB III, Leistungen zur Stabilisierung einer Beschäftigungsaufnahme nach § 46 Abs. 1 S. 1 Nr. 5 SGB III oder die kommunalen Eingliederungsleistungen nach § 16 a SGB II und ggf. ein Eingliederungsgeld nach § 16 b SGB II nicht verlieren.

9   Dies gilt so lange, wie AG oder Träger im Hinblick auf die schon begonnene Maßnahme gefördert werden.

10   Zur Absicherung des Erfolgs, der mit dieser „Gleichwohl-Gewährung" beabsichtigt ist, soll eine entsprechende Eingliederungsvereinbarung nach § 15 geschlossen werden (Abs. 2 S. 2).

Einrichtungen und Dienste für Leistungen zur Eingliederung

17 (1) [1]Zur Erbringung von Leistungen zur Eingliederung in Arbeit sollen die zuständigen Träger der Leistungen nach diesem Buch eigene Einrichtungen und Dienste nicht neu schaffen, soweit geeignete Einrichtungen und Dienste Dritter vorhanden sind, ausgebaut oder in Kürze geschaffen werden können. [2]Die zuständigen Träger der Leistungen nach diesem Buch sollen Träger der freien Wohlfahrtspflege in ihrer Tätigkeit auf dem Gebiet der Grundsicherung für Arbeitsuchende angemessen unterstützen.

(2) [1]Wird die Leistung von einem Dritten erbracht und sind im Dritten Buch keine Anforderungen geregelt, denen die Leistung entsprechen muss, sind die Träger der Leistungen nach diesem Buch zur Vergütung für die Leistung nur verpflichtet, wenn mit dem Dritten oder seinem Verband eine Vereinbarung insbesondere über

1. Inhalt, Umfang und Qualität der Leistungen,

2. die Vergütung, die sich aus Pauschalen und Beträgen für einzelne Leistungsbereiche zusammensetzen kann, und

3. die Prüfung der Wirtschaftlichkeit und Qualität der Leistungen besteht.

[2]Die Vereinbarungen müssen den Grundsätzen der Wirtschaftlichkeit, Sparsamkeit und Leistungsfähigkeit entsprechen.

Die Vorschrift könnte für die derzeit bestehenden Angebote vor **1** allem der Träger der freien Wohlfahrtspflege zu einer wichtigen Säule ihrer eigenen „Existenzsicherung" werden. In **Abs. 1 S. 2** werden die Leistungsträger nach dem SGB II, also die Agentur für Arbeit, die kommunalen Träger sowie die zugelassenen kommunalen Träger zur „angemessenen Unterstützung" dieser Einrichtungen verpflichtet. Nachdem aber in Abs. 2 S. 1 die Vergütung für einzelne Leistungen solcher Einrichtungen gesondert angesprochen wird, muss es in Abs. 1 S. 2 um eine Unterstützung gehen, die gleichsam „im Vorfeld" die „Sicherung der Infrastruktur" fördert. Die Formulierung ist so weit gefasst, dass man auch eine direkte finanzielle Unterstützung wird als (mit) gemeint ansehen können. Was das aber im einzelnen bedeutet, ob es insbesondere wieder zu einer Stärkung des Subsidiaritätsprinzips zugunsten der Träger der freien Wohlfahrtspflege kommen wird, kann erst die Praxis erweisen. Hier wird viel auch darauf ankommen, wie die Sozialgerichte mit dem Begriff der „Unterstützung" in Abs. 1 S. 2 umgehen werden.

Die Leistungsträger nach dem SGB II „sollen" keine eigene Infra- **2** struktur schaffen, wenn geeignete andere Angebote bereits vorhanden sind, ausgebaut oder in Kürze geschaffen werden können. Gibt es also keinen gewichtigen besonderen Grund für die Schaffung eigener Strukturen, so müssen die Leistungsträger zur Erbringung von Leistungen zur Eingliederung in Arbeit nicht nur auf vorhandene Angebote zurückgreifen, sondern beispielsweise einer kirchlichen Schuldnerberatungsstelle, die zuletzt unter starken finanziellen Druck geraten war und deshalb ihre Personalkapazitäten reduzieren musste, bei der Ausweitung dieser Kapazitäten helfen, sie dabei im Sinne des Abs. 1 S. 2 „unterstützen".

3   Gerade die Leistungen im Sinne des Abs. 2 S. 2 bieten sich förmlich dazu an, die in Abs. 1 S. 1 geregelte Subsidiarität zur Geltung zu bringen. Für die Leistungserbringung durch Dritte ist ferner an Leistungen wie die Beauftragung mit der Vermittlung in Arbeit, Maßnahmen der Eignungsfeststellung oder Trainingsmaßnahmen oder Berufsausbildung und beschäftigungsbegleitende Hilfen zu denken (s. hierzu auch *Brühl/Hofmann*, S. 176).

4   Es wäre zu wünschen, dass die ausgeprägte „Vormachtstellung" von gewerkschaftlichen oder arbeitgeberseitigen Einrichtungen der beruflichen Weiterbildung begrenzt würde. Hier sind Interessenverflechtungen entstanden, die nicht nur in einzelnen Fällen zu einer Verteuerung der Arbeitsmarktpolitik ohne entsprechenden Erfolg geführt haben. Dem sollte entgegengewirkt werden.

5   Leistungserbringer, die mit einem Leistungsträger nicht identisch, also „Dritte" sind, erhalten von den Leistungsträgern nur dann eine Vergütung, wenn die Einhaltung bestimmter Qualitätsstandards gewährleistet ist.

6   Derartige Standards können sich zunächst aus dem SGB III ergeben, wenn die betreffende Leistung dort ebenfalls vorgesehen und im Hinblick auf Qualitätskriterien geregelt worden ist.

7   Ist das jedoch nicht der Fall, müssen entsprechende Vereinbarungen mit bestimmten Mindestinhalten vorliegen, wenn die Leistungserbringer einen Rechtsanspruch auf eine Vergütung ihrer Leistungen erwerben wollen. Eine Ausnahme kann nur gelten, wenn im Einzelfall ein Auftrag zur Leistungserbringung durch den zuständigen Leistungsträger trotz des Fehlens einer Vereinbarung erteilt wurde, da andernfalls den Leistungsträgern widersprüchliches Verhalten ermöglicht würde, das in der Beauftragung einerseits und der Verweigerung einer Vergütung andererseits zu sehen wäre.

8   Bei der Ausgestaltung der Mindestinhalte derartiger Vereinbarungen fallen gewisse Parallelen zu den Bestimmungen des SGB XI (§§ 71 ff. und 79 ff.) über die Beziehungen der Pflegekassen zu den Leistungserbringern, besonders den ambulanten und stationären Pflegeeinrichtungen ins Auge.

9   Es müssen naturgemäß Inhalt und Umfang der vom Dritten zu erbringenden Leistungen, aber eben auch deren Qualität geregelt werden (**Abs. 2 S. 1 Nr. 1**). Auch muss vorgesehen werden, wie die Wirtschaftlichkeit und Qualität der Leistungen geprüft werden soll (**Abs. 2 S. 1 Nr. 3**). Nachdem derzeit noch entsprechende Vereinbarungen weitgehend fehlen, wird darauf zu achten sein, dass einerseits bundesweit

eine gewisse Einheitlichkeit gerade bei den Qualitätsanforderungen erreicht, andererseits aber den Leistungsträgern vor Ort genügend Spielraum zur Ausgestaltung belassen wird. Ob man dazu auf ein Instrument wie die Rahmenempfehlungen nach dem SGB XI oder andere Arten von „Leitlinien" zurückgreifen sollte, bedarf einer baldigen Klärung.

Schließlich muss die Vergütung der Leistung selbst in der Vereinba- **10** rung geregelt sein. Das Gesetz bestimmt ausdrücklich, dass hier sowohl mit Pauschalen als auch mit Einzelleistungsvergütungen gearbeitet werden kann. So könnte z. B. die pädagogische Betreuung in einer Maßnahme pauschal, ausgegebenes Kursmaterial mit einem Preis pro Seite bei einer maximalen Obergrenze vergütet werden.

Bei den Grundsätzen der Wirtschaftlichkeit, Sparsamkeit und Leis- **11** tungsfähigkeit im Sinne von **Abs. 2 S. 2** handelt es sich um die allgemein im Bereich der sozialen Sicherung geltenden Prinzipien, die zum Teil auch bereits in § 3 Abs. 1 S. 4 für die Leistungserbringung angesprochen wurden. Mit der Regelung in Abs. 2 S. 2 erhalten die Gerichte einen ersten Maßstab an die Hand, mit dem im Streitfalle eine Vereinbarung überprüft werden könnte.

Örtliche Zusammenarbeit

18 (1) [1]Die Agenturen für Arbeit arbeiten bei der Erbringung von Leistungen zur Eingliederung in Arbeit unter Berücksichtigung ihrer Aufgaben nach dem Dritten Buch mit den Beteiligten des örtlichen Arbeitsmarktes, insbesondere den Gemeinden, den Kreisen und Bezirken, den Trägern der freien Wohlfahrtspflege, den Vertretern der Arbeitgeber und Arbeitnehmer sowie den Kammern und berufsständischen Organisationen zusammen, um die gleichmäßige oder gemeinsame Durchführung von Maßnahmen zu beraten oder zu sichern und Leistungsmissbrauch zu verhindern oder aufzudecken. [2]Die örtlichen Träger der Sozialhilfe sind verpflichtet, mit den Agenturen für Arbeit zusammenzuarbeiten.

(1a) Absatz 1 gilt für die kommunalen Träger und die zugelassenen kommunalen Träger entsprechend.

(2) Die Leistungen nach diesem Buch sind in das regionale Arbeitsmarktmonitoring der Agenturen für Arbeit nach § 9 Absatz 2 des Dritten Buches einzubeziehen.

(3) [1]Die Agenturen für Arbeit sollen mit Gemeinden, Kreisen und Bezirken auf deren Verlangen Vereinbarungen über das Erbringen von Leistungen zur Eingliederung nach diesem Gesetz mit Ausnahme der Leistungen nach § 16 Absatz 1 schließen, wenn sie den durch eine Rechtsverordnung festgelegten Mindestanforderungen entsprechen. [2]Satz 1 gilt nicht für die zugelassenen kommunalen Träger.

(4) Das Bundesministerium für Arbeit und Soziales wird ermächtigt, ohne Zustimmung des Bundesrates durch Rechtsverordnung zu bestimmen, welchen Anforderungen eine Vereinbarung nach Absatz 3 mindestens genügen muss.

1   Nach **Abs. 1 S. 1** müssen die Agenturen für Arbeit „bei der Erbringung von Eingliederungsleistungen mit den Beteiligten des örtlichen Arbeitsmarktes zusammenarbeiten. Die Träger und Stellen sollen als Partner in vertrauensvoller Zusammenarbeit dafür Sorge tragen, dass die Eingliederungsleistungen möglichst gleichmäßig und flächendeckend zur Verfügung stehen. Zugleich sollen sie kooperieren, um Leistungsmissbrauch zu verhindern oder aufzudecken." (BT-Drucks. 15/1516, S. 55)

2   Nach **Abs. 1 S. 2** besteht eine **Verpflichtung der örtlichen Sozialhilfeträger zur Zusammenarbeit mit den Agenturen für Arbeit.** Nach der allgemeineren Bestimmung des § 86 SGB X, die aber subsidiär zum Tragen kommt, muss es sich sogar um eine „enge" Zusammenarbeit handeln. Auch die §§ 87 ff. können im Einzelfall für die Zusammenarbeit zwischen Sozialhilfeträger und Agentur für Arbeit herangezogen werden.

3   Fraglich ist, ob mit „örtliche Sozialhilfeträger" die Sozialhilfeträger vor Ort oder wirklich nur – was der Wortlaut zunächst einmal nahe legt – die örtlichen Träger der Sozialhilfe gemeint sind. Letzteres wäre aber misslich, wenn im Einzelfall einer stationären Unterbringung eines Betroffenen der überörtliche Träger der Sozialhilfe alle anfallenden Entscheidungen „aus einer Hand trifft". Dies spricht für die Interpretation, dass sich die Regelung an die örtlichen und überörtlichen Träger der Sozialhilfe vor Ort richtet.

4   **Abs. 1a** wurde eingefügt durch *Art. 1 Nr. 11 des Gesetzes zur optionalen Trägerschaft von Kommunen nach dem Zweiten Buch Sozialgesetzbuch (Kommunales Optionsgesetz) vom 30. Juli 2004 (BGBl. I, 2014 ff. [2016]).* Danach treten die kommunalen Träger i. S. d. § 6 Abs. 1 S. 1 Nr. 2, soweit es um die dort genannten Leistungen geht, sowie die zugelassenen kommunalen Träger (§ 6 a Abs. 2 S. 1; § 6 b) im Umfang der Reichweite ihrer jeweiligen Kompetenzen an die Stelle der Agenturen für Arbeit, sind also insbesondere an deren Stelle zur Zusammenarbeit mit den in Abs. 1 S. 1 genannten Institutionen verpflichtet.

5   **Arbeitsmarktmonitoring** im Sinne von **Abs. 2** ist ein System wiederholter Beobachtungen, Bilanzierungen, Trendbeschreibungen und Bewertungen der Vorgänge auf dem regionalen Arbeitsmarkt einschließlich der den Arbeitsmarktausgleich unterstützenden Maßnahmen (s. **§ 9 Abs. 2 S. 5 SGB III**). Für die Akteure auf dem örtlichen Arbeitsmarkt muss das Gesamtspektrum der aktiven Leistungen transparent und für Abstimmungsentscheidungen zugänglich gemacht werden. Es ist daher auch zweckmäßig, die Leistungen nach diesem Buch in ein regionales Arbeitsmarktmonitoring einzubeziehen.

Die Agenturen für Arbeit sind nach **Abs. 3 S. 1** gehalten, mit den 6
kommunalen Trägern, aber ggf. auch mit den Bezirken, auf deren Verlangen Vereinbarungen über das Erbringen von Leistungen nach dem
SGB II mit Ausnahme der in § 16 Abs. 1 genannten, originär von der
Agentur für Arbeit zu erbringenden Leistungen abzuschließen. Die
Vereinbarungen können öffentlich-rechtlicher und privatrechtlicher
Natur sein und jede Form der Zusammenarbeit betreffen. Da es bereits
eine Festlegung von Mindestanforderungen an eine solche Vereinbarung durch eine Rechtsverordnung, die nach **Abs. 4** (jetzt) das BMAS
ohne Zustimmung des Bundesrates erlassen konnte, gibt (s. *Verordnung*
über die Mindestanforderungen an die Vereinbarungen über Leistungen der Ein-
gliederung nach dem Zweiten Buch Sozialgesetzbuch [Mindestanforderungs-
Verordnung] vom 4. 11. 2004, BGBl. I, 2768, abgedruckt im Anschluss an
diese Randziffer), müssen getroffene Vereinbarungen diesen Mindestanforderungen genügen. Für den Fall, dass ein kommunaler Träger
nach § 6 a Abs. 2 zugelassen wurde, also dafür optiert hat, an die Stelle
der BA zu treten, macht die Regelung in Abs. 3 S. 1 wenig Sinn. Daher
werden zugelassene kommunale Träger von ihr durch **Abs. 3 S. 2** ausdrücklich ausgenommen.

Anhang zu § 18

die Vereinbarungen über Leistungen der Eingliederung nach dem Zweiten Buch Sozialgesetzbuch (Mindestanforderungs-Verordnung)

vom 4. 11. 2004, BGBl. I, 2768

Auf Grund des § 18 Abs. 4 in Verbindung mit § 18 Abs. 3 des
Zweiten Buches Sozialgesetzbuch – Grundsicherung für Arbeitsuchende – (Artikel 1 des Gesetzes vom 24. Dezember 2003,
BGBl. I S. 2954, 2955), von denen § 18 Abs. 3 durch Artikel 1
des Gesetzes vom 30. Juli 2004 (BGBl. I S. 2014) geändert worden ist, verordnet das Bundesministerium für Wirtschaft und Arbeit:

§ 1 Grundsatz

Die Agenturen für Arbeit sollen mit Gemeinden, Kreisen und
Bezirken ohne Vergabeverfahren auf deren Verlangen zur Durchführung der Grundsicherung für Arbeitsuchende Vereinbarungen
über das Erbringen von Leistungen zur Eingliederung in Arbeit
mit Ausnahme der Leistungen nach § 16 Abs. 1 des Zweiten Buches Sozialgesetzbuch schließen, wenn die Vereinbarungen den
Mindestanforderungen des § 2 entsprechen.

§ 2 Mindestanforderungen

Eine Vereinbarung über das Erbringen von Eingliederungsleistungen muss mindestens

1. eine Beschreibung von Inhalt, Umfang und Qualität der Leistungen (Leistungsvereinbarung),
2. eine verbindliche Regelung über die Vergütung, die sich aus Pauschalen und Beträgen für einzelne Leistungsbereiche zusammensetzt (Vergütungsvereinbarung),
3. überprüfbare Anforderungen an die Überprüfung von Wirtschaftlichkeit und Qualität der Leistungen (Prüfungsvereinbarung) sowie Regelungen über Mitteilungspflicht, Befristung und Kündigung beinhalten.

§ 3 Leistungsvereinbarung

Die Leistungsvereinbarung muss die wesentlichen Leistungsmerkmale festlegen. Dies sind mindestens
1. die Beschreibung der zu erbringenden Leistung,
2. Ziel und Qualität der Leistung,
3. die Qualifikation des Personals,
4. die erforderliche räumliche, sächliche und personelle Ausstattung und
5. die Verpflichtung, im Rahmen des Leistungsangebotes Leistungsberechtigte aufzunehmen.

§ 4 Vergütungsvereinbarung

Die Vergütungsvereinbarung muss den Grundsätzen der Wirtschaftlichkeit und Sparsamkeit entsprechen. Die Gemeinde, der Kreis oder der Bezirk haben jeweils nach längstens sechs Monaten die Kosten für die erbrachten Leistungen abzurechnen.

§ 5 Prüfungsvereinbarung

Die Prüfungsvereinbarung muss mindestens das Recht der Agentur für Arbeit beinhalten, die Wirtschaftlichkeit und die Qualität der Leistung zu prüfen und mit Leistungen zu vergleichen, die von Dritten zur Erreichung des mit der Leistung verfolgten Ziels angeboten oder durchgeführt werden; sie muss insbesondere das Recht auf
1. das Betreten von Grundstücken und Geschäftsräumen während der üblichen Öffnungszeit,
2. Einsicht in maßnahmebetreffende Unterlagen und Aufzeichnungen und
3. Befragung der Maßnahmeteilnehmer zur Prüfung der Leistungen umfassen.

§ 6 Mitteilungspflicht

Eine Vereinbarung über das Erbringen von Eingliederungsleistungen muss mindestens die Verpflichtung der Gemeinde, des Kreises oder des Bezirkes enthalten, der Agentur für Arbeit alle Tatsachen mitzuteilen, von denen sie oder er Kenntnis erhält und die für die in § 31 des Zweiten Buches Sozialgesetzbuch vorgesehenen Rechtsfolgen erheblich sind.

§ 7 Befristung

Die Befristung darf fünf Jahre nicht übersteigen. Eine neue Vereinbarung darf nur abgeschlossen werden, wenn

1. die Prüfung nach § 5 ergeben hat, dass die Anforderungen an Wirtschaftlichkeit und Qualität erfüllt worden sind und
2. das mit der Leistung angestrebte Ziel auf dem Arbeitsmarkt, die Beschäftigung und die individuelle Beschäftigungsfähigkeit erreicht wurde; dies wird vermutet, wenn die erbrachten Eingliederungsleistungen in einem Leistungsvergleich unter Berücksichtigung regionaler Besonderheiten wenigstens durchschnittliche Ergebnisse erzielt haben.

§ 8 Kündigung

Eine Vereinbarung über das Erbringen von Eingliederungsleistungen muss vorsehen, dass die Vereinbarung

1. bei einer wesentlichen und voraussichtlich nachhaltigen Änderung der Verhältnisse, die im Zeitpunkt der Vereinbarung vorgelegen haben, mit einer Frist von höchstens einem Jahr und
2. aus wichtigem Grund ohne Frist gekündigt werden kann.

§ 9 Inkrafttreten

Diese Verordnung tritt am Tag nach der Verkündung in Kraft.

Zusammenarbeit mit den für die Arbeitsförderung zuständigen Stellen

18a [1]Beziehen erwerbsfähige Hilfebedürftige auch Leistungen der Arbeitsförderung, so sind die Agenturen für Arbeit, die zugelassenen kommunalen Träger und die Arbeitsgemeinschaften verpflichtet, bei der Wahrnehmung der Aufgaben nach diesem Buch mit den für die Arbeitsförderung zuständigen Dienststellen der Bundesagentur für Arbeit eng zusammenzuarbeiten. [2]Sie unterrichten diese unverzüglich über die ihnen insoweit bekannten, für die Wahrnehmung der Aufgaben der Arbeitsförderung erforderlichen Tatsachen, insbesondere über

1. die für erwerbsfähige Hilfebedürftige, die auch Leistungen der Arbeitsförderung beziehen, vorgesehenen und erbrachten Leistungen zur Eingliederung in Arbeit,
2. den Wegfall der Hilfebedürftigkeit bei diesen Personen.

§ 18 a wurde durch das SGB II-Fortentwicklungsgesetz vom 20. 7.   **1**
2006 (BGBl. I, S. 1706) mit Wirkung vom 1. 8. 2006 in das SGB II eingefügt. Zur Entstehungsgeschichte s. BT-Drs. 16/1410, S. 23 und S. 31.

2 Personen, die nach einer nur gering bezahlten Tätigkeit arbeitslos werden, sind nicht selten auf eine **Aufstockung** ihres Arbeitslosengeld I-Anspruches durch Leistungen nach dem SGB II angewiesen. Sie fallen dann also zeitgleich unter die Geltung von SGB III und SGB II.

3 Die Vorschrift „spiegelt" zum einen die funktionsgleiche Bestimmung des § 9 a im SGB III und ergänzt zum anderen die Regelung in § 18 speziell für das Verhältnis der Leistungsträger nach SGB II und SGB III.

4 Es liegt auf der Hand, dass bei solch großer Nähe wie zwischen den Leistungen nach SGB III und SGB II Schnittstellenprobleme auftreten, die eine enge Abstimmung der beteiligten Leistungsträger erfordern. Oder dass die BA wissen muss, wenn Hilfebedürftigkeit entfällt, so dass ihre alleinige Zuständigkeit begründet wird.

5 Durch **S. 1** wird eher programmatisch eine **allgemeine Kooperationspflicht** statuiert.

6 **S. 2** sollte im Interesse einer nicht ausufernden Gläsernheit der Leistungs- und Hilfeempfänger restriktiv verstanden werden. Nur die Daten, die für die Aufgabenwahrnehmung beider Trägerseiten wirklich erforderlich sind, sollten auch ausgetauscht werden. Die –allerdings nicht abschließende – **Aufzählung** in **S. 2 Nr. 1 und 2** macht aber den Zweck deutlich, der allein mit einem solchen Datentransfer verfolgt werden sollte und darf.

Abschnitt 2. Leistungen zur Sicherung des Lebensunterhalts

Unterabschnitt 1. Arbeitslosengeld II und befristeter Zuschlag

Arbeitslosengeld II

19 [1]Erwerbsfähige Hilfebedürftige erhalten als Arbeitslosengeld II Leistungen zur Sicherung des Lebensunterhalts einschließlich der angemessenen Kosten für Unterkunft und Heizung. [2]Der Zuschuss nach § 22 Abs. 7 gilt nicht als Arbeitslosengeld II. [3]Das zu berücksichtigende Einkommen und Vermögen mindert die Geldleistungen der Agentur für Arbeit; soweit Einkommen und Vermögen darüber hinaus zu berücksichtigen ist, mindert es die Geldleistungen der kommunalen Träger.

I. Allgemeines

1 Die Vorschrift hat einerseits – in Satz 1 – den Charakter einer Überblicksnorm, die definiert, aus welchen Einzelelementen sich das Arbeitslosengeld II zusammensetzt. Andererseits versteckt sich beinahe in

S. 3 eine Regelung von kaum zu unterschätzender politischer Brisanz. Denn hier wird eine Rangordnung der Art gebildet, dass sich der Bund, der auch die Gesetzgebungskompetenz für das SGB II hatte, gleichsam den ersten Zugriff auf einzusetzendes Einkommen und Vermögen eines Hilfebedürftigen sichert und den Kommunen nur das belässt, was danach übrig bleibt. Im Hinblick auf die Verpflichtung der Kommunen, die auf Grund des Gesetzes entstehenden Kosten für Unterkunft und Heizung zu tragen, und vor dem Hintergrund, dass schon im Vorfeld heftig über die Höhe des dafür vom Bund zu leistenden Erstattungsbetrages gestritten worden war, steckt in S. 3 erhebliches „Frustrationspotential" für die kommunalen Leistungsträger. **S. 2** schließlich, der mit Wirkung zum 1. 8. 2006 (Gesetz vom 20. 7. 2006, BGBl. I, S. 1706) eingefügt wurde, hat die Funktion zu verhindern, dass Studierende oder Auszubildende, die für ihre − vor allem trotz Förderung der jeweiligen Ausbildung − ungedeckten Kosten für Unterkunft und Heizung einen Zuschuss erhalten, allein aufgrund dieses Zuschusses sozialversicherungspflichtig werden (z. B. nach § 5 Abs. 1 Nr. 2a SGB V). Deshalb erfolgte die Festlegung, dass dieser Zuschuss kein Arbeitslosengeld II darstellt, dessen Bezug wiederum Voraussetzung für die soeben angesprochene Sozialversicherungspflicht wäre.

II. Systematische Einteilung der Geldleistungen

Die Vorschrift verdeutlicht, dass das Gesetz in seiner jetzigen Fassung   **2** unter erheblichem Zeitdruck entstanden ist. In der Überschrift des zweiten Abschnitts von Kapitel 3 findet sich die Formulierung „Leistungen zur Sicherung des Lebensunterhalts". Der Abschnitt 2 wird sodann aber systematisch unterteilt in vier Unterabschnitte, von denen sich die beiden ersten mit den Geldleistungen Arbeitslosengeld II, dem befristeten Zuschlag und dem Sozialgeld befassen, die beiden letzten mit „Anreizen und Sanktionen" bzw. „Verpflichtungen anderer". Zumindest der letzte Unterabschnitt wäre systematisch besser als eigener Abschnitt ausgestaltet worden. Außerdem ist es nun so, dass alles, was „eigentlich" mit Leistungen zur Sicherung des Lebensunterhaltes gemeint ist, im ersten Unterabschnitt zu finden ist. Soweit dies auch für die Bezieher von Sozialgeld relevant ist, wird es in § 28 in Bezug genommen.

Vollends verwirrend wird es, wenn nach der Fassung von S. 1 die   **3** Leistungen zur Sicherung des Lebensunterhaltes offenbar eine andere Kategorie bilden als die angemessenen Kosten für Unterkunft und Heizung. Denn wären letztere ein Bestandteil ersterer, hätte es der Formulierung „... einschließlich ..." nicht bedurft. Wollte man spitzfindig sein, so müsste man danach zu dem Schluss gelangen, dass eigentlich nur die Regelleistungen nach § 20, die Leistungen für Mehrbedarfe

beim Lebensunterhalt nach § 21 sowie die darlehensweise erbrachten
Leistungen nach § 23 Abs. 1 und die gesondert erbrachten einmaligen
Hilfen nach § 23 Abs. 3 zu den Leistungen zur Sicherung des Lebensunterhaltes gehören. Alles andere, namentlich die Leistungen für Unterkunft und Heizung nach § 22 sowie das Sozialgeld nach § 28, nimmt
eine Sonderstellung ein.

4   Es ist zu hoffen, dass diese vom Gesetzgeber gestifteten Verwirrun-
gen keine praktische Relevanz erlangen. Aber es liegt auf der Hand,
dass immer dann, wenn an anderer Stelle auf „Arbeitslosengeld II" verwiesen wird, die Frage auftauchen könnte, was genau denn nun diese
in Bezug genommene Leistung ausmacht und umfasst.

III. Vorrang/Nachrang beim Zugriff auf einzusetzendes Einkommen und Vermögen

6   In der ersten Entwurfsfassung war noch eine völlig neutrale Formulierung von (jetzt) S. 3 enthalten, wonach sich das Arbeitslosengeld II
um das zu berücksichtigende Einkommen und Vermögen mindert.
Dies war für eine bedürftigkeitsgeprüfte Leistung sozusagen selbstver-
ständlich. Die Gesetz gewordene Fassung ging auf die Beschlussemp-
fehlung des Vermittlungsausschusses vom 16. 12. 2003 (BT-Drucks. 15/
2259, S. 3 [zu Art. 1 Nr. 11]; s. auch BR-Drs. 943/03, S. 4 unten) zurück.
Sie muss als Teil des Kompromisses gesehen werden, der durch den an-
haltenden Widerstand der Kommunen und einiger Bundesländer gegen die von den Kommunen zu finanzierenden Leistungsbestandteile
bei gleichzeitig unzureichender Finanzausstattung der Kommunen erhoben wurde.

7   Die Kommunen konnten nach diesem Streit zwar eine höhere Zuweisung des Bundes als Erfolg verbuchen. Die Regelung in S. 3 könnte
aber in vielen Fällen zugleich dazu führen, dass die Bundesagentur
überhaupt keine Geldleistungen (Alg. II; Sozialgeld) zu erbringen hat,
wohingegen sich die Kommunen mit dem verbleibenden Rest an zu
berücksichtigendem Einkommen und Vermögen begnügen müssen
und damit die von ihr zu erbringenden Leistungen auch in nahezu voller Höhe tatsächlich zu gewähren haben. Da die Einigungsstelle nach
§ 45 nicht nur bei Streitigkeiten über die Erwerbsfähigkeit, sondern
auch bei Streitigkeiten über die Hilfsbedürftigkeit zu entscheiden hat,
könnte es dazu kommen, dass die Kommunen alle Anstrengungen
unternehmen werden, um möglichst viel an Einkommen und Vermögen der Betroffenen für berücksichtigungsfähig zu erklären, weil dies
zu einer finanziellen Entlastung der kommunalen Haushalte führen
würde. Ob sich aber umgekehrt in einer Auseinandersetzung vor der
Einigungsstelle die Bundesagentur zur Sachwalterin der Betroffenen
machen wird, darf bezweifelt werden. Die Betroffenen selber haben

aber kein Recht, von der Einigungsstelle angehört zu werden. Die zu erwartenden Rechtsstreitigkeiten um die Frage des Einsatzes von Einkommen und Vermögen werden wiederum – abgesehen von den Optionsfällen – die Agenturen für Arbeit, in der Regel vertreten durch die ARGE nach § 44b, zu führen haben.

Regelleistung zur Sicherung des Lebensunterhalts

20 (1) Die Regelleistung zur Sicherung des Lebensunterhalts umfasst insbesondere Ernährung, Kleidung, Körperpflege, Hausrat, Haushaltsenergie ohne die auf die Heizung entfallenden Anteile, Bedarfe des täglichen Lebens sowie in vertretbarem Umfang auch Beziehungen zur Umwelt und eine Teilnahme am kulturellen Leben.

(2) Die monatliche Regelleistung beträgt für Personen, die allein stehend oder allein erziehend sind oder deren Partner minderjährig ist, 345 Euro. Die Regelleistung für sonstige erwerbsfähige Angehörige der Bedarfsgemeinschaft beträgt 80 vom Hundert der Regelleistung nach Satz 1.

(2a) Abweichend von Absatz 2 Satz 1 erhalten Personen, die das 25. Lebensjahr noch nicht vollendet haben und ohne Zusicherung des zuständigen kommunalen Trägers nach § 22 Absatz 2a umziehen, bis zur Vollendung des 25. Lebensjahres 80 vom Hundert der Regelleistung.

(3) Haben zwei Partner der Bedarfsgemeinschaft das 18. Lebensjahr vollendet, beträgt die Regelleistung jeweils 90 vom Hundert der Regelleistung nach Absatz 2.

(4) ¹Die Regelleistung nach Absatz 2 Satz 1 wird jeweils zum 1. Juli eines Jahres um den Vomhundertsatz angepasst, um den sich der aktuelle Rentenwert in der gesetzlichen Rentenversicherung verändert. ²Für die Neubemessung der Regelleistung findet § 28 Absatz 3 Satz 5 des Zwölften Buches entsprechende Anwendung. ³Das Bundesministerium für Arbeit und Soziales gibt jeweils spätestens zum 30. Juni eines Kalenderjahres die Höhe der Regelleistung nach Absatz 2, die für die folgenden zwölf Monate maßgebend ist, im Bundesgesetzblatt bekannt. ⁴Bei der Anpassung nach Satz 1 sind Beträge, die nicht volle Euro ergeben, bis zu 0,49 Euro abzurunden und von 0,50 Euro an aufzurunden.

I. Begriff des Lebensunterhalts und Funktion der Regelleistung

Die Vorschrift verwendet, insoweit noch unter Bezugnahme auf **1** den Wortlaut der §§ 11 Abs. 1 S. 1; 12 BSHG den **unbestimmten Begriff des Lebensunterhalts.** Dieser ist gleichzusetzen mit dem **Be-**

darf des Hilfeempfängers bzw. der entsprechenden Bedarfsgemeinschaft. Mit dem Lebensunterhalt wird mindestens das bezeichnet, was einem Menschen in Ableitung aus Art. 1 und 2 GG materiell zustehen sollte. Es geht um die **Grundbedürfnisse des täglichen Lebens**, in Abgrenzung von einem besonderen Hilfebedarf, der früher mit dem Begriff der besonderen Lebenslage bezeichnet wurde. Diese Grundbedürfnisse werden in **Abs. 1** nicht abschließend aufgeführt, wie sich aus dem Wort „insbesondere" ergibt. Die richtige Auslegung und Anwendung des Begriffs des (notwendigen) Lebensunterhalts unterliegt der gerichtlichen Überprüfung (so für die Rechtslage nach BSHG: *Schellhorn/Jirasek/Seipp*, § 22 Rz. 7 mwN).

2   Die Beantwortung der Frage, was im Einzelnen zum notwendigen Lebensunterhalt gehört, unterliegt dem gesellschaftlichen Wandel. Sie wirkt sich vor allem bei der Bemessung der Regelsätze aus.

3   Wie sich im Umkehrschluss aus § 21 Abs. 5 ableiten lässt, ist mit **Ernährung** grundsätzlich nur die „normale" Versorgung mit Essen und Trinken gemeint. Diese wird von den Regelsätzen erfasst. Eine besondere Ernährung, wie sie im Falle einer Krankheit notwendig sein kann, wird nur erfasst, wenn die Voraussetzungen von **§ 21 Abs. 5** in Verbindung mit einer entsprechenden Empfehlung des Deutschen Vereins für öffentliche und private Fürsorge bzw. einschlägiger Sozialhilferichtlinien erfüllt sind.

4   **Kosten der Unterkunft** wurden – insoweit anders als nach dem BSHG – nicht in die erläuternde Aufzählung einzelner Elemente des Lebensunterhaltes aufgenommen, sondern komplett, nämlich in § 22, gesondert geregelt, was auch mit der nach neuem Recht gespaltenen Kostenträgerschaft zu tun haben dürfte. Durch das Gesetz vom 20. 7. 2006 (BGBl. I, S. 1706) wurde – nachträglich – klar gestellt, dass die Haushaltsenergie grundsätzlich aus der Regelleistung beschafft werden muss; lediglich für die auf die Heizung, die in § 22 geregelt ist, entfallenden Anteile gilt etwas anderes.

5   Gegenstände wie **Kleidung, Hausrat** u. a. müssen nun vollständig aus der Regelleistung bestritten werden, da einmalige Leistungen weitgehend abgeschafft wurden, dafür aber die Eckregelleistung gegenüber dem früheren BSHG-Eckregelsatz um knapp 60 Euro angehoben wurde. Lediglich Erstausstattungen von Wohnungen oder mit Bekleidung unterliegen noch einer Sonderregelung nach § 23 Abs. 3 S. 1 Nr. 1 und 2 und werden nicht von der Regelleistung umfasst.

6   **Aufwendungen für Körperpflege**, zu denen Kosten der Körperreinigung, aber auch mittelbare Kosten der Körperpflege wie die Reinigung der Leibwäsche gezählt werden, sind aus dem Regelsatz zu decken.

7   Mit den **Beziehungen zur Umwelt** sind die sozialen Außenkontakte der HilfeempfängerInnen gemeint. Es muss die Möglichkeit der Teilnahme am Leben in der Gemeinschaft eingeräumt werden.

Aufwendungen für die Teilnahme am kulturellen Leben (**Abs. 1** 8
a. E.): Diese sind mit der Regelleistung abgegolten. Potentielle Hilfeempfänger sind auf die Möglichkeit hinzuweisen, sich nach den
Vorschriften der Länderverordnungen über die Befreiung von der
Rundfunkgebührenpflicht, die auf Grund des Rundfunkgebührens-
taatsvertrages erlassen werden (z. B. in Bayern durch BefrVO vom
21. 7. 1992, GVBl., S. 254, abgedr. in der Loseblattsammlung „Sozialhilferecht in Bayern"), auf Antrag von diesen Kosten befreien zu lassen.

Den Bedürfnissen von Kindern und Jugendlichen, besonders im Be- 9
reich der Ernährung und Kleidung, da dieser vor allem durch die Entwicklung und das Heranwachsen der Kinder und Jugendlichen bedingt ist, wird nicht mehr wie noch im BSHG gesondert Rechnung
getragen. Dies schlägt sich auch darin nieder, dass in der Altersgruppe
vom Beginn des 15. bis zur Vollendung des 18. Lebensjahres nicht mehr
– wie bislang – eine höhere Regelleistung vorgesehen ist als bei volljährigen Angehörigen einer Bedarfsgemeinschaft.

II. Höhe der Eckregelleistung (Abs. 2 S. 1)

In **Abs. 2 S. 1** wird die sogenannte „**Eckregelleistung**" bestimmt. 10
Im Gesetzestext wird der Wert genannt, der der Erstfassung des SGB II
zugrunde lag. Mit Wirkung vom 1. 7. 2009 wurde dieser Betrag zuletzt
auf 359 Euro angehoben.

Anders als bislang nach dem BSHG wird der Begriff des Haushalts- 11
vorstandes nicht mehr verwendet. Vielmehr gibt es drei Gruppen von
Personen, denen künftig die Eckregelleistung zugeordnet wird:
– Alleinstehende
– Alleinerziehende
– Personen, deren Partner (zu diesem Begriff § 7 Abs. 3 Nr. 3 a–c)
minderjährig sind.

Gegenüber den bisherigen „Eckregelsätzen" nach BSHG bzw. – in 12
Bayern – Mindestregelsätzen ist die Eckregelleistung deutlich höher.
Das hat damit zu tun, dass gleichzeitig die – früher in § 21 Abs. 1a und
Abs. 2 BSHG geregelten – einmaligen Leistungen von drei Ausnah-
men abgesehen (zu ihnen § 23 Abs. 3) abgeschafft wurden. Ob sich
hieraus rein rechnerisch eine Besserstellung zumindest für die zuvor
Bezieher von Sozialhilfe nach dem BSHG ergibt, soll hier nicht ab-
schließend entschieden werden. Ganz sicher aber verlangt das neue
Konzept die Fähigkeit zum vorausschauenden Umgang mit Geld, die
jedoch nicht in jedem Fall unterstellt werden kann. Es wird daher der
Erfolg dieser neuen Betonung von Eigenverantwortung unter Umständen ganz entscheidend davon abhängen, welche Hilfestellungen
Betroffenen im Bereich des Umgangs mit Einkommen gegeben wer-

den. Der in § 23 Abs. 1 aufgezeigte Weg einer „Kleinkreditvergabe"
durch die Agentur für Arbeit sollte jedenfalls nicht flächendeckend
zum Regelfall werden.

III. Höhe der einzelnen Regelleistungen in Bedarfs-gemeinschaften (Abs. 2 S. 2 und Abs. 3)

13   **Abs. 3** trägt dem Umstand Rechnung, dass bei Zusammenleben
mehrerer Personen in einer Bedarfsgemeinschaft bestimmte Kosten-
belastungen relativ abnehmen. Daher wird zwei volljährigen Partnern
einer Bedarfsgemeinschaft jeweils eine Regelleistung von 90 % der
Eckregelleistung zugeordnet. Hierbei hat sich der Gesetzgeber offenkundig am BSHG orientiert, wo dem Haushaltsvorstand 100 % und einer weiteren volljährigen Person in der Bedarfsgemeinschaft 80 % des
Eckregelsatzes zugestanden wurden.

14   Bei den beiden Partnern der Bedarfsgemeinschaft, die das 18. Lebensjahr vollendet haben, muss es sich nicht um jeweils Erwerbsfähige
handeln. Es kann also eine/einer von beiden auch Bezieher von Sozialgeld sein. Denkbar ist vor dem Hintergrund von § 7 Abs. 3 Nr. 2 sogar,
dass nur ein minderjähriges Kind erwerbsfähig ist, dessen Eltern aber
beide nicht erwerbsfähig und damit Bezieher von Sozialgeld nach
§ 28. Auch in diesem Fall würde den Eltern ein Betrag von 90 % der
Eckregelleistung und dem erwerbsfähigen Minderjährigen – nach
Abs. 2 S. 2 – „lediglich" 80 % der Eckregelleistung zugestanden.

15   Für die Höhe der Regelleistungen für sonstige Angehörige der Bedarfsgemeinschaft, die nicht erwerbsfähig sind, gilt § 28 Abs. 1 S. 3 Nr. 1.

16   Für sonstige erwerbsfähige Angehörige der Bedarfsgemeinschaft ist
nach Abs. 2 S. 2 eine Regelleistung von 80 % der Eckregelleistung
maßgeblich.

Übersicht: Maßgebende Regelleistungen nach § 20 (also ohne
Sozialgeldbezieher; zu diesen s. § 28 Rz. 13) ab 1. 7. 2009 bis voraussichtlich 30. 6. 2010

Personen, die unter § 20 Abs. 2 S. 1 fallen [100 % der Eckregelleistung]	Personen, die unter § 20 Abs. 3 fallen [90 % der Eckregelleistung]	Personen, die unter § 20 Abs. 2 S. 2 fallen [80 % der Eckregelleistung]
359	323	287

IV. „U25"-Regelung (Abs. 2a)

17   Durch das Gesetz vom 24. 3. 2006 (BGBl. I, S. 558), das zum 1. 4.
2006 Wirkung entfaltete, wurde darauf reagiert, dass die ursprüngliche
Fassung des Gesetzes von zahlreichen Jugendlichen/jungen Erwachse-

nen dazu genutzt wurde, aus der elterlichen Wohnung auszuziehen, als allein Stehende die Eckregelleistung sowie Kosten der Unterkunft und Heizung zu erhalten und so zu einem bei weitem unterschätzten Aufwand für dieses Leistungssegment beitrugen. Seit dem 1. 4. 2006 müssen alle, die noch nicht das 25. Lebensjahr vollendet haben und aus der elterlichen Wohnung ausziehen wollen, eine vorherige Zusicherung des kommunalen Trägers für die Übernahme von Unterkunfts- und Heizkosten einholen. Tun sie dies nicht, erhalten sie überhaupt keine Unterkunfts- und Heizkosten (s. **§ 22 Abs. 2a S. 1**) und – gleichsam zur Flankierung – nach **Abs. 2a des § 20** auch nur 80 % der jeweiligen Eckregelleistung.

V. Anpassung der Eckregelleistung (Abs. 4)

Für die weitere Entwicklung wird die **Eckregelleistung an den** 18 **sogenannten aktuellen Rentenwert in der gesetzlichen Rentenversicherung**, mit dem dort die Dynamisierung der Renten aus der gesetzlichen Rentenversicherung bewirkt wird, **gekoppelt**. Dies kann je nach Entwicklung in der Wirtschaft, bei Steuern und Sozialabgaben damit auch zu einem Sinken der Eckregelleistung führen, weil nach der geltenden Anpassungsformel im SGB VI (s. dort § 68 Abs. 5) ebenfalls eine „Anpassung nach unten" im System als möglich angelegt ist. Dies passt nicht mit der Ausgestaltung des Arbeitslosengeldes II als Sozialhilfeleistung zusammen. Die eine Mindest-Lebensunterhaltssicherung erreichen soll.

Durch **§ 69 Abs. 1 S. 2 SGB VI** ist die Bundesregierung angehalten, 19 die jeweilige Rentenanpassung bis zum **31. März** des betreffenden Jahres zu bestimmen. Dies wird daher auch der Zeitpunkt sein, ab dem man die Veränderung zum **1. Juli** eines Jahres kennen wird. Dennoch verpflichtet **Abs. 4 S. 3** das BMAS nur zur Bekanntgabe der für die nächsten 12 Monate maßgeblichen Eckregelleistung bis spätestens 30. Juni eines Jahres. Dies ist eine vermeidbare Abweichung, nachdem man im Übrigen gerade in Abs. 4 S. 1 die Entwicklung an den aktuellen Rentenwert gekoppelt hat.

Liegt eine **neue Einkommens- und Verbrauchsstichprobe** vor, 20 so erfolgt auch beim Arbeitslosengeld II eine Neubemessung. Dies folgt daraus, dass **Abs. 4 S. 2** die Regelung in **§ 28 Abs. 3 S. 5 SGB XII** für entsprechend anwendbar erklärt. Auch dieser Umstand belegt, dass die Orientierung am aktuellen Rentenwert einen Fremdkörper bildet.

Die Rundungsregel in **Abs. 4 S. 4** wäre angesichts des § 41 Abs. 2 21 nicht notwendig gewesen.

Leistungen für Mehrbedarfe beim Lebensunterhalt

21 (1) Leistungen für Mehrbedarfe umfassen Bedarfe nach den Absätzen 2 bis 5, die nicht durch die Regelleistung abgedeckt sind.

(2) Werdende Mütter, die erwerbsfähig und hilfebedürftig sind, erhalten nach der 12. Schwangerschaftswoche einen Mehrbedarf von 17 vom Hundert der nach § 20 maßgebenden Regelleistung.

(3) Für Personen, die mit einem oder mehreren minderjährigen Kindern zusammen leben und allein für deren Pflege und Erziehung sorgen, ist ein Mehrbedarf anzuerkennen

1. in Höhe von 36 vom Hundert der nach § 20 Absatz 2 maßgebenden Regelleistung, wenn sie mit einem Kind unter sieben Jahren oder mit zwei oder drei Kindern unter sechzehn Jahren zusammen leben, oder

2. in Höhe von 12 vom Hundert der nach § 20 Absatz 2 maßgebenden Regelleistung für jedes Kind, wenn sich dadurch ein höherer Vomhundertsatz als nach der Nummer 1 ergibt, höchstens jedoch in Höhe von 60 vom Hundert der nach § 20 Absatz 2 maßgebenden Regelleistung.

(4) ¹Erwerbsfähige behinderte Hilfebedürftige, denen Leistungen zur Teilhabe am Arbeitsleben nach § 33 des Neunten Buches sowie sonstige Hilfen zur Erlangung eines geeigneten Platzes im Arbeitsleben oder Eingliederungshilfen nach § 54 Abs. 1 S. 1 Nr. 1 bis 3 des Zwölften Buches erbracht werden, erhalten einen Mehrbedarf von 35 vom Hundert der nach § 20 maßgebenden Regelleistung. ²Satz 1 kann auch nach Beendigung der dort genannten Maßnahmen während einer angemessenen Übergangszeit, vor allem einer Einarbeitungszeit, angewendet werden.

(5) Erwerbsfähige Hilfebedürftige, die aus medizinischen Gründen einer kostenaufwändigen Ernährung bedürfen, erhalten einen Mehrbedarf in angemessener Höhe.

(6) Die Summe des insgesamt gezahlten Mehrbedarfs darf die Höhe der für erwerbsfähige Hilfebedürftige maßgebenden Regelleistung nicht übersteigen.

I. Allgemeines

1   In die Bedarfsermittlung werden neben den Regelleistungen nach § 20 und den Kosten für Unterkunft und Heizung nach § 22 auch bestimmte Mehrbedarfe eingestellt. In den geregelten Fällen wird eine Vereinfachung dadurch erreicht, dass entweder pauschal bestimmte Prozentsätze vom maßgeblichen Regelsatz oder − im Falle von Abs. 5 − durch Rückgriff auf eine pauschalierende Tabelle nach einer **Empfehlung des Deutschen Vereins für Öffentliche und Private Für-**

sorge zurückgegriffen wird, um nicht in jedem Einzelfall den bestehenden (Mehr-) Bedarf spitz berechnen zu müssen. Abs. 1 stellt klar,
dass Mehrbedarfe nur solche Bedarfe erfassen können, die nicht schon
gemäß § 20 Abs. 1 S. 1 von einer Regelleistung umfasst ist. Wegen der
nicht nur in der Sache, sondern zum Teil auch dem Wortlaut nach entsprechenden früheren Regelung im BSHG kann auf die hierzu ergan-
gene bisherige Rechtsprechung der Verwaltungsgerichte zurückgegriffen werden; dies gilt jedenfalls solange, bis nicht die nun zuständigen
Sozialgerichte zu gänzlich anderen Erkenntnissen gelangen, was nicht
zu erwarten ist.

II. Mehrbedarf für werdende Mütter

Zu Abs. 2. Für **werdende Mütter** ist der Mehrbedarf in Höhe   2
von 17% des maßgebenden Regelsatzes ab Beginn der 13. Schwangerschaftswoche zuzubilligen. Die Schwangerschaft ist durch das Zeugnis
eines Arztes oder einer Hebamme nachzuweisen. Bei abweichendem
Bedarf ist eine Über- oder Unterschreitung möglich.

III. Mehrbedarf bei Alleinerziehung

Zu Abs. 3. Pflege und Erziehung von Kindern. Der Mehrbedarf   3
wird nach Abs. 3 Nr. 1 gewährt, wenn ein Elternteil oder eine andere
Person allein für Pflege und Erziehung eines Kindes unter 7 Jahren
(**1. Alt.**) oder von mindestens zwei Kindern unter 16 Jahren (**2. Alt.**)
aufkommt. Gegenüber der entsprechenden Regelung im BSHG ist
Abs. 3 Nr. 2 neu. Er enthält eine Günstigkeitsklausel, die sich für Alleinerziehende mit mehr als drei Kindern auswirkt, weil dann je Kind
ein Mehrbedarf von 12% der maßgebenden Regelleistung anerkannt
wird. Abs. 3 Nr. 2, 2. HS enthält aber eine Kappungsgrenze, wonach
einer/einem Alleinerziehenden in keinem Fall mehr als 60% als Mehrbedarf zuerkannt werden.

> **Beispiel [Stand: 1. 7. 2009]:**
> **Variante 1:** alleinerziehende Mutter, ein Kind ist 7 Jahre alt, ein
> weiteres 13 Jahre, alte Bundesländer: 36% von 359
> Euro = 129,24 Euro (**Abs. 3 Nr. 1**)
> **Variante 2:** alleinerziehende Mutter mit vier Kindern in den alten
> Bundesländern: 4 × 12% = 48% von 359 Euro =
> 172,32 Euro (**Abs. 3 Nr. 2, 1. HS**)
> **Variante 3:** alleinerziehende Mutter mit sechs Kindern in den alten
> Bundesländern: „eigentlich" 6 × 12% = 72%; wegen
> der Obergrenze (**Abs. 3 Nr. 2, 2. HS**) aber nur 60%
> von 359 Euro = 215,40 Euro

4   Der Mehrbedarf (nach Abs. 3; entsprechendes gilt aber auch für das
SGB XII und galt früher zum BSHG) wird gewährt, weil Alleinerziehende wegen der Sorge für ihre Kinder weniger Zeit haben, preisbe-
wusst einzukaufen, und zugleich höhere Aufwendungen zur Kontakt-
pflege und zur Unterrichtung in Erziehungsangelegenheiten tragen
müssen (*OVG Rh.-Pf.* vom 20. 8. 1997 – 12 A 12441/96 – unter Verweis
auf das Schrifttum). Es soll ersichtlich ein finanzieller Ausgleich für erhöhten finanziellen Bedarf geleistet werden. Es kommt nicht darauf
an, wer das Sorgerecht hat, sondern auf die tatsächlichen Verhältnisse.
Die neue Sorgerechtsregelung ab dem 1. 7. 1998 hat direkt nichts mit
den Begriffen „Pflege und Erziehung" nach § 23 Abs. 2 zu tun. Ein
Kindertagesstättenbesuch schmälert diesen Mehrbedarfsanspruch
nicht, ebenso der zeitweise Einsatz einer Haushaltshilfe (*OVG Lüneburg*
FEVS 29, 113). Bei – im etwa halbwöchentlichen Turnus – wechseln-
dem Aufenthalt von Kindern bei ihren getrennt lebenden Eltern ist ein
Mehrbedarf für Alleinerziehende nicht zu gewähren (*OVG Lüneburg*
FEVS 48, 24). Die Zuerkennung eines Mehrbedarfs für Alleinerziehende nach Abs. 1, 1. Alt. wird weder unter dem Gesichtspunkt
der Kinderzahl noch unter dem der Entlastung bei der Erziehung ohne
weiteres dadurch ausgeschlossen, dass neben dem Kind unter 7 Jahren
noch ein über 16 Jahre altes Kind dem Haushalt des Hilfeempfängers
angehört. Ob unter solchen Umständen die Eigenschaft als Allein-
erziehende(r) entfällt, ist eine Frage des Einzelfalls (*OVG Münster*
NDV-RD 2001, 35). Die Gewährung eines Mehrbedarfszuschlages
nach Abs. 3 kann aber dadurch ausgeschlossen sein, dass die Anspruch-
stellerin in einer eheähnlichen Gemeinschaft lebt, auch wenn es sich bei
ihrem Partner nicht um den leiblichen Vater ihrer Kinder handelt
(*OVG Rh.-Pf.* vom 20. 8. 1997 – 12 A 12441/96).

5   Die Kinder müssen zur betreuenden Person nicht in einem Verwandtschaftsverhältnis stehen. Der Mehrbedarf scheidet bei Pflegekin-
dern **nicht** aus, wenn für sie Hilfe zur Erziehung nach dem SGB VIII
gewährt wird (VG Hannover, Urteil vom 13. 9. 1994 – 3 A 2906/92 –
n. v.). Ebenso dann nicht, wenn die Alleinerziehende eine Haushaltshilfe im Umfang von ca. 8 Std. täglich an 5 Tagen der Woche in Anspruch nimmt (*OVG Lüneburg* FEVS 29, 113).

IV. Mehrbedarf für behinderte Menschen

6   **Zu Abs. 4. Behinderte Menschen.** Behinderten Menschen, denen
Leistungen zur Teilhabe am Arbeitsleben nach § 33 SGB IX gewährt
werden, ist ein Mehrbedarf von 35 % der für sie nach § 20 maßgebenden Regelleistung zuzuerkennen. Die Mehrbedarfsregelung kommt
mit dem Beginn des Monats zur Anwendung, in dem der behinderte
Mensch das 15. Lebensjahr vollendet. Die Leistung zur Teilhabe am Ar-

beitsleben muss tatsächlich gewährt werden. Es genügt nicht, dass der Hilfesuchende lediglich die Voraussetzungen hierfür erfüllt (s. auch OVG Lüneburg FEVS 36, 108; LSG Sachsen, Beschluss vom 7. 6. 2007 – L 2 B 132/07 AS-ER; LSG Berlin-Brandenburg, Urt. v. 28. 1. 2007 – L 28 AS 420/07 –; *Brühl/Hofmann*, Sozialgesetzbuch Zweites Buch (SGB II), 2004, S. 113).

Absolviert ein behinderter Mensch „lediglich" eine Ausbildung, die **7** im Rahmen des BAföG oder des SGB III dem Grunde nach förderungsfähig ist (dazu § 7 Abs. 5 S. 1), so kann der pauschalierte Mehrbedarf nach Abs. 4 nicht zugestanden werden. Soweit in diesen Fällen ein spezifischer behinderungsbedingter Bedarf besteht, z. B. wenn eine blinde Studentin eine Vorlesehilfe benötigt, ist dem im Rahmen der Eingliederungshilfe nach § 53 ff. SGB XII Rechnung zu tragen (s. auch OVG Berlin FEVS 35, 410).

Die Voraussetzungen der Anerkennung eines Mehrbedarfs für be- **8** hinderte Menschen liegen auch während einer Tätigkeit im **Eingangs- und Trainingsbereich** einer Werkstatt für behinderte Menschen vor, wenn Eingliederungshilfe nach § 54 Abs. 1 S. 1 Nr. 4 i.V. m. § 56 gewährt wird. Nach Eintritt in den **Arbeitsbereich** kann der Mehrbedarf noch während einer angemessenen Übergangszeit weiter gewährt werden. Dies kann vor allem in Betracht kommen, wenn der behinderte Mensch in der Einarbeitungszeit noch nicht voll leistungsfähig ist und sich daher mit einem geminderten Einkommen begnügen muss. Erhält der behinderte Mensch für diese Tätigkeit Hilfe nach dem SGB III, handelt es sich nicht um eine Ausbildungs-, sondern um eine **Rehabilitationsmaßnahme**, die auch nicht als Erwerbstätigkeit anzusehen ist.

Ab 1. 7. 2009 sind die Zahlbeträge wie folgt gestaffelt: **9**
– 126 Euro für einen allein stehenden behinderten Menschen oder einen behinderten Menschen mit einem minderjährigen Partner
– 113 Euro, wenn beide Partner volljährig sind
– 100 Euro, wenn es sich um einen minderjährigen Berechtigten mit voll- oder minderjährigem Partner handelt.

Durch die Regelungen in § 28 Abs. 1 S. 3 Nr. 2 und 3 wurden die **10** Mehrbedarfsregeln auch auf Bezieher von Sozialgeld ausgeweitet.

V. Mehrbedarf wegen kostenaufwendiger Ernährung

Zu Abs. 5. Krankenkostzulagen. Der Mehrbedarf wegen kosten- **11** aufwendiger Ernährung ist zu gewähren, wenn die nachfolgenden Voraussetzungen nach ärztlichem Urteil (OVG Lüneburg FEVS 43, 161) im Einzelfall nebeneinander erfüllt sind:
– Anerkennung des HS als Kranker, Genesender, behinderter Mensch oder von einer Krankheit oder Behinderung bedrohter Mensch

    – Vorliegen eines tatsächlichen Bedarfs für eine im Vergleich mit Normalkost kostenaufwendigeren Ernährung zum Zwecke der Genesung oder Besserung bzw. Linderung der Krankheitsfolgen oder Vermeidung der Verschlechterung des Gesundheitszustandes.

    – Ursächlicher Zusammenhang zwischen gesundheitlicher Einschränkung und Bedarf an kostenaufwendigerer Ernährung.

12   Soweit die örtliche Möglichkeit besteht, wird empfohlen, Hilfesuchende an die **Diätberatung** der gesetzlichen Krankenkasse zu verweisen. Nach Vorlage eines Ernährungsplans könnte dann über die Notwendigkeit einer Krankenkostzulage entschieden werden. Ob evtl. durch die Diätberatung entstehende Kosten im Rahmen der Hilfe bei Krankheit nach § 48 SGB XII übernommen werden könnten, wenn sie nicht von der GKV übernommen werden, ist derzeit noch völlig unklar, weil das Spannungsverhältnis zwischen bestehender GKV-Pflichtversicherung einerseits und Bedürftigkeit andererseits noch in keiner Weise aufgelöst ist.

13   Es wurden noch bis Ende September 2008 auch im Kontext des SGB II die überarbeiteten **Empfehlungen des DV** – Heft 48 der Kleineren Schriften (Auflage 1997) – verwendet. Sie berücksichtigten Kostformen, die bei häufiger auftretenden Erkrankungen erforderlich sind und bei denen eine pauschale Bemessung grundsätzlich möglich ist. Diese Empfehlungen wurden im Oktober 2008 überarbeitet, weil das BSG nicht mehr bereit war, zur Bestimmung der Angemessenheit eines Ernährungsmehrbedarfs uneingeschränkt auf die veralteten Empfehlungen zurückzugreifen. Mittlerweile gibt es überarbeitete Empfehlungen des Deutschen Vereins. Danach sind es deutlich weniger Krankheiten, die noch zur Anerkennung eines Mehrbedarfs führen. Zu ihnen zählen insbesondere sog. „verzehrende" Krankheiten wie HIV/AIDS oder MS, für die beispielsweise ein Mehrbedarf von 10 % der maßgeblichen Regelleistung anerkannt wird. Demgegenüber ist insbesondere Diabetes mellitus (Typ II und Typ I) aus der Liste der als Mehrbedarfe auslösend anerkannten Krankheiten herausgefallen.

14   Bei Reduktionskost (Übergewicht, Hypertonie mit Übergewicht, Diabetes mellitus Typ IIb = mit Übergewicht, Hyperlipoproteinämie mit Übergewicht u. a.) kommt **kein** Mehrbedarf in Betracht (OVG Lüneburg, Beschluss vom 18. 10. 2000 – 12 L 3379/00 – n. v.).

15   Krankenkostzulagen bedürfen zu ihrer Begründung der Vorlage eines ärztlichen Attestes – i. d. R. des behandelnden Arztes –, das unter genauer Bezeichnung des Gesundheitszustandes die Erforderlichkeit einer Krankenkost darlegen muss. Die Beteiligung der Diätberatung der Krankenkasse kann geboten sein (s. Rz. 10). Eine amtsärztliche Stellungnahme sollte eingeholt werden, wenn

    a) Zweifel an der im ärztlichen Attest angegebenen Diagnose oder über die Erforderlichkeit einer Krankenkost bestehen,

b) Besonderheiten des Einzelfalles ein Abweichen von den Regelwerten geboten erscheinen lassen.

Die Bewilligung von Krankenkostzulagen soll im Allgemeinen auf **16** 12 Monate befristet werden. Die Weiterbewilligung ist von der Vorlage eines erneuten ärztlichen Attestes abhängig zu machen, das eine genaue Krankheitsbezeichnung enthalten und die Erforderlichkeit der Weitergewährung begründen muss. Ergeben sich im Zuge des Weiterbewilligungsverfahrens Hinweise, dass der Zweck der Krankenkostzulage nicht erreicht wurde, so sollen die Gründe für den Misserfolg aufgeklärt werden. Ein Misserfolg kann darauf zurückzuführen sein, dass a) die kostenaufwendigere Ernährung nicht geeignet war oder b) die kostenaufwendigere Ernährung zweckwidrig verwendet wurde.

Die ärztliche Überprüfung kann auch dazu führen, dass z. B. eine **17** medikamentöse Behandlung zweckmäßiger wäre und/oder die Zahlung einzustellen ist.

VI. Kumulation von Mehrbedarfen

Zu Abs. 6. Die einzelnen Mehrbedarfszuschläge sind bei Vorliegen **18** der Voraussetzungen nebeneinander zu gewähren. Dies ergibt sich aus der Formulierung „Summe des insgesamt gezahlten Mehrbedarfs" in Abs. 6.

Sind mehrere Mehrbedarfszuschläge anzuerkennen, wird danach **19** aber der Gesamtbetrag nach **Abs. 6** auf die Höhe der maßgebenden Regelleistung beschränkt. Wer also eine Anerkennung von Mehrbedarfen erhält, kann maximal immer nur die für sie/ihn maßgebliche Regelleistung ansetzen.

Leistungen für Unterkunft und Heizung

22 (1) [1]Leistungen für Unterkunft und Heizung werden in Höhe der tatsächlichen Aufwendungen erbracht, soweit diese angemessen sind. [2]Erhöhen sich nach einem nicht erforderlichen Umzug die angemessenen Aufwendungen für Unterkunft und Heizung, werden die Leistungen weiterhin nur in Höhe der bis dahin zu tragenden angemessenen Aufwendungen erbracht. [3]Soweit die Aufwendungen für die Unterkunft den der Besonderheit des Einzelfalles angemessenen Umfang übersteigen, sind sie als Bedarf des allein stehenden Hilfebedürftigen oder der Bedarfsgemeinschaft so lange zu berücksichtigen, wie es dem allein stehenden Hilfebedürftigen oder der Bedarfsgemeinschaft nicht möglich oder nicht zuzumuten ist, durch einen Wohnungswechsel, durch Vermieten oder auf andere Weise die Aufwendungen zu senken, in der Regel jedoch längstens für sechs Monate. [4]Rückzahlungen und Guthaben, die den Kosten für Unterkunft und

Heizung zuzuordnen sind, mindern die nach dem Monat der Rückzahlung oder der Gutschrift entstehenden Aufwendungen; Rückzahlungen, die sich auf die Kosten für Haushaltsenergie beziehen, bleiben insoweit außer Betracht.

(2) [1]Vor Abschluss eines Vertrages über eine neue Unterkunft soll
der erwerbsfähige Hilfebedürftige die Zusicherung des für die Leistungserbringung bisher örtlich zuständigen kommunalen Trägers zu
den Aufwendungen für die neue Unterkunft einholen. [2]Der kommunale Träger ist nur zur Zusicherung verpflichtet, wenn der Umzug
erforderlich ist und die Aufwendungen für die neue Unterkunft angemessen sind; der für den Ort der neuen Unterkunft örtlich zuständige
kommunale Träger ist zu beteiligen.

(2a) [1]Sofern Personen, die das 25. Lebensjahr noch nicht vollendet
haben, umziehen, werden ihnen Leistungen für Unterkunft und
Heizung für die Zeit nach einem Umzug bis zur Vollendung des 25. Lebensjahres nur erbracht, wenn der kommunale Träger dies vor Abschluss des Vertrages über die Unterkunft zugesichert hat. [2]Der kommunale Träger ist zur Zusicherung verpflichtet, wenn
1. der Betroffene aus schwerwiegenden sozialen Gründen nicht
auf die Wohnung der Eltern oder eines Elternteils verwiesen werden
kann,
2. der Bezug der Unterkunft zur Eingliederung in den Arbeitsmarkt
erforderlich ist oder
3. ein sonstiger, ähnlich schwerwiegender Grund vorliegt.
[3]Unter den Voraussetzungen des Satzes 2 kann vom Erfordernis
der Zusicherung abgesehen werden, wenn es dem Betroffenen aus
wichtigem Grund nicht zumutbar war, die Zusicherung einzuholen.
[4]Leistungen für Unterkunft und Heizung werden Personen, die das 25.
Lebensjahr noch nicht vollendet haben, nicht erbracht, wenn diese vor
der Beantragung von Leistungen in eine Unterkunft in der Absicht umziehen, die Voraussetzungen für die Gewährung der Leistungen herbeizuführen.

(3) [1]Wohnungsbeschaffungskosten und Umzugskosten können bei
vorheriger Zusicherung durch den bis zum Umzug örtlich zuständigen
kommunalen Träger übernommen werden; eine Mietkaution kann bei
vorheriger Zusicherung durch den am Ort der neuen Unterkunft zuständigen kommunalen Träger übernommen werden. [2]Die Zusicherung soll erteilt werden, wenn der Umzug durch den kommunalen Träger veranlasst oder aus anderen Gründen notwendig ist und wenn
ohne die Zusicherung eine Unterkunft in einem angemessenen Zeitraum nicht gefunden werden kann. [3]Eine Mietkaution soll als Darlehen erbracht werden.

(4) Die Kosten für Unterkunft und Heizung sollen von dem kommunalen Träger an den Vermieter oder andere Empfangsberechtigte ge-

zahlt werden, wenn die zweckentsprechende Verwendung durch den Hilfebedürftigen nicht sichergestellt ist.

(5) [1]Sofern Leistungen für Unterkunft und Heizung erbracht werden, können auch Schulden übernommen werden, soweit dies zur Sicherung der Unterkunft oder zur Behebung einer vergleichbaren Notlage gerechtfertigt ist. [2]Sie sollen übernommen werden, wenn dies gerechtfertigt und notwendig ist und sonst Wohnungslosigkeit einzutreten droht. [3]Vermögen nach § 12 Abs. 2 Nr. 1 ist vorrangig einzusetzen. Geldleistungen sollen als Darlehen erbracht werden.

(6) [1]Geht bei einem Gericht eine Klage auf Räumung von Wohnraum im Falle der Kündigung des Mietverhältnisses nach § 543 Abs. 1, 2 Satz 1 Nr. 3 in Verbindung mit § 569 Abs. 3 des Bürgerlichen Gesetzbuchs ein, teilt das Gericht dem örtlich zuständigen Träger der Grundsicherung für Arbeitsuchende oder der von diesem beauftragten Stelle zur Wahrnehmung der in Absatz 5 bestimmten Aufgaben unverzüglich

1. den Tag des Eingangs der Klage,
2. die Namen und die Anschriften der Parteien,
3. die Höhe der monatlich zu entrichtenden Miete,
4. die Höhe des geltend gemachten Mietrückstandes und der geltend gemachten Entschädigung und
5. den Termin zur mündlichen Verhandlung, sofern dieser bereits bestimmt ist,

mit. [2]Außerdem kann der Tag der Rechtshängigkeit mitgeteilt werden. [3]Die Übermittlung unterbleibt, wenn die Nichtzahlung der Miete nach dem Inhalt der Klageschrift offensichtlich nicht auf Zahlungsunfähigkeit des Mieters beruht.

(7) [1]Abweichend von § 7 Abs. 5 erhalten Auszubildende, die Berufsausbildungsbeihilfe oder Ausbildungsgeld nach dem Dritten Buch oder Leistungen nach dem Bundesausbildungsförderungsgesetz erhalten und deren Bedarf sich nach § 65 Abs. 1, § 66 Abs. 3, § 101 Abs. 3, § 105 Abs. 1 Nr. 1, 4, § 106 Abs. 1 Nr. 2 des Dritten Buches oder nach § 12 Abs. 1 Nr. 2, Abs. 2 und 3, § 13 Abs. 1 in Verbindung mit Abs. 2 Nr. 1 des Bundesausbildungsförderungsgesetzes bemisst, einen Zuschuss zu ihren ungedeckten angemessenen Kosten für Unterkunft und Heizung (§ 22 Abs. 1 Satz 1). [2]Satz 1 gilt nicht, wenn die Übernahme der Leistungen für Unterkunft und Heizung nach Absatz 2a ausgeschlossen ist.

Literaturhinweis: *Butzer/Keller,* „Grundsicherungsrelevante Mietspiegel" als Maßstab der Angemessenheitsprüfung nach § 22 SGB II, NZS 2009, 65 ff.

Kruse 183

A. Allgemeines

1   Unter der Geltung des BSHG war die Frage des Umganges mit Unterkunfts- und Heizkosten ganz überwiegend nicht im Gesetz selbst, sondern in § 3 der Regelsatzverordnung geregelt. Sowohl das SGB II als auch das SGB XII (dort § 29, der im Wesentlichen gleich lautet) integrieren die entsprechenden Bestimmungen direkt im Gesetzestext.

2   Für Kosten der Unterkunft und für Heizkosten erfolgt keine Pauschalierung im Rahmen der Regelleistung. Diese Kosten werden vielmehr grundsätzlich in Höhe der tatsächlichen Aufwendungen übernommen; Leben mehrere Personen als Angehörige einer Bedarfsgemeinschaft in der betreffenden Wohnung, so sind die Kosten für Unterkunft und Heizung (KdU+H) nach Kopfzahlen anteilig aufzuteilen und in der Bedarfsberechnung zuzuordnen. Handelt es sich nicht (mehr) um eine BG, sondern nur noch um eine Haushaltsgemeinschaft (z. B. Kind Ü25 und zwei Eltern), so richtet sich die Angemessenheit zunächst getrennt nach den einzelnen BG'en (s. *BSG*, Beschluss vom 18. 6. 2008 – B 14/7b AS 44/06).

3   Der Leistungsträger ist über eine Beratung hinaus für die Beschaffung von Unterkünften und die Lösung der sich evtl. daraus ergebenden Probleme nicht zuständig. Der Leistungsträger hat lediglich den Unterkunftsbedarf finanziell sicherzustellen.

B. Unterkunftsbedarf

I. Abs. 1 S. 1 und S. 3

4   **1. Kosten für den Wohnraum an sich.** Bei **Mietwohnungen** gehören zum Unterkunftsbedarf außer der Miete die mit der Unterkunft verbundenen Nebenkosten (Wassergeld, Kanalisationsgebühren, Umlagen für Treppenhausbeleuchtung, Schornsteinfegergebühren). Weiter sind vertraglich vereinbarte Zuschläge z. B. für Treppenhausreinigung, bei der Bedarfsberechnung zu berücksichtigen, wenn sie nicht durch Eigenleistung abgewendet werden können. Ebenfalls sind Zuschläge für einen Personenaufzug als Unterkunftsbedarf anzuerkennen. Zu den KdU gehören jedoch grundsätzlich nicht einmalige und lfd. Gebühren für einen (Gemeinschafts-) Fernsehkabelanschluss (wie hier *Hofmann* in *LPK-BSHG*, § 12 Rz 20 a. E.; HessVGH FEVS 43, 415; a. A.: BayerSHR Nr. 12.01 Abs. 1; auch BVerwG vom 28. 11. 2001 FEVS 53, 300 für einen Fall, in dem ein Abbedingen dieser Kosten ohne Nicht-Erhalt der Wohnung nicht möglich war).

5   Bei **Eigentumswohnungen** und Eigenheimen, die als solche nach § 12 Abs. 3 S. 1 Nr. 4 geschütztes Vermögen darstellen (dazu *BSG*, Urt.

vom 7. 11. 2006 – B 7b AS 2/05 R –) tritt an die Stelle der Miete die monatliche Belastung. Als Unterkunftsbedarf ist 1/12 der Jahresbelastung anzusetzen (es können dabei alle Kosten [grundsätzlich auch einschließlich der Erhaltungsaufwendungen] anerkannt werden, die der Eigentümer, würde er sein Wohneigentum vermieten, von seinen Einkünften aus Vermietung nach § 11 absetzen könnte, so *LSG Berlin-Bbg.*, Urt. v. 9. 5. 2006 – L 10 AS 102/06; zur früheren Rechtslage *OVG Lüneburg* FEVS 23, 142). Hinsichtlich der Höhe der monatlichen Belastung gelten die gleichen Grundsätze der (sozialhilferechtlichen) Angemessenheit wie für Mietwohnungen. Für Eigenheime und Eigentumswohnungen muss folglich die Angemessenheit der Belastungen danach beurteilt werden, ob sie sich im Rahmen dessen halten, was bei Wohnungen, die dem sozialhilferechtlich anzuerkennenden Wohnbedarf des Hilfesuchenden genügen, üblicherweise erwartet werden muss (*OVG Münster*, Beschluss vom 9. 9. 1994 – 8 A 3801/92 – n. v.). Dies wirkt sich auch bei den Erhaltungsaufwendungen aus und zwar insoweit, dass diese nur angesetzt werden können, soweit sie einem Erhalt des vorstehend genannten einfachen Standards dienen (Hess. LSG, Beschluss vom 5. 2. 2007 – L 9 AS 254/06 ER).

Sind die monatlichen Aufwendungen für Wohneigentum unangemessen hoch, darf der Leistungsträger eine Kostenübernahme nicht völlig ablehnen, sondern hat die auf ein angemessenes Maß reduzierten Kosten zu übernehmen (*VGH B-W* FEVS 47, 23). **6**

Soweit ausnahmsweise im Wege des Ermessens dennoch über die Angemessenheitsgrenze hinausgehende Belastungen (ohne Tilgungsbeträge) übernommen werden, wurde bislang empfohlen, diesen Teil des Unterkunftsbedarfs als Darlehen zu gewähren und im Grundbuch dinglich zu sichern. Für ein solches Vorgehen auch in Zukunft fehlt im SGB II aber eine unmittelbar einschlägige Rechtsgrundlage. Abs. 1 S. 3 dürfte dafür alleine kaum ausreichen. Die Übernahme unangemessener Unterkunftskosten für ein Einfamilienhaus kommt grundsätzlich nicht in Betracht (*OVG Hamburg* FEVS 52, 9). **7**

Umstritten war bislang, ob Tilgungsbeträge übernommen werden können. **Grundsätzlich verneinend** die Nds. SHR Nr. 12.1.2 [zum BSHG], letzter Absatz, da das zu einem Vermögenszuwachs führen würde. Allerdings könne eine Übernahme zur Sicherung der Unterkunft unter Berücksichtigung der Angemessenheit des Wohnbedarfs und der laufenden Lasten gerechtfertigt sein, um einer Gefährdung des (geschützten) Eigentums zu begegnen. **Bejahend** *BayerSHR* Nr. 12.01 Abs. 5 Tilgungsbeträge sollten insoweit berücksichtigt werden, wie die Gesamtbelastung (einschl. Tilgung) den Rahmen einer vergleichbaren angemessenen Miete (s. § 8 WoGG) nicht übersteigt. Tilgungsbeträge konnten bislang ggf. als Darlehen nach § 15 a BSHG gewährt und dinglich abgesichert werden (*BVerwG* FEVS 23, 445). Dies ist nunmehr insofern schwierig, als nach § 23 Abs. 1 eine darlehensweise Hilfe nur **8**

für Bedarfe in Betracht kommt, die von den Regelleistungen umfasst sind, was beim Unterkunftsbedarf gerade nicht der Fall ist. Auch wären die in § 23 Abs. 1 festgelegten Rückzahlungsmodalitäten ungeeignet, um das hier in Rede stehende Problem zu lösen.

9   Im Rahmen der Einkommensermittlung sind unterkunftsbezogen zu berücksichtigen:

a) Untermieteinnahmen mit im einzelnen noch festzusetzenden Vomhundertsätzen (die Festsetzung erfolgte bislang gemäß § 7 Abs. 4 DVO zu § 76 BSHG);

b) Mietanteile der in den Wohnungen wohnenden, nicht hilfebedürftigen bzw. nicht zur Bedarfsgemeinschaft gehörenden Angehörigen. Der Mietanteil ergibt sich aus der vertraglich vereinbarten Miete oder den Belastungen, verringert um eine ggf. zu berücksichtigende Untermiete und geteilt durch die Zahl sämtlicher Bewohner. Die Kosten der Unterkunft sind auf die einzelnen Bewohner auch dann entsprechend ihrer Anzahl gleichmäßig nach Kopfteilen aufzuteilen, wenn es sich bei einem der Bewohner um ein kleines Kind handelt (*OVG Münster* FEVS 35, 428; *OVG Lüneburg* FEVS 39, 19; *BVerwG* FEVS 37, 272).

10   **2. Angemessenheit der Kosten der Unterkunft. a) Allgemeine Fragen.** Nach **Abs. 1 S. 3** sind unangemessen hohe Aufwendungen nur so lange als Bedarf anzuerkennen, wie es dem Hilfeempfänger nicht möglich oder zuzumuten ist, durch Wohnungswechsel, (Unter-) Vermieten oder auf andere Weise die Aufwendungen zu senken (dazu auch *BVerwG* FEVS 35, 93). In der Regel für sechs Monate besteht Bestandsschutz insoweit, dass auch unangemessene Kosten zu übernehmen sind, wobei diese 6-Monats-Frist erst mit dem Zugang eines entsprechenden Hinweises des kommunalen Trägers auf die Unangemessenheit der Unterkunftskosten beginnt.

11   Unangemessen sind Unterkunftskosten auch dann, wenn sie zwar bei Anmietung der Wohnung angemessen waren, sich aber später als unangemessen darstellen, weil infolge einer entspannten Wohnungsmarktlage die Mietpreise gesunken sind (*BayVGH* FEVS 49, 397 ff. [401]).

12   Wenn der Leistungsempfänger die Übernahme einer unangemessen hohen Miete für eine bereits bezogene Wohnung begehrt, ist er verpflichtet, substantiiert darzulegen, dass eine andere bedarfsgerechte, kostengünstigere Unterkunft auf dem örtlichen Wohnungsmarkt nicht vorhanden bzw. trotz ernsthafter und intensiver Bemühungen nicht zu erlangen ist (*BVerwG* FEVS 52, 211). Als ernsthafte und intensive Bemühung wird es angesehen, wenn Hilfebedürftige 5 Besichtigungstermine je Woche nachweislich und ernsthaft absolvieren. Man wird jedoch, bevor man einen solchen Aufwand von den Betroffenen verlangt, fordern müssen, dass es rein tatsächlich in der betreffenden Region geeignete und angemessene Wohnungen am Wohnungsmarkt

gibt. Ungeklärt ist die Frage, woher die Betroffenen ggf. Informationen erlangen können, wenn sie beispielsweise aus Kostengründen keine örtliche Zeitung halten. Der kommunale Träger, der einen Umzug verlangt/anmahnt, wird hier Hilfestellung, z. B. durch Verschaffung des Zugangs zum Internet in seinen Räumen oder eine zeitlich begrenzte Übernahme von Kosten für eine geeignete Zeitung leisten müssen. Oder er muss es hinnehmen, dass sich die Information der Betroffenen auf solche aus kostenfrei zugänglichen Quellen beschränken.

Geht es um den erst anstehenden Bezug einer neuen Unterkunft, so soll nach **Abs. 2 S. 1** vor Vertragsschluss die Zusicherung des zuständigen kommunalen Trägers zu den zu vereinbarenden Aufwendungen für die neue Unterkunft eingeholt werden. Nur, wenn der Umzug erforderlich ist, weil etwa das bisherige Mietverhältnis beendet ist, und wenn die Aufwendungen für die neue Unterkunft angemessen sind, muss der kommunale Träger nach **Abs. 2 S. 2 HS 1** seine Zustimmung dann auch geben. Setzt der Hilfeempfänger den Sozialhilfeträger nicht rechtzeitig in Kenntnis, bestand bei unangemessenen Kosten allerdings nach der bisherigen Rechtsprechung trotzdem ein Anspruch auf Übernahme des angemessenen Teils (*BVerwG* FEVS 49, 145). Es wurde nachträglich klar gestellt, dass die Zusicherung von dem kommunalen Träger zu erteilen ist, der am bisherigen Wohnsitz zuständig war. Dieser muss den am neuen Wohnsitz zuständigen Träger beteiligen (**Abs. 2 S. 2 HS 2**). **13**

Können Unterkunftskosten nur durch Wohnungswechsel gesenkt werden, ist hierfür nach **Abs. 1 S. 3 a. E.** in der Regel eine Frist von längstens 6 Monaten als ausreichend anzusehen. Eine darüber hinausgehende Frist ist auch dann nicht einzuräumen, wenn ein Mietvertrag für eine feste Laufzeit von (noch) mehreren Jahren abgeschlossen ist (*OVG Lüneburg* FEVS 48, 203). Es kann dann eine Verpflichtung zur Untervermietung bestehen. Eine Verpflichtung zur Untervermietung besteht auch dann, wenn die Unterkunftskosten als solche zwar angemessen sind, die Unterkunft aber so groß ist, dass dem Hilfeempfänger die Vermietung eines Teiles zugemutet werden kann. Kommt der Hilfeempfänger der Pflicht zur Senkung der Unterkunftskosten nicht nach, kann er nur noch den angemessenen Anteil beanspruchen (*OVG Hamburg* FEVS 37, 203). **14**

Bei der Beurteilung der Frage der **Angemessenheit der Unterkunftskosten** ist vorrangig wegen des konkreten Bezuges zur Örtlichkeit die Mietspiegelmiete zugrunde zu legen (*BSG*, Urt. vom 7.11. 2006 – B 7b AS 10/06 R – BSGE 97, 231 ff.; *OVG Münster* info also 1998, 135; *Cordes* ZfF 1999, 1 ff. [6]). In Gemeinden ohne Mietspiegel und bei Fehlen eines anderen konkret-individuellen Maßstabes (z. B. kommunale Mietdatenbank; dazu jüngst BSG, Urt. vom 18. 6. 2008 – B 14/7b AS 44/06 R –; dazu *Butzer/Keller* NZS 2009, 65 ff. [67]) kann **15** aus Gründen der Verwaltungsvereinfachung auf die Tabelle in § 12 Abs. 1 WoGG (Höchstbeträge für Miete und Belastung) zurückgegriffen werden (zuletzt *BSG*, Urt. vom 7. 11. 2006 – B 7b AS 18/06 R – BSGE 97, 254 ff.; zum früheren Recht: OVG Lüneburg FEVS 47, 132 ff. [137] und FEVS 49, 257). Dabei ist aber auf die Besonderheit des Einzelfalles Rücksicht zu nehmen, z. B. infolge Pflegebedürftigkeit, Behinderung oder besonderer Lebensumstände insbesondere älterer Menschen. Bei der Prüfung der Angemessenheit ist das Wohngeld außer Betracht zu lassen (*BVerwG* FEVS 36, 184 ff. [188]).

16   Als angemessen sind – je nach Bundesland – i. d. R. folgende Wohnungsgrößen (Obergrenzen) anzusehen:

1 Person	= 45–50 qm,
2 Personen	= 60 qm,
3 Personen	= 75–80 qm,
4 Personen	= 85–90 qm

und für jedes weitere Familienmitglied   10–15 qm mehr
(dazu *Herold-Tews* in *Löns/Herold-Tews*, § 22 Rn. 13; zum früheren Recht auch schon *Hofmann* in *LPK-BSHG*, § 12 Rz 29; s. auch II. Wohnungsbaugesetz, Wohnungsbindungsgesetz und Durchführungsbestimmungen der Länder).

Sodann ist die Zahl der qm mit dem Preis je qm zu multiplizieren. Ergibt dieses Produkt einen angemessenen Wert, so ist der Wohnraum angemessen. Es kommt nicht darauf an, dass sowohl die qm-Zahl als auch der Preis je qm für sich genommen angemessen sind (so das *BSG*, Urt. vom 10. 11. 2006 – B 7b 10/06 – in Ablehnung der sog. „Kombinationstheorie" und zu Gunsten der sog. „Produkttheorie").

17   Das Vorhalten von Wohnraum für außerhalb der Haushaltsgemeinschaft lebende Familienangehörige (z. B. auswärts studierende erwachsene Kinder) kann bei Prüfung der Angemessenheit des Wohnbedarfs im Allgemeinen nicht berücksichtigt werden (*BVerwG* FEVS 35, 93).

18   Hilfesuchende, die voraussichtlich nur vorübergehend der Hilfe bedürfen und keine Wohnung besitzen, sowie Haftentlassene, sollten auf möblierte Zimmer verwiesen werden. Das gilt insbesondere für Auszubildende, Schüler und Studierende, soweit sie der Hilfe bedürfen und überhaupt leistungsberechtigt sein können. Bleiben sie am Ort der Eltern wohnen, müssen sie sich auch bei Volljährigkeit mit der von den Eltern bereitgehaltenen Unterkunft begnügen, um die Unterhaltslast niedrig zu halten.

19   Leben Arbeitsuchende in Wohngemeinschaften, ist i. d. R. der anteilige Unterkunftsbedarf als Mietbedarf anzuerkennen.

20   Bei vorübergehender Anstaltsunterbringung (Krankenhaus oder Heim) sind die Kosten der Unterkunft so lange zu übernehmen, wie nicht feststeht, dass der Leistungsempfänger nicht mehr in die Wohnung zurückkehrt bzw. erwerbsunfähig (geworden) ist. Das gilt i. d. R. auch für Strafgefangene bei einer Haftunterbringung bis zu 6 Monaten, soweit die Kosten nicht aus vorhandenem Einkommen oder Vermögen oder dem Haftentlassungsgeld gezahlt werden können.

b) Insbesondere: Keine Verbesserung innerhalb der Angemes- 21 **senheitsgrenze bei Umzug (Abs. 1 S. 2).** Durch das SGB II-Fortentwicklungsgesetz vom 20. 7. 2006 (BGBl. I, S. 1706) hat der Gesetzgeber auf Tendenzen in der Rspr. zum BSHG (s. BVerwGE 97, 110) reagiert, die den erwerbsfähigen Hilfebedürftigen zumindest in einer Einzelfallbetrachtung entgegen kommen und diesen jedenfalls unter bestimmten Voraussetzungen einen Umzug mit voller Übernahme der (höheren) neuen Unterkunftskosten ermöglichen wollte, wenn sich diese Kosten noch innerhalb der maßgeblichen Angemessenheitsgrenzen bewegten (zu Rechtslage vor der Gesetzesänderung s. auch *BVerwG* FEVS 45, 363; s. auch *OVG Münster* info also 1998, 138). Diesen Weg hat die Einfügung von **Abs. 1 S. 2** abgeschnitten (kritisch dazu *Berlit*, info also 2008, 243 ff. [244 unter I 3). In der Folge wurde befürchtet, dadurch das Recht der freien Wohnortwahl (Art. 11 I GG) in unzulässiger Weise beschränkt werden. Einige Gerichte haben daraus den Schluss gezogen, Abs. 1 S. 2 müsse auf Fälle beschränkt bleiben, in denen der Wohnungswechsel innerhalb derselben Wohngemeinde erfolge (so *LSG Nds./Bremen*, Beschlüsse vom 9. 8. 2007 und 26. 10. 2007 – L 13 AS 121/07 ER bzw. 168/07 ER; *LSG MeckPomm*, Beschl. v. 17. 6. 2008 – L 8 B 81/08; zustimmend *Berlit* a. a. O. [bei Fn. 23] mwN; *Lang/Link* in: *Eicher/Spellbrink*, SGB II § 22 RdNr. 47b). Die Absicht der Kritiker der Neuregelung ist nachvollziehbar, jedoch gibt der Gesetzeswortlaut keinen Anhaltspunkt für eine solche einschränkende Auslegung des Abs. 1 S. 2. Auch den Gesetzesmaterialien ist hierzu nichts zu entnehmen. Zudem wird darauf hingewiesen, dass die Bestimmung bei einer solchen restriktiven Interpretation nur eine geringe praktische Relevanz entfalten würde (so *Herold-Tews* in: *Löns/Herold-Tews*, § 22 Rz. 27b; *KSW/Knickrehm*, § 22 SGB II Rn. 21, die zudem darauf verweisen, dass Art. 11 auch innerhalb derselben Wohngemeinde gelte und somit die Differenzierung nicht rechtfertige).

Bis zu einer möglichen weiteren Änderung durch den Gesetzgeber 22 muss daher das Augenmerk eher auf den Kostenvergleich sowie auf das Merkmal der „Erforderlichkeit" des Umzuges gerichtet werden. Der Wortlaut von Abs. 1 S. 2 führt zur Notwendigkeit eines Vergleichs der „Aufwendungen für Unterkunft UND Heizung" in bisheriger und neuer Wohnung. Es trifft zwar zu, dass das Abstellen auf die Heizkosten schon auf praktische Probleme stößt, weil deren Entstehung von sehr unterschiedlichen Faktoren abhängen kann und schon deshalb einem Vergleich eigentlich nicht zugänglich ist (zu dieser Fragestellung *Herold-Tews* in: *Löns/Herold-Tews*, § 22 Rz. 27a). Andererseits ist es aber auch denkbar, dass die neue Unterkunft deshalb höhere Kosten verursacht, weil sie auch unter dem Aspekt der Heizkostenersparnis besser ausgestattet ist (Isolierung von Wänden und Fenstern), so dass die Gesamtbetrachtung auch dazu führen, dass gar keine Kostensteigerung festzustellen ist.

23   Wann ein Umzug **erforderlich** ist, lässt sich dem Wortlaut des Gesetzes nicht entnehmen. Es bleibt letztlich nur die Bildung von Fallgruppen. Ein Umzug wird stets dann als erforderlich angesehen werden können, wenn er erleichtert oder möglich macht, dass der Hilfebedürftige oder − bei einer BG − einer der Hilfebedürftigen in den Arbeitsmarkt eingegliedert werden kann. War die bisherige Wohnung so beschaffen, dass sie dem aktuellen Verständnis von einem menschenwürdigen Wohnumfeld nicht entsprach und letztlich nur deshalb so „preiswert", so ist der Umzug in eine − wenn auch teurere − Wohnung, die den Anforderungen eher gerecht wird, erforderlich. Die dafür anfallenden Kosten sind bei Erfüllung der weiteren Voraussetzungen übernahmefähig. Im Rahmen der erforderlichkeitsprüfung können auch Veränderungen in der Zusammensetzung einer Bedarfs- oder Haushaltsgemeinschaft berücksichtigt werden. Schließlich darf ein junger Erwachsener, der nicht mehr zur Gruppe U25 gehört, schon wegen Art. 11 Abs. 1 GG nicht daran gehindert werden, die elterliche Wohnung zu verlassen, wenn sie/er das möchte. Hieran darf sie/er auch nicht faktisch dadurch gehindert werden, dass bei den Kosten der eigenen neuen Wohnung auf den Pro-Kopf-Anteil der betreffenden Person an den bisherigen Kosten der elterlichen Wohnung abgestellt wird (s. zu diesen Fallgruppen auch *Herold-Tews* in: *Löns/Herold-Tews*, § 22 Rz. 27c).

24   **3. Heizkosten.** Auch Heizkosten gehören zum notwendigen Lebensunterhalt. Wenn ein Leistungsempfänger nach dem Mietvertrag oder einer anderen Vereinbarung einen Heizkostenabschlag zu zahlen hat, muss der Leistungsträger diese **in der tatsächlichen Höhe** übernehmen. Dies gilt auch für periodisch zu beschaffendes Heizmaterial (Öl oder Kohle, z. B. für eine Etagenheizung; *BSG*, Beschluss vom 16. 5. 2007 − B 7b AS 40/06 B). Für eventuelle Nachzahlungen, die sich aus der Schlussabrechnung ergeben, kann nichts anderes gelten; sie sind also in dem Monat mit zu übernehmen, in dem sie vom Leistungsempfänger gezahlt werden müssen. Im Falle einer Überzahlung hat der Sozialhilfeträger vor allem die Möglichkeit der Rückforderung gemäß § 50 SGB X. Rückzahlungen auf Heizkosten (oder auch KdU) führen nunmehr nach Abs. 1 S. 4 HS 1 im folgenden Monat zu einer Minderung des Bedarfs bei KdU+H.

25   Hilfeempfänger sind auf einen wirtschaftlichen und sparsamen Verbrauch hinzuweisen. Im Falle eines überhöhten Verbrauchs ist zunächst in einem Gespräch zwischen Fallmanager und Leistungsempfänger nach Gründen hierfür zu suchen. Bestehen keine rechtfertigenden Gründe, so sollte noch eine Belehrung ausgesprochen werden. Wird das unwirtschaftliche Verhalten danach fortgesetzt, braucht der unangemessene Verbrauch nach Abs. 1 S. 2 nicht mehr als Bedarf berücksichtigt zu werden.

4. Reparaturkosten. Kosten der Unterkunft sind auch solche Kos- **26**
ten, die für den Erhalt oder nur die Bewohnbarkeit der Wohnung aufgewendet werden müssen. Zur Instandhaltung der Wohnung sind vor
allem die sog. Schönheitsreparaturen, die nach den mietrechtlichen
Regeln (BGB und vertragliche Bestimmungen) durchzuführen sind,
aber natürlich auch notwendige Erhaltungsreparaturen zu nennen.
Eine Grenze, bis zu der solche Instandhaltung aus der Regelleistung zu
finanzieren wäre, enthält das Gesetz nicht. Daher sind sämtliche notwendigen Instandhaltungsmaßnahmen auch mögliche Gegenstände
von Leistungen nach § 22 Abs. 1. Für erforderliche Schönheitsreparaturen der Wohnung kann Hilfe bis zur vollen Höhe der Kosten bewilligt
werden. Nach Möglichkeit sollen Schönheitsreparaturen in Eigenhilfe
oder durch Mithilfe von Bekannten durchgeführt werden, sodass nur
die erforderlichen Materialkosten zu übernehmen sind (*OVG Münster*
FEVS 44, 55; *VG Braunschweig* NDV-RD 1998, 41).

Auch die Kosten, die bei Beendigung des Mietverhältnisses aufzu- **27**
wenden sind, um die Wohnung in den bei Einzug übernommenen
Zustand zu versetzen, sind grundsätzlich Bestandteil der Unterkunftskosten und gehören damit ebenso wie die laufenden Schönheitsreparaturen zum notwendigen Lebensunterhalt, wenn eine entsprechende
Vereinbarung im Mietvertrag getroffen worden, die Renovierung bei
Zugrundelegung der Vertragsbedingungen notwendig und der Auszug
sozialhilferechtlich gerechtfertigt ist (*BVerwG* FEVS 43, 95).

Kosten für weitergehende Reparaturen wegen Beschädigung der **28**
Mietsache gehören grundsätzlich nicht zum Unterkunftsbedarf. Soweit sich ein Leistungsempfänger durch vertragswidriges Verhalten
dem Vermieter gegenüber ersatzpflichtig macht, liegt die Durchsetz-
barkeit derartiger Ersatzansprüche im Risikobereich des Vermieters
(*BVerwG* FEVS 47, 289).

II. Wohnungsbeschaffungskosten, Mietkautionen und Umzugskosten (Abs. 3)

Findet der Hilfeempfänger eine kostengünstigere Wohnung und **29**
muss er deshalb umziehen, so zählen die dabei entstehenden doppelten
Mietaufwendungen als Wohnungsbeschaffungskosten zu den Kosten
der Unterkunft (*VGH B-W* info also 1999, 201). Zum Begriff der Unterkunft gehören auch die Umzugskosten, da sie für die Erlangung der
Unterkunft aufgewendet werden müssen (so auch schon bislang *VGH
B-W* FEVS 18, 421; *OVG Berlin* FEVS 39, 227). Bei überhöhten Umzugskosten reduziert sich der Anspruch auf das grundsicherungsrecht-
lich angemessene Maß (*BVerwG* FEVS 51, 49). Die Übernahme von
Kosten kommt nur für einen notwendigen Umzug in Frage. Dabei
müssen der Auszug aus der alten Wohnung aus einem (leistungsrecht-

lich) anerkennenswerten Grund erfolgen und die Miete für die neue Wohnung angemessen sein (*OVG Lüneburg* FEVS 35, 362, *VGH B-W* FEVS 39, 73, FEVS 47, 325 und *HessVGH* FEVS 41, 422).

30   Veranlasst hat der kommunale Träger einen Umzug, wenn er auf die Unangemessenheit der bisherigen Wohnung hingwiesen hatte und der Hilfebedürftige daraufhin in eine angemessene Wohnung umgezogen ist.

31   Als aus anderen Gründen notwendig im Sinne von **Abs. 3 S. 2 Alt. 2** wird i. d. R. ein Umzug dann anzusehen sein, wenn

• ein rechtskräftiges Räumungsurteil vorliegt
• die bisherige Wohnung nicht den gesundheitlichen Anforderungen genügt
• die bisherige Wohnung zu klein oder zu teuer ist
• Eheleute sich scheiden lassen.

32   Für alle erfassten Kosten bedarf es zur Übernahme einer vorherigen Zusicherung. Diese wird im Falle von **Wohnungsbeschaffungs- und Umzugskosten** von dem kommunalen Träger erteilt, der bis zum Umzug örtlich zuständig war (**Abs. 3 S. 1 HS 1**). Geht es um eine **Kaution**, die für die neue Wohnung zu entrichten ist, so ist für die Zusicherung auch der kommunale Träger zuständig, in dessen Bereich die neue Wohnung fällt (**Abs. 3 S. 1 HS 2**).

33   Weil es in der Vergangenheit auch darüber immer wieder Streit gab, legt **Abs. 3 S. 3** nun für die **Mietkautionen** fest, dass diese durch eine Darlehensgewährung übernommen werden soll. Das heißt, dass der komunale Träger zunächst über den Betrag der zu leistenden Mietkaution ein **Darlehen** gewährt und den entsprechenden Betrag an den neuen Vermieter zahlt. Über die Rückzahlung des Darlehens muss eine Vereinbarung getroffen werden. Der praktisch häufigere Fall besteht in einer Rückführung durch einen Einbehalt von der Regelleistung. Dies führt dazu, dass bei Ende des Mietverhältnisses Schäden zu Lasten der Mieter aus der an den Vermieter gezahlten Kaution gedeckt werden, so dass sich ein Rückzahlungsanspruch an den Hilfebedürftigen evtl. mindert oder ganz entfällt, ohne dass dies den Leistungsträger betrifft.

C. Ausnahmsweise Zahlung an den Vermieter oder andere Personen (Abs. 4)

34   Im Regelfall erhalten die Leistungsempfänger selbst auch die Kosten für Unterkunft und Heizung ausgezahlt. Mit dem erhaltenen Betrag begleichen sie ihre monatlichen Mietschulden bzw. die Rechnungen für Heizmaterial wie Öl oder Gas.

35   Hat der kommunale Träger, der gemäß § 6 Abs. 1 S. 1 Nr. 2 u. a. für die Leistungen nach § 22 sachlich zuständig ist, konkrete Anhaltspunkte dafür, dass die ausgezahlten Beträge – mehrfach – nicht zweck-

entsprechend verwendet werden/wurden, so „soll" er in Zukunft direkt an den Vermieter oder eine andere zum Empfang berechtigte Person (z. B. Hausverwaltung oder Heizöllieferant, wenn es um die Heizkosten geht) auszahlen. „Soll" bedeutet auch hier, dass wichtige Gründe im konkreten Einzelfall dagegen sprechen müssen, so vorzugehen. Wichtigster Anwendungsfall für die Anwendung von Abs. 4 dürften in der Vergangenheit aufgelaufene Mietschulden, besonders in Verbindung mit einer deshalb erfolgenden Kündigungsandrohung, oder unbezahlte Rechnungen von Heizöllieferanten o.a. sein. Auch eine konkret bekannt gewordene Suchterkrankung (Drogen, Alkohol) dürfte Anlass für den Leistungsträger sein, Direktzahlungen vorzunehmen. Insoweit kann auf die Kriterien, die in § 23 Abs. 2 S. 1 genannt werden, verwiesen werden.

Jedenfalls nach dem Wortlaut der Norm hat sich gegenüber der vergleichbaren Regelung in § 15 a Abs. 1 S. 3, HS 2 BSHG geändert, dass der Leistungsempfänger nicht mehr schriftlich unterrichtet werden muss. Andererseits wird es schon aus praktischen Gründen kaum Sinn machen und auch keinen Grund geben, den betroffenen Leistungsempfänger nicht zu unterrichten, schon um künftig Doppelzahlungen zu vermeiden. Der Dritte, an den ausgezahlt wird, hat wie bei einer Abzweigung (z. B. von Kindergeld) nur einen Auszahlungsanspruch, wird also nicht zum Anspruchsinhaber (so *Lang/Link* in: *Eicher/Spellbrink*, SGB II § 22 RdNr. 99 a. E.). **36**

D. Übernahme von Mietschulden (Abs. 5)

Es zählte schon unter Geltung des BSHG zu den Grundsätzen des Sozialhilferechts, dass vom Leistungsträger keine Schulden aus der Vergangenheit übernommen werden. Nur zur Vermeidung von konkret drohender Obdachlosigkeit sollte etwas anderes gelten. **37**

Dieses Prinzip übernimmt in Ansätzen auch das SGB II. Es wurde aber in der ursprünglichen Fassung von Abs. 5 neben das Ziel der Vermeidung von Wohnungslosigkeit kumulativ das Ziel gestellt, dass durch den Eintritt der Wohnungslosigkeit auch die Aufnahme einer konkret in Aussicht stehenden Beschäftigung verhindert würde. Außerdem gab es nicht einmal mehr die Wahl, die Hilfe auch in Gestalt einer Beihilfe und nicht als Darlehen zu gewähren. Dies wurde durch das SGB II-Fortentwicklungsgesetz vom 20. 7. 2006 (BGBl. I, S. 1706) mWv 1. 8. 2006 noch einmal grundlegend geändert. Der Bezug auf die Beschäftigungsaussicht wurde gestrichen. Zwar „sollen" nach Abs. 5 S. 4 Geldleistungen als Darlehen erbracht werden, aber immerhin lässt diese Formulierung den Weg offen, in begrenzten und sachlich begründbaren Ausnahmefällen auch anders, also durch Gewährung eines Zuschusses, zu verfahren. **38**

39   Ungeachtet der erfolgten Veränderungen werden gegen die Vorschrift immer noch überaus berechtigte verfassungsrechtliche Bedenken erhoben (s. dazu vor allem *Herold-Tews* in *Löns/Herold-Tews*, § 22 Rz 68 ff.). Es wird namentlich eine Verletzung des Sozialstaatsprinzips durch **Abs. 5 S. 4**, der nur in wenigen Ausnahmefällen eine Abweichung vom Grundsatz einer darlehensweisen Schuldenübernahme zulässt, moniert.

40   Das **Sozialstaatsprinzip** sei verletzt, weil die neuen Leistungen nach dem SGB II wie die frühere Sozialhilfe nach BSHG am sozioökonomischen Existenzminimum ausgerichtet seien, so dass die Ersetzung des einen Gläubigers (Vermieter, Versorgungsunternehmen) durch den anderen (Leistungsträger als Darlehensgeber) kaum geeignet sei, dauerhaft ein Leben zu ermöglichen, dass wenigstens diesem Existenzminimum entspricht.

41   Voraussetzung für die Schuldenübernahme ist nach dem nunmehr klarer gefassten Abs. 5 S. 1, dass die Betroffenen aktuell Leistungen für Unterkunft und Heizung beziehen. Wer keine Leistungen nach SGB II erhält, kann auch keine Schuldenübernahme verlangen.

42   Schuldenübenahme muss dem Ziel der „Sicherung der Unterkunft" oder der „Behebung einer vergleichbaren Notlage" dienen. Sind diese Voraussetzungen (Rz 36 und 37) erfüllt, so steht es im Ermessen des kommunalen Trägers, Schulden zu übernehmen. Dieses Ermessen wird durch **Abs. 5 S. 2** stark eingeschränkt, wenn hinzu kommt, dass die Schuldenübernahme gerechtfertigt und notwendig ist und sonst Wohnungslosigkeit einzutreten droht. Dies bedeutet zunächst einmal im Umkehrschluss, dass der kommunale Träger nunmehr nach Abs. 5 S. 1 auch dann die Möglichkeit zur Schuldenübernahme hat, wenn keine Wohnungslosigkeit droht. Dies könnte etwa relevant werden, wenn im Rahmen einer Schuldnerberatung eine umfassende Bereinigung angestrebt und hierzu der kommunale Träger um Mitwirkung gebeten wird. Eine Ablehnung solcher Mitwirkung könnte dann jedenfalls nicht auf das Fehlen einer entsprechenden Ermächtigungsgrundlage gestützt werden.

43   Bei drohender Wohnungslosigkeit müssen im Einzelfall gewichtige Gründe einer Schuldenübernahme entgegenstehen. Das Drohen von Wohnungslosigkeit wird in den meisten Fällen zugleich auch die Schuldenübernahme „rechtfertigen" und „notwendig machen". Nur wenn – aus anderen Gründen – die Wohnung ohnehin geräumt werden muss oder gar bereits geräumt wurde, ist die Schuldenübernahme nicht gerechtfertigt. Wohnungslosigkeit droht immer dann, wenn der Vermieter nach den Regeln des BGB zur Kündigung des Wohnraumes bereichtigt ist/wäre und erst recht dann, wenn etwa bereits Räumungsklage erhoben wurde.

44   Eine der Wohnungslosigkeit vergleichbare Notlage besteht immer dann, wenn – z. B. durch Abstellen von Strom und/oder Wasser seitens der jeweiligen Versorgungsunternehmen – die Wohnung nicht mehr zweckentsprechend genutzt werden kann. Diese Situation kann früher angenommen werden, wenn Kinder mit in der Wohnung leben.

Durch **Abs. 5 S. 3** werden die Betroffenen ausdrücklich verpflichtet, 45 zur Schuldentilgung zuerst auf ein vorhandenes und nach **§ 12 Abs. 2 S. 1 Nr. 1** an sich geschontes Vermögen (**Grundfreibetrag**) zurückzugreifen.

Zu Recht wird auf die im Einzelfall möglicherweise bedrohliche, 46 unter Umständen auch die Eingliederung in den Arbeitsmarkt gefährdende Wirkung einer Darlehensgewährung nach **Abs. 5 S. 4** hingewiesen. Sofern es nicht um eine mißbräuchliche Verhaltensweise der Betroffenen geht, hat deren Überschuldung ja Gründe, die sich mit weiteren Darlehensverpflichtungen letztlich kaum vereinbaren lassen. Eine Rückführung eines solchen Darlehens aus der Regelleistung kommt vielleicht bei überschaubaren Schulden eines Alleinstehenden für eine begrenzte Dauer in Betracht. Geht es aber um Haushalt, in denen auch Kinder leben, lässt sich ein Rückgriff auf die Regelleistung zur Darlehenstilgung – in welchem Umfang dies geschehen könnte, lässt das Gesetz ebenfalls offen – weder rechtfertigen noch realisieren. Wenn man es überspitzt formulieren wollte, könnte man sagen, dass in diesen Fällen die „Leistungsgewährung" seitens des kommunalen Trägers den direkten Weg in die Privatinsolvenz ebnet.

E. Pflicht eines Gerichts zur Mitteilung über Räumungsklage an Grundsicherungsträger (Abs. 6)

Die Bestimmung in Abs. 6 wurde durch SGB II-Änderungsgesetz 47 vom 24. 3. 2006 (BGBl. I, S. 588) in das SGB II eingefügt, nachdem eine fast wortgleiche Regelung schon einmal in § 15 a Abs. 2 BSHG existiert hatte.

Ein Amtsgericht, bei dem eine Räumungsklage eingeht, hat über 48 die näheren Umstände eines solchen Verfahrens dem örtlich zuständigen Träger der Grundsicherung für Arbeitsuchende oder einer von diesem beauftragten Stelle über die in **Abs. 6 S. 1 Nr. 1 bis 5** aufgezählten Tatsachen und Daten Mitteilung zu machen.

Dass im Hinblick auf die **Rechtshängigkeit** (gemäß §§ 253, 261 49 ZPO tritt diese im Zeitpunkt der Zustellung der Klage ein) nach **Abs. 6 S. 2 keine Mitteilungspflicht** – es „kann" mitgeteilt werden – besteht, kann im Einzelfall misslich sein. Eine Kündigung (gemäß § 543 Abs. 2 Nr. 3 BGB) wird nämlich unwirksam, wenn bis zum Ablauf eines Monats nach Eintritt der Rechtshängigkeit des Räumungsanspruchs (Zustellung der Räumungsklage an den Mieter) der Grundsicherungsträger sich zur Übernahme der rückständigen Miete verpflichtet (§ 569 Abs. 3 Nr. 2 S. 1 BGB). Die Übernahmeerklärung ist zivilrechtlicher Natur (*BVerwG* FEVS 44, 236). Die Erklärung muss dem Vermieter fristgemäß zugestellt werden und sollte parallel dazu zum Geschäftszeichen der Räumungsklage an das Amtsgericht erfolgen. Daher ist die Kenntnis vom Termin der Rechtshängigkeit beim Grundsicherungsträger von großer Bedeutung. Die Übernahmeerklärung darf keine einschränkende Erklärung enthalten (z. B. „vorbehaltlich" …). Durch die fristgemäße Übernahme kann eine Klage auf Räumung abgewendet werden. Dies gilt nicht bei Wiederholungskündigungen i. S. d. § 569 Abs. 3 Nr. 2 S. 2 BGB.

F. Zuschuss zu ungedeckten Unterkunftskosten Auszubildender (Abs. 7)

50   Mit Wirkung vom 1. 1. 2007 wurde **Abs. 7** durch das SGB II-Fortentwicklungsgesetz vom 20. 7. 2006 (BGBl. I, S. 1706) dem § 22 angefügt. Er richtet sich an Personen, deren Ausbildung nach BAföG oder SGB III tatsächlich gefördert wird. Wer also etwa ein nicht förderungsfähiges Zweitstudium absolviert oder wegen Überschreitung von Altersgrenzen keine Ausbildungsförderung (mehr) erhält, hat ebenso wenig Anspruch auf Leistungen nach Abs. 7 wie derjenige, dessen Bedürftigkeit nach dem jeweiligen Fördergesetz verneint wurde. Es kann sich sowohl um Personen handeln, die noch in der elterlichen Wohnung leben, als auch um solche, die – etwa zu Beginn ihres Studiums an anderem Ort – eine eigene Wohnung bezogen haben. In beiden Fällen muss gegeben sein, dass die tatsächlichen Unterkunftskosten – sei es die für die auswärtige Wohnung, sei es der Anteil an den Kosten für die elterliche Wohnung – durch die jeweilige Ausbidlungsförderung nicht vollständig gedeckt werden, was in der Praxis ein häufig auftretendes Problem ist. Nach **§ 19 S. 2** gilt der Zuschuss nach Abs. 7 nicht als Arbeitslosengeld II und führt damit nicht zu einer Sozialversicherungspflicht, die an den Leistungsbezug nah diesem Gesetz anknüpft.

51   Durch die Formulierung **„abweichend von § 7 Abs. 5"** in **Abs. 7 S. 1** soll ausgedrückt werden, dass es sich um Auszubildende handeln muss, die nur deshalb keinen Anspruch auf SGB II-Leistungen haben, weil sie den Ausschlusstatbestand des § 7 Abs. 5 erfüllen. Es muss also – davon abgesehen – Hilfebedürftigkeit i. S. d. SGB II bestehen.

52   Wer das **25. Lebensjahr noch nicht vollendet** hat und ohne Zusicherung des kommunalen Trägers i. S. d. **Abs. 2a S. 1** umgezogen war, hat nach **Abs. 7 S. 2** keinen Anspruch auf einen Zuschuss.

53   Es muss zunächst – nach den Maßstäben des SGB II – ermittelt werden, welche Unterkunftskosten angemessen wären. Sodann wird festgestellt, wie hoch der Unterkunftskostenanteil in der Förderung nach dem jeweiligen Ausbildungsförderungsgesetz ist. Bleibt zu Lasten des Auszubildenden eine Differenz, so wird diese als Zuschuss nach Abs. 7 gewährt.

G. Besondere Regeln für Jugendliche und junge Erwachsene ("U25") – Abs. 2a

Die Regelung wurde nachträglich durch das SGB II-ÄndG vom **54** 24. 3. 2006 (BGBl. I, S. 588) eingefügt. Mit ihr wurde auf den Umstand reagiert, dass nach dem Inkrafttreten des SGB II einer seinerzeit unerwartet große Zahl von Jugendlichen und jungen Erwachsenen die elterliche Wohnung verließen, um in eine eigene Unterkunft zu ziehen. Hierdurch wurden sehr hohe Kosten verursacht. Dem sollte mit dem neuen **Abs. 2a** korrigierend entgegengewirkt werden. Dabei wurde für die Zeit des Wirksamwerdens (vor dem eigentlichen Inkrafttreten der Änderung) in § 68 Abs. 2 SGB II ein Stichtag (17. 2. 2006) vorgesehen. Abs. 2a S. 4 wurde durch das SGB II-Fortentwicklungsgesetz vom 30. 7. 2006 (BGBl. I, S. 1706) eingefügt.

Nach der Gesetzesbegründung ist Zweck der Regelung, einen star- **55** ken Anstieg der Zahl von nach dem SGB II leistungsberechtigten Bedarfsgemeinschaften zu verhindern (s. BT-Drs. 16/688, S. 14 sowie *Lang/Link* in *Eicher/Spellbrink*, SGB II § 22 RdNr. 80a). Faktisch wird damit aber zugleich die Verantwortung den Eltern auferlegt, deren familienrechtliche Unterhaltspflichten im Einzelfall sogar weniger weit reichen. Die Regelung hat auch zur Äußerung von verfassungsrechtlichen Bedenken geführt (*Berlit* info also 2006, 53 und *Wenner* SoSich 2005, 413). Die Schutzbereiche von Art. 11 oder 2 GG sind jedenfalls betroffen; eine abschließende Beurteilung durch das BVerfG liegt bislang noch nicht vor.

Diese verfassungsrechtlichen Bedenken sollten u. a. auch zu einer **56** einschränkenden Auslegung und Anwendung der Norm führen. Dabei ist vom Zweck der Regelung auszugehen. Fallgestaltungen, in denen der Umzug eines jungen Erwachsenen nicht zu einer "Vermehrung" der Zahl der Bedarfsgemeinschaften führt, sollten von vornherein von der Anwendung der Norm ausgenommen werden. Dies gilt etwa für einen Umzug mit den Eltern in eine neue gemeinsame Wohnung unter Aufrechterhaltung der bisherigen BG. Wer während des Bestehens einer Haushaltsgemeinschaft mit seinen Eltern den eigenen Bedarf selbst decken konnte und somit gar nicht zu einer BG mit den Eltern gehörte (s. **§ 7 Abs. 3 Nr. 4**), ist nicht den Beschränkungen von Abs. 2a unterworfen. Gleiches muss gelten, wenn ein junger Erwachsener bereits in eigener Wohnung lebt, in die er etwa schon vor Geltung des Abs. 2a gezogen war, und erst später hilfebedürftig wird; in diesem Fall kommt allein Abs. 2 zur Anwendung.

Nach dem jetzigen Gesetzesstand führt ein Umzug ohne Einholung **57** der vorherigen Zusicherung des kommunalen Trägers vor Abschluss des neuen Mietvertrages – abgesehen von den Ausnahmen nach Abs. 2a S. 2 – stets zu einem Velust des Anspruches auf Übernahme der

KdU+H bis zur Vollendung des 25. Lebensjahres. Herold-Tews (in: Löns/Herold-Tews, § 22 Rz. 47) hält dies zu Recht für einen verfassungswidrigen Wertungswiderspruch im Vergleich mit der mWv 1. 1. 2007 an § 31 Abs. 5 SGB II vorgenommenen Änderung.

58   Eine rechtzeitig beantragte, aber verspätet erteilte Zusicherung geht nicht zu Lasten des jungen Erwachsenen (so ausdrücklich auch *KSW/ Knickrehm*, § 22 SGB II Rn. 34).

59   Die Zusicherung ist ein VA i. S. d. §§ 31 und 34 SGB X. Ihre Versagung kann daher mit Widerspruch und Verpflichtungsklage angegriffen werden.

60   In **Abs. 2a S. 2 Nr. 1 bis 3** werden abschließend Gründe aufgezählt, bei deren Vorliegen eine Verpflichtung des kommunalen Trägers zur Erteilung der Zusicherung besteht.

61   „**Schwerwiegende soziale Gründe**" i. S. d. **Abs. 2a S. 2 Nr. 1** sind sämtliche Fallgestaltungen einer erheblichen Störung der Eltern-Kind-Beziehung, namentlich der Bedrohung des Kindes durch häusliche Gewalt. Seitens des Gesetzgebers wurde zur Ausfüllung dieses unbestimmten Rechtsbegriffes auf §§ 64 Abs. 1 S. 2 Nr. 4 SGB III und 1612 Abs. 2 BGB verwiesen (BT-Drs. 16/588, S. 14).

62   Ein Umzug ist zur Eingliederung des jungen Menschen in den Arbeitsmarkt i. S. d. **Abs. 2a S. 2 Nr. 2** erforderlich, wenn andernfalls etwa eine Ausbildungsstätte nicht oder nur unter unzumutbaren Umständen erreichbar wäre oder wenn es starke Vorbehalte seitens der Eltern gegen die Absolvierung der Ausbildung gibt, die ebenfalls bei einem Verbleib in der elterlichen Wohnung die Arbeitsmarktintegration gefährden könnten.

63   Als Beispiel für einen „**sonstigen schwerwiegenden Grund**" i. S. d. **Abs. 2a S. 2 Nr. 3** kann die Schwangerschaft oder Mutterschaft einer jungen Frau bei beengten Wohnverhältnissen in der (groß-) elterlichen Wohnung oder auch eine Ablehnung der Schwangerschaft oder Mutterschaft seitens der Eltern der jungen Frau angeführt werden.

64   Ausnahmsweise kann – das Vorliegen der Voraussetzungen des Abs. 2a S. 2 Nr. 1 bis 3 immer vorausgesetzt – auf das Erfordernis der vorherigen Zusicherung nach **Abs. 2a S. 3** verzichtet werden, wenn der Umzug zeitlich so dringend war, dass dies einen **wichtigen Grund** für den Verzicht auf die vorherige Zusicherung darstellte. Als ein solcher Grund wäre denkbar, dass in der bisherigen Wohnsituation mit den Eltern oder anderen Angehörigen eine Eskalation häuslicher Gewalt eingetreten war, die ein Abwarten der Zusicherung unzumutbar machten.

65   **Abs. 2a S. 4** will eine weitere Lücke schließen, die auch die nachträgliche Einfügung der ersten drei Sätze noch gelassen hatte. Es soll nun auch verhindert werden, dass eine unter 25 Jahre alte Person zunächst keinen Antrag auf SGB II-Leistungen stellt, die Wohnung der Eltern verlässt, eine eigene Unterkunft bezieht und sich erst danach

auf eingetretene Hilfebedürftigkeit beruft. Geschah dies in der –
vom Leistungsträger nachzuweisenden – Absicht, die Hilfebedürftigkeit so überhaupt erst herbeizuführen, werden auch keine KdU+H
gewährt.

Abweichende Erbringung von Leistungen

23 (1) [1]Kann im Einzelfall ein von den Regelleistungen umfasster
und nach den Umständen unabweisbarer Bedarf zur Sicherung des Lebensunterhalts weder durch das Vermögen nach § 12 Absatz 2 Nr. 4 noch auf andere Weise gedeckt werden, erbringt die
Agentur für Arbeit bei entsprechendem Nachweis den Bedarf als
Sachleistung oder als Geldleistung und gewährt dem Hilfebedürftigen ein entsprechendes Darlehen. [2]Bei Sachleistungen wird das
Darlehen in Höhe des für die Agentur für Arbeit entstandenen An-
schaffungswertes gewährt. [3]Das Darlehen wird durch monatliche Aufrechnung in Höhe von bis zu 10 vom Hundert der an den erwerbsfähigen Hilfebedürftigen und die mit ihm in Bedarfsgemeinschaft
lebenden Angehörigen jeweils zu zahlenden Regelleistung getilgt.
[4]Weitergehende Leistungen sind ausgeschlossen.

(2) Solange sich der Hilfebedürftige, insbesondere bei Drogen-
oder Alkoholabhängigkeit sowie im Falle unwirtschaftlichen Verhaltens, als ungeeignet erweist, mit der Regelleistung nach § 20 seinen
Bedarf zu decken, kann die Regelleistung in voller Höhe oder anteilig
in Form von Sachleistungen erbracht werden.

(3) [1]Leistungen für
1. Erstausstattungen für die Wohnung einschließlich Haushaltsgeräten,
2. Erstausstattungen für Bekleidung und Erstausstattungen bei
   Schwangerschaft und Geburt sowie
3. mehrtägige Klassenfahrten im Rahmen der schulrechtlichen Bestimmungen
sind nicht von der Regelleistung umfasst. [2]Sie werden gesondert erbracht. Die Leistungen nach Satz 1 werden auch erbracht, wenn Hilfebedürftige keine Leistungen zur Sicherung des Lebensunterhalts einschließlich der angemessenen Kosten für Unterkunft und Heizung
benötigen, den Bedarf nach Satz 1 jedoch aus eigenen Kräften und
Mitteln nicht voll decken können. [3]In diesem Falle kann das Einkommen berücksichtigt werden, das Hilfebedürftige innerhalb eines Zeitraumes von bis zu sechs Monaten nach Ablauf des Monats erwerben,
in dem über die Leistung entschieden worden ist. [4]Die Leistungen nach
Satz 1 Nr. 1 und 2 können als Sachleistung oder Geldleistung, auch in
Form von Pauschalbeträgen, erbracht werden. [5]Bei der Bemessung
der Pauschalbeträge sind geeignete Angaben über die erforderlichen

Aufwendungen und nachvollziehbare Erfahrungswerte zu berücksichtigen.

(4) Leistungen zur Sicherung des Lebensunterhalts können als Darlehen erbracht werden, soweit in dem Monat, für den die Leistungen erbracht werden, voraussichtlich Einnahmen anfallen.

(5) [1]Soweit Hilfebedürftigen der sofortige Verbrauch oder die sofortige Verwertung von zu berücksichtigendem Vermögen nicht möglich ist oder für sie eine besondere Härte bedeuten würde, sind Leistungen als Darlehen zu erbringen. [2]Sie können davon abhängig gemacht werden, dass der Anspruch auf Rückzahlung dinglich oder in anderer Weise gesichert wird.

(6) In Fällen des § 22 Abs. 2a werden Leistungen für Erstausstattungen für die Wohnung nur erbracht, wenn der kommunale Träger die Übernahme der Leistungen für Unterkunft und Heizung zugesichert hat oder vom Erfordernis der Zusicherung abgesehen werden konnte.

I. Allgemeines

1   Die Vorschrift war insbesondere deshalb notwendig, weil die bisherigen sog. „einmaligen Leistungen" nach § 21 Abs. 1a BSHG bis auf wenige Ausnahmen, die nun Abs. 3 S. 1 Nr. 1–3 aufzählt, ersatzlos gestrichen wurden. Dadurch kann die Situation entstehen, dass Hilfebedürftige trotz der − gegenüber den bisherigen Regelsätzen − höheren Regelleistung eine Anschaffung tätigen müssen, die hierfür erforderlichen Mittel aber nicht zur Verfügung haben.

2   Für einen solchen Fall geht das Gesetz nun einen Weg, der insbesondere für solche Personen bedenklich erscheint, die zu einer vorausschauenden Finanzplanung nicht in der Lage sind. Zwar ist es zu begrüßen, dass Leistungsempfängern nun in größerem Maße zugetraut wird, eigenverantwortlich mit erhaltenen Geldleistungen umzugehen. Was aber zu tun ist, wenn die dafür notwendigen Fähigkeiten im Einzelfall fehlen, wird jedenfalls nicht sonderlich deutlich. Zu denken wäre an eine entsprechende „Schulung" durch die Fallmanager; aber deren Zeitkontingent dürfte in aller Regel für eine solche Betreuung nicht ausreichen. Es ist deshalb nicht auszuschließen, dass in Zukunft bestimmte Gruppen von Leistungsbeziehern auf Dauer zu Kreditnehmern der zuständigen Leistungsträger werden könnten. Das Problem als solches wurde durchaus gesehen, wie die Regelung in **Abs. 2** belegt. Dennoch hat man auch in diesen Fällen nicht auf eine Darlehensgewährung verzichtet, sondern nur darauf, dass Darlehen in Form einer Geldzahlung zu gewähren. Ob alle diese Einwände ausreichen, um die Norm auch verfassungsrechtlich, nämlich wegen eines Verstoßes gegen das Sozialstaatsprinzip (so *Herold-Tews* in *Löns/Herold-Tews*, § 23 Rz. 11), anzugreifen, erscheint zweifelhaft. Das Bundesverfassungsge-

richt dürfte es hier dem Gesetzgeber überlassen, die möglichen Folgen eines solchen grundlegenden Wandels – der sich auch auf das zugrundeliegende Menschenbild bezieht – einzuschätzen. Hier wird man eher, falls die erhobenen Bedenken sich als zutreffend erweisen sollten, die versprochene Überprüfung einzelner Teile des neuen Rechts vehement einzufordern haben.

II. Ergänzende darlehensfinanzierte Bedarfsdeckung (Abs. 1)

Abs. 1 S. 1 regelt die Voraussetzungen, unter denen ein Darlehen ge- 3
währt werden kann. **Abs. 1 S. 2** stellt klar, dass Sachleistungen, z. B.
Bekleidung aus einem vorhandenen Depot, mit dem Wert angesetzt
werden, der vom Leistungsträger für die Beschaffung des betreffenden
Gegenstandes aufgewendet werden musste. **Abs. 1 S. 3** benennt den
Weg, auf dem eine „Darlehensrückzahlung" bewerkstelligt werden
soll. Durch den nachträglich eingefügten Abs. 1 S. 4 wollte der Gesetzgeber zum Ausdruck bringen, dass es weitere Leistungen, die über den
durch eine Darlehensgewährung zu deckenden unabweisbaren Bedarf
hinausgehen würden, nicht geben soll. Es werden Bedenken im
Hinblick auf die Vereinbarkeit dieser Regelung mit dem Sozialstaatsprinzip erhoben und darauf gesetzt, dass „notfalls" die Rechtsprechung
über eine verfassungskonforme Auslegung oder Rechtsfortbildung erforderliche Korrekturen vornehmen müsse (so ausdrücklich *Herold-*
Tews in: *Löns/Herold-Tews*, § 23 Rz. 17 unter Verweis auf die *BSG*-Ent-
scheidung zu den Kosten des Umgangsrechts vom 7. 11. 2006 – B 7b
AS 14/06 R –).

1. Voraussetzungen der Hilfe (Abs. 1 S. 1). Die Bestimmung be- 4
zieht sich nur auf **Bedarfe**, die **von den Regelleistungen umfasst**
sind. Was dazu gehört, lässt sich § 20 Abs. 1 S. 1 entnehmen. In der Praxis werden hier vor allem Hausratsgegenstände von nicht nur geringem Anschaffungswert eine bedeutende Rolle spielen.

Die Bedarfe müssen **nach den Umständen unabweisbar** sein. 5
Die Unabweisbarkeit muss sich auf den Bedarf beziehen, nicht auf die
Möglichkeit, (auch) diesen Bedarf (noch) im Wege einer Darlehens-
finanzierung zu realisieren. Nach *Herold-Tews* ist ein Bedarf unabweisbar, wenn er weder voraussehbar noch abwendbar war (in: *Löns/*
Herold-Tews, § 23 Rz. 4). Ein typisches Beispiel wäre der plötzliche De-
fekt einer Waschmaschine in einer Familie mit kleinen Kindern.

Zu fragen ist, ob die bis zum 31. 12. 2004 herangezogenen und in ent- 6
sprechenden Tabellen ausgedrückten Erfahrungswerte zur durchschnittlichen Haltbarkeit von Gegenständen wie vor allem Bekleidung
(dazu etwa *Brühl*, Mein Recht auf Sozialhilfe, S. 79 ff.) herangezogen
werden, ob also ein unabweisbarer Bedarf an einem Wintermantel, der

in der Regel vier Jahre zu tragen gewesen wäre, entstehen kann, wenn der entsprechende Nutzungszeitraum noch gar nicht abgelaufen ist.

7 Weitere Voraussetzung für die Gewährung eines Darlehens auf der Grundlage von Abs. 1 S. 1 ist, dass der Bedarf nicht durch den gerade für kurzfristig notwendig werdende Anschaffungen gedachten **Freibetrag von 750 Euro** nach § 12 Abs. 2 Nr. 4 gedeckt werden kann. Voraussetzung hierfür ist aber natürlich, dass dieser Betrag im konkreten Fall überhaupt vorhanden ist.

8 Schließlich wird der Leistungsträger prüfen, ob nicht auf andere Weise der Bedarf gedeckt werden kann. Dieser Begriff ist so unbestimmt und weit, dass eine Vielzahl von möglichen Lösungen denkbar sind, wie etwa die Verweisung an karitative Einrichtungen oder auch auf den Freibetrag bei einer Erwerbstätigkeit des Leistungsempfängers.

9 Die Betroffenen müssen einen „entsprechenden Nachweis" erbringen. Aus dem Gesetzeswortlaut wird nicht klar, was das im Einzelnen bedeutet. Denn an der bisher geltenden Regel, dass Betroffene im Bedarfsfall erst den Leistungsträger kontaktieren müssen, bevor Anschaffungen getätigt werden, dürfte sich auch in Zukunft nichts ändern. Es ist also zu fragen, was der Nachweis z. B. des Defekts einer Waschmaschine erfordert, da in solchen Fällen gewiss auch nicht jedes Mal ein Hausbesuch in Betracht kommen wird.

10 Schon die diversen Vorbedingungen im Gesetz machen zusammen mit der bekanntermaßen äußerst angespannten Lage der Bundesagentur bzw. der zugelassenen kommunalen Träger hinreichend deutlich, dass die Betroffenen im konkreten Bedarfsfall auf erheblichen „Widerstand" stoßen werden, wenn sie von der Möglichkeit des § 23 Abs. 1 Gebrauch machen wollen. Erst in solchen Fällen wird sich vermutlich in vollem Umfang erweisen, was die Streichung der einmaligen Leistungen für den einzelnen Betroffenen wirklich bedeutet.

11 **2. Umfang der Hilfe (insbesondere Abs. 1 S. 2).** Sind die Voraussetzungen für die Hilfegewährung erfüllt, erbringt die zuständige Agentur für Arbeit entweder eine Sachleistung oder eine Geldleistung. Zur Wertermittlung einer Sachleistung zum Zwecke der Rückabwicklung des Darlehens s. bereits oben Rz. 3. Eine Sachleistung wird vor allem dann in Betracht kommen, wenn der Bedarf aus vorhandenen Beständen des Leistungsträgers gedeckt werden kann. Eine Geldleistung wird gewählt werden, wenn dies nicht möglich ist und dem Betroffenen die Anschaffung eines Bedarfsgegenstandes bewilligt wurde. In beiden Fällen bildet der Anschaffungswert des jeweiligen Gegenstandes zugleich die Summe des zurückzuzahlenden Darlehens.

12 **3. Darlehensrückzahlung (Abs. 1 S. 3).** Gewährte Darlehen werden in der Folgezeit dadurch zurückgezahlt, dass ein bestimmter Teil der an den Leistungsempfänger bzw. ggf. an die Bedarfsgemeinschaft gezahlten Regelleistung(en) einbehalten – aufgerechnet – wird. Dabei

darf eine Obergrenze von 10 % dieser insgesamt gezahlten Regelleis-
tung(en) nicht überschritten werden.

Natürlich wirft diese Art der „Kleinkreditvergabe" durch die Leis- **13**
tungsträger eine Reihe von Fragen auf. Auch wenn es sich um ein
„Marktsegment" handelt, in dem die Geschäftsbanken bislang nicht
durch allzu großes Engagement aufgefallen sind, könnte hier doch
nach einer Anlaufphase gesamtwirtschaftlich ein Darlehensvolumen
erreicht werden, bei dem sich die Frage stellt, ob hier nicht staatliche
Konkurrenz entsteht, die im schlimmsten Fall sogar (weitere) Arbeitsplätze im Bankensektor gefährden könnte.

Weiterhin ist zu fragen, wie sich die Leistungsträger verhalten wer- **14**
den, wenn zwar ein unabweisbarer Bedarf auftritt, aber schon langfristig das maximal zulässige Rückzahlungsvolumen erreicht ist. Damit
zusammenhängend könnte auch die Frage auftauchen, ob es faktische
Altersgrenzen für die Kreditbewilligung geben wird, wenn Rückzah-
lungszeiträume z. B. die durchschnittlich geltende Lebenserwartung
eines Leistungsempfängers deutlich überschritten würde.

III. Ausnahmsweise Leistungsgewährung in Form von Sachleistungen (Abs. 2)

Die den Leistungsträgern in **Abs.** 2 eingeräumte Möglichkeit, die **15**
Regelleistung in voller Höhe oder anteilig in Form von Sachleistungen
zu erbringen, zeigt zunächst einmal das Problem auf, das mit der Abschaffung der einmaligen Leistungen und ihrer Ersetzung durch eine
darlehensweise Gewährung von Hilfe entstanden ist. Die Fassung des
Absatzes ist zudem problematisch, weil der unbestimmte Begriff „ungeeignet" als solcher nicht näher erläutert wird. Zwar gibt der Gesetzgeber durch die nicht abschließende („... insbesondere ...") Aufzählung Anhaltspunkte, an welche Sachverhalte gedacht wurde, diese
beschreiben aber Lebenssachverhalte und keine Annäherungen an den
Begriff der mangelnden Eignung. Die Nennung von Drogen- oder
Alkoholabhängigkeit deutet darauf hin, dass dem Gesetzgeber eine ty-
pische „Gefährdungslage" im Hinblick auf eine „zweckwidrige Verwendung" von Barmitteln ausreicht, um zur Gewährung von Sachleistungen überzugehen, aber gerade darin, in Verbindung mit der offenen
Fassung der denkbaren Sachverhalte, liegt das Problem. Es wird somit
die Aufgabe der Rechtsprechung sein, wieder einer Stigmatisierung
durch Gewährung von Sachbezugsscheinen etc. vorzubeugen, wie dies
etwa bei Wohnungslosen schon einmal der Fall war.

Auch das Abstellen auf ein unwirtschaftliches Verhalten – gemeint **16**
kann nur ein Verhalten im Sinne des § 31 Abs. 4 Nr. 1, 2 SGB II sein, da
hier der Terminus ausdrücklich verwendet wird – ist nicht unproblematisch, da aus einem Verhalten wie dem dort genannten nicht zwin-

gend auf eine zweckwidrige Verwendung laufender Leistungen geschlossen werden kann.

17   Die Regelung in **Abs. 2** wirkt daher insgesamt halbherzig. Zwar wollte man mit Abs. 1 die Abschaffung der einmaligen Leistungen flankieren, hat dann aber in Abs. 2 doch angedeutet, dass man sich bewusst ist, dass nicht alle potentiell leistungsberechtigten Personen die geistigen, psychischen oder sonstigen Voraussetzungen für einen derart weit reichenden Paradigmenwechsel bereits mitbringen.

IV. Einmalige Leistungen als Beihilfe (Abs. 3)

18   Nach **Abs. 3 S. 1** gibt es künftig abschließend nur noch drei Fälle, in denen einmalige Hilfe gewährt werden kann.

19   **Abs. 3 S. 1 Nr. 1. Erstausstattung für die Wohnung einschließlich Haushaltsgeräten.** Gemeint ist eine „echte" Erstausstattung, die nur in seltenen Fällen in Betracht kommen wird. Zu denken ist an den vollständigen Verlust der Wohnungseinrichtung nach einem Brand. Auch könnten Fälle wie die (wieder) notwendig werdende Ersteinrichtung einer Wohnung nach dem Auszug bei den Eltern oder nach einer Haftentlassung denkbar sein. Einzelne Einrichtungsgegenstände, auch wenn sie vielleicht sogar die überwiegende Einrichtung ausmachen würden, können aber nicht auf der Grundlage von Abs. 3 S. 1 Nr. 1 als Beihilfe geleistet werden. Mit Wirkung vom 1. 4. 2006 wurde **Abs. 6** in die Vorschrift eingefügt. Danach erhalten nunmehr **Personen vor der Vollendung des 25. Lebensjahres** keine Erstausstattung für die Wohnung mehr, wenn sie i. S. d. § 22 Abs. 2a ohne Zusicherung des kommunalen Trägers umgezogen sind und von dem Erfordernis einer solchen Zusicherung auch nicht abgesehen werden konnte.

20   **Abs. 3 S. 1 Nr. 2. Erstausstattung für Bekleidung einschließlich bei Schwangerschaft oder Geburt.** Auch hier geht es um eher seltene Ausnahmesachverhalte. Wiederum ist eine völlige Neuausstattung gemeint, wie sie etwa bei einem Neugeborenen oder für die Zeit einer Schwangerschaft notwendig ist. Zu denken ist darüber hinaus auch an Fälle, in denen aus medizinischen Gründen eine erhebliche Gewichtsreduzierung notwendig war, so dass anschließend eine Neueinkleidung erforderlich wird. Schließlich könnte es auch bei einem vollständigen Verlust der Bekleidung durch Feuer oder Wasserschaden zu einer Anwendung der Norm kommen.

21   **Abs. 3 S. 1 Nr. 3. Mehrtägige Klassenfahrten im Rahmen der schulrechtlichen Bestimmungen.** Um eine (weitere) Stigmatisierung der Kinder von hilfebedürftigen Arbeitsuchenden zu vermeiden, soll ihnen eine uneingeschränkte Teilnahme an den nach dem Schulrecht üblichen Klassenfahrten, die sich über mehrere Tage erstrecken, ermöglicht werden. Hier dürften nicht nur die Fahrt- und Unterbrin-

gungskosten, sondern auch ein angemessenes Taschengeld notwendig sein, um den Normzweck – Vermeidung von Ausgrenzung – zu erreichen. Auch Klassenfahrten ins Ausland oder solche, an denen nach dem Ende der allgemeinen Schulpflicht teilgenommen wird, sind zu fördern.

Wie sich aus § 27 Nr. 3 ergibt, soll durch Rechtsverordnung des **22** BMWA festgelegt werden, unter welchen Voraussetzungen und wie die Leistungen nach Abs. 3 S. 1 Nr. 1 und 2 pauschaliert werden sollen. Eine solche Verordnung lag bei Drucklegung dieser Auflage noch nicht vor.

In jedem Fall werden die **Leistungen nach Abs. 3 S. 1**, für die nach **23** § 6 Abs. 1 Nr. 2 der kommunale Träger zuständig ist, **gesondert** erbracht, **Abs. 3 S. 2.** Ob dies für die Praxis bedeutet, dass in einem Monat, in dem auch diese einmaligen Leistungen anfallen, keine gemeinsame Überweisung für laufende und einmalige Leistungen erfolgen darf, lässt das Gesetz nicht erkennen. Dies könnte insofern sinnvoll sein, als dann der „Verwendungszweck" deutlicher zu erkennen wäre. Andererseits würde ein solches Vorgehen zusätzlichen Verwaltungsaufwand bedeuten.

Die Bestimmungen in **Abs. 3 S. 3 und 4** knüpfen an § 21 Abs. 2 **24** BSHG an. Auch nach dieser Vorschrift konnten Personen, die ihren laufenden Lebensunterhalt, nicht aber zusätzlich noch bestimmte Anschaffungen, aus eigenen Kräften und Mitteln, bestreiten konnten, einmalige Leistungen erhalten. Dies wird nun auf solche Personen übertragen, die keine Leistungen zur Sicherung des Lebensunterhaltes im Sinne des § 19 S. 1 Nr. 1 benötigen, Bedarf(e) nach Abs. 3 S. 1 Nr. 1 – 3 aber nicht voll aus eigenen Kräften und Mitteln decken können. Ob mit der Formulierung „ ... nicht voll ... " gemeint ist, dass in jedem Fall ein eigener Beitrag zur Bedarfsdeckung möglich sein muss, wird nicht ganz klar. Liest man Abs. 3 S. 3 im Zusammenhang mit dem folgenden Satz, so scheint der Gesetzgeber offenbar den Fall vor Augen gehabt zu haben, dass jemand mit seinem laufenden Einkommen doch bereits in nennenswertem Umfang über der Bedürftigkeitsgrenze liegt, aber daraus dennoch nicht die notwendig gewordene volle Anschaffung bzw. – bei der mehrtägigen Klassenfahrt – Ausgabe tätigen kann.

Für solche Konstellationen wird durch **Abs. 3 S. 4** einerseits ein **Ei- 25 genbeitrag** eingefordert, dieser aber in zeitlicher Hinsicht begrenzt. Dabei wird das Einkommen im „Bedarfsmonat", also im Monat der Entscheidung über die beantragte Leistung, sowie in bis zu sechs weiteren Monaten berücksichtigt. Gemeint ist nur das Einkommen, das nicht zur Deckung des laufenden Lebensunterhalts i. S. d. § 19 S. 1 Nr. 1 benötigt wird, da andernfalls durch eine Einkommensberücksichtigung Hilfebedürftigkeit i. S. d. § 9 Abs. 1 hervorgerufen würde.

Beispiel: Nach einem Wohnungsbrand wird die Anschaffung einer kompletten Erstausstattung für die Wohnung einschließlich Haushaltsgeräten i. S. d. Abs. 3 S. 1 Nr. 1 notwendig. Dies würde 10.000 Euro kosten. Eine Hausratsversicherung besteht nicht. Das verfügbare Einkommen liegt monatlich um 250 Euro über der Bedürftigkeitsgrenze. Diese 250 Euro könnten bis zu insgesamt sieben Monate lang berücksichtigt werden. Dies würde zu einem Eigenbeitrag von 1.750 Euro insgesamt führen; der Leistungsträger müsste dementsprechend noch 8.250 Euro gewähren.

V. Darlehen bei schon feststehend nur vorübergehender Notlage (Abs. 4)

26   Mit **Abs. 4,** der erst durch Art. 1 Nr. 12a *des Gesetzes zur optionalen Trägerschaft von Kommunen nach dem Zweiten Buch Sozialgesetzbuch (Kommunales Optionsgesetz) vom 30. Juli 2004 (BGBl. I, 2014 ff. [2016])* eingefügt wurde, wird an den Gedanken des früheren § 15b BSHG angeknüpft, der bei einer bereits erkennbar nur vorübergehenden Notlage ebenfalls eine darlehensweise Leistungsgewährung vorsah. Es sei aber betont, dass auch noch unter Geltung des SGB II die Gewährung eines Darlehens den Ausnahmefall bildet. Abs. 4 kann daher nicht „auf breiter Front" dazu eingesetzt werden, laufende Leistungen überhaupt nur als Darlehen zu gewähren. Ist also auf unabsehbare Zeit völlig ungewiss, dass Einnahmen zufließen, so kommt eine Leistung als Darlehen nicht in Betracht. Die „Voraussichtlichkeit" i. S. d. Abs. 4 muss daher eine überwiegende Wahrscheinlichkeit für den Zufluss von Einnahmen bedeuten.

VI. Darlehen in Härtefällen (Abs. 5)

27   Durch das Gesetz zur Änderung des Zweiten Buches Sozialgesetzbuch und anderer Gesetze vom 24. 3. 2006 (BGBl. I, S. 558) wurde neben Abs. 6 (zu ihm bereits oben Rn. 19) auch Abs. 5 neu in die Vorschrift eingefügt. **Abs. 4 S. 1** entspricht dem bisherigen § 9 Abs. 4. **Abs. 4 S. 2** wurde flankierend aufgenommen und sieht nunmehr auch im Kontext des SGB II eine dingliche oder andere Sicherung eines Darlehens vor, was aber wohl nur dann sinnvoll ist, wenn es sich um längerfristige und oder größere Darlehen handelt (so *Herold-Tews* in *Löns/Herold-Tews,* § 23 Rn. 40, die auch darauf hinweist, dass mit der Sicherung verbundene Kosten vom Leistungsträger zu übernehmen sind).

28   Hilfebedürftig ist nach dem Verständnis von **Abs. 5 S. 1** auch derjenige, der wegen tatsächlicher oder rechtlicher Hindernisse das zu berücksichtigende Vermögen objektiv nicht sofort verwerten kann. Darüber hinaus ist derjenige hilfebedürftig, für den die sofortige Ver-

wertung eine Härte bedeuten würde, beispielsweise bei einer kapitalbildenden Lebensversicherung kurz vor dem vereinbarten Auszahlungszeitpunkt (*so beispielhaft BT-Drucks 15/1516, 53*) oder einer vorübergehend ungünstigen wirtschaftlichen Situation, mit deren baldiger
und nachhaltiger Änderung in naher Zukunft zu rechnen ist (Um-
wandlung eines Grundstückes von Bauerwartungsland in Bauland). In
beiden Fällen werden die Leistungen nur als Darlehen erbracht. Dies
betrifft nicht nur die Leistungen zur Sicherung des Lebensunterhaltes,
sondern ebenso Eingliederungsmaßnahmen (z. B. Zuschüsse). Soweit
bewertbare Dienst- oder Sachleistungen erbracht werden, entsteht ein
Erstattungsanspruch zugunsten des Leistungserbringers als Surrogat
(*so auch Löns/Herold-Tews* § 9 Rn. 4).

Befristeter Zuschlag nach Bezug von Arbeitslosengeld

24 (1) ¹Soweit der erwerbsfähige Hilfebedürftige Arbeitslosengeld II innerhalb von zwei Jahren nach dem Ende des Bezugs
von Arbeitslosengeld bezieht, erhält er in diesem Zeitraum einen monatlichen Zuschlag. ²Nach Ablauf des ersten Jahres wird der Zuschlag
um 50 vom Hundert vermindert.

(2) Der Zuschlag beträgt zwei Drittel des Unterschiedsbetrages
zwischen
1. dem von dem erwerbsfähigen Hilfebedürftigen zuletzt bezogenen Arbeitslosengeld und dem nach dem Wohngeldgesetz erhaltenen
Wohngeld und
2. dem von dem erwerbsfähigen Hilfebedürftigen und den mit ihm in
Bedarfsgemeinschaft lebenden Angehörigen erstmalig nach dem
Ende des Bezuges von Arbeitslosengeld zustehenden Arbeitslosengeld II nach § 19 oder Sozialgeld nach § 28; verlässt ein Partner die
Bedarfsgemeinschaft, ist der Zuschlag neu festzusetzen.

(3) Der Zuschlag ist im ersten Jahr
1. bei erwerbsfähigen Hilfebedürftigen auf höchstens 160 Euro,
2. bei Partnern auf insgesamt höchstens 320 Euro und
3. für die mit dem Zuschlagsberechtigten in Bedarfsgemeinschaft
zusammenlebenden minderjährigen Kinder auf höchstens 60 Euro
pro Kind
begrenzt.

(4) Der Zuschlag ist im zweiten Jahr
1. bei erwerbsfähigen Hilfebedürftigen auf höchstens 80 Euro,
2. bei Partnern auf höchstens 160 Euro und
3. für die mit dem Zuschlagsberechtigten in Bedarfsgemeinschaft
zusammenlebenden Kinder auf höchstens 30 Euro pro Kind
begrenzt.

I. Zweck der Regelung und Überblick

1   Die Vorschrift ist **Ausdruck von politischen Konzessionen**, die im Zuge des „Systemwechsels" in der Arbeitsmarktpolitik gemacht wurden. Zwar sollten grundsätzlich alle, die keinen Anspruch (mehr) auf das Arbeitslosengeld I haben, nur noch Leistungen auf Sozialhilfeniveau erhalten; dies erschien jedoch vor allem bei solchen Menschen, die jahre- oder sogar jahrzehntelang gearbeitet und Sozialversicherungsbeiträge abgeführt hatten und dann ohne eigenes Verschulden arbeitslos wurden, als zu hart. Daher sollte für diejenigen, die zuvor Arbeitslosengeld I bezogen haben, eine **Abfederung** erfolgen. Dies geschieht nun über einen Zeitraum von maximal zwei Jahren, in dem das Arbeitslosengeld II um einen **degressiven Zuschlag** aufgestockt wird. Die Betroffenen erreichen dadurch erst nach dem Ende der Zuschlagsgewährung Sozialhilfeniveau.

2   In **Abs. 1 S. 1** sind die **Anspruchsvoraussetzungen** enthalten. **Abs. 2** nennt die **Formel zur Berechnung der Höhe des Zuschlages** im ersten Jahr; nach **Abs. 1 S. 2** erfolgt eine Halbierung des so errechneten Zuschlages nach Ablauf des ersten Jahres. **Abs. 3** nennt **Obergrenzen** dessen, was schließlich tatsächlich an den Arbeitsuchenden, ggf. vorhandenen Partner und minderjährige Kinder gezahlt wird. Dabei ist allerdings hervorzuheben, dass nur ein Zuschlag errechnet wird und sich die Begrenzung des Zahlbetrages dieses Zuschlages nach der familiären Situation des erwerbsfähigen Hilfebedürftigen richtet. Partner und Kinder erhalten also nicht selbst auch einen Zuschlag, sondern werden lediglich bei der Ermittlung des maximal zu zahlenden Betrages berücksichtigt.

3   Auch diese Vorschrift ist – das sollte der Überblick in der Rz. 2 verdeutlichen – ein Beispiel für Gesetzgebungsarbeit, die mit „heißer Nadel gestrickt" wurde. Die Regelung in Abs. 1 S. 2 hätte systematisch ans Ende von Abs. 2 gehört. Die betragsmäßige Begrenzung in Abs. 3 gibt zumindest Anlass zu Missverständnissen; hierauf wird weiter unten einzugehen sein.

II. Voraussetzungen für die Gewährung des Zuschlages (Abs. 1 S. 1)

4   **Erste Voraussetzung** für die Gewährung des Zuschlages zum Arbeitslosengeld II ist, dass der betreffende Arbeitsuchende **zuvor Arbeitslosengeld I bezogen** hat. Es muss **tatsächlicher Bezug** der Leistung vorgelegen haben. Zeiten des Ruhens des Anspruchs sind nicht relevant, was sich bei der Bestimmung des anschließenden 2-Jahres-Zeitraumes auswirken kann. Wurde also wegen der Gewährung einer Entlassungsentschädigung oder wegen der Verhängung einer

Sperrzeit tatsächlich kein Arbeitslosengeld I gezahlt, so kommt es auf derartige Zeiträume nicht an.

Unmittelbar nach dem Ende des Bezugs von Arbeitslosengeld I beginnt der 2-Jahres-Zeitraum, in dem ein Zuschlag gewährt werden kann. **5**

> **Beispiel:** Ende des Bezugs von Arbeitslosengeld I am 31.12.2004; Antrag auf Gewährung von Arbeitslosengeld II am 1.2.2005; Antragstellerin erhält den Zuschlag für maximal 23 Monate, also bis zum 31.12.2006. Den Januar 2005 hat er/sie gleichsam „ungenutzt" verstreichen lassen, was wegen § 37 Abs. 2 S. 1 im Übrigen auch für das Arbeitslosengeld II selbst gilt. Anträge immer sofort stellen!

Der Betroffene muss auch in der Zeit, in der er den Zuschlag geltend **6** machen will, noch erwerbsfähig sein. Und er muss in dieser Zeit Arbeitslosengeld II tatsächlich beziehen. Wer also z. B. wegen des Einkommens der Partnerin/des Partners nicht hilfebedürftig im Sinne von § 9 Abs. 1 ist und daher kein Arbeitslosengeld II erhält, kann auch nicht in den Genuss des Zuschlages gelangen. Dies wird zum Teil für verfassungsrechtlich bedenklich gehalten (so von *Brühl/Hofmann*, S. 147 am Ende von 3.4, die sich dafür aussprechen, dass auch in diesen Fällen die immer noch bestehende Lücke zum bisherigen Einkommen aus Arbeitslosengeld I und Wohngeld jedenfalls teilweise geschlossen werden sollte).

III. Höhe der Leistung (Abs. 2 und Abs. 1 S. 2) und Höchstbeträge (Abs. 3)

1. Höhe der Leistung im ersten Jahr (Abs. 1 S. 1 und Abs. 2 so- 7 wie Abs. 3). Der Zuschlag ist nach Abs. 1 S. 1 eine **monatliche Leistung**. Das Gesetz enthält keine Bestimmung, was bei Ende des Bezuges von Arbeitslosengeld II im Laufe eines Monats geschieht. Daher ist zugunsten der Betroffenen davon auszugehen, dass der Zuschlag für den vollen Monat gezahlt wird, auch wenn etwa im Laufe des Monats eine Erwerbstätigkeit aufgenommen und dadurch die Hilfebedürftigkeit im Hinblick auf Leistungen nach dem SGB II beendet werden kann.

Bei der Berechnung des Zahlbetrages ist wie folgt vorzugehen: **8**

1. Ermittlung des zuletzt zustehenden Arbeitslosengeldes I und ggf. des parallel dazu gezahlten Wohngeldes; waren die tatsächlich geleisteten Beträge unrichtig berechnet, so muss auch der Zuschlag korrigiert werden.
2. Errechnung des Arbeitslosengeldes II i. S. d. Leistungen zur Sicherung des Lebensunterhalts (Regelleistung, Mehrbedarf[e], Unterkunft und Heizung) nach § 19 S. 1 Nr. 1, also – da nicht auch auf § 19 S. 1 Nr. 2 verwiesen wird – ohne den Zuschlag nach § 24, für den erwerbsfähigen Hilfebedürftigen sowie die an die mit ihr/ihm in Bedarfsgemeinschaft lebenden Angehörigen (s. § 7 Abs. 3 Nr. 2 bis 4)

zu erbringenden Leistungen (je nachdem Arbeitslosengeld II oder
Sozialgeld)
3. Ermittlung des neben dem Arbeitslosengeld II bezogenen und nach
   § 30 freigestellten Erwerbseinkommens
4. Addition von 2. und 3.
5. Vergleich der sich ergebenden Summe mit 1.
6. Wenn Summe aus 1. höher als Summe aus 2. und 3., Errechnung
   von zwei Dritteln des Unterschiedsbetrages
7. das Ergebnis stellt den Zuschlag im ersten Jahr nach dem Ende des
   Bezuges von Arbeitslosengeld I dar.

9   Der Verweis in Abs. 2 Nr. 2 auch auf § 19 S. 2 SGB II hat im Schrifttum für Verwirrung gesorgt (s. besonders *Herold-Tews* in: *Löns/Herold-
Tews*, § 24 Rz. 14 ff.). In der Tat ist nicht nachzuvollziehen, was dieser
Hinweis soll. Nach dem hier eingenommenen Standpunkt ist § 19 S. 2
eine systematisch falsch platzierte Regelung, die der Bundesagentur
für Arbeit einen Vorrang beim Zugriff auf berücksichtigungsfähiges
Einkommen und Vermögen einräumt. Aber darauf beschränkt sich der
Regelungsgehalt dieser Norm auch. Welches Einkommen und Vermögen berücksichtigungsfähig ist, kann sich aber allein aus den §§ 11 und
12 SGB II ergeben. Daher ist der Hinweis in Abs. 2 Nr. 2 auf § 19 S. 2
erstens irreführend und zweitens falsch.

10   Sinn und Zweck der Norm ist es, die wirtschaftliche Lage der Bedarfsgemeinschaft zur Zeit des Bezuges von Arbeitslosengeld I ggf. zuzüglich Wohngeldleistungen zu vergleichen mit der wirtschaftlichen
Lage, die bei Bezug von Arbeitslosengeld II besteht. Natürlich gehört
zu dieser Lage auch das Erwerbseinkommen, das die Mitglieder der
Bedarfsgemeinschaft gemäß § 30 neben dem Bezug von Arbeitslosengeld II behalten dürfen. Daher ist dieses freigestellte Einkommen dem
(jeweiligen) Arbeitslosengeld II hinzuzurechnen. Schließlich wird die
wirtschaftliche Lage der Bedarfsgemeinschaft auch durch das an die
nicht erwerbsfähigen Angehörigen gezahlte Sozialgeld bestimmt.
Stellt sich heraus, dass gleichwohl die frühere Situation besser war, so
erhält man im ersten Jahr zwei Drittel der Differenz als Zuschlag, danach die Hälfte des errechneten Zuschlages. In den Fällen, in denen
schon das Arbeitslosengeld I nicht sehr hoch war, kann es durchaus so
sein, dass die wirtschaftliche Lage nach dem Ende des Bezuges von Arbeitslosengeld I günstiger ist; dann wird kein Zuschlag gezahlt.

11   Durch **Abs. 3** wird der Zuschlag je nach familiärer Situation auf die
in den **Nr. 1 bis 3** genannten maximalen **Zahlbeträge begrenzt**. Nach
der Hilfebedürftigkeit der Partnerin/des Partners oder der minderjährigen Kinder des erwerbsfähigen Hilfebedürftigen fragt Abs. 3 nicht. Die
dort in den Nr. 2 und 3 genannten Beträge werden also in jedem Falle
zugrundegelegt, wenn Partner und/oder Kinder vorhanden sind.

12   An eine vierköpfige Familie (Ehepaar und 2 minderjährige Kinder)
werden daher im ersten Jahr maximal 440 Euro als Zuschlag gezahlt:

320 Euro insgesamt für das Ehepaar und 2 × 60 Euro für die beiden Kinder. Ein alleinstehender erwerbsfähiger Hilfebedürftiger erhält im ersten Jahr nie mehr als 160 Euro als Zuschlag.

2. Höhe der Leistung im zweiten Jahr (Abs. 1 S. 2 und Abs. 2 13 **sowie Abs. 4).** Der für das erste Jahr errechnete oder – nach Abs. 3 – maßgebliche Betrag wird nach **Abs. 1 S. 2** halbiert. Damit soll der zunehmenden Entfernung vom Arbeitsmarkt Rechnung getragen und der Anreiz zur Aufnahme einer Erwerbstätigkeit erhöht werden (Bt-Drs. 15/1516, S. 58). Dafür gibt es keine Begrenzung der in Abs. 3 geregelten Art. Wurde im ersten Jahr ein Zuschlag errechnet, der die Obergrenze nach Abs. 3 überschritt, so wurde zwar nur der begrenzte Betrag nach Abs. 3 ausgezahlt, der Zuschlag im rechtlichen Sinne ist aber gleichwohl der höhere Betrag, der sich allein auf der Grundlage von Abs. 2 ergab. Und er ist im zweiten Jahr nach dem Wortlaut von Abs. 1 S. 2 zu halbieren. Das könnte dazu führen, dass im zweiten Jahr mehr als nur die Hälfte dessen ausgezahlt wird, was im ersten Jahr gezahlt wurde. Es liegt auf der Hand, dass diese Lösung vom Gesetzgeber nicht gewollt war. Vielmehr war in Abs. 1 S. 2 gemeint, dass der Zahlbetrag des ersten Jahres halbiert wird und nicht der zunächst einmal rechnerisch ermittelte Zuschlag, der u. U. erst noch nach Abs. 3 begrenzt werden muss. Das Gesetz ist also auch an dieser Stelle wieder einmal nicht sorgfältig genug gemacht worden. Orientiert man sich allein am Gesetzeswortlaut, so wäre es denkbar, dass der Zuschlag im 2. Jahr sogar höher ausfallen könnte als – wegen der Kappungsgrenze in Abs. 3 – im 1. Jahr. Es wird aber eingeräumt, dass der hier vertretene Ansatz bei den Sozialgerichten eher nicht durchzusetzen sein wird. Vielmehr wird es dazu kommen, dass eben der Zahlbetrag des ersten Jahres im zweiten Jahr halbiert wird – und nicht der nach Abs. 2 errechnete Zuschlag.

3. Wegfall der Leistung. Die Leistung endet spätestens mit Ablauf 14 von zwei Jahren nach dem Ende des Bezuges von Arbeitslosengeld I. Endet der Bezug von Arbeitslosengeld II früher, so fällt auch der Zuschlag entsprechend früher weg.

Außerdem fällt der Zuschlag weg, wenn und solange gegen den 15 Berechtigten Sanktionen nach § 31 Abs. 1 und/oder Abs. 2 verhängt wurden. Nachdem „Wegfall" etwas anderes ist als „Ruhen", kommt es zu einer „echten" Verkürzung des Bezugszeitraumes.

Zusätzliche Leistungen für die Schule

24a
¹Schülerinnen und Schüler, die das 25. Lebensjahr noch nicht vollendet haben und die eine allgemein- oder berufsbildende Schule besuchen, erhalten eine zusätzliche Leistung für die Schule in Höhe von 100 Euro, wenn sie oder mindestens ein im Haushalt lebender Elternteil am 1. August des jeweiligen Jahres Anspruch

auf Leistungen zur Sicherung des Lebensunterhalts nach diesem Buch haben. [2]Schülerinnen und Schüler, die nicht im Haushalt ihrer Eltern oder eines Elternteils leben, erhalten unter den Voraussetzungen des § 22 Abs. 2a die Leistung, wenn sie am 1. August des jeweiligen Jahres Anspruch auf Leistungen zur Sicherung des Lebensunterhalts nach diesem Buch haben. [3]Die Leistung wird nicht erbracht, wenn ein Anspruch der Schülerin oder des Schülers auf Ausbildungsvergütung besteht. [4]Der zuständige Träger der Grundsicherung für Arbeitsuchende kann im begründeten Einzelfall einen Nachweis über eine zweckentsprechende Verwendung der Leistung verlangen.

1   § 24 a wurde eingefügt mWv 1. 8. 2009 durch Gesetz vom 22. 12. 2008 (BGBl. I, 2955) und bereits geändert durch Art. 16 Gesetz zur verbesserten steuerlichen Berücksichtigung von Vorsorgeaufwendungen (Bürgerentlastungsgesetz Krankenversicherung) vom 17. 7. 2009 (BGBl. I, 1959 ff. [1972]). Damit wird zumindest rudimentär anerkannt, dass die häufigen zusätzlichen Kosten zu Beginn eines Schuljahres, die durch Anschaffungen von Schulheften, Schreibgeräten etc. anfallen, nicht aus der Regelleistung gedeckt werden können. Dass es um solche Kosten geht, ergibt sich aus der Formulierung **„Leistung für die Schule"** in **S. 1**. Aber die neue Bestimmung wirft auch die Frage auf, ob mit der Gewährung dieser zusätzlichen Leistung von 100 Euro zugleich alle darüber hinaus gehenden Kosten von den Betroffenen selbst zu tragen sind. Dies kann vor allem bei älteren Schülerinnen und Schülern relevant werden, die nicht selten zusätzliche Bücher oder anderes aufwendiges Lehrmaterial anschaffen müssen, für das dann im Laufe eines Kalenderjahres der gewährte Zusatzbetrag nicht mehr ausreicht. Hier wird man aber jedenfalls die Möglichkeit einer darlehensweisen Gewährung entsprechender Unterstützung nach § 23 SGB II – in analoger Anwendung, da nunmehr Schulmittel ja als nicht von der Regelleistung umfasst anerkannt sind – in Betracht ziehen müssen.

2   Die Vorschrift gilt **für Schülerinnen und Schüler bis zur Vollendung des 25. Lebensjahres**. Durch die Benennung der Bildungseinrichtung – allgemein- oder berufsbildende Schule – wird klargestellt, dass Studierenden diese Leistung nicht zugute kommen soll, auch wenn sie noch nicht das 25. Lebensjahr vollendet haben.

3   **S. 1** erfasst die Fälle, in denen die Schülerin oder der Schüler **noch in Haushaltsgemeinschaft mit mindestens einem Elternteil** lebt. Dabei kommt es darauf an, dass entweder die Schülerin/der Schüler oder der Elternteil/die Eltern leistungsberechtigt nach dem SGB II sind. Wird also durch Zahlung des Kinderzuschlages nach § 6 a BKGG die Hilfebedürftigkeit nach dem SGB II vermieden, so besteht auch kein Anspruch auf die zusätzliche Leistung für die Schule.

4   **S. 2** erfasst die Fälle, in denen die Schülerin oder der Schüler **aus der Wohnung der Eltern ausgezogen** und leistungsberechtigt nach

dem SGB II sind. Der Auszug muss unter den Voraussetzungen von **§ 22 Abs.** 2a **SGB II**, also mit einer Zusicherung von Unterkunfts- und Heizkosten durch den kommunalen Träger vor Abschluss des neuen Mietvertrages erfolgt sein.

Sowohl in den Fällen nach S. 1 als auch in denen nach S. 2 muss die **5** SGB II-Leistungsberechtigung jeweils zum **Stichtag 1. 8. des betreffenden Jahres** bestehen. Ob dies dann auch der Tag ist, zu dem im laufenden Kalenderjahr erstmals die zusätzliche Leistung beantragt werden kann, lässt die Norm nicht erkennen. Es spricht jedoch viel dafür, zum 1. 8. die eigene Leistungsberechtigung feststellen zu lassen und zugleich Antrag auf die zusätzliche Leistung zu stellen.

S. 3 enthält einen **Leistungsausschluss**. Dieser greift ein, wenn **6** die Schülerin oder der Schüler Anspruch auf **Ausbildungsvergütung** hat, betrifft also die Schülerinnen und Schüler, die eine berufsbildende Schule besuchen. Im Umkehrschluss lässt sich sagen, dass ein Anspruch auf Ausbildungs*förderung* den Anspruch auf die zusätzliche Leistung nicht ausschließt.

Einen weiteren Umkehrschluss kann man aus der Regelung in S. 4 **7** ziehen. Er besagt, dass **grundsätzlich**, also in aller Regel, **kein Nachweis über eine zweckentsprechende Verwendung der zusätzlichen Leistung** verlangt werden darf. Dies ist nur „in einem begründeten Einzelfall" möglich. Ein solcher Einzelfall wäre etwa denkbar, wenn in früheren Jahren bereits eine zweckwidrige Verwendung der zusätzlichen Leistung gegeben und dies dem Leistungsträger bekannt geworden war.

Leistungen bei medizinischer Rehabilitation der Rentenversicherung und bei Anspruch auf Verletztengeld aus der Unfallversicherung

25 [1]Hat ein Bezieher von Arbeitslosengeld II dem Grunde nach Anspruch auf Übergangsgeld bei medizinischen Leistungen der gesetzlichen Rentenversicherung, erbringen die Träger der Leistungen nach diesem Buch die bisherigen Leistungen als Vorschuss auf die Leistungen der Rentenversicherung weiter; dies gilt entsprechend bei einem Anspruch auf Verletztengeld aus der gesetzlichen Unfallversicherung. [2]Werden Vorschüsse länger als einen Monat geleistet, erhalten die Träger der Leistungen nach diesem Buch von den zur Leistung verpflichteten Trägern monatliche Abschlagszahlungen in Höhe der Vorschüsse des jeweils abgelaufenen Monats. [3]§ 102 des Zehnten Buches gilt entsprechend.

In der ursprünglichen Fassung des SGB II enthielt § 25 eine Rege- **1** lung zum Verhältnis der Leistungen Alg II und Krankengeld. Nachdem jedoch ein Anspruch von Alg II-Beziehern auf Krankengeld – zunächst durch § 44 Abs. 1 S. 2 SGB V – nun gemäß § 44 Abs. 2 S. 1 Nr. 1 SGB V ausgeschlossen ist, war diese in der Erstfassung des Gesetzes enthaltene Bestimmung obsolet geworden. Deshalb hat § 25 jetzt eine völlig andere Fassung als die noch in der Vorauflage kommentierte Vorschrift.

2   Es geht nunmehr zum einen um die Frage, welche Leistungen erbracht werden, wenn jemand während des Bezuges von Alg II die Berechtigung erlangt – jedenfalls dem Grunde nach –, im Rahmen von Leistungen der medizinischen Rehabilitation (s. §§ 9 ff.; 13 und 15 SGB VI) auch einen Anspruch auf Übergangsgeld nach § 20 Nr. 3b SGB VI haben.

3   Zum anderen geht es um die Frage, welche Leistung erbracht wird, wenn jemand während des Bezuges von Alg II einen Anspruch auf Verletztengeld nach § 45 SGB VII erwirbt, was angesichts der vom Gesetz zu Grunde gelegten zeitlichen Abfolge nur geschehen kann, wenn ein Leistungsbezieher bei der Erfüllung von Meldepflichten persönlich vorsprechen soll und dabei einen „Arbeitsunfall" erleidet, sei es auf dem Weg zum und vom Träger der Grundsicherung, sei es in dessen Gebäude.

4   Sowohl beim Übergangsgeld als auch beim Verletztengeld ist ein Anspruch ausgeschlossen, wenn das Arbeitslosengeld II nur darlehensweise gewährt wurde: § 21 Abs. 4 S. 2 Buchstabe a SGB VI bzw. § 45 Abs. 1 Nr. 2 SGB VII. Die einmaligen Leistungen nach § 23 Abs. 3 S. 1 SGB II schließen ebenfalls einen Anspruch auf Übergangsgeld aus (§ 21 Abs. 4 S. 2 Buchstabe b SGB VI); beim Verletztengeld bezieht sich dies nur auf einmalige Leistungen für Bekleidung bei Schwangerschaft und Geburt (§ 45 Abs. 1 Nr. 2 SGB VII).

5   Soweit danach gemäß SGB VI oder VII Ansprüche bestünden, würden diese in Höhe des Alg II zustehen: § 21 Abs. 4 S. 1 SGB VI bzw. § 47 Abs. 2 S. 2 SGB VII. Im SGB VI ist dies noch an die weiteren Voraussetzungen geknüpft, dass vor dem Beginn der Reha-Maßnahme Alg II-Bezug erfolgte und „zuvor", also vor dem Beginn des Alg II-Bezuges Pflichtbeiträge an die GRV gezahlt wurden. Ist dies nicht gegeben, bleibt es bei dem unmittelbaren Bezug von Alg II-Leistungen vom Träger der Grundsicherung.

6   Es ist die Funktion von § 25 SGB II, eine Fortzahlung der bisherigen Alg II-Leistungen an die Berechtigten sicherzustellen und diese in S. 1 als „Vorschuss" auf die vorrangigen Sozialversicherungsleistungen zu bezeichnen. Durch den Verweis auf § 102 SGB X wird klar gestellt, dass die nachrangig verpflichteten Träger der Grundsicherung für Arbeitsuchende in Bezug auf diese geleisteten Vorschüsse nach § 102 SGB X einen Erstattungsanspruch gegen die vorrangig verpflichteten Leistungsträger haben, so dass also am Ende diese wirtschaftlich belastet werden. Für den Leistungsberechtigten erscheint die Leistung aber als kontinuierliche Leistung ihres Grundsicherungsträgers.

Entgegen der Ansicht von *Herold-Tews* (in: *Löns/Herold-Tews*, § 25 **7** Rz. 5 a. E.) ist nicht erkennbar, wie eine Situation eintreten könnte, in der die Leistungsempfänger zu einer Erstattung nach § 50 Abs. 4 SGB X verpflichtet sein könnten. Denn wenn das dem Grunde nach zustehende Übergangs- oder Verletztengeld niedriger wäre als das bislang gezahlte Alg II, würde die klassische „Aufstocker-Situation" eintreten und wäre der Grundsicherungsträger zur Aufzahlung auf die Versicherungsleistung verpflichtet. Er hätte dann allerdings einen niedrigeren Erstattungsanspruch gegen den (partiell) vorrangig verpflichteten Träger nach § 102 SGB X.

Schließlich enthält **S. 2** noch eine „technische" Bestimmung und **8** spricht dem Grundsicherungsträger einen Anspruch auf eine Abschlagszahlung zu. Dieser entsteht, wenn beim jeweiligen Sozialversicherungsträger nicht schon innerhalb des ersten Monats eine Feststellung des dem versicherten Alg II-Empfängers zustehenden Anspruchs auf Übergangs- oder Verletztengeld erfolgt. Dann ist an den Grundsicherungsträger ein Abschlag in Höhe der Zahlung des Vormonats zu leisten.

Stand den Berechtigten ein Anspruch auf den befristeten Zuschuss **9** nach § 24 zu, der nicht Teil des Arbeitslosengeldes II ist, so wird dieser vom insoweit unmittelbar verpflichteten Grundsicherungsträger weiter gezahlt. Entsprechendes gilt für eine darlehensweise Gewährung von Leistungen, weil auch diese nach dem oben Gesagten für das Verhältnis zwischen Versicherungs- und Grundsicherungsleistung ohne Bedeutung ist.

Zuschuss zu Beiträgen bei Befreiung von der Versicherungspflicht

26 (1) ¹Bezieher von Arbeitslosengeld II, die von der Versicherungspflicht in der gesetzlichen Rentenversicherung befreit sind (§ 6 Absatz 1b des Sechsten Buches), erhalten einen Zuschuss zu den Beiträgen, die für die Dauer des Leistungsbezugs freiwillig an die gesetzliche Rentenversicherung, eine berufsständische Versorgungseinrichtung oder für eine private Alterssicherung gezahlt werden. ²Der Zuschuss ist auf die Höhe des Betrages begrenzt, der ohne die Befreiung von der Versicherungspflicht in der gesetzlichen Rentenversicherung zu zahlen wäre.

(2) ¹Für Bezieher von Arbeitslosengeld II oder Sozialgeld, die in der gesetzlichen Krankenversicherung nicht versicherungspflichtig und nicht familienversichert sind und die für den Fall der Krankheit

1. bei einem privaten Krankenversicherungsunternehmen versichert sind, gilt § 12 Abs. 1c Satz 5 und 6 des Versicherungsaufsichtsgesetzes,

2. freiwillig in der gesetzlichen Krankenversicherung versichert sind, wird für die Dauer des Leistungsbezugs der Beitrag übernommen; für Personen, die allein durch den Beitrag zur freiwilligen Versicherung hilfebedürftig würden, wird der Beitrag im notwendigen Umfang übernommen. [2]Der Beitrag wird ferner für Personen im notwendigen Umfang übernommen, die in der gesetzlichen Krankenversicherung versicherungspflichtig sind und die allein durch den Krankenversicherungsbeitrag hilfebedürftig würden.

(3) [1]Für Bezieher von Arbeitslosengeld II oder Sozialgeld, die in der sozialen Pflegeversicherung nicht versicherungspflichtig und nicht familienversichert sind, werden für die Dauer des Leistungsbezugs die Aufwendungen für eine angemessene private Pflegeversicherung im notwendigen Umfang übernommen. [2]Satz 1 gilt entsprechend, soweit Personen allein durch diese Aufwendungen hilfebedürftig würden. [3]Für Personen, die in der sozialen Pflegeversicherung versicherungspflichtig sind und die allein durch den Pflegeversicherungsbeitrag hilfebedürftig würden, wird der Beitrag im notwendigen Umfang übernommen.

(4) [1]Die Bundesagentur kann den Zusatzbeitrag zur gesetzlichen Krankenversicherung nach § 242 des Fünften Buches für Bezieher von Arbeitslosengeld II oder Sozialgeld übernehmen, für die der Wechsel der Krankenkasse nach § 175 des Fünften Buches eine besondere Härte bedeuten würde. [2]Satz 1 gilt entsprechend, soweit Personen allein durch diese Aufwendungen hilfebedürftig würden.

I. Allgemeines

1   Die allermeisten der Leistungsempfänger nach dem SGB II unterliegen der Versicherungspflicht in der Renten-, Kranken- und Pflegeversicherung. Für diejenigen, die von den entsprechenden Pflichten befreit sind bzw. – in der sozialen Pflegeversicherung – der Pflicht zum Abschluss eines privaten Pflegeversicherungsvertrages unterliegen, eröffnet § 26 die Möglichkeit, dass auch ihre Prämien/Beiträge zumindest zu einem Teil von der Bundesagentur für Arbeit bzw. von einem zugelassenen kommunalen Träger finanziert werden. Die Vorschrift wurde seit ihrem erstmaligen In-Kraft-Treten mehrfach geändert. Die letzten Änderungen betreffen die Einfügungen von Abs. 2 S. 2 und Abs. 3 S. 3 durch das Gesetz vom 17.7.2009 (BGBl. I, S. 1990). § 25 gilt in der hier kommentierten Fassung insgesamt seit 1.1.2009.

II. Beitragszuschuss bei Befreiung von der Rentenversicherungspflicht (Abs. 1)

1. Potentiell betroffener Personenkreis. Zu den Personen, die 2
potentiell von der Regelung profitieren können, gehören vor allem
Freiberufler i. S. d. § 6 Abs. 1b Nr. 1 SGB VI, die in einer berufsständischen Versorgungseinrichtung versichert sind (z. B. Rechtsanwaltsver-
sorgung, Steuerberaterversorgung oder Ärzteversorgung; zumeist auf
der Ebene der Bundesländer geregelt und organisiert) sowie **Selbständige**, die privat für die Versicherungsfälle Invalidität, Alter und Tod
(Hinterbliebenensicherung) vorgesorgt haben. Die Anforderungen,
die an eine bezuschussungsfähige Versicherung dieser Art gestellt werden, regelt § 6 Abs. 1b Nr. 2 SGB VI. Ihre Befreiung von der gesetzlichen Rentenversicherungspflicht hat für die Träger der Grundsicherung „Tatbestandswirkung", d. h. diese sind insoweit gebunden und
können nicht selbständig prüfen, ob die Befreiungsvoraussetzungen
überhaupt erfüllt waren (s. *Knickrehm* in: *Eicher/Spellbrink*, SGB II § 26
RdNr. 14 mwN).

2. Höhe des Beitragszuschusses. Die genannten Personen erhal- 3
ten für die Dauer, während derer sie Arbeitslosengeld II beziehen, einen **Zuschuss zu den Beiträgen**, die sie freiwillig an eine der in
Abs. 1 S. 1 genannten Institutionen entrichten.

Bei Personen, die Arbeitslosengeld II beziehen, betrugen die monat- 4
lichen, in der GRV beitragspflichtigen Einnahmen 400 Euro. Bei einem Beitragssatz von 19,5 % folgte daraus ein pauschaler GRV-Beitrag
von 78 Euro monatlich. Der Wert der beitragpflichtigen Einnahmen
wurde mWv 1. 1. 2007 auf 205 Euro gesenkt, so dass der dem entsprechende Beitrag nur noch bei 40 Euro monatlich liegt. Dies ist der Betrag, der ohne die Befreiung der betreffenden Personen von der Versicherungspflicht in der GRV zu zahlen wäre und auf den somit nach
Abs. 1 S. 2 der **Beitragszuschuss begrenzt** ist. Es stellt sich die dringende Frage, ob damit die Alterssicherung außerhalb der GRV überhaupt noch sichergestellt werden kann. Denn für die potentiell betroffenen Personengruppen wird der zu entrichtende Beitrag weit über
diesen Zuschuss von 40 Euro monatlich hinausgehen.

III. Zuschuss zu Krankenversicherungsbeiträgen (Abs. 2)

1. Potentiell erfasster Personenkreis (Abs. 2). Erfasst werden – 5
anders als nach Abs. 1 – zunächst Bezieher von Alg II oder Sozialgeld.
Beide Gruppen dürfen nach Abs. 2 in der GKV weder versicherungspflichtig noch familienversichert sein. Sodann ist danach zu unterscheiden, über welchen KV-Schutz die betreffenden Personen verfügen; aus Abs. 2 Nr. 1 und 2 ergeben sich drei Gruppen:

- Bei einem privaten Krankenversicherungsunternehmen Versicherte
- In der GKV freiwillig Versicherte
- GKV-Pflichtversicherte, die hilfebedürftig würden, wenn sie den GKV-Beitrag bzw. den auf sie entfallenden Anteil entrichten müssten

7   **2. Gewährung eines Beitragszuschusses.** Je nach gegebener Konstellation wird der Zuschuss auf die KV-Prämie (PKV) oder den als freiwilliges Mitglied zu entrichtenden Beitrag (GKV) gewährt. Jedes Mitglied der BG kann einen solchen Anspruch haben.

8   Wer Alg II nur darlehensweise erhält, fällt nicht unter den Pflichtversicherungstatbestand § 5 I Nr. 2a SGB V. Es kann dann aber – auch hier – ein (zusätzliches) Darlehen in Form einer Bezuschussung des freiwilligen GKV-Beitrages erfolgen (so auch *Herold-Tews* in: *Löns/ Herold-Tews*, § 26 RdNr. 10).

9   **3. Berechnung des Beitragszuschusses.** Für diejenigen, die bei einem privaten Versicherungsunternehmen krankenversichert sind, bestimmt sich die Höhe des ihnen zu gewährenden Beitragszuschusses nach § 12 Abs. 1c S. 6 VAG. Danach besteht eine Begrenzung auf die Höhe des Beitrags, den der Grundsicherungsträger für versicherungspflichtige Alg II–Bezieher zu zahlen hätte, was sich für das Jahr 2009 in der Größenordnung von 135 Euro monatlich bewegt. Der Zuschuss ist nach § 12 Abs. 1c S. 5 VAG zu beantragen. Man wird hier von einer Aufklärungs- und Informationspflicht der Grundsicherungsträger auszugehen haben. Dies gilt besonders deshalb, weil es die verbreitete Annahme gibt, dass in jedem Fall bei Bezug von Alg II KV-Schutz in der GKV gewährleistet ist. Durch § 5 Abs. 5a S. 1 SGB V hat sich dies jedoch mWv 1. 1. 2009 geändert, sofern nicht schon vorher Leistungsbezug und damit Verischerungsschutz gegeben war. Alle „Neufälle" stehen aber ab 1. 1. 2009 vor dem Problem, im Hinblick auf ihre vor Beginn des Leistungsbezuges bestehende Privatversicherung nun für ihren KV-Schutz auch weiterhin privat vorsorgen zu müssen. Verschärft wird das Problem noch durch die Altersgrenze von 55 Jahren nach § 6 Abs. 3a SGB V. Damit stellt sich die Frage nach der tatsächlichen Belastung dieses Personenkreises im Falle von Hilfebedürftigkeit. Nach § 12 Abs. 1c S. 4 VAG haben die Hilfebedürftigen, die (noch) privat krankenversichert sind, die Hälfte des sog. Basistarifs in der PKV zu zahlen. Dieser entspricht in seiner Höhe in etwa dem Höchstbeitrag in der GKV. Damit entsteht eine Lücke zwischen diesem Höchstbeitrag und dem Zuschuss von derzeit etwa 135 Euro monatlich. Lediglich nach § 11 Abs. 2 S. 1 Nr. 3a SGB II könnte diese Differenz abgesetzt werden, sofern die Betroffenen Erwerbseinkommen von mehr als 400 Euro monatlich erzielen (s. § 11 Abs. 2 S. 3 SGB II).

10   Die Gruppe der freiwillig GKV-Versicherten erhält den dort zu entrichtenden Beitrag als Zuschuss, solange sie im Leistungsbezug nach dem SGB II stehen. Handelt es sich um freiwillig Versicherte, die nur

durch den freiwilligen Beitrag hilfebedürftig würden, so erhalten sie einen Zuschuss „im notwendigen Umfang", was nur bedeuten kann, dass der Zuschuss seiner Höhe nach geeignet sein muss, den Eintritt von Hilfebedürftigkeit zu verhindern.

Abs. 2 S. 2 wurde durch Art. 14b des Gesetzes zur Änderung arznei-   **11** mittelrechtlicher und anderer Vorschriften vom 17.7.2009 (BGBl. I, S. 1990) eingefügt. Danach erhalten den Zuschuss auch solche Personen, die in der GKV versicherungspflichtig sind, aber allein durch den KV-Beitrag hilfebedürftig würden. Ihnen wird wie den von S. 1 Nr. 2 HS 2 erfassten Personen ein **Zuschuss „im notwendigen Umfang"** gewährt. Für den Kontext von Abs. 2 S. 2 kann dies nur bedeuten, in dem Umfang, der erforderlich ist, den Eintritt von Hilfebedürftigkeit zu vermeiden.

IV. Zuschuss zu Pflegeversicherungsbeiträgen (Abs. 3)

Die Zuschussregelung in Abs. 3 betrifft wie schon im Kontext mit   **12** der KV sowohl Alg II- als auch Sozialgeld-Bezieher. Sodann ist auch hier zwischen drei Gruppen zu unterscheiden:

- Privat Pflegeversicherte (Abs. 3 S. 1)
- Privat Pflegeversicherte, die allein durch den PV-Beitrag hilfebedürftig würden (Abs. 3 S. 2)
- Pflegepflichtversicherte, die allein durch den Beitrag zur Pflegepflichtversicherung hilfebedürftig würden (**Abs. 3 S. 3**) – **Abs. 3 S. 3** wurde durch Art. 14b des Gesetzes zur Änderung arzneimittelrechtlicher und anderer Vorschriften vom 17.7.2009 (BGBl. I, S. 1990) eingefügt

1. Kreis der privat pflegeversicherten Personen. Der Personen-   **13** kreis, für den Abs. 3 S. 1 oder 2 im Kontext der Pflegeversicherung zum Tragen kommen kann, besteht zum einen aus denjenigen, die in der GKV freiwillig versichert sind. Sie sind nach § 20 Abs. 3 SGB XI in der sozialen Pflegeversicherung pflichtversichert. Allerdings können sie sich auf Antrag und unter Voraussetzungen, die denen für die GKV geltenden entsprechen, von der Versicherungspflicht in der sozialen Pflegeversicherung nach § 22 Abs. 1 SGB XI befreien lassen.

Zum anderen besteht der betroffene Personenkreis aus Menschen,   **14** die nach Art. 42 des Pflegeversicherungsgesetzes von der Versicherungspflicht in der sozialen Pflegeversicherung befreit sind.

Schließlich zählen dazu diejenigen, die als privat Krankenversicherte   **15** nach § 23 Abs. 1 SGB XI der Versicherungspflicht in der sozialen Pflegeversicherung insoweit unterliegen, als sie für privaten Pflegeversicherungsschutz bei einem entsprechenden Versicherungsunternehmen sorgen müssen. Auch diese Personen sind dann ja verpflichtet, an das

Versicherungsunternehmen auf der Basis eines entsprechenden Versicherungsvertrages Versicherungsprämien zu entrichten.

16 **2. Höhe des Beitragszuschusses.** Es werden nunmehr die Beiträge für eine angemessene private PV im notwendigen Umfang übernommen. Angemessen ist eine private PV dann, wenn sie mit ihren Leistungen denen der sPV entspricht. Die dafür zu entrichtende Versicherungsprämie ist auch als notwendig anzusehen. Damit ist für die Höhe des Beitragszuschusses zunächst einmal von § 55 Abs. 1 S. 1 SGB XI auszugehen. Danach beträgt der Beitragssatz in der sozialen Pflegeversicherung 1,7 %. Für Pflichtmitglieder der sozialen Pflegeversicherung gilt gemäß § 57 Abs. 1 S. 2 SGB XI als beitragspflichtige Einnahme der 30. Teil des 0,3620fachen der monatlichen Bezugsgröße (2009: 2.520 € West u. 2.135 € Ost). Damit werden etwa 15 Euro monatlich als Beitragszuschuss zu einer privaten Pflegepflichtversicherung übernommen.

V. Übernahme des Zusatzbeitrages nach § 242 SGB V (Abs. 4)

17 Die Regelung in Abs. 4 hängt zusammen mit der Einführung des Gesundheitsfonds und eines (grundsätzlich) einheitlichen Beitragssatzes in der GKV. Kann eine einzelne Kasse ihre Ausgaben mit den regulären Zuweisungen aus dem Fonds nicht decken, so muss sie nach § 242 SGB V einen sog. „kassenindividuellen Zusatzbeitrag" erheben. Das von einem solchen Beitrag betroffene Mitglied könnte sich dem Zusatzbeitrag grundsätzlich in Ausübung des Kassenwahlrechtes nach § 175 SGB V durch einen Kassenwechsel entziehen. Abs. 4 betrifft nun Fälle, in denen ein solcher Wechsel für das Mitglied deswegen ausscheidet, weil er für dieses Mitglied mit einer besonderen Härte verbunden wäre. Für solche Gestaltungen wird es in das Ermessen der Bundesagentur gestellt, auch den Zusatzbeitrag zu übernehmen.

18 Dazu wann eine besondere Härte i. S. v. Abs. 4 S. 1 vorliegen kann, äußert sich die Bundesagentur in DA 54 zu § 26:
- Versicherter erhält in der bisherigen Kasse spezielle Behandlungs- oder Versorgungsformen, die aufgrund seines Gesundheitszustandes bedeutsam sind
- Versicherte würde durch Wechsel Anwartschaften auf durch bisherige Mitgliedschaft erworbene Prämienzahlungen verlieren
- Versicherte hat durch frühere Beitragszahlungen Anspruch auf besondere Leistungen erworben (z. B. Wahltarif für Kg-Anspruch)
- SGB II-Leistungsbezug wird bereits absehbar nur kurzfristig sein

19 Auch im Rahmen von Abs. 4 gilt wieder, dass ein Zuschuss ebenso in Betracht kommt, wenn allein die Zahlung des Zusatzbeitrags den Betroffenen hilfebedürftig machen würde.

Verordnungsermächtigung

27 Das Bundesministerium für Arbeit und Soziales wird ermächtigt, im Einvernehmen mit dem Bundesministerium der Finanzen durch Rechtsverordnung zu bestimmen,

1. welche Aufwendungen für Unterkunft und Heizung angemessen sind und unter welchen Voraussetzungen die Kosten für Unterkunft und Heizung pauschaliert werden können,

2. bis zu welcher Höhe Umzugskosten übernommen werden,

3. unter welchen Voraussetzungen und wie die Leistungen nach § 23 Absatz 3 Satz 1 Nr. 1 und 2 pauschaliert werden können.

Der Erlass der Rechtsverordnung, die bei Drucklegung dieser zweiten Auflage noch immer nicht vorlag, könnte in praktisch sehr wichtigen Fragen zur Steigerung von Rechtssicherheit beitragen. **1**

Gerade die Frage der Angemessenheit von Unterkunfts- und Heizkosten (**Nr. 1**), die bisher im Wesentlichen mit Hilfe von Empfehlungen des Deutschen Vereins für öffentliche und private Fürsorge in Verbindung mit dem Wohngeldrecht beantwortet werden müsste, wäre besser in einer doch etwas leichter zugänglichen und vor allem demokratisch legitimierten Rechtsverordnung zu behandeln. **2**

Der Hinweis auf die demokratische Legitimation trifft noch mehr auf die Problematik der Pauschalierung von zu übernehmenden Unterkunfts- und Heizkosten zu. Es geht hier immerhin um Kostenfaktoren, die bei „Normalverdienern" je nach Region bis zu 30 % ihres Nettoeinkommens beanspruchen können. Es ist also durchaus eine gesellschaftlich relevante Frage, welche Wohnqualität angesichts dessen einem Leistungsempfänger und seiner Bedarfsgemeinschaft zugestanden wird. Eine politische Festlegung ist mithin sehr zu begrüßen. **3**

Die Obergrenze für eine Übernahme von Umzugskosten (**Nr. 2**) wird ebenfalls vor allem der Klarheit und Rechtssicherheit und in gewisser Weise auch der Schaffung von relativer Gleichheit bundesweit dienen. **4**

Schließlich gilt nichts anderes für die Pauschalierung von Kosten der Erstbeschaffung einer Wohnungseinrichtung und von Bekleidung (**Nr. 3**). Wenn die Abschaffung der einmaligen Leistungen etwas Gutes hat, dann, dass ein durchaus festzustellendes regionales „Gefälle der Großzügigkeit" beseitigt wurde und bei einer Regelung durch Rechtsverordnung die beiden wichtigsten Fälle einheitlich ausgestaltet werden. **5**

Unterabschnitt 2. Sozialgeld

Sozialgeld

28 (1) ¹Nicht erwerbsfähige Angehörige, die mit erwerbsfähigen Hilfebedürftigen in Bedarfsgemeinschaft leben, erhalten Sozialgeld, soweit sie keinen Anspruch auf Leistungen nach dem Gesetz über eine bedarfsorientierte Grundsicherung im Alter und bei Erwerbsminderung haben oder diese Leistungen zur Sicherung des Lebensunterhalts nicht ausreichen. ²Das Sozialgeld umfasst die sich aus § 19 Satz 1 Nr. 1 ergebenden Leistungen. Hierbei gelten ergänzend folgende Maßgaben:

1. Die Regelleistung beträgt bis zur Vollendung des 14. Lebensjahres 60 vom Hundert und im 15. Lebensjahr 80 vom Hundert der nach § 20 Abs. 2 Satz 1 maßgebenden Regelleistung.

2. Leistungen für Mehrbedarfe nach § 21 Abs. 4 werden auch an behinderte Menschen, die das 15. Lebensjahr vollendet haben, gezahlt, wenn Eingliederungshilfe nach § 54 Abs. 1 Nr. 1 und 2 des Zwölften Buches erbracht wird.

3. § 21 Abs. 4 Satz 2 gilt auch nach Beendigung der in § 54 Abs. 1 Nr. 1 und 2 des Zwölften Buches genannten Maßnahmen.

4. Nichterwerbsfähige Personen, die voll erwerbsgemindert nach dem Sechsten Buch sind, erhalten einen Mehrbedarf von 17 vom Hundert der nach § 20 maßgebenden Regelleistung, wenn sie Inhaber eines Ausweises nach § 69 Abs. 5 des Neunten Buches mit dem Merkzeichen G sind; dies gilt nicht, wenn bereits ein Anspruch auf einen Mehrbedarf wegen Behinderung nach § 21 Abs. 4 oder § 28 Abs. 1 Nr. 2 oder 3 besteht.

(2) § 19 Satz 3 gilt entsprechend.

1   Die Vorschrift, die nicht erwerbsfähigen Personen Ansprüche nach dem Gesetz einräumt, das in funktioneller „Arbeitsteilung" mit dem SGB XII die Leistungen für erwerbsfähige Arbeitsuchende regelt, stellt einen systematischen Fremdkörper dar. Sie ist gleichwohl sinnvoll, weil sie – jedenfalls weitgehend – **Hilfe aus einer Hand** für Personen gewährt, die gemeinsam in einem Haushalt leben. Dass „Brüche" dabei nicht ganz zu vermeiden waren, werden auch die nachfolgenden Bemerkungen zeigen.

I. Anspruchsvoraussetzungen

2   Der Anspruch auf Sozialgeld setzt voraus, dass eine Person
• Angehörige/r oder PartnerIn i. S. d. § 7 Abs. 3 Nr. 2 bis 4 SGB II
• eines erwerbsfähigen Hilfebedürftigen, mit dem diese Person in Bedarfsgemeinschaft lebt,

- selbst nicht erwerbsfähig ist und
- keinen Anspruch auf Grundsicherung nach §§ 41 ff. SGB XII hat.

Das Gesetz spricht in **Abs. 1 S. 1** nur von **„Angehörigen"**, ohne   3
selbst diesen Begriff zu erläutern. Insoweit hilft § 16 Abs. 5 S. 1 Nr. 1 bis
8 SGB X (mit den Erweiterungen in **§ 16 Abs. 5 S. 2 SGB X**) weiter.
Zwar ist in dieser Bestimmung in Nr. 1 von Verlobten die Rede; zu
dieser Personengruppe gehören aber Partner einer nichtehelichen
heterosexuellen oder gleichgeschlechtlichen Partnerschaft i. d. R. gerade nicht. Andererseits macht ein Blick in § 7 Abs. 3 Nr. 3 SGB II klar,
dass zur Bedarfsgemeinschaft i. S. d. Gesetzes gerade auch diese Partner
einer erwerbsfähigen hilfebedürftigen Person zählen. Der enge Zusammenhang mit § 7, Teile der Gesetzesbegründung (s. vor allem BT-Drs.
15/1516, S. 45 unter III 1 a, 1. Spiegelstrich) sowie die „innere Logik" des
Gesetzes sprechen eindeutig dafür, dass es sich bei der Formulierung
von Abs. 1 S. 1 um eine **redaktionelle Ungenauigkeit** gehandelt hat.
Der Angehörigenbegriff i. S. d. SGB X würde einerseits zu weit sein,
weil er auch Personen umfassen würde, die in § 7 Abs. 3 nicht erwähnt
werden. Und er wäre zu eng, weil er die Partner im Sinne von § 7
Abs. 3 Nr. 3 b und c nicht erfassen würde. Damit wird hier die Auffassung vertreten, dass unter „Angehörigen" i. S. d. Abs. 1 S. 1 die „in § 7
Abs. 3 Nr. 2 bis 4 genannten Personen" gemeint sind (wie hier auch
Herold-Tews in *Löns/Herold-Tews*, § 28 Rz. 5).

Die „Personen i. S. d. § 7 Abs. 3 Nr. 2 bis 4" müssen mit dem erwerbs-   4
fähigen Hilfebedürftigen in einer **Bedarfsgemeinschaft** leben. Nach
§ 7 Abs. 3 bedeutet das vor allem ein Leben im selben Haushalt. Im
Übrigen wird der Begriff der „Bedarfsgemeinschaft" vom Gesetzgeber
offenbar als bekannt vorausgesetzt. Daher kann auf die Begrifflichkeit
des früheren BSHG-Sozialhilferechts zurückgegriffen werden. Das
Vorliegen einer Bedarfsgemeinschaft bedeutet danach vor allem, dass
die **Bedarfe** jeder zur Gemeinschaft gehörenden Person berücksichtigt
werden müssen. Was **die eigenen Kräfte und Mittel** jeder Person angeht, werden durch **§ 9 Abs. 2** „Einsatzgemeinschaften" begründet,
die sich nicht ganz mit den Personen decken, die auch nach § 7 Abs. 3
zu einer Bedarfsgemeinschaft gehören können.

Die „Personen i. S. d. § 7 Abs. 3 Nr. 2 bis 4" dürfen selbst **nicht er-**   5
werbsfähig sein, wollen sie einen Anspruch auf Sozialgeld geltend
machen. Sind sie erwerbsfähig, steht ihnen selbst ein Anspruch auf Arbeitslosengeld II zu, wenn sie dessen weitere Voraussetzungen erfüllen.
Wer erwerbsfähig bzw. nicht erwerbsfähig ist, ergibt sich aus § 8 Abs. 1
(s. dort). Durch § 8 Abs. 2 wird der medizinische Befund erweitert
durch einen rechtlichen. **Ausländer ohne Arbeitserlaubnis** und
ohne die Chance auf den Erhalt einer solchen sind nicht erwerbsfähig,
weil sie auf dem deutschen Arbeitsmarkt keiner Erwerbstätigkeit
nachgehen dürf(t)en. Entgegen *Herold-Tews* in *Löns/Herold-Tews*, § 28
Rz. 7 wird daher hier der Standpunkt vertreten, dass ein Ausländer, der

auf dem deutschen Arbeitsmarkt nicht erwerbstätig sein darf, auch
nicht fähig ist, erwerbstätig zu sein, so dass § 8 Abs. 2 als eine Erweiterung des Begriffs der Erwerbsfähigkeit verstanden wird. Folge ist, dass
diese Ausländer „nicht erwerbsfähig" i. S. d. Abs. 1 S. 1 sind. Ihre Leistungsberechtigung scheitert aber dann doch in einigen Fällen und zwar
an der Regelung in **§ 7 Abs. 1 S. 2 Nr. 1 SGB II**, wenn kein Aufenthaltstitel i. S. d. § 7 Abs. 1 S. 3 SGB II besteht, so dass dann im Ergebnis
mit *Herold-Tews* in diesen Fällen ein **Anspruch auf Sozialgeld verneint** wird. Ein voll erwerbsgeminderter Ausländer kann grundsätzlich sozialgeldberechtigt sein, wenn er über einen Aufenthaltstitel
i. S. d. § 7 Abs. 1 S. 3 SGB II verfügt. Dabei ist aber die letzte Voraussetzung, wonach kein Anspruch auf Grundsicherung nach dem SGB XII
bestehen darf, zu beachten.

6   Wer einen Anspruch auf **Leistungen der Grundsicherung** nach
§§ 41 ff. SGB XII hat, kann keinen Anspruch auf Sozialgeld haben
(Abs. 1 S. 1 HS 2). Wer also entweder das 65. Lebensjahr bereits vollendet
oder das 18. Lebensjahr vollendet hat und i. S. d. § 43 Abs. 2 SGB VI auf
Dauer voll erwerbsgemindert ist, scheidet aus dem Kreis der potentiell
Sozialgeldberechtigten aus.

7   Entgegen *Herold-Tews* in *Löns/Herold-Tews*, § 28 Rz. 9 wird hier aber
die Auffassung vertreten, dass nicht alle, die minderjährig und voll erwerbsgemindert i. S. d. SGB VI sind, einen Anspruch auf Sozialgeld
haben können. Dies macht die Regelung in Abs. 1 S. 3 Nr. 1 deutlich.
Dort ist u. a. von Personen „im 15. Lebensjahr" die Rede. Personen ab
Vollendung des 15. bis zur Vollendung des 18. Lebensjahres werden hingegen nicht erwähnt. Ab Vollendung des 15. Lebensjahres kann jemand
grundsätzlich i. S. d. § 7 Abs. 1 S. 1 Nr. 1 erwerbsfähig sein. Eine solche
Person hätte dann grundsätzlich auch einen Anspruch auf Arbeitslosengeld II. Liegt aber in dieser Altersgruppe eine volle Erwerbsminderung vor, fehlt es also an der Erwerbsfähigkeit i. S. d. SGB II, muss die
betreffende Person nach der systematischen Aufteilung zwischen SGB
II und SGB XII in den Regelungsbereich des SGB XII fallen und dort
zwar nicht Grundsicherung, wohl aber Hilfe zum Lebensunterhalt beziehen.

8   Dieses Ergebnis, das auf einer Zusammenschau von § 28 Abs. 1 S. 1
und 3; 20 Abs. 3 S. 2 und eben 7 Abs. 1 S. 1 Nr. 1 SGB II beruht, führt
allerdings zu dem misslichen Ergebnis, dass sich Eltern eines so schwer
behinderten Jugendlichen an das Sozialamt wenden müssten, wohingegen alle anderen Mitglieder der Bedarfsgemeinschaft in die Zuständigkeit der Agentur für Arbeit fallen würden. Von Hilfe aus einer Hand
könnte in solchen Fällen also überhaupt nicht die Rede sein.

9   Man kann dieses Ergebnis auch nicht mit den üblichen juristischen
Methoden „korrigieren", nachdem der Wortlaut des Gesetzes klar ist
und – durch die HLU nach SGB XII – auch keine Sicherungslücke
entsteht. Wenn also doch etwas anderes gewollt gewesen sein sollte,

müsste der Wortlaut des Gesetzes zumindest an einigen der genannten Stellen geändert werden. Dies wäre schon im Interesse der Eltern eines behinderten Jugendlichen zu wünschen, denen dann wenigstens ein weiterer Behördengang erspart bliebe. In der Praxis scheint aber diese Ungenauigkeit der Regelung kaum eine Rolle zu spielen; vielmehr erhalten hier auch die Kinder zwischen 15 und 18 Sozialgeld.

Auch die Berechtigung zum Bezug von Sozialgeld setzt nach § 7 **10** Abs. 1 S. 1 Nr. 3 und 4 SGB II **Hilfebedürftigkeit** i. S. d. § 9 und einen **gewöhnlichen Aufenthalt in der Bundesrepublik Deutschland** voraus.

II. Anspruchumfang (Abs. 1 S. 2 und S. 3)

Was den Anspruchsumfang angeht, so verweist Abs. 1 S. 2 auf § 19 **11** S. 1 und damit auf die Leistungen zur Sicherung des Lebensunterhaltes, die sich wie beim Arbeitslosengeld II aus einer Regelleistung, Kosten für Unterkunft und Heizung, evtl. Mehrbedarfen und einmaligen Leistungen zusammensetzen. Da Sozialgeldbezieher wegen des Fehlens von Erwerbsfähigkeit ja gerade keinen Anspruch auf Arbeitslosengeld II haben, scheidet ein Anspruch auf den Zuschlag nach § 24 aus. Dies gilt nach dem eindeutigen Gesetzeswortlaut selbst dann, wenn sie zwar noch Arbeitslosengeld I bezogen, nach dessen Ende jedoch ihre Erwerbsfähigkeit i. S. d. § 8 Abs. 1 verloren hatten. Da aber durch die degressive Ausgestaltung des Zuschlages (auch) ein Anreiz geschaffen werden soll, sich so schnell wie möglich wieder um Arbeit zu bemühen, dürfte es schwierig sein, eine gegen Art. 3 GG verstoßende Ungleichbehandlung dieses Personenkreises zu begründen. Außerdem bleibt abzuwarten, welche zahlenmäßige Relevanz gerade diese Konstellation erlangen wird, da ja mit dem Verlust der Erwerbsfähigkeit sehr häufig auch die Berechtigung auf Grundsicherung nach dem SGB XII einhergehen dürfte.

Das Gesetz unterscheidet in Abs. 1 S. 3 Nr. 1 nurmehr zwei Alters- **12** gruppen (gegenüber vier verschiedenen nach dem BSHG): Personen im Alter bis zur Vollendung des 14. Lebensjahres und Personen im 15. Lebensjahr. Zu den nicht erwerbsfähigen Personen ab Vollendung des 15. bis zur Vollendung des 18. Lebensjahres s. o. Rz. 7–9. Personen ab Vollendung des 25. Lebensjahres, die nicht erwerbsfähig sind, gehören nicht zur Bedarfsgemeinschaft, wenn es sich bei ihnen um Kinder des erwerbsfähigen Hilfebedürftigen handelt (Umkehrschluss aus § 7 Abs. 3 Nr. 4). Sind sie dessen Partner i. S. d. § 7 Abs. 3 Nr. 3, so können sie nur dann sozialgeldberechtigt sein, wenn sie (noch) keinen Anspruch auf Grundsicherung nach dem SGB XII haben, z. B. weil ihnen erst nur eine Zeitrente wegen voller Erwerbsminderung zugebilligt wurde. Personen, die nicht erwerbsfähig sind und keinen Anspruch auf

Grundsicherung nach dem SGB XII haben und die Eltern eines minderjährigen erwerbsfähigen Hilfebedürftigen sind, haben entweder im Falle des Zusammenlebens mit dem anderen Elternteil einen Anspruch auf 90 % der Eckregelleistung oder als Alleinerziehende nach § 20 Abs. 2 auf die volle Eckregelleistung.

13 Dies ergibt die folgenden Beträge [nach dem Stand vom 1. 7. 2009]:
- **minderjährige Kinder bis zur Vollendung des 14. Lebensjahres:**
  215 Euro; entspricht 60 Prozent der Eckregelleistung
- **minderjährige Kinder im 15. Lebensjahr:**
  287 Euro; entspricht 80 Prozent der Eckregelleistung
- **volljährige, nicht erwerbsfähige Partner ohne Anspruch auf Grundsicherung:**
  323 Euro; entspricht 90 Prozent der Eckregelleistung
- **Elternteile eines minderjährigen erwerbsfähigen Hilfebedürftigen, die selbst nicht erwerbsfähig, aber auch (noch) nicht grundsicherungsberechtigt sind, bei Zusammenleben mit einem ebenfalls volljährigen Partner:**
  323 Euro; entspricht 90 % der Eckregelleistung
- **Alleinerziehende Elternteile eines minderjährigen erwerbsfähigen Hilfebedürftigen, die selbst nicht erwerbsfähig, aber auch (noch) nicht grundsicherungsberechtigt sind:**
  359 Euro; entspricht 100 % der Eckregelleistung

14 Durch **Abs. 1 S. 3 Nr. 2** wird klar gestellt, dass einem nicht erwerbsfähigen behinderten Hilfebedürftigen, der (noch) nicht grundsicherungsberechtigt ist, der Mehrbedarf nach § 21 Abs. 4 auch zusteht, wenn wegen der fehlenden Erwerbsfähigkeit nicht an Maßnahmen zur Teilhabe am Arbeitsleben nach dem SGB IX, besonders nach dessen § 33, teilgenommen, sondern statt dessen Eingliederungshilfe nach § 54 Abs. 1 und 2 SGB XII bezogen wird.

15 Sodann wird durch **Abs. 1 S. 3 Nr. 3** konsequent auf diese Konstellation auch die Bestimmung in § 21 Abs. 4 S. 2 für entsprechend anwendbar erklärt, so dass auch nach Beendigung der Maßnahmen nach § 54 Abs. 1 und 2 SGB XII noch für eine angemessene Übergangszeit Mehrbedarf zuerkannt werden kann.

16 Die Regelung in Abs. 1 S. 3 Nr. 4 war nachträglich durch das SGB II-Fortentwicklungsgesetz aus dem Jahre 2006 eingefügt worden, hat ihre jetzige Fassung mWv 1. 1. 2009 aber erst durch das Gesetz zur Neuausrichtung der arbeitsmarktpolitischen Instrumente vom 21. 12. 2008 (BGBl. I, S. 2917) erhalten. Danach können nun auch im Rahmen des SGB II nicht erwerbsfähige Personen, die voll erwerbsgemindert nach dem SGB VI sind und über einen Schwerbehindertenausweis mit dem Merkzeichen G verfügen (Ausweis nach § 69 Abs. 5 SGB IX), einen Mehrbedarf geltend machen. Dieser beträgt 17 % der für die betreffende Person maßgeblichen Regelleistung. Aus der letzten Fassung der Regelung wird abgeleitet, der Gesetzgeber habe sich damit unausge sprochen auch gegen einen Mehrbedarf für Kinder unter 15 Jahren gewendet. Denn bei ihnen könne schon dem Grunde nach keine Erwerbsfähigkeit im Sinne des SGB VI bestehen und deshalb auch keine volle Erwerbsminderung is dieses Gesetzes eintreten (so *LSG NRW,* Urt. v. 11. 12. 2008 – L 9 AS 13/08 – noch nicht rechtskräftig; kritisch zu dieser Entscheidung *KSW/Spellbrink,* § 28 SGB II Rn. 8). Darüber hinaus kann man mit guten Gründen fragen, warum schwerbehinderte Menschen, die nicht voll erwerbsgemindert sind, aber dennoch einen Ausweis mit dem Merkzeichen G haben, nicht ebenfalls einen Mehrbedarf wie nach Nr. 4 zugestanden bekommen (so *Herold-Tews* in: *Löns/Herold-Tews,* § 28 Rz. 23).

III. Auch hier Privilegierung des Haushaltes der Bundesagentur für Arbeit gegenüber den kommunalen Haushalten (Abs. 2)

Auch bezüglich des Sozialgeldes gilt, dass sich erst die Bundesagentur für Arbeit aus einem zu berücksichtigenden Einkommen und/oder Vermögen befriedigen kann; erst wenn danach noch Einkommen und/oder Vermögen übrig bleibt, das eingesetzt werden muss, reduziert das die Leistungspflicht der kommunalen Haushalte. Es kann daher auf die Ausführungen oben zu § 19 S. 3 verwiesen werden. **17**

Unterabschnitt 3. Anreize und Sanktionen

29 *(aufgehoben)*

Freibeträge bei Erwerbstätigkeit

30 Bei erwerbsfähigen Hilfebedürftigen, die erwerbstätig sind, ist von dem monatlichen Einkommen aus Erwerbstätigkeit ein weiterer Betrag abzusetzen. Dieser beläuft sich
1. für den Teil des monatlichen Einkommens, das 100 Euro übersteigt und nicht mehr als 800 Euro beträgt, auf 20 vom Hundert und
2. für den Teil des monatlichen Einkommens, das 800 Euro übersteigt und nicht mehr als 1.200 Euro beträgt, auf 10 vom Hundert.
An Stelle des Betrages von 1.200 Euro tritt für erwerbsfähige Hilfebedürftige, die entweder mit mindestens einem minderjährigen Kind in Bedarfsgemeinschaft leben oder die mindestens ein minderjähriges Kind haben, ein Betrag von 1.500 Euro.

1   Die Vorschrift soll einen Anreiz schaffen, eine Erwerbstätigkeit auch dann aufrechtzuerhalten, wenn sie nur gering vergütet wird. Zu diesem Zweck wird ein weiterer Absetzbetrag eingeführt. Dieser vermindert das zu berücksichtigende Einkommen. Er ist gemäß § 11 Abs. 2 S. 1 Nr. 6, der auf § 30 verweist, vom Bruttoerwerbseinkommen abzuziehen.

2   Man kann die Regelung allerdings nicht als gelungenes Beispiel der Gesetzgebungskunst bezeichnen.

3   Klar ist zunächst nur, dass von dem Bruttoeinkommen aus Erwerbstätigkeit zunächst sämtliche in § 11 Abs. 2 Nr. 1 bis 5 genannten Positionen abzusetzen und so das bereinigte Einkommen zu ermitteln ist. Von diesem Einkommen soll sodann der Betrag nach § 11 Abs. 2 Nr. 6 i.V.m. § 30 SGB II abgesetzt werden dürfen. Die daraus resultierende Differenz bildet das im Sinne des SGB II berücksichtigungsfähige Einkommen des erwerbsfähigen Hilfebedürftigen.

4   Die Möglichkeit des zusätzlichen Absetzbetrages besteht nach S. 1 nur für erwerbsfähige Hilfebedürftige, also nicht für deren mit ihnen in Bedarfsgemeinschaft lebende Angehörige, die als nicht Erwerbsfähige lediglich Anspruch auf Sozialgeld haben können. Außerdem müssen diese erwerbsfähigen Hilfebedürftigen erwerbstätig sein.

5   Was die Höhe des Absetzbetrages angeht, so war die Vorschrift in ihrer ursprünglichen Fassung so unklar, dass sich die Frage nach der Vereinbarkeit mit dem rechtsstaatlichen Gebot der Normenklarheit und -verständlichkeit stellte (s. dazu die Vorauflage). Diese Erkenntnis hat zu einer weit reichenden Neufassung geführt.

6   Anhand eines Beispieles soll im Folgenden erläutert werden, wie der weitere Absetzbetrag zu errechnen ist:

Ein erwerbsfähiger und erwerbstätiger Hilfebedürftiger erzielt ein Bruttoarbeitsentgelt von 1.600 Euro. Es gehört ein Kind im Alter von 15 Jahren zur Bedarfsgemeinschaft.

Erster Schritt:

Das Bruttoeinkommen wird gleichsam in Segmente zerlegt. Der Bereich zwischen 0 und 100 Euro ist für die Regelung in § 30 ohne Bedeutung und wird allein von § 11 Abs. 2 S. 2 und – bei Vorliegen der weiteren Voraussetzung – S. 3 SGB II erfasst.

Das zweite Segment betrifft den Teil des Bruttoeinkommens von mehr als 100 bis maximal 800 Euro.

Das dritte Segment betrifft den Teil des Bruttoeinkommens von mehr als 800 bis maximal 1.200 Euro bzw. – wenn ein Kind des erwerbsfähigen Hilfebedürftigen vorhanden ist – bis maximal 1.500 Euro.

> **Rechenvorgang:**
> Spanne zwischen 100 und 800 Euro = maximal 700 Euro, davon
> 20 % absetzbar, also maximal 140 Euro
> Spanne zwischen 800 Euro und 1.500 Euro (da im Bsp. ein minderj.
> Kind vhd.) = maximal 700 Euro, davon 10 % absetzbar, also maxi-
> mal 70 Euro
> Das Segment des Bruttoeinkommens, das 1.500 Euro übersteigt,
> führt zu keinem weiteren Absetzbetrag mehr. Im Beispiel bleiben
> also 100 Euro als Differenz zwischen tatsächlichem Bruttoeinkom-
> men von 1.600 und Obergrenze von 1.500 Euro unberücksichtigt.

Zweiter Schritt:
Addition der beiden Teile des Absetzbetrages gemäß Rechnung in
Schritt 1

Dritter Schritt:
Abzug dieser Summe von dem schon zuvor nach § 11 Abs. 2 S. 1
Nr. 1 bis 5 sowie Abs. 2 S. 2/3 SGB II bereinigten Einkommen. Die Differenz ergibt das zu berücksichtigende Einkommen des erwerbsfähigen Hilfebedürftigen.

Würde im Einzelfall das Bruttoeinkommen die Grenze von 1.500   **7**
Euro übersteigen, so müsste der dem übersteigenden Teil entsprechende
Anteil am bereinigten Nettoeinkommen voll eingesetzt werden. Er
müsste daher entsprechend „herausgerechnet" werden. Für die Teile bis
1.500 Euro würde es bei der soeben dargestellten Berechnung bleiben.

Ist das tatsächliche Bruttoeinkommen niedriger als 800 Euro, so er-   **8**
gäbe sich nur ein Absetzbetrag im oben so genannten ersten Segment.
Würde das tatsächliche Einkommen mehr als 800, aber weniger als
1.200 bzw. 1.500 Euro betragen, so könnten nur 10 % von dem Betrag
abgesetzt werden, der sich aus der Differenz zwischen dem tatsächlichen Bruttoeinkommen und 800 Euro ergibt.

Absenkung und Wegfall des Arbeitslosengeldes II

31 (1) ¹Das Arbeitslosengeld II wird unter Wegfall des Zuschlags
nach § 24 in einer ersten Stufe um 30 vom Hundert der für den
erwerbsfähigen Hilfebedürftigen nach § 20 maßgebenden Regelleistung abgesenkt, wenn
1. der erwerbsfähige Hilfebedürftige sich trotz Belehrung über die
Rechtsfolgen weigert,
a) eine ihm angebotene Eingliederungsvereinbarung abzuschließen,
b) in der Eingliederungsvereinbarung festgelegte Pflichten zu erfüllen, insbesondere in ausreichendem Umfang Eigenbemühungen
nachzuweisen,

c) eine zumutbare Arbeit, Ausbildung, Arbeitsgelegenheit, eine mit
   einem Beschäftigungszuschuss nach § 16 a geförderte Arbeit, ein
   zumutbares Angebot nach § 15 a oder eine sonstige in der Eingliederungsvereinbarung vereinbarte Maßnahme aufzunehmen oder
   fortzuführen, oder
d) zumutbare Arbeit nach § 16 Absatz 3 Satz 2 auszuführen,
   2. der erwerbsfähige Hilfebedürftige trotz Belehrung über die
Rechtsfolgen eine zumutbare Maßnahme zur Eingliederung in Arbeit
abgebrochen oder Anlass für den Abbruch gegeben hat.
[2]Dies gilt nicht, wenn der erwerbsfähige Hilfebedürftige einen
wichtigen Grund für sein Verhalten nachweist.

(2) Kommt der erwerbsfähige Hilfebedürftige trotz schriftlicher Belehrung über die Rechtsfolgen einer Aufforderung des zuständigen
Trägers, sich bei ihm zu melden oder bei einem ärztlichen oder psychologischen Untersuchungstermin zu erscheinen, nicht nach und
weist er keinen wichtigen Grund für sein Verhalten nach, wird das Arbeitslosengeld II unter Wegfall des Zuschlags nach § 24 in einer ersten
Stufe um 10 vom Hundert der für den erwerbsfähigen Hilfebedürftigen nach § 20 maßgebenden Regelleistung abgesenkt.

(3) [1]Bei wiederholter Pflichtverletzung nach Absatz 1 oder Absatz 2
wird das Arbeitslosengeld II zusätzlich um jeweils den Vomhundertsatz der nach § 20 maßgebenden Regelleistung gemindert, um den es
in der ersten Stufe gemindert wurde. [2]Hierbei können auch die Leistungen nach den §§ 21 bis 23 betroffen sein. [3]Bei einer Minderung der
Regelleistung um mehr als 30 vom Hundert kann der zuständige Träger in angemessenem Umfang ergänzende Sachleistungen oder geldwerte Leistungen erbringen. [4]Der zuständige Träger soll Leistungen
nach Satz 3 erbringen, wenn der Hilfebedürftige mit minderjährigen
Kindern in Bedarfsgemeinschaft lebt. [5]Der erwerbsfähige Hilfebedürftige ist vorher über die Rechtsfolgen nach den Sätzen 1 bis 4 zu
belehren.

(4) Die Absätze 1 und 3 gelten entsprechend
   1. bei einem erwerbsfähigen Hilfebedürftigen, der nach Vollendung
des 18. Lebensjahres sein Einkommen oder Vermögen in der Absicht
vermindert hat, die Voraussetzungen für die Gewährung oder Erhöhung des Arbeitslosengeldes II herbeizuführen,
   2. bei einem erwerbsfähigen Hilfebedürftigen, der trotz Belehrung
über die Rechtsfolgen sein unwirtschaftliches Verhalten fortsetzt,
   3. bei einem erwerbsfähigen Hilfebedürftigen,
a) dessen Anspruch auf Arbeitslosengeld ruht oder erloschen ist,
   weil die Agentur für Arbeit den Eintritt einer Sperrzeit oder das Erlöschen des Anspruchs nach den Vorschriften des Dritten Buches
   festgestellt hat oder
b) der die in dem Dritten Buch genannten Voraussetzungen für den

(5) [1]Bei erwerbsfähigen Hilfebedürftigen, die das 15. Lebensjahr, jedoch noch nicht das 25. Lebensjahr vollendet haben, wird das Arbeitslosengeld II unter den in Absatz 1 und 4 genannten Voraussetzungen auf die Leistungen nach § 22 beschränkt; die nach § 22 Absatz 1 angemessenen Kosten für Unterkunft und Heizung sollen an den Vermieter oder andere Empfangsberechtigte gezahlt werden. [2]Bei wiederholter Pflichtverletzung nach Abs. 1 oder 4 wird das Arbeitslosengeld II um 100 vom Hundert gemindert. [3]Bei wiederholter Pflichtverletzung nach Abs. 2 wird das Arbeitslosengeld II um den Vomhundertsatz gemindert, der sich aus der Summe des in Absatz 2 genannten Vomhundertsatzes und dem der jeweils vorangegangenen Absenkung nach Absatz 2 zugrunde liegenden Vomhundertsatz ergibt. [4]Absatz 3 Satz 4 gilt entsprechend. [5]Bei einer Minderung des Arbeitslosengeldes II nach Satz 2 kann der Träger unter Berücksichtigung aller Umstände des Einzelfalls Leistungen für Unterkunft und Heizung erbringen, wenn der erwerbsfähige Hilfebedürftige sich nachträglich bereit erklärt, seinen Pflichten nachzukommen. [3]Die Agentur für Arbeit kann Leistungen nach Absatz 3 Satz 6 an den erwerbsfähigen Hilfebedürftigen erbringen.

(6) Absenkung und Wegfall treten mit Wirkung des Kalendermonats ein, der auf das Wirksamwerden des Verwaltungsaktes, der die Absenkung oder den Wegfall der Leistung feststellt, folgt; in den Fällen von Abs. 4 Nr. 3 Buchstabe a treten Absenkung und Wegfall mit Beginn der Sperrzeit oder dem Erlöschen des Anspruchs nach dem Dritten Buch ein. Absenkung und Wegfall dauern drei Monate. Bei erwerbsfähigen Hilfebedürftigen, die das 15. Lebensjahr, jedoch noch nicht das 25. Lebensjahr vollendet haben, kann der Träger die Absenkung und den Wegfall der Regelleistung unter Berücksichtigung aller Umstände des Einzelfalls auf sechs Wochen verkürzen. Während der Absenkung oder des Wegfalls der Leistung besteht kein Anspruch auf ergänzende Hilfe zum Lebensunterhalt nach den Vorschriften des Zwölften Buches.

I. Funktion der Sanktionsmöglichkeiten im Kontext von Fördern und Fordern

Die Vorschrift ist im Zusammenhang mit den Grundsätzen des **1** Förderns und Forderns zu sehen. Sie steht als Instrument zur Zielerreichung gleichwertig neben den „positiven Sanktionen", also den Anreizen nach §§ 29 und 30. Man könnte auch die Anreize unter die Überschrift des „Förderns" und die Sanktionen nach § 31 – wie im Übrigen auch die nach § 32 – unter die Überschrift des „Forderns" stellen.

2 Die Regelungen in § 31 spiegeln zugleich in besonders deutlicher Weise wieder, dass im SGB II Arbeitslosen- und Sozialhilfe zusammengeführt wurden. Geht es in den Absätzen 1 und 2 vor allem um Pflichten, die im Zusammenhang mit der Arbeitsförderung, besonders der Eingliederung in Arbeit zu sehen sind, so finden sich in Abs. 4 Tatbestände, die so nahezu wortgleich auch schon in § 25 Abs. 2 BSHG enthalten waren.

II. Die sanktionierten Obliegenheits-, Pflicht- und Meldeverstöße

3 **1. Erstverstöße. a) Tatbestände nach Abs. 1 S. 1. aa) Einführende Vorüberlegungen.** Die Tatbestände nach Abs. 1 S. 1 sind zweigeteilt. In **Nr. 1** geht es darum, dass von dem erwerbsfähigen Hilfebedürftigen ein bestimmtes Verhalten erwartet wird, er sich jedoch weigert, dem nachzukommen (**Weigerungstatbestände**). In **Nr. 2** geht es um Konstellationen, in denen der Hilfebedürftige zunächst mitgewirkt hatte, dann aber eine zumutbare Maßnahme zur Eingliederung entweder selbst abbricht oder sich so verhält, dass die Maßnahme seitens des Maßnahmeträgers oder des Leistungsträgers, der ja auch Kostenträger ist, abgebrochen wird (**Abbruchtatbestände**). Bei der Ausgestaltung einiger dieser Tatbestände fallen die Parallelen zu den Tatbeständen ins Auge, bei der Verwirklichung nach dem SGB III (§ 144) eine Sperrzeit verhängt werden kann. Man kann daher auf die Erkenntnisse und – soweit vorhanden – Rechtsprechung vor allem zur Ausfüllung bestimmter Begriffe durchaus zurückgreifen. Es gibt auch Anlass, den bisherigen Umgang der Praxis des Arbeitsförderungsrechts im engeren Sinne bei der künftigen Handhabung der neuen Bestimmungen nicht aus dem Gedächtnis zu verlieren. So wird in Abs. 1 S. 1 Nr. 1c u. a. auch die Weigerung erfasst, eine zumutbare Ausbildung aufzunehmen oder fortzuführen. Zu der parallelen Problematik nach § 144 Abs. 1 S. 2 Nr. 4 SGB III n. F. wurde ein vorsichtig-zurückhaltender Umgang mit Sanktionen angemahnt, soweit es um die Begründung und Fortsetzung betrieblicher Ausbildungsverhältnisse i. S. d. BBiG geht (s. hierzu vor allem *Ute Winkler* in *Gagel*, SGB III, § 144 Rz. 208 ff.). Wegen möglicher Verstöße gegen die durch Art. 12 Abs. 1 GG geschützte Berufswahlfreiheit sei hier sogar – entgegen dem eindeutigen Gesetzeswortlaut – von Sanktionen (im SGB III: Sperrzeitverhängung) ganz abzusehen, zumindest jedoch äußerst großzügig mit dem Zugeständnis eines wichtigen Grundes umzugehen.

4 **Weigerungen** müssen ausdrücklich erklärt werden, also bewusst und zweckgerichtet gegenüber einem anderen erfolgen. In den Fällen

von Nr. 1a oder 1b ist der „andere" der Leistungsträger in seiner Eigenschaft als potentieller Partner einer Eingliederungsvereinbarung. In den Fällen von Nr. 1c oder 1d kann dies sowohl der Leistungsträger (wenn es um die Nicht-Aufnahme geht) als auch der Maßnahmeträger (wenn es um die Nicht-Fortführung geht) sein.

bb) Weigerung zum Abschluss einer angebotenen Eingliede- 5 **rungsvereinbarung (Nr. 1a).** Mit diesem Tatbestand wird ein Bezug zu § 15 hergestellt. Zur Funktion und zum möglichen Inhalt einer Eingliederungsvereinbarung wird auf die Kommentierung zu § 15 verwiesen.

Zu Recht weist *Herold-Tews* darauf hin, dass es der Leistungsträger 6 in diesen Fällen aber gemäß § 15 Abs. 1 S. 6 immer in der Hand hat, die entsprechende Regelung auch durch Erlass eines Verwaltungsaktes zu erreichen, so dass eine Sanktionierung als *unverhältnismäßig anzusehen sei* (*Herold-Tews* in *Löns/Herold-Tews*, § 31 Rz. 6). Daher muss gegenüber der Aufnahme des Tatbestandes von Nr. 1a erheblicher Zweifel angemeldet werden.

cc) Weigerung zur Erfüllung von Pflichten aus einer Einglie- 7 **derungsvereinbarung (Nr. 1b).** Anders stellt sich die Lage dar, wenn sich ein Hilfebedürftiger erst einmal auf den Abschluss einer Eingliederungsvereinbarung eingelassen hat. Wer sich bewusst und zielgerichtet der Erfüllung selbst eingegangener Verpflichtungen widersetzt, muss mit Sanktionen gegenüber einem solchen Verhalten rechnen. Da auch hier die Anforderungen an eine „Weigerung" gelten (s. o.), reicht aber bloße Nachlässigkeit nicht aus. Nur der ausdrückliche und damit beharrliche Widerstand kann sanktioniert werden. Damit sind auch zugleich mögliche Bedenken gegen diesen Tatbestand berührt: wer sich „klug" verhält und seinen „Widerstand" nicht äußert, sondern sich auf nachlässige oder verspätete Erfüllung von Verpflichtungen beschränkt, braucht nicht mit einer Sanktion zu rechnen, während derjenige, der offen seine nunmehr bestehende Ablehnung äußert, Nachteile zu erwarten hat. Es bleibt abzuwarten, wie die Sozialgerichte mit der Norm umgehen werden.

dd) Weigerung zur Aufnahme oder Fortführung zumutbarer 8 **Arbeit, Ausbildung, Arbeitsgelegenheit, einer nach** § 16a geförderten Arbeit, eines Sofortangebotes nach § 15a oder einer in einer EV vereinbarten Maßnahme (Nr. 1c). Die Sanktion greift hier bereits ein, wenn sich ein Hilfebedürftiger „abstrakt" weigert, obwohl ihm noch gar kein konkretes Angebot gemacht wurde. Ist dies jedoch geschehen, so greift die Regelung „erst recht" ein. Was „zumutbar" ist, richtet sich nach § 10 Abs. 1 und 2 für die Aufnahme zumutbarer Arbeit und nach § 10 Abs. 3 i.V.m. § 10 Abs. 1 und 2 für die Aufnahme oder Fortführung von Ausbildung oder Arbeitsgelegenheit (s. daher im Einzelnen zu § 10). Zur speziellen Problematik bei der Weigerung, eine betriebliche Ausbildung aufzunehmen, s. o. Rz. 3. Bezüglich der Aufnahme und

Fortführung einer Arbeitsgelegenheit folgt die grundsätzliche Verpflichtung der Hilfebedürftigen aus § 2 Abs. 1 S. 3; weitere Besonderheiten folgen aus § 16 Abs. 3; auf beide Bestimmungen und ihre Kommentierungen wird verwiesen.

9   **ee)** Wer sich weigert, eine zumutbare Arbeit nach § 16 Abs. 3 S. 2 auszuführen, wird nach **Nr. 1d** ebenfalls mit einer Sanktion belegt. Dahinter steht der Umstand, dass Hilfebedürftige zu einer ABM oder einer anderen, im öffentlichen Interesse liegenden Arbeitsgelegenheit herangezogen werden. Die Heranziehung ergeht ihnen gegenüber als VA. Es ist daher bei der Einordnung einer „Weigerung" i. S. d. Nr. 1d zunächst zu fragen, ob diese nicht als Anfechtung des Heranziehungsbescheides gewertet werden kann. Erst wenn der Bescheid bereits bestandskräftig geworden ist, eine Anfechtung also rechtlich nicht mehr erfolgreich sein kann, kommt eine Sanktionierung der Weigerung uneingeschränkt in Betracht. Dabei ist aber zu berücksichtigen, ob nicht vielleicht allgemeine Gründe der Ausführung der konkret zugeteilten Arbeit entgegenstehen, auch wenn dies in aller Regel bereits im Rahmen der Zumutbarkeitsprüfung vorab erfolgen sollte.

10   **ff) Abbruch einer zumutbaren Maßnahme zur Eingliederung in Arbeit (Nr. 2).** Unter Maßnahmen zur Eingliederung in Arbeit sind alle in § 16 Abs. 1 genannten bzw. durch Verweisung auf das SGB III in Bezug genommenen Maßnahmen gemeint (s. die Kommentierung zu § 16 Abs. 1).

11   Ein **Abbruch seitens des Hilfebedürftigen** liegt vor, wenn er ausdrücklich oder schlüssig erklärt, die betreffende Maßnahme nicht fortsetzen zu wollen.

12   Ein **Abbruch seitens des Maßnahmeträgers** kann eine Sanktion nur rechtfertigen, wenn dem ein Verhalten des Hilfebedürftigen zugrunde lag, das es wiederum dem Träger oder anderen Teilnehmern der Maßnahme unzumutbar gemacht hat, die Maßnahme fortzusetzen. Schwerwiegende Störungen oder Behinderungen des Unterrichts oder lang anhaltende, womöglich demonstrative Fehlzeiten, die den Erfolg der Maßnahme für den Hilfebedürftigen gefährden, sind beispielhaft zu nennen.

13   Zu prüfen ist auch, ob ggf. Verträge zwischen Hilfebedürftigem und Maßnahmeträger in einem solchen Fall die fristlose Kündigung zulassen.

14   **b) Tatbestände nach Abs. 2. aa) Missachtung einer Aufforderung, sich zu melden.** Nach § 59 SGB II gelten die Vorschriften über die allgemeine Meldepflicht nach **§ 309 SGB III** und über die Meldepflicht bei Wechsel der Zuständigkeit nach **§ 310 SGB III** im Rahmen des SGB II entsprechend.

15   Daher kann auf die Voraussetzungen, die für die Meldepflicht nach dem SGB III gelten, auch hier zurückgegriffen werden. Es muss eine

wirksame, also vor allem nachweisbar zugegangene Meldeaufforderung vorliegen, wobei der Leistungsträger den Zugang nachweisen muss.

Die Praxis dürfte dazu übergehen, in Eingliederungsvereinbarungen nach § 15 aufzunehmen, dass der Hilfebedürftige für den Leistungsträger verfügbar und erreichbar sein muss, nachdem dies anders als im SGB III nicht zu den gesetzlich geregelten Anspruchsvoraussetzungen gehört. Erfolgt eine solche Vereinbarung, so begründet sie entsprechend verschärfte Anforderungen an den Hilfebedürftigen. Geschieht dies nicht, so muss ein Hilfebedürftiger lediglich mitteilen, wenn er durch einen Umzug den Zuständigkeitsbereich eines Leistungsträgers verlässt und künftig in einen anderen Zuständigkeitsbereich fällt (§ 59 i. V. m. § 310 SGB III). **16**

bb) Missachtung eines Termins zur ärztlichen oder psychologischen Untersuchung. Erscheint ein Hilfebedürftiger trotz wirksamer Aufforderung dazu nicht zu einem ärztlichen oder psychologischen Untersuchungstermin, so wird eine Sanktion in gleichem Umfang wie beim Meldeversäumnis verhängt. Davon zu trennen ist aber die Frage, ob die konkret beabsichtigte Untersuchung vom Betroffenen gemäß §§ 62 und 65 SGB I die Grenze einer noch zumutbaren Mitwirkung überschreitet. Vor allem besonders aufwendige oder gar schmerzhafte Untersuchungen können unverhältnismäßig sein im Vergleich mit dem mit der Untersuchung verfolgten Zweck. Hier wird es stets auf die Umstände des Einzelfalles ankommen. **17**

c) Kein wichtiger Grund (Abs. 1 S. 2 und Abs. 2). Sowohl die in Abs. 1 als auch die in Abs. 2 genannten Handlungen bzw. Unterlassungen haben dann keine Sanktion zur Folge, wenn es für das betreffende Verhalten einen wichtigen Grund gab. Dabei ist an den Hilfebedürftigen, die Tatsachen, die einen wichtigen Grund darstellen sollen, zu benennen und falls erforderlich nachzuweisen. Dies gilt – in entsprechender Anwendung von **§ 144 Abs. 1 S. 3 SGB III** – jedenfalls für solche Tatsachen, die aus der Sphäre oder dem Verantwortungsbereich des Hilfebedürftigen stammen (s. auch BT-Drs. 15/1516, S. 60 sowie *Brühl/Hofmann*, S. 164 unten). **18**

In Übertragung der **Rechtsprechung des BSG** zu § 144 SGB III kann man sagen, dass eine Sanktion nur dann in Betracht kommen soll, wenn dem erwerbsfähigen Hilfebedürftigen unter Berücksichtigung aller Umstände des Einzelfalles und unter Abwägung seiner Interessen mit denen der Gemeinschaft der Steuerzahler bzw. der Allgemeinheit ein anderes Verhalten zugemutet werden konnte. Das Abstellen auf einen wichtigen Grund ist also ein Anwendungsfall des Gedankens der **Zumutbarkeit**. **19**

a) Beispielhafte, nicht abschließende Aufzählung von wichtigen Gründen, die ein in Abs. 1 genanntes Verhalten rechtfertigen können: **20**

- Gegenstand einer Eingliederungsvereinbarung war kein zulässiger Gegenstand einer solchen Vereinbarung
- Hilfebedürftiger hatte konkrete Aussicht auf Arbeitsplatz am ersten Arbeitsmarkt, die er z. B. durch eine Maßnahmeteilnahme nicht verbauen wollte
- Leistungsträger hatte Zumutbarkeit eines Angebotes nicht geprüft und Angebot war nicht zumutbar
- Verstoß gegen Art. 12 Abs. 1 GG
- Bei Annahme einer Arbeitsgelegenheit wären finanzielle Nachteile größer als Ausgleich durch Mehraufwandsentschädigung
- Unzumutbare Verhältnisse beim Maßnahmeträger

21 Derartige wichtige Gründe stehen natürlich grundsätzlich auch und in gleicher Weise Jugendlichen und jüngeren Erwachsenen, die nach Abs. 5 mit einer Sanktion belegt werden sollen, zur Seite.

22 **b) Beispielhafte, nicht abschließende Aufzählung von wichtigen Gründen, die ein in Abs. 2 genanntes Verhalten rechtfertigen können:**

- allgemein: Gründe, die bei Bestehen eines Arbeitsverhältnisses eine Freistellung von der Arbeitspflicht rechtfertigen würden
- plötzliche ernsthafte Erkrankung
- dringende persönliche Angelegenheiten wie ein Gerichtstermin wurden erledigt

23 **d) Tatbestände nach Abs. 4.** Nach **Abs.** 4 sollen wegen eines Verhaltens nach den Nrn. 1 bis 3 die Sanktionen entsprechend Abs. 1 und 3 eingreifen. Die Regelung setzt im Hinblick auf die möglicherweise fatalen Folgen einer Absenkung der Regelleistung und eines völligen Wegfalls des befristeten Zuschlags ein **schwerwiegendes Fehlverhalten des Hilfeempfängers** voraus, kommt mithin auch nur in schwerwiegenden Fällen zur Anwendung (*Bayer. VGH* FEVS 45, 102 ff.). Positiv gewendet folgt daraus aber auch, dass der Anspruch dem Grunde nach erhalten bleibt.

24 Nach **Abs.** 4 **Nr. 1** ist Voraussetzung, dass der Hilfebedürftige ausschließlich in der Absicht gehandelt hat, die Zahlung von Arbeitslosengeld II herbeizuführen, und dass ihm dieses Verhalten vorgeworfen werden kann (zur parallel gelagerten Vorschrift des § 25 Abs. 2 Nr. 1 BSHG: *VGH B-W* FEVS 23, 73). Nicht vorwerfbar ist z. B. die Aufgabe der Leistung von Überstunden. Ebenfalls nicht vorwerfbar ist, wenn ein Hilfesuchender die Arbeit aus einer psychischen Fehlhaltung heraus, die aus eigener Kraft nicht zu überwinden ist, verweigert. Die Beweislast für vorwerfbares Verhalten obliegt dem Leistungsträger.

25 Eine Scheidungsvereinbarung, in der ein nicht erwerbsfähiger und nicht vermögender Ehegatte auf nacheheliche Unterhalt verzichtet mit der Folge, dass er zwangsläufig der SH anheimfallen muss, kann den guten Sitten zuwiderlaufen und damit nichtig sein, auch wenn sie nicht auf einer Schädigungsabsicht der Ehegatten zu Lasten des Leis-

tungsträgers beruht. Für die Beurteilung der Sittenwidrigkeit der Verzichtsabrede kommt es insoweit entscheidend auf den aus der Zusammenfassung von Inhalt, Beweggrund und Zweck zu entnehmenden Gesamtcharakter der Vereinbarung an (BGHZ 86, 82 ff. [LS 1 und 2 sowie S. 87 f.]). Im Übrigen dürfte Abs. 4 Nr. 1 höchstens dann einmal praktisch relevant werden, wenn jemand, der an sich einkommensschwach ist, ein z. B. ererbtes Vermögen durch Schenkung bis auf den nach § 88 Abs. 2 Nr. 8 geschonten Anteil vermindert.

Abs. 4 Nr. 2 setzt eine Fortsetzung des unwirtschaftlichen Verhal- **26** tens trotz Belehrung und Hinweis auf die Folgen voraus. Die Belehrung sollte schriftlich vorgenommen werden. Dies ist auch dann kein VA, wenn der Hinweis enthalten ist, dass bei Nichtbeachtung die Hilfe gekürzt werden wird. **Unwirtschaftliches Verhalten** i. S. d. Abs. 2 Nr. 2 kann vorliegen, wenn bei voraussichtlich für längere Zeit zu gewährendem Arbeitslosengeld II der Hilfeempfänger z. B. nicht bereit ist, ein ihm gehörendes und für ihn zugelassenes Kfz, das nicht angemessen i. S. d. § 12 Abs. 3 S. 1 Nr. 2 ist, zu verkaufen oder stillzulegen. Daneben ist der Vermögenseinsatz zu prüfen. Im Übrigen kann bei der Haltung eines nicht angemessenen Kfz durch einen Arbeitsuchenden die Hilfebedürftigkeit i. S. d. § 9 Abs. 1 in Zweifel gezogen werden. In diesen Fällen trägt der Hilfebedürftige die Beweislast für das Bestehen seiner Notlage (*OVG Münster* FEVS 49, 37). Der Leistungsträger ist berechtigt, dem Verdacht nachzugehen, der Hilfesuchende verschweige Einkommen und Vermögen. Legt dieser aber nachvollziehbar dar, dass er die entstehenden Betriebskosten, die über die Grenze des Angemessenen hinausgehen, aus dem Anteil der Regelleistung bestreiten kann, der auf die Bereiche „Verkehr" sowie „Freizeit und Unterhaltung" entfallen (hier wurde die „Anleihe" beim Regelsatz nach § 28 SGB XII i. V. m. § 2 Abs. 2 der Regelsatzverordnung vorgenommen), ist der Verdacht ausgeräumt und der Leistungsträger nicht befugt, die Regelleistung zu kürzen, um den Hilfebedürftigen zu zwingen, das Kfz gegen ein angemessenes Fahrzeug einzutauschen (zum früheren Recht nach BSHG: *OVG Lüneburg* FEVS 47, 559).

Je nach Art und Grund des unwirtschaftlichen Verhaltens kann die **27** Ausgabe von Gutscheinen anstelle von Barleistungen gerechtfertigt sein. Bei Ausgabe von Gutscheinen für laufende Leistungen muss ein Barbetrag von etwa 20 % des Regelsatzes belassen bleiben (so *Nds. Hinweise zur Sozialhilfe* Nr. 25.2.6).

Abs. 4 Nr. 3 verweist auf die Tatbestandsmerkmale in §§ 144, 147 **28** SGB III (u. a. **Sperrzeit**). Dabei entfaltet im Fall von **Nr. 3a** die Feststellung der Agentur für Arbeit für den Leistungsträger tatbestandliche Bindungswirkung, soweit zwischen beiden keine Identität besteht. Ist eine entsprechende Feststellung des Agentur für Arbeit (noch) nicht getroffen, hat der Leistungsträger nach **Nr. 3b** selbst zu prüfen, ob die im SGB III genannten Voraussetzungen erfüllt sind.

29   **e) Tatbestände nach Abs. 5.** In Abs. 5 werden nur Verhaltensweisen, die einem der in Abs. 1 oder Abs. 4 genannten Tatbestände zugeordnet werden können, zum Anlass von Sanktionen gemacht. Für Verstöße Jugendlicher oder junger Erwachsener gegen Pflichten, die in
Abs. 2 genannt werden, gelten hingegen keine Besonderheiten.

30   **2. Wiederholte Verstöße (Abs. 3). a) Erwerbsfähige Hilfebedürftige ab Vollendung des 25. Lebensjahres.** Fraglich ist, was unter einer „wiederholten Pflichtverletzung nach Absatz 1 oder Absatz 2"
i. S. d. Abs. 3 S. 1 zu verstehen ist. Gemeint ist, dass im gesamten Zeitraum seit der Entstehung des betroffenen Arbeitslosengeld II-Anspru-
ches einer der Tatbestände nach Abs. 1 verwirklicht wird und einer dieser Tatbestände zuvor bereits einmal verwirklicht war, oder dass einer
der Tatbestände nach Abs. 2 verwirklicht wird und einer dieser Tatbestände bereits zuvor einmal verwirklicht war. Entsprechendes gilt für
die wiederholte Verwirklichung eines der Tatbestände nach Abs. 4. Eine
Wiederholung setzt daher nicht die Verwirklichung des exakt gleichen
Tatbestandes wie zuvor voraus, sondern nur die eines Tatbestandes aus
der gleichen Gruppe, wobei die Gruppen durch die jeweiligen Absätze
von § 31 bestimmt werden.

31   **b) Erwerbsfähige Hilfebedürftige vor Vollendung des 25. Lebensjahres.** Die unter Rz. 29 gemachten Ausführungen bedeuten zugleich, dass wegen Abs. 5 bei den jüngeren Hilfebedürftigen nur in von
Abs. 2 erfassten Fällen auf Abs. 3 zurückgegriffen und damit ein wiederholter Verstoß gesondert sanktioniert werden kann. Es kommen
daher nur Meldepflichtverletzungen oder Mitwirkungspflichtverlet-
zungen der in Abs. 2 genannten Art für wiederholte Verstöße in Betracht.

III. Das System der Sanktionen

32   **1. Überblick.** Bei den Sanktionen und ihrem Ausmaß ist zunächst
danach zu differenzieren, ob es sich um einen ersten oder einen wiederholten Verstoß handelt. Auf einen wiederholten Verstoß findet Abs. 3
entweder direkt oder nach Abs. 4 analog Anwendung. Nach **Abs. 3
S. 4** liegt eine wiederholte Pflichtverletzung nicht vor, wenn der letzte
Verstoß länger zurück liegt. Es findet also nach einiger Zeit eine Art
von Streichung früherer Verstöße statt. Abgestellt wird dabei auf den
Zeitpunkt, zu dem der vorangegangene Sanktionszeitraum begann. Ist
dies mehr als ein Jahr her, kommt keine Sanktion wegen einer wiederholten Pflichtverletzung in Betracht.

33   Weiter kommt es darauf an, ob es „lediglich" um einen Verstoß
i. S. d. Abs. 2 geht oder um ein Verhalten, dass nach Abs. 1 – entweder
in direkter Anwendung oder in entsprechender Anwendung nach
Abs. 4 – geahndet wird.

Einen Sonderfall bilden Jungendliche ab Vollendung des 15. Lebens-   **34**
jahres und junge Erwachsene vor der Vollendung des 25. Lebensjahres.
Hier werden gleich von Beginn an sehr strikte Sanktionen verhängt. In
der ursprünglichen Gesetzesfassung gab es keine Unterscheidung zwischen Erst- und Wiederholungsverstoß. Insoweit galt nur etwas anderes für Pflichtverletzungen i. S. d. Abs. 2, die auch die jüngeren Arbeitsuchenden begehen können, für die sie aber in gleicher Weise wie
Ältere sanktioniert wurden, also nach Abs. 2 und im Wiederholungsfall
nach Abs. 3. Mit Wirkung vom 1. 1. 2007 wurden hier durch das SGB
II-Fortentwicklungsgesetz vom 20. 7. 2006 (BGBl. I, S. 1706) erhebliche Änderungen vorgenommen, wie sie nun in Abs. 5 S. 2 und 3 n. F.
enthalten sind.

2. Erstverstöße. a) Personen, die zur Zeit des Wirksamwerdens   **35**
des Sanktionsbescheides bereits das 25. Lebensjahr vollendet ha-
ben. In allen Fällen entfällt der befristete Zuschlag nach § 24.

Darüber hinaus erfolgt in allen Fällen eine Leistungsabsenkung, die   **36**
sich auf die für die betreffende Person maßgebende Regelleistung bezieht. Handelt es sich also um einen Alleinstehenden oder eine andere
in § 20 Abs. 2 genannte Person, so bezieht sich die Leistungskürzung
auf 100 % der Eckregelleistung. Handelt es sich um einen volljährigen
Partner in einer Bedarfsgemeinschaft, so ist Gegenstand der Kürzung
ein Betrag von 90 % der Eckregelleistung. Bei sonstigen erwerbsfähigen Hilfebedürftigen wird der Betrag von 80 % der Eckregelleistung
in dem fälligen Maße gekürzt.

Die **Absenkung** beträgt   **37**

- bei Sachverhalten, die unter **Abs. 1** oder **Abs. 4** fallen: **30 Prozent**
- bei Sachverhalten, die unter **Abs. 2** fallen: **10 Prozent**

der maßgebenden Regelleistung. Besteht eine Bedarfsgemeinschaft,
so ist nur die Person betroffen, die einen der Sanktionstatbestände erfüllt hat. Die Regelleistungen der anderen Mitglieder der Bedarfsgemeinschaft bleiben unangetastet.

Dies bedeutet in Euro ausgedrückt [Stand: 1. 7. 2009]:   **38**

	Personen i. S. v. § 20 Abs. 2	Personen i. S. v. § 20 Abs. 3	Personen i. S. v. § 20 Abs.23 S. 2
Sanktionierter Tatbestand enthalten in:	[1. Wert: alte; 2. Wert: neue Bundesländer]		
§ 31 Abs. 1 o. 4	− 107,70 Euro	− 96,90 Euro	− 86,10 Euro
§ 31 Abs. 2	− 35,90 Euro	− 32,30 Euro	− 28,70 Euro

b) Personen, die bei Begehung der Pflichtverletzung das   **39**
15. Lebensjahr vollendet und bei Wirksamwerden des Sank-

tionsbescheides das 25. Lebensjahr noch nicht vollendet hatten.
Bei Jugendlichen und jungen Erwachsenen sind die Sanktionen von
Anfang an strikter, soweit sie einen der in Abs. 1 oder Abs. 4 genannten
Tatbestände erfüllt haben. Geht es um einen unter Abs. 2 fallenden
Sachverhalt, gelten für sie keine Besonderheiten, so dass wie bei den
Älteren auch zwischen Erst- und Wiederholungsfällen unterschieden
wird und sich die Sanktionen nach Abs. 2 bzw. nach Abs. 3 i. V. m.
Abs. 2 richten.

40   Verwirklichen Jugendliche und junge Erwachsene einen der in
Abs. 1 oder Abs. 4 genannten Tatbestände, so erhalten sie grundsätzlich
**nur noch Leistungen für Unterkunft und Heizung (Abs. 5 S. 1
HS 1)**. Diese sollen zudem nach **Abs. 5 S. 1 HS 2** direkt an den Vermieter oder andere Empfangsberechtigte erbracht werden. Das bedeutet,
dass die für Unterkunft und Heizung bestimmten Beträge erst gar
nicht über das Konto der Hilfeberechtigten laufen.

41   Neben diesen Leistungen ist nur noch als „Soll-Leistung" vorgesehen, dass „in angemessenem Umfang ergänzende Sachleistungen oder
geldwerte Leistungen" erbracht werden (**Abs. 5 S. 6 in Verbindung
mit Abs. 3 S. 6**). Zu denken ist dabei insbesondere an Essenspakete
oder Bekleidungsgutscheine.

42   **3. Wiederholte Verstöße.** Es bleibt auch hier in allen Fällen beim
Wegfall des befristeten Zuschlages nach § 24, da die Sanktionen für
wiederholte Verstöße zusätzlichen Charakter haben.

43   Zusätzlich wird das Arbeitslosengeld II in massiv verschärfter Form
abgesenkt. Bezugsgröße ist dabei wiederum „die nach § 20 maßgebliche Regelleistung". Lag ein Tatbestand des Abs. 1 vor, so erfolgt bei
einem wiederholten Verstoß eine Absenkung um 60 % von 359 Euro,
also um 215 Euro, so dass bei einem wiederholten Verstoß nur noch 144
Euro Regelleistung bleiben. Mit diesem Betrag muss dann für einen
Zeitraum von drei Monaten der laufende Regelbedarf im Sinne des
§ 20 Abs. 1 gedeckt werden. Weitere Verstöße führen nach Abs. 3 S. 2 zu
einem vollständigen Entzug des Arbeitslosengeldes II („Absenkung"
um 100 %), es sei denn der erwerbsfähige Hilfebedürftige erklärt nachträglich seine Bereitschaft, nunmehr seinen Pflichten nachzukommen;
in diesem Fall kann die Absenkung nach Abs. 3 S. 5 auf 60 % begrenzt
werden. Zwar ist zu begrüßen, dass hier ein Spielraum für eine mildere
Entscheidung eröffnet wird. Formulierungen wie „der Hilfebedürftige
müsse glaubhaft erklären, von nun an seine Pflichten zu erfüllen" (so
z. B. KSW-Spellbrink, SGB II § 33 Rz. 47) zeigen aber bereits als solche
die Problematik, dass es hier womöglich auf „bessere oder schlechtere
Schauspielkunst" der Betroffenen ankommt, was mit einem würdevol-
len Umgang mit immerhin erwachsenen Menschen nicht allzu viel zu
tun hat.

44   Führt die neuerliche Absenkung zu einer Minderung der Regelleistung um mehr als 30 %, so können nach Abs. 3 S. 6 in angemessenem

Umfang ergänzende Sachleistungen oder geldwerte Leistungen erbracht werden. Es handelt sich dabei vor allem um Essenspakete, Essensgutscheine, Bekleidungsgutscheine o.ä. Bei Alleinstehenden handelt es sich um eine „echte" Ermessensleistung des Leistungsträgers, was durch die Verwendung des Wortes „können" ausgedrückt wird.

Lebt der Hilfebedürftige, gegen den sich die Sanktion primär richtet, **45** mit minderjährigen Kindern in einer Bedarfsgemeinschaft, so verwandelt sich diese Regelung nach Abs. 3 S. 7 in eine „Soll-Vorschrift", d. h. es müssen gewichtige Gründe vorliegen, damit nicht in angemessenem Umfang ergänzende Sachleistungen oder geldwerte Leistungen erbracht werden. Es lässt sich daher sagen, dass bei Bestehen einer Bedarfsgemeinschaft, der auch minderjährige Kinder angehören, in aller Regel ergänzende Sachleistungen und geldwerte Leistungen erbracht werden, wenn es zu Kürzungen einer maßgebenden Regelleistung um mehr als 30 % kommt.

Kommt es zu einem wiederholten Verstoß i. S. d. Abs. 2, so ergibt sich **46** der Grad der Absenkung nach **Abs. 3 S. 3** aus der Summe von (derzeit) 10 % nach Abs. 2 und dem jeweils vorangegangenen maßgeblichen Prozentsatz. War es also z. B. der zweite Verstoß, so erfolgt eine Absenkung um 20 %. War es bereits der dritte Verstoß, so beträgt die Absenkung 30 %. Diese Regelung gilt nach **Abs. 5 S. 3** auch für Jugendliche und junge Erwachsene bis zur Vollendung des 25. Lebensjahres.

Begehen Jugendliche oder Erwachsene bis zur Vollendung des 25. **47** Lebensjahres einen wiederholten Verstoß nach Abs. 1 oder 4, so wird ihnen das Arbeitslosengeld insgesamt entzogen, d. h. es werden auch keine Leistungen für Unterkunft und Heizung erbracht (**Abs. 5 S. 2**). Dabei ist zu beachten, dass auch für diese Personengruppe über **Abs. 5 S. 4** die Regelung in Abs. 3 S. 4 gilt, wann nicht mehr von einer wiederholten Pflichtverletzung gesprochen werden darf.

Auch bei Jugendlichen und jungen Erwachsenen (U25) wird „reu- **48** mütiges Verhalten" unter Umständen dadurch „belohnt", dass die Kosten für Unterkunft und Heizung auch weiterhin übernommen werden (**Abs. 5 S. 5**).

4. Mehrere, aber nicht „wiederholte" Verstöße. Verschieden- **49** artige Verstöße sind ebenfalls denkbar, z. B. Arbeitsablehnung nach Abs. 1 S. 1 Nr. 1c und eine Meldepflichtverletzung nach Abs. 2. In einem solchen Fall würden die Absenkungssätze addiert, im Beispiel käme es daher zu einer Absenkung um 40 %. In einem solchen Kumulierungsfall kommt es nicht zur Anwendung von Abs. 3, es sei denn einer der Verstöße sei zusätzlich bereits wiederholt begangen worden.

IV. Wirksamwerden und Dauer der Sanktionen
(Abs. 6 S. 1 und 2)

50   Die Mitteilung, dass eine Absenkung und ein Wegfall von Leistungen erfolgt, stellt einen Verwaltungsakt i. S. d. § 31 SGB X dar. Ein Verwaltungsakt wird nach § 39 Abs. 1 S. 1 SGB X gegenüber dem Betroffenen mit der Bekanntgabe ihm gegenüber wirksam. Ergänzend sind dabei die Bestimmungen über Verwaltungszustellungen zu beachten, die insbesondere Regelungen über Zugangsfiktionen bei schriftlichen Bescheiden enthalten.

51   Wird also einem erwerbsfähigen Hilfebedürftigen ein entsprechender Sanktionsbescheid am 15. Januar ausgehändigt, zugestellt oder gilt er als ihm an diesem Tag zugegangen, so wird nach Abs. 6 S. 1 die Sanktion, also Absenkung und Wegfall von Leistungen, am 1. 2. um 0:00h wirksam.

52   Nach Abs. 6 S. 2 dauern Absenkung und Wegfall von Leistungen drei Monate. Im obigen Beispiel hätten Absenkung und Wegfall also vom 1. 2. bis 30. 4. Bestand. Dies bedeutet bezüglich des befristeten Zuschlages nach § 24 zugleich, dass er dann nur noch für maximal 21 Monate bezogen werden könnte.

V. Sozialhilfe nach SGB XII kein Auffangnetz (Abs. 6 S. 4)

53   Durch Abs. 6 S. 4 wird klargestellt, dass während der Wirksamkeit einer Sanktion, also für einen Zeitraum von drei Monaten, die entstehenden finanziellen Lücken auch nicht durch ergänzende Hilfe zum Lebensunterhalt nach §§ 27 ff. SGB XII geschlossen werden können. Dies ergibt sich aber auch bereits aus § 21 S. 1 SGB XII.

54   Weil es zugleich an einer Härtefallklausel fehlt, werden gegen diese strikten Folgen eines Fehlverhaltens verfassungsrechtliche Bedenken angemeldet, die sich dagegen wenden, dass in den fraglichen Zeiträumen nicht einmal das zum Lebensunterhalt Unerlässliche garantiert werde (s. *Herold-Tews* in *Löns/Herold-Tews*, 1. Auflage, § 31 Rz. 89). Dem ist allerdings entgegenzuhalten, dass es hier in allen Konstellationen um Handlungen oder Unterlassungen geht, auf deren Rechtsfolgen zuvor hingewiesen wurde. Die Betroffenen hatten es also zu jeder Zeit selbst in der Hand, die nun eingetretenen nachteiligen Konsequenzen zu vermeiden. Das Sanktionssystem kann daher nur als konsequent bezeichnet werden, wenn es denn in der Praxis auch in der angedachten Form umgesetzt werden wird – unter Mitwirkung der Sozialgerichte. Es kommt hinzu, dass im Falle von Erstverstößen – sieht man von den Jugendlichen und jungen Erwachsenen, bei denen man offenbar auf eine Mindest-Unterhaltssicherung durch das Elternhaus setzt, ab – trotz der Sanktionen noch immer das zum Lebensunterhalt Unerlässliche verbleibt. Erst wenn die Betreffenden erneut gegen ihre Verpflichtungen verstoßen, kann sich die Situation anders darstellen. Hier wird einfach darauf gesetzt, dass erwachsene Menschen das beachten, was in ihrem eigenen Interesse notwendigerweise zu beachten ist. Eine Überschreitung der Grenze zur Verfassungswidrigkeit kann darin nicht gesehen werden.

Die Sanktionen stellen die Kehrseite des vorgenommenen „Paradig 55 menwechsels" in der Arbeitsmarktpolitik im Besonderen, aber wohl auch in der Sozialpolitik allgemein dar. Nur wer die Veränderungen insgesamt und grundsätzlich ablehnt – Kritik im Einzelnen ist hier ausdrücklich nicht gemeint! –, wird auch verfassungsrechtliche Einwände gegen die Sanktionen finden.

VI. Form- und Verfahrensfragen

In der Vorschrift werden bezüglich notwendiger Belehrungen unter 56 schiedliche Formulierungen verwendet. In Abs. 1 S. 1 Nr. 1 und 2 sowie in Abs. 4 Nr. 2 heißt es „trotz Belehrung über die Rechtsfolgen".

In Abs. 2 heißt es „trotz **schriftlicher** Belehrung über die Rechtsfol 57 gen".

Es stellt sich die Frage, inwieweit diese unterschiedlichen Formu 58 lierungen auch unterschiedliche Anforderungen an Art (und Dringlichkeit?) einer Rechtsfolgenbelehrung bedeuten. Was das zeitliche Element angeht, wird man dies verneinen müssen, denn an eine Belehrung über die Rechtsfolgen eines bestimmten Handelns oder Unterlassens können nur dann Sanktionen geknüpft werden, wenn es für die belehrte Person eine Möglichkeit gab, ihr eigenes Verhalten an der Belehrung auszurichten. Daher ist zu fordern, dass eine notwendige Belehrung immer vorher, d. h. vor dem Verstoß zu erfolgen hat. Zugleich ist zu fordern, dass eine Belehrung, die sich auf ein vom Leistungsträger (regelmäßig wohl vom Fallmanager) gefordertes Verhalten bezieht, muss die Rechtsfolgenbelehrung auch spätestens mit der entsprechenden Aufforderung an den Hilfebedürftigen erfolgen.

Was die Notwendigkeit der Schriftform betrifft, so wird man eine 59 solche wohl nur dort fordern können, wo das Gesetz sie ausdrücklich vorsieht. Allerdings ist es aus Sicht des Leistungsträgers ohnehin ratsam, schriftlich zu belehren, da ihn im Streitfall die Beweislast dafür trifft, dass eine notwendige Belehrung stattgefunden hat. Von der nicht zwingend gebotenen Schriftform kann daher sinnvollerweise nur dann abgesehen werden, wenn bei der Belehrung Zeugen, z. B. andere MitarbeiterInnen des Leistungsträgers anwesend sind.

Das Vorliegen der jeweils geforderten Belehrung ist stets Vorausset 60 zung für eine wirksame Sanktionsverhängung.

Absenkung und Wegfall des Sozialgeldes

32 § 31 Absatz 1 bis 3 sowie 6 gilt entsprechend für Bezieher von Sozialgeld, wenn bei diesen Personen die in § 31 Absatz 2 oder Absatz 4 Nr. 1 und 2 genannten Voraussetzungen vorliegen.

1   Die in § 31 Abs. 1 bis 3 und Abs. 6 angeordneten Rechtsfolgen kommen auch gegen Bezieher von Sozialgeld zum Tragen. Da bei diesen aber wegen ihrer fehlenden Erwerbsfähigkeit alle Tatbestände mit „Bezug zum Arbeitsmarkt" nicht in Betracht kommen, beschränken sich die mit Sanktionen belegten Verhaltensweisen auf die in § 31 Abs. 2 sowie in § 31 Abs. 4 Nr. 1 und 2 genannten Konstellationen. Mit dieser Einschränkung kann aber vollumfänglich auf die Kommentierung zu § 31 verwiesen werden.

2   Daher kommen **in einer ersten Stufe** Leistungskürzungen um 10 % (im Falle eines Meldeversäumnisses nach Abs. 2) oder um 30 % in den Fällen des Abs. 4 Nr. 1 und 2 in Betracht. Begeht der Sozialgeldbezieher eine **wiederholte Pflichtverletzung** tritt eine Kürzung um weitere 10 bzw. 30 % ein, dann schon unter Einbeziehung der Leistungen nach §§ 21 bis 23 (s. § 31 Abs. 3 S. 2, auf den § 32 verweist).

3   Sozialgeldberechtigte können sanktionsrechtlich relevante Meldeversäumnisse begehen, wenn in ihrer Person z. B. gesundheitliche Vermittlungshindernisse für erwerbsfähige Angehörige der Bedarfsgemeinschaft bestehen, deren weiteres Vorliegen ärztlich untersucht werden soll, sie aber zur Untersuchung nicht erscheinen (vgl. zu diesem Beispiel auch *Herold-Tews*, § 32 Rz. 3).

4   Die Leistungsabsenkungen dauern nach **§ 31 Abs. 6 S. 2** auch bei Sozialgeldbeziehern drei Monate.

Unterabschnitt 4. Verpflichtungen anderer

Übergang von Ansprüchen

33 (1) [1]Haben Empfänger von Leistungen zur Sicherung des Lebensunterhalts für die Zeit, für die Leistungen erbracht werden, einen Anspruch gegen einen anderen, der nicht Leistungsträger ist, geht der Anspruch bis zur Höhe der geleisteten Aufwendungen auf die Träger der Leistungen nach diesem Buch über, wenn bei rechtzeitiger Leistung des anderen Leistungen zur Sicherung des Lebensunterhalts nicht erbracht worden wären. [2]Satz 1 gilt auch, soweit Kinder unter Berücksichtigung von Kindergeld nach § 11 Abs. 1 Satz 3 keine Leistungen empfangen haben und bei rechtzeitiger Leistung des anderen keine oder geringere Leistungen an die Mitglieder der Haushaltsgemeinschaft erbracht worden wären. [3]Der Übergang wird nicht dadurch ausgeschlossen, dass der Anspruch nicht übertragen, verpfändet oder gepfändet werden kann. [4]Unterhaltsansprüche nach bürgerlichem Recht gehen zusammen mit dem unterhaltsrechtlichen Auskunftsanspruch auf die Träger der Leistungen nach diesem Buch über.

(2) [1]Ein Unterhaltsanspruch nach bürgerlichem Recht geht nicht über, wenn die unterhaltsberechtigte Person
1. mit dem Verpflichteten in einer Bedarfsgemeinschaft lebt,
2. mit dem Verpflichteten verwandt ist und den Unterhaltsanspruch nicht geltend macht; dies gilt nicht für Unterhaltsansprüche
a) minderjähriger Hilfebedürftiger,
b) von Hilfebedürftigen, die das 25. Lebensjahr noch nicht vollendet und die Erstausbildung noch nicht abgeschlossen haben gegen ihre Eltern,
3. in einem Kindschaftsverhältnis zum Verpflichteten steht und,
a) schwanger ist oder
b) ihr leibliches Kind bis zur Vollendung seines sechsten Lebensjahres betreut.
[2]Der Übergang ist auch ausgeschlossen, soweit der Unterhaltsanspruch durch laufende Zahlung erfüllt wird. [3]Der Anspruch geht nur über, soweit das Einkommen und Vermögen der unterhaltsverpflichteten Person das nach den §§ 11 und 12 zu berücksichtigende Einkommen und Vermögen übersteigt.

(3) [1]Für die Vergangenheit können die Träger der Leistungen nach diesem Buch außer unter den Voraussetzungen des bürgerlichen Rechts nur von der Zeit an den Anspruch geltend machen, zu welcher sie dem Verpflichteten die Erbringung der Leistung schriftlich mitgeteilt haben. [2]Wenn die Leistung voraussichtlich auf längere Zeit erbracht werden muss, können die Träger der Leistungen nach diesem Buch bis zur Höhe der bisherigen monatlichen Aufwendungen auch auf künftige Leistungen klagen.

(4) [1]Die Träger der Leistungen nach diesem Buch können den auf sie übergegangenen Anspruch im Einvernehmen mit dem Empfänger der Leistungen auf diesen zur gerichtlichen Geltendmachung rückübertragen und sich den geltend gemachten Anspruch abtreten lassen. [2]Kosten, mit denen der Leistungsempfänger dadurch selbst belastet wird, sind zu übernehmen. [3]Über die Ansprüche nach Absatz 1 Satz 3 ist im Zivilrechtsweg zu entscheiden.

(5) Die §§ 115 und 116 des Zehnten Buches gehen der Regelung des Absatzes 1 vor.

I. Allgemeines

Mit § 33 soll der **Nachranggrundsatz** (s. § 3 Abs. 3 Rz. 10) in jenen **1** Fällen wiederhergestellt werden, in denen der Träger der Leistungen zur Sicherung des Lebensunterhalts vorgeleistet hat, weil Ansprüche des Hilfeempfängers oder der oben genannten Personen gegen Dritte nicht rechtzeitig realisierbar waren (so zur insoweit parallelen Bestimmung nach § 90 BSHG BVerwGE 110, 5 = FEVS 51 [2000], 164). **Vorrang** gegenüber § 33 hat der Forderungsübergang nach den §§ 102 ff. SGB X (Ansprüche gegen andere Sozialleistungsträger), nach § 115 SGB X (Ansprüche gegen den Arbeitgeber), nach § 116 SGB X (Schadensersatzansprüche), nach § 292 LAG (Lastenausgleichsansprüche) und nach Art. 111 Abs. 3 VO (EWG) 574/72 (Ansprüche gegen ausländische Sozialleistungsträger). Die **allgemeinen Grundsätze** des öffentlich-rechtlichen Erstattungsanspruchs, der Geschäftsführung ohne Auftrag (§§ 677 ff. BGB) und der ungerechtfertigten Bereicherung (§§ 812 ff. BGB; dazu unter Geltung des BSHG *Schellhorn* § 90 BSHG RdNr. 12) werden dagegen durch § 33 verdrängt. Die **Abtretung** von Ansprüchen ist dagegen zulässig, soweit dabei die Grenzen des § 33 beachtet werden (s. auch BGH NJW 1995, 323).

II. Voraussetzungen und Rechtsfolgen des Übergangs von Ansprüchen nach Abs. 1

2 **1. Voraussetzungen. a) „Erbringen der Leistung"** im Sinne von **Abs. 1 S. 1** bedeutet, dass die Hilfe tatsächlich geleistet, nicht lediglich bewilligt wurde (insoweit wird die in der Voraufl. vertretene Ansicht nicht aufrecht erhalten; s. auch *KSW-Knickrehm*, § 33 SGB II Rn. 2). **Rechtmäßigkeit der Hilfegewährung** wird **nicht** vorausgesetzt (*BVerwG* FEVS 43 (1993), 99; a. A. *Herold-Tews* in: *Löns/Herold-Tews*, § 33 Rn. 3; *LPK-SGB II/Münder*, § 31 Rz 12). Etwas anderes gilt nur bei entgegenstehenden Belangen des Drittschuldners (*BVerwG* FEVS 43 (1993), 99). **Rechtsgrundlage** des übergehenden **Anspruches** können formelle Gesetze (Parlamentsgesetze), Rechtsverordnungen, autonome Satzungen, Vertrag (z. B. ein Privatversicherungsvertrag (*BSG* SozR 3-0000)) oder Gewohnheitsrecht sein. **Inhaber** des übergehenden **Anspruches** muss der Leistungsempfänger sein. **Anspruchsgegner** i. S. v. Abs. 1 S. 1 können sowohl natürliche als auch juristische Personen oder Personenvereinigungen des Privatrechts oder des öffentlichen Rechts mit Ausnahme der Leistungsträger i. S. v. § 12 SGB I (bei diesen kommen die §§ 102 ff. SGB X zur Anwendung) sein. **Anspruchsinhalt** muss eine Geldleistung oder eine in eine Geldforderung umwandelbare Sachleistung sein (*OLG Braunschweig* FGPrax 1995, 224). Nach der sog. **Theorie der Negativevidenz** setzt die Überleitung nach Abs. 1 S. 1 **nicht** das **Bestehen des Anspruches** voraus (*BVerwGE* 34, 219 = FEVS 17 (1970), 203). Ein **Verzicht** auf den Anspruch ist nur beachtlich, wenn dieser vor dem Zeitpunkt erfolgt, ab dem der Eintritt der Hilfebedürftigkeit absehbar war.

b) Kausalität zwischen Nichterfüllung des Anspruches und 3
Hilfegewährung (Abs. 1 S. 1 HS 2). Der Übergang ist nach Abs. 1
S. 1 auf die Leistungen zur Sicherung des Lebensunterhalts beschränkt,
die auf Grund der nicht rechtzeitigen Erfüllung des nun übergehenden
Anspruchs erforderlich waren („. . ., soweit . . .“). Inwieweit Leistungen
bei rechtzeitiger Erfüllung des Anspruchs durch den Dritten zu erbringen gewesen wären, ist dadurch zu ermitteln, dass hypothetisch die
Höhe der zustehenden Leistungen bei Erfüllung der Ansprüche gegen
den Dritten ermittelt wird. Es muss also ein unmittelbarer Zusammenhang zwischen dem Ausbleiben der Anspruchserfüllung durch den
Dritten und der (Höhe der) Bedürftigkeit des Leistungsempfängers
bestehen. Ist der Anspruch gegen den Dritten von der Einkommens-
oder der Vermögensanrechnung ausgenommen (z. B. Schmerzensgeld
nach § 11 Abs. 3 Nr. 2 SGB II) oder höchstpersönliche Ansprüche,
scheidet eine Überleitung des Anspruches aus s. *Herold-Tews* in *Löns/*
Herold-Tews, § 33 Rn. 5 a. E.; *LPK-SGB II/Münder*, § 33 Rn. 15).

c) Kein Ausschluss der Überleitung bei Ausschluss der Über- 4
tragung, Verpfändung oder Pfändung des Anspruches (Abs. 1
S. 3). Abs. 1 S. 3 stellt klar, dass der Übergang nach Abs. 1 S. 1 auch dann
zulässig ist, wenn die Abtretung nach den §§ 399, 400 BGB, die Verpfändung nach § 1274 BGB oder die Pfändung von Arbeitseinkom-
men nach § 850 ZPO ausgeschlossen ist.

2. Rechtsfolgen des Übergangs. Durch das SGB II-Fortentwick- 5
lungsgesetz wurde mit Wirkung vom 1. 8. 2006 die bis dahin in das Ermessen des Leistungsträgers gestellte Überleitungsanzeige durch einen
Anspruchsübergang kraft Gesetzes ersetzt (G vom 20. 7. 2006, BGBl. I,
S. 1706). Auf diese Weise soll der Nachranggrundsatz unmittelbar verwirklicht werden, ohne dass noch vorab in einem verwaltungsrechtli-
chen Verfahren über die Entscheidung eines Leistungsträgers, ob über-
geleitet wird oder nicht, gestritten werden könnte (s. hierzu auch *Link*
in *Eicher/Spellbrink*, SGB II § 33 RdNr. 2 a. E.).

Durch Gesetz zur Neuausrichtung der arbeitsmarktpolitischen In- 6
strumente vom 21. 12. 2008 (BGBl. I, S. 2917) wurde der jetzige **S. 2 in**
Abs. 1 eingefügt. Er soll eine Privilegierung von Schuldnern vermeiden, die allein deshalb eintreten könnte, weil Kindern wegen deren
Anspruch auf Kindergeld, das ihnen nach § 11 Abs. 1 S. 3 als eigenes
Einkommen anzurechnen ist, keine Leistungen gewährt wurden.
Hätte aber der Schuldner gezahlt, so hätte aus diesem weiteren Einkommen der Kinder eine Entlastung der anderen Angehörigen der
Haushaltsgemeinschaft nach Maßgabe des § 9 Abs. 5 [nicht: Abs. 2 (!),
da diese Bestimmung nur in der Richtung von Eltern zu Kindern, aber
nicht umgekehrt „funktioniert“] erreicht werden können. Dies soll
dem Schuldner nicht nützen und dem Leistungsträger nicht schaden.

III. Besonderheiten beim Übergang von Unterhalts-
ansprüchen (Abs. 2)

7 **1. Grundsätze.** In **Abs.** 2 ist eine abschließende Regelung der Besonderheiten enthalten, die beim Übergang von Ansprüchen **gegen
einen nach bürgerlichem Recht Unterhaltsverpflichteten** gelten.
Dabei enthält **Abs. 2 S.** 2 die eigentlich selbstverständliche Regel, wonach in dem Umfang („soweit") kein Übergang stattfindet, in dem eine
Unterhaltsverpflichtung durch entsprechende Zahlung tatsächlich erfüllt wird, weil andernfalls der Unterhaltsverpflichtete doppelt leisten
müsste.

8 **a) Vorab-Prüfung der unterhaltsrechtlichen Leistungsfähigkeit.** Unterhaltsansprüche setzen nach bürgerlichem Recht die **Unter-
haltsbedürftigkeit** des Unterhaltsberechtigten und die unterhalts-
rechtliche **Leistungsfähigkeit** des Unterhaltsverpflichteten voraus.
Dies muss der Leistungsträger wegen der Regelung in **Abs. 2 S. 3**
praktisch **vor der Überleitungsanzeige prüfen.** Stellt sich dabei
heraus, dass ein Unterhaltsanspruch gegen den in Anspruch genommenen gar nicht durchgesetzt werden könnte, so findet auch kein Anspruchsübergang statt. Daher muss in diesen Fällen das unterhaltsrecht-
lich zu berücksichtigende Einkommen und Vermögen der „an sich"
unterhaltsverpflichteten Person geprüft werden. Dem muss das nach
§§ 11 und 12 zu berücksichtigende Einkommen und Vermögen des „an
sich" Unterhaltsberechtigten, also des Leistungsempfängers, gegen-
übergestellt werden. Nur wenn ersteres Einkommen und Vermögen
letzteres Einkommen und Vermögen übersteigt, darf der Übergang bewirkt werden.

9 **b) Auskunftsansprüche.** Nach § 1605 **Abs. 1** BGB sind Verwandte in gerader Linie einander verpflichtet, auf Verlangen über ihre
Einkünfte und ihr Vermögen Auskunft zu erteilen, soweit dies zur
Feststellung eines Unterhaltsanspruches oder einer Unterhaltsverpflichtung erforderlich ist. Diese **Auskunftspflichten** bestehen nach
§ 60 **Abs. 2 S. 3** auch gegenüber einem Leistungsträger i. S. d. SGB II.
Liegen also die Voraussetzungen des Abs. 1 S. 1 grundsätzlich vor, gehen
nach **Abs. 1 S. 4** neben dem Unterhaltsanspruch auch die **bürgerlich-
rechtlichen Auskunftsansprüche** gegen den Unterhaltspflichtigen
sowie auf Vorlage von Beweisunterlagen (§§ 1605, 1361 Abs. 4 S. 4,
1580 S. 2 bzw. 1615 l Abs. 3 S. 1 BGB) über, soweit dies zur Feststellung
des übergegangenen Anspruchs erforderlich ist. Der zuständige Leis-
tungträger kann diesen Anspruch ggf. vor dem Familiengericht durch
Auskunfts- bzw. durch Stufenklage geltend machen.

10 **c) Die grundsätzlich „überleitungsfähigen" Unterhaltsansprüche.** Als Unterhaltsanspruch nach bürgerlichem Recht i. S. d.
Abs. 2 S. 1 kommt grundsätzlich in Betracht:

- Ehegattenunterhalt (§§ 1360 ff. BGB), auch bei Getrenntleben
  (§ 1361 BGB)
- Geschiedenenunterhalt (§§ 1569 ff. BGB)
- Verwandtenunterhalt (§§ 1601 ff. BGB)
- Unterhaltsanspruch des Annehmenden gegenüber dem angenommenen Kind (§ 1754 BGB)
- Unterhaltsansprüche bei nicht miteinander verheirateten Eltern
  (§§ 1615 a BGB)
- Unterhaltsanspruch eines gleichgeschlechtlichen Lebenspartners
  (§§ 5, 12 und 16 LPartG)
  sowie
- vertraglich begründete Unterhaltsansprüche, z.B. einer Nichte gegenüber ihrer Tante, da es sich auch hier um Unterhaltsansprüche nach bürgerlichem Recht handelt, wenn auch nicht um gesetzliche Unterhaltsansprüche, die es ja nur zwischen in gerader Linie Verwandten geben kann (s. § 1601 BGB)

d) Übergang von Unterhaltsansprüchen für die Vergangenheit 11 (Abs. 3 S. 1). Unterhaltsansprüche, die in der Vergangenheit zu erfüllen gewesen wären, kann der Leistungsträger nur unter denselben Voraussetzungen auf sich überleiten, die auch für den Unterhaltsberechtigten nach § 1613 BGB festgelegt wurden. Bei der Regelung in Abs. 3 S. 1 handelt es sich zudem um eine Ermessensregelung, d.h. die Leistungsträger sind zur Geltendmachung nicht gesetzlich verpflichtet. Wichtigste Konstellationen dürften danach sein die Überleitung von in der Vergangenheit liegenden Unterhaltsansprüchen für Zeiten, zu welchen der Unterhaltspflichtige mit seiner Leistung in Verzug war oder von dem Zeitpunkt an, ab dem der Unterhaltsanspruch rechtshängig geworden ist, also grundsätzlich mit Klageerhebung (s. § 261 ZPO). In jedem Fall ist aber zu beachten, dass eine Geltendmachung nur von der Zeit an in Betracht kommt, zu der eine schriftliche Mitteilung des Leistungsträgers an den (potentiell) Unterhaltsverpflichteten erfolgte, dass an den (potentiell) Unterhaltsberechtigten Leistungen nach dem SGB II erbracht werden.

2. Konstellationen, in denen die Anspruchsüberleitung ausge- 12 schlossen ist. Auch wenn die vorstehend erläuterten Grundsätze so ausgestaltet wurden, dass sie sich „eigentlich" auf den Regelfall beziehen müssten, werden sie wegen der in Abs. 2 S. 1 Nr. 1 bis 3b normierten **Ausschlusstatbestände** in der Praxis wohl nur Ausnahmecharakter haben.

a) Sind Personen, die nach **§ 7 Abs. 3 Nr. 1 bis 4** zu einer Bedarfsge- 13 meinschaft gehören (können), einander auch zum Unterhalt nach den Bestimmungen des bürgerlichen Rechts verpflichtet, so ist nach **Abs. 2 Nr. 1** der Übergang eines solchen Unterhaltsanspruchs ausgeschlossen. Wichtig ist der klarstellende Hinweis, dass nach dieser Vorschrift nicht der Übergang eines Unterhaltsanspruches von Kindern, die bereits das

25. Lebensjahr vollendet haben, ausgeschlossen wird, da solche Kinder im Umkehrschluss zu § 7 Abs. 3 Nr. 4 nicht zur Bedarfsgemeinschaft gehören.

14   **b)** Besteht zwischen Unterhaltsberechtigtem und −verpflichtetem ein **Verwandtschaftsverhältnis** i. S. d. **§ 1589 BGB** und macht die unterhaltsberechtigte Person ihren Anspruch nicht geltend, so darf der Übergang des Unterhaltsanspruchs nach **Abs. 2 S. 1 Nr. 2 HS 1** nicht bewirkt werden. Mit Verwandtschaft ist also Verwandtschaft sowohl in gerader Linie als **auch in der Seitenlinie** (!) gemeint. Eine Einschränkung ergibt sich auch nicht daraus, dass zugleich von Verwandtschaft und Unterhaltsanspruch die Rede ist. Zwar sind nur Verwandte in gerader Linie *gesetzlich* verpflichtet, einander Unterhalt zu gewähren. Sie können sich aber durchaus auch vertraglich verpflichten, einem Verwandten der Seitenlinie Unterhalt zu leisten. Auch dann würde es sich um einen „Unterhaltsanspruch nach bürgerlichem Recht" handeln.

15   Das Gesetz sieht nur zwei Konstellationen vor, in denen trotz bestehender Verwandtschaft − sogar in gerader Linie ersten Grades, nämlich zwischen Kindern und Eltern − der Übergang des Unterhaltsanspruches nicht ausgeschlossen ist:

1. wenn es um den Unterhaltsanspruch minderjähriger Kinder gegen ihre Eltern geht (Abs. 2 S. 1 Nr. 2 HS 2 Buchstabe a); angesichts der Regelung in Abs. 2 S. 1 Nr. 1 muss es sich hier um minderjährige Kinder handeln, die dem Haushalt des Leistungsempfängers nicht angehören;

2. wenn es um den Unterhaltsanspruch volljähriger Kinder, die aber erstens noch nicht das 25. Lebensjahr vollendet und zweitens ihre Erstausbildung noch nicht abgeschlossen haben, gegen ihre Eltern geht (Abs. 2 S. 1 Nr. 2 HS 2 Buchstabe b).

16   **c)** Eine dritte Gruppe bilden **([angehende] junge) Mütter**, die ihrerseits in einem Kindschaftsverhältnis zum Unterhaltsverpflichteten stehen, also zu den Großeltern ihres noch nicht geborenen oder noch nicht sechs Jahre alten leiblichen Kindes. Nach **Abs. 2 S. 1 Nr. 3 a und b** ist auch hier die Anspruchsüberleitung durch den Leistungsträger ausgeschlossen. Es handelt sich dabei um flankierende Maßnahmen, die vor allem jungen Frauen, die noch darauf angewiesen sind, im Haushalt ihrer Eltern zu verbleiben oder jedenfalls finanziell von ihnen unterstützt zu werden, die Entscheidung für ein Kind (und gegen Abtreibung) zu erleichtern, indem sie durch einen Verzicht auf die weitere Geltendmachung von Unterhaltsansprüchen die Inanspruchnahme ihrer Eltern durch Leistungsträger verhindern können. Auf diese Weise soll die ohnehin nicht selten schwierige persönliche Situation der Frauen in der „Großfamilie" nicht auch noch durch die finanzielle Inanspruchnahme ihrer Eltern belastet werden. Eine vergleichbare Schutzwirkung will auch **§ 9 Abs. 3** erreichen.

3. Konstellationen, in denen ein Anspruchsübergang nicht 17
ausgeschlossen ist. Damit bleiben nur die folgenden Konstellationen, in denen ein Übergang von Unterhaltsansprüchen bewirkt werden kann:

- Zwischen getrennt lebenden oder geschiedenen Ehepartnern
- Ansprüche minderjähriger, unverheirateter Kinder gegenüber ihren Eltern, wenn die Kinder nicht mit den Eltern(-teilen) in einem Haushalt leben
- Ansprüche volljähriger Kinder vor Vollendung des 25. Lebensjahres, deren Erstausbildung noch nicht abgeschlossen ist, gegenüber ihren Eltern
- Ansprüche gegenüber Verwandten,
  - die auf Gesetz oder Vertrag beruhen und nicht durch Zahlung erfüllt werden
  - die geltend gemacht wurden und nicht durch Zahlung erfüllt werden
  - bei Nichtbestehen einer Bedarfsgemeinschaft zwischen diesen Verwandten

IV. Wirkung und Dauer des Anspruchsübergangs

Der Übergang bewirkt einen **Gläubigerwechsel**. Nach dem Über- 18
gang nimmt der Träger der Leistungen nach dem SGB II anstelle des Hilfeempfängers die Gläubigerstellung ein. Die Rechtsnatur des Anspruches bleibt dabei erhalten. Auch die Einwendungen und die Einreden gegen den Anspruch bleiben nach dem Übergang bestehen. Mit dem Übergang gehen neben der Hauptforderung auch die Ansprüche auf **Nebenforderungen** über.

V. Ansprüche eines Leistungsempfängers gegen seinen Arbeitgeber oder auf Schadensersatz gehen vor (Abs. 5)

Die Regelung in Abs. 5 war früher in § 90 Abs. 4 S. 2 BSHG auch 19
schon enthalten. Die von ihr erfassten Ansprüche gehen kraft Gesetzes bis zur Höhe der erbrachten Leistungen auf den Leistungsträger über. Einer Anwendung von § 33 bedarf es in diesen Fällen nicht.

VI. Rückübertragung des übergegangenen Anspruchs zur gerichtlichen Durchsetzung (Abs. 4 S. 1 und 2) und prozessuale Fragen

Mit Wirkung vom 1. 8. 2006 wurde in Abs. 4 eine Regelung einge- 20
fügt, die so – sogar fast wortgleich – bereits in § 91 Abs. 4 BSHG ent-

halten war. Danach kann ein Leistungsträger, zu dessen Gunsten ein
Anspruch bereits übergegangen war, diesen Anspruch zur gerichtlichen Durchsetzung auf den Leistungsempfänger zurückübertragen,
wenn dieser damit einverstanden ist, und sich zugleich wieder abtreten
lassen. Es handelt sich dabei um eine zivilrechtliche Abtretung i. S. d.
§ 398 BGB, so dass ein Schriftformerfordernis besteht sowie eine Anzeigepflicht gegenüber dem Schuldner. Dies kann etwa dann sinnvoll
sein, wenn ohnehin Teile des Anspruchs beim Leistungsempfänger
verblieben waren, so dass dieser nach Rückübertragung den gesamten
Anspruch im Klagewege verfolgen kann.

21 Wird in dieser Weise verfahren, so sollen dem – hilfebedürftigen –
Leistungsempfänger dadurch natürlich keine zusätzlichen Kosten entstehen. Wie schon zu BSHG-Zeiten ist nun wieder umstriten, ob dem
Leistungsempfänger hierfür ein Kostenvorschuss zu gewähren ist oder
ob dieser zunächst Prozesskostenhilfe beantragen muss/soll (zu diesem
Streit s. vor allem *Link* in *Eicher/Spellbrink*, SGB II § 33 RdNr. 40d mit
zahlreichen Nachweisen). Hier wird der Ansicht der Vorzug gegeben,
das dem Hilfebedürftigen ein Vorschuss zu leisten ist, um das Risiko zu
vermeiden, dass z. B. nicht rechtzeitig über einen PKH-Antrag entschieden wird. Außerdem spricht für die Lösung über einen Vorschuss
auch der Umstand, dass ganz überwiegend eine solche Rückübertragung im Interesse des Leistungsträgers erfolgt (Ersparung eigener Prozessführung).

22 Für die gerichtliche Durchsetzung eines übergegangenen Anspruches kommt es auf die Rechtsnatur dieses Anspruches an. Handelt es
sich z. B. um einen familienrechtlichen Unterhaltsanspruch, so wird
dessen Bestehen und/oder Umfang im Streitfalle vom Familiengericht
geprüft. **Abs. 4 S. 3** bezeichnet ausdrücklich den Zivilrechtsweg als gegeben. Der Leistungsträger könnte die entsprechende Forderung auch
im Mahnverfahren (§§ 688 ff. ZPO) geltend machen.

23 Mit der Klage – nicht aber im Mahnverfahren (vgl. § 688 Abs. 2
ZPO) – kann der zuständige Leistungsträger auch künftige Unterhaltsforderungen geltend machen, wenn die Leistungen zur Sicherung
des Lebensunterhalts voraussichtlich für einen längeren Zeitraum zu
gewähren sind, **Abs. 3 S. 2**. Soweit ein **Vollstreckungstitel** bereits besteht, kann der Träger der Sozialhilfe nach **Umschreibung** des Titels
durch das Vollstreckungsgericht (§ 727 ZPO) die Zwangsvollstreckung
aus dem Titel betreiben.

Ersatzansprüche

34 (1) [1]Wer nach Vollendung des 18. Lebensjahres vorsätzlich oder grob fahrlässig

1. die Voraussetzungen für seine Hilfebedürftigkeit oder die Hilfebedürftigkeit von Personen, die mit ihm in einer Bedarfsgemeinschaft leben, oder

2. die Zahlung von Leistungen zur Sicherung des Lebensunterhalts an sich oder an Personen, die mit ihm in einer Bedarfsgemeinschaft leben,

ohne wichtigen Grund herbeigeführt hat, ist zum Ersatz der deswegen gezahlten Leistungen verpflichtet. [2]Von der Geltendmachung des Ersatzanspruches ist abzusehen, soweit sie den Ersatzpflichtigen künftig von Leistungen zur Sicherung des Lebensunterhalts nach diesem Buch oder von Leistungen nach dem Zwölften Buch abhängig machen würde.

(2) [1]Eine nach Absatz 1 eingetretene Verpflichtung zum Ersatz der Leistungen geht auf den Erben über. [2]Sie ist auf den Nachlasswert im Zeitpunkt des Erbfalles begrenzt.

(3) [1]Der Ersatzanspruch erlischt drei Jahre nach Ablauf des Jahres, in dem die Leistung erbracht worden ist. [2]Die Bestimmungen des Bürgerlichen Gesetzbuchs über die Hemmung, die Ablaufhemmung, den Neubeginn und die Wirkung der Verjährung gelten sinngemäß; der Erhebung der Klage steht der Erlass eines Leistungsbescheides gleich.

I. Überblick

Die Vorschrift entspricht in weiten Teilen der Bestimmung in § 92 a **1** BSHG. Dabei werden jetzt die Lebenssachverhalte, die früher in § 92 a Abs. 1 S. 1 und Abs. 4 S. 1 erfasst wurden, in den beiden Nummern von Abs. 1 S. 1 zusammengefasst. Neu ist, dass nach Abs. 1 S. 1 das Vorliegen eines wichtigen Grundes für das Verhalten, welches an sich die Ersatzpflicht auslösen würde, den Eintritt der Ersatzpflicht verhindert. Dafür wurde die Ermessensregelung in § 92 a Abs. 1 S. 2, HS 1 BSHG, die bei Bestehen einer besonderen Härte das Absehen von einer Heranziehung ermöglichte, nicht aufrecht erhalten. Dies ist zu begrüßen, weil man einerseits die Kriterien einer besonderen Härte auch bei der Feststellung eines wichtigen Grundes anlegen kann, dann aber andererseits auch zwingend, also mit Rechtssicherheit für die Betroffen, eine Inanspruchnahme ausgeschlossen ist.

Nicht ganz klar ist, ob die nunmehr gewählte Formulierung „... **2** **Ersatz der ... Leistungen ...**" etwas anderes meint als „... Ersatz der Kosten der Sozialhilfe ...". Jedenfalls ist die neue Fassung klarer. Verwaltungskosten, die im Zusammenhang mit der Bewilligung einer zu

Unrecht erbrachten Leistung angefallen sind, können nicht ersetzt verlangt werden.

II. Pflicht zum Ersatz der Leistungen (Abs. 1 S. 1)

4   Leistungen sind nach **Abs. 1 S. 1** nur zu ersetzen, wenn diese **rechtmäßig gewährt** wurden (s. noch zum BSHG: OVG NRW FEVS 43 (1993), 296; BVerwGE 67, 163). **Rechtmäßig** ist die Gewährung, wenn sie materiell dem zugrunde liegenden Leistungsrecht entspricht. Wurde bei der Gewährung der Leistungen materielles Recht missachtet, kommt eine Erstattung der Leistungen nur durch Aufhebung des Bewilligungsbescheides in Betracht (*BVerwG* NDV 1984, 38). Im Übrigen können zu Unrecht bezogene Leistungen unter den Voraussetzungen von § 50 SGB X zurückgefordert werden.

5   Die Verpflichtung zum Ersatz umfasst **alle Leistungen.** Unerheblich ist, ob es sich um Pflicht- oder um Ermessensleistungen handelt. Die Hilfe muss an den Verursacher der Leistungen oder an eine mit ihm in Bedarfsgemeinschaft lebende Person i. S. d. § 7 Abs. 3 gewährt worden sein.

6   Eine Verpflichtung zum Ersatz der Leistungen nach Abs. 1 S. 1 besteht nach der schon zum BSHG herausgebildeten ganz h.M. aufgrund des Normzweckes dieser Vorschrift nur, wenn die Voraussetzungen der Gewährung der Hilfe durch **sozialwidriges Verhalten** herbeigeführt wurden (BVerwGE FEVS 31 (1982), 265; OVG Hamburg FEVS 51 (2000), 131). Diese Rspr. konnte uneingeschränkt auf das SGB II übertragen werden (so ausdrücklich auch *Link* in: *Eicher/Spellbrink*, SGB II § 34 RdNr. 14 mwN). Sozialwidrig ist ein aus Sicht der Solidargemeinschaft zu missbilligendes aktives Tun oder ein pflichtwidriges Unterlassen (BVerwG E 64, 318), z. B. die unterlassene Arbeitslosmeldung durch einen Arbeitslosen (OVG Nds. FEVS 36 (1987), 196) oder mangelnde Vorsorge für Krankheitsfälle durch Nichtversicherung des Krankheitsrisikos (OVG Nds. FEVS 36 (1987), 87) oder durch Austritt aus der Krankenversicherung (OVG Nds. ZfF 1998, 62; BVerwGE 109, 331 = FEVS 51, 341).

7   Eine Verpflichtung zum Kostenersatz nach Abs. 1 S. 1 besteht nur, wenn der Betroffene im Zeitpunkt seiner die Kosten der Sozialhilfe verursachenden Handlung das **18. Lebensjahr** vollendet hatte. Bei vor der Vollendung des 18. Lebensjahres beginnenden und über den Tag der Vollendung hinausgehenden Verhaltensweisen, sind die entstehenden Kosten auf diese Zeiträume zu verteilen.

8   Zwischen dem **sozialwidrigem Verhalten** und der **Gewährung der Sozialhilfe** muss eine kausale Beziehung bestehen („... Ersatz der *deswegen* gezahlten Leistungen ...“). Sind mehrere Ursachen für die Gewährung der Leistungen ursächlich, besteht eine Verpflichtung zum

Kostenersatz nur, wenn das sozialwidrige Verhalten als maßgeblicher Grund für die Sozialhilfe überwiegt (vgl. etwa *Herold-Tews* in: *Löns/Herold-Tews*, § 34 Rn. 4).

Die in **Abs. 1 S. 1 Nr.** 1 vorausgesetzten **Verschuldensformen** müs- 9 sen sich nicht auf die Gewährung der Leistungen beziehen. Ausreichend ist, dass sie sich auf Sozialwidrigkeit sowie die **Tatumstände der Voraussetzungen der Leistungen** erstrecken (*Link* in: *Eicher/ Spellbrink*, SGB II § 34 RdNr. 18). „**Vorsätzlich**" handelt der Ersatzpflichtige, wenn er mit Wissen und Wollen die Voraussetzungen für die Gewährung der Hilfe herbeiführt. Handeln mit dolus eventualis – also: der Ersatzpflichtige hält es für möglich, dass sein Verhalten die Voraussetzungen für die Gewährung von Sozialhilfe herbeiführt, und nimmt dies billigend in Kauf – ist ausreichend. „**Grob fahrlässig**" handelt, wer die erforderliche Sorgfalt besonders schwer verletzt, § 45 Abs. 2 Nr. 3 SGB X. Nachdem die Voraussetzungen in einer so zu missbilligenden Weise herbeigeführt wurden, stellt sich aber die anschließende Leistungsgewährung als rechtmäßig dar.

Genau anders ist es im Falle von **Abs. 1 S. 1 Nr.** 2: hier muss sich 10 das Verschulden auf die Zahlung von Leistungen zur Sicherung des Lebensunterhaltes beziehen. Abs. 1 S. 1 Nr. 2 gibt dem Leistungsträger einen Anspruch auf Ersatz der Leistungen bei unrechtmäßigem Bezug. Mit der Verpflichtung zum Ersatz der Leistungen nach Abs. 1 S. 1 Nr. 2 wird sichergestellt, dass bei unrechtmäßigem Bezug von Leistungen nicht nur der unmittelbare Empfänger nach § 50 SGB X, sondern auch dritte Personen zur Erstattung der Sozialhilfe herangezogen werden können (zur Begründung für die vergleichbaren Regelungen im BSHG vgl. BT-Drucks. 12/5930). Damit wird z. B. die Heranziehung des Ehegatten bzw. der Eltern des Hilfeempfängers zum Ersatz der Leistungen ermöglicht, wenn sie durch vorsätzlich oder grobfahrlässig wahrheitswidrige Angaben die Gewährung verursacht haben.

Trotz eines an sich tatbestandsmäßigen Verhaltens entsteht die Er- 11 satzpflicht nicht, wenn dem Leistungsempfänger ein **wichtiger Grund** zur Seite stand. Abs. 1 S. 1 ist so gefasst, dass der Leistungsträger nachweisen muss, dass kein wichtiger Grund bestand. Denn wie in § 144 Abs. 1 SGB III gehört das Fehlen eines wichtigen Grundes zu den Voraussetzungen des Anspruches des Leistungsträgers. Dieser trägt damit grundsätzlich die **Beweislast**. Dies kann nur anders sein, wenn in der Sphäre des Leistungsempfängers liegende Tatsachen nicht feststellbar sind. Wurde er zum Beispiel durch die Ablehnung einer angebotenen zumutbaren Arbeit hilfebedürftig und beruft er sich erst nachträglich auf das Vorliegen gesundheitlicher Einschränkungen, die dann nicht mehr aufklärbar sind, so geht dies zu seinen Lasten, wenn und weil der Leistungsträger in Ermangelung entsprechender rechtzeitiger Angaben gar keinen Anlass hatte, diese aufzuklären, als das noch möglich war (s. hierzu auch *Niesel*, SGB III, § 144 RdNr. 90).

12   Was ein „**wichtiger Grund**" ist, definiert das Gesetz nicht. Es handelt sich um einen unbestimmten Rechtsbegriff, der für jeden Einzelfall und nach Sinn und Zweck der Ersatzpflicht nach Abs. 1 S. 1 zu bestimmen ist. Es muss objektiv gesehen ein wichtiger Grund vorgelegen haben; darauf, dass dem Leistungsempfänger das bewusst war, kommt es nicht an. Die Rechtsprechung zum Vorliegen eines wichtigen Grundes im Sinne des § 144 SGB III dürfte sich in vielen Fällen fruchtbar machen lassen. So liegt bei Arbeitsaufgabe, die zur Hilfebedürftigkeit führt, ein wichtiger Grund vor, wenn die betreffende Person zum Ehepartner ziehen wollte. Nachdem in § 7 Abs. 3 Nr. 3 Lebenspartner und nichteheliche Lebenspartner gleichberechtigt neben den Ehegatten genannt werden, wird man im Kontext des SGB II wohl auch den Zuzug zum (nichtehelichen) Lebenspartner als wichtigen Grund ansehen können. In der Praxis dürfte sich die Frage nach dem Vorliegen eines wichtigen Grundes vor allem in den unter Abs. 1 S. 1 Nr. 1 fallenden Sachverhalten stellen; für den unrechtmäßigen Leistungsbezug dürften hingegen nur in sehr eng begrenzten Fällen wichtige Gründe vorliegen.

13   Bei Vorliegen der Voraussetzungen des Abs. 1 ist der Verursacher zum Ersatz der Leistungen verpflichtet („ist verpflichtet"). Zu ersetzen sind angesichts der nunmehr gewählten Formulierung also nicht alle dem Leistungsträger **entstandenen Aufwendungen**. Die Leistungen sind nicht zu verzinsen. **Ungünstige wirtschaftliche Verhältnisse** des Ersatzpflichtigen schließen die Ersatzpflicht nach Abs. 1 S. 1 nicht aus. Unzureichendes Einkommen oder Vermögen sind erst bei der Vollziehung zu berücksichtigen. Besteht eine Ersatzpflicht mehrerer Personen nach Abs. 1 S. 1, haften diese als Gesamtschuldner.

14   Der Kostenerstattungsanspruch **verjährt** in 30 Jahren ab Rechtskraft des Bescheides seiner Festsetzung, § 52 Abs. 2 SGB X i.V. m. § 197 Abs. 1 Nr. 3 BGB. **Verwirkt** ist der Anspruch auf Kostenersatz, wenn er vom Leistungsträger längere Zeit nicht geltend gemacht wurde, der Ersatzpflichtige hieraus schließen durfte, dass der Anspruch nicht mehr geltend gemacht wird und sich hierauf eingestellt hat (Fichtner § 92 BSHG RdNr. 14).

III. Absehen von der Geltendmachung des Ersatzanspruches (Abs. 1 S. 2)

15   Ob durch die Geltendmachung des Kostenersatzes die **Fähigkeit** des Verpflichteten **gefährdet** würde, **unabhängig von Leistungen nach dem SGB II oder SGB XII** am Leben in der Gemeinschaft teilzunehmen (Abs. 1 S. 2), ist unter Berücksichtigung aller Umstände des Einzelfalles, insbesondere der beruflichen und wirtschaftlichen Lage des Ersatzpflichtigen, zu prüfen (*Link* in: *Eicher/Spellbrink*, SGB II § 34

RdNr. 31). Bloß ungünstige wirtschaftliche Verhältnisse sind dabei nicht ausreichend. Vielmehr muss durch den Ersatz der Kosten der Sozialhilfe aufgrund der Verhältnisse und persönlichen Verfassung des Hilfesuchenden die Gefahr bestehen, sozial abzugleiten (OVG Hamburg FEVS 51 (2000), 131).

IV. Übergang der Ersatzpflicht auf die Erben (Abs. 2)

Eingetreten ist die Verpflichtung zum Ersatz der Leistungen, wenn **16** sie im Zeitpunkt des Todes bereits entstanden war. Nicht erforderlich ist, dass der Leistungsträger den Anspruch auf Ersatz der Leistungen bereits vor dem Tode geltend gemacht hat (*KSW/Knickrehm*, § 34 SGB II Rn. 14). Wer zu den Erben und was zum Nachlass zählt, bestimmt sich nach den Vorschriften des Bürgerlichen Rechts (*BVerwGE* 66, 161). Zur Beschränkung der Ersatzpflicht von Erben nach Abs. 2 S. 2 s. bei § 35 Rz. 4).

V. Erlöschen des Anspruchs (Abs. 3)

Die 3-Jahres-Frist nach Abs. 3 S. 1 beginnt mit Ablauf des Jahres – **17** also am 31.12. 24:00h –, in dem die Leistung erbracht wurde. Erkennbarkeit ist nicht erforderlich (a. A. Linhart NDV 1996, 354). *Erbracht* ist die Leistung, wenn der Empfänger die Leistungen tatsächlich erhalten hat. Ohne Bedeutung ist dagegen der Zeitraum, für den die Hilfe bestimmt ist/war. Wird laufende Hilfe gewährt, ist der Zeitraum für die einzelnen Teilleistungen zu bestimmen. Der Ablauf der Frist nach Abs. 3 S. 1 kann durch Hemmung oder Ablaufhemmung (seit 1. 1. 2002 Neubeginn vgl. § 212 BGB) **hinausgeschoben** werden. Insoweit gelten die Vorschriften des BGB entsprechend, **Abs. 3 S. 2 HS 1**. Nach Abs. 3 S. 2 HS 2 genügt der **Erlass eines Leistungsbescheides**, er hat verjährungsrechtlich dieselbe **Wirkung wie eine Klageerhebung**.

Ersatzansprüche der Träger der Grundsicherung für Arbeitsuchende nach sonstigen Vorschriften

34a Bestimmt sich das Recht des Trägers der Grundsicherung für Arbeitsuchende, Ersatz seiner Aufwendungen von einem anderen zu verlangen, gegen den die Leistungsberechtigten einen Anspruch haben, nach sonstigen gesetzlichen Vorschriften, die dem § 33 vorgehen, gelten als Aufwendungen auch solche Leistungen zur Sicherung des Lebensunterhalts, die an den nicht getrennt lebenden Ehegatten oder Lebenspartner des Hilfebedürftigen erbracht wurden sowie an dessen unverheiratete Kinder, die das 25. Lebensjahr noch nicht vollendet hatten.

1 Die Vorschrift ist vor dem Hintergrund der BSG-Rechtsprechung zu sehen. Danach setzt ein Erstattungsanspruch nach § 104 SGB X voraus, dass die Person, die Anspruch auf die nachrangige Leistung hat, mit der Person identisch sein muss, die Anspruch auf die vorrangige Leistung hat (so *BSG*, Urt. v. 8. 8. 1990 – 11 Rar 79/88 –; s. auch *Link* in *Eicher/Spellbrink*, SGB II § 34 a RdNr. 9 unter Verweis auf die Gesetzesmaterialien).

2 § 34a fingiert gleichsam eine Leistung, die an Ehe- oder Lebenspartner eines Leistungsberechtigten oder an dessen unverheiratete Kinder bis zu deren Vollendung des 25. Lebensjahres erbracht wurde, als Leistung an den Leistungsberechtigten. Dadurch ist es möglich, wenn etwa dem einen Ehepartner rückwirkend eine Sozialleistung eines vorrangig verpflichteten Leistungsträgers bewilligt wird, dass sich der Erstattungsanspruch des Trägers der Grundsicherung für Arbeitsuchende auch auf die Teile der Leistung beziehen, die im Hinblick auf den anderen Ehegatten erbracht wurden.

3 Nicht erfasst werden die Aufwendungen für Leistungen an den Partner einer eheähnlichen Gemeinschaft oder einer nicht eingetragenen Lebenspartnerschaft, obwohl auch diese „Partner" i. S. v. § 7 Abs. 3 Nr. 3 sind. Dazu, dass es sich dabei wohl um eine unbewusste Regelungslücke und nicht um ein „beredtes Schweigen" des Gesetzgebers handelt, *Link* in: *Eicher/Spellbrink*, SGB II § 34 a RdNr. 22, der insbesondere auch darauf verweist, dass sich den Gesetzesmaterialien nicht entnehmen lässt, warum der fragliche Personenkreis anders gefasst wurde als in § 7 Abs. 3.

4 Es können nur solche Aufwendungen ersetzt verlangt werden, die für „Leistungen zur Sicherung des Lebensunterhaltes" gemacht wurden; zu diesem Begriff s. § 35 Rn. 5. Leistungen nach §§ 16 b oder 24 fallen nicht hierunter.

Erbenhaftung

35 (1) ¹Der Erbe eines Empfängers von Leistungen zur Sicherung des Lebensunterhalts ist zum Ersatz der Leistungen verpflichtet, soweit diese innerhalb der letzten zehn Jahre vor dem Erbfall erbracht worden sind und 1.700 Euro übersteigen. ²Die Ersatzpflicht ist auf den Nachlasswert im Zeitpunkt des Erbfalles begrenzt.

(2) Der Ersatzanspruch ist nicht geltend zu machen,
1. soweit der Wert des Nachlasses unter 15.500 Euro liegt, wenn der Erbe der Partner des Leistungsempfängers war oder mit diesem verwandt war und nicht nur vorübergehend bis zum Tode des Leistungsempfängers mit diesem in häuslicher Gemeinschaft gelebt und ihn gepflegt hat,

2. soweit die Inanspruchnahme des Erben nach der Besonderheit des Einzelfalles eine besondere Härte bedeuten würde.

(3) [1]Der Ersatzanspruch erlischt drei Jahre nach dem Tod des Leistungsempfängers. [2]§ 34 Abs. 3 Satz 2 gilt sinngemäß.

Weil das Gesetz – trotz aller Kritik am Umfang im Einzelnen – 1
den Betroffenen doch eine Reihe von Vermögensgegenständen entweder als Schonvermögen belässt oder vom einzusetzenden Vermögen abzusetzen erlaubt, kann die Situation eintreten, dass jemand, der in der Vergangenheit Leistungen bezogen hat, bei seinem Tod dennoch etwas zu vererben hat. Sowohl im SGB II als auch im SGB XII hat sich der Gesetzgeber für einen Weg entschieden, bei dem die Erben nicht in den Genuss von Schonvermögen bzw. nicht als Vermögen berücksichtigten Werten gelangen, bevor sie nicht in einem bestimmten Umfang Ersatz für die vom Erblasser empfangenen Leistungen geleistet haben. Die Vorschrift räumt dem Leistungsträger einen selbständigen Anspruch auf Ersatz der Leistungen gegen die Erben des Hilfeempfängers ein, der nicht von einem originären Anspruch gegen den Erblasser abhängig ist.

Dabei ist die Ersatzpflicht aber in verschiedener Hinsicht begrenzt. 2
Zunächst gibt es eine zeitliche Begrenzung. Nur für die Leistungen, die der Erblasser in den letzten zehn Jahren vor dem Erbfall empfangen hat, muss Ersatz geleistet werden.

Auch gibt es wertmäßige Grenzen der Ersatzpflicht. Zunächst einmal ist diese nach unten begrenzt. Wenn der Nachlass einen **Bagatellbetrag von 1.700 Euro** nicht übersteigt, tritt die Ersatzpflicht nicht ein (**Abs. 1 S. 1 a. E.**). Bei mehreren Erben galt bislang, dass dieser Betrag nur einmal in Abzug gebracht wird (s. *BVerwG* FEVS 27 (1979), 100). Hieran dürfte sich auch in Zukunft nichts ändern.

Weiter ist die Ersatzpflicht niemals höher als der Wert des Nachlasses. 4
Mit ihrem weiteren persönlichen Vermögen müssen die Erben eines früheren Leistungsempfängers also grundsätzlich nicht einstehen (**Abs. 1 S. 2**). Maßgeblich ist der Wert des Nachlasses im Zeitpunkt des Erbfalles (so auch *Herold-Tews* in *Löns/Herold-Tews*, § 35 Rn. 3). Handelt es sich also z. B. um ein Grundstück und tritt in der Zeit nach dem Erbfall eine Wertsteigerung bei diesem Grundstück ein, so beschränkt sich die Erbenhaftung dennoch nur auf den Wert des Grundstücks im Zeitpunkt des Erbfalles. Es ist also ratsam, den Nachlasswert möglichst zeitnah ermitteln zu lassen. Auch die umgekehrte Situation kann aber eintreten, dass sich nämlich in der Zeit nach dem Eintritt des Erbfalles der Nachlasswert vermindert. Nach dem Wortlaut könnte es hier dazu kommen, dass die Erben mehr einsetzen müssen, als sie bei ihrer Inanspruchnahme durch einen Leistungsträger aus dem Nachlass noch in Händen halten. Ist die Wertminderung des Nachlasses nicht auf ein zurechenbares Verhalten der Erben zurückzuführen, wird man hier nach

Sinn und Zweck der Haftungsbeschränkung dazu gelangen, dass die Erben auch dann nur mit dem Nachlass haften, der noch vorhanden ist. Aber auch dieses Beispiel zeigt die Notwendigkeit einer schnellen Wertbestimmung auf.

5   Eine weitere Begrenzung der Ersatzpflicht ergibt sich daraus, dass sich die Erbenhaftung nur auf Leistungen zur Sicherung des Lebensunterhaltes beschränkt. Dabei geht es um das Arbeitslosengeld II und das Sozialgeld. Der befristete Zuschlag ist nicht zu diesen Leistungen zu zählen. Dies ergibt sich im Rückgriff auf die ursprüngliche Fassung von § 19 S. 1 SGB II, der in Nr. 1 die „Leistungen zur Sicherung des Lebensunterhaltes" benannte und davon in Nr. 2 den befristeten Zuschlag gerade trennte. Auch wenn § 19 inzwischen anders gefasst wurde, ist nicht zu erkennen, dass an der systematischen Zuordnung des befristeten Zuschlags etwas geändert werden sollte. Auch das Einstiegsgeld nach § 16 b dient nicht der Sicherung des Lebensunterhaltes, sondern der Eingliederung in den Arbeitsmarkt. Schon nach dem Wortlaut von § 23 können auch einmalige Leistungen solche zur Sicherung des Unterhaltes sein. Dabei macht es keinen Unterschied, ob sie darlehensweise oder als Zuschuss gewährt wurden. Zugunsten der Betroffenen könnte man darüber hinaus sehr wohl argumentieren, dass die Kosten für Unterkunft und Heizung nicht zu den Leistungen zur Sicherung des Lebensunterhaltes gehören. Denn würden sie dazu gehören, wäre es nicht erforderlich gewesen, sie in § 19 S. 1 Nr. 1 a. F. mit der Formulierung „... einschließlich ..." einzubeziehen. Dann würde sich die Erbenhaftung auf die gezahlte Regelleistung zur Sicherung des Lebensunterhaltes sowie auf erbrachte Leistungen für Mehrbedarfe beim Lebensunterhalt beschränken.

6   Wer zu den Erben und was zum Nachlass zählt, bestimmt sich nach den Vorschriften des Bürgerlichen Rechts (*BVerwGE* 66, 161; *OVG Münster* NJW 2002, 695).

7   Nach Wortlaut, Entstehungsgeschichte, systematischer Stellung und Zweck der Vorschrift haftet ein in den Nachlass gefallenes Vermögen – gleich ob Schonvermögen oder nicht – auch für die rechtmäßig innerhalb eines Zeitraums von 10 Jahren vor dem Erbfall geleistete Hilfe, die vor dem Erwerb des Vermögens durch den Hilfeempfänger gewährt worden ist (so zu § 92 c BSHG *OVG Münster* NJW 2002, 695 LS 1).

8   **Abs. 2** nennt zwei Fälle, bei denen der Anspruch gegen die Erben auf Ersatz der Kosten der Leistungen zur Sicherung des Lebensunterhalts nach **Abs. 1 zwingend nicht geltend** zu machen ist. Ob die in **Abs. 2 Nr. 1** vorausgesetzte **Partnerschaft** vorgelegen hat, ist anhand von § 7 Abs. 3 Nr. 3 a–c und Abs. 3a Nr. 1 bis 4 SGB II zu ermitteln. Ob ein **verwandtschaftliches Verhältnis** mit dem Leistungsempfänger vorlag, bestimmt sich nach den Vorschriften des BGB. Eine häusliche Gemeinschaft i. S. v. Abs. 2 Nr. 1 lag vor, wenn die genannten Personen

in einem Haus zusammen leben. Eine gemeinsame Haushaltsführung ist nicht zwingend erforderlich. „Nicht nur vorübergehend" ist das Zusammenleben, wenn sich aus den äußeren Umständen ergibt, dass der Leistungsempfänger und sein Ehegatte bzw. sein Verwandter auf Dauer, zumindest für ein halbes Jahr zusammenlebten (so *Herold-Tews* in *Löns/Herold-Tews*, § 35 Rn. 9; zur Rechtlage nach § 92 c BSHG: *Fichtner* § 92 c RdNr 13). Bei Vorliegen besonderer Umstände können auch kürzere Zeiträume ausreichend sein (*Herold-Tews, a. a. O.*). Das Zusammenleben muss **bis zum Tode** des Leistungsempfängers angedauert haben. Unschädlich sind kurzfristige Unterbrechungen vor dem Tode (z. B. durch einen Krankenhausaufenthalt des Leistungsempfängers (*Link* in *Eicher/Spellbrink*, SGB II § 35 RdNr 18 a. E.)).

Der Begriff der nach **Abs. 2 Nr. 2** der Geltendmachung des Anspru- **9** ches auf Kostenersatz entgegenstehenden **besonderen Härte** unterliegt als unbestimmter Rechtsbegriff voller gerichtlicher Kontrolle (Herold-Tews, a. a. O. Rn. 10). Berücksichtigt werden nur wichtige persönliche oder wirtschaftliche Gründe (VGH BW NJW 1993, 2955). Ein Beispiel könnte sein, dass der Erbe selbst Leistungsempfänger ist und ein Nachlassgegenstand auch im Hinblick auf den Erben Schonvermögen bilden würde (so ein Beispiel von *Hüttenbrink*, S. 199 f. [Bsp. 30] zum SGB XII, das eine entsprechende Bestimmung enthält).

Auch soweit die Voraussetzungen des Abs. 2 nicht erfüllt sind, kann **10** der Träger der Sozialhilfe aus **verwaltungsökonomischen Gründen** – z. B. wegen unverhältnismäßigem Verwaltungsaufwand – von der Geltendmachung des Anspruches auf Kostenersatz nach Abs. 1 S. 1 absehen (so noch zum BSHG: *Mergler/Zink* § 92 c RdNr. 31).

Die **3-Jahres-Frist nach Abs. 3 S. 1** beginnt mit Ablauf des Todes- **11** tages des Leistungsempfängers. Anders als nach § 34 Abs. 3 S. 1 beginnt die Frist also nicht erst am nächsten 1. Januar, der auf den Todestag folgt, zu laufen.

Der Ablauf der Frist nach Abs. 3 S. 1 kann – entsprechend der **12** Rechtslage bei der Verjährung eines Anspruches – durch Hemmung oder Ablaufhemmung **hinausgeschoben** werden. Denn insoweit gelten die Vorschriften des BGB entsprechend, **Abs. 3 S. 2** i. V. m. § 34 Abs. 3 S. 2.

Kapitel 4. Gemeinsame Vorschriften für Leistungen

Abschnitt 1. Zuständigkeit und Verfahren

Örtliche Zuständigkeit

36 ¹Für die Leistungen der Grundsicherung nach § 6 Abs. 1 Satz 1 Nr. 1 ist die Agentur für Arbeit zuständig, in deren Bezirk der erwerbsfähige Hilfebedürftige seinen gewöhnlichen Aufenthalt hat. ²Für die Leistungen der Grundsicherung nach § 6 Abs. 1 Satz 1 Nr. 2 ist der kommunale Träger zuständig, in dessen Bezirk der erwerbsfähige Hilfebedürftige seinen gewöhnlichen Aufenthalt hat. ³Ist ein gewöhnlicher Aufenthaltsort nicht feststellbar, so ist der Träger der Grundsicherung für Arbeitsuchende örtlich zuständig, in dessen Bereich sich der erwerbsfähige Hilfebedürftige tatsächlich aufhält.

I. Allgemeines

1   Über den Leistungsantrag muss der zuständige SGB II-Träger entscheiden. Zu unterscheiden ist insoweit die sachliche Zuständigkeit (s. §§ 6 a, b) und die örtliche Zuständigkeit. § 36 bestimmt die örtliche Zuständigkeit der SGB II-Träger für die Leistungen nach dem SGB II. Die örtliche Zuständigkeit grenzt den Aufgabenbereich sachlich zuständiger Träger regional gegeneinander ab. Örtlich zuständig ist die AA bzw. der kommunale Träger, in deren/dessen Bezirk der erwerbsfähige Hilfebedürftige seinen gewöhnlichen Aufenthalt hat (S. 1, 2; s. Rn. 3 ff., 10 ff.). Ist ein solcher nicht feststellbar, ist der tatsächliche Aufenthaltsort des erwerbsfähigen Hilfebedürftigen maßgeblich (S. 3; Rn. 14 ff.). Bei den Arbeitsgemeinschaften gilt § 36 analog (vgl. *Hünecke* in: Gagel § 36 SGB II Rn. 1).

2   Eine Sonderregelung zu § 36 enthält **§ 22 Abs. 3 S. 1**, der die örtliche Zuständigkeit für Entscheidungen über Wohnungsbeschaffungskosten und Umzugskosten festlegt (s. § 22 Rn. 29). **§ 36 a** geht bei Leistungen im Frauenhaus davon aus, dass der Träger, in dessen Bereich sich das Frauenhaus befindet, ab dem ersten Tag des Aufenthalts in diesem für die Leistungen zuständig ist (s. § 36 a Rn. 2). Bei Spätaussiedlern ist das **Gesetz über die Festlegung eines vorläufigen Wohnorts für Spätaussiedler** zu beachten (vgl. *Löns* in: Löns/Herold-Tews § 36 Rn. 10).

II. Örtliche Zuständigkeit der AA (S. 1)

1. Voraussetzungen. a) Leistungen nach §6 Abs. 1 S. 1 Nr. 1. 3
S. 1 gilt nur für die Leistungen nach §6 Abs. 1 S. 1 Nr. 1 (s. zu diesen §6
Rn. 5). S. 1 kommt damit weder bei den weiteren Aufgaben der AA
nach dem SGB II noch bei den Leistungen der AA nach anderen Gesetzen, insbesondere nach dem SGB III, zur Anwendung.

b) Erwerbsfähige Hilfebedürftige. S. 1 knüpft an den gewöhn- 4
lichen Aufenthalt des erwerbsfähigen Hilfebedürftigen an (s. zu diesem
Begriff §7 Rn. 3). Nach dem gewöhnlichen Aufenthalt des erwerbsfähigen Hilfebedürftigen richtet sich auch die Zuständigkeit für die Leistungen an die Mitglieder seiner **Bedarfsgemeinschaft** (zu diesen §7
Abs. 3, s. §7 Rn.14ff.). Leben mehrere erwerbsfähige Hilfebedürftige
in einer Bedarfsgemeinschaft, ist der gewöhnliche Aufenthalt desjenigen maßgeblich, der zuerst den Antrag auf die Leistungen nach §6
Abs. 1 S. 1 Nr. 1 stellt. Insoweit gilt §38 S. 2 entsprechend (vgl. *Hünecke*
in: Gagel §36 SGB II Rn. 7). Haben die erwerbsfähigen Hilfebedürftigen keinen gemeinsamen gewöhnlichen Aufenthalt, liegt jedoch in
aller Regel keine Bedarfsgemeinschaft (mehr) vor (vgl. *Hünecke* in: Gagel §36 SGB II Rn. 7). Für die Ansprüche des keiner Bedarfsgemeinschaft angehörenden **nicht erwerbsfähigen Hilfebedürftigen** richtet sich die örtliche Zuständigkeit nach dessen gewöhnlichem
Aufenthalt (vgl. *Link* in: Eicher/Spellbrink SGB II §36 Rn. 10).

c) Gewöhnlicher Aufenthalt. Das SGB II definiert den gewöhn- 5
lichen Aufenthalt nicht. Es gilt deshalb die Definition in **§30 Abs. 3
S. 2 SGB I** (§37 S. 1 SGB I). Nach dieser Vorschrift hat jemand seinen
gewöhnlichen Aufenthalt „dort, wo er sich unter Umständen aufhält,
die erkennen lassen, dass er an diesem Ort oder in diesem Gebiet nicht
nur vorübergehend verweilt."

Objektiv setzt der gewöhnliche Aufenthalt voraus, dass der Betrof- 6
fene sich tatsächlich im Bezirk der AA „**aufhält**". Vorübergehende Auf-
enthalte außerhalb des Bezirks der AA, z. B. für einen Verwandten-
besuch oder einen Urlaub sind unschädlich; zu beachten ist, dass das
Verlassen ggfs. zum Verlust des Anspruchs auf Leistungen nach dem
SGB II führen kann (§7 Abs. 4a; s. §7 Rn. 22). Der gewöhnliche Aufenthalt endet, wenn der Betroffene aus dem Bezirk der AA wegzieht.

Der Aufenthalt darf „**nicht nur vorübergehend**" sein. Nicht nur 7
vorübergehend ist er, wenn der Betroffene sich an dem Ort auf längere
Dauer zukunftsoffen aufhält. Hierzu ist es ausreichend, dass die Verweildauer ungewiss und ein längerer Aufenthalt möglich ist (vgl. BSG
SozR 3-1200 §30 Nr. 15 S. 27ff.). Unerheblich ist, ob dies auf freiwil-
ligem Entschluss beruht oder der Aufenthalt im Bezirk der AA er-
zwungen ist, z. B. bei einer Haftstrafe. Dass der Aufenthalt nicht nur
vorübergehend ist, muss sich aus den **äußeren Umständen** ergeben.

„Umstände" können eine bereits vorausgehende längere Verweildauer im Bezirk der AA sein (vgl. etwa BSG SozR 2200 § 205 Nr. 56); dies ist indessen nicht zwingend erforderlich. Bereits ab dem ersten Tag kann ein gewöhnlicher Aufenthalt begründet werden (vgl. *Hünecke* in: Gagel § 36 SGB II Rn. 9). Umstände i. S. v. § 30 Abs. 3 S. 2 SGB II können ferner der Bezug einer Wohnung oder eine polizeiliche Meldung sein; beides ist aber wiederum nicht zwingende Voraussetzung der Begründung eines gewöhnlichen Aufenthalts (vgl. *Hünecke* in: Gagel § 36 SGB II Rn. 9 f.). Auf einen zukunftsoffenen Aufenthalt deutet ferner hin, dass der Hilfebedürftige eine zeitlich längere Haftstrafe verbüßen muss; bei kürzeren Haftstrafen bleibt der gewöhnliche Aufenthalt bestehen (vgl. *Link* in: Eicher/Spellbrink SGB II § 36 Rn. 25). Die Heirat allein ist kein ausreichender Umstand, aus dem die Begründung eines gewöhnlichen Aufenthalts folgt, da trotz Heirat auch denkbar ist, dass der Hilfebedürftige noch vorübergehend oder dauerhaft seinen gewöhnlichen Aufenthalt an dem bisherigen Ort lässt (vgl. *Hünecke* in: Gagel § 36 SGB II Rn. 12).

8   Gegen einen gewöhnlichen Aufenthalt spricht, wenn feststeht, dass der Hilfebedürftige **nur vorübergehend** an einem Ort verweilt. Dies ist z. B. bei Ausländern der Fall, die sich nur in einem Durchgangslager aufhalten, bei der Verbüßung einer kurzen Freiheitsstrafe (vgl. *Link* in: Eicher/Spellbrink SGB II § 36 Rn. 25) oder bei kurzer Unterbringung in einer stationären Einrichtung oder einer Klinik. Wenngleich im erstgenannten Fall ein Anspruch auf Leistungen nach § 7 Abs. 1 und Abs. 4 ausgeschlossen ist (näher hierzu § 7 Rn. 7 ff.), bedarf es dennoch der Bestimmung einer Behörde, die über den unbegründeten Antrag entscheidet (vgl. *Hünecke* in: Gagel § 36 SGB II Rn. 16). Nicht gegen die Begründung eines gewöhnlichen Aufenthalts spricht, dass der Hilfebedürftige an **mehreren Orten** seinen gewöhnlichen Aufenthalt hat, z. B. zwei Wohnungen unterhält. Voraussetzung ist indessen, dass die persönlichen und wirtschaftlichen Beziehungen zu beiden Orten sich nicht wesentlich unterscheiden (vgl. BSG E 27, 88 (89)). Wegen § 7 Abs. 4a (s. § 7 Rn. 22, 19 ff.) ist die Bedeutung dieser Fallkonstellationen nur untergeordnet.

9   **2. Rechtsfolge.** Liegen die genannten Voraussetzungen vor, ist die AA des gewöhnlichen Aufenthalts des Hilfebedürftigen örtlich zuständig. Anders als im Arbeitsförderungsrecht (näher hierzu *Winkler* in: LPK-SGB III § 327 Rn. 15 ff.) ist eine hiervon abweichende Bestimmung der örtlichen Zuständigkeit nicht möglich.

III. Örtliche Zuständigkeit des kommunalen Trägers (S. 2)

10   **1. Voraussetzungen. a) Leistungen der Grundsicherung für Arbeitsuchende nach § 6 Abs. 1 S. 2 SGB II.** S. 2 gilt nur für die

Leistungen nach §6 Abs.1 S.2 SGB II (näher zu diesen §6 Rn.6). S.2 kommt damit nicht bei den weiteren Aufgaben des kommunalen Trägers nach dem SGB II und nach anderen Gesetzen zur Anwendung.

b) Erwerbsfähiger Hilfebedürftiger. Insoweit gelten die Ausführungen in Rn.4 entsprechend. **11**

c) Gewöhnlicher Aufenthalt im Bereich des kommunalen **12** **Trägers.** Bezüglich des gewöhnlichen Aufenthalts gelten die Ausführungen in Rn.5 entsprechend. Ob der gewöhnliche Aufenthalt des erwerbsfähigen Hilfebedürftigen im Bereich des kommunalen Trägers liegt, richtet sich i.d.R. nach den Kreis- bzw. den Gemeindegrenzen (vgl. *Rixen* in: BeckOK §36 SGB II Rn.2).

2. Rechtsfolge. Liegen die genannten Voraussetzungen vor, ist der **13** kommunale Träger, in dessen Bezirk der gewöhnliche Aufenthalt liegt, örtlich zuständig.

IV. Örtliche Zuständigkeit des Trägers des tatsächlichen Aufenthalts (S. 3)

1. Allgemeines. S.3 stellt sicher, dass auch für Menschen ohne ge- **14** wöhnlichen Aufenthalt im Bereich eines SGB II-Trägers ein örtlich zuständiger Träger bestimmt werden kann.

2. Voraussetzungen. a) Gewöhnlicher Aufenthalt nicht fest- **15** **stellbar.** S.3 ist subsidiär gegenüber den S.1 und 2. Er kommt nur zur Anwendung, wenn der gewöhnliche Aufenthalt nicht feststellbar ist, z.B. bei nicht sesshaften Personen. Zuvor muss der SGB II-Träger alle ihm zur Verfügung stehenden Beweismittel ausgeschöpft haben (vgl. *Löns* in: Herold-Tews/Löns §36 Rn.8).

b) Tatsächlicher Aufenthalt des erwerbsfähigen Hilfebedürf- **16** **tigen.** S.3 stellt wie S.1 und 2 auf den **erwerbsfähigen Hilfebedürftigen** ab. Insoweit gelten die Ausführungen in Rn.4 entsprechend.

Der **tatsächliche Aufenthalt** liegt dort, wo der Hilfebedürftige **17** physisch anwesend ist. Ein zukunftsoffenes Verweilen im Bereich des SGB II-Trägers ist nicht erforderlich.

S.3 stellt anders als S.1 und S.2 nicht auf den „Bezirk", sondern auf **18** den „**Bereich**" ab. Ob dies ein redaktionelles Versehen ist (so *Schoch* in: LPK-SGB II §36 Rn.4) oder die Grenzen vom Gesetzgeber bewusst aufgeweicht wurden, um den Zugang zu den Grundsicherungsleistungen zu erleichtern (so *Löns* in: Löns/Herold-Tews §36 Rn.9), ist str. Die letztgenannte Auffassung würde es ermöglichen, bei in den Bereichen mehrerer SGB II-Träger umherziehenden Personen darauf abzustellen, bei welchem SGB II-Träger der erwerbsfähige Hilfebedürftige sich schwerpunktmäßig aufhält. Hiermit ließe sich ein ständiger Wechsel des örtlich zuständigen Trägers vermeiden. Selbst wenn dies im Gesetz keine ausreichende Stütze finden würde, ist die praktische Bedeutung gering. Denn die fehlende örtliche Zuständigkeit wäre bei einem im Übrigen rechtmäßigen Bescheid unbeachtlich (§ 42 SGB X; zur Anwendbarkeit dieser Vorschrift s. § 40 Abs. 1 S. 1).

19   **3. Rechtsfolge.** Liegen die genannten Voraussetzungen vor, ist der SGB II-Träger des tatsächlichen Aufenthalts des erwerbsfähigen Hilfebedürftigen örtlich zuständig.

V. Unklare örtliche Zuständigkeit

20   Ist die örtliche Zuständigkeit zwischen mehreren Trägern streitig, entscheidet die gemeinsame Aufsichtsbehörde (§ 2 Abs. 1 SGB X, zur Anwendbarkeit dieser Vorschrift s. § 40 Abs. 1 S. 1). Der zuerst angegangene Leistungsträger ist zur vorläufigen Leistung verpflichtet, wenn der erwerbsfähige Hilfebedürftige dies beantragt (§ 43 Abs. 1 S. 2 SGB I; zur Anwendbarkeit dieser Vorschrift s. § 37 S. 1 SGB I). Ansonsten entscheidet der SGB II-Träger nach pflichtgemäßem Ermessen über die vorläufige Leistung (§ 43 Abs. 1 S. 1 SGB I; zur Anwendbarkeit dieser Vorschrift s. § 40 Abs. 1 S. 1).

VI. Antrag beim unzuständigen Träger

21   Der Antrag auf Leistungen der Grundsicherung für Arbeitsuchende ist grundsätzlich beim örtlich zuständigen Träger zu stellen (§ 16 Abs. 1 S. 1 SGB I; zur Anwendbarkeit dieser Vorschrift s. § 37 S. 1 SGB I). Geht der Leistungsantrag bei einem anderen Leistungsträger nach dem SGB (z. B. dem Sozialamt) oder bei einer nicht zuständigen Gemeinde ein, ist er unverzüglich von der unzuständigen Stelle an den zuständigen SGB II-Träger weiterzuleiten (§ 16 Abs. 1 S. 2 SGB I; zur Anwendbarkeit dieser Vorschrift s. § 37 S. 1 SGB I). Die Leistung ist in diesem Fall ab dem Tag des Zugangs des Antrags beim unzuständigen Träger zu erbringen (§ 16 Abs. 2 S. 2 SGB I; zu Anwendbarkeit dieser Vorschrift s. § 37 S. 1 SGB I). Geht der Antrag bei einer anderen als den in § 16 Abs. 1 S. 1 SGB I genannten Stellen ein bzw. wird er vor einer solchen Stelle gestellt, wird er erst wirksam, wenn er dem zuständigen SGB II-Träger zugeht (vgl. *Hünecke* in: Gagel § 36 SGB II Rn. 22).

VII. Wechsel der örtlichen Zuständigkeit

22   Die örtliche Zuständigkeit wechselt, wenn der Hilfebedürftige seinen gewöhnlichen bzw. seinen tatsächlichen Aufenthalt in den Bezirk/ Bereich eines anderen SGB II-Trägers verlegt. Der Hilfebedürftige muss sich in diesem Fall beim SGB II-Träger des neuen Aufenthaltsorts melden (§ 59 i. V. m. § 310 SGB III; s. § 59 Rn. 18 ff.). Der bisher örtlich zuständige Träger hat die Leistungen noch so lange zu gewähren, bis sie von dem nunmehr zuständigen Träger erbracht werden (§ 2 Abs. 3 S. 1 SGB X; zur Anwendbarkeit dieser Vorschrift siehe § 40 Abs. 1 S. 1). Die hierbei entstehenden Kosten sind von dem nunmehr zuständigen SGB II-Träger zu ersetzen (§ 2 Abs. 3 S. 2 SGB X; zur Anwendbarkeit dieser Vorschrift s. § 40 Abs. 1 S. 1).

VIII. Folgen der Entscheidung durch den örtlich unzuständigen Träger

Entscheidet ein örtlich nicht zuständiger SGB II-Träger, ist die formelle Rechtswidrigkeit des Verwaltungsakts unbeachtlich, wenn offensichtlich ist, dass die örtliche Unzuständigkeit die Entscheidung inhaltlich nicht beeinflusst (§ 42 SGB X; zu Anwendbarkeit dieser Vorschrift s. § 40 Abs. 1 S. 1). **23**

Kostenerstattung bei Aufenthalt im Frauenhaus

36a
Verzieht eine Person vom Ort ihres bisherigen gewöhnlichen Aufenthalts in ein Frauenhaus, ist der kommunale Träger der Leistungen nach diesem Buch am bisherigen gewöhnlichen Aufenthalt verpflichtet, dem nach § 36 Satz 2 zuständigen kommunalen Träger am Ort des Frauenhauses die Kosten für die Zeit des Aufenthalts im Frauenhaus zu erstatten.

I. Allgemeines

§ 36 a soll kommunale Träger, in deren Bezirk ein Frauenhaus seinen **1**
Sitz hat, vor den Kosten der Unterbringung von Frauen aus anderen Bezirken bewahren (vgl. BT-Drucks. 15/5607 S. 6 und BT-Drucks 16/1410 S. 27).

II. Örtliche Zuständigkeit bei Aufenthalt im Frauenhaus

S. 1 geht davon aus, dass der SGB II-Träger, in dessen Bezirk das **2**
Frauenhaus seinen Sitz hat, örtlich zuständig ist, unabhängig von der voraussichtlichen Verweildauer (vgl. *Löns* in: Löns/Herold-Tews § 36 a Rn. 4).

III. Erstattung der im Frauenhaus erbrachten Kosten

1. Voraussetzungen. a) Zuflucht suchen. Zuflucht sucht, wer sich **3**
tatsächlich, d. h. physisch im Frauenhaus aufhält, um häuslicher Gewalt

in der bisherigen Wohnung nicht mehr ausgesetzt zu sein (vgl. *Rixen* in: BeckOK § 36 a SGB II Rn. 3).

4   **2. Frauenhaus.** Frauenhäuser sind „Einrichtungen, die misshandelten Frauen und ihren Kindern Schutz an einem sicheren Ort und soziale Betreuung anbieten" (vgl. *Rixen* in: BeckOK § 36 a SGB II Rn. 5). Dabei muss es sich nicht zwingend um ganze Häuser handeln (vgl. BT-Drucks 15/5607 S. 6). Miterfasst sind auch Einrichtungen, die Männern in einer vergleichbaren Situation Zuflucht gewähren (vgl. *Rixen* in: BeckOK § 36 a SGB II Rn. 6).

IV. Rechtsfolge

5   Liegen die genannten Voraussetzungen vor, hat der kommunale Träger am bisherigen gewöhnlichen Aufenthaltsort dem kommunalen Träger am Ort des Frauenhauses die Kosten für den Aufenthalt im Frauenhaus zu erstatten.

6   Zu erstatten sind nur die Leistungen nach § 6 Abs. 1 S. 1 Nr. 2 SGB II, also die Kosten der Betreuung minderjähriger oder behinderter Kinder, die häusliche Pflege von Angehörigen, die Schuldnerberatung, die psychosoziale Betreuung, die Suchtberatung, die Leistungen für Unterkunft und Heizung, die Kosten der Erstausstattung der Wohnung, die Kosten der Erstausstattung für Bekleidung, die Kosten der Erstausstattung bei Schwangerschaft und Geburt und die Kosten für schulrechtlich vorgesehene mehrtägige Klassenfahrten (vgl. *Hünecke* in: Gagel § 36 a SGB II Rn. 5). Dies folgt daraus, dass in § 36 a nur vom kommunalen, nicht aber vom zugelassenen kommunalen Träger gesprochen wird.

7   Str. ist, ob nur die tatsächlich entstandenen Kosten oder auch sonstige nicht notwendige Kosten (so *Löns* in: Löns/Herold-Tews § 36 a Rn. 5; a. A. *Link* in: Eicher/Spellbrink § 36 a Rn. 21) zu erstatten sind. Str. ist ferner, ob der erstattungsberechtigte Träger nach § 33 übergeleitete Ansprüche abziehen muss oder ob der volle Ersatzanspruch nur gegen Abtretung des übergegangenen Anspruchs geltend gemacht werden kann (so *Link* in: Eicher/Spellbrink § 36 a Rn. 22).

8   Im Übrigen sind die **§§ 110 ff. SGB X** anzuwenden (zur Anwendbarkeit dieser Vorschriften siehe § 40 Abs. 1 S. 1).

9   Der Erstattungsanspruch ist im **Sozialrechtsweg** geltend zu machen (§§ 114 S. 1 SGB X, 51 Abs. 1 Nr. 4a SGG).

10   Richtige Klageart ist die **allgemeine Leistungsklage** (§ 54 Abs. 5 SGG) (vgl. *Hünecke* in: Gagel § 36 a SGB II Rn. 7).

Antragserfordernis

37 (1) Die Leistungen der Grundsicherung für Arbeitsuchende werden auf Antrag erbracht.

(2) ¹Leistungen der Grundsicherung für Arbeitsuchende werden nicht für Zeiten vor der Antragstellung erbracht. ²Treten die Anspruchsvoraussetzungen an einem Tag ein, an dem der zuständige Träger von Leistungen nach diesem Buch nicht geöffnet hat, wirkt ein unverzüglich gestellter Antrag auf diesen Tag zurück.

I. Allgemeines

§ 37 legt für die Leistungen nach dem SGB II ein **Antragserfordernis** fest (Abs. 1; s. Rn. 3 ff.). Weiter wird die **rückwirkende Gewährung** von Leistungen grundsätzlich **ausgeschlossen** (Abs. 2 S. 1; s. 15 ff.). Etwas anderes gilt nur, wenn der SGB II-Träger, bei dem der Hilfebedürftige den Antrag stellen wollte, nicht dienstbereit war (Abs. 2 S. 2; s. Rn. 19 ff.).   **1**

Anders als beim Arbeitslosengeld nach dem SGB III ist bei den Leistungen nach dem SGB II **nicht** Voraussetzung, dass der Antragsteller sich **gemeldet** hat. Ein solches Meldeerfordernis kann auch nicht aus § 53a entnommen werden, da diese Vorschrift lediglich statistischen Zwecken dient und keine weiteren materiell-rechtliche Voraussetzungen festlegen soll (s. § 53a Rn. 1).   **2**

II. Antragserfordernis (Abs. 1)

Leistungen der Grundsicherung für Arbeitsuchende werden nur erbracht, wenn sie beantragt wurden (Abs. 1). Mit dem Antrag wird zunächst das **Verwaltungsverfahren** über die Gewährung einer Leistung nach dem SGB II eingeleitet (§ 18 S. 2 SGB X). Von Amts wegen dürfen die Leistungen der Grundsicherung für Arbeitsuchende nicht gewährt werden. Str. ist, ob es sich hierbei um eine bloße formelle (so etwa *Schoch* in: LPK-SGB II § 37 Rn. 6; *Löns* in: Löns/Herold-Tews § 37 Rn. 2; *Müller* in: Hauck/Noftz, SGB II, § 37 Rn. 5, *Link* in: Eicher/Spellbrink, SGB II, § 37 Rn. 6, 23; *Hünecke* in: Gagel § 37 SGB II Rn. 1) oder um eine **materiell-rechtliche** (so *Grube* in: Grube/Wahrendorf § 37 SGB II Rn. 3) **Voraussetzung** handelt. Diese rechtliche Einordnung des Antrags ist von Bedeutung für die Wiedereinsetzung in den vorigen Stand (§ 27 SGB X) und den sozialrechtlichen Herstellungsanspruch. Das BSG geht davon aus, dass dem Antrag konstituierende Wirkung für das Entstehen des Anspruchs zukommt (vgl. BSG BeckRS 2009, 50057). Hierfür spricht, dass die Leistung erst ab dem Zeitpunkt der Antragstellung beansprucht werden kann. Die lediglich   **3** formale Argumentation der Gegenauffassung ist nicht zwingend. Allein daraus, dass der Gesetzgeber das Antragserfordernis im Abschnitt Zuständigkeit und Verfahren regelt (so *Hünecke* in: Gagel § 37 SGB II Rn. 1) und den Antrag in der Aufzählung in § 7 Abs. 1 S. 1 nicht aufgenommen hat, kann nicht sicher geschlossen werden, dass der Antrag keine materiell-rechtliche Wirkung haben soll.

4   Der Antrag ist eine **einseitige, empfangsbedürftige Willenserklärung** des öffentlichen Rechts (vgl. *Hünecke* in: Gagel § 37 SGB II Rn. 13), mit der eine Leistung nach dem SGB II geltend gemacht wird. Ggfs. muss durch Auslegung geklärt werden, ob und welche Leistung nach dem SGB II geltend gemacht wird. Hierbei ist der Grundsatz der Meistbegünstigung zu beachten. Nach diesem Grundsatz ist, wenn der Antragsteller seinen Antrag nicht ausdrücklich auf eine bestimmte Leistung beschränkt, auch eine andere Leistung, die nach der Lage des Falles ernsthaft in Betracht kommt, begehrt (vgl. *Löns* in: Löns/ Herold-Tews § 37 Rn. 4).

5   Eine bestimmte **Form** ist für die Antragstellung nicht vorgeschrieben. Der Antrag kann deshalb schriftlich, mündlich oder konkludent gestellt werden. Eine konkludente Antragstellung kann z. B. das Abholen des Antragsformulars sein (vgl. *Burkiczak* in: BeckOK § 37 SGB II Rn. 8a). Hierbei muss sich aus den Umständen ergeben, dass der Hilfebedürftige einen Antrag stellen wollte, wovon i. d. R. auszugehen ist (vgl. *Hünecke* in: Gagel § 37 SGB II Rn. 13). Ein Schriftformerfordernis folgt auch nicht aus § 60 Abs. 2 SGB I, der auch in der Grundsicherung für Arbeitsuchende gilt (§ 37 S. 1 SGB I; vgl. *Burkiczak* in: BeckOK § 37 SGB II Rn. 9). Verwendet die Behörde **Antragsformulare**, sind diese im Regelfall zu verwenden. Nur in atypischen Fällen gilt etwas anderes, z. B. wenn der Antragsteller wegen einer Sehbehinderung die kleine Schrift im Antragsformular nicht lesen kann (vgl. *Rixen* in: LPK-SGB X § 18 Rn. 8). Das Antragsformular muss allgemein verständlich sein (§ 17 Abs. 1 Nr. 2 SGB I). Verwendet der Antragsteller das Antragsformular nicht, führt dies nicht zur Unwirksamkeit des Antrags (vgl. *Schoch* in: LPK-SGB II § 37 Rn. 10).

6   Der Antrag ist grundsätzlich auf **Deutsch** zu stellen (§ 19 Abs. 1 SGB X; zur Anwendbarkeit siehe § 40 Abs. 1 S. 1). Wurde der Antrag in ausländischer Sprache gestellt, ist er dennoch wirksam, wenn die Behörde den Antrag verstehen kann oder der Antragsteller innerhalb einer von der Behörde gesetzten angemessenen Frist eine Übersetzung beibringt (§ 19 Abs. 2 SGB X; zur Anwendbarkeit s. § 40 Abs. 1 S. 1).

7   Da keine persönliche Antragstellung vorgeschrieben ist, kann der Antrag auch durch einen **Vertreter** gestellt werden (vgl. insoweit auch § 38).

8   Der Antrag wird wirksam, wenn er der Behörde **zugeht** (§ 130 BGB analog). Dies ist der Zeitpunkt, zu dem der Antrag so in dem Herrschaftsbereich des SGB II-Träger gelangt ist, dass unter normalen

Umständen damit gerechnet werden konnte, dass er zur Kenntnis genommen wird.

Der Antragsteller muss beteiligungs- und handlungsfähig sein. **Be- 9 teiligungsfähig** sind natürliche Personen (§ 10 SGB X; zur Anwendbarkeit s. § 40 Abs. 1 S. 1). **Handlungsfähig** (§ 11 SGB X) sind geschäftsfähige Personen. Im Sozialrecht ist ferner handlungsfähig, wer das 15. Lebensjahr vollendet hat. Er kann dann eigenständig Anträge stellen und Ansprüche verfolgen, also Widerspruch einlegen und Klage erheben (§ 36 SGB I; s. dort auch zu den Grenzen der vorgezogenen Handlungsfähigkeit).

Der Antrag muss beim **sachlich und örtlich zuständigen Leis- 10 tungsträger** gestellt werden (§ 16 Abs. 1 SGB I; zur Anwendbarkeit dieser Vorschrift s. § 37 S. 1 SGB I), also bei der Arbeitsgemeinschaft nach § 44b bzw., wenn keine Arbeitsgemeinschaft besteht, – in Abhängigkeit von der sachlichen Zuständigkeit – bei der AA oder dem kommunalen Träger (vgl. § 6) bzw. beim zugelassenen kommunalen Träger (§ 6 b).

Der Antrag **muss entgegengenommen werden**, wenn er in den 11 Zuständigkeitsbereich des SGB II-Trägers fällt. Er darf seine Entgegennahme nicht verweigern, weil er ihn für unzulässig oder unbegründet hält (§ 20 Abs. 3 SGB X; zur Anwendbarkeit dieser Vorschrift s. § 40 Abs. 1 S. 1). Die Entgegennahme des Antrags darf insbesondere nicht deshalb verweigert werden, weil noch nicht alle Angaben oder Unterlagen vorliegen.

Der Leistungsantrag muss auch von einem Leistungsträger i. S. v. 12 § 12 S. 1 SGB I oder einer Gemeinde **entgegengenommen** werden, wenn er/sie **nicht zuständig** ist (§ 16 Abs. 2 S. 1 SGB I; zur Anwendbarkeit s. § 37 S. 1 SGB I). Geht der Antrag bei einer solchen Stelle ein, ist sie verpflichtet, ihn unverzüglich an den zuständigen SGB II-Träger weiterzuleiten (§ 16 Abs. 2 S. 1 SGB I; zur Anwendbarkeit dieser Vorschrift s. § 37 S. 1 SGB I). Der Antrag gilt in diesem Fall ab dem Zeitpunkt gestellt, an dem er der unzuständigen Stelle zugeht (§ 16 Abs. 2 S. 1 SGB I). Weigert sich die unzuständige Stelle, den Antrag entgegenzunehmen, ist Wiedereinsetzung in den vorigen Stand zu gewähren (vgl. *Hünnecke*: Gagel § 37 SGB II Rn. 15,15a).

Mit dem Antrag wird der **Verfahrensgegenstand festgelegt** (vgl. 13 *Rixen* in: LPK-SGB X § 18 Rn. 8). Der Leistungsträger darf deshalb nur über die beantragte Leistung entscheiden; die Umdeutung in ein im Antrag nicht enthaltenes Begehren ist nicht zulässig (vgl. *Schoch* in: LPK-SGB II § 37 Rn. 8).

Der Leistungsantrag gilt nur für den **Zeitraum der nachfolgenden** 14 **Behördenentscheidung**. Ist der Hilfebedürftige mit dem darin festgelegten Bewilligungszeitraum nicht einverstanden, muss er insoweit Widerspruch einlegen und ggfs. Klage erheben (vgl. *Burkiczak* in: BeckOK § 37 SGB II Rn. 11). Ist der Bewilligungszeitraum abgelaufen, ist ein neuer Antrag erforderlich (vgl. LSG Nordrhein-Westfalen BeckRS 2008, 54020; str.).

III. Leistungsbeginn (Abs. 2 S. 1)

15   Die Leistungen der Grundsicherung für Arbeitsuchende werden grundsätzlich erst ab dem Zeitpunkt der Antragstellung erbracht (§ 37 Abs. 1).

16   Der Antrag ist mit seinen **Zugang beim Leistungsträger** gestellt; zum Zugang s. Rn. 8.

17   Welche Leistungen **vom Antrag umfasst** sind, ist durch Auslegung zu ermitteln. Dies ist vor allem von Bedeutung, wenn während des Bewilligungszeitraums ein weiterer Bedarf hinzutritt. Dann stellt sich die Frage, ob die zusätzliche Leistung ab dem Zeitpunkt zu gewähren ist, in dem der zusätzliche Bedarf eingetreten ist, oder erst ab dem Zeitpunkt, in dem der Grundsicherungsbedarf bekannt wurde. Insoweit ist zu differenzieren, ob es sich um einen Regelbedarf oder um einen Sonderbedarf handelt. Beim **Regelbedarf** (Regelleistung, Leistungen für Unterkunft und Heizung) sind diese Kosten bei einem nicht näher spezifizierten Bedarf mit erfasst. Nach Antragstellung erfolgende Erhöhungen der Unterkunftskosten sind deshalb auch dann ab dem Zeitpunkt der Erhöhung zu übernehmen, wenn der Hilfebedürftige die Erhöhung erst nachträglich mitteilt (vgl. LSG Sachsen Info also 2008, 272). Dies gilt selbst dann, wenn die Unterkunftskosten erst während des Bewilligungszeitraums entstehen (vgl. *Burkiczak* in: BeckOK § 37 SGB II Rn. 12; a. A. SG Hamburg BeckRS 2008, 53272).

18   Die Leistungen für **Nebenbedarfe** sind demgegenüber vom Antrag nur umfasst, wenn dies für den SGB II-Träger ersichtlich ist (vgl. LSG Sachsen 17. 4. 2008 – L 3 AS 107/07). Dasselbe gilt für **Eingliederungsleistungen** (vgl. *Link* in: Eicher/Spellbrink, SGB II, § 37 Rn. 21b).

IV. Rückwirkende Leistungen (Abs. 2 S. 2)

19   Ausnahmsweise können Leistungen für Zeiten **vor Antragstellung** gewährt werden, wenn der zuständige SGB II-Träger an dem Tag, an dem der Hilfebedürftige Leistungen beantragen wollte, nicht geöffnet hatte, z. B. an Samstagen, Sonn- oder Feiertagen oder weil ein neues EDV-Programm aufgespielt wurde (§ 37 Abs. 2 S. 2). Hatte der SGB II-Träger einen Notdienst eingerichtet, z. B. bei einem Betriebsausflug oder an einem Amtsumzug, erst dienstbereit, so dass Abs. 2 S. 2 nicht zur Anwendung kommt (vgl. *Löns* in: Löns/Herold-Tews § 37 Rn. 5). Unerheblich ist, dass der SGB II-Träger postalisch, telefonisch, per Telefax oder per E-Mail erreichbar war (vgl. *Burkiczak* in: BeckOK § 37 SGB II Rn. 13). Hatte der SGB II-Träger objektiv geöffnet, ist der

Leistungsberechtigte aber infolge falscher Auskunft oder eines Organisationsmangels des SGB II-Trägers davon ausgegangen, dass er nicht dienstbereit ist, ist Abs. 2 S. 2 entsprechend anzuwenden (vgl. zur entsprechenden Rechtslage im Arbeitsförderungsrecht BSG SozR 3-4100 § 105 Rn. 1). Abs. 2 S. 2 ist nicht anwendbar, wenn die rechtzeitige Antragstellung aus anderen Gründen nicht möglich war, z. B. wegen eines Krankenhausaufenthaltes (vgl. *Burkiczak* in: BeckOK § 37 SGB II Rn. 14).

I. d. R. ist die **schlüssige Erklärung**, den Antrag an einem be- **20** stimmten Tag gestellt haben zu wollen, **ausreichend** (vgl. BT-Drucks. 15/1516, S, 63; vgl. *Schoch* in: LPK-SGB II § 37 Rn. 19).

Sind die weiteren Anspruchsvoraussetzungen bereits vor dem Tag **21** eingetreten, an dem der SGB II-Träger nicht geöffnet hatte, ist Abs. 2 S. 2 nicht anwendbar (vgl. *Link* in: Eicher/Spellbrink, SGB II, § 7 Rn. 26 f.).

Die Leistung wird nur rückwirkend ab dem Tag, an dem der SGB **22** II-Träger nicht geöffnet hatte, gewährt, wenn der Hilfebedürftige den Antrag **unverzüglich** – also ohne schuldhaftes Zögern (§ 121 BGB) – **stellt**, nachdem der SGB II-Träger wieder geöffnet hat. Dies wird i. d. R. am nächsten dienstoffenen Tag sein. In begründeten Fällen kann aber auch eine spätere Antragstellung ausreichend sein (vgl. *Löns* in: Löns/Herold-Tews § 37 Rn. 5), z. B. bei schwerer Krankheit des Hilfebedürftigen oder eines nahen Angehörigen.

Die Leistungen sind **ferner ab** einem **Zeitpunkt vor** dem **Zugang** **23** **des Antrags** zu gewähren, wenn

- der Hilfebedürftige den Antrag bei einem **unzuständigen Leistungsträger** nach § 12 S. 1 SGB I oder einer unzuständigen Gemeinde stellte (§ 16 Abs. 2 S. 2 SGB I; s. Rn. 12).

- es sich um einen Fall der sog. **wiederholten Antragstellung** i. S. v. § 28 SGB X handelt; näher dazu § 40 Rn. 135.

Eine **Wiedereinsetzung in den vorigen Stand** ist dagegen nicht **24** möglich, da das Antragserfordernis keine gesetzliche Frist i. S. v. § 27 Abs. 1 S. 1 SGB X ist (vgl. LSG Nordrhein-Westfalen BeckRS 2008, 54020).

Vertretung der Bedarfsgemeinschaft

38 [1]Soweit Anhaltspunkte nicht entgegenstehen, wird vermutet, dass der erwerbsfähige Hilfebedürftige bevollmächtigt ist, Leistungen nach diesem Buch auch für die mit ihm in einer Bedarfsgemeinschaft lebenden Personen zu beantragen und entgegenzunehmen. [2]Leben mehrere erwerbsfähige Hilfebedürftige in einer Bedarfsgemeinschaft, gilt diese Vermutung zugunsten desjenigen, der die Leistung beantragt.

I. Allgemeines

1   Leistungen nach dem SGB II sind häufig an Personen zu erbringen, die in einer sog. Bedarfsgemeinschaft leben. Diese müssten jeweils die Leistungen einzeln beantragen, soweit sie nicht eine andere Person hierzu bevollmächtigt haben. Um zu vermeiden, dass die Leistungen für die einzelnen Mitglieder der Bedarfsgemeinschaft nicht oder nicht rechtzeitig erbracht werden (vgl. *Pilz* in: Gagel § 38 SGB II Rn. 3) und um die SGB II-Träger davor zu bewahren, dass sie mehrere Ansprechpartner haben (vgl. *Grube* in: Grube/Wahrendorf, SGB XII, § 38 SGB II Rn. 3), vermutet § 38 S. 1, dass der erwerbsfähige Hilfebedürftige bevollmächtigt ist, für die Mitglieder seiner Bedarfsgemeinschaft Leistungen zu beantragen und entgegenzunehmen (S. 1; s. 3 ff.). S. 2 stellt eine entsprechende Vermutung bei mehreren in der Bedarfsgemeinschaft lebenden erwerbsfähigen Hilfebedürftigen auf (s. Rn. 14 ff.).

2   § 38 hat lediglich verfahrensrechtliche Wirkung. Aus der Vorschrift folgt trotz der insoweit missverständlichen Gesetzesbegründung (vgl. BT-Drucks. 15/1516, S. 52) **nicht**, dass die **Bedarfsgemeinschaft Anspruch** auf die Leistungen zur Sicherung des Lebensunterhalts **hat**. Nach allgemeiner Meinung hat jedes Mitglied der Bedarfsgemeinschaft einen Einzelanspruch (vgl. BSG SozR 4-4200 § 22 Nr. 1).

II. Vermutung nach S. 1

3   **1. Voraussetzungen. a) Erwerbsfähige Hilfebedürftige.** Die Vermutung des S. 1 gilt nur zu Gunsten erwerbsfähiger Hilfebedürftiger. Wer erwerbsfähiger Hilfebedürftiger ist, wird in § 7 Abs. 1 S. 1 legaldefiniert (s. § 7 Rn. 3 ff.). Angehörige der Bedarfsgemeinschaft, die nicht erwerbsfähige Hilfebedürftige sind, gelten dagegen nicht als Bevollmächtigte. Sie bedürfen deshalb zur Antragstellung und der Entgegennahme der Leistungen der anderen Angehörigen der Bedarfsgemeinschaft deren Bevollmächtigung. Ergeben die Ermittlungen des SGB II-Trägers, dass der Antragsteller nicht berechtigt ist, für die Angehörigen der Bedarfsgemeinschaft den Antrag zu stellen, muss der SGB II-Träger diese hierauf hinweisen (§ 14 SGB I; vgl. *Pilz* in: Gagel § 38 SGB II Rn. 10).

4   Der antragstellende erwerbsfähige Hilfebedürftige muss **handlungsfähig** sein. Ob die Vermutung auch bei Minderjährigen gilt, die zwar nach § 36 SGB I handlungsfähig, aber noch nicht geschäftsfähig sind, ist str. (so die h.M.; vgl. etwa *Marschner* in: Estelmann § 38 Rn. 12, 13; *Link* in: Eicher/Spellbrink § 38 Rn. 9; *Löns* in: Löns/Herold-Tews § 38 Rn. 7).

5   **b) Angehörige der Bedarfsgemeinschaft.** Die Vermutung des S. 1 gilt nur bei den Personen, die der Bedarfsgemeinschaft des er-

werbsfähigen Hilfebedürftigen angehören. Wer zur Bedarfsgemeinschaft gehört, ergibt sich aus § 7 Abs. 2 (s. § 7 Rn. 12 f.). Für Personen,
die mit dem erwerbsfähigen Hilfebedürftigen in einer Haushaltsgemeinschaft (§ 9 Abs. 5; s. § 9 Rn. 7) oder in einer bloßen Wohngemeinschaft leben, gilt S. 1 nicht (vgl. *Pilz* in: Gagel § 38 SGB II Rn. 9). Ob es
sich um eine Bedarfsgemeinschaft handelt, muss der SGB II-Träger im
Verwaltungsverfahren prüfen. Liegen Anhaltspunkte dafür vor, dass
der erwerbsfähige Hilfebedürftige mit anderen Personen in einer Bedarfsgemeinschaft lebt, sind die Ansprüche dieser Personen zu prüfen
(vgl. *Pilz* in: Gagel § 38 SGB II Rn. 10).

c) Leistungen nach dem SGB II. Die Vermutung nach S. 1 gilt **6**
nur bei den Leistungen nach dem SGB II. Bei Leistungen nach den anderen Büchern des SGB oder sonstigen Gesetzen ist S. 1 nicht anwendbar. Diese können nur von einer anderen Person beantragt werden,
wenn sie gesetzlicher Vertreter ist oder bevollmächtigt wurde.

d) Keine entgegenstehenden Anhaltspunkte. Die Vermutung **7**
des S. 1 gilt nur, wenn Anhaltspunkte nicht entgegenstehen. Solche bestehen nicht nur dann, wenn Angehörige der Bedarfsgemeinschaft **erklären**, dass sie mit der Antragstellung durch den erwerbsfähigen Hilfebedürftigen und die Auszahlung der Leistung an diesen **nicht
einverstanden** sind. Die entgegenstehenden Anhaltspunkte können
sich auch aus **sonstigen Umständen** ergeben, z. B. aus früherem An-
zweifeln der Bevollmächtigung durch die Mitglieder der Bedarfsgemeinschaft, Spannungen oder Konflikten in der Bedarfsgemeinschaft
oder aus der Weigerung des erwerbsfähigen Hilfebedürftigen, für die
anderen als Bevollmächtigter aufzutreten (vgl. *Burkiczak* in: BeckOK
§ 38 Rn. 5 ff.). Bestehen aufgrund konkreter Anhaltspunkte für den
SGB II-Träger Zweifel daran, dass die Angehörigen mit der Bevollmächtigung des erwerbsfähigen Hilfebedürftigen einverstanden sind,
muss er den Sachverhalt diesbezüglich ermitteln (vgl. *Rixen* in: LPK-
SGB X § 20 Rn. 16). So kommt in diesen Fällen insbesondere dem
Mitgliedern der Bedarfsgemeinschaft eine Nachfrage in Betracht (vgl.
Hünecke in: Gagel § 38 SGB II Rn. 20). Nicht ausreichend ist, dass solche Anhaltspunkte bestehen. Diese müssen dem SGB II-Träger bekannt sein (vgl. *Löns* in: Löns/Herold-Tews § 38 Rn. 4).

Die entgegenstehenden Anhaltspunkte können sich auch nur auf **8**
einen Teil der Vermutung beziehen („**soweit**"). So ist z. B. denkbar,
dass Angehörige der Bedarfsgemeinschaft zwar mit der Beantragung
der Leistungen durch den erwerbsfähigen Hilfebedürftigen, nicht aber
mit der Auszahlung an diesen einverstanden sind (vgl. *Hünecke* in: Gagel § 38 SGB II Rn. 21). Eingeschränkt kommt die Vermutung ferner
zur Anwendung, wenn nur einzelne Angehörige der Bedarfsgemeinschaft mit der Antragstellung nicht einverstanden sind (vgl. *Löns* in:
Löns/Herold-Tews § 38 Rn. 5). Werden dem SGB II-Träger erst während des Verfahrens die entgegenstehenden Anhaltspunkte bekannt,

sind die bis zu diesem Zeitpunkt vorgenommenen Handlungen wirksam (vgl. *Schoch* in: LPK-SGB II § 38 Rn. 5).

9   **2. Rechtsfolgen.** Liegen die genannten Voraussetzungen vor, vermutet § 38 S. 1, dass der erwerbsfähige Hilfebedürftige bevollmächtigt ist, die Leistungen für die Angehörigen seiner Bedarfsgemeinschaft zu beantragen und entgegenzunehmen.

10   **Beantragung** meint Stellung eines Antrags auf Leistungen nach dem SGB II. Da dies auch formlos möglich ist (s. § 37 Rn. 5), ist das Einreichen eines Formulars nicht erforderlich, sondern es genügt die formlose Geltendmachung der Leistung (vgl. *Pilz* in: Gagel § 37 SGB II Rn. 11). Miterfasst von der Beantragung ist aufgrund des engen Zusammenhangs auch das Ausfüllen des Formulars (vgl. *Pilz* in: Gagel § 38 SGB II Rn. 12).

11   **Entgegennahme der Leistung** bedeutet, dass der erwerbsfähige Hilfebedürftige Leistungen für die Mitglieder seiner Bedarfsgemeinschaft in Empfang nehmen darf. Die Auszahlung an ihn führt zum Erlöschen der Ansprüche der Mitglieder der Bedarfsgemeinschaft gegen den SGB II-Träger (vgl. *Pilz* in: Gagel § 38 SGB II Rn. 13). Bei Sach- und Dienstleistungen, z. B. Kinderbetreuung, Suchtberatung) ist S. 1 nicht anwendbar, da es sich bei diesen um höchstpersönliche Ansprüche handelt (vgl. *Pilz* in: Gagel § 38 SGB II Rn. 13). Die Entgegennahme der Leistungen umfasst nach Auffassung des BSG auch die Entgegennahme von **Willenserklärungen**, so dass der Leistungsbescheid nur den erwerbsfähigen Hilfebedürftigen und nicht jedem einzelnen Mitglied der Bedarfsgemeinschaft bekannt gemacht werden muss (vgl. BSG SozR 4-4200 § 22 Nr. 1; a. A. *Pilz* in: Gagel § 38 SGB II Rn. 14). Der Bescheid muss aber auch in diesem Fall zu erkennen geben, dass er sich an die vertretenen Mitglieder richtet. Aus der Rechtsbehelfsbelehrung muss sich ergeben, dass jedes Mitglied der Bedarfsgemeinschaft Widerspruch einlegen muss (vgl. BSG a.a.O.; str.)

12   Die vermutete Vollmacht ist auf die Beantragung und die Entgegennahme von Leistungen beschränkt. **Weitere Verfahrenshandlungen**, insbesondere die Verfolgung von Ansprüchen, sind vom Wortlaut des S. 1 **nicht erfasst** (a. A. BSG 7. 11. 2006 – B 7bAS 8/06 R – SozR 4-4200 § 22 Nr. 1; ebenso *Löns* in: Löns/Herold-Tews § 38 Rn. 10). Dies gilt unstreitig auch für Verfahrenshandlungen im Klageverfahren und in Verfahren des einstweiligen Rechtsschutzes (vgl. *Link* in: Eicher/Spellbrink SGB II, § 38 Rn. 18, 24). § 38 S. 1 ermächtigt ferner nicht zu belastenden Verfahrenshandlungen, z. B. die Rücknahme eines Antrags oder den Abschluss eines Vergleichs (vgl. *Pilz* in: Gagel § 38 SGB II Rn. 20). Weiter gilt die Vermutung des § 38 S. 1 nicht für die Erstattung von Leistungen nach § 50 SGB X. In den hierauf gerichteten Verfahren sind deshalb die betroffenen Mitglieder der Bedarfsgemeinschaft individuell anzuhören und der Aufhebungs-/Rücknahme-/Erstattungsbescheid ist an das betroffene Mitglied der Bedarfsgemeinschaft zu senden. Etwas anderes gilt, wenn der erwerbsfähige Hilfebedürftige gesetzlicher Vertreter eines Mitglieds der Bedarfsgemeinschaft ist (vgl. *Burkiczak* in: BeckOK § 38 SGB II Rn. 3b).

Bei der Rücknahme und der Aufhebung des Bewilligungsbescheides wird eine arglistige Täuschung, Drohung oder Bestechung (§ 45 Abs. 2 S. 3 Nr. 1 SGB X), Vorsatz bzw. grobe Fahrlässigkeit bezüglich falscher oder unvollständiger Angaben (§ 45 Abs. 2 S. 3 Nr. 2 SGB X) oder die Kenntnis bzw. grob fahrlässige Unkenntnis der Rechtswidrigkeit des Bewilligungsbescheides des erwerbsfähigen Hilfebedürftigen den Mitgliedern der Bedarfsgemeinschaft zugerechnet, deren gesetzlicher Vertreter (§ 1629 BGB) er ist (vgl. Udsching/Link SGb. 2007, 513 (517)). Bei den weiteren Angehörigen ist dagegen eine Zurechnung nur zulässig, wenn diesen das schuldhafte Verhalten des erwerbsfähigen Hilfebedürftigen bekannt war (vgl. *Link* in: Eicher/Spellbrink, SGB II, § 38 Rn. 19; str. für generelle Zurechnung *Burkiczak* in: BeckOK § 38 SGB II Rn. 13). **13**

III. Vermutung nach S. 2

Bei mehreren erwerbsfähigen Hilfebedürftigen in einer Bedarfsgemeinschaft gilt die Bevollmächtigungsvermutung für denjenigen, der zuerst den Antrag stellte. Auch diese Vorschrift dient der Praktikabilität. **14**

Die Vermutung **setzt** zunächst **voraus**, dass die oben beschriebenen Voraussetzungen des S. 1 erfüllt sind (Rn. 3 ff.). Zusätzlich ist Voraussetzung, dass derjenige, zugunsten dessen die gesetzliche Vermutung gelten soll, als erster den Antrag stellte. Maßgeblich ist insoweit der Zeitpunkt des Eingangs des Antrags. Stellt ein weiterer erwerbsfähiger Hilfebedürftiger danach einen Antrag, können sich hieraus Anhaltspunkte dafür ergeben, dass er mit der Bevollmächtigung nicht einverstanden ist (vgl. *Pilz* in: Gagel § 38 SGB II Rn. 23). **15**

Die Vermutung des § 38 S. 2 gilt **nicht** zu Gunsten des **zweiten Antragstellers**. Soll dieser künftig Leistungen beantragen und in Empfang nehmen, muss er von den Angehörigen der Bedarfsgemeinschaft bevollmächtigt werden (vgl. *Pilz* in: Gagel § 38 SGB II Rn. 23). **16**

Sofortige Vollziehbarkeit

39 Widerspruch und Anfechtungsklage gegen einen Verwaltungsakt,
1. der Leistungen der Grundsicherung für Arbeitsuchende aufhebt, zurücknimmt, widerruft oder herabsetzt oder Leistungen zur Eingliederung in Arbeit oder Pflichten des erwerbsfähigen Hilfebedürftigen bei der Eingliederung in Arbeit regelt,

2. der den Übergang eines Anspruchs bewirkt,
3. mit dem zur Beantragung einer vorrangigen Leistung oder
4. mit dem nach § 59 in Verbindung mit § 309 des Dritten Buches zur persönlichen Meldung bei der Agentur für Arbeit aufgefordert wird,
haben keine aufschiebende Wirkung.

I. Allgemeines

1   Widerspruch und Anfechtungsklage gegen einen Verwaltungsakt haben grundsätzlich aufschiebende Wirkung (§ 86 a Abs. 1 SGG), dürfen also bis zur abschließenden Klärung der Rechtmäßigkeit des Verwaltungsakts nicht vollstreckt werden. Ausnahmen von diesem Grundsatz enthält § 86 Abs. 2 und 3 SGG. Nach § 86 Abs. 2 Nr. 4 SGG haben Widerspruch und Anfechtungsklage u. a. keine aufschiebende Wirkung, wenn dies spezialgesetzlich angeordnet wird. Um eine solche spezialgesetzliche Regelung handelt es sich bei § 39. Die Vorschrift nennt vier Fälle, in denen keine aufschiebende Wirkung eintritt.

2   § 39 wird durch die §§ 86 a und 86 b SGG ergänzt. Der SGB II-Träger kann deshalb die sofortige Vollziehung eines Verwaltungsakts ganz oder teilweise aussetzen (§ 86 a Abs. 3 S. 1 SGG). Das Sozialgericht kann auf Antrag des Betroffenen die aufschiebende Wirkung ganz oder teilweise anordnen.

II. Aufhebung, Rücknahme, Widerruf oder Herabsetzung einer Leistung der Grundsicherung für Arbeitsuchende (§ 39 Nr. 1 Alt. 1).

3   **„Leistungen der Grundsicherung für Arbeitsuchende"** sind in einem weiten Sinne zu verstehen (vgl. *Pilz* in: Gagel § 39 SGB II Rn. 5). Erfasst sind alle im Dritten Kapitel geregelten Dienst-, Geld- und Sachleistungen, z. B. der Zuschlag nach § 24 SGB II, der Zuschuss zu den Versicherungsbeiträgen nach § 26 SGB II und das Einstiegsgeld nach 16 b SGB II (vgl. *Burkiczak* in: BeckOK § 39 SGB II Rn. 3). Nicht erfasst werden demgegenüber Ersatzansprüche nach § 34, Ansprüche aus Erbenhaftung nach § 35 und der Anspruch auf Erstattung von Beiträgen nach § 40 Abs. 1 Nr. 3 (vgl. *Conradis* in: LPK- SGB II § 39 Rn. 7). § 39 Nr. 1 Alt. 1 gilt ferner nicht bei Leistungen, die dem Hilfebedürftigen nur mittelbar zu Gute kommen (vgl. *Löns* in: Löns/Herold-Tews § 39 Rn. 3).

4   Die aufschiebende Wirkung entfällt nur, wenn der Bewilligungsbescheid ganz oder teilweise **aufgehoben** (§ 48 SGB X), **zurückgenommen** (§§ 44, 45 SGB X), **widerrufen** (§§ 46, 47 SGB X) oder **herabgesetzt** (§§ 31, 32) wird. Diese Aufzählung ist abschließend.

Nicht erfasst werden insbesondere Widerspruch und Anfechtungsklage gegen Erstattungsbescheide nach § 50 SGB X (vgl. *Wagner* in: jurisPK § 39 Rn. 14) und Bescheide über die Aufrechnung nach § 43 und § 51 SGB I (vgl. LSG Rheinland-Pfalz NZS 2006, 542 [544]).

III. Leistungen zur bzw. Pflichten bei der Eingliederung in Arbeit (§ 39 Nr. 1 Alt. 2).

Der Gesetzgeber wollte mit § 39 Nr. 1 Alt. 2 insbesondere erreichen, **5** dass der Widerspruch und die Anfechtungsklage gegen Verwaltungsakte, die eine Eingliederungsvereinbarung ersetzen, keine aufschiebende Wirkung haben (vgl. BT-Drucks. 16/10810, S. 84).

IV. Anspruchsübergang (§ 39 Nr. 2)

Der Anwendungsbereich von § 39 Nr. 2 ist sehr eingeschränkt. Seit **6** dem 1. 8. 2006 gehen Ansprüche bei Vorliegen der in § 33 genannten Voraussetzungen durchweg über (§ 33 Rn. 1 ff.). Die Vorschrift findet damit nur Anwendung auf Überleitungsanzeigen, die vor dem 20. 9. 2007 bewirkt wurden (vgl. LSG Sachsen 20. 9. 2007 – L 2 B 202/ 07 AS-PKH). § 39 Nr. 2 SGB II gilt nicht für die Abzweigung nach § 48 SGB I (vgl. SG Oldenburg Info also 2005, 221).

V. Aufforderung zur Beantragung einer vorrangigen Leistung (§ 39 Nr. 3).

Die Aufforderung des Hilfebedürftigen durch den SGB II-Träger, **7** andere Sozialleistungen zu beantragen, ist ein Verwaltungsakt (vgl. *Knickrehm* in: Eicher/Spellbrink, SGB II, § 5 Rn. 33 ff.). Kommt der Hilfebedürftige dieser Aufforderung nicht nach, ist der SGB II-Träger berechtigt, selbst die Leistung zu beantragen (§ 5 Abs. 3; s. § 5 Rn. 10 ff.). Gegen die Aufforderung zur Antragstellung kann der Hilfebedürftige Widerspruch einlegen und Klage erheben. Um dennoch eine rasche Antragstellung durch den Leistungsträger zu ermöglichen, ordnet § 39 Nr. 3 an, dass Widerspruch und Klage gegen die Aufforderung keine aufschiebende Wirkung haben.

VI. Aufforderung zur persönlichen Meldung (§ 39 Nr. 4)

Um zu verhindern, dass der Hilfebedürftige dauerhaft und ohne Fol- **8** gen einer Meldeaufforderung nach § 59 (s. § 59 Rn. 3 ff.) nicht nachkommt, beseitigt § 39 Nr. 4 bei Widerspruch und Klage gegen eine Meldeaufforderung die aufschiebende Wirkung.

Anwendung von Verfahrensvorschriften

40 (1) ¹Für das Verfahren nach diesem Buch gilt das Zehnte Buch.
²Die Vorschriften des Dritten Buches über
1. die Aufhebung von Verwaltungsakten (§ 330 Abs. 1, 2, 3 Satz 1
und 4),
1a. die vorläufige Entscheidung (§ 328),
2. die vorläufige Zahlungseinstellung (§ 331) und
3. die Erstattung von Beiträgen zur Kranken-, Renten- und Pflegeversicherung (§ 335 Abs. 1, 2 und 5)
sind entsprechend anwendbar.

(2) ¹Abweichend von § 50 des Zehnten Buches sind 56 vom Hundert der bei der Leistung nach § 19 Satz 1 und 3 sowie § 28 berücksichtigten Kosten für Unterkunft, mit Ausnahme der Kosten für Heizungs-
und Warmwasserversorgung, nicht zu erstatten. ²Satz 1 gilt nicht in
den Fällen des § 45 Abs. 2 Satz 3 des Zehnten Buches, des § 48 Abs. 1
Satz 2 Nr. 2 des Zehnten Buches sowie in Fällen, in denen die Bewilligung lediglich teilweise aufgehoben wird.

(3) § 28 des Zehnten Buches gilt mit der Maßgabe, dass der Antrag
unverzüglich nach Ablauf des Monats, in dem die Ablehnung oder Erstattung der anderen Leistung bindend geworden ist, nachzuholen
ist.

I. Allgemeines

1   § 40 erklärt grundsätzlich das SGB X in der Grundsicherung für Arbeitsuchende für entsprechend anwendbar (Abs. 1 S. 1; s. Rn. 2 ff.), sieht
hiervon aber einige Ausnahmen vor:
– Rechtswidrige nicht begünstigende Verwaltungsakte sind erst ab
  dem Zeitpunkt zurückzunehmen, zu dem das Bundesverfassungsgericht eine Vorschrift für verfassungswidrig erklärte oder die ständige Rechtsprechung sich geändert hat (s. Rn. 37 ff.)
– Rechtswidrige begünstigende Verwaltungsakte, die auf einer der in
  § 45 Abs. 2 S. 3 SGB X aufgezählten Verhaltensweise beruhen, sind
  mit Wirkung für die Vergangenheit zurückzunehmen (s. Rn. 50 ff.)
– Verwaltungsakte mit Dauerwirkung sind immer mit Wirkung für
  die Vergangenheit aufzuheben (s. Rn. 58 ff.)
– Einstweilige Leistungen können aufgrund einer vorläufigen Entscheidung erbracht werden (s. Rn. 66 ff.)
– Leistungen dürfen vorläufig ohne Verwaltungsakt eingestellt werden (s. Rn. 90 ff.)
– Leistungen für Unterkunft und Heizung sind nur teilweise zu erstatten (Abs. 2; s. Rn. 130 ff.)
– Der wiederholte Antrag nach § 28 SGB X muss unverzüglich nach

Ablauf des Monats, in dem die ablehnende Entscheidung bindend wurde, gestellt werden (Abs. 3; s. Rn. 135).

In Abs. 1 Nr. 3 wird den SGB II-Trägern ein eigenständiger Anspruch auf Ersatz zu Unrecht gezahlter Sozialversicherungsbeiträge eingeräumt (s. Rn. 107 ff.).

II. Anwendung des SGB X (Abs. 1 S. 1)

Die Klarstellungen in Abs. 1 S. 1 waren notwendig, weil nach § 1 **2** Abs. 1 S. 2 SGB X das SGB X von den Ländern, Gemeinden und Gemeindeverbänden bei den nach dem 1. 1. 1981 in das Sozialgesetzbuch eingefügten Teilen nur anzuwenden ist, wenn der Bundesrat zugestimmt hat. Abs. 1 S. 1 vermeidet, dass anders als wenige Jahre zuvor beim Grundsicherungsgesetz die Vorschriften des Verwaltungsverfahrensgesetzes des Bundes und die Landesverfahrensgesetze anzuwenden sind.

„Verfahren nach diesem Buch" meint das Verwaltungsverfahren **3** i. S. v. § 8 SGB X. Danach liegt ein Verwaltungsverfahren nur vor, wenn die Tätigkeit des SGB II-Trägers auf den Erlass eines Verwaltungsakts – insbesondere die Bewilligung von Leistungen der Grundsicherung sowie deren Rückforderung – oder auf den Abschluss eines öffentlich-rechtlichen Vertrages gerichtet ist. Mit einbezogen in das Verwaltungsverfahren sind der Erlass des Verwaltungsakts und das Widerspruchsverfahren bzw. der Abschluss des öffentlich-rechtlichen Vertrages. Bei anderen in § 8 SGB X nicht genannten Handlungsformen öffentlich-rechtlicher Verwaltung – z. B. schlicht-hoheitliches Handeln sowie Erlass von Rechtsvorschriften – sind die §§ 9 ff. SGB X nicht unmittelbar anwendbar. Im Einzelfall kommt aber eine entsprechende Anwendung in Betracht.

Auf Grund des Verweises in Abs. 1 S. 1 kommen vor allem die **4** **§§ 9 ff. SGB X** zur Anwendung (vgl. § 1 Abs. 1 SGB X). Ferner finden sich Regelungen zum Sozialverwaltungsverfahren im **SGB I** (z. B. § 16 (Antragstellung), § 36 (Handlungsfähigkeit) und §§ 60 ff. (Mitwirkungspflichten)). Das **SGB II** selbst regelt verfahrensrechtliche Besonderheiten in den §§ 36 ff. Diese Vorschriften haben grundsätzlich Vorrang vor denen des SGB I und des SGB X (vgl. § 37 S. 1 SGB I). Zu Ausnahmen s. § 37 S. 2 SGB I. **Nicht** anzuwenden ist das SGB X bei der Verfolgung und Ahndung von **Ordnungswidrigkeiten** (§ 1 Abs. 1 S. 3 SGB X). Insoweit richtet sich das Verfahren nach dem OWiG (s. dazu § 63 Rn. 1 ff.).

Sachlich zuständig in Angelegenheiten nach dem SGB II sind teil- **5** weise die AA und teilweise die kommunalen Träger bzw. die zugelassenen kommunalen Träger (s. §§ 6, 6 b). Erlässt eine sachlich unzuständige Behörde einen Verwaltungsakt, ist dieser nichtig.

6   Die **örtliche Zuständigkeit** der AA als auch der kommunalen Träger richtet sich nach dem gewöhnlichen und, falls ein solcher fehlt,
nach dem tatsächlichen Aufenthalt des Leistungsberechtigten (s. § 36).
Erlässt ein örtlich unzuständiger SGB II-Träger einen Verwaltungsakt,
ist dieser zwar formell rechtswidrig, aber dennoch nicht aufzuheben,
wenn inhaltlich eine korrekte Entscheidung getroffen wurde (§ 42
SGB X).

7   **Subjekte** des Verwaltungsverfahrens sind einerseits die SGB II-Träger als Träger des Verfahrens und andererseits die Beteiligten einschließlich ihrer Bevollmächtigten und Beistände.

8   **Beteiligte** des Verwaltungsverfahrens sind insbesondere die Leistungsberechtigten – also z. B. der Antragsteller von Arbeitslosengeld II
(§ 12 Abs. 1 Nr. 1 SGB X). Beteiligte sind ferner die Adressaten eines
Verwaltungsakts (§ 12 Abs. 1 Nr. 2 SGB X). Die SGB II-Träger selbst
sind dagegen nicht Beteiligte des von ihnen geführten Verfahrens, sie
sind insbesondere keine Antragsgegner i. S. v. § 12 Abs. 1 Nr. 1 SGB X.

9   Voraussetzung der Beteiligung am Sozialverwaltungsverfahren ist
die **Beteiligungsfähigkeit**. Beteiligungsfähig sind natürliche und juristische Personen, ferner Vereinigungen, die nicht juristische Person
sind, soweit ihnen ein Recht zustehen kann (§ 10 Nr. 2 SGB X).

10   Wirksame Verfahrenshandlungen, z. B. die Stellung eines Leistungs-
antrags oder Einsicht in die bei den SGB II-Trägern geführten Akten
(§ 25 SGB X), können nur von handlungsfähigen Personen vorgenommen werden. **Handlungsfähig** im Sozialverwaltungsverfahren
sind neben geschäftsfähigen Personen i. S. d. Bürgerlichen Rechts auch
Minderjährige, die das 15. Lebensjahr vollendet haben (§ 11 Abs. 1 Nr. 2
SGB X i. V. m. § 36 Abs. 1 SGB I). Dies bedeutet, dass auch Jugendliche,
die das 18. Lebensjahr noch nicht vollendet haben, Leistungen der
Grundsicherung für Arbeitsuchende (z. B. Arbeitslosengeld II) beantragen und entgegennehmen können. Die Eltern haben allerdings das
Recht, die Handlungsfähigkeit einzuschränken (vgl. § 36 Abs. 2 SGB
I). Handlungsfähig sind ferner juristische Personen und Personenver-
einigungen i. S. v. § 10 Nr. 2 SGB X.

11   Die Verfahrensbeteiligten haben im Sozialverwaltungsverfahren
das Recht, sich durch einen **Bevollmächtigten** vertreten zu lassen
(§ 13 Abs. 1 SGB X). Machen sie hiervon Gebrauch, muss sich die Behörde grundsätzlich an den Bevollmächtigten wenden (§ 13 Abs. 3 S. 1
SGB X). An die Beteiligten kann sie sich nur wenden, wenn Angaben
notwendig sind, die nur der Beteiligte machen kann (§ 13 Abs. 3 S. 2
SGB X). In der Grundsicherung für Arbeitsuchende wird – soweit
keine gegenteiligen Anhaltspunkte vorliegen – vermutet, dass der erwerbsfähige Hilfebedürftige zur Antragstellung und Entgegennahme
der Leistungen der Angehörigen seiner Bedarfsgemeinschaft bevollmächtigt ist (s. § 38). Zu den Besprechungen beim SGB II-Träger kann
sich ein Beteiligter von einem **Beistand** begleiten lassen, der ihn in

der Besprechung unterstützen kann. Bevollmächtigte und Beistände dürfen vom SGB II-Träger nur **zurückgewiesen** werden, wenn sie unbefugt geschäftsmäßig die Rechte anderer Personen besorgen oder wenn sie zum sachgemäßen schriftlichen oder mündlichen Vortrag nicht fähig sind (§ 13 Abs. 5, 6 SGB X).

Bei den Leistungen der Grundsicherung für Arbeitsuchende steht   **12** die **Einleitung eines Verfahrens** nicht im Ermessen des SGB II-Trägers, da dessen Leistungen durchweg Antragsleistungen sind (vgl. § 37 Abs. 1). Wird ein entsprechender Antrag gestellt, muss das Verfahren eingeleitet werden (§ 18 S. 2 Nr. 1 SGB X), fehlt er, dürfen die SGB II-Träger nicht tätig werden (§ 18 S. 2 Nr. 2 SGB X).

Wird der Antrag auf eine Leistung der Grundsicherung für Arbeitsu-   **13** chende bei einem **unzuständigen SGB II-Träger**, einem sonstigen Sozialleistungsträger oder einer Gemeinde gestellt, ist er von der unzuständigen Stelle unverzüglich an den zuständigen SGB II-Träger weiterzuleiten (§ 16 Abs. 2 SGB I, § 14 Abs. 1 S. 2 SGB IX). Unterlässt die unzuständige Stelle dies, kommen Ansprüche auf Schadensersatz aus Amtspflichtverletzung (§ 839 BGB) in Betracht. Die Leistung ist ab dem Zeitpunkt der Einreichung des Antrags beim unzuständigen Träger zu leisten (s. § 16 Abs. 2 SGB I). Bei strittiger Zuständigkeit zwischen Sozialleistungsträgern kommt eine vorläufige Leistung nach § 43 SGB I in Betracht.

Den für die Entscheidung maßgeblichen **Sachverhalt** ermittelt der   **14** SGB II-Träger **von Amts wegen** (§ 20 Abs. 1 SGB X). Dabei darf er sich nicht auf die Ermittlung von für den Beteiligten nachteiligen Tatsachen beschränken, sondern muss auch für diesen günstige Umstände aufklären (§ 20 Abs. 2 SGB X). Welche Mittel dem SGB II-Träger bei der Ermittlung des Sachverhalts zur Verfügung stehen, wird in § 21 Abs. 1 SGB X aufgezählt. Ferner darf der Sozialleistungsträger in Fällen, in denen Tatsachen glaubhaft zu machen sind, eine Versicherung an Eides statt entgegennehmen (§ 23 SGB X). Im SGB II sind zusätzliche Bescheinigungs- und Auskunftspflichten vorgesehen (s. §§ 58 ff.).

Die Beteiligten sind in dem Sozialverwaltungsverfahren zur **Mit-**   **15** **wirkung** verpflichtet (§ 21 Abs. 2 SGB X). Diese Mitwirkungspflichten werden durch die §§ 60 ff. SGB I sowie durch § 60 SGB IX – nach dieser Vorschrift sind behinderte Menschen einer gemeinsamen Servicestelle, einer sonstigen Beratungsstelle für Rehabilitation oder einem Arzt vorzustellen – geregelt. Die Mitwirkungspflicht bei der Aufklärung des Sachverhaltes besteht nur, soweit diese erforderlich ist. Ist die vom SGB II-Träger verlangte Information für die Entscheidung ohne Bedeutung, besteht insoweit keine Mitwirkungspflicht. Keine Mitwirkungspflicht besteht ferner, wenn die Mitwirkung unzumutbar oder unangemessen ist (§ 65 SGB I). Kommt ein Beteiligter der Mitwirkungspflicht nicht nach, kann der Sozialleistungsträger nach vorheriger Belehrung die Leistung versagen oder entziehen (§ 66 SGB I).

Die allgemeinen Mitwirkungspflichten in den §§ 60 ff. SGB I werden durch spezifische Mitwirkungspflichten der Leistungsberechtigten im SGB II ergänzt, z. B. durch die allgemeine Meldepflicht nach § 56.

16   Ist eine Entscheidung des SGB II-Trägers mit rechtlichen Nachteilen für einen Beteiligten verbunden, muss ihm **Gelegenheit** gegeben werden, sich vor der Entscheidung zu den für die Entscheidung maßgebenden Tatsachen **zu äußern** (§ 24 Abs. 1 SGB X). I. d. R. wird die Anhörung schriftlich durchgeführt. Der SGB II-Träger teilt dem Beteiligten die festgestellten Tatsachen und die beabsichtigte Entscheidung mit und setzt ihm eine angemessene Frist, sich zu den Tatsachen zu äußern. Keine Anhörungspflicht besteht u. a., wenn der SGB II-Träger von den Angaben des Beteiligten nicht abweichen will oder Gefahr in Verzug ist (§ 24 Abs. 2 SGB X).

17   Bei einer **Verletzung der Anhörungspflicht** ist der Verwaltungsakt rechtswidrig. Dieser Fehler kann bis zum Abschluss der Beweiserhebung im Berufungsverfahren durch Nachholung geheilt werden (§ 41 Abs. 2 SGB X). Zu diesem Zweck kann das gerichtliche Verfahren ausgesetzt werden (§ 114 SGG). Wird die unterlassene Anhörung nicht nachgeholt, ist der Verwaltungsakt aufzuheben, selbst wenn eine inhaltlich fehlerfreie Entscheidung getroffen wurde (vgl. § 42 S. 2 SGB X).

18   Beteiligte haben während des Sozialverwaltungsverfahrens und des Widerspruchsverfahrens das **Recht, die Akten einzusehen** (§§ 25 SGB X, 84a SGG). Voraussetzung des Akteneinsichtsrechts nach § 25 SGB X ist, dass der Beteiligte ein rechtliches Interesse hieran hat. Von einem solchen rechtlichen Interesse ist auszugehen, wenn die Akteneinsicht zur Verfolgung eines Anspruchs erforderlich ist. Enthält die Akte medizinische Daten oder Daten, die die Persönlichkeitsentwicklung beeinträchtigen können, sind diese Daten durch einen Arzt oder einen Psychologen zu vermitteln (§ 25 Abs. 2 SGB X).

19   **Gegenstand der Akteneinsicht** sind alle das Verfahren betreffenden Akten einschließlich von Nebenakten und Notizen. Entwürfe und Vorarbeiten können demgegenüber nicht eingesehen werden. Begrenzt wird das Akteneinsichtsrecht durch den Datenschutz. Enthält die Akte Daten Dritter, dürfen diese Teile der Akte nur eingesehen werden, wenn der Dritte hierin eingewilligt hat. Andernfalls ist der SGB II-Träger verpflichtet, bei der Akteneinsicht Aktenteile zu entfernen oder abzudecken. Im Widerspruchsverfahren können die Beteiligten auch die Akten des Ausgangsverfahrens einsehen, soweit diese in das Widerspruchsverfahren einbezogen sind.

20   Die Akten können grundsätzlich **nur bei den SGB II-Trägern** eingesehen werden. Eine Übersendung der Akten kommt nur bei anderen Behörden und bei Rechtsanwälten in Betracht. Bei der Akteneinsicht können **Abschriften** angefertigt oder – gegen Kostenersatz – **Kopien** verlangt werden (§ 25 Abs. 5 SGB X).

Die Beteiligten können die Akten auch gemeinsam mit einem **Be-** 21
vollmächtigten oder **Beistand** einsehen oder durch einen Bevollmächtigten allein einsehen lassen.

Die **Verletzung des Akteneinsichtsrechts** führt zur Rechtswid- 22
rigkeit des Verwaltungsakts. Eine Heilung dieses Fehlers ist nicht möglich (vgl. § 41 SGB X).

Der **Verwaltungsakt** ist die **zahlenmäßig bedeutsamste Hand-** 23
lungsform in der Grundsicherung für Arbeitsuchende. Sowohl die
Gewährung als auch die Rückforderung von Leistungen nach dem
SGB II erfolgt durch Verwaltungsakt.

Verwaltungsakt ist „jede Verfügung, Entscheidung oder andere ho- 24
heitliche Maßnahme, die eine Behörde zur Regelung eines Einzelfalls
auf dem Gebiet des öffentlichen Rechts trifft und die unmittelbar auf
Rechtswirkung nach außen gerichtet ist" (§ 31 S. 1 SGB X).

Für den Erlass der Verwaltungsakte ist in der Grundsicherung für 25
Arbeitsuchende keine bestimmte **Form** vorgeschrieben, d. h. sie kann
ihn schriftlich, mündlich oder konkludent erlassen (§ 33 Abs. 2 SGB
X). I. d. R. erlassen die SGB II-Träger ihre Verwaltungsakte aber
schriftlich. Soweit ein Verwaltungsakt mündlich erlassen wurde, kann
der Betroffene die schriftliche Bestätigung des Verwaltungsakts verlangen, wenn er hieran ein berechtigtes Interesse hat (§ 33 Abs. 2 S. 1
SGB X).

Der Verwaltungsakt muss **inhaltlich bestimmt** sein (§ 33 Abs. 1 26
SGB X). Für den Bürger muss eindeutig ersichtlich sein, was der SGB II-
Träger regelt. Dies ergibt sich i. d. R. aus dem Verfügungssatz. Bei mehreren Regelungen innerhalb eines Verwaltungsakts wird der Verfügungssatz entsprechend gegliedert. Ist ein Verwaltungsakt nicht hinreichend
bestimmt, ist er materiell rechtswidrig und kann nicht nach § 41 SGB X
geheilt werden. Bei besonders schweren Verstößen gegen das Bestimmt-
heitserfordernis ist der Verwaltungsakt nach § 40 SGB X nichtig.

Der schriftliche oder schriftlich bestätigte Verwaltungsakt muss die 27
erlassende Behörde erkennen lassen und die **Unterschrift** des unter-
schriftsbefugten Mitarbeiters enthalten (§ 33 Abs. 3 SGB X). In der
Begründung des Verwaltungsakts müssen die tatsächlichen (also der
Sachverhalt, von dem die Behörde ausgegangen ist) und die **recht-**
lichen Gründe (Rechtsgrundlagen, Subsumtion des Sachverhalts unter die Tatbestandsmerkmale) enthalten sein. Bei Ermessensentscheidungen muss der SGB II-Träger ferner die Gesichtspunkte aufzeigen,
von denen er sich bei seiner Entscheidung hat leiten lassen. Eine for-
mularmäßige Begründung der Ermessensentscheidung ist nicht ausreichend. Die Begründung des Verwaltungsakts ist entbehrlich, wenn
einem Antrag voll entsprochen wird oder wenn die Sach- und Rechtslage mit dem Betroffenen umfassend erörtert wurde (§ 35 Abs. 2 Nr. 1
und 2 SGB X). Der Betroffene hat aber auch in diesen Fällen das Recht,
eine Begründung zu verlangen (§ 35 Abs. 3 SGB X).

28   Ein **Verstoß gegen die Begründungspflicht** führt zur formellen Rechtswidrigkeit des Verwaltungsakts. Dieser Fehler kann aber bis zum Abschluss der letzten Tatsacheninstanz durch Nachholung der Begründung geheilt werden (§ 41 Abs. 3 SGB X). Selbst wenn die Begründung nicht nachgeholt wird, ist der Fehler bei gebundenen Verwaltungsakten i. d. R. unbeachtlich (vgl. § 42 SGB X). Der Betroffene kann folglich nicht Aufhebung des Verwaltungsakts verlangen.

29   Unter den Voraussetzungen des § 32 SGB X kann der SGB II-Träger den Verwaltungsakt mit einer **Nebenbestimmung** versehen. Nebenbestimmungen sind die Befristung, die Bedingung, der Widerrufsvorbehalt, die Auflage und der Auflagenvorbehalt. Ermessensentscheidungen des SGB II-Trägers können jederzeit mit einer Nebenbestimmung versehen werden (§ 32 Abs. 2 SGB X). Bei gebundenen Entscheidungen sind Nebenbestimmungen dagegen nur zulässig, soweit das SGB dies erlaubt. Auflagen können selbständig **angefochten** werden, weil diese einen selbständigen Regelungsgehalt haben. Demgegenüber müssen Befristung und Bedingung gemeinsam mit dem Verwaltungsakt **angefochten** werden.

30   Ein schriftlicher Verwaltungsakt muss eine **Rechtsmittelbelehrung** enthalten, wenn er für den Betroffenen belastend ist oder wenn bei einem begünstigenden Verwaltungsakt dem Antrag des Bürgers nicht voll entsprochen wird (§ 36 SGB X). In der Rechtsbehelfsbelehrung ist die Art des Rechtsbehelfs (Widerspruch oder Klage), die Behörde oder das Gericht, bei der der Widerspruch oder die Klage einzulegen ist, die Frist und die Form anzugeben. Eine fehlende oder fehlerhafte Rechtsbehelfsbelehrung führt zwar nicht zur Rechtswidrigkeit des Verwaltungsakts. Allerdings verlängert sich die Widerspruchsfrist von einem Monat auf ein Jahr (§ 66 Abs. 2 SGG).

31   Der SGB II-Träger hat den Verwaltungsakt dem Beteiligten **bekannt zu geben**, für den er bestimmt ist (§ 37 Abs. 1 S. 1 Alt. 1. SGB X). Die Bekanntgabe kann auch gegenüber einem Bevollmächtigten i. S. v. § 13 Abs. 1 SGB X erfolgen (§ 37 Abs. 1 S. 2 SGB X). Bei Bekanntgabe durch Zustellung muss er dem Bevollmächtigten zugestellt werden (§ 37 Abs. 5 i. V. m. § 8 Abs. 1 S. 2 BVwZG).

32   Die Bekanntgabe des Verwaltungsaktes kann formlos durch **einfachen Brief** oder durch **förmliche Zustellung** erfolgen. Eine förmliche Bekanntmachung durch Zustellung ist nur zulässig, wenn sie gesetzlich vorgeschrieben oder durch behördliche Anordnung verlangt ist. Die Anordnung kann allgemein oder im Einzelfall ergehen. Die Zustellung erfolgt durch die Post mit Zustellungsurkunde oder mittels eingeschriebenem Brief. Bei mehreren Beteiligten muss an jeden Beteiligten zugestellt werden; vgl. insoweit aber § 38 Rn. 11.

33   Wird der Verwaltungsakt **nicht ordnungsgemäß bekannt gegeben**, ist er unwirksam. Der Mangel ist aber geheilt, wenn der SGB II-Träger nachweisen kann, dass der Betroffene den Bescheid erhalten hat.

Bei einer formlosen Bekanntgabe ist der Verwaltungsakt **ab dem** 34
Zeitpunkt bekannt gegeben, ab dem er in den Machtbereich des
Empfängers gelangt ist und der Empfänger unter normalen Umständen Gelegenheit hatte, vom Verwaltungsakt Kenntnis zu nehmen
(§ 131 BGB analog). Wird ein Verwaltungsakt durch einfachen oder ein-
geschriebenen Brief bekannt gegeben, gilt er mit dem dritten Tag nach
Aufgabe des Briefes zur Post als bekannt gegeben (§ 37 Abs. 2 SGB X).
Bei Verwaltungsakten, die mittels Postzustellungsurkunde zugestellt
werden, ist der Zeitpunkt der Übergabe des Briefes an den Beteiligten
bzw. der Ersatzzustellung bzw. die Niederlegung des Bescheides maßgeblich.

Für die Aufhebung von Verwaltungsakten und die Erstattung von 35
Leistungen nach dem SGB II gelten grundsätzlich die §§ 44 ff., 50
SGB X. Einschränkungen ergeben sich aus Abs. 2 S. 1 i.V.m. § 330
SGB III.

Der SGB II-Träger darf für die Durchführung des Verwaltungsverfah- 36
rens **keine Gebühren und Auslagen** verlangen (§ 64 Abs. 1 SGB X).
Bei Anfertigung von Kopien ist die Erhebung von Auslagen allerdings
zulässig (§ 25 Abs. 5 S. 2 SGB X). Die „Gebühr" ist die Gegenleistung
für die Tätigkeit einer Behörde; als „Auslagen" werden dagegen die tatsächlichen Aufwendungen bezeichnet (z. B. Schreiben, Porti, Übersetz-
zungen). Für Beurkundungen und Beglaubigungen dürfen keine Kosten erhoben werden, wenn die Urkunde für die Leistungserbringung
benötigt wird (§ 64 Abs. 2 S. 3 Nr. 2 SGB X). Die Kosten eines Anwalts
werden nach dem Beratungshilfegesetz vom Staat getragen, wenn die
diesem Gesetz geregelten Einkommensgrenzen nicht überschritten
werden. Der Betroffene selbst zahlt in diesem Fall nur 10 Euro an den
Anwalt. Keine Kosten für die rechtliche Beratung entstehen, wenn die
Beratung durch einen Rechtspfleger beim Amtsgericht erfolgt.

III. Rücknahme und Aufhebung von Verwaltungsakten (Abs. 1 S. 2 Nr. 1)

1. Allgemeines. Die Rücknahme und die Aufhebung von Verwal- 37
tungsakten und die Nachzahlung bzw. Erstattung zu Unrecht bezoge-
ner Leistungen der Grundsicherung für Arbeitsuchende richten sich
grundsätzlich nach den §§ 44 ff., 50 SGB X. Danach sind Sozialleistungen nachzuzahlen, wenn sie wegen eines unrichtigen Bescheides
nicht erbracht wurden (§ 44 Abs. 4 SGB X), bzw. es sind Leistungen zu
erstatten, soweit der der Gewährung zu Grunde liegende Bescheid zurückgenommen (§§ 44 f. SGB X), widerrufen (§§ 46 f. SGB X) oder
aufgehoben (§ 48 SGB X) wurde. § 40 Abs. 1 S. 2 Nr. 1 i.V.m. § 330
SGB III modifiziert die allgemeinen Regelungen zur Rücknahme und
zur Aufhebung von Verwaltungsakten in den §§ 44, 45 und 48 SGB X

für die Leistungen der Grundsicherung für Arbeitsuchende. Mit diesen Beschränkungen der Nachzahlung bzw. Erleichterungen der Aufhebung der Bewilligungsbescheide zu Gunsten der SGB II-Träger soll den Besonderheiten dieser Leistungen Rechnung getragen werden (vgl. die Begründung zu § 330 SGB III BT-Drucks. 12/5502 S. 37 zu § 43).

38   **2. Rücknahme eines nicht begünstigenden rechtswidrigen Verwaltungsakts. a) Allgemeines.** Die Rücknahme eines im Zeitpunkt seines Erlasses bereits rechtswidrigen nicht begünstigenden Verwaltungsakts (z. B. die Festsetzung einer Sanktion) ist in § 44 SGB X geregelt. Diese Vorschrift gilt grundsätzlich auch in der Grundsicherung für Arbeitsuchende, soweit im SGB II keine abweichende Regelung getroffen wurde (§ 37 S. 1 SGB I). Der SGB II-Träger muss deshalb einen Verwaltungsakt mit Wirkung für die Vergangenheit zurücknehmen, wenn dieser im Zeitpunkt seines Erlasses rechtswidrig war, weil von einem unzutreffenden Sachverhalt ausgegangen oder das Recht unrichtig angewandt wurde und deshalb Sozialleistungen zu Unrecht nicht erbracht oder Beiträge zu Unrecht erhoben wurden (§ 44 Abs. 1 S. 1 SGB X). Sonstige bei Erlass rechtswidriger Verwaltungsakte mit anderen nicht begünstigenden Inhalten sind mit Wirkung für die Zukunft zurückzunehmen; ihre Rücknahme mit Wirkung für die Vergangenheit steht im Ermessen des SGB II-Trägers (§ 44 Abs. 2 SGB X). Zu Einzelheiten s. *Winkler*: Sozialverwaltungsverfahren und Sozialdatenschutz. 2004. § 5 Rn. 363 ff.).

39   Aus dem Verweis auf § 330 Abs. 1 SGB III und damit mittelbar auf § 44 SGB X folgt, dass diese Vorschrift in der Grundsicherung für Arbeitsuchende anwendbar ist; anders früher die verwaltungsgerichtliche Rechtsprechung zum BSHG (vgl. BVerwG 68, 285).

40   **b) Beschränkung der Nachzahlung von SGB II-Leistungen durch Abs. 1 S. 2 Nr. 1 i. V. m. § 330 Abs. 1 SGB III. aa. Allgemeines.** Die Anwendung von § 44 Abs. 1 S. 1 SGB X wird durch den Verweis in § 40 Abs. 1 S. 2 Nr. 1 auf § 330 Abs. 1 SGB III aber dahingehend modifiziert, dass der Zugunstenbescheid erst ab dem Zeitpunkt zu erlassen ist, in dem das Bundesverfassungsgericht die entscheidungserhebliche Norm für verfassungswidrig erklärte oder zu dieser Norm eine neue ständige Rechtsprechung entstand (krit. zur entsprechenden Rechtslage im Arbeitsförderungsrecht *Pilz* in: Gagel § 330 SGB III Rn. 19a).

41   **aa) Voraussetzungen.** § 40 Abs. 1 S. 2 Nr. 1 i. V. m. § 330 Abs. 1 SGB III kommt nur bei **Rücknahme des Bewilligungsbescheides nach § 44 Abs. 1 S. 1 SGB X** zur Anwendung. Bei der Rücknahme nach nach § 44 Abs. 2 SGB X modifiziert § 330 Abs. 1 SGB III nicht.

42   Nach § 44 Abs. 1 S. 1 SGB X ist ein begünstigender Verwaltungsakt nur zurückzunehmen, wenn er **im Zeitpunkt seines Erlasses rechtswidrig** war, also entweder von einem unzutreffenden Sachver-

halt ausgegangen oder das Recht nicht richtig angewandt wurde. Die
Rücknahme des Verwaltungsakts kann nicht auf § 44 Abs. 1 S. 1 SGB X
gestützt werden, wenn sich die Sach- und Rechtslage nach Erlass des
Verwaltungsakts geändert hat. In diesem Fall kommt ggfs. eine Auf-
hebung nach § 48 SGB X in Betracht (s. Rn. 58 ff.). Bei der Beurtei-
lung der Rechtswidrigkeit ist auf die Rechtslage im Zeitpunkt der
Rücknahmeentscheidung abzustellen (vgl. BSG SozR 3-1300 § 48
Nr. 57).

Die Rücknahme nach § 44 Abs. 1 S. 1 SGB X setzt weiter voraus, dass **43**
infolge der Rechtswidrigkeit des Verwaltungsakts keine oder zu wenig
Sozialleistungen erbracht wurden.

In dem Verwaltungsakt muss **Recht unrichtig angewandt** worden **44**
sein, weil das Bundesverfassungsgericht die zu Grunde liegende **Norm**
für **mit dem Grundgesetz nicht vereinbar** erklärt hat **oder die**
ständige Rechtsprechung von der Auslegung durch die Grundsiche-
rungträger **abweicht.**

§ 40 Abs. 1 S. 2 Nr. 1 i. V. m. § 330 Abs. 1 SGB III kommt nach seinem **45**
Wortlaut nur zur Anwendung, wenn die entscheidungserhebliche
Norm vom Bundesverfassungsgericht für **unvereinbar mit dem**
Grundgesetz erklärt wurde. Ob auch die Nichtigerklärung einer
Norm erfasst wird, ist noch nicht abschließend geklärt (bej. *Eicher* in:
Eicher/Spellbrink, SGB II, § 40 Rn. 58; ebenso *Mertens* in: BeckOK
§ 40 SGB II Rn. 4).

Abs. 1 S. 2 Nr. 1 i. V. m. § 330 Abs. 1 SGB III begrenzt die Rücknahme **46**
ferner, wenn die einschlägige Norm in **ständiger Rechtsprechung**
anders als vom SGB II-Träger ausgelegt wird. Auf wessen Rechtsprechung abzustellen ist, lässt § 330 Abs. 1 SGB III offen. Richtiger-
weise wird in Rechtsprechung und Literatur auf die Rechtsprechung des
GemSOGB, des Bundesverfassungsgerichts und des Bundessozialgerichts abgestellt (vgl. zum Arbeitsförderungsrecht BSG SozR 3-4100
§ 152 Nr. 5; *Niesel* § 330 Rn. 14). Eine **ständige Rechtsprechung** liegt
vor, wenn mehrere Entscheidungen der genannten Gerichte ergangen
sind. Eine einzige Entscheidung ist nur ausreichend, wenn die Rechtslage danach nicht mehr str. ist (vgl. zum Arbeitsförderungsrecht BSG
SozR 3-4100 § 152 Nr. 10; zust. *Pilz* in: Gagel § 330 Rn. 18). Bei Zuständigkeit mehrerer Senate wird eine ständige Rechtsprechung durch die
Entscheidung einzelner Senate nur begründet, wenn es sich nicht um
eine in Rechtsprechung und Literatur umstrittene Rechtsfrage handelt
(vgl. BSG SozR 2200 § 627 Nr. 4 S. 6 f.). Das BSG geht auch von einer
ständigen Rechtsprechung aus, wenn die SGB II-Träger eine Entscheidung für eine **Änderung ihrer Dienstanweisungen** zum Anlass nehmen (vgl. zum Arbeitsförderungsrecht BSG 29. 6. 2000 SozR 3-4100
§ 152 Nr. 10; krit. insoweit *Merten* in: BeckOK § 40 SGB II Rn. 8).

Die ständige Rechtsprechung muss sich **nach Erlass des Verwal-** **47**
tungsakts entwickelt haben. Maßgebender Zeitpunkt ist insoweit die

Bestandskraft der Entscheidung (vgl. zum Arbeitsförderungsrecht *Niesel* § 330 Rn. 14).

48   Ob die **ständige Rechtsprechung abweicht**, ist anhand der Weisungen der BA zu überprüfen (vgl. zur entsprechenden Rechtslage im Arbeitsförderungsrecht BSG 29. 6. 2000 SozR 3-4100 § 152 Nr. 108; zust. für das Recht nach dem SGB II *Pilz* in: Gagel § 40 SGB II Rn. 15; *Merten* in: BeckOK § 40 SGB II Rn. 5). Bei kommunalen Trägern ist auf landesweit einheitliche Richtlinien abzustellen, sofern solche bestehen (vgl. *Merten* in: BeckOK § 40 SGB II Rn. 6; a. A. *Pilz* in: Gagel § 40 SGB II Rn. 15, der Abs. 1 S. 2 Nr. 1 i.V. m. § 330 Abs. 1 SGB III bei den kommunalen Trägern generell nicht für anwendbar hält). Nicht anwendbar ist Abs. 1 S. 2 Nr. 1 i.V. m. § 330 Abs. 1 SGB III, wenn nur ein SGB II-Träger von der ständigen Rechtsprechung abweicht.

49   **bb) Rechtsfolge.** Liegen die genannten Voraussetzungen vor, ist der Verwaltungsakt nicht – wie in § 44 vorgesehen – mit Wirkung für die Vergangenheit, sondern erst ab dem Zeitpunkt der Entscheidung bzw. des Entstehens der ständigen Rechtsprechung zurückzunehmen (krit. zu dieser zeitlichen Begrenzung der Rücknahme des Verwaltungsakts *Gagel* § 330 Rn. 2, 14, 19a; KassHB § 2 Rn. 35).

50   **3. Rücknahme eines begünstigenden rechtswidrigen Verwaltungsaktes. a) Allgemeines.** Nach § 45 Abs. 1 SGB X dürfen begünstigende Verwaltungsakte, die bereits bei ihrem Erlass rechtswidrig waren, zurückgenommen werden, wenn der Begünstigte sich nicht auf schutzwürdiges Vertrauen berufen kann. Diese Vorschrift ist auch in der Grundsicherung für Arbeitsuchende anzuwenden. Liegt ein Fall des § 45 Abs. 2 S. 3 SGB X vor – diese Vorschrift schließt das Berufen auf schutzwürdiges Vertrauen aus – modifiziert § 330 Abs. 2 SGB III, der auch in der Grundsicherung für Arbeitsuchende anzuwenden ist (§ 40 Abs. 1 S. 2 Nr. 1 SGB II), dahingehend, dass der SGB II-Träger keine Ermessensentscheidung zu treffen hat, sondern den Bewilligungsbescheid aufheben muss.

51   **b) Voraussetzungen.** Wenngleich nicht ausdrücklich angesprochen, setzt Abs. 1 S. 2 i.V. m. § 330 Abs. 2 SGB III das Vorliegen der **Voraussetzungen für eine Rücknahme nach § 45 SGB X** voraus. § 45 SGB X ist in der Grundsicherung für Arbeitsuchende anwendbar (vgl. § 37 S. 1 SGB I). Insbesondere schließt Abs. 1 S. 2 Nr. 1 i.V. m. § 330 Abs. 2 die Anwendung der Vorschrift nicht aus, sondern modifiziert sie nur bezüglich des Ermessensausübung.

52   § 45 SGB X kommt nur bei **begünstigenden Verwaltungsakten** zur Anwendung. Begünstigend sind Verwaltungsakte, wenn durch sie ein Recht oder ein rechtlicher Vorteil begründet oder bestätigt wird (§ 45 Abs. 1 SGB X), also etwa Arbeitslosengeld II bewilligt wird.

53   Weiter setzt die Rücknahme nach § 45 SGB X voraus, dass der Verwaltungsakt **im Zeitpunkt seines Erlasses rechtswidrig** war. Änderte sich die Sach- oder Rechtslage erst nach Erlass des Verwaltungs-

akts, kommt ggfs. eine Aufhebung nach § 48 SGB X in Betracht. Die **Rechtswidrigkeit** kann in einer fehlerhaften Rechtsanwendung oder in Sachverhaltsfehlern begründet sein.

Die Rücknahme des Verwaltungsakts nach § 45 SGB X ist **ausge-** 54 **schlossen,** wenn der Betroffene auf den Bestand des Verwaltungsakts **vertrauen** durfte (§ 45 Abs. 2 S. 1 SGB X). Kein Vertrauensschutz besteht in den Fällen des § 45 Abs. 2 S. 3 SGB X (s. Rn. 56).

Verwaltungsakte mit Dauerwirkung können grundsätzlich nur in- 55 nerhalb von **zwei Jahren** zurückgenommen werden (§ 45 Abs. 3 S. 1 SGB X). **Zehn Jahre** beträgt die Rücknahmefrist, wenn vorsätzlich oder grobfahrlässig unrichtige oder unvollständige Angaben gemacht wurden bzw. wenn die Rechtswidrigkeit des Verwaltungsakts dem Betroffenen bekannt war, bei grob fahrlässiger Unkenntnis der Rechtswidrigkeit des Verwaltungsaktes sowie bei einem zulässigen Widerrufsvorbehalt (§ 45 Abs. 3 S. 3 SGB X). **Nach Ablauf der zehn Jahre** kann der Verwaltungsakt zurückgenommen werden, wenn er durch arglistige Täuschung, widerrechtliche Drohung oder Bestechung herbeigeführt wurde. Bei den genannten Fristen handelt es sich um materielle Ausschlussfristen, die nicht verlängert werden können. Ob ein Verwaltungsakt **zeitlich unbegrenzt** auch bei Vorliegen von Wiederaufnahmegründen nach § 580 ZPO (§ 45 Abs. 3 S. 2 SGB X) zurückgenommen werden kann, ist str. Bei **Verwaltungsakten ohne Dauerwirkung** besteht **keine zeitliche Begrenzung** für die Rücknahme des Verwaltungsakts. Verwaltungsakte über die Gewährung von einmaligen Sozialleistungen können damit zeitlich unbegrenzt zurückgenommen werden.

§ 40 Abs. 1 S. 2 Nr. 1 SGB II i.V.m. § 330 Abs. 2 SGB III setzt weiter 56 einen **Fall des § 45 Abs. 2 S. 3 SGB X** voraus. Diese Vorschrift schließt Vertrauensschutz des Leistungsempfängers in folgenden Fällen aus:

- **Arglistige Täuschung.** Eine arglistige Täuschung liegt vor, wenn ein Irrtum durch Vorspiegeln oder Unterdrücken von Tatsachen hervorgerufen oder aufrechterhalten wird. Hierzu ist Vorsatz erforderlich. Dolus eventualis ist ausreichend. Die Absicht, einen Vermögensvorteil zu erlangen, ist nicht notwendig.
- **Drohung.** Eine Drohung liegt bei Ausübung psychischen Zwangs vor. Die Drohung muss rechtswidrig sein. Keine rechtswidrige Drohung ist die Androhung einer Dienstaufsichtsbeschwerde oder einer Schadensersatz- oder Untätigkeitsklage. Die Drohung muss vorsätzlich erfolgen. Nicht erforderlich ist, dass der Täter schuldfähig bzw. dass eine Verurteilung erfolgt ist.
- **Bestechung.** Der rechtswidrige Bescheid wird durch Versprechen einer Gegenleistung herbeigeführt.
- **Unrichtige Angaben. Unrichtig** sind Angaben, wenn sie der Wahrheit nicht entsprechen. **Unvollständig** sind sie, wenn sie Tat-

nicht enthalten, bei deren Kenntnis der SGB II-Träger den ...enen Verwaltungsakt nicht oder mit einem ungünstigeren In- ..alt erlassen hätte. Die falschen Angaben müssen vorsätzlich oder zumindest grob fahrlässig gemacht werden. Vorsätzlich handelt der Leistungsempfänger, wenn er mit Wissen und Wollen die unrichtigen oder unvollständigen Angaben gemacht hat. Dolus eventualis ist ausreichend. Zur groben Fahrlässigkeit s. unten.

– Der Verwaltungsakt muss **kausal** auf die unrichtigen Angaben zurückzuführen sein („**beruht**"). Mittelbare Verursachung ist ausreichend (vgl. KassKomm. § 45 SGB X Rn. 38). Bei widersprüchlichen Angaben kommt § 45 Abs. 3 S. 2 Nr. 2 SGB X nicht zur Anwendung. In diesem Fall ist der SGB II-Träger nach § 20 SGB X verpflichtet, den Sachverhalt aufzuklären. Unvollständig müssen **Tatsachen** sein. Bei einer unrichtigen oder unvollständig vorgetragenen Rechtsansicht kommt § 45 Abs. 2 S. 3 Nr. 2 SGB X nicht zur Anwendung.

– **Kenntnis oder grob fahrlässige Unkenntnis der Rechtswidrigkeit.** Kein Vertrauensschutz besteht nach § 45 Abs. 2 S. 3 Nr. 3 SGB X, wenn der Begünstigte die Rechtswidrigkeit des Verwaltungsakts kannte oder infolge grober Fahrlässigkeit nicht kannte. Maßgeblich ist insoweit der Zeitpunkt des Erlasses des Bescheides. Erfährt der Betroffene erst später von der Rechtswidrigkeit des Verwaltungsakts, wird der Vertrauensschutz nicht ausgeschlossen.

– **Grobfahrlässig** ist die Unkenntnis nach der Legaldefinition in § 45 Abs. 2 S. 3 Nr. 3 S. 2 SGB X, wenn der Begünstigte die erforderliche Sorgfalt in besonders schwerem Maße verletzt hat. Dies ist dann der Fall, wenn einfachste, ganz naheliegende Überlegungen nicht angestellt wurden und deshalb nicht beachtet wurde, was jedem einleuchten muss (vgl. BSG SozR 1300 § 48 Nr. 22). Zu berücksichtigen sind die persönliche Urteils- und Kritikfähigkeit, das Einsichtsvermögen des Begünstigten und die besonderen Umstände des Einzelfalles. § 45 Abs. 2 S. 3 Nr. 3 SGB X liegt damit ein subjektiver Fahrlässigkeitsbegriff zu Grunde (vgl. BSG SozR 3-4100 § 105 Nr. 3).

– Grobe Fahrlässigkeit liegt i. d. R. nur vor, wenn der SGB II-Träger in den Antragsformularen, im Bescheid oder in anderer Form (insbesondere Merkblättern) **in ausreichendem Maße aufgeklärt** hat. Ist dies der Fall, kann sich der Betroffene nicht darauf berufen, dass er die Hinweise des SGB II-Trägers nicht gelesen habe (vgl. zum Arbeitsförderungsrecht BSG 4100 § 103 Nr. 36 und 37). Bei abstrakten Belehrungen kommt es darauf an, dass die Rechtswidrigkeit für den Betroffenen augenfällig ist (vgl. BSG SozR 3-1300 § 45 Nr. 45). Ob der Betroffene nach seiner Persönlichkeitsstruktur und seinem Bildungsstand in der Lage war, die Hinweise zu verstehen, ist vom SGB II-Träger und den Gerichten nach den Verhältnissen im Einzelfall zu prüfen. Ein sicheres Wissen ist allerdings nicht erforderlich (vgl. BSG SozR 2200 § 1301 Nr. 4). Ein Ausländer kann sich nicht auf mangelnde Sprachkenntnisse berufen. Ggfs. muss er einen Sprachkundigen einschalten (vgl. BSG 24. 4. 1997 – 11 R Ar 89/96).

c) Rechtsfolgen. Sind die genannten Voraussetzungen erfüllt, ist **57** der Träger der Grundsicherung nach Abs. 1 S. 2 Nr. 1 i. V. m. § 330 Abs. 2 SGB III verpflichtet, den Verwaltungsakt mit Wirkung für die Zukunft und für die Vergangenheit zurückzunehmen. Abweichend von § 45 Abs. 1 SGB X muss er kein Ermessen auszuüben. Interessen des Leistungsberechtigten sind aber bei der Abwägung des Vertrauensschutzes einzubeziehen.

4. Aufhebung von Verwaltungsakten mit Dauerwirkung. 58 a) Allgemeines. Abs. 1 S. 2 Nr. 1 i. V. m. § 330 Abs. 3 S. 1 SGB III enthält eine Sonderregelung zur Aufhebung von Verwaltungsakten mit Dauerwirkung. Verwaltungsakte mit Dauerwirkung sind bei wesentlichen Änderungen in der Sach- oder Rechtslage mit Wirkung für die Zukunft aufzuheben (§ 48 Abs. 1 S. 1 SGB X). Mit Wirkung für die Vergangenheit sollen sie aufgehoben werden, wenn die Voraussetzungen des § 48 Abs. 1 S. 2 SGB X vorliegen. In atypischen Fällen hat der Leistungsträger nach pflichtgemäßem Ermessen über die Aufhebung für die Vergangenheit zu entscheiden. Hier setzt § 40 Abs. 1 S. 2 Nr. 1 SGB III i. V. m. § 330 Abs. 3 S. 1 SGB III an und verpflichtet den SGB II-Träger generell – also auch in atypischen Fällen – zur Aufhebung des Verwaltungsakts mit Wirkung ab dem Zeitpunkt der Änderung.

b) Voraussetzungen. Abs. 1 S. 2 Nr. 1 i. V. m. § 330 Abs. 3 S. 1 SGB **59** III setzt voraus, dass die **Voraussetzungen von § 48 Abs. 1 S. 2 SGB X** erfüllt sind. § 48 SGB X regelt die Aufhebung von Verwaltungsakten mit Dauerwirkung bei Änderung der tatsächlichen oder der rechtlichen Verhältnisse nach Erlass des Verwaltungsakts. Die Vorschrift dient vor allem dem Ausgleich des Interesses des Sozialleistungsträgers, Sozialleistungen an veränderte tatsächliche oder rechtliche Verhältnisse anzupassen mit dem Interesse des auf den Fortbestand des Verwaltungsakts vertrauenden Betroffenen.

Ein Verwaltungsakt kann nur nach § 48 Abs. 1 SGB X aufgehoben **60** werden, wenn es sich um einen **Verwaltungsakt mit Dauerwirkung** handelt. Ein solcher Verwaltungsakt liegt vor, wenn er entsprechend gesetzlich qualifiziert wird, ansonsten, wenn er auf die wiederholte Erbringung von Leistungen gerichtet ist. Nur einmalige Gebote oder Verbote sind nicht ausreichend. Ein Verwaltungsakt mit Dauerwirkung ist z. B. ein Verwaltungsakt über die Bewilligung von Arbeitslosengeld II und von Sozialgeld. Str. ist, ob bei Verwaltungsakten, mit denen Sozialleistungen abgelehnt oder entzogen werden, Dauerwirkung vorliegt (bej. BSG E 42, 213; vern. BSG E 58, 27). Unerheblich ist bei § 48 SGB X dagegen, ob es sich um einen begünstigenden oder nicht begünstigenden Verwaltungsakt handelt.

Weiter setzt die Aufhebung eines Verwaltungsakts nach § 48 SGB
X voraus, dass nach Erlass des Verwaltungsakts – d. h. nach seiner Bekanntgabe nach § 37 SGB X – eine **wesentliche Änderung** in den tatsächlichen oder den rechtlichen **Verhältnissen** eingetreten ist. Eine
Änderung der tatsächlichen Verhältnisse liegt vor, wenn sich die Umstände, von denen der SGB II-Träger bei Erlass des Verwaltungsakts
ausgegangen ist, danach verändert haben, z. B. der Arbeitslose Arbeit
aufgenommen oder er Vermögen erworben hat. Die rechtlichen Verhältnisse haben sich geändert, wenn nach Erlass des Verwaltungsakts
die maßgeblichen Rechtsvorschriften in Gesetzen, Rechtsverordnungen oder Satzungen modifiziert wurden. Auch die Änderung der
Rechtsprechung kann zu einer Änderung in den Verhältnissen führen.
Wesentlich ist die Änderung, wenn der Verwaltungsakt nach den
objektiv vorliegenden Verhältnissen nicht oder nicht wie geschehen
hätte erlassen werden dürfen, die Änderung also zur Rechtswidrigkeit
des Ausgangsbescheides geführt hätte. Die Änderung muss **nach Erlass** des Verwaltungsakts eingetreten sein. War der Verwaltungsakt bereits im Zeitpunkt seines Erlasses **rechtswidrig**, scheidet eine Aufhebung nach § 48 SGB X aus. In diesem Fall ist aber zu prüfen, ob eine
Rücknahme nach § 44 SGB X (s. Rn. 36 ff.) oder nach § 45 SGB X
(s. Rn. 51 ff.) in Betracht kommt.

62 Die Aufhebung mit Wirkung für die **Vergangenheit** setzt zusätzlich
voraus, dass einer der in § 48 Abs. 1 S. 2 SGB X genannten **Gründe**
vorliegt:
– **Änderungen zu Gunsten des Betroffenen** (§ 48 Abs. 1 S. 2 Nr. 1
SGB X)
Zugunsten des Betroffenen erfolgt die Aufhebung, wenn er „per
saldo" begünstigt wird.
– **Vorsätzlicher** oder **grob fahrlässiger Verstoß** gegen gesetzliche
Mitteilungspflichten (§ 48 Abs. 1 S. 2 Nr. 2 SGB X)
Mitteilungspflichten i. d. S. legt vor allem § 60 Abs. 1 Nr. 2 SGB I
fest. Ob ein grob fahrlässiger Verstoß vorliegt, beurteilt sich nach
§ 45 Abs. 2 S. 3 Nr. 2 SGB X. Mitteilungspflichtig ist z. B. bei Bezug
von Arbeitslosengeld II die Aufnahme einer geringfügigen oder
einer versicherungspflichtigen Beschäftigung.
– **Erzielung von Einkommen oder Vermögen** (§ 48 Abs. 1 S. 2
Nr. 3 SGB X)
Maßgeblicher Änderungszeitpunkt ist in diesem Fall der Beginn
des Abrechnungszeitraums (§ 48 Abs. 1 S. 3 SGB X). Wegfall bedeutet, dass der Anspruch vollständig entfällt, Minderung, dass dies nur
zum Teil der Fall ist. Nr. 3 ist entsprechend anwendbar, wenn der
Einkommens- oder Vermögensbezug zum Erlöschen des Anspruchs
führt (vgl. BSG SozR 1300 § 48 Nr. 22 und 26).
– **Kenntnis oder grob fahrlässige Unkenntnis des Ruhens oder
des Wegfalls der Sozialleistung** (§ 48 Abs. 1 S. 2 Nr. 4 SGB X)

Zu beachten ist, dass § 48 Abs. 1 S. 2 Nr. 4 SGB X positive Kenntnis voraussetzt; kennen müssen allein ist nicht ausreichend (vgl. BSG SozR 1300 § 48 Nr. 39).

Der Träger der Grundsicherung muss den Verwaltungsakt innerhalb **63** **eines Jahres** ab Bekanntwerden der die Aufhebung rechtfertigenden Umstände vornehmen (§ 48 Abs. 4 i.V. m. § 45 Abs. 3, Abs. 4 S. 2 SGB X). Die Aufhebung eines Verwaltungsakts mit Wirkung für die Vergangenheit ist nur **innerhalb von 10 Jahren** seit seiner Bekanntgabe möglich (§ 48 Abs. 4 SGB X).

c) Rechtsfolge. Liegen die genannten Voraussetzungen vor, ist der **64** Verwaltungsakt **mit Wirkung** für die **Vergangenheit** aufzuheben. Anders als in § 48 SGB X gilt dies auch in atypischen Fällen.

5. Erstattung von Arbeitslosengeld II durch den Arbeitgeber 65 (Abs. 1 S. 2 Nr. 1 i.V. m. § 330 Abs. 4 SGB III). Der Verweis in Abs. 1 S. 2 Nr. 1 auf § 330 Abs. 4 SGB III geht ins Leere, weil im SGB II eine mit § 147a SGB III vergleichbare Vorschrift fehlt.

IV. Vorläufige Entscheidung
(Abs. 1 S. 2 Nr. 1a i.V. m. § 328 SGB III)

1. Allgemeines. Abs. 1 S. 2 Nr. 1a i.V. m. § 328 SGB III ergänzt die **66** allgemeinen Regelungen zu den einstweiligen Sozialleistungen in den §§ 42, 43 SGB I. Durch die Bezugnahme auf § 328 SGB III ist auch in der Grundsicherung für Arbeitsuchende eine vorläufige Gewährung von Geldleistungen in den in dieser Vorschrift abschließend aufgezählten Fällen möglich.

2. Voraussetzungen. a) Geldleistung. Geldleistungen sind Leis- **67** tungen, die auf die Zahlung eines bestimmten Geldbetrages gerichtet sind; näher zur Abgrenzung von Geld-, Sach- und Dienstleistungen s. § 4 Rn. 5. In der Grundsicherung für Arbeitsuchende sind vor allem das Arbeitslosengeld II und das Sozialgeld Geldleistungen. Eine vorläufige Entscheidung ist aber auch bei einmaligen Leistungen möglich.

b) Erbringung der Leistung. Eine vorläufige Entscheidung ist **68** nur in Verfahren zulässig, in denen der SGB II-Träger über die Erbringung der Leistung zu entscheiden hat. Ob auch Rückforderungen von Geldleistungen unter § 328 fallen, ist str. (bej. *Pilz* in Gagel § 328 Rn. 9; aA. *Schmidt-DeCaluwe* NZS 2001, 240). Str ist ferner, ob § 328 nur positive Entscheidungen zum Gegenstand haben kann (so *Schmidt-DeCaluwe* NZS 2001, 240 [(245]).

c) Gründe. Eine vorläufige Entscheidung kann nur ergehen, wenn **69** einer der in § 328 SGB III genannten Gründe vorliegt:

Eine vorläufige Entscheidung ist zulässig, wenn beim **BVerfG** oder **70** beim **EuGH** ein **Verfahren anhängig** ist, in dem darüber zu entscheiden ist, ob eine Vorschrift mit dem Grundgesetz bzw. dem EU-Recht vereinbar ist (**Nr. 1**). Vorschriften i.d.S. sind auch solche des SGB III und anderer Gesetze, auf die das SGB II verweist (vgl. *Merten* in: BeckOK § 40 SGB II Rn. 12 a). Von der **Entscheidung hängt die Entscheidung über den Antrag ab**, wenn die Entscheidung des BVerfG oder des EuGH sich auf den Anspruchsgrund oder die Anspruchsdauer auswirkt. Soweit die Entscheidung nur für die Höhe des Anspruchs **erheblich** ist, kommt § 42 SGB I zur Anwendung.

71   Weiter ist eine vorläufige Entscheidung zulässig, wenn **beim Bundessozialgericht ein Verfahren** über eine **entscheidungserhebliche Rechtsfrage von grundsätzlicher Bedeutung anhängig** ist (Nr. 2). Verfahren i.d.S. sind beim BSG anhängige Revisionsverfahren. Ob auch eine Nichtzulassungsbeschwerde ein Verfahren i. S. v. Abs. 1 S. 1 Nr. 2 ist (so *Schmidt-DeCaluwe* NZS 2001, 240 (245), ist str. (a. A. *Niesel* in Niesel § 328 Rn. 9). **Entscheidungserheblich** ist eine Rechtsfrage auch dann, wenn nur eine Nebenfrage von der Entscheidung des BSG abhängt (vgl. *Pilz* in Gagel § 328 Rn. 19). Unerheblich ist, ob das Verfahren eine Vorschrift des SGB II zum Gegenstand hat. Von **grundsätzlicher Bedeutung** ist eine Rechtsfrage, wenn ihr über den Einzelfall hinaus Bedeutung zukommt und noch nicht höchstrichterlich über sie entschieden wurde (vgl. *Pilz* in Gagel § 328 Rn. 50). Teilweise wird in der Lit. bei der grundsätzlichen Bedeutung auf die Voraussetzungen zur Zulässigkeit einer Revision nach § 160 Abs. 2 Nr. 1 SGG abgestellt, so dass grundsätzliche Bedeutung dann anzunehmen ist, wenn eine Rechtsfrage klärungsbedürftig und klärungsfähig ist, die Rechtsfrage über den Einzelfall hinausgeht, die Rechtseinheit gewahrt und die Rechtsentwicklung gefördert wird (vgl. *Vor* in KassHB § 31 Rn. 50). Teilweise wird für ausreichend erachtet, dass die Voraussetzungen der Nichtzulassungsbeschwerde vorliegen (vgl. *Schmidt-DeCaluwe* NZS § 2001, 240 (245); *Wissing* § 328 Rn. 20).

72   Eine vorläufige Entscheidung ist schließlich zulässig, wenn die Feststellung der Voraussetzungen einer Geldleistung längere Zeit in Anspruch nimmt (**Nr. 3**). Zu den **Voraussetzungen des Anspruchs** gehören alle den Anspruch begründenden Umstände, d. h. alle Umstände, die das Entstehen des Anspruchs voraussetzen, die sein völliges oder teilweises Erlöschen (z. B. Aufrechnung) oder sein Ruhen (z. B. Sperrzeit, Arbeitskampf) bewirken oder die den Anspruch hemmen (z. B. Verjährung). Sind die Voraussetzungen festgestellt, ist eine vorläufige Entscheidung nicht mehr zulässig. **Längere Zeit** erfordert nicht zwingend eine verzögerte Bearbeitung der Angelegenheit. Bei wiederkehrenden Entgeltersatzleistungen wird in der Lit. von einem längeren Zeitraum bereits ausgegangen, wenn die Bearbeitung länger als einen Zahlungszeitraum dauert (vgl. *Niesel* in: Niesel § 328 Rn. 12; *Schmidt-DeCaluwe* NZS 2001, 240 (245 f.). Mit **hinreichender Wahrscheinlichkeit** liegen die Voraussetzungen vor, wenn auf Grund der noch

nicht abgeschlossenen Ermittlungen mehr dafür spricht, dass der Antragsteller die Leistungen erhalten wird (vgl. *Wissing* § 328 Rn. 28). Ist
der Anspruch noch nicht entstanden, scheidet eine vorläufige Entscheidung aus (vgl. LSG NRW NZS 2000, 624 f; *Vor* in KassHB § 328
Rn. 51). Eine vorläufige Entscheidung ist nicht zulässig, wenn der Antragsteller die einer sofortigen Entscheidung entgegenstehenden Umstände **zu vertreten** hat. Zu vertreten hat er auch leicht fahrlässiges
Verhalten. Mitverschulden ist ausreichend. Der Antragsteller hat z. B.
unzureichendes Mitwirken bei der Sachverhaltsaufklärung (§§ 60 ff.
SGB I) oder Behinderung der Sachaufklärung in anderer Weise zu vertreten.

    3. Rechtsfolgen. Liegen die genannten Voraussetzungen vor, ent- **73**
scheidet der SGB II-Träger **von Amts wegen** nach pflichtgemäßem
Ermessen (§ 328 Abs. 1 S. 1 SGB III: „kann"). Ermessen steht ihm sowohl bezüglich der Frage, ob vorläufig entschieden wird, als auch bezüglich der Höhe und der Dauer der Leistung zu. Eine **Verpflichtung**
zum Erlass einer vorläufigen Entscheidung besteht insoweit nur bei
Reduzierung des Ermessens auf null. Zum Erlass einer vorläufigen
Entscheidung ist der SGB II-Träger ferner verpflichtet, wenn dies in
den Fällen des § 328 Abs. 1 S. 1 Nr. 3 SGB III beantragt wird (§ 328
Abs. 1 S. 3 SGB III).

    Eine vorläufige Leistung kommt neben den Fällen, in denen nur **74**
noch die Höhe einer Leistung zweifelhaft ist, insbesondere in Betracht,
wenn ein **dringender Bedarf** besteht, etwa der Leistungsberechtigte
ohne die vorläufige Entscheidung auf Sozialhilfe angewiesen wäre
(vgl. *Pilz* in: Gagel § 328 Rn. 30).

    Die **Höhe** der vorläufig zu gewährenden Leistung wird vom SGB **75**
II-Träger nach pflichtgemäßem Ermessen festgesetzt. Von der wahrscheinlich zu erbringenden Leistung können Abschläge gemacht werden (vgl. *Niesel* in: Niesel § 328 Rn. 14).

    Die **Dauer** der vorläufigen Entscheidung kann vom SGB II-Träger **76**
begrenzt werden.

    **4. Verfahren. a) Entscheidung über die vorläufige Leistungs- 77
gewährung.** Auf das **Antragsrecht** nach Abs. 1 S. 3 muss der SGB II-
Träger **hinweisen**, soweit dieses im konkreten Fall in Betracht kommt
(vgl. *Pilz* in: Gagel § 328 Rn. 33).

    Die vorläufige Entscheidung ist ein **Verwaltungsakt** i. S. v. § 31 **78**
SGB X.

    Eine bestimmte **Form** ist für den Erlass der vorläufigen Entschei- **79**
dung nicht vorgeschrieben, sie kann deshalb auch mündlich oder konkludent – durch die bloße Auszahlung der vorläufigen Leistung erfolgen. Aus der Entscheidung muss sich zumindest ergeben, dass es sich
nicht um eine endgültige Entscheidung handelt (vgl. *Wissing/Pitschas/
Eicher* § 328 Rn. 32 m. w. N.). Dass es sich um eine vorläufige Leistung
handelt, muss sich aus dem Verfügungssatz des Verwaltungsakts erge-

ben (vgl BSG SozR 3-1300 § 31 Nr 10). Ob dies der Fall ist, ist vom
Verständnishorizont eines verständigen Empfängers durch Auslegung
zu ermitteln (§ 133 BGB). Unklarheiten gehen zu Lasten des SGB II-
Trägers (vgl BSG SozR 3-1300 § 32 Nr 2). Ergibt sich die Vorläufigkeit
nicht aus dem Verwaltungsakt, liegt ein nicht vorläufiger Verwaltungsakt vor, der nach Ablauf der Bestandskraft nur unter den Voraussetzungen der §§ 44 ff. SGB X aufgehoben werden kann.

80   Der SGB II-Träger hat den Umfang und den Grund der Vorläufigkeit anzugeben. Gründe der Vorläufigkeit können nur die in § 328
Abs. 1 S. 1 genannten sein. Bei einer vorläufigen Entscheidung nach
Abs. 1 S. 1 Nr 3 müssen zusätzlich die noch erforderlichen Feststellungen angegeben werden. Ist der Umfang bzw. der Grund der Vorläufigkeit nicht oder nur unzureichend angegeben, kann dies bis zur letzten
Tatsacheninstanz geheilt werden (§ 41 Abs. Nr. 2 SGB X).

81   Die vorläufige Entscheidung erzeugt nur Bindungswirkung bezüglich der vorläufigen Leistungsgewährung, nicht aber bezüglich des Anspruchs auf die begehrte Leistung (vgl. *Vor* § 328 Rn. 19 ff.). Mit der
endgültigen Entscheidung entfällt die Bindungswirkung der vorläufigen Entscheidung. Sie ist nicht gesondert aufzuheben (vgl. BSG SozR
3-4100 § 112 Nr. 28; BSG SozR 3-1300 § 31 Nr. 10; BSG SozR § 42
Nr. 4).

82   Erlässt der SGB II-Träger keine vorläufige Entscheidung, kommt
der Erlass einer **einstweiligen Anordnung** durch das Sozialgericht in
Betracht.

83   **b) Änderung der vorläufigen Entscheidung.** Die Änderung einer vorläufigen Entscheidung – insbesondere wenn neue Erkenntnisse
einen Anspruch unwahrscheinlich machen – beurteilt sich nach den
§§ 47, 48 SGB X. Die weitere Leistungsgewährung kann dann nach
§ 331 SGB III eingestellt werden.

84   **c) Endgültige Entscheidung.** Sind die Gründe für die Vorläufigkeit der Entscheidung entfallen, ist abschließend zu entscheiden.
Bestätigt sich der Anspruch im weiteren Verfahren, muss der SGB II-
Träger die vorläufige Entscheidung nicht für endgültig erklären (Abs. 2
S. 1). Damit wird dem Grundsatz der Verwaltungsökonomie entsprochen. Eine Endgültigerklärung muss nur erfolgen, wenn dies der Berechtigte beantragt.

85   Erweist sich die vorläufige Entscheidung als unrichtig, muss eine
endgültige Entscheidung ergehen, mit der sich die vorläufige Entscheidung anderweitig erledigt (§ 39 Abs. 2 SGB X). Eine Anhörung nach
§ 24 SGB X muss nicht erfolgen, da durch die vorläufige Entscheidung
noch keine gesicherte Rechtsposition geschaffen wurde (vgl. BSG E
87, 122 ff; *Niesel* in: Niesel § 328 Rn. 19).

86   Die auf Grund der vorläufigen Entscheidung erbrachten Leistungen
sind auf die nach der Endentscheidung zustehenden Leistungen **anzurechnen** (Abs. 3 S. 1). Auf die Anrechnung sind weder § 51 SGB I noch

die §§ 45 ff., 50 SGB X anwendbar (vgl. BSG SozR 1200 § 42 Nr. 4 S. 16). Damit kann sich der Leistungsempfänger insbesondere nicht auf Vertrauensschutz berufen. Bei der Rücknahme rechtswidriger Entscheidungen ist keine Ermessensabwägung vorzunehmen (vgl. BSG SozR 3-4100 § 147 Nr. 1). Die Anrechnung bedarf einer ausdrücklichen Willenserklärung des SGB II-Trägers, mit der der Anspruch in Höhe der vorläufigen Leistung entsprechend den §§ 362 Abs. 1, 366 BGB zum Erlöschen gebracht wird (vgl. BSG SozR 1200 § 42 Nr. 4 S. 16).

Hat der Leistungsberechtigte einen höheren Anspruch, müssen die **87** noch ausstehenden Leistungen **nachgezahlt** werden. Die Nachzahlungen für die Vergangenheit sind zeitlich nicht beschränkt. Die Begrenzungen durch § 44 Abs. 4 SGB X bzw. § 330 sind nicht anwendbar.

Sind auf Grund der vorläufigen Entscheidung Leistungen zu Unrecht **88** gewährt worden, sind diese zu **erstatten** (Abs. 3 S. 2). Gegenüber § 50 SGB X ist Abs. 3 S. 2 als lex specialis vorrangig. Die Vertrauensschutzregelungen der §§ 44 ff. SGB X kommen damit nicht zur Anwendung. Erstattungspflichtig ist grundsätzlich der Leistungsempfänger.

Anders als § 42 Abs. 3 SGB I enthält § 328 keine Regelung zur **Stun-** **89** **dung,** zur **Niederschlagung** und zum **Erlass** des Erstattungsanspruchs. In der Lit. wird dennoch eine entsprechende Anwendung befürwortet (vgl. *Niesel* in: Niesel § 328 Rn. 23). Ferner kann bei Vorliegen einer besonderen Härte keine Erstattung geltend gemacht werden (vgl. BSG SozR 3-1300 § 45 Nr 5). Eine besondere Härte liegt vor, wenn die Erstattung zur Sozialhilfebedürftigkeit oder zu einer erhöhten Sozialhilfebedürftigkeit des Erstattungspflichtigen führen würde (vgl. BSG SozR 1300 § 50 Nr. 6; BSG SozR § 154 Nr. 8).

V. Vorläufige Zahlungseinstellung (Abs. 1 S. 2 Nr. 2 i. V. m. § 331 SGB III)

1. Allgemeines. Der Verweis in Abs. 1 S. 2 Nr. 2 auf **§ 331 SGB III** **90** hat zur Folge, dass der SGB II-Träger laufende Leistungen ohne Bescheid vorläufig einstellen kann, wenn er Kenntnis von Tatsachen erhält, die kraft Gesetzes zum Ruhen oder zum Wegfall des Anspruchs führen und der der Leistung zu Grunde liegende Verwaltungsakt mit Wirkung für die Vergangenheit aufzuheben wäre. Hiermit wird der Grundsatz durchbrochen, dass Leistungen so lange zu erbringen sind, als der zu Grunde liegende Verwaltungsakt nicht aufgehoben oder anderweitig erledigt ist. Liegen Tatsachen für das Ruhen oder den Wegfall eines Anspruchs vor, darf der SGB II-Träger laufende Leistungen auch ohne Verwaltungsakt einstellen. Die Vorschrift steht damit in engem Zusammenhang mit Abs. 1 S. 2 Nr. 1 und den §§ 45, 48 SGB X.

91   Abs. 1 S. 2 dient vor allem der **Vermeidung von Überzahlungen**
(vgl. zur entsprechenden Rechtslage im SGB III *Gagel* § 331 Rn. 1) und
der **Verwaltungsökonomie** (vgl. Begr. des RegE-AFRG S. 213 zu
§ 332).

92   **2. Voraussetzungen. a) Laufende Geldleistung.** Eine vorläufige
Zahlungseinstellung nach Abs. 1 S. 2 Nr. 2 i. V. m. § 331 SGB III ist nur
bei laufenden Leistungen möglich. Da § 331 SGB III zur Zahlungseinstellung berechtigt, muss es sich bei der laufenden Leistung um eine
Geldleistung handeln (vgl. *Merten* in: BeckOK § 40 SGB II Rn. 14).
Anders als im Arbeitsförderungsrecht in § 313 Abs. 1 S. 1 SGB III werden im SGB II die laufenden Geldleistungen nicht enumerativ aufgezählt. Laufende Geldleistungen der Grundsicherung für Arbeitsuchende sind das Arbeitslosengeld II einschließlich der Leistungen für
Unterkunft und Heizung, der befristete Zuschlag nach Bezug von Arbeitslosengeld nach § 24, die Zuschüsse zu Beiträgen bei Befreiung von
der Versicherungspflicht nach § 26, das Sozialgeld nach § 28 und das
Einstiegsgeld nach § 16 b. Einmalige Leistungen können demgegenüber nicht vorläufig eingestellt werden.

93   **b) Kenntnis von Tatsachen, die zum Ruhen oder zum Wegfall
des Anspruchs kraft Gesetzes führen.** Die vorläufige Einstellung
setzt weiter die **Kenntnis von Tatsachen** voraus. Bloße Vermutungen
oder Wertungen sind nicht ausreichend. Aus den Tatsachen muss sich
ein konkreter Verdacht ergeben (vgl. zur entsprechenden Rechtslage
im Arbeitsförderungsrecht KassHB § 31 Rn. 62; *Hauck/Noftz* § 331
Rn. 5).

94   Der SGB II-Träger muss die **Kenntnis nach Erlass des Bewilligungsbescheides** erlangt haben (vgl. *Merten* in: BeckOK § 40
Rn. 14).

95   Anders als das SGB III kennt das SGB II **keine Ruhenstatbestände**,
so dass der entsprechende Hinweis auf § 331 SGB III insoweit ins Leere
geht.

96   Der Anspruch **fällt weg**, wenn zumindest eine seiner materiellen
Voraussetzungen nicht mehr erfüllt ist oder wenn die bekannt gewordenen Tatsachen zu seinem Erlöschen oder zu einem sonstigen Leis-
tungshindernis führen. Zum Wegfall des Anspruchs auf Arbeitslosengeld II führt z. B. die Erzielung von den Grundsicherungsbedarf
deckenden Einnahmen. Nicht anwendbar ist Abs. 1 S. 2 Nr. 2, wenn
der Wegfall des Anspruchs nicht **kraft Gesetzes**, sondern aufgrund einer Ermessensentscheidung eintritt (vgl. insoweit die Begründung des
RegE AFRG S. 213 zu § 332).

97   **c) Wirkung für die Vergangenheit.** Abs. 1 S. 1 berechtigt nur zur
vorläufigen Einstellung der Leistung, wenn der Bescheid, aus dem sich
der Anspruch ergibt, **mit Wirkung für die Vergangenheit** aufzuheben ist. Im Arbeitsförderungsrecht ist insoweit str., ob die vorläufige
Einstellung nur in den Fällen nach § 48 SGB X i. V. m. § 330 Abs. 3

SGB III (vgl. zum Arbeitsförderungsrecht *Gagel* § 331 Rn. 5, 6) oder auch in den Fällen des § 45 SGB X (so zum Arbeitsförderungsrecht GK-SGB III § 331 Rn. 4; *Hauck/Noftz* § 331 Rn. 7; KassHB § 31 Rn. 63) zulässig ist. Für die letztere Auffassung spricht, dass der Wortlaut von § 331 SGB III nur von der Kenntnisnahme, nicht aber von der Änderung der tatsächlichen Verhältnisse nach Erlass des Bewilligungsbescheides spricht. Mit Wirkung für die Vergangenheit sind i. d. R. Leistungen nur bei bösgläubigen Leistungsbeziehern aufzuheben.

3. Rechtsfolgen. Liegen die Voraussetzungen des Abs. 1 S. 2 Nr. 2 **98** vor, steht die vorläufige Einstellung der Leistung ohne Erteilung eines Bescheides im **pflichtgemäßen Ermessen** des SGB II-Trägers („kann") (vgl. *Merten* in: BeckOK § 40 SGB II Rn. 16).

4. Verfahren. a) Anhörung des Leistungsempfängers. Beruht **99** die Kenntnis der maßgebenden Tatsachen nicht auf der Mitteilung des Leistungsbeziehers, ist ihm die vorläufige Zahlungseinstellung unverzüglich unter Angabe der maßgebenden Gründe mitzuteilen (vgl. Abs. 1 S. 2 Nr. 2 i.V. m. § 331 Abs. 1 S. 2 SGB III). Diese Mitteilungspflicht hat gegenüber der nach § 24 SGB X als lex specialis Vorrang. Die Beschränkung der Mitteilungspflicht auf die Fälle, in denen der SGB II-Träger die Kenntnis der maßgebenden Tatsachen nicht vom Leistungsberechtigten erlangt hat, ist nicht unproblematisch, da dieser auch bei Mitteilung ein rechtliches Interesse daran hat, in Erfahrung zu bringen, von welchen Erwägungen der SGB II-Träger sich bei seiner Ermessensabwägung hat leiten lassen. In der Lit. zum SGB III wird insoweit zutreffenderweise eine entsprechende Anwendung von § 35 SGB X befürwortet (vgl. *Gagel* § 331 Rn. 12).

Unverzüglich ist die Mitteilung, wenn sie ohne schuldhaftes Zö- **100** gern erfolgt (§ 121 Abs. 1 S. 1 BGB).

Bei der Anhörung sind dem Leistungsbezieher sowohl die Einstel- **101** lung der Leistung als auch deren maßgebliche Gründe mitzuteilen. Eine bestimmte **Form** ist nicht vorgeschrieben.

Dem Leistungsberechtigten ist **Gelegenheit** zu geben, sich zu **äu- 102 ßern**. Insoweit kann auf die zu § 24 SGB X entwickelten Grundsätze zurückgegriffen werden (vgl. *Niesel* § 331 Rn. 6).

Unterbleibt die Anhörung, ist die vorläufige Zahlungseinstellung **103** rechtswidrig. Der Leistungsberechtigte kann in diesem Fall Zahlung der noch nicht erbrachten Leistungen durch **isolierte Leistungsklage** geltend machen.

b) Rechtsschutz. Die vorläufige Leistungseinstellung ist ein **Ver- 104 waltungsakt** (ebenso zum Arbeitsförderungsrecht KassHB § 31 Rn. 67; *Gagel* § 331 Rn. 15; *Hauck/Noftz* § 331 Rn. 9; a. A. KassHB § 2 Rn. 3). Sie kann demnach mit Widerspruch und Klage angefochten werden. Der Widerspruch und die Klage haben keine aufschiebende Wirkung. Die Betroffenen können vorläufigen Rechtsschutz nach § 86 b Abs. 1 Nr. 2 SGG beantragen (a. A. *Pilz* in: Gagel § 40 SGB II

Rn. 21, der sich für die einstweilige Anordnung nach § 86 b Abs. 2 BGB ausspricht).

105   **c) Endgültige Entscheidung.** Nach der vorläufigen Zahlungseinstellung hat der Träger der Grundsicherung zwei Monate Zeit, den Bewilligungsbescheid mit Wirkung für die Vergangenheit aufzuheben. Die Aufhebung beurteilt sich nach den §§ 44 ff. SGB X und Abs. 1 S. 2 Nr. 1 i.V. m. § 330 SGB III.

106   **5. Nachzahlung der Leistung.** Die vorläufige Zahlungseinstellung steht unter der auflösenden Bedingung (vgl. zum Arbeitsförderungsrecht insoweit *Hauck/Noftz* § 331 Rn. 9), dass der Bewilligungsbescheid innerhalb der 2-Monatsfrist des § 331 Abs. 2 SGB III aufgehoben wird. Geschieht dies nicht, muss der SGB II-Träger die infolge der vorläufigen Zahlungseinstellung noch nicht erbrachten Leistungen nachzahlen. Kommt er dieser Verpflichtung nicht nach, kann der Zahlungsanspruch mit der isolierten Leistungsklage verfolgt werden (vgl. *Niesel* § 331 Rn. 8).

VI. Erstattung von Beiträgen zur Kranken-, Renten- und Pflegeversicherung (Abs. 1 S. 2 Nr. 3 i.V. m. § 335 SGB III)

107   **1. Allgemeines.** Die Bezieher von Arbeitslosengeld II sind in der gesetzlichen Krankenversicherung (§ 5 Abs. 1 Nr. 2a SGB V), in der sozialen Pflegeversicherung (§ 20 Abs. 1 S. 2 Nr. 2a SGB XI) und in der gesetzlichen Rentenversicherung (§ 3 S. 1 Nr. 3a SGB VI) versicherungspflichtig. Von diesen Versicherungspflichten befreite Personen erhalten Zuschüsse zu den Beiträgen zur freiwilligen oder privaten Versicherung (§ 26). Stellt sich später heraus, dass der Empfänger keinen Anspruch auf Leistungen nach dem SGB II hatte, wurden diese Beiträge ohne Rechtsgrund gezahlt. Durch den Verweis in Abs. 1 S. 2 Nr. 3 auf § 335 Abs. 1, 2 und 5 SGB III wird dem SGB II-Träger ein Anspruch auf Ersatz der Kranken- und Pflegeversicherungsbeiträge eingeräumt. Dieser ausdrücklichen Regelung des Erstattungsanspruchs bedurfte es, da ansonsten weder eine öffentlich-rechtliche noch eine zivilrechtliche Anspruchsgrundlage für die Erstattung zu Unrecht gezahlter Krankenversicherungsbeiträge gegenüber dem Leistungsberechtigten bestehen würde (vgl. zur entsprechenden Rechtslage nach dem AFG *BSG* SozR 3-4100 § 155 Nr. 1 und 2; SozR 3-4300 § 355 Nr. 1 BGHZ 104, 255).

108   **2. Ersatz von Krankenversicherungsbeiträgen durch den Leistungsempfänger (§ 40 Abs. 1 S. 2 Nr. 3 i.V. m. § 335 Abs. 1 SGB III). a) Voraussetzungen. aa) Leistung nach dem SGB II.** Im Gegensatz zu § 335 SGB III benennt § 40 Abs. 1 S. 2 Nr. 3 die Leistungen nach dem SGB II, für die ein Erstattungsanspruch bestehen soll, nicht. Da eine Erstattung nur bei Leistungen in Betracht kommt, bei denen der SGB II-Träger Beiträge abführt, erfasst die Vorschrift nur das Arbeitslosengeld II.

bb) Zahlung von Beiträgen zur gesetzlichen Krankenversicherung durch den SGB II-Träger. Weiter muss der SGB II-Träger während dieser Zeit Krankenversicherungsbeiträge für den Leistungsberechtigten abgeführt haben. **109**

cc) Rückwirkende Aufhebung und Rückforderung der Leistung. Krankenversicherungsbeiträge sind nach § 40 Abs. 1 S. 2 Nr. 3 nur zu erstatten, wenn die Bewilligung der Leistung rückwirkend aufgehoben und Leistungen zurückgefordert wurden. Rechtsgrundlagen der rückwirkenden Aufhebung können § 45 Abs. 2 S. 3 und Abs. 4 SGB X i.V. m. § 330 Abs. 2 SGB III sowie § 48 Abs. 1 S. 2 SGB X i.V. m. § 330 Abs. 3 SGB III und der Erstattung § 50 SGB X sein. Der Erstattungsanspruch setzt zwingend die Aufhebung und die Erstattung voraus. Lediglich die rückwirkende Aufhebung begründet keinen Anspruch auf Erstattung der Krankenversicherungsbeiträge. Entgegen dem insoweit missverständlichen Wortlaut von § 335 Abs. 1 S. 1 SGB III ist nicht erforderlich, dass der Aufhebungs- und Erstattungsbescheid vorausgegangen sein muss. Vielmehr kann die Aufhebung des Bewilligungsbescheides und die Geltendmachung der zu Unrecht gewährten Sozialleistung mit der Geltendmachung der Krankenversicherungsbeiträge in einem Verwaltungsakt verbunden werden. **110**

dd) Keine Verpflichtung bei Erstattung der Beiträge durch die Krankenkasse (Abs. 1 S. 2 Hs. 2). Der Leistungsempfänger ist nicht zur Erstattung der Krankenversicherungsbeiträge verpflichtet, wenn die Krankenkasse die Beiträge zurückzuzahlen hat (§ 330 Abs. 1 S. 2 SGB III). **111**

ee) Verschulden nicht erforderlich. Nicht Voraussetzung des Erstattungsanspruchs ist Verschulden des Leistungsempfängers. In aller Regel ist aber im Zusammenhang mit der Aufhebung des Verwaltungsakts zu prüfen, ob der Erstattungspflichtige die Überzahlung von Leistungen zu vertreten hat (vgl. zur entsprechenden Rechtslage nach dem SGB III *Niesel* § 335 Rn. 8). **112**

b) Rechtsfolge. Liegen die genannten Voraussetzungen vor, ist der **Leistungsempfänger verpflichtet**, dem SGB II-Träger die **Krankenversicherungsbeiträge** zu **ersetzen**, soweit der Verwaltungsakt über die Bewilligung der Leistung aufgehoben wurde. Zu ersetzen sind nur die Krankenversicherungsbeiträge für die Kalendertage, für die die Bewilligung der Leistung aufgehoben wurde („soweit"). Anteilig zu ersetzen sind die Krankenversicherungsbeiträge, wenn die Leistung reduziert wurde. Auch dies folgt aus der Verwendung des Begriffes „soweit". **113**

§ 335 Abs. 1 S. 5 SGB III verpflichtet den Leistungsempfänger unter den Voraussetzungen des § 335 Abs. 1 S. 1 SGB III zum Ersatz der von der BA zu Unrecht erbrachten Beiträge an eine **private Krankenkasse**. **114**

115 **3. Erstattung der Krankenversicherungsbeiträge durch die Krankenkasse (§ 40 Abs. 1 S. 2 Nr. 3 i.V. m. § 335 Abs. 1 S. 2 SGB III). a) Voraussetzungen. aa) Vorliegen der Voraussetzungen des Abs. 1 S. 1.** § 335 Abs. 1 S. 2 Hs. 1 SGB III schließt unmittelbar an Abs. 1 S. 1 an. Hieraus folgt, dass die Voraussetzungen dieser Vorschrift vorliegen müssen (s. Rn. 108 ff.).

116 **bb) Bestehen eines weiteren Krankenversicherungsverhältnisses bei der Krankenkasse.** Erstattungspflichtig ist eine Krankenkasse nur, wenn bei ihr neben der Versicherung nach § 5 Abs. 1 Nr. 2a SGB V ein weiteres Versicherungsverhältnis mit dem Arbeitslosen bestanden hat. Mit dieser Voraussetzung wird sichergestellt, dass der Krankenkasse nicht doppelte Beiträge verbleiben. Zu einem zweiten Versicherungsverhältnis kommt es insbesondere, wenn der Arbeitslose eine versicherungspflichtige Beschäftigung aufnimmt und dies dem SGB II-Träger zunächst nicht mitteilt. Dies gilt auch bei einer versicherungspflichtigen Beschäftigung in einem anderen EU-Staat (vgl. zur entsprechenden Rechtslage im Arbeitsförderungsrecht LSG Nds. NZA-RR 1999, 441).

117 Kein Krankenversicherungsverhältnis i. S. v. § 335 Abs. 1 S. 2 SGB III liegt bei einer **Familienversicherung** nach § 10 SGB V vor (vgl. zur entsprechenden Rechtslage nach dem AFG BSG SozR 3-4100 § 157 Nr. 2). Ebenfalls kein weiteres Krankenversicherungsverhältnis i. S. v. Abs. 1 S. 2 ist eine **private Krankenversicherung** des Leistungsempfängers (vgl. BSG SozR 3-4300 § 335 Nr. 1). Mit dem Begriff Krankenversicherungsverhältnis werden nur Versicherungsverhältnisse bei einer gesetzlichen Krankenkasse bezeichnet (vgl. *Niesel* § 335 Rn. 14).

118 Nicht ausdrücklich gesetzlich geregelt, aber auf Grund von Sinn und Zweck von § 335 Abs. 1 S. 2 SGB III besteht **kein Erstattungsanspruch** des SGB II-Trägers gegen die Krankenkasse, wenn für das zweite Krankenversicherungsverhältnis **keine Beiträge** bezahlt wurden, z. B. bei Bezug von Krankengeld, Mutterschaftsgeld, Verletztengeld, Anspruch auf Gesundheitsfürsorge nach §§ 56 ff. StVollzG oder Heilfürsorge nach § 30 SoldatenG, § 35 ZivildienstG).

119 **cc) Kein Ausschluss nach § 335 Abs. 1 S. 3 SGB III.** Der Anspruch auf Erstattung der Krankenversicherungsbeiträge gegen die Krankenkasse ist ausgeschlossen, wenn die Krankenkasse im Erstattungszeitraum Leistungen erbracht hat.

120 **b) Rechtsfolge.** Liegen die genannten Voraussetzungen vor, ist die Krankenkasse zur Erstattung der Beiträge aus dem Versicherungsverhältnis verpflichtet, soweit der Bewilligungsbescheid aufgehoben wird. „Soweit" bedeutet, dass die Beiträge für die Kalendertage, für die die Leistung zu Unrecht gewährt wurde, bzw. für die in der Höhe zu Unrecht gewährten Anteile der Leistung zu erstatten sind.

121 **4. Erstattung von Krankenversicherungsbeiträgen durch Rentenversicherungs- bzw. Rehabilitationsträger (§ 40 Abs. 1 S. 2**

Nr. 3 i.V. m. § 335 Abs. 2 SGB III). a) Allgemeines. § 335 Abs. 1 S. 2 Nr. 3 i.V. m. § 335 Abs. 2 SGB III regelt das Konkurrenzverhältnis in Fällen, in denen neben der Krankenversicherungpflicht nach § 5 Abs. 1 Nr. 2a SGB V zusätzlich eine Versicherungspflicht wegen Bezugs einer Rente oder von Übergangsgeld nach § 5 Abs. 1 Nr. 6 und 11 SGB V besteht. In diesen Fällen ist der Träger der Rentenversicherung oder der Rehabilitationsträger verpflichtet, die Beiträge nach § 5 Abs. 1 Nr. 2a SGB V zu erstatten, soweit dem SGB II-Träger ein Erstattungsanspruch nach § 103 SGB X wegen der Gewährung von Arbeitslosengeld II zusteht.

b) Voraussetzungen. aa) Erbringen von Beiträgen auf Grund 122 **einer Versicherungspflicht nach § 5 Abs. 1 Nr. 2a SGB V.** § 335 Abs. 2 S. 1 SGB III setzt zunächst voraus, dass vom SGB II-Träger auf Grund einer Versicherungspflicht nach § 5 Abs. 1 Nr. 2a SGB V Beiträge erbracht wurden.

bb) Gewährung von Rente aus der gesetzlichen Rentenversi- 123 **cherung oder Übergangsgeld nach § 251 Abs. 1 SGB V.** Renten i. S. v. § 335 Abs. 2 S. 1 SGB III sind alle Rentenarten i.S.d. SGB VI. Renten anderer Leistungsträger (Träger der gesetzlichen Unfallversicherung, Träger des sozialen Entschädigung) begründen dagegen keine Erstattungsansprüche des SGB II-Trägers.

cc) Erstattungsanspruch des SGB II-Trägers wegen Gewäh- 124 **rung von Arbeitslosengeld II.** Der Rentenversicherungs- oder Rehabilitationsträger hat dem SGB II-Träger die Krankenversicherungsbeiträge nur zu erstatten, wenn dem SGB II-Träger wegen der Gewährung von Arbeitslosengeld II ein Erstattungsanspruch zusteht. Rechtsgrundlagen des Erstattungsanspruchs sind die §§ 103, 104 SGB X. Nicht vorausgesetzt ist dagegen, dass der Verwaltungsakt über die Bewilligung des Arbeitslosengeldes II vom SGB II-Träger aufgehoben wurde.

c) Rechtsfolgen. aa) Pflicht zur Erstattung von Krankenversi- 125 **cherungsbeiträgen.** Liegen die genannten Voraussetzungen vor, ist der Rentenversicherungs- bzw. Rehabilitationsträger verpflichtet, dem SGB II-Träger die Krankenversicherungsbeiträge zu erstatten (§ 335 Abs. 2 S. 2 SGB III). Die Höhe der zu erstattenden Beiträge richtet sich nach der Höhe des Beitrages, den der Rentenversicherungsträger/Rehabilitationsträger im Ausgleichszeitraum hätte entrichten müssen (§ 335 Abs. 2 S. 3 SGB III).

bb) Befreiung von der Zahlung von Krankenversicherungs- 126 **beiträgen.** § 335 Abs. 2 S. 4 SGB III stellt klar, dass der Rentenversicherungsträger für den Erstattungszeitraum keine Beiträge an die Krankenkasse entrichten muss. Dieser entsteht hierdurch kein Schaden, da sie vom SGB II-Träger Beiträge erhalten hat. Der Rentner ist dagegen in den Fällen des § 335 Abs. 2 S. 3 Nr. 1 SGB III verpflichtet, seinen Beitragsanteil zu entrichten (§ 335 Abs. 2 S. 5 S. 5 SGB III).

127   **d) Erstattung bei Gewährung von Übergangsgeld.** Wird Übergangsgeld bei Durchführung einer Maßnahme der medizinischen Rehabiltation oder einer Maßnahme zur Teilhabe am Arbeitsleben rückwirkend gewährt mit der Folge, dass ein Anspruch auf Arbeitslosengeld II wegfällt, steht dem SGB II-Träger ein Erstattungsanspruch gegen den zuständigen Rehabilitationsträger zu. Kein Erstattungsanspruch besteht gegen Träger der sozialen Entschädigung, da das Übergangsgeld nach dem BVG keine Krankenversicherungspflicht nach § 5 Abs. 1 Nr. 6 SGB V begründet.

128   **e) Sonstige Fälle.** Abs. 1 S. 2 Nr. 3 i. V. m. § 335 Abs. 2 S. 2 SGB III bezieht Fälle, in denen dem Arbeitslosen von einem Träger der gesetzlichen Rentenversicherung wegen einer Leistung zur medizinischen Rehabilitation oder zur Teilhabe am Arbeitsleben Übergangsgeld oder eine Rente wegen verminderter Erwerbsfähigkeit zuerkannt wurde, in die Erstattungspflicht mit ein.

129   **5. Erstattung von Pflegeversicherungsbeiträgen (§ 40 Abs. 1 S. 2 Nr. 3 i. V. m. § 335 Abs. 5 SGB III).** § 40 Abs. 1 S. 2 Nr. 3 i. V. m. § 335 Abs. 5 SGB III ordnet die entsprechende Anwendung der Vorschriften zur Erstattung von Krankenversicherungsbeiträgen bei Pflegeversicherungsbeiträgen an. Dies hat zur Folge, dass der Leistungsempfänger bei Vorliegen der Voraussetzungen des Abs. 1 sowie Rentenversicherungs- oder Rehabilitationsträger bei Vorliegen der Voraussetzungen des Abs. 2 dem SGB II-Träger Pflegeversicherungsbeiträge zu erstatten haben.

V. Begrenzung der Erstattung von Unterkunfts- und Heizungskosten (Abs. 2)

130   **1. Allgemeines.** Hat der SGB II-Träger rechtmäßig einen Bewilligungsbescheid aufgehoben, ist der Leistungsberechtigte zur Erstattung der zu Unrecht bezogenen Leistungen verpflichtet (§ 50 SGB X). § 40 Abs. 2 schränkt die Erstattungspflicht ein. Zu erstatten sind grundsätzlich nur 44 % der Kosten für die Unterkunft (Abs. 2 S. 1). Hiermit sollen Nachteile des Ausschlusses von Wohngeld für Arbeitslosengeld II- und Sozialgeldbezieher kompensiert werden. Denn Wohngeld hätten sie nicht erstatten müssen.

131   Die Bezieher von Leistungen zur Sicherung des Lebensunterhalts nach dem SGB II haben – abweichend von § 50 SGB X – bei Aufhebung des Bewilligungsbescheides **56 Prozent** der berücksichtigten **Kosten der Unterkunft** nicht zu erstatten (Abs. 2 S. 1). Voraussetzung ist, dass der Leistungsempfänger Arbeitslosengeld II oder Sozialgeld nach § 50 Abs. 1 oder 2 SGB X zu erstatten hat. Abs. 1 S. 1 gilt auch dann, wenn nur die Unterkunftskosten zu erstatten sind (vgl. BSG SozR 4-4200 § 22 Nr. 1).

Die Unterkunftskosten müssen **voll erstattet** werden, wenn: **132**
– der Verwaltungsakt über die Bewilligung der Leistung durch arglistige Täuschung, Drohung oder Bestechung erwirkt wurde (§ 45 Abs. 2 S. 3 Nr. 1 SGB X)
– der Verwaltungsakt über die Bewilligung der Leistung auf Angaben beruht, die der Begünstigte vorsätzlich oder grobfahrlässig in wesentlicher Beziehung unrichtig oder unvollständig gemacht hat (§ 45 Abs. 1 Abs. 2 S. 3 Nr. 2 SGB X).
– der Leistungsempfänger die Rechtswidrigkeit des Verwaltungsakts kannte oder grob fahrlässig nicht kannte
– der Leistungsempfänger vorsätzlich oder grob fahrlässig seiner Mitteilungspflicht nach § 60 Abs. 1 S. 1 Nr. 2 SGB X nicht nachgekommen ist (§ 48 Abs. 1 S. 2 Nr. 2 SGB X).
– die Bewilligung nur zum Teil aufgehoben wurde.

Bei der Berechnung werden die Unterkunftskosten mit dem Betrag **133**
angesetzt, mit dem er im Arbeitslosengeld II/Sozialgeldbescheid ausgewiesen ist (vgl. *Pilz* in: Gagel § 40 SGB II Rn. 30).

Voll zu erstatten sind demgegenüber die Kosten für Heizung und **134**
Warmwasserversorgung (Abs. 2 S. 2).

VII. Frist zur wiederholten Antragstellung nach § 28 SGB X (Abs. 3)

Hat der Leistungsberechtigte zunächst gegenüber dem SGB II vorrangige Sozialleistungen beantragt, wird diese Leistung aber versagt **135**
oder stellt sich heraus, dass er diese zu erstatten hat, ermöglicht § 28 SGB X, die nachrangige Sozialleistung zu beantragen, die dann bis zu einem Jahr rückwirkend erbracht wird (§ 28 S. 1 SGB X). Unerheblich ist, ob der Leistungsberechtigte den Antrag wegen der vorrangigen Sozialleistung bewusst nicht gestellt hat oder ob dies in Unkenntnis der nachrangigen Sozialleistung geschah (§ 28 S. 2 SGB X). § 28 SGB X gilt grundsätzlich auch in der Grundsicherung für Arbeitsuchende. Allerdings wird die Frist, innerhalb der der wiederholte Antrag zu stellen ist, verkürzt. Er muss unverzüglich nach Ablauf des Monats – also spätestens am 1. des Folgemonats – , in dem die Ablehnung der Leistung oder die Erstattungsforderung bindend wurde, beantragt werden.

Berechnung der Leistungen

41 (1) ¹Anspruch auf Leistungen zur Sicherung des Lebensunterhalts besteht für jeden Kalendertag. ²Der Monat wird mit 30 Tagen berechnet. ³Stehen die Leistungen nicht für einen vollen Monat zu, wird die Leistung anteilig erbracht. ⁴Die Leistungen sollen jeweils für sechs Monate bewilligt und monatlich im Voraus erbracht werden. [5]Die Leistung nach § 24 a wird jeweils zum 1. August eines Jahres erbracht. [6]Der Bewilligungszeitraum kann auf bis zu zwölf Monate bei Berechtigten verlängert werden, bei denen eine Veränderung der Verhältnisse in diesem Zeitraum nicht zu erwarten ist.

(2) Beträge, die nicht volle Euro ergeben, sind bis zu 0,49 Euro abzurunden und von 0,50 Euro an aufzurunden.

I. Allgemeines

1   § 41 bestimmt zunächst, dass die Leistungen zur Sicherung des Lebensunterhalts der Grundsicherung für Arbeitsuchende für jeden Kalendertag zu erbringen sind (Abs. 1 S. 1; s. Rn. 2), legt dann aber in Abs. 1 S. 3 das sog. Monatsprinzip fest, nach dem die Leistungen monatlich zu erbringen sind (s. Rn. 3). Demgemäß werden die Sätze für die Regelleistung für den Monat festgelegt. Die weiteren Bestimmungen des Abs. 1 befassen sich mit der Tageszahl eines Monats (S. 2; s. Rn. 3), der anteiligen Leistung, wenn eine Leistung nicht den gesamten Monat gewährt wird (S. 3; s. Rn. 4) und der Länge des Bewilligungszeitraums (S. 4 Hs. 1 und 5; S. Rn. 13 und Rn. 7) und dem Zeitpunkt der Auszahlung (S. 4 Hs. 2; s. Rn. 11 f.). **Abs. 2** enthält eine Regelung zur Rundung (s. Rn. 14 f.).

II. Anspruch für jeden Kalendertag (Abs. 1 S. 1)

2   Der Anspruch auf Leistungen zur Sicherung des Lebensunterhalts der Grundsicherung für Arbeitsuchende besteht für jeden **Kalendertag**, also auch für Sonn- und Feiertag (Abs. 1 S. 1). **Leistungen zur Sicherung des Lebensunterhalts** sind alle im zweiten Abschnitt des dritten Kapitels geregelten Leistungen. Die Regelung passt nicht für die dort geregelten einmaligen Leistungen zum Lebensunterhalt (z. B. Leistung zur Wohnraumbeschaffung [§ 22 Abs. 3] und Leistungen für Erstausstattungen [§ 23 Abs. 3]) (vgl. *Pilz* in: Gagel § 41 SGB II Rn. 6). Aus § 41 Abs. 1 S. 1 folgt auch, dass die Voraussetzungen des Anspruchs täglich vorliegen müssen. Krit. zur Notwendigkeit von Abs. 1 S. 1 *Pilz* in: Gagel § 41 SGB II Rn. 1.

III. Berechnung des Monats mit 30 Tagen (Abs. 1 S. 2)

3   Aus Gründen der Verwaltungsökonomie und Rechtssicherheit wird der Monat mit 30 Tagen gerechnet (vgl. BT-Drucks. 15/1516 S. 63), dies gilt auch für den Februar und Monate mit 31 Tagen.

IV. Berechnung bei anteiliger Erbringung (Abs. 1 S. 3)

Die Leistungen der Grundsicherung für Arbeitsuchende werden   **4**
nur **anteilig erbracht,** wenn der Anspruch nicht für den vollen Monat
zusteht, z. B. bei Neugeburt eines Kindes am 15. des Monats. Der zu
zahlende Betrag wird durch die Multiplikation der Zahl der An-
spruchstage mit 1/30 der zustehenden monatlichen Leistung ermittelt.
Aus der Vorschrift folgt nicht, dass für den 31. Tag kein Anspruch besteht (a. A. *Wettläufer,* ZFSH/SGB 2007, 387 ff.). Vielmehr ist bei Leistungsbeginn am 31. 3. die Leistung für diesen Monat dadurch zu ermitteln, dass die Leistung für den Monat durch 30 dividiert wird (vgl. *Pilz*
in: Gagel § 41 SGB II Rn. 8a).

Abs. 1 S. 3 gilt auch für die **Anrechnung von Einkommen,** wenn   **5**
eine Leistung nur anteilig zu leisten ist (vgl. *Pilz* in: Gagel § 41 SGB II
Rn. 9). Das Einkommen darf allerdings nur angerechnet werden,
wenn es während des Leistungsbezugs zufließt.

Abs. 1 S. 3 ist bei der **Änderung der Höhe der Leistung,** z. B. Voll-   **6**
endung des 15. Lebensjahres während eines Monats, entsprechend anzuwenden.

V. Bewilligungszeitraum (Abs. 1 S. 4 Hs. 1, 6)

I. d. R. dürfen die Leistungen zur Sicherung des Lebensunterhalts   **7**
der Grundsicherung für Arbeitsuchende nur für **6 Monate** bewilligt
werden (Abs. 1 S. 4 Hs. 1: „sollen"). Hiermit soll eine regelmäßige Überprüfung der Leistungsberechtigung sichergestellt werden (vgl. BT-
Drucks. 15/1516 S. 63). Bewilligung meint den Verwaltungsakt, mit
dem die Leistung nach § 31 SGB X gewährt wird. Nicht erfasst ist die
Ablehnung der Leistung (vgl. BSG 23. 11. 2006 SozR 4-4200 § 20
Nr. 2).

„**Sollen**" bedeutet, dass die Leistung für 6 Monate i. d. R. bewilligt   **8**
werden muss.

Die 6-Monatsfrist wird nach den §§ 40 Abs. 1 S. 1 SGB II, 26 Abs. 1   **9**
SGB X, 187 ff. BGB **berechnet.** Hat der Bewilligungszeitraum in der
Mitte eines Monats begonnen, endet er 6 Monate später während des
Monats. Die Bewilligung bis zum Ende des sechsten Monats ist nicht
durch eine atypische Fallkonstellation gedeckt und dann unzulässig
(vgl. *Pilz* in: Gagel § 41 SGB II Rn. 13; a. A. die Durchführungshin-
weise der BA, *Conradis* in: LPK-SGB II § 41 Rn. 8).

In atypischen Fällen, z. B. wenn der Leistungsbezieher nach zwei   **10**
Monaten eine BAföG-geförderte Ausbildung aufnehmen wird, kann
der SGB II-Träger nach pflichtgemäßem Ermessen einen **abweichenden Bewilligungszeitraum** festsetzen. Einen Fall eines abweichenden Bewilligungszeitraums regelt Abs. 1 S. 5.

VI. Zahlung im Voraus (Abs. 1 S. 4 Hs. 2)

11   „**Erbracht**" bedeutet Auszahlung nach § 42. „**Im Voraus**" ist die Leistung erbracht, wenn sie am 1. des Monats zur Verfügung steht (vgl. *Pilz* in: Gagel § 41 SGB II Rn. 14).

12   In atpischen Fällen („sollen") können die SGB II-Träger einen **abweichenden Leistungszeitraum** festlegen. Dies ist z. B. möglich, wenn auf Grund konkreter Hinweise damit zu rechnen ist, dass der Hilfebedürftige die Leistung nicht ausreichend einteilt und deshalb am Monatsende keine Leistung mehr hat.

VII. Auszahlung der Leistung für Schulbedarf (Abs. 1 S. 5)

13   Die Leistung für Schulbedarf nach § 24 a wird im Voraus jeweils am 1. August ausgezahlt.

VII. Rundung der Leistungen (Abs. 2)

14   Abs. 2 lässt sich nicht entnehmen, ob die Rundungsregelung bei jedem Berechnungsschritt oder nur beim Endergebnis anzuwenden ist. Weder der Gesetzeszweck noch die Verwaltungsökonomie zwingt dazu, bei jedem Berechnungsschritt zu runden. So sind etwa die Kosten der Unterkunft und Heizung nicht zu runden. Dies hätte ansonsten zur Folge, dass bei direkter Überweisung an den Vermieter dieser nicht die korrekte Miete erhalten würde (vgl. LSG BW FEVS 59 [2008], 14 [17]). Gegen eine mehrfache Rundung spricht insbesondere, dass hierdurch die Bedarfsermittlung verfälscht wird. Für dieses Ergebnis spricht auch der systematische Zusammenhang der Vorschrift (vgl. *Pilz* in Gagel: § 41 SGB II Rn. 16).

15   Die Rundungsregelung gilt für **alle Geldleistungen** einschließlich der einmaligen Leistungen nach dem SGB II.

Auszahlung der Geldleistungen

42 [1]Geldleistungen nach diesem Buch werden auf das im Antrag angegebene inländische Konto bei einem Geldinstitut überwiesen. [2]Werden sie an den Wohnsitz oder gewöhnlichen Aufenthalt des Berechtigten übermittelt, sind die dadurch veranlassten Kosten abzuziehen. [3]Dies gilt nicht, wenn der Berechtigte nachweist, dass ihm die Einrichtung eines Kontos bei einem Geldinstitut ohne eigenes Verschulden nicht möglich ist.

I. Allgemeines

Die Auszahlung von Geldleistungen wird allgemein für das gesamte **1** SGB in **§ 47 SGB I** geregelt. Diese Vorschrift gilt grundsätzlich auch in der Grundsicherung für Arbeitsuchende. Der § 337 SGB III nachgebildete § 42 trifft als lex specialis vorrangige abweichende Regelungen bezüglich des Auszahlungsortes und der Kostentragung. **S. 1** bestimmt als Regelauszahlungsform die Überweisung auf ein inländisches Bankkonto des Leistungsberechtigten (s. Rn. 3 f.). Hiermit soll eine effiziente Erbringung der Leistungen in einem automatisierten Verfahren und Kosten für besondere Zahlungsweisen vermieden werden (vgl. BT-Drucks. 15/1516 S. 63). **S. 2** verpflichtet den Leistungsberechtigten zur Tragung der Kosten der Auszahlung an seinem Wohnsitz oder seinem gewöhnlichen Aufenthalt, wenn er eine solche verlangt (s. Rn. 5). **S. 3** nimmt Leistungsberechtigte von der Erstattungspflicht aus, wenn sie ohne Verschulden ein Bankkonto nicht einrichten können (s. Rn. 6).

II. Überweisung der Geldleistung auf ein inländisches Konto (S. 1)

S. 1 gilt nur für **Geldleistungen nach dem SGB II.** Zu diesen ge- **2** hören insbesondere die Leistungen zur Sicherung des Lebensunterhalts und einmalige Geldleistungen an den Leistungsberechtigten. Aber auch die Geldleistungen an die Arbeitgeber und an die Träger werden von S. 1 erfasst.

Diese Leistungen sind auf ein **Konto** bei einem **inländischen Insti- 3** tut** zu überweisen. Sie müssen nicht auf Konten in einem anderen EU-Staat überwiesen werden. Dies ist mit dem Recht der EU vereinbar (vgl. *Pilz* in: Gagel § 42 SGB II Rn. 5).

Die Geldleistungen sind auf das im **Antrag angegebene** Konto zu **4** überweisen. Antrag meint nicht den Antrag i. S. v. § 37. Unter Antrag ist vielmehr die Gesamtheit der Angaben im Zusammenhang mit der Geltendmachung der Leistung zu verstehen, insbesondere im Antragsformular. Das Konto kann sich aber auch aus ergänzenden Angaben ergeben, z. B. einem Anschreiben des Leistungsberechtigten (vgl. *Pilz* in: Gagel § 42 SGB II Rn. 6). Teilt der Berechtigte während des Leistungsbezugs ein neues Konto mit − hierzu ist er bei Änderung des Kontos verpflichtet (§ 60 Abs. 1 S. 1 Nr. 2 SGB II) −, ist dies ein neuer Antrag i. S. v. S. 1 mit der Folge, dass die Leistungen nunmehr auf dieses Konto zu überweisen sind (vgl. *Pilz* in: Gagel § 42 SGB II Rn. 6). Gibt der Leistungsberechtigte kein Konto an oder ist die Kontonummer falsch, wird die Leistung nach S. 2 ausgezahlt.

Überweist der SGB II-Träger die Geldleistung an das angegebene **5** Konto, tritt **Erfüllungswirkung** ein (§ 362 Abs. 1 BGB), wenn der

Leistungsempfänger verfügungsberechtigt ist (vgl. BSG SozR 4-1200 § 47 Nr. 1). Ist er nicht verfügungsberechtigt, muss der über das Konto Verfügungsberechtigte die Leistung erstatten (§ 50 Abs. 2 SGB X). Die Leistung wird dann nach S. 2 ausgezahlt.

6   Für die Überweisung auf das inländische Konto muss der Leistungsberechtigte **keine Gebühren** bezahlen. Insoweit bleibt es bei der Regelung in § 47 SGB I, da § 42 insoweit keine abweichende Regelung trifft.

III. Übermittlung an den Wohnort (S. 2, 3)

7   Geldleistungen der Grundsicherung für Arbeitsuchende werden am **Wohnsitz** oder am **gewöhnlichen Aufenthalt** des Leistungsberechtigten – z. B. Postbarzahlung, Zahlungsanweisung zur Verrechnung – **ausgezahlt** (§ 47 S. 2 SGB I), wenn der Berechtigte dies wünscht oder die Auszahlung auf ein Konto des Berechtigten nicht möglich ist oder fehlgeschlagen ist. Abweichend von § 47 SGB I muss der Berechtigte in diesem Fall die anfallenden Kosten tragen.

8   Die **Kosten** der Übermittlung an den Wohnort bzw. den gewöhnlichen Aufenthaltsort des Leistungsberechtigten dürfen **nicht in Abzug** gebracht werden, wenn dem Leistungsberechtigten die Einrichtung eines inländischen Bankkontos ohne eigenes Verschulden nicht möglich ist. Eigenes Verschulden liegt z. B. vor, wenn die Bank die Einrichtung eines Kontos wegen eines vorausgegangen Kreditbetrugs verweigert (s. zur entsprechenden Rechtslage im Arbeitsförderungsrecht BT-Drucks. 13/10033 zu Art. 2 Nr. 4). Dass ihn kein Verschulden trifft, muss der Leistungsberechtigte nachweisen. Eine gebührenfreie Übermittlung an den Wohnort hat ferner zu erfolgen, wenn am Ort des Berechtigten kein Geldinstitut ist und er ein solches auch nicht in zumutbarer Weise erreichen kann (vgl. zur entsprechenden Rechtslage nach dem SGB III *Pilz* in: Gagel § 42 Rn. 13).

9   Die Auszahlung nach S. 2 ist ein **Verwaltungsakt**. Vor der Auszahlung auf diesem Weg ist keine Anhörung erforderlich (§ 24 Abs. 2 Nr. 7 SGB X).

Aufrechnung

43 [1]Geldleistungen zur Sicherung des Lebensunterhalts können bis zu einem Betrag in Höhe von 30 vom Hundert der für den Hilfebedürftigen maßgebenden Regelleistung mit Ansprüchen der Träger von Leistungen nach diesem Buch aufgerechnet werden, wenn es sich um Ansprüche auf Erstattung oder auf Schadensersatz handelt, die der Hilfebedürftige durch vorsätzlich oder grob fahrlässig unrichtige oder unvollständige Angaben veranlasst hat. [2]Der befristete Zu-

schlag nach § 24 kann zusätzlich in die Aufrechnung nach Satz 1 einbezogen werden. ³Die Aufrechnungsmöglichkeit ist auf drei Jahre beschränkt.

I. Allgemeines

Die Aufrechnung mit Erstattungsansprüchen des Leistungsträgers **1**
gegen Ansprüche auf laufende Geldleistungen des Leistungsberechtigten ist nur zulässig, wenn der Leistungsberechtigte hierdurch nicht hilfebedürftig i. S. v. SGB II und SGB XII wird (§ 51 Abs. 2 SGB I). Bei
Geldleistungen nach dem SGB II lässt der als lex specialis gegenüber
§ 51 SGB I vorrangige § 43 (s. 37 S. 1 SGB I) in den in S. 1 genannten
Fällen eine weitergehende Aufrechnung zu. Daneben finden sich im
SGB II weitere Regelungen zur Aufrechnung mit Ansprüchen des
Leistungsträgers gegen Ansprüche des Leistungsberechtigten, die ge-
genüber § 43 als lex specialis Vorrang haben. Soweit das SGB II keine
Regelung enthält, kommt § 51 SGB I zur Anwendung.

Zumindest analog anzuwenden sind die **§§ 387 ff. BGB**, soweit in **2**
§ 43 keine abweichenden Regelungen getroffen sind. Die §§ 387 ff.
BGB regeln insbesondere die Voraussetzungen der Aufrechnung, die
auch bei der sozialrechtlichen Aufrechnung gelten.

II. Voraussetzungen

1. Anspruch auf Geldleistungen zur Sicherung des Lebensun- **3**
terhalts (Hauptforderung). Der Leistungsberechtigte muss gegen
den SGB II-Träger einen Anspruch auf Geldleistungen zur Sicherung
des Lebensunterhalts haben. Dies sind die Geldleistungen nach den
§§ 20–23, 28. Der Zuschlag nach § 24 wird durch S. 2 erfasst. Da nur
gegenseitige Forderungen aufgerechnet werden können, ist die Aufrechnung gegen Leistungsansprüche anderer Mitglieder der Bedarfsgemeinschaft nicht zulässig.

2. Anspruch des Trägers der Grundsicherung auf Erstattung **4**
oder auf Schadensersatz (Gegenforderung). S. 1 kommt nur zur
Anwendung, wenn der Träger der Grundsicherung einen fälligen, be-
standskräftigen oder einen – nach § 86 a SGG – für sofort vollziehbar
erklärten Anspruch auf Erstattung oder auf Schadensersatz hat.
Rechtsgrundlage des Erstattungsanspruches ist § 50 SGB X i. V. m.
§ 45 bzw. § 48 SGB X. Ein Erstattungsanspruch kann sich ferner aus
§ 42 Abs. 2 S. 2 SGB oder § 328 Abs. 3 S. 1 SGB III, ein Schadensersatzanspruch aus § 62 ergeben. Dies ist dann der Fall, wenn falsche
Angaben über das Einkommen und Vermögen des Partners gemacht
wurden. Beim Ersatzanspruch aus § 34 ist § 43 dagegen nicht anwendbar (a. A. *Löns* in: Löns/Herold-Tews § 43 Rn. 4). Die §§ 823 ff. BGB

sind nicht anwendbar, weil § 50 SGB X eine abschließende allgemeine bürgerlich-rechtliche Schadensersatzansprüche aus den §§ 823 ff. BGB ausschließende Regelung enthält.

5   **3. Vorsätzliche oder grobfahrlässig unrichtige oder unvollständige Angaben.** Die Aufrechnung nach § 43 ist nur zulässig, wenn der Leistungsberechtigte die Überzahlung durch vorsätzliche oder grobfahrlässig unrichtige oder unvollständige Angaben veranlasst hat. Nicht anwendbar ist die Vorschrift nach ihrem Wortlaut dagegen bei unterlassener Anzeige von Änderungen (vgl. *Löns* in: Löns/Herold-Tews § 37 Rn. 2; ebenso zu § 25a BSHG OVG Nds. FEVS 45, 422; str. a. A. *Pilz* in: Gagel § 43 SGB II Rn. 13). **Vorsätzlich** handelte er, wenn er die Überzahlung wissentlich und willentlich herbeiführte, **grobfahrlässig**, wenn jeder vernünftige Hilfeempfänger die Unrichtigkeit und Unvollständigkeit der Angaben hätte erkennen können. Unrichtige oder unvollständige Angaben des gesetzlichen Vertreters werden zugerechnet. Ob dies auch bei Bevollmächtigung gilt, ist zweifelhaft.

6   **4. Aufrechnungserklärung.** Die Aufrechnung muss durch den SGB II-Träger **erklärt** werden (§ 387 BGB). Sie ist eine verwaltungsrechtliche Willenserklärung. Die Erklärung durch Verwaltungsakt wäre rechtswidrig (vgl. BSG SozR 4-1200 § 52 Nr. 1; *Pilz* in: Gagel § 43 SGB II Rn. 7). Ob der SGB II-Träger die Aufrechnung erklärt, steht in seinem pflichtgemäßen **Ermessen**.

III. Folgen der Aufrechnung

7   Liegen die genannten Voraussetzungen vor, kann die für den Leistungsberechtigen maßgebliche **Regelleistung** bis zu **30 Prozent** gekürzt werden. S. 2 bezieht den **Zuschlag nach § 24** in die Aufrechnung mit ein. Dieser kann zusätzlich zur Aufrechnung nach S. 1 bis zu 30 Prozent der Regelleistung aufgerechnet werden (vgl. *Pilz* in: Gagel § 43 SGB II Rn. 7).

8   Die Aufrechnung ist auf **max. drei Jahre** beschränkt (S. 3). Die Frist beginnt mit dem Entstehen des Erstattungs- oder Schadenersatzanspruch (vgl. BT-Drucks. 15/1516 S. 36). Nach Ablauf dieser Frist darf die Aufrechnung weder erklärt noch vollzogen werden.

Veränderung von Ansprüchen

44   Die Träger von Leistungen nach diesem Buch dürfen Ansprüche erlassen, wenn deren Einziehung nach Lage des Einzelfalles unbillig wäre.

I. Allgemeines

§ 44 ermächtigt die SGB II-Träger, Ansprüche zu erlassen. Die **1** Überschrift ist in zweifacher Weise missverständlich. Einerseits regelt § 44 nur den Erlass – insoweit ist die Überschrift zu weit gefasst. Andererseits verändert der Erlass nicht nur den Anspruch, sondern führt zu dessen Wegfall.

§ 44 ist **§ 76 Abs. 1 Nr. 3 SGB IV** nachgebildet, ist mit diesem aber **2** nicht ganz deckungsgleich. § 44 ist eine Sonderregelung zu § 59 BHO und den entsprechenden landesrechtlichen Regelungen. Die haushaltsrechtlichen Regelungen gelten dagegen auch in der Grundsicherung für Arbeitsuchende bei der Stundung und der Niederschlagung.

II. Voraussetzungen

§ 44 regelt nur den Erlass von **Ansprüchen des SGB II-Trägers** **3** gegen den Leistungsberechtigten. Denn nur diese können vom SGB II-Träger eingezogen werden. Der Verzicht des Leistungsberechtigten auf Leistungen der Grundsicherung regelt demgegenüber § 46 SGB I.

Vom SGB II-Träger **einzuziehende Ansprüche** sind insbesondere **4** Erstattungsansprüche aus § 50 SGB X wegen überzahlter Leistungen der Grundsicherung, Ansprüche auf Erstattung von Kranken- und Pflegeversicherungsbeiträgen aus Abs. 1 S. 2 Nr. 3 i. V. m. § 335 SGB III (s. § 40 Rn. 91 ff.) und Schadensersatzansprüche aus § 62. Ferner kommt eine Anwendung bei übergeleiteten zivilrechtlichen Ansprüchen in Betracht.

Die Forderung darf **nicht** erlassen werden, wenn **Ratenzahlung** **5** oder **Stundung** der Leistung **möglich** ist. (vgl. zur entsprechenden Rechtslage nach dem SGB IV *Maier* in: KassKomm. § 76 Rn. 7).

III. Rechtsfolge

Der Erlass des Anspruches steht im pflichtgemäßen **Ermessen** des **6** SGB II-Trägers („dürfen"). Bei der Ermessensentscheidung ist insbesondere die **Unbilligkeit** der Einziehung zu berücksichtigen. Die Unbilligkeit ist nicht Tatbestandsmerkmal (vgl. *Pilz* in Gagel: § 44 SGB II Rn. 6). Unbillig ist die Einziehung, wenn sie dem Gerechtigkeitsempfinden in unerträglicher Weise widerspricht (vgl. *Löns* in: *Löns/Herold-Tews* § 44 Rn. 3 ff.). Dies ist z. B. der Fall, wenn der Leistungsberechtigte sich in einer Notlage befindet oder wenn durch die Einziehung ein soziales Abgleiten droht. Gegen den Erlass spricht insbesondere, wenn der Hilfebedürftige eine Überzahlung vorsätzlich herbeigeführt hat.

Der Erlass ist eine einseitige Erklärung des SGB II-Trägers, mit der **7** er auf einen fälligen Anspruch ganz oder teilweise verzichtet. Er ist ein

Verwaltungsakt. Im Gegensatz zur Niederschlagung, die nur zu einer Zurückstellung der Forderung führt, führt der Erlass zum **Erlöschen der Forderung**.

IV. Verfahren

8   Ein **Antrag** ist nicht zwingend erforderlich, geht dem Erlass aber häufig voraus. Ein Antrag kann auch in einem Widerspruch gegen den Erstattungsbescheid enthalten sein.

9   Der Verwaltungsakt über den Erlass kann **mit** dem **Erstattungsbescheid verbunden** werden.

10   Der Erlass kann mit der **Anfechtungs- und Verpflichtungsklage** verfolgt werden (§ 54 Abs. 1 S. 1 SGG).

Abschnitt 2. Einheitliche Entscheidung

Feststellung von Erwerbsfähigkeit und Hilfebedürftigkeit

44a [1]Die Agentur für Arbeit stellt fest, ob der Arbeitsuchende erwerbsfähig und hilfebedürftig ist. [2]Sofern

1. der kommunale Träger,

2. ein anderer Leistungsträger, der bei voller Erwerbsminderung zuständig wäre,

3. die Krankenkasse, die bei Erwerbsfähigkeit Leistungen der Krankenversicherung zu erbringen hätte,

der Feststellung widerspricht, entscheidet die gemeinsame Einigungsstelle; der Widerspruch ist zu begründen. [3]Bis zur Entscheidung der Einigungsstelle erbringen die Agentur für Arbeit und der kommunale Träger Leistungen der Grundsicherung für Arbeitsuchende.

(2) [1]Entscheidet die gemeinsame Einigungsstelle, dass ein Anspruch auf Leistungen der Grundsicherung für Arbeitsuchende nicht besteht, steht der Agentur für Arbeit und dem kommunalen Träger ein Erstattungsanspruch entsprechend § 103 des Zehnten Buches zu, wenn dem Hilfebedürftigen eine andere Leistung zur Sicherung des Lebensunterhalts zuerkannt wird. [2]§ 103 Abs. 3 des Zehnten Buches gilt mit der Maßgabe, dass Zeitpunkt der Kenntnisnahme der Leistungsverpflichtung des Trägers der Sozialhilfe, der Kriegsopferfürsorge und der Jugendhilfe der Tag des Widerspruchs gegen die Feststellung der Agentur für Arbeit ist.

I. Allgemeines

1   § 44 a soll eine einheitliche Entscheidung über die Erwerbsfähigkeit und die Hilfebedürftigkeit sicherstellen. Dies ist insbesondere deshalb

notwendig, weil die Erwerbsfähigkeit und die Hilfebedürftigkeit Voraussetzungen der Leistungen der AA und der kommunalen Träger sind. Zudem ist die Erwerbsfähigkeit für Träger von Sozialleistungen außerhalb des SGB II von Bedeutung. § 44 a überträgt deshalb einheitlich der BA die Feststellung der Erwerbsfähigkeit und der Hilfebedürftigkeit (**S. 1**; s. Rn. 3 ff.). **S. 2** sieht die Entscheidung durch die Einigungsstelle nach § 45 vor, wenn der kommunale Träger oder ein Leistungsträger der bei voller Erwerbsminderung zuständig wäre, anderer Auffassung bezüglich der Erwerbsfähigkeit oder der Hilfebedürftigkeit ist (s. Rn. 6). **S. 3** verpflichtet zur Erbringung von Leistungen der Grundsicherung durch die AA und den kommunalen Träger bis zur Entscheidung der Einigungsstelle (s. Rn. 7).

Führt ein **zugelassener kommunaler Träger** die Aufgaben nach 2 dem SGB II aus, ist dieser für die Feststellung von Erwerbsfähigkeit und Hilfebedürftigkeit zuständig (vgl. § 6 b Abs. 2; s. § 6 b Rn. 5).

II. Feststellung von Erwerbsfähigkeit und Hilfebedürftigkeit durch die AA (S. 1)

Das Vorliegen der Voraussetzungen „Erwerbsfähigkeit" (s. § 8 3 Rn. 3 ff.) und „Hilfebedürftigkeit" (s. die Kommentierung zu § 9) wird in der Grundsicherung für Arbeitsuchende grundsätzlich von der AA bzw. dem zugelassenen kommunalen Träger festgestellt (S. 1).

Die ggfs. erforderliche medizinische Begutachtung wird die AA 4 i. d. R. ihrem eigenen **ärztlichen Dienst** übertragen, sie kann aber auch einen **frei praktizierenden Arzt** einschalten.

Der **Einladung zur Untersuchung** muss der Leistungsberechtigte 5 Folge leisten, soweit die Einladung die Voraussetzungen von § 56 (s. Kommentierung zu § 56) erfüllt. Kommt er der Meldeaufforderung ohne wichtigen Grund trotz Belehrung über die Folgen nicht nach, entfällt sein Zuschlag nach Bezug von Arbeitslosengeld nach § 24. Außerdem wird seine Regelleistung nach § 20 um 10% gekürzt (§ 31 Abs. 2 S. 1; s. § 31 Rn. 14 ff.). Im Wiederholungsfall wird das Arbeitslosengeld II – ggfs. unter Berücksichtigung der Leistungen für Mehrbedarfe, für Unterkunft und Heizung und einmalige Bedarfe – um weitere 10% gekürzt.

III. Meinungsverschiedenheiten zwischen AA und kommunalem Träger/sonstigem Leistungsträger (S. 2)

Teilt der kommunale Träger bzw. ein sonstiger Leistungsträger, der 6 bei voller Erwerbsminderung zuständig wäre (Rentenversicherungsträger, Sozialhilfeträger nach den §§ 41 ff. SGB XII), die Auffassung der AA bezüglich der Erwerbsfähigkeit bzw. der Hilfebedürftigkeit nicht, entscheidet die Einigungsstelle nach § 45 Abs. 1 S. 2 (s. § 45 Rn. 4). Die Entscheidung der Einigungsstelle ist für die beteiligten Leistungsträger bindend (vgl. *Brühl/Hofmann*: Sozialgesetzbuch Zweites Buch (SGB II). Grundsicherung für Arbeitsuchende 2004 S. 73)). Gegenüber den Betroffenen wird die Entscheidung der Einigungsstelle nicht unmittelbar, sondern erst mittels des auf der Grundlage der Entscheidung ergangenen Bewilligungs- oder Ablehnungsbescheides verbindlich. Er kann deshalb nicht die Entscheidung der Einigungsstelle, sondern erst den Verwaltungsakt mit Widerspruch und Klage anfechten.

IV. Leistungen bis zur Entscheidung der Einigungsstelle (S. 3)

7   Bis zur Entscheidung der Einigungsstelle haben die AA und der kommunale Träger Leistungen nach dem SGB II zu erbringen. Aus S. 3 ergibt sich keine Fiktion der Hilfebedürftigkeit (vgl. BSG FEVS 59 [2008], 1 (6)). Nicht eindeutig dem Gesetzeswortlaut zu entnehmen ist, ob dies auch für die Zeit vor der Anrufung der Einigungsstelle gilt (bej. Deutscher Verein für öffentliche und private Fürsorge NDV 2003, 496 (499); dagegen mit überzeugender Argumentation *Brühl/Hofmann*: Sozialgesetzbuch Zweites Buch (SGB II). Grundsicherung für Arbeitsuchende 2004 S. 73 f.).

Arbeitsgemeinschaften

44b (1) ¹Zur einheitlichen Wahrnehmung ihrer Aufgaben nach diesem Buch errichten die Träger der Leistungen nach diesem Buch durch privatrechtliche oder öffentlich-rechtliche Verträge Arbeitsgemeinschaften. ²Befinden sich im Bereich eines kommunalen Trägers mehrere Agenturen für Arbeit, ist eine Agentur als federführend zu benennen. ³Die Ausgestaltung und Organisation der Arbeitsgemeinschaften soll die Besonderheiten der beteiligten Träger, des regionalen Arbeitsmarktes und der regionalen Wirtschaftsstruktur berücksichtigen.

(2) ¹Die Geschäfte der Arbeitsgemeinschaft führt ein Geschäftsführer. ²Er vertritt die Arbeitsgemeinschaft außergerichtlich und gerichtlich. ³Können die Agentur für Arbeit und die Kommunen sich die bei der Errichtung der Arbeitsgemeinschaft nicht auf ein Verfahren zur Bestimmung des Geschäftsführers einigen, wird er von der Agentur für Arbeit und den Kommunen abwechselnd jeweils für ein Jahr einseitig bestimmt. ⁴Das Los entscheidet, ob die erste einseitige Bestimmung durch die Agentur für Arbeit oder die Kommunen erfolgt.

(3) ¹Die Arbeitsgemeinschaft nimmt die Aufgaben der Agentur für Arbeit als Leistungsträger nach diesem Buch wahr. ²Die kommunalen Träger sollen der Arbeitsgemeinschaft die Wahrnehmung ihrer Aufgaben nach diesem Buch übertragen; § 94 Abs. 4 in Verbindung mit § 88 Abs. 2 Satz 2 des Zehnten Buches gilt nicht. ³Die Arbeitsgemeinschaft ist berechtigt, zur Erfüllung ihrer Aufgaben Verwaltungsakte und Widerspruchsbescheide zu erlassen. ⁴Die Aufsicht über die Arbeitsgemeinschaft führt die zuständige oberste Landesbehörde oder die von ihr bestimmte Stelle im Benehmen mit dem Bundesministerium für Arbeit und Soziales.

(4) Die Agentur für Arbeit und der kommunale Träger teilen sich alle Tatsachen mit, von denen sie Kenntnis erhalten und die für die Leistungen des jeweils anderen Trägers erheblich sein können.

I. Allgemeines

§ 44b regelt Einzelheiten der Arbeitsgemeinschaften zwischen der 1 AA und den kommunalen Trägern. **Abs. 1** verpflichtet die SGB II-Träger zur Einrichtung von Arbeitsgemeinschaften in den Job-Centern (s. Rn. 3 ff.). **Abs. 2** regelt Einzelheiten der Bestellung des Geschäftsführers der Arbeitsgemeinschaften (s. Rn. 6 ff.). **Abs. 3** bestimmt die Aufgaben der Arbeitsgemeinschaften und unterwirft die Arbeitsgemeinschaften der Aufsicht der zuständigen obersten Landesbehörde (s. Rn. 12). **Abs. 4** schließlich regelt den Datenaustausch zwischen den AA und den kommunalen Trägern (s. Rn. 13). § 44 b soll die einheitliche Wahrnehmung von Aufgaben der Grundsicherung für Arbeitsuchende sicherstellen.

Gegen § 44b SGB II wurden bereits früh **verfassungsrechtliche** 2 **Bedenken** geäußert. Das BVerfG erklärte Ende 2007 die Ausgestaltung der Arbeitsgemeinschaften für unvereinbar mit dem Grundgesetz, weil vor allem die eigenverantwortliche Wahrnehmung von Aufgaben durch die Kommunen nicht sichergestellt sei (BVerfG NVwZ 2008, 183). Es setzte dem Gesetzgeber eine Frist bis zum 31. 12. 2010, die Arbeitsgemeinschaften neu zu regeln. Bis zu diesem Zeitpunkt ist die bisherige Regelung anwendbar. Im Februar 2009 wurde ein Gesetzentwurf vorgelegt, der aber zumindest nicht zum damaligen Zeitpunkt politisch durchsetzbar war.

II. Einrichtung der Arbeitsgemeinschaften (Abs. 1)

Die AA und die kommunalen Träger sind verpflichtet („errichten"), 3 Arbeitsgemeinschaften einzurichten (Abs. 1 S. 1). Ermessen steht ihnen nicht zu (vgl. *Rixen* in: BeckOK § 44 b Rn. 4; ebenso LSG Niedersachsen-Bremen Az. L 6 AS 156/06 R). Wird die Arbeitsgemeinschaft nicht eingerichtet, muss dies ggfs. mit Mitteln der Kommunalaufsicht durchgesetzt werden (vgl. *Rixen* in: BeckOK § 44b Rn. 4). Verpflichtete sind die AA und der kommunale Träger, dagegen nicht der zugelassene kommunale Träger. Die Errichtung der Arbeitsgemeinschaften erfolgt entweder durch privatrechtlichen oder durch öffentlichrechtlichen Vertrag (Abs. 1 S. 1). Es kommen grundsätzlich öffentlichrechtliche und privatrechtliche Organisationsformen in Betracht. Die öffentliche Form bedarf indessen wegen des institutionellen Gesetzgebungsvorbehalts einer entsprechenden Regelung (vgl. *Rixen* in: BeckOK § 44 b SGB II Rn. 9). Privatrechtliche Organisationsformen, in der die Arbeitsgemeinschaft errichtet werden kann, sind insbesondere die GmbH und die AG. Die Gesellschaft des bürgerlichen Rechts ist dagegen kommunalrechtlich unzulässig. Mit der Errichtung der Arbeitsgemeinschaften soll die einheitliche Wahrnehmung ihrer Aufgaben sichergestellt werden (Abs. 1 S. 1). Die Arbeitsgemeinschaften nehmen alle Aufgaben nach dem SGB II wahr, werden selbst aber **nicht Träger** dieser Aufgaben. Sie sind Behörden i. S. v. § 1 Abs. 2 SGB X.

4   Befinden sich im Bereich eines kommunalen Trägers, also eines Landkreises oder einer kreisfreien Stadt, mehrere AA, muss eine der AA als federführend benannt werden (Abs. 1 **S. 2**). Grundsätzlich soll je Bezirk einer Agentur für Arbeit eine Arbeitsgemeinschaft bestehen. Es sind aber auch mehrere Arbeitsgemeinschaften möglich (vgl. *Herold-Tews* in: Löns/Herold-Tews § 44b SGB II Rn. 3). Gibt es mehrere AA im Bezirk eines kommunalen Trägers, ist eine geschäftsführende AA zu benennen. Zuständig hierfür ist die Regionaldirektion. Die Zuständigkeit der AA wird hierdurch nicht verändert. Nicht geregelt ist der umgekehrte Fall, nämlich dass im Bezirk einer AA mehrere kommunale Träger sind. Damit bleibt es bei der Regelung des Abs. 1 S. 1 mit der Folge, dass die AA mit jedem kommunalen Träger eine Arbeitsgemeinschaft bilden soll.

5   Die **Ausgestaltung** und **Organisation** der Arbeitsgemeinschaften soll die Besonderheiten der beteiligten Träger, des regionalen Arbeitsmarktes und der regionalen Wirtschaftsstruktur berücksichtigen (Abs. 1 **S. 3**).

III. Geschäftsführer der Arbeitsgemeinschaft

6   In jeder Arbeitsgemeinschaft muss ein Geschäftsführer **bestellt** werden (Abs. 2 **S. 1**). Dies muss eine Person sein (vgl. *Berlit* in: LPK-SGB II § 44 b Rn. 34).

7   Der Geschäftsführer **vertritt** die AA **außergerichtlich** und **gerichtlich** (Abs. 2 S. 2). Er nimmt die Geschäfte der laufenden Verwaltung (vgl. *Wendtland* in: Gagel § 44b SGB II Rn. 24), die Fach- und Dienstaufsicht wahr, verwaltet die Finanzmittel und erstattet Bericht.

Die Bestellung des Geschäftsführers erfolgt im Einvernehmen von **8**
AA und kommunalem Träger (arg. e Abs. 2 S. 2). Können sich AA und
kommunaler Träger nicht auf ein Verfahren zur Bestellung des Geschäftsführers einigen, wird er von der AA oder dem kommunalen Träger abwechselnd bestellt (Abs. 2 **S. 3**). Wem das Recht zur erstmaligen
Bestellung des Geschäftsführers zustehen soll, wird durch Los ermittelt
(Abs. 2 **S. 4**).

IV. Aufgaben der Arbeitsgemeinschaft

Die Arbeitsgemeinschaft nimmt die **Aufgaben der AA** wahr (Abs. 3 **9**
S. 1). Diese gehen kraft Gesetzes auf die Arbeitsgemeinschaft über. Sie
erbringt damit Leistungen zur Eingliederungen in den Arbeitsmarkt,
Leistungen zur Sicherung des Lebensunterhalts (Arbeitslosengeld II,
Sozialgeld, den befristeten Zuschlag nach Bezug von Arbeitslosengeld,
Beiträge zur Sozialversicherung). Die Aufgaben nimmt die Arbeitsge-
meinschaft in eigenem Namen und in eigener Verantwortung wahr.
Ob sie hierbei die Stellung eines Leistungsträgers hat, ist str.

Die Arbeitsgemeinschaft hat der BA die erforderlichen Mitteilungen **10**
zu machen und auf Verlangen über die Ausführung des Auftrags Auskunft zu erteilen (§ 93 SGB X i.V. m. § 89 Abs. 3 SGB X). Die BA ist
berechtigt, die Arbeitsgemeinschaft an ihre Rechtsauffassung zu binden (§ 93 SGB X i.V. m. § 89 Abs. 5 SGB X). Die von der Arbeitsgemeinschaft für die BA erbrachten Leistungen einschließlich der Dienst-
und Sachleistungen sind von der BA zu erstatten (§ 93 SGB X i.V. m.
§ 91 Abs. 1 S. 1, 2 SGB X). Hat die Arbeitsgemeinschaft schuldhaft Leistungen zu Unrecht geleistet, werden ihre Aufwendungen nicht erstattet (§ 93 SGB X i.V. m. § 91 Abs. 1 S. 3 SGB X). Die BA hat den Arbeitsgemeinschaften einen angemessenen Vorschuss zu leisten (§ 93 SGB X
i.V. m. § 91 Abs. 3 SGB X).

Die **Aufgaben des kommunalen Trägers** nimmt die Arbeitsge- **11**
meinschaft wahr, wenn der kommunale Träger ihr diese Aufgaben
übertragen hat (Abs. 3 **S. 2**). Von einer Übertragung kraft Gesetzes wie
bei der AA sah der Gesetzgeber aus verfassungsrechtlichen Gründen
bei den kommunalen Trägern ab (vgl. *Pohl* ZfSH/SGB 2004, 167 (168
Fn. 4)). Eine Verpflichtung zur Übertragung der Aufgaben besteht
nicht, da „sollen" nur einen dringenden Apell zum Ausdruck bringt
(vgl. *Rixen* in: BeckOK § 44b SGB II Rn. 20).

Die Arbeitsgemeinschaft ist berechtigt, zur Wahrnehmung ihrer **12**
Aufgaben **Verwaltungsakte** und **Widerspruchsbescheide** zu erlassen
(Abs. 3 **S. 3**). Dies gilt sowohl für die Wahrnehmung der Aufgaben der
AA als auch des kommunalen Trägers.

V. Aufsicht über die Arbeitsgemeinschaft (Abs. 3 S. 4)

13　　Die Aufsicht über die Arbeitsgemeinschaften führen die obersten Landesbehörden. Sie haben sich dabei ins Benehmen mit dem Bundesministerium für Arbeit und Soziales zu setzen. Zusätzlich unterliegen die an den Arbeitsgemeinschaften beteiligten Träger der Aufsicht nach den für sie maßgeblichen Leistungsgesetzen. Die Aufsicht ist auf die Rechtsaufsicht beschränkt, also ob Gesetz und sonstiges maßgebliches berücksichtigt ist (vgl. BT-Drucks. 16/1410 S. 28; *Rixen* in: Eicher/ Spellbrink § 44b Rn. 23)

VI. Informationsaustausch zwischen AA und kommunalem Träger (Abs. 4)

14　　Die AA und der kommunale Träger sind gegenseitig verpflichtet, Informationen, die für den anderen erheblich sein können, diesem mitzuteilen.

Gemeinsame Einigungsstelle

45 (1) ¹Der gemeinsamen Einigungsstelle gehören ein Vorsitzender und jeweils ein Vertreter der Agentur für Arbeit und des Trägers nach § 44a Abs. 1 Satz 2 Nr. 1 oder 2 an, der der Feststellung der Agentur für Arbeit widerspricht. ²Widerspricht die Krankenkasse, die bei Erwerbsfähigkeit Leistungen der Krankenversicherung zu erbringen hätte, gehört der gemeinsamen Einigungsstelle auch der Leistungsträger nach § 44a Abs. 1 Satz 2 Nr. 1 und 2 an. ³Die Krankenkasse kann die gemeinsame Einigungsstelle anrufen und an ihren Sitzungen teilnehmen. ⁴Der Vorsitzende wird von beiden Trägern gemeinsam bestimmt. ⁵Einigen sich die Träger nicht auf einen Vorsitzenden, ist Vorsitzender für jeweils sechs Monate abwechselnd ein Mitglied der Geschäftsführung der Agentur für Arbeit und der Leiter des Trägers der anderen Leistung.

(2) ¹Die gemeinsame Einigungsstelle soll eine einvernehmliche Entscheidung anstreben. ²Sie zieht im notwendigen Umfang Sachverständige hinzu und entscheidet mit der Mehrheit der Mitglieder. ³Die Sachverständigen erhalten Entschädigungen nach dem Gesetz über die Entschädigung von Zeugen und Sachverständigen. ⁴Die Aufwendungen trägt der Bund. ⁵Die gemeinsame Einigungsstelle kann in geeigneten Fällen bei der Begutachtung der Erwerbsfähigkeit von Arbeitsuchenden den medizinischen Dienst der Krankenversicherung (§ 275 des Fünften Buches) als Sachverständigen hinzuziehen.

(3) Das Bundesministerium für Arbeit und Soziales wird ermächtigt, im Einvernehmen mit dem Bundesministerium der Finanzen und dem Bundesministerium für Gesundheit durch Rechtsverordnung Grundsätze zum Verfahren für die Arbeit der gemeinsamen Einigungsstelle zu bestimmen.

Verordnung zur Regelung der Grundsätze des Verfahrens für die Arbeit der Einigungsstellen nach dem Zweiten Buch Sozialgesetzbuch (Einigungsstellen-Verfahrensverordnung – EinigungsStVV) vom 23. November 2004 (BGBl. I S. 2916)

§ 1 Sitz der Einigungsstellen

Die Einigungsstellen haben ihren Sitz bei den Agenturen für Arbeit. Die Agenturen für Arbeit führen die Geschäfte der Einigungsstellen.

§ 2 Mitglieder der Einigungsstellen

(1) Der Vertreter der Agentur für Arbeit wird von der Geschäftsführung der Agentur für Arbeit bestimmt; diese kann ihre Befugnisse auf ein Mitglied der Geschäftsführung übertragen. Der Vertreter des Trägers der anderen Leistung oder eines weiteren Trägers von Sozialleistungen im Sinne des Absatzes 3 wird von dem Leiter des Trägers bestimmt; er kann seine Befugnisse auf einen Bediensteten dieses Trägers übertragen.

(2) Die Mitglieder der Einigungsstelle sollen sich einvernehmlich auf einen unabhängigen Vorsitzenden einigen, der die Befähigung zum Richteramt oder zum höheren Verwaltungsdienst besitzt. Die Mitglieder bestimmen außerdem einen Vertreter entsprechend Satz 1. Sofern in den Fällen des § 45 Abs. 1 Satz 4 des Zweiten Buches Sozialgesetzbuch keine Einigung darüber erzielt wird, welcher Träger den ersten Vorsitzenden stellt, entscheidet das Los.

(3) Weitere Träger von Sozialleistungen sind Mitglieder der Einigungsstelle, wenn auf Grund des Sachverhalts nicht ausgeschlossen werden kann, dass sie zur Leistung an den Antragsteller verpflichtet sind. Sie sind zu beteiligen, wenn ein Mitglied der Einigungsstelle dies verlangt.

(4) Der Vorsitzende und die Mitglieder der Einigungsstelle können sich vertreten lassen.

§ 3 Zuständigkeit

Zuständig ist die Einigungsstelle bei der Agentur für Arbeit, in der ein Antrag gemäß § 37 des Zweiten Buches Sozialgesetzbuch gestellt wurde oder zu stellen wäre. Wird nach der Anrufung der Einigungsstelle eine andere Agentur für Arbeit zuständig, entscheidet die angerufene Einigungsstelle abschließend.

§ 4 Anrufung der Einigungsstelle

Die Einigungsstelle wird von dem Träger angerufen, der eine von der Entscheidung des anderen Trägers abweichende Entscheidung über die Erwerbsfähigkeit oder Hilfebedürftigkeit treffen will. Die Anrufung hat unverzüglich nach der Feststellung zu erfolgen, dass der angerufene Träger eine abweichende Entscheidung treffen will. Haben beide Träger bereits eine Entscheidung getroffen, kann die Einigungsstelle von beiden Trägern angerufen werden

(2) Die Anrufung der Einigungsstelle ist dem Vorsitzenden oder, wenn ein Vorsitzender noch nicht bestimmt ist, dem anderen Träger schriftlich mitzuteilen. Die erste Sitzung der Einigungsstelle soll innerhalb von 14 Tagen nach Anrufung der Einigungsstelle durchgeführt werden.

§ 5 Sitzungen der Einigungsstelle

(1) Die Einigungsstelle entscheidet auf Grund mündlicher Verhandlung. Die Sitzungen der Einigungsstelle sind nicht öffentlich. Der Vorsitzende und die Mitglieder der Einigungsstelle haben über den Inhalt und das Ergebnis der Beratungen der Einigungsstelle Verschwiegenheit zu bewahren.

(2) Der Vorsitzende leitet die Sitzungen der Einigungsstelle. Solange ein Vorsitzender nicht bestimmt ist, wird die Sitzung vom Mitglied des Trägers geleitet, der die Einigungsstelle angerufen hat.

(3) Über jede Sitzung der Einigungsstelle ist ein Protokoll zu fertigen. Das Protokoll hat die wesentlichen Gründe für die Entscheidung aufzuführen. Das Protokoll beinhaltet mindestens

1. den Ort und die Zeit der Sitzung,
2. die Namen der Anwesenden,
3. den wesentlichen Inhalt der Verhandlung,
4. die Anträge der Mitglieder der Einigungsstelle und
5. die Beschlüsse der Einigungsstelle im Wortlaut.

Die Richtigkeit des Protokolls wird vom Vorsitzenden durch Unterschrift bestätigt. Der Vorsitzende leitet das Protokoll der Agentur für Arbeit und den anderen Mitgliedern der Einigungsstelle unverzüglich zu.

§ 6 Sachverständige

(1) Der Vorsitzende und die Mitglieder der Einigungsstelle können die Hinzuziehung von Sachverständigen verlangen. Die Sachverständigen sollen nicht der Bundesagentur für Arbeit oder dem Träger der anderen Leistungen angehören oder mit ihnen in sonstiger Weise geschäftlich in Beziehung stehen.

(2) Der Sachverständige soll ein schriftliches Gutachten fertigen; er kann von der Einigungsstelle persönlich angehört werden. Den Mitgliedern ist vor der Entscheidung der Einigungsstelle ein angemessener Zeitraum zur Prüfung des Gutachtens einzuräumen.

§ 7 Anhörung des Antragstellers

Der Antragsteller kann persönlich angehört werden. Er kann zu der Anhörung mit einem Beistand erscheinen. Das vom Beistand Vorgetragene gilt als von dem Antragsteller vorgetragen, soweit dieser nicht unverzüglich widerspricht.

§ 8 Entscheidung der Einigungsstelle

(1) Der Vorsitzende hat auf eine einvernehmliche Entscheidung der Einigungsstelle gemäß § 45 Abs. 2 Satz 1 des Zweiten Buches Sozialgesetzbuch hinzuwirken. Sofern eine einvernehmliche Entscheidung nicht herbeigeführt werden kann, entscheidet die Einigungsstelle mit einfacher Mehrheit durch Beschluss. Bei Stimmengleichheit entscheidet der Vorsitzende. Der gemäß § 5 beteiligte Antragsteller erhält eine Ausfertigung des Beschlusses zur Kenntnis. Die Entscheidung der Einigungsstelle ist für die an der Entscheidung beteiligten Träger bindend.

(2) Stimmberechtigt sind der Vorsitzende, der Vertreter der Agentur für Arbeit und der Vertreter des Trägers der anderen Leistungen (§ 2 Abs. 1). Führt in den Fällen des § 2 Abs. 3 eine Feststellung über die Erwerbsfähigkeit oder Hilfebedürftigkeit zur Leistungspflicht eines weiteren Trägers von Sozialleistungen, ist auch der Vertreter des Leistungsträgers stimmberechtigt. Die Einigungsstelle ist beschlussfähig, wenn die stimmberechtigten Mitglieder oder ihre Vertreter anwesend sind. Weigert sich ein Träger nach Fristsetzung durch den Vorsitzenden, durch Entsendung von Vertretern die Beschlussfähigkeit herbeizuführen, stellt der Vorsitzende den Sachverhalt fest. Danach ist er befugt, auch das Stimmrecht des fernbleibenden Trägers auszuüben.

(3) Die Einigungsstelle ist an Feststellungen zur Erwerbsfähigkeit gebunden, die in einem rechtskräftigen Urteil getroffen wurden, soweit sich der dem Urteil zu Grunde liegende Sachverhalt nicht verändert hat.

(4) Wechselt die örtliche Zuständigkeit nach § 36 des Zweiten Buches Sozialgesetzbuch, bleibt die Entscheidung der zuvor zuständigen Einigungsstelle für die betroffenen Leistungsträger bindend.

§ 9 Kosten

Die Kosten für das Verfahren der Einigungsstelle trägt die Agentur für Arbeit; den beteiligten Trägern werden Kosten nicht erstattet. Der Vorsitzende erhält außer in den Fällen des § 45 Abs. 1 Satz 4 des Zweiten Buches Sozialgesetzbuch entsprechend die einem ehrenamtlichen Richter zustehende Entschädigung nach dem Justizvergütungs- und -entschädigungsgesetz in der jeweils gültigen Fassung und zusätzlich eine besondere Aufwandsentschädigung in Höhe von Euro 60 für jeden durch Beschluss entschiedenen Fall. Die notwendigen Auslagen des Antragstellers sind nach § 7 von der Agentur für Arbeit zu erstatten.

§ 10 Stellung der zugelassenen kommunalen Träger

Die gemäß § 6 a des Zweiten Buches Sozialgesetzbuch zugelassenen kommunalen Träger haben an Stelle der Agenturen für Arbeit die aus dieser Verordnung folgenden Rechte und Pflichten.

§ 11 Inkrafttreten

Diese Verordnung tritt am 1. Januar 2005 in Kraft.

I. Allgemeines

1   § 45 überträgt die Entscheidung über Streitigkeiten zwischen den AA und den kommunalen Trägern über die Erwerbsfähigkeit oder die Hilfebedürftigkeit eines Antragstellers bzw. bei Streitigkeiten über die Erwerbsfähigkeit mit einem anderen Leistungsträger, der bei voller Leistungsminderung zuständig wäre, z. B. bei Streitigkeiten über die Erwerbsfähigkeit des Hilfebedürftigen zwischen den SGB II-Trägern, den Trägern der Sozialhilfe nach dem SGB XII oder den Rentenversicherungsträgern, einer gemeinsamen Einigungsstelle. Mit dem Einigungsstellenverfahren soll eine verbindliche Klärung der zu erbringenden Sozialleistungen zwischen den betroffenen Trägern herbeigeführt werden. § 45 wird ergänzt durch die Verordnung zur Regelung der Grundsätze des Verfahrens für die Arbeit der Einigungsstelle nach dem Zweiten Sozialgesetzbuch (Einigungsstellen-Verfahrensverordnungverordnung – EinigungsStVV) vom 23. 11. 2004 (BGBl. I S. 2916).

II. Sitz der gemeinsamen Einigungsstelle

2   Die Einigungsstellen haben ihren Sitz bei der AA (§ 1 S. 1 EinigungsStVV) bzw. beim zugelassenen kommunalen Träger (§ 10 EinigungsStVV). Sie können allerdings auch außerhalb der AA bzw. des zugelassenen kommunalen Trägers tagen (vgl. BR-Drucks. 759/04 S. 6), z. B. am Sitz eines Trägers der anderen Leistungen.

III. Führung der Geschäfte durch die AA

3   Die **Geschäfte** der Einigungsstellen werden von der AA **geführt**. Hierzu kann die AA einzelne Beschäftigte einsetzen oder eine Geschäftsstelle einrichten.

IV. Besetzung der Einigungsstellen

Die gemeinsame Einigungsstelle ist mit einem **Vorsitzenden** und 4
jeweils einem Vertreter der AA und des kommunalen Trägers bzw. des
für die Leistung bei voller Erwerbsminderung zuständigen Trägers be-
setzt (Abs. 1 S. 2). Zum Vorsitzenden ist grundsätzlich eine unparteiische
Person zu bestimmen. Vorsitzender der Einigungsstelle kann nur eine
Person werden, die die Befähigung zum Richteramt oder zum höheren
Verwaltungsdienst besitzt (§ 2 Abs. 2 S. 1 EinigungsStVV). Nach der
Verordnungsbegründung kommen insbesondere Richter der Sozial-
gerichtsbarkeit für den Vorsitz in Betracht (s. BR-Drucks. 759/04 S. 8).
Der Vorsitzende wird von den Trägern gemeinsam bestimmt (Abs. 1
S. 3). Die Vertreter der AA und die anderen beteiligten Sozialleistungsträger sollen sich grundsätzlich auf einen Vorsitzenden einigen. Ist dies
möglich, kann der Vorsitzende auch auf unbestimmte Zeit bestellt werden. Kommt eine Einigung nicht zu Stande, ist für jeweils sechs Monate
abwechselnd ein Mitglied der Geschäftsführung der AA oder der Leiter
des Trägers der anderen Leistung Vorsitzender (Abs. 1 S. 4). Anders als
beim Geschäftsführer der Arbeitsgemeinschaft (§ 44b Abs. 2 S. 4) ist
nicht geregelt, wie der zeitlich erste Vorsitzende der Einigungsstelle zu
bestimmen ist. Wird keine Einigung erzielt, entscheidet das Los.

Zusätzlich ist ein **Stellvertreter** des Vorsitzenden zu bestellen. In- 5
soweit gilt das zum Vorsitzenden skizzierte Verfahren entsprechend
(§ 2 Abs. 2 S. 2 EinigungsStVV).

Der **Vertreter der AA** wird von der Geschäftsführung der AA, der 6
des Trägers der anderen Leistung oder eines Trägers einer weiteren Leistung vom Leiter dieses Trägers bestimmt. In beiden Fällen kann das
Recht zur Bestimmung des Vertreters auf ein Mitglied der Geschäftsführung der AA bzw. auf einen Bediensteten des anderen bzw. weiteren
Trägers übertragen werden (§ 2 Abs. 1 EinigungsStVV).

Weitere Träger von Sozialleistungen sind Mitglieder der Eini- 7
gungsstelle, wenn auf Grund des Sachverhalts nicht ausgeschlossen
werden kann, dass sie zu Leistungen an den Antragsteller verpflichtet
sind (§ 2 Abs. 3 S. 1 EinigungsStVV). Die Regelung hat zur Folge, dass
sich die Anzahl der Mitglieder der Einigungsstelle erhöht. Der Träger
ist in diesem Fall an der Entscheidung der Einigungsstelle zu beteiligen
(§ 8 Abs. 2 S. 2 EinigungsStVV). Hiermit wird sichergestellt, dass die
Einigungsstelle für alle in Betracht kommenden Sozialleistungsträger
eine verbindliche Entscheidung trifft (s. BR-Drucks. 759/04 S. 8). Weitere Träger sind zwingend zu beteiligen, wenn zumindest ein Mitglied
der Einigungsstelle dies verlangt.

Der Vorsitzende und die Mitglieder der Einigungsstelle können sich 8
vertreten lassen (§ 2 Abs. 4 EinigungsStVV). Hiermit soll die Arbeitsfähigkeit der Einigungsstelle sichergestellt werden.

V. Zuständigkeit der Gemeinsamen Einigungsstelle

9   Vor der gemeinsamen Einigungsstelle sind **Streitigkeiten** über die
Erwerbsfähigkeit oder die **Hilfebedürftigkeit** eines Arbeitsuchen-
den zwischen den Trägern der Leistungen nach dem SGB II sowie bei
Streitigkeiten über die Erwerbsfähigkeit mit einem Leistungsträger,
der bei voller Erwerbsminderung zuständig wäre, zu entscheiden
(Abs. 1 S. 1).

10   Zuständig ist die Einigungsstelle bei der **AA**, bei der ein **Antrag** gemäß § 37 gestellt wurde oder zu stellen wäre (§ 3 S. 1 EinigungsStVV).
Die zweite Fallkonstellation ist z. B. gegeben, wenn der Antrag bei
einer örtlich unzuständigen AA oder bei einem anderen Träger gestellt
wurde, der der Auffassung ist, dass ein Anspruch nach dem SGB II
besteht. Die Zuständigkeit der angerufenen Einigungsstelle bleibt bestehen, auch wenn sich die örtliche Zuständigkeit der AA im Laufe des
Einigungsstellenverfahrens verändert, z. B. durch Umzug des Antragstellers.

VI. Verfahren vor der gemeinsamen Einigungsstelle

11   **1. Anrufung der Einigungsstelle.** Die Einigungsstelle wird von
dem Träger angerufen, der eine von der Entscheidung des anderen Trägers abweichende Entscheidung über die Erwerbsfähigkeit oder Hilfebedürftigkeit treffen will (§ 5 Abs. 1 S. 1 EinigungsStVV). Die Anrufung muss unverzüglich – also ohne schuldhaftes Zögern (§ 121 BGB)
– erfolgen. Ausnahmsweise haben beide Träger ein Anrufungsrecht,
wenn beide Träger bereits eine Entscheidung getroffen haben (§ 4
Abs. 1 S. 3 EinigungsStVV).

12   Die **Anrufung** der Einigungsstelle ist dem Vorsitzenden **schriftlich
mitzuteilen** (§ 4 Abs. 2 S. 1 EinigungsStVV). Dem anderen Träger ist
die Anrufung schriftlich mitzuteilen, wenn ein Vorsitzender noch
nicht bestimmt ist (§ 4 Abs. 2 S. 1 EinigungsStVV). Der Vorsitzende hat
einen Termin zu bestimmen und die Mitglieder der Einigungsstelle zu
laden. Hiermit soll das Verfahren beschleunigt werden.

13   **2. Sitzungen der Einigungsstelle.** Die Einigungsstelle entscheidet auf Grund **mündlicher Verhandlung.** Dem Datenschutz – in der
Sitzung sind oftmals Fragen des Gesundheitszustandes des Antragstellers zur erörtern – wird dadurch Rechnung getragen, dass die Sitzungen **nicht öffentlich** sind (§ 5 Abs. 1 S. 2 EinigungsStVV). Über den
Inhalt der Sitzungen haben der Vorsitzende und die Mitglieder Verschwiegenheit zu wahren (§ 5 Abs. 1 S. 3 EinigungsStVV).

14   Die Sitzungen werden **vom Vorsitzenden** geleitet. Er entscheidet
u. a. über die Art und Weise der Hinzuziehung von Sachverständigen
und Antragstellern (§ 5 Abs. 2 EinigungsStVV (BR-Drucks. 759/04

S. 9). Ist kein Vorsitzender bestimmt, wird die Sitzung vom Mitglied des Trägers geleitet, der die Einigungsstelle angerufen hat (§ 5 Abs. 2 S. 2 EinigungsStVV).

Über die Sitzung ist ein **Protokoll** zu führen. Den Inhalt des Proto- **15** kolls legt § 5 Abs. 3 EinigungsStVV fest. Das Protokoll dient der Beweissicherung (s. BR-Drucks. 759/04 S. 10). Außerdem soll die Begründung von auf der Grundlage der Entscheidung der Einigungsstellen ergehenden Verwaltungsakten erleichtert werden (s. BR-Drucks. 759/04 10). Das Protokoll ist vom Vorsitzenden zu unterschreiben und den beteiligten Trägern zu übermitteln.

In dem Verfahren sind im notwendigen Umfang **Sachverständige** **16** hinzuzuziehen (Abs. 2 S. 2). Dies ist insbesondere in Verfahren erforderlich, in denen über die Erwerbsfähigkeit des Hilfesuchenden gestritten wird. Die Einschaltung des Sachverständigen können der Vorsitzende und jedes Mitglied der Einigungsstelle verlangen (§ 6 Abs. 1 S. 1 EinigungsStVV). Eine Mehrheitsentscheidung ist nicht erforderlich (BR-Drucks. 759/04 S. 10). Der Sachverständige soll nicht der BA oder dem Träger der anderen Leistungen angehören. Er soll auch nicht in sonstiger Weise in geschäftlichen Beziehungen zu diesen stehen (§ 6 Abs. 1 S. 2 EinigungsStVV). Hiermit wird die Unparteilichkeit des Gutachtens gewährleistet. Ein Gutachter der genannten Träger kann nur bestimmt werden, wenn die Träger gegenseitiges Einvernehmen hierüber erzielen (s. BR-Drucks. 759/04 S. 10). Die Sachverständigen erhalten eine Entschädigung nach dem Justizvergütungs- und -entschädigungsgesetz. Das Gutachten soll schriftlich angefertigt werden (§ 6 Abs. 2 S. 1 Hs. 1 EinigungsStVV). Der Sachverständige kann auch persönlich angehört werden (§ 6 Abs. 2 S. 1 Hs. 2 EinigungsStVV). Hiermit soll die Klärung offener Fragen sichergestellt werden (BR-Drucks. 759/04 S. 10). Die Verpflichtung des Leistungsberechtigten, sich begutachten zu lassen, beurteilt sich nach § 59 (s. die Kommentierung zu § 59). Den Mitgliedern ist vor ihrer Entscheidung die Möglichkeit zur Prüfung des Gutachtens einzuräumen (§ 6 Abs. 2 S. 2 EinigungsStVV). Die Sozialversicherungsträger können ihre Fachdienste einschalten.

Der Antragsteller kann (Ermessen) **persönlich gehört** werden (§ 7 **17** S. 1 EinigungsStVV). Die Anhörung ist entbehrlich, wenn sie bereits im Sozialverwaltungsverfahren durchgeführt wurde (BR-Drucks. 759/04 S. 10 f.). Bei der Anhörung kann der Antragsteller mit einem Beistand erscheinen (§ 7 S. 2 EinigungsStVV). Beistand kann ein Rechtsanwalt oder eine andere Vertrauensperson sein (BR-Drucks. 759/04 S. 11). Das vom Beistand Vorgetragene gilt als vom Antragsteller vorgetragen, soweit dieser nicht unverzüglich widerspricht (§ 7 S. 2 EinigungsStVV).

3. Entscheidung der Einigungsstelle. Die gemeinsame Eini- **18** gungsstelle soll (also im Regelfall muss) eine **einvernehmliche Ent-**

scheidung anstreben (Abs. 2 S. 1). Hierauf hat der Vorsitzende hinzuwirken (§ 8 Abs. 1 S. 1 EinigungsStVV).

19 Ist eine einvernehmliche Entscheidung nicht möglich, entscheidet
die Einigungsstelle mit **einfacher Mehrheit** der Mitglieder durch
Beschluss (Abs. 2 S. 2, § 8 Abs. 1 S. 2 EinigungsStVV). Stimmberechtigt ist der Vertreter der AA und der Vertreter des Trägers der anderen
Leistung (§ 8 Abs. 2 S. 1 EinigungsStVV). Der andere Träger ist nicht
stimmberechtigt, wenn bereits vor der Entscheidung feststeht, dass der
Träger unabhängig von der Erwerbs- oder Hilfebedürftigkeit nicht
zur Leistung verpflichtet sein kann (BR-Drucks. 759/04 S. 11).

20 **Beschlussfähig** ist die Einigungsstelle, wenn die stimmberechtigten Mitglieder oder ihre Vertreter anwesend sind (§ 8 Abs. 2 S. 3 EinigungsStVV). Weigert sich ein Träger nach Fristsetzung durch den Vorsitzenden, durch Entsendung von Vertretern die Beschlussfähigkeit
herbeizuführen, stellt der Vorsitzende diesen Sachverhalt fest und ist
danach berechtigt, das Stimmrecht des fernbleibenden Trägers auszuüben (§ 8 Abs. 2 S. 5 und 6 EinigungsStVV).

21 Bei **Stimmengleichheit** entscheidet der Vorsitzende (§ 8 Abs. 1
S. 3 EinigungsStVV). Der Antragsteller, der im Verfahren beteiligt
war, erhält eine Ausfertigung des Beschlusses (§ 8 Abs. 1 S. 4 EinigungsStVV).

22 Die Einigungsstelle ist an die Feststellungen zur Erwerbsfähigkeit
in einem **rechtskräftigen Urteil** gebunden, soweit sich der zu Grunde
liegende Sachverhalt nicht geändert hat. In diesem Falle hat die Einigungsstelle nur zu entscheiden, dass sich der Sachverhalt nicht geändert
hat.

23 **4. Wirkung der Entscheidung.** Die Entscheidung der Einigungsstelle ist für die an der Entscheidung beteiligten Träger **verbindlich**
(§ 8 Abs. 1 S. 5 EinigungsStVV). Dritte sind dagegen nicht an die Entscheidung gebunden (BR-Drucks. 759/04 S. 11). Dies gilt insbesondere
für den an dem Verfahren vor der gemeinsamen Einigungsstelle nicht
einbezogenen **Leistungsberechtigten**. Er kann den Spruch der gemeinsamen Einigungsstelle nicht unmittelbar anfechten (zweifelnd
Brühl/Hoffmann S. 178). Anfechten kann er dagegen mit Widerspruch
und Klage den auf Grund der Entscheidung der gemeinsamen Einigungsstelle ergangenen Verwaltungsakt. Hat der Verwaltungsakt die
Ablehnung einer Leistung zum Gegenstand, kommt auch eine einstweilige Anordnung nach § 86 b SGG in Betracht.

24 Die Entscheidung bleibt auch dann bestehen, wenn die **örtliche
Zuständigkeit** wechselt (§ 8 Abs. 4 EinigungsStVV). Dies ist besonders dann der Fall, wenn der Betroffene seinen Wohnsitz wechselt.

VII. Kostentragung

Die Kosten für das Verfahren trägt die AA. Der Bund ersetzt diese **25** Kosten als Verwaltungskosten i. S. v. § 46 Abs. 1 S. 1 (BR-Drucks. 759/04 S. 12).

Der **Vorsitzende** erhält die einem ehrenamtlichen Richter zuste- **26** hende **Entschädigung** nach dem Justizvergütungs- und -entschädigungsgesetz (§ 9 S. 2). Keine Kosten werden den an dem Verfahren beteiligten Trägern erstattet. Diese Kosten sind als allgemeine Kosten von den Trägern selbst aufzubringen. Zusätzlich erhält der Vorsitzende eine besondere Aufwandsentschädigung in Höhe von 60 € für jeden durch Beschluss entschiedenen Fall (§ 9 S. 2). Hierdurch soll ein zusätzlicher Anreiz für die Bereitschaft, als Vorsitzender einer Einigungsstelle tätig zu werden, geschaffen werden (BR-Drucks. 759/04 S. 12).

Die **notwendigen Auslagen** des nach § 7 hinzugezogenen Antrag- **27** stellers sind von der AA zu ersetzen. Hiermit soll sichergestellt werden, dass dem Antragsteller keine finanziellen Nachteile durch die Einleitung des Einigungsstellenverfahrens entstehen. Zu den notwendigen Kosten gehören insbesondere Fahrtkosten. Die Kosten werden von der zuständigen AA ausgezahlt. Die Kosten der Zuziehung eines Bevollmächtigten werden nach der Begründung der Verordnung nur bei Notwendigkeit der Beiziehung übernommen (BR-Drucks. 759/04 S. 12).

VIII. Rechtsstellung der zugelassenen kommunalen Träger

Die zugelassenen kommunalen Träger (§ 6a) haben an Stelle der **28** AA die sich aus der EinigungsStVV ergebenden Rechte und Pflichten. Dies hat insbesondere zur Folge, dass die Einigungsstelle ihren Sitz bei dem zugelassenen kommunalen Träger hat, der die Geschäfte der Einigungsstelle führt und die Kosten für das Verfahren der Einigungsstelle trägt.

Kapitel 5. Finanzierung und Aufsicht

Finanzierung aus Bundesmitteln

46 (1) [1]Der Bund trägt die Aufwendungen der Grundsicherung für Arbeitsuchende einschließlich der Verwaltungskosten, soweit die Leistungen von der Bundesagentur erbracht werden. [2]Der Bundesrechnungshof prüft die Leistungsgewährung. [3]Dies gilt auch, soweit die Aufgaben von Arbeitsgemeinschaften nach § 44b wahrgenommen werden. [4]Eine Pauschalierung von Eingliederungsleistungen und Verwaltungskosten ist zulässig. [5]Die Mittel für die Erbringung von Eingliederungsleistungen und Verwaltungskosten werden in einem Gesamtbudget veranschlagt.

(2) [1]Der Bund kann festlegen, nach welchen Maßstäben die Mittel nach Absatz 1 Satz 4 auf die Agenturen für Arbeit zu verteilen sind. [2]Bei der Zuweisung wird die Zahl der erwerbsfähigen Bezieher von Leistungen zur Grundsicherung zugrunde gelegt. [3]Bei der Zuweisung der Mittel für die Leistungen nach § 16e wird die Zahl der erwerbsfähigen Besitzer der Leistungen der Grundsicherung für Arbeitsuchende, die länger als ein Jahr arbeitslos sind und das 18. Lebensjahr vollendet haben, zugrunde gelegt. [4]Das Bundesministerium für Arbeit und Soziales kann im Einvernehmen mit dem Bundesministerium der Finanzen durch Rechtsverordnung ohne Zustimmung des Bundesrates andere oder ergänzende Maßstäbe für die Verteilung der Mittel nach Absatz 1 Satz 4 festlegen.

(3) [1]Nicht verausgabte Mittel nach Absatz 1 Satz 5 sind zur Hälfte in das Folgejahr übertragbar. [2]Die übertragbaren Mittel dürfen einen Betrag von 10 vom Hundert des Gesamtbudgets des laufenden Jahres nicht übersteigen.

(4) [1]Die Bundesagentur leistet an den Bund einen Eingliederungsbeitrag in Höhe der Hälfte der jährlichen, vom Bund zu tragenden Aufwendungen für Leistungen zur Eingliederung in Arbeit und Verwaltungskosten nach Absatz 1 Satz 5 und § 6b Abs. 2. [2]Jeweils zum 15. Februar, 15. Mai, 15. August und 15. November leistet die Bundesagentur an den Bund Abschlagszahlungen in Höhe von einem Achtel des im Bundeshaushaltsplan veranschlagten Betrags für Leistungen zur Eingliederung in Arbeit und Verwaltungskosten nach Absatz 1 Satz 5 und § 6b Abs. 2. [3]Abweichend von Satz 2 kann das Bundesministerium für Arbeit und Soziales im Einvernehmen mit dem Bundesministerium der Finanzen der Bundesagentur die Abschlagszahlungen bis zum letzten Bankarbeitstag des jeweiligen Jahres stunden, soweit dies zur Vermeidung von Liquiditätshilfen nach § 364 Absatz 1 des

Dritten Buches erforderlich ist. [4]Bis zum 30. Januar des Folgejahres sind die geleisteten Abschlagszahlungen den hälftigen tatsächlichen Aufwendungen des Bundes für Eingliederungsleistungen und Verwaltungskosten des Vorjahres gegenüberzustellen. [5]Ein zu hoch gezahlter Eingliederungsbeitrag ist mit der Zahlung zum 15. Februar des Folgejahres zu verrechnen, ein zu gering gezahlter Eingliederungsbeitrag ist mit der Zahlung zum 15. Februar des Folgejahres zusätzlich an den Bund abzuführen. [6]Ist der Haushaltsplan des Bundes noch nicht in Kraft getreten, sind die Abschlagszahlungen nach Satz 2 auf der Grundlage des Haushaltsplans des Vorjahres zu bemessen.

(5) Der Bund beteiligt sich zweckgebunden an den Leistungen für Unterkunft und Heizung nach § 22 Abs. 1, um sicherzustellen, dass die Kommunen durch das Vierte Gesetz für moderne Dienstleistungen am Arbeitsmarkt unter Berücksichtigung der sich aus ihm ergebenden Einsparungen der Länder um jährlich 2,5 Milliarden Euro entlastet werden.

(6) [1]Der Bund trägt in den Jahren 2005 und 2006 jeweils 29,1 vom Hundert der in Absatz 5 genannten Leistungen. [2]Im Jahr 2007 trägt der Bund von den in Absatz 5 genannten Leistungen im Land Baden-Württemberg 35,2 vom Hundert, im Land Rheinland-Pfalz 41,2 vom Hundert und in den übrigen Ländern 31,2 vom Hundert. [3]Im Jahr 2008 betragen diese Sätze im Land Baden-Württemberg 32,6 vom Hundert, im Land Rheinland-Pfalz 38,6 vom Hundert und in den übrigen Ländern 28,6 vom Hundert. [4]Im Jahr 2009 betragen diese Sätze im Land Baden-Württemberg 29,4 vom Hundert, im Land Rheinland-Pfalz 35,4 vom Hundert und in den übrigen Ländern 25,4 vom Hundert.

(7) [1]Ab 2008 ergibt sich die in den Ländern jeweils geltende Höhe der Beteiligung des Bundes an den in Absatz 5 genannten Leistungen nach Maßgabe der Entwicklung der Bedarfsgemeinschaften. [2]Sie bestimmt sich nach der Formel

$$BBt + 1 = \Delta\, BGt, t\text{-}1 \cdot 0{,}7 + BBt$$

[3]Dabei sind:

$$\Delta\, BGt, t\text{-}1 = (JD\; BGt\, /\, JD\; BGt\text{-}1 - 1) \cdot 100$$

BBt + 1 =	Beteiligung des Bundes an den in Absatz 5 genannten Leistungen im Folgejahr in Prozent
BBt =	Beteiligung des Bundes an den in Absatz 5 genannten Leistungen im Jahr der Feststellung in Prozent
JD BGt =	jahresdurchschnittliche Anzahl der Bedarfsgemeinschaften von der Jahresmitte des Vorjahres bis zur Jahresmitte des Jahres der Feststellung
JD BGt-1 =	jahresdurchschnittliche Anzahl der Bedarfsgemeinschaften von der Jahresmitte des Vorvorjahres bis zur Jahresmitte des Vorjahres

[4]Die jahresdurchschnittliche Anzahl der Bedarfsgemeinschaften wird auf Grundlage der nach § 53 erstellten Statistik ermittelt.

(8) ¹Die sich jeweils nach Absatz 7 ergebende Höhe der Beteiligung des Bundes wird jährlich durch Bundesgesetz festgelegt. ²Einer Neufestlegung der Beteiligung des Bundes bedarf es nicht, wenn die maßgebliche Veränderung der Zahl der Bedarfsgemeinschaften nicht mehr als 0,5 vom Hundert beträgt; in diesem Fall gilt die zuletzt festgelegte Höhe der Beteiligung des Bundes weiter fort. ³Sofern nach Maßgabe der Entwicklung der Zahl der Bedarfsgemeinschaften ein negativer Beteiligungssatz festgelegt werden müsste, ist die Beteiligung auf 0 vom Hundert festzulegen. ⁴Die Höhe der Beteiligung des Bundes an den in Absatz 5 genannten Leistungen beträgt höchstens 49 vom Hundert.

(9) ¹Der Anteil des Bundes an den in Absatz 5 genannten Leistungen wird den Ländern erstattet. ²Der Abruf der Erstattungen ist zur Monatsmitte und zum Monatsende zulässig. ³Soweit eine Bundesbeteiligung für Zahlungen geltend gemacht wird, die wegen des fristgerechten Eingangs beim Empfänger bereits am Ende eines Haushaltsjahres geleistet wurden, aber erst im folgenden Haushaltsjahr fällig werden, ist die für das folgende Haushaltsjahr geltende Bundesbeteiligung maßgeblich.

I. Allgemeines

1   § 46 stellt sicher, dass der Bund die Kosten der Grundsicherung für Arbeitsuchende zu tragen hat. Ergänzt wird § 46 durch **§ 6 b Abs. 2**, der die Kostentragung des Bundes bei den zugelassenen kommunalen Trägern regelt (s. § 6 b Rn. 5).

II. Ersatz der Aufwendungen der BA durch den Bund (Abs. 1, 2)

2   Der Bund trägt die Aufwendungen der BA für die Grundsicherung für Arbeitsuchende einschließlich der Verwaltungskosten (Abs. 1 S. 1). Die Aufwendungen und die Verwaltungskosten sind auch dann zu übernehmen, soweit die Aufgaben von einer Arbeitsgemeinschaft wahrgenommen werden. Die Kosten für die Eingliederungsaufwendungen und für den Verwaltungsaufwand – dagegen nicht die Leistungen zur Sicherung des Lebensunterhalts – können pauschaliert werden (Abs. 1 S. 4).

3   Durch das **Gesamtbudget** nach Abs. 1 S. 5 soll den Trägern eine flexible Handhabung ihrer Mittel ermöglicht werden. Sie sollen nach der regionalen Bedarfslage Aufgabenschwerpunkte bei den Vermittlungsfachkräften und Eingliederungsleistungen bilden. Mit dem Gesamtbudget sollen zudem Anreize für einen sparsamen und effizienten Einsatz der verfügbaren Gesamtmittel geschaffen werden (s. BT-Drucks. 15/2816 S. 13).

Die **Verteilung der Mittel aus dem Gesamtbudget** nach Abs. 1 **4**
S. 5 kann (Ermessen) der Bund festlegen (Abs. 2 S. 1). Als Maßstab der
Verteilung wird die Zahl der erwerbsfähigen Bezieher von Leistungen
der Grundsicherung zugrunde gelegt (Abs. 2 S. 2). Damit wird zunächst den Unsicherheiten bei der Feststellung des finanziellen Bedarfs
Rechnung getragen (BT-Drucks. 15/2816 S. 14). Die Leistungen der
Beschäftigungsförderung sind gesondert auszuweisen (Abs. 2 S. 3).
Einzelheiten der Verteilung der Mittel für die Leistungen zur Eingliederung in Arbeit auf die AA und die zugelassenen kommunalen Träger
regelt die Verordnung über die Mittel für Eingliederung in Arbeit und
für die Verwaltung der Grundsicherung für Arbeitsuchende im Jahre
2005 (Eingliederungsmittel-Verordnung 2005 – EinglMV 2005) vom
20. 12. 2004 (BGBl. I S. 3645) (vgl. die VO-Ermächtigung in Abs. 2
S. 4).

Mit der **Übertragung** der Hälfte der nicht ausgegebenen **Mittel 5**
des Gesamtbudgets ins Folgejahr nach Abs. 1 S. 5 (Abs. 3 S. 1) sollen zusätzliche Anreize für einen sparsamen Mitteleinsatz gegeben werden
(BT-Drucks. 15/2816). Übertragen werden darf indessen nur ein Betrag in Höhe von 10% des Gesamtbudgets des laufenden Jahres. Damit
soll ein Anreiz dafür geschaffen werden, das angestrebte Niveau der
Eingliederungsleistungen zu erreichen (BT-Drucks. a.a.O.).

III. Prüfung der SGB II-Träger durch den Bundes-
rechnungshof (Abs. 1 S. 2, 3)

Der Bundesrechnungshof hat die Leistungsgewährung nach dem **6**
SGB II zu prüfen (Abs. 1 S. 2). Hiermit soll das Prüfungsrecht des Bun-
desrechnungshofes klargestellt werden (s. BT-Drucks. 15/2816 S. 13).
Nach der Gesetzbegründung besteht das Prüfungsrecht nicht nur bei
der BA, sondern auch bei den Arbeitsgemeinschaften nach § 44a und
kommunalen Stellen (s. BT-Drucks. 15/2816 S. 13). Die Prüfung des
Bundesrechnungshofes erfolgt auf der Grundlage von § 111 Abs. 1
BHO i. V. m. §§ 89 ff. BHO.

IV. Erstattung eines Aussteuerungsbetrages (Abs. 4)

Die BA erstattet dem Bund einen sog. Aussteuerungsbetrag (Abs. 4). **7**
Mit der Verpflichtung der BA zur Erstattung eines Aussteuerungsbe-
trages soll ein Anreiz für die BA geschaffen werden, Arbeitslose während des Bezugs von Arbeitslosengeld nach den §§ 117 ff. SGB III
dauerhaft beruflich einzugliedern (vgl. BT-Drucks. 15/1516 S. 64). Die
Höhe des Erstattungsbetrages bemisst sich nach den erwarteten durchschnittlichen Aufwendungen für die Nettoleistung und die Sozialversicherungsbeiträge eines Hilfebedürftigen und seiner Bedarfsgemein-

schaft. Weiter soll durch den Aussteuerungsbetrag erreicht werden, dass die bislang für Arbeitslosenhilfebezieher angesetzten Mittel zum größten Teil für die Grundsicherung für Arbeitsuchende zur Verfügung gestellt werden. Der Aussteuerungsbetrag ist für Personen zu zahlen, die innerhalb von drei Monaten nach dem Bezug von Arbeitslosengeld einen Anspruch auf Arbeitslosengeld II erworben haben.

V. Beteiligung des Bundes an den Kosten der kommunalen Träger für Unterkunft und Heizung (Abs. 5–10)

8   Die Absätze 5–10 regeln Einzelheiten der Beteiligung des Bundes an den Leistungen der Kommunen für Unterkunft und Heizung. Hiermit sollen die Kommunen jährlich um 2,5 Milliarden € entlastet werden (**Abs. 5**).

9   Die **Abs. 6–8** regeln Einzelheiten zur Berechnung des Entlastungsbetrages.

10   **Abs. 9** bestimmt Einzelheiten des Erstattungsverfahrens.

Aufsicht

47 (1) ¹Soweit die Bundesagentur Leistungen nach diesem Buch erbringt, führt das Bundesministerium für Arbeit und Soziales die Rechtsaufsicht und die Fachaufsicht. ²Das Bundesministerium für Arbeit und Soziales kann der Bundesagentur Weisungen erteilen und sie an seine Auffassung binden; es kann organisatorische Maßnahmen zur Wahrung der Interessen des Bundes an der Umsetzung der Grundsicherung für Arbeitsuchende treffen. ³Die Aufsicht über die zugelassenen kommunalen Träger obliegt den zuständigen Landesbehörden. ⁴Das Bundesministerium für Arbeit und Soziales kann allgemeine Verwaltungsvorschriften für die Abrechnung der Aufwendungen der Grundsicherung für Arbeitsuchende erlassen.

(2) Das Bundesministerium für Arbeit und Soziales kann durch Rechtsverordnung ohne Zustimmung des Bundesrates die Wahrnehmung von Aufgaben nach Absatz 1 auf eine Bundesoberbehörde übertragen.

I. Allgemeines

1   § 47 regelt Einzelheiten der Aufsicht über die SGB II-Träger. Dieser Regelung bedurfte es, weil die §§ 87 ff. SGB IV in der Grundsicherung für Arbeitsuchende nicht anwendbar sind, da diese nur für Sozialversicherungsträger gelten. § 47 **Abs. 1 S. 1 und S. 2** überträgt dem Bundesministerium für Arbeit und Soziales die Rechtsaufsicht und die Fachaufsicht gegenüber der BA (s. Rn. 2 f.). **Abs. 1 S. 3** weist die Auf-

sicht über die kommunalen Träger den zuständigen Landesbehörden zu (s. Rn. 4). **Abs.** 2 ermächtigt das Bundesministerium für Arbeit und Soziales, Aufgaben der Aufsicht über die BA in Angelegenheiten nach dem SGB II ganz oder teilweise auf eine Bundesbehörde zu übertragen.

II. Aufsicht über die BA (Abs. 1 S. 1 und 2)

Abs. 1 S. 1 unterstellt die BA bei der Ausführung der Leistungen nach **2** dem SGB II der Rechts- und Fachaufsicht des Bundesministeriums für Arbeit und Soziales. Im Rahmen der Rechtsaufsicht werden die Rechtmäßigkeit, im Rahmen der Fachaufsicht auch die Zweckmäßigkeit, die Handhabung des Ermessens, einzelne Ermessensentscheidungen und die Wirtschaftlichkeit geprüft (vgl. *Löns* in: Löns/Herold-Tews § 47 SGB II Rn. 3).

Das Bundesministerium für Arbeit und Soziales ist berechtigt, der **3** BA **Weisungen** zu erteilen und sie an ihre Auffassung binden (Abs. 1 S. 2). Die Regelung ist auf die Ausführung von Leistungen nach dem SGB II beschränkt. Bei der Aufgabenwahrnehmung der BA nach dem SGB III bleibt es dagegen bei der grundsätzlichen Beschränkung der Aufsicht des Bundesministeriums für Wirtschaft und Arbeit auf die Rechtsaufsicht (näher dazu *Winkler* in: LPK-SGB III § 393 Rn. 1 ff.).

Das Bundesministerium für Arbeit und Soziales kann durch **4** **Rechtsverordnung** die Wahrnehmung der Rechts- und Fachaufsicht einer Bundesbehörde ganz oder teilweise übertragen (Abs. 2). Eine Zustimmung des Bundesrates zu der Rechtsverordnung ist nicht erforderlich.

III. Aufsicht über die kommunalen Träger (Abs. 1 S. 3)

Die Aufsicht über die zugelassenen kommunalen Träger obliegt den **5** zuständigen Landesbehörden.

Zielvereinbarungen

48 [1]Im Einvernehmen mit dem Bundesministerium der Finanzen soll das Bundesministerium für Arbeit und Soziales mit der Bundesagentur Vereinbarungen zur Erreichung der Ziele nach diesem Buch abschließen. [2]Die Vereinbarungen können
1. erforderliche Genehmigungen oder Zustimmungen des Bundesministeriums für Arbeit und Soziales ersetzen,
2. die Selbstbewirtschaftung von Haushaltsmitteln für Leistungen zur Eingliederung in Arbeit sowie für Verwaltungskosten zulassen.

I. Allgemeines

1   § 48 ermöglicht in **S. 1** Zielvereinbarungen zwischen dem Bundesministerium für Arbeit und Soziales und der BA. **S. 2** benennt Gegenstände der Vereinbarung. Mit § 48 will der Gesetzgeber das Verwaltungshandeln der BA stärker darauf ausrichten, Ziele zu erreichen anstatt ausschließlich Regeln anzuwenden (BT-Drucks. 15/1516 S. 64).

II. Einzelheiten

2   Das Bundesministerium für Wirtschaft und Soziales **soll** (also in der Regel muss) mit der BA Vereinbarungen zur Erreichung der Ziele nach dem SGB II abschließen (Abs. 1 S. 1).

3   Welche **Ziele** Gegenstand der Zielvereinbarung sein können, wird in § 48 nicht ausdrücklich benannt, kann aber aus Inhalt und Ausmaß der Förderung abgeleitet werden. Nach der Gesetzesbegründung können z. B. die Begrenzung der durchschnittlichen Dauer der Hilfebedürftigkeit, eine Aktivierungsquote oder bestimmte Schwerpunkte bei der Eingliederung in Arbeit Ziele einer Zielvereinbarung sein (s. BT-Drucks. 15/1516 S. 64).

4   Die Zielvereinbarungen können die Bewirtschaftung von Haushaltsmitteln für Leistungen zur Eingliederung in Arbeit sowie für Verwaltungskosten zulassen.

5   Auch die **Laufzeiten** der Vereinbarungen werden im Gesetz nicht festgelegt. Nach der Gesetzesbegründung kommen unterschiedliche Laufzeiten in Betracht. Diese müssen nicht zwingend auf ein Haushaltsjahr begrenzt sein.

6   Mit den Vereinbarungen können erforderliche **Genehmigungen** oder Zustimmungen des Bundesministeriums für Arbeit und Soziales und fachaufsichtliche Weisungen **ersetzt** werden.

7   Die Zielvereinbarungen haben insbesondere **interne Wirkung.** Im Einzelfall können sie aber auch über den Grundsatz der Selbstbindung der Verwaltung Außenwirkung erlangen (vgl. *Löns* in: Löns/Herold-Tews § 48 Rn. 2).

Innenrevision

49 (1) [1]Die Bundesagentur stellt durch organisatorische Maßnahmen sicher, dass in allen Dienststellen und Arbeitsgemeinschaften nach § 44b durch eigenes, nicht der Dienststelle angehörendes Personal geprüft wird, ob von ihr Leistungen nach diesem Buch unter Beachtung der gesetzlichen Bestimmungen nicht hätten erbracht werden dürfen oder zweckmäßiger oder wirtschaftlicher hätten eingesetzt werden können. ²Mit der Durchführung der Prüfungen können Dritte beauftragt werden.

(2) Das Prüfpersonal der Bundesagentur ist für die Zeit seiner Prüftätigkeit fachlich unmittelbar der Leitung der Dienststelle unterstellt, in der es beschäftigt ist.

(3) Der Vorstand legt die Berichte nach Absatz 1 unverzüglich dem Bundesministerium für Arbeit und Soziales vor.

I. Allgemeines

§ 49 verpflichtet die BA zur Einrichtung einer Innenrevision. Neben **1** der Innenrevision sind in der BA **weitere Kontrollinstrumente** vorgesehen. Ihre Bediensteten unterliegen der Fachaufsicht der Vorgesetzten und der vorgesetzten Dienststellen. Ferner obliegt dem Bundesrechnungshof die Prüfung der Rechnungs- und der Haushalts- und Wirtschaftsführung der BA (§§ 89, 105, 106, 109 BHO).

II. Pflicht zur Sicherstellung einer Innenrevision (Abs. 1)

Abs. 1 S. 1 **verpflichtet** die BA zur Sicherstellung der Innenrevision **2** („stellt (...) sicher). Ermessensspielraum steht ihr nicht zu. Die Innenrevision ist in **allen Dienststellen der BA und in den Arbeitsgemeinschaften** sicherzustellen. Die BA muss die hierfür erforderlichen **organisatorischen Maßnahmen** treffen. Welche organisatorischen Maßnahmen die BA trifft, bleibt ihr indessen freigestellt. Nicht zulässig ist allerdings, dass die Prüfer der zu prüfenden Stelle angehören („durch eigenes, nicht der Dienststelle angehörendes Personal"). **Gegenstand der Innenrevision** ist nicht nur die Recht- und Zweckmäßigkeit, sondern auch die Wirtschaftlichkeit des Handelns der BA (vgl. zur entsprechenden Regelung im SGB III *Niesel* § 398 Rn. 3).

Mit der Durchführung der Prüfungen können auch **Dritte beauftragt** werden (Abs. 1 S. 2). Dritte sind z. B. Wirtschaftsprüfungsgesellschaften oder Meinungsforschungsinstitute. So sollen z. B. durch verdeckte Prüfungen oder durch Kunden- und Mitarbeiterbefragungen Mängel aufgedeckt und beseitigt werden (vgl. BT-Drucks 14/8546 zu Nr. 27). Die Beauftragung der Dritten steht im Ermessen der BA („können").

III. Fachliche Zuordnung des Prüfpersonals (Abs. 2)

Während der Zeit der Prüftätigkeit ist das Prüfpersonal fachlich un- **4** mittelbar der Leiterin oder dem Leiter der Dienststelle unterstellt, in der es beschäftigt ist (Abs. 2).

IV. Vorlage des Prüfberichts beim Vorstand der BA (Abs. 3)

5   Der Vorstand der BA hat die Berichte der Innenrevision unverzüglich dem Bundesministerium für Arbeit und Soziales vorzulegen (Abs. 3).

Kapitel 6. Datenübermittlung und Datenschutz

Datenübermittlung

50 (1) Die Bundesagentur, die kommunalen Träger, die zugelassenen kommunalen Träger, die für die Bekämpfung von Leistungsmissbrauch und illegaler Beschäftigung zuständigen Stellen und mit der Wahrnehmung von Aufgaben beauftragte Dritte sollen sich gegenseitig Sozialdaten übermitteln, soweit dies zur Erfüllung ihrer Aufgaben nach diesem Buch oder dem Dritten Buch erforderlich ist.

(2) Soweit Arbeitsgemeinschaften die Aufgaben der Agenturen für Arbeit wahrnehmen (§ 44 b Abs. 3 Satz 1), ist die Bundesagentur verantwortliche Stelle nach § 67 Abs. 9 des Zehnten Buches.

I. Datenschutz im Sozialgesetzbuch

Das BVerfG leitete in dem sog. **Volkszählungsurteil** aus Art. 2 **1** Abs. 1 i. V. m. Art. 1 Abs. 1 GG das sog. **Recht auf informationelle Selbstbestimmung** ab. Danach hat jeder das Recht „grundsätzlich selbst über die Preisgabe und Verwendung seiner persönlichen Daten zu bestimmen" (vgl. *BVerfG* E 65, 1 (43)). Einschränkungen dieses Rechts bedürfen einer gesetzlichen Grundlage, in der die Voraussetzungen und der Umfang des Eingriffes geregelt werden (vgl. *BVerfG* a.a.O.). Entsprechende Regelungen enthalten das Bundesdatenschutzgesetz und die Datenschutzgesetze der Länder. Für das Sozialrecht findet sich ein spezifisches Datenschutzrecht in den §§ 35 SGB I, 67 ff. SGB X sowie in den besonderen Teilen des SGB einschließlich der durch § 68 SGB I in das SGB einbezogenen Gesetze. Diese Vorschriften haben gegenüber den allgemeinen datenschutzrechtlichen Regelungen im Bundesdatenschutzgesetz (§ 1 Abs. 4 BDSG) und in den Landesdatenschutzgesetzen Vorrang. Sie kommen nur zur Anwendung, soweit der spezifische Sozialdatenschutz des SGB nicht greift, also vor allem bei fiskalischen Geschäften und bei privaten Organisationen, z. B. bei den Trägern der freien Wohlfahrtspflege.

§ 35 Abs. 1 SGB I regelt das **Sozialgeheimnis** (näher dazu *Winkler:* **2** Sozialverwaltungsverfahren und Sozialdatenschutz. 2004. § 9 Rn. 3 ff.). Nach § 35 Abs. 1 S. 1 hat jeder Anspruch darauf, dass die ihn betreffenden Sozialdaten von den Leistungsträgern – also insbesondere auch von den SGB II-Trägern – und den anderen in § 35 SGB I genannten Stellen nicht unbefugt erhoben, verarbeitet oder genutzt werden. Dies gilt auch innerhalb des Trägers (§ 35 Abs. 1 S. 2 SGB I). Entsprechendes gilt für Betriebs- und Geschäftsgeheimnisse (Abs. 4).

3 Einzelheiten des Sozialdatenschutzes regeln die **§§ 67 ff. SGB X** sowie die Besonderen Teile des SGB (näher dazu *Winkler*: Sozialverwaltungsverfahren und Sozialdatenschutz. 2004. § 9 Rn. 1 ff.). § 67 SGB X definiert grundlegende datenschutzrechtliche Begriffe: Sozialdaten (s. Rn. 6), Erhebung von Sozialdaten, Nutzung von Sozialdaten, Verarbeitung von Sozialdaten. Die §§ 67 a ff. SGB X bestimmen, unter welchen Voraussetzungen Sozialdaten erhoben, verarbeitet und genutzt werden dürfen, und die §§ 81 ff. SGB X regeln die Rechte des Betroffenen und verpflichten zur Bestellung eines Datenschutzbeauftragten.

4 Die Übermittlungsbefugnisse nach § 50 beziehen sich auf **Sozialdaten**. Nach der Legaldefinition in § 67 Abs. 1 SGB X sind dies Einzelangaben über persönliche oder sachliche Verhältnisse einer bestimmten oder bestimmbaren natürlichen Person, die von einer der in § 35 SGB I genannten Stellen im Hinblick auf ihre Aufgaben nach dem Sozialgesetzbuch erhoben, verarbeitet oder genutzt werden.

5 **Einzelangaben** sind Informationen, die sich auf eine bestimmte natürliche Person beziehen oder geeignet sind, mit einer bestimmten natürlichen Person in Bezug gesetzt zu werden.

6 **Angaben zu den persönlichen und sachlichen Verhältnissen** sind u. a. Name, Geburtsdatum, Staatsangehörigkeit, Konfession, Ausbildung, Familienstand, Anschriften, Krankheiten, Arbeitgeber, Arbeitnehmer- bzw. Versicherteneigenschaft, Einkommen und Vermögensverhältnisse. Ob auch die Versicherungsnummer zu den Sozialdaten gehört, ist str. (bej. zum Arbeitsförderungsrecht Nomos-Praxiskommentar § 402 Rn. 18; a. A. *BSG* 5 RJ 82/95). Zu den persönlichen und sachlichen Verhältnissen gehört auch der Bezug von Sozialleistungen (so zur Sozialhilfe *BVerfG* E 96, 147).

7 **Bestimmt** ist eine **Person**, wenn sich eine Angabe auf die betroffene Person und nur auf diese bezieht. **Bestimmbar** ist die Person, wenn sich ihre Identität mit Hilfe weiterer Informationen feststellen lässt. **Anonymisierte Daten** unterfallen nicht dem Sozialdatenschutz.

8 Zu den **Stellen** i. S. v. § 35 Abs. 1 SGB I gehören vor allem die Leistungsträger, also insbesondere auch die BA und die kommunalen Träger.

9 **Übermitteln** ist das Bekanntgeben gespeicherter oder bei durch Datenverarbeitung gewonnener Sozialdaten an einen Dritten durch Weitergabe der Daten (sog. aktive Weitergabe) oder durch Einsicht des Dritten oder durch zum Abruf oder Einsicht von bereitgehaltenen Daten (sog. passive Weitergabe) (§ 67 Abs. 6 S. 2 Nr. 3 SGB X). Übermitteln ist auch die Bekanntgabe nicht gespeicherter Sozialdaten (z. B. aus einer Akte).

10 Die **Zulässigkeit des Übermittelns** von Sozialdaten regeln die §§ 67 b, 67 d ff. SGB X. Danach ist die Übermittlung nur zulässig, wenn der Betroffene eingewilligt hat oder eine gesetzliche Übermitt-

lungsbefugnis nach den §§ 68 bis 77 SGB X vorliegt (zu Einzelheiten
s. *Winkler:* Sozialverwaltungsverfahren und Sozialdatenschutz. 2004.
§ 9 Rn. 81 ff.).

Die **Einwilligung** hat i. d. R. schriftlich zu erfolgen (§ 67 b Abs. 2 **11**
und 3 SGB X). Eine konkludente oder mutmaßliche Einwilligung ist
nur ausnahmsweise zulässig (vgl. *LSG Berlin* 8. 10. 1989 – Az. L 9 KR
64/88; VG Stuttgart 20. 1. 1995 – Az. 18 K 28/93; *BSG* E 47, 118). Über
die Erteilung der Einwilligung kann der Betroffene frei entscheiden.
Er kann seine Einwilligung auch jederzeit für die Zukunft widerrufen.
Sind mehrere Personen betroffen, müssen alle einwilligen (vgl. *Pickel:*
Geheimhaltung und Offenbarung von Daten im Sozialrecht MDR
1984, S. 887).

Die §§ 68 ff. SGB X enthalten u. a. folgende **Übermittlungstatbe-** **12**
stände:
– Übermittlung auf Anforderung von Polizeibehörden, Staatsanwalt-
  schaften und Gerichten sowie Behörden der Gefahrenabwehr oder
  zur Durchsetzung öffentlich-rechtlicher Ansprüche (§ 68 SGB X)
– Übermittlung zur Erfüllung sozialer Aufgaben (§ 69 SGB X).
– Übermittlung zur Durchführung des Arbeitsschutzes (§ 70 SGB X)
– Übermittlung zur Erfüllung besonderer gesetzlicher Mitteilungs-
  pflichten (§ 71 SGB X)
– Übermittlung zur Durchführung eines Strafverfahrens (§ 73 SGB X)
– Übermittlung für Zwecke der Forschung und Planung (§ 75 SGB X).

Die **Verantwortung für die Zulässigkeit** der Übermittlung trägt **13**
die übermittelnde Stelle (§ 67 d Abs. 2 S. 1 SGB X). Für die Richtigkeit
der Angaben im Übermittlungsersuchen ist dagegen die ersuchende
Stelle verantwortlich (§ 67 d Abs. 2 S. 2 SGB X).

II. Übermittlung von Sozialdaten nach § 50

1. Allgemeines. § 50 verpflichtet und berechtigt die SGB II-Träger **14**
und mit Aufgaben nach dem SGB II beauftragte Dritte, sich gegenseitig erforderliche Daten zu übermitteln. Die Vorschrift erweitert die allgemeinen Übermittlungstatbestände. Sie ermöglicht einen umfassenden Datenfluss zwischen den SGB II-Trägern und weiteren Stellen.

2. Pflicht zur gegenseitigen Datenübermittlung (Abs. 1). Die **15**
SGB II-Träger (AA, kommunale Träger), die Arbeitsgemeinschaften,
die für die Bekämpfung illegaler Beschäftigung zuständigen Stellen
(d. h. die Zollämter) und mit der Wahrnehmung von Aufgaben beauftragte Dritte (vor allem Kirchen, Wohlfahrtsverbände und Beschäfti-
gungsgesellschaften) sind i. d. R. **verpflichtet**, sich gegenseitig Daten
zu übermitteln („sollen").

Die **Übermittlung** der Daten ist **zweifach begrenzt**. Sie dürfen **16**
die Daten nur an Dritte übermitteln, die sie mit **Aufgaben nach dem**

SGB II betraut haben. Nehmen die Dritten Aufgaben nach anderen Gesetzen wahr, scheidet eine Übermittlung personenbezogener Daten aus. Dann ist nur eine Übermittlung anonymisierter Daten zulässig. Weiter dürfen Daten nur übermittelt werden, soweit diese für die Wahrnehmung der Aufgabe nach dem SGB II **erforderlich** sind. Erforderlich ist die Übermittlung nur, wenn die Daten nicht beim Leistungsberechtigten erhoben werden können. Ggfs. muss vor der Übermittlung eine Vorselektion stattfinden.

17   **3. BA als verantwortliche Stelle bei Arbeitsgemeinschaften (Abs. 2).** Die BA ist bei den Arbeitsgemeinschaften, soweit diese Aufgaben der AA wahrnehmen, verantwortliche Stelle. Ansonsten ist jede Stelle selbst für die Wahrnehmung des Datenschutzes verantwortlich.

Erhebung, Verarbeitung und Nutzung von Sozialdaten durch nichtöffentliche Stellen

51 Die Träger der Leistungen nach diesem Buch dürfen abweichend von § 80 Abs. 5 des Zehnten Buches zur Erfüllung ihrer Aufgaben nach diesem Buch einschließlich der Erbringung von Leistungen zur Eingliederung in Arbeit und Bekämpfung von Leistungsmissbrauch nichtöffentliche Stellen mit der Erhebung, Verarbeitung und Nutzung von Sozialdaten beauftragen, auch soweit die Speicherung der Daten den gesamten Datenbestand umfasst.

I. Allgemeines

1   § 80 Abs. 5 SGB X setzt der Erhebung, Verarbeitung und Nutzung im Auftrag durch nichtöffentliche Stellen enge Grenzen (vgl. *Löns* in: Löns/Herold-Tews § 51 Rn. 2). § 51 lockert diese Grenzen für die Grundsicherung für Arbeitsuchende. Die Vorschrift berechtigt die SGB II-Träger mit der Datenerhebung, selbst wenn diese den gesamten Datenbestand betrifft. Krit. zum Standort von § 51 SGB II (vgl. *Löns* in: Löns/Herold-Tews § 51 Rn. 3)

II. Beauftragung nichtöffentlicher Stellen mit der Erhebung, Verarbeitung und Nutzung von Sozialdaten

2   Den Auftrag dürfen die **SGB II-Träger** erteilen, also die BA, die kommunalen Träger und die zugelassenen kommunalen Träger. Ferner wird in der Lit. die Arbeitsgemeinschaft (vgl. zu deren Rechtsstellung § 44 b Rn. 3 ff.) als auftragsberechtigt angesehen (vgl. *Lauterbach* in: Gagel § 51 SGB II Rn. 4).

Die Erteilung des Auftrags steht im **Ermessen** der genannten Träger 3
(„dürfen").

Abs. 1 lässt die Beauftragung über die Grenzen des **§ 80 Abs. 5** 4
SGB X zu. Diese Vorschrift lässt eine Beauftragung nur zu, wenn beim
Auftraggeber sonst Störungen auftreten können oder die übertragenen
Aufgaben vom Auftragnehmer erheblich kostengünstiger besorgt wer-
den können. Außerdem darf nicht der gesamte Datensatz beim Auf-
tragnehmer gespeichert werden. Diese engen Begrenzungen gelten im
Anwendungsbereich des SGB II nicht.

Beauftragt werden können auch **nichtöffentliche Stellen.** Der Ge- 5
setzgeber wollte hiermit insbesondere die Beauftragung von Call-
Centern mit der Ersterfassung von Kundendaten und der Folgebera-
tung ermöglichen (vgl. zur entsprechenden Rechtslage nach dem SGB
III BT-Drucks 15/1515, 109).

Der Begriff „**Erheben von Sozialdaten**" wird in § 67 Abs. 5 SGB 6
X legaldefiniert. Danach ist das Erheben von Sozialdaten das Be-
schaffen von Informationen über den Betroffenen (zu Einzelheiten s.
Winkler: Sozialverwaltungsverfahren und Sozialdatenschutz. 2004. § 9
Rn. 31 ff.). Unerheblich ist, in welcher Art die Daten beschafft werden.
Sozialdaten können sowohl mittels Antragsformularen, Auskunftser-
suchen, persönlicher Anhörungen, aber auch durch bloße Augen-
scheinnahme einer Person oder eines Objektes erhoben werden.

Das „**Verarbeiten**" von Sozialdaten" umfasst das Speichern, Verän- 7
dern, Übermitteln, Sperren und Löschen dieser Daten (§ 67 Abs. 6 S. 1
SGB X). § 67 Abs. 6 S. 2 SGB X definiert diese einzelnen Verarbei-
tungsformen (zu Einzelheiten s. *Winkler*: Sozialverwaltungsverfahren
und Sozialdatenschutz. 2004. § 9 Rn. 46 ff.). Zum Übermitteln s. bereits oben § 50 Rn. 6 ff.

„**Nutzen**" von Sozialdaten" ist jede Verwendung von Sozialdaten, 8
soweit es sich nicht um Verarbeitung handelt, auch die Weitergabe innerhalb der verantwortlichen Stelle (§ 67 Abs. 7 SGB X).

Der Auftrag darf auch dann erteilt werden, wenn die Speicherung 9
den gesamten Datenbestand umfasst.

Die Verantwortung für das **Einhalten der datenschutzrechtlichen** 10
Vorschriften bleibt beim SGB II-Träger (vgl. *Lauterbach* in: Gagel § 51
SGB II Rn. 6). Die Rechte aus den §§ 82–84 SGB X richten sich gegen
sie.

Kundennummer

51a (1) ¹Jeder Person, die Leistungen nach diesem Gesetz bezieht,
wird einmalig eine eindeutige, von der Bundesagentur oder im
Auftrag der Bundesagentur von den zugelassenen kommunalen Trägern
vergebene Kundennummer zugeteilt. ²Die Kundennummer ist vom Träger der Grundsicherung für Arbeitsuchende als Identifikationsmerkmal

zu nutzen und dient ausschließlich diesem Zweck sowie den Zwecken nach § 51b Abs. 4. [3]Soweit vorhanden, ist die schon beim Vorbezug von Leistungen nach dem Dritten Buch vergebene Kundennummer der Bundesagentur zu verwenden. [4]Die Kundennummer bleibt der jeweiligen Person auch zugeordnet, wenn sie den Träger wechselt. [5]Bei erneuter Leistung nach längerer Zeit ohne Inanspruchnahme von Leistungen nach diesem Buch oder nach dem Dritten Buch wird eine neue Kundennummer vergeben. [6]Diese Regelungen gelten entsprechend auch für Bedarfsgemeinschaften. [7]Bei der Übermittlung der Daten verwenden die Träger eine eindeutige, von der Bundesagentur vergebene Trägernummer.

I. Allgemeines

1   § 51a regelt Einzelheiten der Zuteilung einer Kundennummer und einer Nummer der Bedarfsgemeinschaft. Mit dieser soll sichergestellt werden, dass der Hilfebedürftige sowie die Bedarfsgemeinschaft, in der er lebt, jederzeit unabhängig vom zuständigen SGB II-Träger identifiziert werden kann (vgl. BT-Drucks. 15/2816 S. 14) (s. Rn. 2 ff.). Außerdem verpflichtet S. 7 die BA zur Vergabe einer Trägernummer (s. Rn. 8).

II. Zuteilung einer Kundennummer (S. 1–6)

2   **Jeder Person**, die Leistungen nach dem SGB II bezieht, wird von der AA oder in deren Auftrag vom zugelassenen kommunalen Träger eine **Kundennummer** zugeteilt (S. 1). Besteht eine Arbeitsgemeinschaft, wird die Kundennummer von dieser vergeben. Keine Kundennummer muss an Personen erteilt werden, deren Antrag abgelehnt wird (vgl. *Lauterbach* in: Gagel § 51a Rn. 5).

3   Die Kundennummer dient der eindeutigen Identifikation der Leistungsbezieher. Sie darf nur zu diesem **Zweck** und den Zwecken des § 51b Abs. 4 (S. § 51b Rn. 5) genutzt werden (**S. 2**).

4   **Keine Kundennummer** ist zu vergeben, soweit eine solche bereits wegen des **Vorbezugs** von **Leistungen** nach dem SGB III von der AA verwendet wird (**S. 3**).

5   Die Kundennummer bleibt der jeweiligen Person auch zugeordnet, wenn sie den Träger – vor allem auf Grund Umzugs – wechselt (**S. 4**).

III. Neuvergabe einer Kundennummer

6   Die Kundennummer ist **neu zu vergeben**, wenn seit der letzten Inanspruchnahme von Leistungen nach dem SGB II oder dem SGB III längere Zeit vergangen ist (**S. 5**). Von längerer Zeit geht man in der Lit.

bei einem Zeitraum von 2 bis 5 Jahren aus (vgl. *Voelzke* in: Hauck/Noftz SGB II K § 51a Rn. 10).

IV. Zuteilung einer Bedarfsgemeinschaftnummer (S. 6)

Lebt der erwerbsfähige Hilfebedürftige in einer Bedarfsgemein- 7
schaft, wird zusätzlich eine Nummer für die Bedarfsgemeinschaft erteilt. Insoweit gelten die Regelungen zur Kundennummer entsprechend (s. 6).

V. Verwendung einer Trägernummer (S. 7)

Bei der Übermittlung von Daten müssen die Träger eindeutige von 7
der BA vergebene Trägernummern verwenden.

Datenerhebung und -verarbeitung durch die Träger der Grundsicherung für Arbeitsuchende

51b (1) [1]Die zuständigen Träger der Grundsicherung für Arbeitsuchende erheben laufend die sich bei der Durchführung der
Grundsicherung für Arbeitsuchende ergebenden Daten über
1. die Empfänger von Leistungen nach diesem Gesetz, einschließlich aller Mitglieder von Bedarfsgemeinschaften und die im Haushalt
lebenden Kinder nach § 7 Absatz 3 Nummer 4, die aufgrund ihres Einkommens und Vermögens nicht zur Bedarfsgemeinschaft gehören,
2. die Art und Dauer der gewährten Leistungen und Maßnahmen
sowie die Art der Eingliederung in den allgemeinen Arbeitsmarkt,
3. die Ausgaben und Einnahmen im Rahmen der Grundsicherung
für Arbeitsuchende,
4. die Stellenangebote, die ihnen von den Arbeitgebern mit einem
Auftrag zur Vermittlung gemeldet wurden.
[2]Die kommunalen Träger und die zugelassenen kommunalen Träger
übermitteln der Bundesagentur die Daten nach Satz 1 als personenbezogene Datensätze unter Angabe der Kundennummer sowie der
Nummer der Bedarfsgemeinschaft nach § 51a. [3]Für jedes der in
Satz 1 Nr. 4 genannten Stellenangebote übermitteln die zuständigen
Träger einen Datensatz unter Angabe eines eindeutigen Identifika-
tionsmerkmals.
(2) Im Rahmen von Absatz 1 Nr. 1 und 2 sind Angaben über
1. Familien- und Vornamen; Anschrift; Familienstand; Geschlecht;
Geburtsdatum; Staatsangehörigkeit, bei Ausländern auch den aufenthaltsrechtliche Status; Merkmale des Migrationshintergrundes; Sozialversicherungsnummer, soweit bekannt; Stellung innerhalb der Bedarfsgemeinschaft; Zahl aller Mitglieder und Zusammensetzung nach

Altersstruktur der Bedarfsgemeinschaft; Änderungen der Zusammensetzung der Bedarfsgemeinschaft; Zahl aller Haushaltsmitglieder; Art der gewährten Mehrbedarfszuschläge;

2. Datum der Antragstellung, Beginn und Ende, Art und Höhe der Leistungen und Maßnahmen an die einzelnen Leistungsempfänger (einschließlich der Leistungen nach § 16 a Nr. 1 bis 4), Anspruch und Bruttobedarf je Monat, anerkannte monatliche Bruttokaltmiete; Angaben zu Grund, Art und Umfang von Sanktionen nach den §§ 31 und 32 sowie von Leistungen nach § 16 b und Anreizen nach § 30; Beendigung der Hilfe aufgrund der Einstellung der Leistungen;

3. Art und Höhe der angerechneten Einkommen, übergegangenen Ansprüche und des Vermögens für alle Leistungsempfänger;

4. für 15- bis unter 67-jährige Leistungsempfänger zusätzlich zu den unter Nummer 1 und Nummer 2 genannten Merkmalen: höchster Schulabschluss an allgemein bildenden Schulen; höchster Berufsbildungs- bzw. Studienabschluss (Beruf); Angaben zur Erwerbsfähigkeit sowie zu Art und Umfang einer Erwerbsminderung; Zumutbarkeit der Arbeitsaufnahme oder Gründe, die einer Zumutbarkeit entgegenstehen; Beteiligung am Erwerbsleben einschließlich Art und Umfang der Erwerbstätigkeit; Arbeitssuche und Arbeitslosigkeit nach § 118 des Dritten Buches; Angaben zur Anwendung von § 65 Abs. 4
zu erheben und zu übermitteln.

(3) Im Rahmen von Absatz 1 Nr. 3 sind Art und Sitz der zuständigen Agentur für Arbeit, des zuständigen zugelassenen kommunalen Trägers oder des zuständigen kommunalen Trägers, Einnahmen und Ausgaben nach Höhe sowie Einnahme- und Leistungsarten zu erheben und zu übermitteln.

(3a) ¹Im Rahmen des Absatzes 1 Satz 1 Nr. 4 sind Angaben über Betriebsnummer oder Name und Anschrift des Betriebes, die Anzahl der gemeldeten und offenen Stellen, die Art der Stellen und deren frühestmöglichen Besetzungstermin, die geforderte Arbeitszeit, den gewünschten Beruf, Altersbegrenzungen der Stellen, den Arbeitsort sowie den Wirtschaftszweig des meldenden Betriebes und – sofern es sich um befristete Stellen handelt – die Befristungsdauer zu erheben und zu übermitteln. ²Für Ausbildungsstellen sind darüber hinaus Angaben zur Ausbildungseignung des meldenden Betriebes und zum Ausbildungsbeginn erforderlich.

(4) Die nach den Absätzen 1 bis 3a erhobenen und übermittelten Daten können nur unbeschadet auf sonstiger gesetzlicher Grundlagen bestehender Mitteilungspflichten zu folgenden Zwecken verarbeitet und genutzt werden:

1. bei der zukünftigen Gewährung von Leistungen nach diesem und dem Dritten Buch an die von den Erhebungen betroffenen Personen,

2. bei Überprüfungen der Träger der Grundsicherung für Arbeitsuchende auf korrekte und wirtschaftliche Leistungserbringung,
3. bei der Erstellung von Statistiken, Eingliederungsbilanzen und Controllingberichten durch die Bundesagentur, der laufenden Berichterstattung und der Wirkungsforschung nach § 6c und den §§ 53 bis 55,
4. bei der Durchführung des automatisierten Datenabgleichs nach § 52 sowie
5. bei der Bekämpfung von Leistungsmissbrauch.

(5) ¹Die Bundesagentur regelt im Benehmen mit den kommunalen Spitzenverbänden auf Bundesebene den genauen Umfang der nach den Absätzen 1 bis 3 zu übermittelnden Informationen, einschließlich einer Inventurmeldung, sowie die Fristen für deren Übermittlung. ²Sie regelt ebenso die zu verwendenden Systematiken, die Art der Übermittlung der Datensätze einschließlich der Datenformate sowie Aufbau, Vergabe, Verwendung und Löschungsfristen von Kunden- und Bedarfsgemeinschaftsnummern nach § 51 a.

I. Allgemeines

§ 51 b soll ein einheitliches Informationssystem zwischen den Leis- **1** tungsträgern sicherstellen (vgl. *Löns* in: Löns/Herold-Tews § 51 b Rn. 1).

II. Erhebung von Daten durch die Träger der Grundsicherung (Abs. 1 S. 1, Abs. 2–3a)

Die Erhebung von Sozialdaten durch Leistungsträger wird allge- **2** mein in § 67a SGB X geregelt. Abs. 1 S. 1 erweitert das Recht der SGB II-Träger zur Erhebung von Sozialdaten. Danach sind laufend die sich bei der Durchführung der Grundsicherung für Arbeitsuchende ergebenden Daten über die Empfänger von Leistungen nach dem SGB II einschließlich aller Mitglieder ihrer Bedarfsgemeinschaft, die Art und Dauer der gewährten Leistungen und Maßnahmen sowie die Art der Eingliederung in den allgemeinen Arbeitsmarkt sowie die Ausgaben und Einnahmen im Rahmen der Grundsicherung zu erheben.

III. Übermittlung von Daten an die BA durch kommunale Träger und zugelassene kommunale Träger (Abs. 1 S. 2)

Die kommunalen Träger und die zugelassenen kommunalen Träger **3** übermitteln der BA die genannten Daten als personenbezogene Datensätze unter Angabe der Kundennummer und der Nummer der Bedarfsgemeinschaft.

IV. Übermittlung von Stellenangeboten (Abs. 1 S. 3)

4   Die zuständigen Träger übermitteln für jedes Stellenangebot nach
Abs. 1 S. 1 Nr. 4 einen Datensatz. Hierbei sind eindeutige Identifika-
tionsmerkmale zu verwenden.

V. Verarbeitungs- und Nutzungszwecke (Abs. 4)

5   Die nach Abs. 1–3a erhobenen Daten können nur verarbeitet und
genutzt werden für die zukünftige Gewährung von Leistungen nach
dem SGB II und dem SGB III an die betroffenen Personen, für die
Überprüfung der SGB II-Träger auf korrekte und wirtschaftliche Leistungserbringung sowie für die Erstellung von Statistiken und Eingliederungsbilanzen durch die BA, deren laufende Berichterstattung und
Wirkungsforschung nach den §§ 53–55. Mit § 51b soll klargestellt werden, dass die erhobenen Daten im Rahmen der Umsetzung des SGB II
für das Fallmanagement, das innere Controlling und die Erstellung
von Statistiken und für die Wirkungsforschung benutzt werden dürfen
(s. BT-Drucks. 15/2816 S. 14).

VI. Vereinbarung von Einzelheiten zwischen BA und den kommunalen Spitzenverbänden (Abs. 5)

6   Die BA ist verpflichtet, Einzelheiten der zu übermittelnden Infor-
mationen einschließlich einer Inventurmeldung sowie die Fristen der
Übermittlung zu regeln (Abs. 5 S. 1). Dabei muss sie sich in das Beneh-
men mit den kommunalen Spitzenverbänden auf Bundesebene setzen.
Im Einzelnen werden die zu verwendenden Systematiken, die Art der
Übermittlung der Datensätze einschließlich der Datenformate, der
Aufbau, die Vergabe, die Verwendung und die Löschungsfristen von
Kunden- und Bedarfsgemeinschaft-Nr. nach § 51a geregelt. Abs. 5
stellt insbesondere klar, dass die Regelungen auch für die kommunalen
Träger gelten. Die Verbindlichkeit der Regelung gegenüber kommu-
nalen Trägern ist indessen zweifelhaft (vgl. *Lauterbach* in: Gagel § 51c
Rn. 12).

Verordnungsermächtigung

51c   Das Bundesministerium für Arbeit und Soziales wird ermächtigt, durch Rechtsverordnung grundsätzliche Fest-
legungen zu Art und Umfang der Datenübermittlungen nach § 51b,
insbesondere zu Inhalten nach den Absätzen 2 und 3, vorzunehmen.

§ 51 c ermächtigt das zuständige Bundesministerium durch Rechts- 1
verordnung Art und Umfang der Datenübermittlungen nach § 51 b
zu regeln. Damit soll dem Bundesministerium Gelegenheit gegeben
werden, einem grundsätzlichen Nachsteuerungsbedarf zu entsprechen
(s. BT-Drucks 15/2816 S. 15).

Automatisierter Datenabgleich

52 (1) Die Bundesagentur und die zugelassenen kommunalen Träger überprüfen Personen, die Leistungen nach diesem Buch beziehen, zum 1. Januar, 1. April, 1. Juli und 1. Oktober im Wege des automatisierten Datenabgleichs daraufhin,

1. ob und in welcher Höhe und für welche Zeiträume von ihnen Leistungen der Träger der gesetzlichen Unfall- oder Rentenversicherung bezogen werden oder wurden,

2. ob und in welchem Umfang Zeiten des Leistungsbezuges nach diesem Buch mit Zeiten einer Versicherungspflicht oder Zeiten einer geringfügigen Beschäftigung zusammentreffen,

3. ob und welche Daten nach § 45 d Abs. 1 und § 45 e des Einkommensteuergesetzes an das Bundeszentralamt für Steuern übermittelt worden sind,

4. ob und in welcher Höhe ein Kapital nach § 12 Abs. 2 Nr. 2 nicht mehr dem Zweck einer geförderten zusätzlichen Altersvorsorge im Sinne des § 10 a oder des Abschnitts XI des Einkommensteuergesetzes dient,

5. ob und in welcher Höhe und für welche Zeiträume von ihnen Leistungen der Träger der Sozialhilfe bezogen werden oder wurden,

6. ob und in welcher Höhe und für welche Zeiträume von ihnen Leistungen der Bundesagentur als Träger der Arbeitsförderung nach dem Dritten Buch bezogen werden oder wurden,

7. ob und in welcher Höhe und für welche Zeiträume von ihnen Leistungen anderer Träger der Grundsicherung für Arbeitsuchende bezogen werden oder wurden.

(2) Zur Durchführung des automatisierten Datenabgleichs dürfen die Träger der Leistungen nach diesem Buch die folgenden Daten einer Person, die Leistungen nach diesem Buch bezieht, an die in Absatz 1 genannten Stellen übermitteln:
1. Name und Vorname,
2. Geburtsdatum und -ort,
3. Anschrift,
4. Versicherungsnummer.

(2a) ¹Die Datenstelle der Rentenversicherungsträger darf als Vermittlungsstelle die nach den Absätzen 1 und 2 übermittelten Daten speichern und nutzen, soweit dies für die Datenabgleiche nach den Absätzen 1 und 2 erforderlich ist. ²Sie darf die Daten der Stammsatz-

datei (§ 150 des Sechsten Buches) und der bei ihr für die Prüfung bei
den Arbeitgebern geführten Datei (§ 28 p Abs. 8 Satz 2 des Vierten
Buches) nutzen, soweit die Daten für die Datenabgleiche erforderlich
sind. [3]Die nach Satz 1 bei der Datenstelle der Rentenversicherungsträger gespeicherten Daten sind unverzüglich nach Abschluss des Datenabgleichs zu löschen.

(3) [1]Die den in Absatz 1 genannten Stellen überlassenen Daten
und Datenträger sind nach Durchführung des Abgleichs unverzüglich
zurückzugeben, zu löschen oder zu vernichten. [2]Die Träger der Leistungen nach diesem Buch dürfen die ihnen übermittelten Daten nur
zur Überprüfung nach Absatz 1 nutzen. [3]Die übermittelten Daten der
Personen, bei denen die Überprüfung zu keinen abweichenden Feststellungen führt, sind unverzüglich zu löschen.

(4) Das Bundesministerium für Arbeit und Soziales wird ermächtigt,
durch Rechtsverordnung das Nähere über das Verfahren des automatisierten Datenabgleichs und die Kosten des Verfahrens zu regeln; dabei
ist vorzusehen, dass die Zuleitung an die Auskunftsstellen durch eine
zentrale Vermittlungsstelle (Kopfstelle) zu erfolgen hat, deren Zuständigkeitsbereich zumindest das Gebiet eines Bundeslandes umfasst.

I. Allgemeines

1   § 52 ermöglicht den automatisierten Datenabgleich zwischen der
BA und den zugelassenen kommunalen Trägern und sonstiger Stellen
ohne konkreten Anlass (vgl. *Lauterbach* in: Gagel § 52 SGB II Rn. 1).
Damit soll der missbräuchlichen Inanspruchnahme von Leistungen der
Grundsicherung für Arbeitsuchende entgegengewirkt werden (vgl.
BT-Drucks. 15/1516 S. 64).

II. Verpflichtung der BA und der zugelassenen
kommunalen Träger zum automatisierten
Datenabgleich (Abs. 1)

2   Die AA und die zugelassenen kommunalen Träger – nicht aber die
kommunalen Träger (krit. *Lauterbach* in: Gagel § 52 SGB II Rn. 4) –
sind verpflichtet („überprüfen"), bei aktuellen Leistungsbeziehern nach
dem SGB II (also sowohl bei den erwerbsfähigen Hilfebedürftigen als
auch bei deren Angehörigen) einen automatisierten Datenabgleich
durchzuführen. In den Abgleich sind folgende **Daten** einbezogen
– der Bezug von Leistungen bei Trägern der gesetzlichen Unfall- oder
   Rentenversicherung
– die Ausübung einer versicherungspflichtigen oder geringfügigen
   Beschäftigung während Zeiten des Leistungsbezugs nach dem
   SGB II,

– dem Bundesamt für Finanzen nach § 45d Abs. 1 EStG übermittelte
  Daten,
– der Wegfall des Zwecks bei Kapital zur Förderung der zusätzlichen
  Altersvorsorge und
– der Bezug von Sozialhilfe.

Frühere Leistungsbezieher sind nicht in den Datenabgleich einbezogen. Bei diesen ist nur eine Einzelfallprüfung nach § 69 Abs. 1 SGB X zulässig (vgl. *Lauterbach* in: Gagel § 52 SGB II Rn. 7).

III. Recht zur Datenübermittlung (Abs. 2)

Die BA und die kommunalen Träger dürfen den Trägern der genann- 3
ten Leistungen zum Zweck des automatisierten Datenabgleichs Name
und Vorname, Geburtsdatum und -ort, Anschrift und Sozialversicherungsnummer mitteilen (Abs. 2). Übermittelt werden dürfen nur für
den Datenabgleich notwendige Daten (vgl. *Lauterbach* in: Gagel § 52
SGB II Rn. 9).

IV. Speicherung, Nutzung und Löschung durch die Datenstelle der Rentenversicherungsträger (Abs. 2a)

Die Datenstelle der Rentenversicherungsträger darf die Daten nach 4
Rn. 3 und die von der BA bzw. dem zugelassenen kommunalen Träger
übermittelten Daten (Rn. 4) speichern und nutzen, soweit dies für den
automatisierten Datenabgleich erforderlich ist (Abs. 2a S. 1). Der Gesetzgeber wollte durch die Einbeziehung der Datenstelle der Rentenversicherungsträger deren Erfahrungen und Ressourcen nutzen (vgl.
Lauterbach in: Gagel § 52 SGB II Rn. 9).

Die Datenstelle der Rentenversicherungsträger darf die übermittel- 5
ten Daten nur für den Datenabgleich speichern und nutzen. Außerdem
darf sie die Stammsatzdatei nach § 150 SGB VI und die bei ihr für die
Prüfung von Arbeitgebern geführte Datei nach § 28p Abs. 8 S. 2 SGB
IV nutzen (Abs. 2a S. 2).

Die Vermittlungsstelle der Rentenversicherungsträger hat die ihr 6
übermittelten Daten nach Abschluss des Abgleichs zu **löschen** (Abs. 2a
S. 3).

V. Rückgabe, Löschung und Vernichtung der Daten (Abs. 3)

Die Stellen nach Abs. 1, denen Daten zum Abgleich übermittelt 7
wurden, müssen diese unverzüglich nach Abschluss des Abgleichs zurückgeben, löschen oder vernichten (Abs. 3 S. 1). Die BA und die zugelassenen kommunalen Träger dürfen die ihnen übermittelten Daten
nur für die Zwecke des Abs. 1 nutzen und müssen die Daten der Perso-

nen, bei denen sich beim Abgleich keine Auffälligkeiten ergeben haben, unverzüglich löschen (Abs. 3 S. 2, 3). Für sonstige Zwecke, z. B. Überprüfung der Voraussetzungen von Sozialhilfeleistungen oder Arbeitslosengeldleistungen darf auf die Daten nicht zurückgegriffen werden.

VI. Verordnungsermächtigung (Abs. 4)

8   Abs. 4 ermächtigt das Bundesministerium für Arbeit und Soziales, Einzelheiten des Verfahrens und der Kosten des Datenabgleichs durch Rechtsverordnung zu regeln (Abs. 4 Hs. 1). In dieser Verordnung sind insbesondere sog. Kopfstellen vorzusehen, deren Zuständigkeitsbereich mindestens 1 Bundesland umfasst (Abs. 4 Hs. 2). Bislang wurde von der Verordnungsermächtigung noch kein Gebrauch gemacht.

Überprüfung von Daten

52a **(1) Die Agentur für Arbeit darf bei Personen, die Leistungen nach diesem Buch beantragt haben, beziehen oder bezogen haben, Auskunft einholen**
1. über die in § 39 Abs. 1 Nr. 5 und 11 des Straßenverkehrsgesetzes angeführten Daten über ein Fahrzeug, für das die Person als Halter eingetragen ist, bei dem Zentralen Fahrzeugregister;
2. aus dem Melderegister nach § 21 des Melderechtsrahmengesetzes und dem Ausländerzentralregister,
soweit dies zur Bekämpfung von Leistungsmissbrauch erforderlich ist.

(2) ¹Die Agentur für Arbeit darf Daten von Personen, die Leistungen nach diesem Buch beantragt haben, beziehen oder bezogen haben und die Wohngeld beantragt haben, beziehen oder bezogen haben, an die nach dem Wohngeldgesetz zuständige Behörde übermitteln, soweit dies zur Feststellung der Voraussetzungen des Ausschlusses von Wohngeld (§§ 7 und 8 Abs. 1 des Wohngeldgesetzes) erforderlich ist. ²Die Übermittlung der in § 52 Abs. 2 Nr. 1 bis 3 genannten Daten ist zulässig. ³Die in Absatz 1 genannten Behörden führen die Überprüfung durch und teilen das Ergebnis der Überprüfung der Agentur für Arbeit unverzüglich mit. ⁴Die in Absatz 1 und Satz 1 genannten Behörden haben die ihnen übermittelten Daten nach Abschluss der Überprüfung unverzüglich zu löschen.

I. Allgemeines

1   § 52 a dient der Bekämpfung von Leistungsmissbrauch (vgl. BT-Drucks. 16/1410 S. 78). Er berechtigt zur Übermittlung von Daten zur

Feststellung des Halters eines Kraftfahrzeuges sowie zur Feststellung der Eintragungen im Melderegister und im Ausländerregister (Abs. 1; s. Rn. 2 ff.). Weiter berechtigt die Vorschrift zur Übermittlung von Daten an die Wohngeldbehörde (Abs. 2; s. Rn. 7).

II. Überprüfung von Fahrzeughalter und Eintragungen im Melderegister und im Ausländerregister (Abs. 1)

Abs. 1 berechtigt die Agentur für Arbeit, Auskünfte über die Eintra- 2 gungen im Zentralen Fahrzeugregister, im Melderegister und im Ausländerregister über aktuelle und frühere Leistungsbezieher einzuholen.

Die Auskünfte nach Abs. 1 dürfen nur eingeholt werden, wenn sie 3 zur Bekämpfung des Leistungsmissbrauchs **erforderlich** sind. Eine routinemäßige Abfrage oder ein automatisierter Datenabgleich ist damit nicht zulässig. Es sind vielmehr konkrete Verdachtsmomente erforderlich (vgl. *Lauterbach* in: Gagel § 52a SGB II Rn. 4).

Die Abfrage beim **Fahrzeugregister** dient der Feststellung, ob der 4 Leistungsbezieher Halter eines Kraftfahrzeuges ist. Hierbei muss zunächst geprüft werden, ob der Leistungsbezieher Halter eines Fahrzeugs ist. Ist dies der Fall, dürfen außerdem Typ und Kennzeichen ermittelt werden.

Die Abfrage beim **Melderegister** soll über den Wohnsitz des An- 5 tragstellers und seiner Bedarfsgemeinschaft Aufschluss geben. Es dürfen nur die in Abs. 1 Nr. 2 aufgeführten Daten erhoben werden.

Mit der Abfrage beim **Ausländerregister** soll der aufenthaltsrecht- 6 liche Status des Leistungsbeziehers ermittelt werden.

III. Übermittlung von Daten an die Wohngeldbehörde (Abs. 2)

Abs. 2 S. 1 berechtigt nur die AA, dagegen nicht die anderen SGB 7 II-Träger zur Übermittlung von Daten an die für das Wohngeld zuständigen Stellen. Hiermit soll der Doppelbezug von Leistungen vermieden werden (vgl. BT-Drucks. 16/1410 S. 79). Übermittelt werden dürfen nur Name und Vorname, Geburtsdatum und -ort und Anschrift (Abs. 2 S. 2). Das Ergebnis der Überprüfung wird der AA unverzüglich mitgeteilt (Abs. 2 S. 3). Die Daten sind nach Abschluss der Überprüfung unverzüglich zu löschen.

Kapitel 7. Statistik und Forschung

Statistik und Übermittlung statistischer Daten

53 (1) ¹Die Bundesagentur erstellt aus den bei der Durchführung der Grundsicherung für Arbeitsuchende von ihr nach § 51 b erhaltenen und den ihr von den kommunalen Trägern und den zugelassenen kommunalen Trägern nach § 51 b übermittelten Daten Statistiken. ²Sie übernimmt die laufende Berichterstattung und bezieht die Leistungen nach diesem Buch in die Arbeitsmarkt- und Berufsforschung ein. ³Die §§ 280, 281 und 282 a des Dritten Buches gelten entsprechend.

(2) Das Bundesministerium für Arbeit und Soziales kann Art und Umfang sowie Tatbestände und Merkmale der Statistiken und der Berichterstattung näher bestimmen.

(3) ¹Die Bundesagentur legt die Statistiken nach Absatz 1 dem Bundesministerium für Arbeit und Soziales vor und veröffentlicht sie in geeigneter Form. ²Sie gewährleistet, dass auch kurzfristigem Informationsbedarf des Bundesministeriums für Arbeit und Soziales entsprochen werden kann.

(4) Die Bundesagentur stellt den statistischen Stellen der Kreise und kreisfreien Städte die für Zwecke der Planungsunterstützung und für die Sozialberichterstattung erforderlichen Daten und Tabellen der Arbeitsmarkt- und Grundsicherungsstatistik zur Verfügung.

(5) ¹Die Bundesagentur kann dem Statistischen Bundesamt und den statistischen Ämtern der Länder für Zwecke der Planungsunterstützung und für die Sozialberichterstattung für ihren Zuständigkeitsbereich Daten und Tabellen der Arbeitsmarkt- und Grundsicherungsstatistik zur Verfügung stellen. ²Sie ist berechtigt, dem Statistischen Bundesamt und den statistischen Ämtern der Länder für ergänzende Auswertungen anonymisierte und pseudonymisierte Einzeldaten zu übermitteln. ³Bei der Übermittlung von pseudonymisierten Einzeldaten sind die Namen durch jeweils neu zu generierende Pseudonyme zu ersetzen. ⁴Nicht pseudonymisierte Anschriften dürfen nur zum Zwecke der Zuordnung zu statistischen Blöcken übermittelt werden.

(6) ¹Die Bundesagentur ist berechtigt, für ausschließlich statistische Zwecke den zur Durchführung statistischer Aufgaben zuständigen Stellen der Gemeinden und Gemeindeverbände für ihren Zuständigkeitsbereich Daten und Tabellen der Arbeitsmarkt- und Grundsicherungsstatistik sowie anonymisierte und pseudonymisierte Einzeldaten zu übermitteln, soweit die Voraussetzungen nach § 16 Abs. 5 Satz 2

des Bundesstatistikgesetzes gegeben sind. [2]Bei der Übermittlung von pseudonymisierten Einzeldaten sind die Namen durch jeweils neu zu generierende Pseudonyme zu ersetzen. [3]Dabei dürfen nur Angaben zu kleinräumigen Gebietseinheiten, nicht aber die genauen Anschriften übermittelt werden.

(7) [1]Die §§ 280 und 281 des Dritten Buches gelten entsprechend. [2]§ 282a des Dritten Buches gilt mit der Maßgabe, dass Daten und Tabellen der Arbeitsmarkt- und Grundsicherungsstatistik auch den zur Durchführung statistischer Aufgaben zuständigen Stellen der Kreise und kreisfreien Städte sowie der Gemeinden und Gemeindeverbänden übermittelt werden dürfen, soweit die Voraussetzungen nach § 16 Abs. 5 Satz 2 des Bundesstatistikgesetzes gegeben sind.

I. Allgemeines

§ 53 verpflichtet die BA zur Erstellung von Statistiken für den Bereich der Grundsicherung für Arbeitsuchende. Mit den Statistiken soll dem Informationsbedarf der BA für die interne Steuerung und dem Informationsbedarf des zuständigen Bundesministeriums entsprochen werden (s. BT-Drucks. 15/1516 S. 65). **1**

Die BA ist auch in jenen Bezirken zur Erstellung der Statistiken verpflichtet, in denen die Aufgaben der Grundsicherung für Arbeitsuchende auf **zugelassene kommunale Träger** übertragen sind (s. § 6 b Abs. 1). **2**

II. Statistiken durch BA (Abs. 1)

Die BA ist zur Erstellung von Statistiken zur Grundsicherung für Arbeitsuchende verpflichtet (Abs. 1 S. 1). Ihr wurde diese Aufgabe übertragen, weil sie über umfassende Erfahrungen bei der Erfassung, Verarbeitung und Auswertung von Daten verfügt (vgl. BT-Drucks. 15/1516 S. 65). Mit den Statistiken soll ein möglichst umfassendes Bild über die Grundsicherung für Arbeitsuchende ermöglicht werden. **3**

Die Statistiken werden aus den bei der BA bei der Durchführung der Grundsicherung für Arbeitsuchende anfallenden und den von den kommunalen Trägern und den zugelassenen kommunalen Trägern der BA nach § 51b übermittelten **Daten** erstellt (Abs. 1 S. 2). Hiermit wird sichergestellt, dass die BA alle bei ihr anfallenden und von den kommunalen Trägern übermittelten Daten auswerten darf. **4**

In die Statistik dürfen nur Daten einbezogen werden, die bei der **Ausführung des SGB II** anfallen. Andere Daten − z. B. bei der Ausführung des SGB III gewonnene Informationen − darf die BA bei der Erstellung der Statistiken nach § 53 nicht verwenden. Bezüglich der bei der Durchführung des SGB III anfallenden Daten hat die **5**

BA eine entsprechende Verpflichtung (vgl. *Winkler* in: LPK-SGB III § 281 Rn. 8).

6   **Gegenstand der Statistiken** sind insbesondere die Leistungen der Grundsicherung für Arbeitsuchende. Da Abs. 1 S. 2 keine nähere Aussage trifft, sind aber auch andere Gegenstände der Statistiken denkbar.

7   Bei der Erstellung der Statistiken unterliegt die BA der **Fachaufsicht** des Bundesministeriums für Wirtschaft und Arbeit (Abs. 2; s. Rn. 9).

8   Die BA muss die Statistiken dem Bundesministerium für Wirtschaft und Arbeit **vorlegen** und die Statistiken **veröffentlichen** (Abs. 3 S. 1; s. Rn. 18 f.).

III. Berichterstattung durch die BA (Abs. 1 S. 2 Hs. 1)

9   Die BA ist zur laufenden Berichterstattung über die Grundsicherung für Arbeitsuchende verpflichtet (Abs. 1 S. 2). Sie unterliegt dabei den fachlichen Weisungen des zuständigen Bundesministeriums (Abs. 2).

10   Bezüglich der **Vorlage** und **Veröffentlichungspflicht** vgl. Rn. 18 f.

IV. Arbeitsmarkt- und Berufsforschung (Abs. 1 S. 2 Hs. 2)

11   Die BA ist nach den §§ 280, 282 zur Arbeitsmarkt- und Berufsforschung verpflichtet. Nach der Umschreibung in § 280 beinhaltet die Arbeitsmarkt- und Berufsforschung die Beobachtung, Untersuchung und Auswertung der Lage und Entwicklung der Beschäftigung und des Arbeitsmarktes sowie der Wirkungen der Leistungen der aktiven Arbeitsförderung. Hieran knüpft Abs. 1 S. 2 an und verpflichtet die BA, die Leistungen der Grundsicherung für Arbeitsuchende in die Arbeitsmarkt- und Berufsforschung einzubeziehen.

12   Bei der Festlegung von Inhalt, Art und Umfang der Arbeitsmarkt und Berufsforschung hat die BA den **eigenen Informationsbedarf** und den des zuständigen **Bundesministeriums** zu berücksichtigen.

13   Die Arbeitsmarkt- und Berufsforschung der BA führt das **IAB** durch (zu Einzelheiten s. *Winkler* in: LPK-SGB III § 282 Rn. 5). Die BA kann aber auch **Dritte** mit Forschungsaufgaben beauftragen.

14   Die Forschungsergebnisse werden in den **Mitteilungen des IAB** veröffentlicht.

15   Bezüglich der Arbeitsmarkt- und Berufsforschung unterliegt die BA keinem fachlichen Weisungsrecht des Bundesministeriums. Ein solches Weisungsrecht wäre im Hinblick auf Art. 5 Abs. 3 GG verfassungsrechtlich problematisch.

V. Weisungsrecht des Bundesministeriums (Abs. 2)

Das Bundesministerium kann die in Abs. 2 genannten Inhalte der **16** Statistiken und Berichte bestimmen. Hieraus wird in der Lit. gefolgert, dass das Bundesministerium gegenüber der BA ein Weisungsrecht hat (vgl. *Löns* in: Löns/Herold-Tews § 53 Rn. 5).

VI. Vorlage und Veröffentlichungspflicht, Befriedigung kurzfristigen Informationsbedarfs (Abs. 3)

Die BA ist verpflichtet, die Statistiken dem Bundesministerium **17** **vorzulegen**. Die Vorlage muss von der BA aus erfolgen. Sie setzt kein besonderes Verlangen des Ministeriums voraus.
Die Statistiken der BA sind in geeigneter Form zu **veröffentlichen** **18** (Abs. 3 S. 1). Die Geeignetheit der Form ist von der Zielgruppe abhängig. Geeignet sein kann eine allgemeine Presseerklärung, die Publikation in der ANBA, eine wissenschaftliche Publikation des IAB, Informationsveranstaltungen oder das Einstellen in das Internet. Im Hinblick auf Art. 5 Abs. 3 GG hat die BA sicherzustellen, dass auch bei begrenzten Zielgruppen die Informationen allgemein zugänglich sind (vgl. zur entsprechenden Rechtslage im Arbeitsförderungsrecht Nomos-Praxiskommentar § 283 Rn. 4).
Die BA ist weiter verpflichtet, kurzfristigen Informationsbedarf zu **19** befriedigen.

VII. Übermittlung von Daten an andere Stellen (Abs. 4–6)

Die Abs. 4–7 berechtigen die BA, Kreisen, kreisfreien Städten, den **20** Statistischen Ämtern und den Gemeinden und Gemeindeverbänden für planerische und statistische Zwecke Daten zur Verfügung zu stellen.

Arbeitslose

53a (1) Arbeitslose im Sinne dieses Gesetzes sind erwerbsfähige Hilfebedürftige, die die Voraussetzungen des § 16 des Dritten Buches in sinngemäßer Anwendung erfüllen.

(2) Erwerbsfähige Hilfebedürftige, die nach Vollendung des 58. Lebensjahres mindestens für die Dauer von zwölf Monaten Leistungen der Grundsicherung für Arbeitsuchende bezogen haben, ohne dass ihnen eine sozialversicherungspflichtige Beschäftigung angeboten worden ist, gelten nach Ablauf dieses Zeitraums für die Dauer des jeweiligen Leistungsbezugs nicht als arbeitslos.

1   § 53 a Abs. 1 definiert den Begriff des Arbeitslosen. Diese Definition hat nur statistische Bedeutung (vgl. BT-Drucks. 16/7460 S. 12). Mit der Definition sollen nicht die materiell-rechtlichen Voraussetzungen der Leistungen nach dem SGB II erweitert werden (vgl. *Hünecke* in: Gagel § 53 a SGB II Rn. 1). Folge des Verweises auf § 16 SGB III ist, dass zusätzlich zu den in § 7 aufgezählten Voraussetzungen der erwerbsfähige Hilfebedürftige sich arbeitslos gemeldet haben muss, er beschäftigungslos, arbeitsuchend und verfügbar sein muss.

Eingliederungsbilanz

54 [1]Jede Agentur für Arbeit erstellt für die Leistungen zur Eingliederung in Arbeit eine Eingliederungsbilanz. [2]§ 11 des Dritten Buches gilt entsprechend. [3]Soweit einzelne Maßnahmen nicht unmittelbar zur Eingliederung in Arbeit führen, sind von der Bundesagentur andere Indikatoren zu entwickeln, die den Integrationsfortschritt der erwerbsfähigen Hilfebedürftigen in geeigneter Weise abbilden.

I. Allgemeines

1   Abs. 1 soll ein Kontrollinstrument schaffen und eine zeitnahe Steuerung ermöglichen. Durch die Verpflichtung zur Erstellung einer Eingliederungsbilanz sollen die AA zur Sparsamkeit und Wirtschaftlichkeit angehalten werden (vgl. zur entsprechenden Rechtslage nach dem SGB III *Mutschler* in: Nomos-Praxiskommentar § 11 Rn. 1). Weiter sollen die Eingliederungsbilanzen einen horizontalen Leistungsvergleich ermöglichen (vgl. *Ebsen* in: *Gagel* § 11 Rn. 4), wodurch der Wettbewerb zwischen den AA gefördert werden soll.

II. Verpflichtung der AA zur Erstellung einer Eingliederungsbilanz (S. 1 und 2)

2   **Gegenstand** der Eingliederungsbilanz sind die Leistungen zur Eingliederung in Arbeit (S. 1) (s. §§ 16 ff.). Nicht erfasst sind die Leistungen zur Sicherung des Lebensunterhalts.

3   Die Eingliederungsbilanz ist **jährlich** für ein Kalenderjahr nach Ablauf des Haushaltsjahres zu erstellen (S. 2 i.V. m. § 11 Abs. 1 SGB III).

4   Die Eingliederungsbilanz soll Aufschluss über den Mitteleinsatz, die geförderten Personengruppen und die Wirksamkeit der Förderung geben (S. 2 i.V. m. § 11 Abs. 1 S. 2 SGB III). Die Eingliederungsbilanzen müssen vergleichbar sein (S. 2 i.V. m. § 11 Abs. 1 S. 3 SGB III). Hierzu muss die BA einheitliche Berechnungsmaßstäbe bereitstellen (S. 2 i.V. m. § 11 Abs. 2 S. 2 SGB III). Soweit die Maßnahmen nicht unmittelbar zur Eingliederung in Arbeit führen, ist die BA zur Entwicklung anderer Indikatoren verpflichtet (S. 3).

Inhalte der Eingliederungsbilanz sind insbesondere (vgl. S. 2 **5** i. V. m. § 11 Abs. 2 S. 1 SGB III):

– der Anteil der Gesamtausgaben an den zugewiesenen Mitteln sowie Angaben für die einzelnen Leistungen und ihren Anteil an den Gesamtausgaben (Nr. 1),

– die durchschnittlichen Ausgaben für die einzelnen Leistungen, die geförderten Hilfebedürftigen unter Berücksichtigung der besonders förderungsbedürftigen Personengruppen, insbesondere Langzeitarbeitslose, schwerbehinderte Menschen, ältere Menschen mit Vermittlungserschwernissen, Berufsrückkehrer und gering qualifizierte (Nr. 2),

– die Beteiligung besonders förderungsbedürftiger Personengruppen an den Leistungen unter Berücksichtigung ihres Anteils an den Arbeitslosen (Nr. 3),

– die Beteiligung von Frauen an der Eingliederung in Arbeit unter Berücksichtigung des Frauenanteils an den Hilfebedürftigen und ihre relative Betroffenheit durch Arbeitslosigkeit sowie über Maßnahmen, die zu einer gleichberechtigten Teilhabe von Frauen am Arbeitsmarkt beigetragen haben (Nr. 4),

– das Verhältnis der Zahl der in eine nicht geförderte Beschäftigung vermittelten Arbeitslosen zu der Zahl der Abgänge aus Arbeitslosigkeit in eine nicht geförderte Beschäftigung (Vermittlungsquote) unter besonderer Ausweisung besonders förderungsbedürftiger Personengruppen (Nr. 5),

– das Verhältnis der Zahl der Hilfebedürftigen, die sechs Monate im Anschluss an die Maßnahmen nicht mehr arbeitslos sind, sowie dem Verhältnis der Zahl der Hilfebedürftigen, die nach angemessener Zeit im Anschluss an die Maßnahme sozialversicherungspflichtig beschäftigt sind, zu der Zahl der geförderten Hilfebedürftigen in den einzelnen Maßnahmebereichen unter besonderer Ausweisung der besonders förderungsbedürftigen Personengruppen (Nr. 6),

– die Entwicklung der Rahmenbedingungen für die Eingliederung auf dem regionalen Arbeitsmarkt (Nr. 7),

– die Veränderung der Maßnahmen im Zeitverlauf (Nr. 8) und

– die Arbeitsmarktsituation von Personen mit Migrationshintergrund (Nr. 9).

Weitere Inhalte der Eingliederungsbilanz sind möglich, da § 11 Abs. 2 SGB III keine abschließende Regelung enthält („insbesondere").

Die Eingliederungsbilanz ist um einen Teil zu ergänzen, der wei- **6** teren Aufschluss über die Leistungen und ihre Wirkungen auf dem örtlichen Arbeitsmarkt, Aufschluss über die Konzentration der Maßnahmen auf einzelne Träger, über die Einschaltung Dritter bei der Vermittlung sowie Aufschluss über die Zahl der in Personal-Service-

Agenturen vermittelten Arbeitnehmer und deren weiteren Eingliederung in den Arbeitsmarkt gibt (S. 2 i.V. m. § 11 Abs. 3 S. 2 SGB III).

7   Die Eingliederungsbilanz ist mit den Beteiligten des örtlichen Arbeitsmarktes – also vor allem mit den Gewerkschaften und den Arbeitgeberverbänden – zu **erörtern** (S. 2 i.V. m. § 11 Abs. 3 S. 1 SGB III).

8   Die Eingliederungsbilanz ist jährlich bis zur Mitte des nachfolgenden Jahres zu **veröffentlichen**. Damit soll die Arbeit der AA gegenüber der Öffentlichkeit transparent werden (vgl. zur entsprechenden Rechtslage nach dem SGB III *Mutschler* in: Nomos-Praxiskommentar § 11 Rn. 21).

III. Pflicht zum Entwickeln sonstiger Indikatoren (S. 3)

9   Die BA ist außerdem verpflichtet, andere Indikatoren zu entwickeln, mit denen der Integrationsfortschritt erwerbsfähiger Hilfebedürftiger in geeigneter Weise abgebildet wird. Indikator in diesem Sinne ist z. B. die Verbesserung der Arbeits- und Beschäftigungsfähigkeit des Leistungsberechtigten (vgl. BT-Drucks. 15/1516 S. 16).

Wirkungsforschung

55 [1]Die Wirkungen der Leistungen zur Eingliederung und der Leistungen zur Sicherung des Lebensunterhalts sind regelmäßig und zeitnah zu untersuchen und in die Arbeitsmarkt- und Berufsforschung nach § 282 des Dritten Buches einzubeziehen. [2]Das Bundesministerium für Arbeit und Soziales und die Bundesagentur können in Vereinbarungen Einzelheiten der Wirkungsforschung festlegen. [3]Soweit zweckmäßig, können Dritte mit der Wirkungsforschung beauftragt werden.

I. Allgemeines

1   § 55 erweitert die Forschungsaufträge des IAB. Hiermit soll die Evaluation aller Leistungen zur Eingliederung in Arbeit und zur Sicherung des Lebensunterhalts sichergestellt und damit ein wesentliches Instrument der Kontrolle und Steuerung geschaffen werden (vgl. *Herold-Tews* in: Löns/Herold-Tews § 55 Rn. 2). Mit der Vorschrift soll die Evaluierung der Leistungen und Maßnahmen nach dem SGB II sichergestellt werden (BT-Drucks. 15/1516 S. 65).

II. Pflicht zur Berücksichtigung der SGB II-Leistungen bei der Arbeitsmarkt- und Berufsforschung (S. 1)

Die BA ist verpflichtet, die Leistungen zur Eingliederung in Arbeit 2
und die Leistungen zur Sicherung des Lebensunterhalts nach dem SGB
II regelmäßig und zeitnah zu untersuchen (S. 1 Hs. 1). Zwischenergebnisse sollen jeweils nach Ablauf eines Kalendervierteljahres erhoben
werden (vgl. BT-Drucks. 15/1516 S. 65). Ferner hat sie die genannten
Leistungen in die Arbeitsmarkt- und Berufsforschung nach § 282 SGB
III einzubeziehen (S. 1 Hs. 2).

Einzelheiten der Wirkungsforschung regelt **§ 282 Abs. 2–4 SGB** 3
III, zu der die BA nach § 280 SGB III verpflichtet ist. Die Wirkungsfor-
schung ist ein **Schwerpunkt** der Arbeitsmarktforschung (§ 282 Abs. 2
S. 2). Sie soll zeitnah erfolgen (§ 282 Abs. 2 S. 2).

Die Wirkungsforschung ist eine ständige Aufgabe des **IAB** (§ 282 4
Abs. S. 2 SGB III).

Ziel der Wirkungsforschung ist primär die **Feststellung**, inwieweit 5
die Maßnahmen der aktiven Arbeitsförderung und der Grundsicherung für Arbeitsuchende zur **Integration** in reguläre Beschäftigungen beitragen. Daneben kommen aber auch andere Zielsetzungen in
Betracht (vgl. BT-Drucks. 14/6944 S. 48).

Die Wirkungsforschung muss i. d. R. **auch** die Wirkungen der Leis- 6
tungen der Grundsicherung für Arbeitsuchende auf der **regionalen
Ebene** zum Gegenstand haben. Nur in begründeten Ausnahmefällen
kann hiervon abgesehen werden.

III. Vereinbarung zwischen dem Bundesministerium und der BA (S. 2)

Gegenstand der Vereinbarungen können insbesondere Fragen der 7
Ausschreibung sowie die finanziellen und zeitlichen Rahmenbedingungen sein (vgl. BT-Drucks 15/1516 S. 65).

IV. Beauftragung Dritter mit der Arbeitsmarkt- und Berufsforschung (S. 3)

Mit der Wirkungsforschung zu den Leistungen nach dem SGB II 8
können aber auch Dritte beauftragt werden, soweit dies zweckmäßig
ist.

Kapitel 8. Mitwirkungspflichten

Anzeige- und Bescheinigungspflicht bei Arbeitsunfähigkeit

56 [1]Erwerbsfähige Hilfebedürftige, die Leistungen zur Sicherung des Lebensunterhalts beantragt haben oder beziehen, sind verpflichtet, der Agentur für Arbeit

1. eine eingetretene Arbeitsunfähigkeit und deren voraussichtliche Dauer unverzüglich anzuzeigen und

2. spätestens vor Ablauf des dritten Kalendertages nach Eintritt der Arbeitsunfähigkeit eine ärztliche Bescheinigung über die Arbeitsunfähigkeit und deren voraussichtliche Dauer vorzulegen.

[2]Die Agentur für Arbeit ist berechtigt, die Vorlage der ärztlichen Bescheinigung früher zu verlangen. [3]Dauert die Arbeitsunfähigkeit länger als in der Bescheinigung angegeben, so ist der Agentur für Arbeit eine neue ärztliche Bescheinigung vorzulegen. [4]Die Bescheinigungen müssen einen Vermerk des behandelnden Arztes darüber enthalten, dass dem Träger der Krankenversicherung unverzüglich eine Bescheinigung über die Arbeitsunfähigkeit mit Angaben über den Befund und die voraussichtliche Dauer der Arbeitsunfähigkeit übersandt wird. [5]Zweifelt die Agentur für Arbeit an der Arbeitsunfähigkeit des erwerbsfähigen Hilfebedürftigen, so gilt § 275 Abs. 1 Nr. 3b und Abs. 1a des Fünften Buches entsprechend.

(2) [1]Die Bundesagentur erstattet den Krankenkassen die Kosten für die Begutachtung durch den Medizinischen Dienst der Krankenversicherung nach Absatz 1 Satz 5. [2]Die Bundesagentur und der Spitzenverband Bund und der Krankenkassen vereinbaren das Nähere über das Verfahren und die Höhe der Kostenerstattung; der Medizinische Dienst des Spitzenverbandes Bund der Krankenkassen ist zu beteiligen. [3]In der Vereinbarung kann auch eine pauschale Abgeltung der Kosten geregelt werden.

I. Allgemeines

1 § 56 **konkretisiert** die **Mitwirkungspflichten** aus **§ 60 SGB I**. Die Vorschrift soll ermöglichen, zu prüfen, ob der erwerbsfähige Hilfebedürftige arbeitsunfähig ist bzw. ob er erwerbsfähig ist (vgl. *Herold-Tews* in: Löns/Herold-Tews § 56 Rn. 2). Mit der Berechtigung des SGB II-Trägers, bereits vor Ablauf der drei Kalendertage die Vorlage der Arbeitsunfähigkeitsbescheinigung verlangen zu können, soll Leistungsmissbrauch entgegengewirkt werden. **Abs. 1 S. 1** verpflichtet den erwerbsfähigen Hilfebedürftigen zur unverzüglichen Anzeige von

Arbeitsunfähigkeit (s. Rn. 3 ff.) und zur Vorlage einer ärztlichen Arbeitsunfähigkeitsbescheinigung nach Ablauf von 3 Kalendertagen (s. Rn. 10 ff.). **Abs. 1 S. 2** berechtigt den SGB II-Träger, bereits vor Ablauf von drei Kalendertagen die Vorlage einer Arbeitsunfähigkeitsbescheinigung zu verlangen (s. Rn. 16). **Abs. 1 S. 3** verpflichtet zur Vorlage einer erneuten Arbeitsunfähigkeitsbescheinigung, wenn die Arbeitsunfähigkeit länger als ursprünglich bescheinigt dauert (s. Rn. 16). **Abs. 1 S. 4** legt Einzelheiten des Inhalts der Arbeitsunfähigkeitsbescheinigung fest (s. Rn. 13).

Gegenüber § 60 Abs. 1 S. 1 Nr. 2 SGB I ist § 56 als lex specialis **2 vorrangig** (vgl. zum Arbeitsförderungsrecht *Gagel* § 311 Rn. 9).

II. Verpflichtung zur Anzeige der Arbeitsunfähigkeit (Abs. 1 S. 1 Nr. 1)

1. Voraussetzungen der Anzeigepflicht. a) Erwerbsfähiger 3 Hilfebedürftiger. Anzeigepflichtig sind erwerbsfähige Hilfebedürftige. Wer zu diesem Personenkreis gehört, wird in § 7 Abs. 1 S. 1 legaldefiniert (s. § 7 Rn. 3 ff.).

b) Beantragung oder Bezug von Leistungen zur Sicherung 4 des Lebensunterhalts. Die Anzeigepflicht besteht nur, wenn der erwerbsfähige Hilfebedürftige Leistungen zur Sicherung des Lebensunterhalts, also insbesondere Arbeitslosengeld II beantragt hat oder bezieht.

Die Anzeigepflicht besteht bereits **ab** dem Zeitpunkt der **Antrag-** **5 stellung.** Der Bezug der Leistungen ist nicht erforderlich. Keine Anzeigepflicht besteht, wenn der erwerbsfähige Hilfebedürftige nur Leistungen zur Eingliederung in Arbeit beantragt hat oder bezieht.

c) Arbeitsunfähigkeit. Arbeitsunfähig ist, wer nicht mehr in **6** der Lage ist, die zuletzt verrichtete oder eine ähnliche Beschäftigung oder Tätigkeit fortzusetzen (vgl. BSGE 179, (181)).

2. Rechtsfolge. Liegen die genannten Voraussetzungen vor, sind **7** die erwerbsfähigen Hilfebedürftigen zur **unverzüglichen Anzeige** ihrer Arbeitsunfähigkeit und deren voraussichtlicher Dauer verpflichtet. Eine bestimmte Form ist nicht vorgeschrieben, so dass die Anzeige auch telefonisch erfolgen kann (vgl. *Herold-Tews* in: Löns / Herold-Tews § 56 Rn. 3). Unverzüglich ist die Meldung, wenn sie ohne schuldhaftes Zögern erfolgt (vgl. § 121 Abs. 1 S. 1 BGB).

Adressat der Anzeige ist die AA. Soweit eine Arbeitsgemeinschaft **8** nach § 44 b SGB II besteht, muss dieser die Arbeitsunfähigkeit angezeigt werden. Ist ein zugelassener kommunaler Träger zuständig, besteht diesem gegenüber die Anzeigepflicht.

3. Folge einer unterlassenen Anzeige der Arbeitsunfähigkeit. 9 Zeigt der erwerbsfähige Hilfebedürftige seine Arbeitsunfähigkeit nicht an, kann die Bewilligung der Leistung weder nach § 48 SGB X aufgehoben werden noch nach § 66 SGB I versagt oder entzogen werden. Auch eine Ordnungswidrigkeit nach § 63 SGB I liegt nicht vor. Schließlich steht dem SGB II-Träger kein Leistungsverweigerungsrecht nach § 7 EFZG zu (vgl. *Gagel* § 311 Rn. 14 ff.).

III. Verpflichtung zur Vorlage einer Arbeitsunfähigkeitsbescheinigung (Abs. 1 S. 1 Nr. 2)

10   **1. Vorlage einer Erstbescheinigung.** Der erwerbsfähige Hilfebedürftige ist verpflichtet, spätestens nach Ablauf von drei Kalendertagen eine ärztliche Arbeitsunfähigkeitsbescheinigung vorzulegen (S. 1 Nr. 2). Hierzu ist nur der erwerbsfähige Hilfebedürftige, dagegen nicht sein Arzt verpflichtet.

11   Bei der **Berechnung der 3-Tage-Frist** sind Sonn- und Feiertage mitzuzählen. Fällt der letzte Tag der Nachweispflicht auf einen Tag, an dem der SGB II-Träger nicht geöffnet hat, verlängert sich die Frist bis zum nächsten dienstoffenen Tag (vgl. zur entsprechenden Rechtslage nach dem SGB III *Gagel* § 311 Rn. 12; KassHB § 32 Rn. 22).

12   Die Arbeitsunfähigkeitsbescheinigung muss durch einen **approbierten Arzt** ausgestellt werden (vgl. *Herold-Tews* in: Löns/Herold-Tews § 56 Rn. 3). Der SGB II-Träger muss auch eine in einem Mitgliedstaat der Europäischen Union ausgestellte ärztliche Arbeitsunfähigkeitsbescheinigung akzeptieren (vgl. EuGH Nr. 1 und 2 zu Art. 18 VO (EWG) Nr. 572/72 (Paletta I und II).

13   In der Arbeitsunfähigkeitsbescheinigung muss der Arzt die **Arbeitsunfähigkeit** und deren voraussichtliche **Dauer** bescheinigen. Ferner muss die Arbeitsunfähigkeitsbescheinigung einen **Vermerk** des Arztes darüber enthalten, dass dem **Träger der Krankenversicherung** unverzüglich eine Bescheinigung über die Arbeitsunfähigkeit mit Angaben über den **Befund** und die voraussichtliche Dauer der Arbeitsunfähigkeit übersandt wird (S. 4). Eine Diagnose muss die Arbeitsunfähigkeitsbescheinigung für den SGB II-Träger nicht enthalten.

14   Das Verlangen, bereits **vor Ablauf** von **drei Kalendertagen** eine ärztliche Arbeitsunfähigkeitsbescheinigung vorzulegen (S. 2), steht im pflichtgemäßen Ermessen des SGB II-Trägers. Angesichts des Zweckes von Abs. 2, Leistungsmissbrauch zu bekämpfen (vgl. insoweit zum gleichlautenden § 311 SGB III RegE S. 211 zu § 311), kommt ein solches Verlangen nur bei begründetem Verdacht in Betracht (vgl. *Herold-Tews* in: Löns/Herold/Tews § 56 Rn. 4).

15   Wird eine Arbeitsunfähigkeitsbescheinigung **nicht vorgelegt**, kommt allein wegen dieses Gesetzesverstoßes weder eine Aufhebung nach § 48 SGB X noch eine Ordnungswidrigkeit nach § 63 in Betracht. Beide Vorschriften setzen einen Verstoß gegen eine Mitteilungspflicht voraus, die bei S.1 Nr.2 gerade nicht vorliegt. Auch § 66 SGB I kommt nicht zur Anwendung.

**2. Vorlage einer weiteren Arbeitsunfähigkeitsbescheinigung   16
(Abs.1 S. 3).** Dauert die Arbeitsunfähigkeit länger als in der Bescheinigung angegeben, ist dem Grundsicherungsträger eine weitere ärztliche Bescheinigung vorzulegen (S. 3).

IV. Einschalten des Medizinischen Dienstes (Abs.1 S. 5)

Die Einschaltung des Medizinischen Dienstes kommt nur in Be-   17
tracht, wenn Zweifel an der Arbeitsunfähigkeit bestehen. Bei Zweifeln an der Erwerbsfähigkeit ist Abs.1 S. 5 angesichts des eindeutigen Wortlauts dagegen nicht anwendbar (anders wohl *Herold-Tews* in: Herold-Tews/Löns § 56 Rn. 7). In diesem Fall ist vielmehr die Einigungsstelle anzurufen.

Eine Überprüfung durch den Medizinischen Dienst erfolgt nicht,   18
wenn sich die Arbeitsunfähigkeit aus den Unterlagen der Krankenkasse ergibt.

V. Erstattung der Aufwendungen der Krankenkasse bei Einschaltung des Medizinischen Dienstes (Abs. 2)

Abs. 2 S. 1 räumt der Krankenkasse einen Erstattungsanspruch gegen   19
den SGB II-Träger ein. Einzelheiten (z. B. Zahlungsadressat) müssen BA und der Spitzenverband Bund der Krankenkassen regeln.

Auskunftspflicht von Arbeitgebern

57 [1]Arbeitgeber haben der Agentur für Arbeit auf deren Verlangen Auskunft über solche Tatsachen zu geben, die für die Entscheidung über einen Anspruch auf Leistungen nach diesem Buch erheblich sein können; die Agentur für Arbeit kann hierfür die Benutzung eines Vordrucks verlangen. [2]Die Auskunftspflicht erstreckt sich auch auf Angaben über das Ende und den Grund für die Beendigung des Beschäftigungsverhältnisses.

I. Allgemeines

Arbeitgeber haben bei Beendigung einer Beschäftigung eine Arbeits-   1
bescheinigung auszustellen (§ 312 SGB III; näher hierzu *Winkler* in: LPK-SGB III § 312 Rn. 1 ff.), die auch für die Grundsicherung für Arbeitsuchende bedeutsame Informationen enthält. § 57 berechtigt die SGB II-Träger, zusätzliche Informationen zu verlangen. Hiermit soll die Durch-

führung von Verfahren zur Gewährung von Leistungen der Grundsicherung für Arbeitsuchende nach dem SGB II und die Aufdeckung von Leistungsmissbrauch sichergestellt werden. **S. 1** verpflichtet Arbeitgeber zur Auskunft über leistungserhebliche Tatsachen (s. Rn. 3 ff.). **S. 2** weitet die Auskunftspflicht auf das Ende und den Grund der Beendigung eines Beschäftigungsverhältnisses aus (s. Rn. 8 f.).

2   § 57 hat als lex specialis gegenüber der allgemeinen Auskunftspflicht Dritter nach § 98 Abs. 1 SGB X **Vorrang** (vgl. zur entsprechenden Rechtslage nach dem AFG BSG 16. 6. 1989 SozR 4100 § 144 Nr. 1).

II. Voraussetzungen der Auskunftspflicht

3   **1. Arbeitgeber.** Nach S. 1 müssen nur Arbeitgeber Auskünfte erteilen. Dies sind natürliche und juristische Personen sowie Personengesellschaften, bei denen der erwerbsfähige Hilfebedürftige in einem Beschäftigungsverhältnis (§ 7 Abs. 1 SGB IV) steht oder gestanden hat. Auftraggeber von Selbständigen sind nicht auskunftspflichtig.

4   **2. Verlangen des SGB II-Trägers.** Der Arbeitgeber muss nur auf **Verlangen** des SGB II-Trägers Auskünfte geben. Eine spontane Auskunftspflicht besteht nicht. Für das Auskunftsverlangen ist keine bestimmte Form vorgeschrieben. Auskünfte können deshalb auch telefonisch verlangt werden. In dem Verlangen muss substantiiert angegeben werden, welche Informationen benötigt werden und weshalb diese erforderlich sind. Das Auskunftsverlangen ist ein Verwaltungsakt, der mit Widerspruch und Anfechtungsklage angefochten werden kann (§§ 78, 51 SGG). Widerspruch und Klage haben aufschiebende Wirkung, die allerdings durch Anordnung des Sofortvollzugs beseitigt werden kann (§ 86 a Abs. 2 SGG). Soweit Sofortvollzug angeordnet wird, kommt vorläufiger Rechtsschutz nach § 86 a Abs. 1 S. 1 Nr. 2 SGG in Betracht (vgl. zur entsprechenden Rechtslage nach dem SGB III *Gagel* § 315 Rn. 27).

5   **3. Leistungserheblichkeit der Auskünfte.** Leistungserheblich sind die Tatsachen, wenn sie sich auf Leistungen nach dem SGB II entweder dem Grunde oder der Höhe nach auswirken, z. B. Tatsachen, die eine Sperrzeit nach dem SGB III begründen und damit zu Kürzungen nach § 31 Abs. 4 (s. § 31 Rn. 28) führen.

III. Rechtsfolgen

6   Liegen die genannten Voraussetzungen vor, ist der Arbeitgeber zur Angabe der leistungserheblichen Tatsachen **verpflichtet**. Die Verpflichtung nach S. 1 ist eine öffentlich-rechtliche Verpflichtung des Arbeitgebers gegenüber dem Arbeitnehmer (vgl. zur entsprechenden Rechtslage im Arbeitsförderungsrecht BSG SozR 3-4100 § 145 Nr. 1).

Zugleich ist der Arbeitgeber auf Grund der arbeitsrechtlichen Verpflichtung zur Rücksichtnahme auf berechtigte Interessen des Arbeitnehmers (§ 241 Abs. 2 BGB) gegenüber diesem zur Erteilung der Auskünfte verpflichtet (vgl. zur entsprechenden Rechtslage im Arbeitsförderungsrecht *Gagel* § 312 Rn. 19).

Auskunft ist nur bezüglich „**Tatsachen**" zu erteilen. Zu den Tatsa- **7** chen zählen auch Vorschriften des einschlägigen Tarifvertrages. Rechtliche Wertungen dürfen auch bei entsprechenden Erläuterungen durch den SGB II-Träger nicht auf den Arbeitgeber übertragen werden (vgl. zur entsprechenden Rechtslage nach dem AFG *BSG* 11. 1. 1989 SozR 4100 § 145 Nr. 4; BSGE 28. 6. 1991 SozR 3-4100 § 145 Nr. 2). Einfache Rechtsbegriffe des täglichen Lebens gehören allerdings zu den Tatsachen, z. B. ordentliche Kündigung, außerordentliche Kündigung, Kündigung aus wichtigem Grund (vgl. zur entsprechenden Rechtslage nach dem AFG BSG SozR 3-4100 § 145 Nr. 3). Abgrenzungszweifel muss der Arbeitgeber aber auch bei diesen offenlegen (vgl. zur entsprechenden Rechtslage nach dem AFG BSG SozR 3-4100 § 145 Nr. 3). Die Subsumtion unter die Rechtsbegriffe der Grundsicherung für Arbeitsuchende darf dem Arbeitgeber dagegen nicht überbürdet werden (vgl. zur entsprechenden Rechtslage nach dem AFG BSG SozR § 145 Nr. 4).

Zwei Gegenstände der Auskunftspflicht hebt S. 2 hervor. Danach **8** ist über das **Ende** und den **Grund für die Beendigung** des **Beschäftigungsverhältnisses** Auskunft zu erteilen. Auf Grund der Formulierung „erstreckt sich auch" besteht die Verpflichtung nach S. 2 unabhängig von der Leistungserheblichkeit dieser Tatsachen. Die Kenntnis des Gründe der Beendigung des Beschäftigungsverhältnisses ist von Bedeutung für die Entscheidung über eine evtl. Minderung des Anspruches auf Arbeitslosengeld II wegen Vorliegens von eine Sperrzeit begründenden Umständen nach § 31 Abs. 4 Nr. 3; s. dazu § 31 Rn. 28.

Die SGB II-Träger sind berechtigt, die Benutzung eines **Vordrucks** **9** für die Erteilung der Auskünfte zu verlangen (S. 1 Hs. 2). Ob sie dies tun, steht in ihrem Ermessen.

IV. Folgen eines Verstoßes gegen § 57

Kommt der Arbeitgeber den Verpflichtungen aus § 57 nicht nach, **10** verstößt er gegen eine öffentlich-rechtliche Verpflichtung, die der SGB II-Träger mit Mitteln des **Verwaltungszwangs** nach dem **VwZG** durchsetzen kann.

Erteilt der Arbeitgeber vorsätzlich oder fahrlässig eine Auskunft **11** nach § 57 nicht, nicht richtig oder nicht vollständig, ist er dem SGB II-Träger zum **Ersatz** des daraus entstehenden **Schadens** verpflichtet (§ 62). Daneben kommt eine Schadensersatzpflicht gegenüber dem

Hilfebedürftigen wegen Verletzung arbeitsvertraglicher Nebenpflichten in Betracht.

12   Schließlich liegt eine **Ordnungswidrigkeit** vor, wenn der Arbeitgeber vorsätzlich oder fahrlässig entgegen § 57 S. 1 (bitte beachten: nicht S. 2) eine Auskunft nicht, nicht richtig, nicht vollständig oder nicht rechtzeitig erteilt (§ 63 Abs. 1 Nr. 1). Die Ordnungswidrigkeit kann bei vorsätzlichem Handeln mit einer Geldbuße bis zu 2.000 €, bei fahrlässigem Handeln mit einer Geldbuße bis zu 1.000 € geahndet werden (§ 63 Abs. 2, § 17 Abs. 2 OWiG).

Einkommensbescheinigung

58 (1) ¹Wer jemanden, der laufende Geldleistungen nach diesem Buch beantragt hat oder bezieht, gegen Arbeitsentgelt beschäftigt, ist verpflichtet, diesem unverzüglich Art und Dauer dieser Erwerbstätigkeit sowie die Höhe des Arbeitsentgelts oder der Vergütung für die Zeiten zu bescheinigen, für die diese Leistung beantragt worden ist oder bezogen wird. ²Dabei ist der von der Agentur für Arbeit vorgesehene Vordruck zu benutzen. ³Die Bescheinigung ist demjenigen, der die Leistung beantragt hat oder bezieht, unverzüglich auszuhändigen.

(2) Wer eine laufende Geldleistung nach diesem Buch beantragt hat oder bezieht und gegen Arbeitsentgelt beschäftigt wird, ist verpflichtet, dem Arbeitgeber den für die Bescheinigung des Arbeitsentgelts vorgeschriebenen Vordruck unverzüglich vorzulegen.

I. Allgemeines

1   § 58 dient der Sicherstellung der rechtzeitigen und vollständigen Ermittlung der für die Anrechnung von Einkommen auf laufende SGB II-Leistungen erforderlichen Tatsachen (vgl. zur entsprechenden Rechtslage nach dem SGB III *Niesel* § 313 Rn. 2). **Abs. 1** verpflichtet Arbeitgeber von Antragstellern und Beziehern laufender Geldleistungen nach dem SGB II zur Ausstellung einer Einkommensbescheinigung auf dem Vordruck der AA (s. Rn. 2 ff.). **Abs. 2** verpflichtet Antragsteller und Bezieher laufender Geldleistungen nach dem SGB II, die eine selbstständige Tätigkeit ausüben, zur Vorlage des Vordrucks der AA bei ihrem Auftraggeber (s. Rn. 15 ff.).

II. Bescheinigung von Einkommen durch Arbeitgeber (Abs. 1)

2   **1. Voraussetzungen der Bescheinigungspflicht. a) Beantragung oder Bezug einer laufenden Geldleistung nach dem SGB II.** Die

Bescheinigungspflicht nach Abs. 1 S. 1 beginnt mit der Antragstellung bzw. – soweit der Leistungsberechtigte bereits vor Beginn der Tätigkeit die Leistung beantragt hat oder Leistungen bezieht – mit der Aufnahme der Tätigkeit. Da dies für den Arbeitgeber nicht ohne weiteres erkennbar ist, besteht die Bescheinigungspflicht des Arbeitgebers erst, wenn ihm die Antragstellung oder der Leistungsbezug durch Mitteilung des Arbeitnehmers oder des SGB II-Trägers oder anderweitig bekannt ist (vgl. zur entsprechenden Rechtslage nach dem SGB III *Gagel* § 313 Rn. 10).

Die Bescheinigungspflicht **endet** nicht bereits mit dem Ende des 3 Arbeitsverhältnisses, sondern besteht während des gesamten Verwaltungsverfahrens über die Gewährung von laufenden Geldleistungen nach dem SGB II. Sie erlischt erst, wenn keine gegenseitigen Ansprüche zwischen dem SGB II-Träger und dem Hilfebedürftigen, insbesondere keine Erstattungsansprüche gegen den Hilfebedürftigen mehr bestehen.

Anders als in § 313 SGB III (s. *Winkler* in: LPK-SGB III § 313 Rn. 4) 4 findet sich in § 58 keine Aufzählung der laufenden Geldleistungen nach dem SGB II. **Geldleistungen** werden an den Berechtigten oder einen Dritten als Barleistung oder Geldüberweisung erbracht. **Laufend** sind die Geldleistungen, wenn sie auf wiederholte Erbringung gerichtet sind. Hierzu gehören bei den Leistungen nach dem SGB II insbesondere das Arbeitslosengeld II, der Zuschlag zum Arbeitslosengeld nach § 24, das Sozialgeld und das Einstiegsgeld.

Unerheblich für die Bescheinigungspflicht ist, ob der **Anspruch** 5 tatsächlich **besteht**. Der Arbeitgeber kann deshalb die Ausstellung der Bescheinigung nicht mit der Begründung verweigern, dass ein Anspruch auf Leistungen nach dem SGB II ausgeschlossen sei. Auch ein **tatsächlicher Bezug** ist **nicht erforderlich** (vgl. zur entsprechenden Rechtslage nach dem SGB III *Niesel* § 313 Rn. 7), so dass die Bescheinigungspflicht auch dann besteht, wenn zwischenzeitlich keine Leistungen nach dem SGB II ausbezahlt werden (vgl. zu § 313 SGB III Nomos-Praxiskommentar § 313 Rn. 5).

b) Beschäftigung gegen Arbeitsentgelt. Die Bescheinigungs- 6 pflicht nach Abs. 1 S. 1 besteht nur bei Ausübung einer Beschäftigung i. S. v. § 7 SGB IV.

Der Begriff des **Arbeitsentgelts** wird in § 14 SGB IV definiert. Die- 7 ses kann sowohl in einem Geldbetrag als auch in Sachbezügen, z. B. freie Verpflegung und Unterkunft bestehen. Keine Bescheinigungspflicht besteht bei unentgeltlichen Beschäftigungsverhältnissen (vgl. zur entsprechenden Rechtslage nach dem SGB III *Niesel* § 313 Rn. 5).

2. Rechtsfolge. a) Einkommensbescheinigung. Liegen die ge- 8 nannten Voraussetzungen vor, **muss** der Arbeitgeber das Einkommen unverzüglich bescheinigen (Abs. 1 S. 1). Die Bescheinigungspflicht entsteht kraft Gesetzes; eine Aufforderung durch den SGB II-Träger ist nicht erforderlich.

9 Die Bescheinigungspflicht besteht **gegenüber** der **AA** bzw. der Arbeitsgemeinschaft bzw. dem zugelassenen **kommunalen Träger** (vgl. zur entsprechenden Rechtslage nach dem SGB III *Gagel* § 313 Rn. 23; Nomos-Praxiskommentar § 313 Rn. 4; str. a. A. *Schönefeld/Kranz/Wanka* § 143 AFG Anm. 2). Sie ist eine öffentlich-rechtliche Verpflichtung, die gegebenenfalls durch Verwaltungsakt festgestellt werden kann (vgl. zur entsprechenden Rechtslage nach dem SGB III *Gagel* § 313 Rn. 23).

10 „**Bescheinigen**" meint schriftliche Auskunft über das Einkommen. Mangels anderweitiger Regelung in Abs. 1 – anders die Regelung in Abs. 2 (vgl. Rn. 17 ff.) – muss der Arbeitgeber hierfür Sorge tragen (vgl. zur entsprechenden Rechtslage nach dem SGB III *Gagel* § 313 Rn. 10).

11 Die Bescheinigung ist **unverzüglich** zu erstellen, d. h. sobald „feststeht, in welcher Höhe Entgelt gezahlt wird" (vgl. zur entsprechenden Regelung im SGB III RegE AFRG S. 211). Da unverzüglich ohne schuldhaftes Zögern bedeutet, liegt kein Verstoß gegen Abs. 1 S. 1 vor, wenn sich das Ausfüllen der Bescheinigung wegen Krankheit des Arbeitgebers oder wegen fehlender Kenntnis des Leistungsbezugs verzögert (vgl. *Herold-Tews* in: Löns/Herold-Tews § 58 Rn. 5).

12 Die Bescheinigung muss auf dem **Vordruck** des SGB II-Trägers erfolgen (Abs. 1 S. 2). Der Vordruck ist vom SGB II-Träger zu stellen. Der Arbeitgeber hat nur die in Abs. 1 S. 1 enthaltenen Angaben – also Art und Dauer der Tätigkeit sowie Höhe des Arbeitsentgelts– zu bescheinigen. Die Angaben müssen richtig und vollständig sein (vgl. § 63 Abs. 1 Nr. 2).

13 **b) Aushändigung der Bescheinigung an den Leistungsberechtigten.** Die Bescheinigung ist an den Leistungsberechtigten auszuhändigen (Abs. 1 S. 3). Der Leistungsberechtigte hat hierauf einen Anspruch (vgl. zur entsprechenden Rechtslage nach dem SGB III *Niesel* § 313 Rn. 3). Der Arbeitgeber ist nicht verpflichtet, die Bescheinigung dem SGB II-Träger vorzulegen. (vgl. zur entsprechenden Rechtslage nach dem SGB III *Gagel* § 313 Rn. 16).

14 Händigt der Arbeitgeber die Einkommensbescheinigung vorsätzlich oder fahrlässig nicht oder nicht rechtzeitig dem Hilfebedürftigen aus, liegt eine **Ordnungswidrigkeit** vor (§ 63 Abs. 1 Nr. 2), die bei vorsätzlichem Handeln mit einer Geldbuße bis zu 2000 € und bei fahrlässigen Handeln bis zu 1000 € geahndet werden kann (§ 63 Abs. 2, § 17 Abs. 2 OWiG).

III. Vorlage der Einkommensbescheinigung beim Arbeitgeber durch den Leistungsberechtigten (Abs. 2)

1. Voraussetzungen. a) Beantragung oder Bezug laufender 15 **Leistungen nach dem SGB II.** Insoweit gelten die obigen Ausführungen entsprechend.

b) Beschäftigung gegen Arbeitsentgelt. Auch insoweit gelten 16 die obigen Ausführungen entsprechend.

2. Rechtsfolgen. Liegen die genannten Voraussetzungen vor, ist 17 der Beschäftigte verpflichtet, dem Arbeitgeber den vorgesehenen Vordruck unverzüglich vorzulegen. Die Vorlagepflicht entsteht kraft Gesetzes (vgl. *Herold-Tews* in: Löns/Herold-Tews § 58 Rn. 7). Ein besonderes Verlangen des SGB II-Trägers ist nicht erforderlich. „Unverzüglich" bedeutet ohne schuldhaftes Zögern (vgl. § 121 BGB). Solange er den Vordruck nicht vorlegt, ist der Arbeitgeber nicht zur Ausstellung der Einkommensbescheinigung verpflichtet.

Legt der Beschäftigte die Einkommensbescheinigung dem Arbeit- 18 geber vorsätzlich oder fahrlässig nicht oder nicht rechtzeitig vor, liegt eine **Ordnungswidrigkeit** vor (§ 63 Abs. 1 Nr. 3), die bei vorsätzlichem Handeln mit einer Geldbuße bis zu 2.000 €, bei fahrlässigem Handeln mit einer Geldbuße bis zu 1.000 € geahndet werden kann (§ 63 Abs. 2, § 17 Abs. 2 OWiG).

Kommt der Leistungsberechtigte der Vorlagepflicht nicht nach, 19 kann der SGB II-Träger die Leistung nach § 66 SGB I versagen (näher hierzu *Winkler*: Sozialverwaltungsverfahren und Sozialdatenschutz. 2004. § 4).

Meldepflicht

59 Die Vorschriften über die allgemeine Meldepflicht, § 309 des Dritten Buches, und über die Meldepflicht bei Wechsel der Zuständigkeit, § 310 des Dritten Buches, sind entsprechend anzuwenden.

I. Allgemeines

Mit der Bezugnahme auf § 309 SGB III in **Hs. 1** soll die Überprü- 1 fung der Voraussetzungen von Leistungen nach dem SGB II ermöglicht werden (s. Rn. 3 ff.). Daneben soll die Vorschrift die Vermittlung und die Beratung erleichtern. Die entsprechende Geltung von § 310 SGB III nach **Hs. 2** soll die Feststellung der in den Zuständigkeitsbereich des SGB II-Trägers fallenden Hilfebedürftigen und der Angehörigen der Bedarfsgemeinschaft erleichtern (s. Rn. 18 ff.).

2   **Zugelassene kommunale Träger** (§ 6 b) treten an die Stelle der AA, dürfen also selbst die Leistungsbezieher zur Meldung auffordern.

II. Allgemeine Meldepflicht (Hs. 1 i. V. m. § 309 SGB III)

3   **1. Allgemeines.** Hs. 1 nimmt auf die **allgemeine Meldepflicht** in § 309 SGB III Bezug. Nach dieser Vorschrift sind Arbeitslose während der Zeit, für die sie Anspruch auf Arbeitslosengeld erheben, verpflichtet, sich bei der AA oder bei sonstigen Dienststellen der BA persönlich zu melden oder zu einem ärztlichen oder psychologischen Untersuchungstermin zu erscheinen, wenn die AA sie dazu auffordert (näher hierzu *Winkler* in: LPK-SGB III § 309 Rn. 1 ff.).

§ 309 Allgemeine Meldepflicht

(1) ¹Der Arbeitslose hat sich während der Zeit, für die er Anspruch auf Arbeitslosengeld erhebt, bei der Agentur für Arbeit oder einer sonstigen Dienststelle der Bundesagentur persönlich zu melden oder zu einem ärztlichen oder psychologischen Untersuchungstermin zu erscheinen, wenn die Agentur für Arbeit ihn dazu auffordert (allgemeine Meldepflicht). ²Der Arbeitslose hat sich bei der in der Aufforderung zur Meldung bezeichneten Stelle zu melden. ³Die allgemeine Meldepflicht besteht auch in Zeiten, in denen der Anspruch auf Arbeitslosengeld ruht.

(2) Die Aufforderung zur Meldung kann zum Zwecke der

1. Berufsberatung,
2. Vermittlung in Ausbildung oder Arbeit,
3. Vorbereitung aktiver Arbeitsförderungsleistungen,
4. Vorbereitung von Entscheidungen im Leistungsverfahren und
5. Prüfung des Vorliegens der Voraussetzungen für den Leistungsanspruch

erfolgen.

(3) ¹Der Arbeitslose hat sich zu der von der Agentur für Arbeit bestimmten Zeit zu melden. ²Ist diese nach Tag und Tageszeit bestimmt, so ist er seiner allgemeinen Meldepflicht auch dann nachgekommen, wenn er sich zu einer anderen Zeit am selben Tag meldet und der Zweck der Meldung erreicht wird. ³Ist der Meldepflichtige am Meldetermin arbeitsunfähig, so wirkt die Meldeaufforderung auf den ersten Tag der Arbeitsfähigkeit fort, wenn die Agentur für Arbeit dies in der Meldeaufforderung bestimmt.

(4) Die notwendigen Reisekosten, die dem Arbeitslosen und der erforderlichen Begleitperson aus Anlass der Meldung entstehen, können auf Antrag übernommen werden, soweit sie nicht bereits nach anderen Vorschriften oder auf Grund anderer Vorschriften dieses Buches übernommen werden können.

4   **2. Voraussetzungen der Meldepflicht. a) Arbeitslose, die einen Anspruch auf Leistungen erheben.** Der allgemeinen Meldepflicht unterliegen nur Personen, die einen Anspruch auf Leistungen – insbesondere Arbeitslosengeld II – erheben.

Einen **Anspruch auf Leistungen erhebt** ein Leistungsberechtig- 5
ter, wenn er gegenüber dem SGB II-Träger zu erkennen gibt, dass er
diese Leistung in Anspruch nehmen will. Dies geschieht regelmäßig
durch die Antragstellung nach § 37. Eine formlose Äußerung ist hierzu
ausreichend. Auch die gerichtliche Geltendmachung des Anspruchs ist
ein Erheben des Anspruchs (vgl. – zum Arbeitsförderungsrecht – LSG
Bremen 17. 5. 1990 – Az. L 5 Ar 32/87; BSGE 25, 214). Die Bewilligung
der Leistung ist nicht erforderlich. Die Meldepflicht endet, wenn der
Hilfebedürftige zu erkennen gibt, dass er die Leistung nicht mehr in
Anspruch nehmen will.

b) Meldezweck. Der Hilfebedürftige darf nur zu den in § 309 6
Abs. 2 abschließend aufgezählten Zwecken zur Meldung aufgefordert
werden:

– **Berufsberatung** (Nr. 1) umfasst die Erteilung von Auskunft und
Rat in Fragen zur Berufswahl, zur beruflichen Entwicklung, zur
Lage und Entwicklung des Arbeitsmarktes und der beruflichen Bildung, zur aktiven Arbeitsförderung, zur Arbeits- und Ausbildungs-
platzsuche, zur Ausbildungsförderung und zur schulischen Bildung
(vgl. §§ 29 ff. SGB III).

– **Vermittlung** (Nr. 2) beinhaltet Angebote einer beruflichen Ausbil-
dung- oder Arbeitsstelle, Informationen über die Ergebnisse eines
Vorstellungsgesprächs, Bemühungen über die Beseitigung von Vermittlungshemmnissen, die Eigenbemühungen des Arbeitslosen, die
Eignungsfeststellung und den Abschluss einer Eingliederungsvereinbarung.

– Die **aktiven Arbeitsförderungsleistungen** (Nr. 3) werden in § 3
Abs. 4 SGB III näher umschrieben.

– Der **Vorbereitung von Entscheidungen im Leistungsverfahren**
(Nr. 4) dienen z. B. Gespräche, in denen dem Arbeitslosen die Notwendigkeit einer ärztlichen und psychologischen Untersuchung erläutert wird.

– Die Meldung zur **Prüfung der Voraussetzungen für den Leistungsanspruch** (Nr. 5) dient der Bekämpfung des Leistungsmissbrauchs. In dem Gespräch werden z. B. der zeitliche Umfang einer
Nebenbeschäftigung oder ggfs. bestehende gesundheitliche Einschränkungen abgeklärt.

Nicht als Meldezweck aufgeführt wird die **ärztliche** und **psychologische Untersuchung**. Einer Aufforderung zu diesen muss der
Arbeitslose nur folgen, wenn die Untersuchung einem der in den
Nr. 1 bis 5 genannten Zwecken dient (im Arbeitsförderungsrecht str.,
vgl. KassHB § 32 Rn. 11; a. A. zum SGB III *Gagel* § 309 Rn. 16). Soweit eine Verpflichtung zum Erscheinen bei der Untersuchung besteht, ist der Hilfebedürftige nach § 309 SGB III nur zum Erscheinen
zu dieser verpflichtet. Ob er darüber hinaus aktiv zur Mitwirkung verpflichtet ist, beurteilt sich nach den §§ 62, 65 Abs. 2 SGB I (näher

hierzu *Winkler*: Sozialverwaltungsverfahren und Sozialdatenschutz. 2004. § 4 Rn. 165 ff.).

7   **c) Meldeort.** Zulässige Meldeorte sind der SGB II-Träger einschließlich seiner Fachvermittlungsdienste und seiner ärztlichen und psychologischen Dienste, niedergelassene Ärzte, bei denen eine ärztliche Untersuchung durchgeführt werden soll, Psychologen, bei denen eine psychologische Untersuchung vorgenommen werden soll, und Kliniken. Andere Stellen – etwa die Gemeindeverwaltung oder private Arbeitsvermittler – dürfen nicht benannt werden.

8   **d) Meldeaufforderung.** Für die zwingend vorausgesetzte Meldeaufforderung ist keine **Form** vorgeschrieben. Sie kann damit schriftlich, mündlich oder konkludent erfolgen. In der Praxis erfolgt die Meldeaufforderung i. d. R. schriftlich.

9   In der Meldeaufforderung muss der **Meldezweck**, der **Meldeort** und der **Meldezeitpunkt angegeben** werden. Sollen bei Versäumung des Meldetermins die Leistungen nach § 31 Abs. 2 gekürzt werden, muss in der Meldeaufforderung zusätzlich eine Belehrung über die Folgen des Versäumnisses enthalten sein. Da die Meldeaufforderung ein Verwaltungsakt ist (vgl. – zum Arbeitsförderungsrecht – *BSG* SozR 4100 § 132 Nr. 1 S. 7; ausdrücklich offen gelassen in *BSG* SozR 4100 § 132 Nr. 4; *Gagel* § 309 Rn. 20), ist zudem eine Rechtsbehelfsbelehrung erforderlich (§ 36 SGB X).

10   Die Meldeaufforderung kann durch formlosen Brief zugesandt werden. Das Risiko des Nachweises des **Zugangs** trägt in diesem Fall der SGB II-Träger (§ 37 Abs. 2 SGB X).

11   **3. Rechtsfolge.** Liegen die genannten Voraussetzungen vor, ist der Hilfebedürftige zur **persönlichen Meldung** bei der vom Träger der Grundsicherung benannten Stelle **verpflichtet**. Stellvertretung ist nicht zulässig. Ausnahmsweise kann sich der Hilfebedürftige telefonisch melden, wenn er aus gesundheitlichen Gründen nicht zur persönlichen Meldung fähig ist.

12   Der Hilfebedürftige muss sich zu dem in der Meldeaufforderung genannten **Zeitpunkt** melden. Meldet er sich zu einem anderen Zeitpunkt, ist dies nur unschädlich, wenn er sich noch am selben Tag beim SGB II-Träger meldet und der Zweck der Meldung erreicht wird (§ 309 Abs. 3 S. 2 SGB III). Ist der Hilfebedürftige am Meldetermin **arbeitsunfähig** (zur Anzeigepflicht s. § 56), kann der Träger der Grundsicherung bestimmen, dass die Meldeaufforderung auf den ersten Tag der Arbeitsfähigkeit fortwirkt. Der Hilfebedürftige muss sich in diesem Fall am ersten Tag, an dem er wieder arbeitsfähig ist, beim SGB II-Träger melden.

13   **4. Folgen eines Verstoßes gegen die Meldepflicht.** Kommt der Hilfebedürftige der Meldeaufforderung nicht nach, fällt der Zuschlag nach § 24 weg. Außerdem wird die Regelleistung um 10 v. H. gekürzt (§ 31 Abs. 2). Im Wiederholungsfall wird die Leistung um weitere

10 v. H. gekürzt (§ 31 Abs. 3). Zu Einzelheiten s. die Kommentierungen
zu § 31.

5. Übernahme der Reisekosten. Die Übernahme der Reisekosten   14
steht im Ermessen des SGB II-Trägers. Übernommen werden nur erforderliche Reisekosten. Die Reisekosten einer Begleitperson werden
übernommen, wenn die Begleitung notwendig war. Art und Höhe
der Reisekosten richten sich nach § 45 SGB III. Keine Reisekosten werden übernommen, wenn diese nach anderen Vorschriften geleistet werden (s. insoweit § 16).

6. Unfallversicherungsschutz. Auf dem Weg von der Wohnung   15
zum Meldeort, während der Meldung und auf dem Weg zurück, steht
der Betroffene unter Unfallversicherungsschutz (§ 2 Abs. 1 Nr. 14 SGB
VII).

7. Verfahren. Die Meldeaufforderung ist ein **Verwaltungsakt**. Vor   16
Erlass des Verwaltungsakts muss der Betroffene **nicht** nach § 24 SGB
X **angehört** werden, da die Meldeaufforderung nicht in Rechte des
Hilfebedürftigen eingreift.

Die Meldeaufforderung kann mit **Widerspruch** und isolierter **An-**   17
fechtungsklage (§ 54 Abs. 1 SGG) angefochten werden. Widerspruch
und Klage haben keine aufschiebende Wirkung (§ 39).

III. Meldepflicht bei Wechsel der Zuständigkeit
(Hs. 2 i. V. m. § 310)

1. Allgemeines. Mit der Bezugnahme auf § 310 in Hs. 2 wird der   18
Hilfebedürftige verpflichtet, sich bei einem Wechsel der Zuständigkeit
bei dem nunmehr zuständigen Träger der Grundsicherung zu melden.

§ 310 Meldepflicht bei Wechsel der Zuständigkeit

Wird für den Arbeitslosen nach der Arbeitslosmeldung eine andere Agentur
für Arbeit zuständig, hat er sich bei der nunmehr zuständigen Agentur für Arbeit
unverzüglich zu melden.

2. Voraussetzungen. a) Arbeitsloser. Meldepflichtig ist nur der   19
erwerbsfähige Hilfebedürftige. Wer zu diesem Personenkreis gehört,
ergibt sich aus der Legaldefinition in § 7 Abs. 1 S. 1.

b) Änderung der Zuständigkeit nach der Antragstellung. Die   20
Meldepflicht besteht nur, wenn sich die Zuständigkeit nach der Antragstellung geändert hat. Zu einer Änderung der Zuständigkeit
kommt es vor allem, wenn der erwerbsfähige Hilfebedürftige umzieht.
Ferner kann eine organisatorische Änderung zu einem Zuständigkeits-
wechsel führen.

3. Rechtsfolge. Liegen die genannten Voraussetzungen vor, ist der   21
Arbeitslose **verpflichtet**, sich bei dem nach dem Zuständigkeitswech-

sel zuständigen SGB II-Träger unverzüglich zu melden. Anders als bei
der Meldung nach § 309 SGB III ist eine **persönliche Meldung nicht
erforderlich**, eine schriftliche oder fernmündliche Meldung ist deshalb ausreichend.

22   **Unverzüglich** ist die Meldung des Zuständigkeitswechsels, wenn
der Hilfebedürftige diesen ohne schuldhaftes Zögern (vgl. § 121 BGB)
meldet. Eine verspätete Meldung ist oftmals aber nicht schuldhaft, da
der Hilfebedürftige keine Kenntnis seiner Meldepflicht hat.

23   **4. Folgen eines Verstoßes gegen die Meldepflicht nach Hs. 2.**
Ein Verstoß gegen die Meldepflicht aus Hs. 2 bleibt in der Regel folgen-
los. Weder § 31 noch § 66 SGB I sind anwendbar (vgl. – zum Arbeitsförderungsrecht – *Gagel* § 310 Rn. 7; *Niesel* § 310 Rn. 4).

24   **5. Unfallversicherungsschutz.** Bei der Meldung nach Hs. 2 ist
der Hilfebedürftige nicht gesetzlich unfallversichert. § 2 Abs. 1 Nr. 14
SGB VII ist nicht anwendbar, da diese Vorschrift eine Meldeaufforderung voraussetzt.

Auskunftspflicht und Mitwirkungspflicht Dritter

60 (1) Wer jemandem, der Leistungen nach diesem Buch beantragt hat oder bezieht, Leistungen erbringt, die geeignet sind,
diese Leistungen nach diesem Buch auszuschließen oder zu mindern,
hat der Agentur für Arbeit auf Verlangen hierüber Auskunft zu erteilen, soweit es zur Durchführung der Aufgaben nach diesem Buch erforderlich ist.

(2) ¹Wer jemandem, der eine Leistung nach diesem Buch beantragt
hat oder bezieht, zu Leistungen verpflichtet ist, die geeignet sind,
Leistungen nach diesem Buch auszuschließen oder zu mindern, oder
wer für ihn Guthaben führt oder Vermögensgegenstände verwahrt,
hat der Agentur für Arbeit auf Verlangen hierüber sowie über damit
im Zusammenhang stehendes Einkommen oder Vermögen Auskunft
zu erteilen, soweit es zur Durchführung der Aufgaben nach diesem
Buch erforderlich ist. ²§ 21 Abs. 3 Satz 4 des Zehnten Buches gilt entsprechend. ³Für die Feststellung einer Unterhaltsverpflichtung ist
§ 1605 Abs. 1 des Bürgerlichen Gesetzbuchs anzuwenden.

(3) Wer jemanden, der
1. Leistungen nach diesem Buch beantragt hat oder bezieht oder
dessen Partner oder
2. nach Absatz 2 zur Auskunft verpflichtet ist,
beschäftigt, hat der Agentur für Arbeit auf Verlangen über die Beschäftigung, insbesondere über das Arbeitsentgelt, Auskunft zu erteilen, soweit es zur Durchführung der Aufgaben nach diesem Buch erforderlich ist.

(4) [1]Sind Einkommen oder Vermögen des Partners zu berücksichtigen, haben
1. dieser Partner,
2. Dritte, die für diesen Partner Guthaben führen oder Vermögensgegenstände verwahren,
der Agentur für Arbeit auf Verlangen hierüber Auskunft zu erteilen, soweit es zur Durchführung der Aufgaben nach diesem Buch erforderlich ist. [2]§ 21 Abs. 3 Satz 4 des Zehnten Buches gilt entsprechend.

(5) Wer jemanden, der Leistungen nach diesem Buch beantragt hat, bezieht oder bezogen hat, beschäftigt, hat der Agentur für Arbeit auf Verlangen Einsicht in Geschäftsbücher, Geschäftsunterlagen und Belege sowie in Listen, Entgeltverzeichnisse und Entgeltbelege für Heimarbeiter zu gewähren, soweit es zur Durchführung der Aufgaben nach diesem Buch erforderlich ist.

I. Allgemeines

§ 60 **konkretisiert** die **allgemeinen Auskunftspflichten** Dritter   1
nach § 99 SGB X. Die Vorschrift verdrängt als lex specialis § 99 S. 1
Nr. 2 SGB X (vgl. zur vergleichbaren Regelung in § 144 AFG BSG
16. 8. 1989 SozR 4100 § 144 Nr. 1). Mit den Auskunftspflichten des § 60
soll die Durchführung der Verfahren zur Gewährung von Leistungen
nach dem SGB II und die Aufdeckung von Leistungsmissbrauch sichergestellt werden. **Abs. 1** verpflichtet Personen, die Antragstellern
und Beziehern von Leistungen nach dem SGB II freiwillige Leistungen gewähren (s. Rn. 2 ff.), **Abs. 2** Leistungsverpflichtete – insbesondere Unterhaltspflichtige – und Vermögensverwahrer (s. Rn. 15 ff.)
und **Abs. 3** Arbeitgeber (s. Rn. 27 ff.) zur Auskunft gegenüber dem
SGB II-Träger. **Abs. 4** verpflichtet Ehepartner und Partner einer eheähnlichen Lebensgemeinschaft und Dritte, die Guthaben des Partners
führen und dessen Vermögen verwalten – also insbesondere Banken
und Versicherungen – zur Auskunft (s. Rn. 34 ff.). **Abs. 5** schließlich
berechtigt die SGB II-Träger zur Einsicht in Geschäftsunterlagen (s.
Rn. 42 ff.).

II. Auskunftspflichten Dritter bei Erbringung
von Leistungen an die Leistungsberechtigten
nach dem SGB II (Abs. 1)

1. Voraussetzungen. a) Beantragung oder Bezug von Leistun-   2
gen nach dem SGB II. Anders als in § 315 Abs. 1 SGB III, der Parallel-
vorschrift zu § 60 Abs. 1, gilt die Auskunftspflicht nach Abs. 1 nicht
nur für laufende Leistungen, sondern für alle Leistungen nach dem
SGB II.

3   Die Auskunftspflicht besteht **ab** dem Zeitpunkt der **Antragstellung**
und bleibt so lange bestehen, wie der Antrag aufrechterhalten wird
(vgl. zum SGB III *Niesel* § 315 Rn. 9). Für vor der Antragstellung oder
des Leistungsbezugs liegende Zeiten besteht zwar keine Auskunftspflicht aus § 60. Für diesen Zeitraum kann sich aber eine Auskunftspflicht aus § 57 ergeben (s. die Kommentierung zu § 57). Unerheblich
ist, ob der **Antrag erfolgversprechend** oder die **Leistungsbewilli-
gung rechtmäßig** ist (vgl. zur entsprechenden Rechtslage nach dem
SGB III *Niesel* § 315 Rn. 9).

4   Der **Bezug der Leistung** setzt nicht zwingend voraus, dass die
Leistung tatsächlich an den Leistungsberechtigten ausgezahlt wird.
Auch bei Ruhen des Anspruchs wegen einer Sanktion nach § 31 besteht
deshalb die Auskunftspflicht aus Abs. 1 (vgl. *Herold-Tews* in Löns/
Herold-Tews 4).

5   **b) Erbringen von Leistungen durch den Auskunftspflichtigen
an den Antragsteller/Bezieher der SGB II-Leistung. Leistungen**
sind alle Zuwendungen in Geld oder Geldeswert (vgl. zu § 315 Abs. 1
SGB III *Niesel* § 315 Rn. 10). Unerheblich ist, ob eine Leistungsverpflichtung besteht bzw. auf welcher Rechtsgrundlage die Leistung erbracht wird (vgl. zu § 315 Abs. 1 SGB III *Gagel* § 315 Rn. 2) und ob es
sich um laufende oder einmalige Leistungen mit Unterhaltsersatzfunk-
tion handelt (vgl. zu § 315 Abs. 1 SGB III Nomos-Praxiskommentar
§ 315 Rn. 8). Da Abs. 2 Personen zu Auskünften verpflichtet, die gegenüber dem Leistungsempfänger zu Leistungen verpflichtet sind,
und Abs. 3 eine gesonderte Auskunftspflicht des Arbeitgebers – einschließlich seiner freiwilligen Leistungen – festlegt, kommt der Auskunftspflicht nach Abs. 1 nur bei freiwilligen Leistungen und bei Leistungen mit rechtlich ungewisser Grundlage praktische Bedeutung zu.
Weiter besteht eine Auskunftspflicht nach Abs. 1 bei öffentlichen Leistungen.

6   **c) Eignung zum Ausschluss oder Minderung der Leistung
nach dem SGB II.** Die Leistung des Dritten muss abstrakt geeignet
sein, die Leistung nach dem SGB II auszuschließen oder zu mindern.
Dies ist insbesondere bei Leistungen Dritter der Fall, die auf das Arbeitslosengeld II oder das Sozialgeld als Einkommen oder Vermögen
anzurechnen sind (zu Einzelheiten s. die Kommentierungen zu den
§§ 11, 12, 28).

7   **d) Erforderlichkeit der Auskunft.** Eine vorsorgliche Sammlung
von Informationen ist nicht zulässig. Die Auskunft ist nur **erforderlich**, wenn der SGB II-Träger die Information zur Bearbeitung des
konkreten Falles benötigt. Dies kann auch dann der Fall sein, wenn die
Informationen dem SGB II-Träger zwar bereits bekannt sind, diese
aber überprüft werden müssen (so zutreffend zu § 315 SGB III *Gagel*
§ 315 Rn. 5). Nicht erforderlich sind die Auskünfte, wenn die Leistung
bereits aus anderen Gründen ausgeschlossen ist. Der SGB II-Träger

muss deshalb zunächst den Anspruch dem Grunde nach prüfen, bevor er die Auskunft verlangt (vgl. zur entsprechenden Rechtslage nach § 315 Abs. 1 SGB III OLG Zweibrücken 2. 11. 1988 DBlR 144 AFG Nr. 3427; BSG 16. 8. 1989 SozR 4100 § 144 Nr. 1; ferner BayObLG 7. 9. 1988 ZFSH/SGB 1989, 40).

e) Verlangen des SGB II-Trägers. Insoweit gelten die Ausführun- 8 gen zu § 57 entsprechend (s. § 57 Rn. 4).

2. Rechtsfolge. Liegen die genannten Voraussetzungen vor, ist der 9 in Abs. 1 umschriebene Personenkreis zur Auskunft **verpflichtet.**

Adressat der Auskunft ist nach dem Gesetzestext die AA. Soweit 10 eine Arbeitsgemeinschaft nach § 44 b gebildet wurde, muss die Auskunft dieser erteilt werden. Ist ein zugelassener kommunaler Träger zuständig, ist dieser auskunftsberechtigt.

Die Auskunftspflicht ist eine gegenüber dem SGB II-Träger beste- 11 hende öffentlich-rechtliche Verpflichtung (sog. **Indienstnahme**).

Eine bestimmte **Form** ist für die Auskunft nicht vorgesehen. Im 12 Einzelfall kann allerdings eine Verpflichtung zur schriftlichen Auskunft bestehen.

Ein **Auskunftsverweigerungsrecht** ist zwar gesetzlich nicht gere- 13 gelt. Aus rechtsstaatlichen Gründen ist eine entsprechende Anwendung von § 383 Abs. 1 Nr. 1 bis 3 ZPO aber geboten.

3. Verfahren. Das Auskunftsverlangen nach Abs. 1 kann mit **Wider-** 14 **spruch** und **Anfechtungsklage** angegriffen werden. Die Anfechtungsklage hat aufschiebende Wirkung (§ 86 a Abs. 1 SGG). Der SGB II-Träger kann unter den Voraussetzungen von § 86 a Abs. 2 Nr. 5 SGG die **sofortige Vollziehung** des Verwaltungsakts anordnen.

III. Auskunftspflicht von leistungsverpflichteten Dritten (Abs. 2)

1. Voraussetzungen. a) Beantragung oder Bezug von Leistun- 15 **gen nach dem SGB II.** Anders als bei der entsprechenden Regelung in § 315 Abs. 2 SGB III gilt die Auskunftspflicht nach Abs. 2 nicht nur bei laufenden Geldleistungen, sondern bei allen Leistungen nach dem SGB II. Eine Leistungspflicht besteht nicht.

b) Leistungsverpflichtung gegenüber dem Antragsteller/Be- 16 **zieher der SGB II-Leistung, Führen eines Guthabens oder Ver-** **waltung von Vermögensgegenständen.** Die Auskunftspflicht nach Abs. 2 S. 1 besteht, wenn ein Anspruch auf die Leistung des Dritten besteht, ein tatsächlicher Bezug der Leistung ist – anders als in Abs. 1 – nicht erforderlich.

Bezüglich der **Geeignetheit** des Anspruchs, eine Leistung nach 17 SGB II auszuschließen oder zu mindern, gilt das oben Gesagte entsprechend (s. Rn. 9). Die Auskunftspflicht nach Abs. 2 besteht insbesondere für Unterhaltspflichtige nach bürgerlichem Recht. Bei Arbeitgebern kommt Abs. 2 S. 1 dagegen nicht zur Anwendung, weil bei diesen Abs. 3 eine vorrangige Auskunftspflicht vorsieht (näher dazu Rn. 27 ff.).

18 Die Auskunftspflicht nach **Abs. 2 S. 1** besteht auch für diejenigen, die ein **Guthaben** für den Antragsteller/Bezieher der Grundsicherungsleistung **führen**. Damit wird den SGB II-Trägern insbesondere das Recht eingeräumt, Bankauskünfte einzuholen. Die Auskunftspflicht aus Abs. 2 S. 1 gilt aber auch für Versicherungen und sonstige Dritte (Erbschaftsverwalter, Vermögensverwalter, Betreuer), die **Vermögen** oder Einkünfte **verwalten**. Daneben ist der Leistungsberechtigte zur Vorlage von Kontoauszügen verpflichtet (§ 60 Abs. 1 SGB I). Kommt er dieser Obliegenheit nicht nach, kann die Leistung versagt oder entzogen werden (§ 66 SGB I).

19 Wird die **Leistungspflicht** vom **Auskunftspflichtigen** bestritten, kommt eine Auskunftspflicht nach Abs. 2 S. 3 (s. Rn. 24), Abs. 3 (s. Rn. 27 ff.) oder Abs. 4 (s. Rn. 34 ff.) in Betracht. In diesen Fällen ist indessen zweifelhaft, ob die AA Auskünfte verlangen und Geldbußen verhängen darf (so zutreffend zu § 315 Abs. 2 SGB III *Gagel* § 315 Rn. 18).

20 **c) Verlangen des SGB II-Trägers.** Die Auskunftspflicht nach Abs. 2 S. 1 besteht nur auf Verlangen der AA. Insoweit gelten die Ausführungen zu § 57 Rn. 4 entsprechend.

21 **d) Erforderlichkeit der Auskünfte.** Auch insoweit gelten die Ausführungen zu Abs. 1 entsprechend (s. Rn. 10). Nicht erforderlich sind die Auskünfte insbesondere, wenn der Anspruch auf die SGB II-Leistung bereits aus anderen Gründen ausgeschlossen ist oder der SGB II-Träger anderweitig gesicherte Kenntnis von den auskunftspflichtigen Tatsachen hat.

22 **2. Rechtsfolgen. a) Auskunftspflicht.** Liegen die Voraussetzungen des Abs. 2 S. 1 vor, sind die in dieser Vorschrift bezeichneten Leistungsverpflichteten zur Auskunft gegenüber dem SGB II-Träger verpflichtet. Bei Banken kann die Auskunftspflicht durch das Bankgeheimnis eingeschränkt sein (s. zur entsprechenden Problematik im Arbeitsförderungsrecht Nomos-Praxiskommentar § 315 Rn. 10).

23 **b) Aufwandsentschädigung (Abs. 2 S. 2).** Aus der Verweisung in Abs. 2 S. 2 auf § 21 Abs. 3 S. 4 SGB X folgt, dass den nach Abs. 2 S. 1 Auskunftspflichtigen eine Aufwandsentschädigung entsprechend des Justizvergütungs- und -entschädigungsgesetzes zusteht.

24 **c) Entsprechende Anwendung von § 1605 Abs. 1 BGB (Abs. 2 S. 3).** Nach Abs. 2 S. 3 ist § 1605 Abs. 1 BGB – diese Vorschrift regelt die Auskunftspflicht der Verwandten in gerader Linie bezüglich ihres Einkommens und Vermögens, soweit dies zur Feststellung ihres Einkommens und Vermögens erforderlich ist – entsprechend anwendbar. Dies gilt für alle Unterhaltsansprüche, also nicht nur bei Unterhalts-

ansprüchen gegen Verwandte, sondern auch bei den gesetzlichen oder vertraglichen Unterhaltsansprüchen der Ehegatten einer bestehenden oder geschiedenen Ehe (vgl. zur entsprechenden Regelung im SGB III *Gagel* § 315 Rn. 6). Aus der entsprechenden Anwendung von § 1605 Abs. 1 S. 1 BGB folgt, dass Verwandte in gerader Linie nur Auskünfte über ihre Einkünfte und ihr Vermögen geben müssen, wenn dies zur Feststellung eines Unterhaltsanspruchs oder einer Unterhaltsverpflichtung erforderlich ist. Keine Auskunftspflicht besteht deshalb, wenn die Auskunft sich bei der Feststellung, ob und ggfs. in welcher Höhe ein Unterhaltsanspruch besteht, nicht mehr auswirken kann (so das BSG zur entsprechenden Rechtslage nach § 144 AFG, vgl. *BSG* SozR 4100 § 144 Nr. 1). Keine Auskunftspflicht nach § 1605 BGB besteht ferner, wenn bereits aus anderen Gründen kein Anspruch auf Verwandtenunterhalt besteht (z. B. wegen grober Unbilligkeit).

Die Unterhaltspflichtigen sind verpflichtet, auf Verlangen **Belege** 25 vorzulegen (§ 1605 Abs. 1 S. 2 BGB). Belege i. d. S. sind z. B. Bescheinigungen des Arbeitgebers (vgl. BSG SozR 4100 § 144 Nr. 1), der Arbeitsvertrag (zu den Grenzen der Vorlage des Arbeitsvertrages vgl. BGH NJW 1993, 3262), Einkommensteuerbescheide bei Gewerbetreibenden, Bilanzen und Gewinn- und Verlustrechnungen bei Gesellschaftern einer GmbH (vgl. BGH NJW 1993, 3262).

Da Abs. 2 S. 3 nicht auf § 1605 Abs. 2 BGB verweist – nach dieser 26 Vorschrift darf vor Ablauf von **zwei Jahren** erst wieder Auskunft verlangt werden, wenn der Unterhaltspflichtige seit der letzten Auskunft wesentlich höheres Einkommen erzielt oder Vermögen erworben hat – darf die AA bereits vor Ablauf von zwei Jahren Auskunft oder die Vorlage von Belegen verlangen.

IV. Auskunftspflicht des Arbeitgebers (Abs. 3)

1. Allgemeines. § 98 Abs. 1 S. 1 SGB X verpflichtet Arbeitgeber 27 auf Verlangen über für die Erbringung von Sozialleistungen der Sozialversicherung einschließlich der Arbeitslosenversicherung erforderliche Auskünfte zu erteilen. **Abs. 3** beinhaltet eine entsprechende Verpflichtung des Arbeitgebers für Leistungen nach dem SGB II.

2. Voraussetzungen. a) Beschäftigung des Antragstellers/Be- 28 **ziehers einer SGB II-Leistung oder seines Lebenspartners.** Die Auskunftspflicht nach Abs. 3 gilt – anders als nach § 315 Abs. 3 SGB III – nicht nur bei Bezug laufender, sondern auch bei Bezug sonstiger Leistungen nach dem SGB II. Auskunftspflichtig ist der Arbeitgeber auch bei Beschäftigung des Ehegatten, des Lebenspartners oder unterhaltspflichtiger Verwandter. Ehegatte ist, wer mit dem Arbeitslosen in einer gültigen – also nicht in einer sog. Nichtehe, aufgehobenen oder geschiedenen – Ehe lebt. Lebenspartner ist, wer mit dem Arbeitslosen in einer gültigen Lebenspartnerschaft nach dem Lebenspartnerschaftsgesetz lebt. Der Arbeitgeber des Partners einer eheähnlichen Gemeinschaft ist nicht nach Abs. 3 auskunftspflichtig. Bei diesen kommt Abs. 4 zur Anwendung.

29 Die Auskunftspflicht nach Abs. 3 besteht nur bezüglich **Beschäftigungen** i. S. v. § 7 SGB IV.

30 **b) Verlangen des SGB II-Trägers.** Der Arbeitgeber ist nach Abs. 3 nur auf Verlangen des SGB II-Trägers verpflichtet. Bezüglich der Anforderungen an das Verlangen gelten die Ausführungen zu § 57 entsprechend (s. § 57 Rn. 5).

31 **c) Erforderlichkeit der Auskünfte.** Die Auskünfte sind nicht erforderlich, wenn der Anspruch auf die Leistung bereits aus anderen Gründen ausgeschlossen ist oder die AA anderweitig Kenntnis von den auskunftspflichtigen Tatsachen hat.

32 **3. Rechtsfolge.** Liegen die genannten Voraussetzungen vor, muss der Arbeitgeber dem SGB II-Träger die von diesem verlangten Auskünfte geben. Besonders hervorgehoben wird in Abs. 3 das Arbeitsentgelt. Daneben sind aber auch alle anderen für die SGB II-Leistung erforderlichen Auskünfte zu erteilen.

33 Bei Abs. 3 handelt es sich um eine **entschädigungslose Indienstnahme** des Arbeitgebers (vgl. zur entsprechenden Rechtslage nach § 144 AFG AFG BSG 16. 8. 1989 SozR 4100 § 144 Nr. 1; BSG 18. 5. 1989 SozR 3-4100 § 144 Nr. 1; a. A. *Gagel* § 315 Rn. 10).

V. Auskunftspflicht für Ehegatten und sonstige Partner des Leistungsberechtigten (Abs. 4)

34 **1. Voraussetzungen. a) Anrechnung von Einkommen oder Vermögen des Partners.** Die Auskunftspflicht nach Abs. 4 besteht nur bei bedürftigkeitsabhängigen Leistungen, bei denen Einkommen oder Vermögen der genannten Personen zu berücksichtigen sind.

35 **b) Auskunftspflichtige Person.** Auskunftspflichtig sind Partner, also der nicht getrennt lebende Ehegatte, der nicht getrennt lebende Lebenspartner und der Partner einer Bedarfsgemeinschaft (s. § 7 Rn. 12 ff.).

36 **Dritte,** die ein **Guthaben** der genannten Angehörigen **führen** oder deren **Vermögensgegenstände verwahren**, sind insbesondere Bankinstitute.

37 **c) Verlangen des SGB II-Trägers.** Bezüglich der Anforderungen an das Verlangen der AA bzw. des zugelassenen kommunalen Trägers s. oben § 57 Rn. 4.

38 **d) Erforderlichkeit der Auskünfte.** Die Auskünfte sind nicht erforderlich, wenn der Anspruch auf die Leistung bereits aus anderen

Gründen ausgeschlossen ist oder der SGB II-Träger anderweitig Kenntnis von den auskunftspflichtigen Tatsachen hat.

2. Rechtsfolge. Liegen die genannten Voraussetzungen vor, sind **39** die in Abs. 5 S. 1 aufgezählten Personen zur Auskunft verpflichtet.

Aus dem Verweis in Abs. 4 S. 2 auf § 21 Abs. 3 S. 4 SGB X folgt, dass **40** der SGB II-Träger zum **Ersatz von Aufwendungen** nach dem Justizkostenvergütungs- und -entschädigungsgesetz **verpflichtet** ist.

VI. Rechtsfolgen eines Verstoßes gegen die Auskunftspflichten nach Abs. 1 – Abs. 4

Die Auskunftspflichten nach den Abs. 1 – Abs. 4 sind öffentlich- **41** rechtliche Pflichten der Auskunftspflichtigen gegenüber dem SGB II-Träger. Kommen sie ihrer Verpflichtung nicht nach, kann der SGB II-Träger diese mit Mitteln des **Verwaltungszwangs** nach dem VwVG durchsetzen. Der vorsätzliche oder fahrlässige Verstoß gegen die Auskunftspflichten der Abs. 1, 3 S. 1, 3 und 4 ist ferner eine **Ordnungswidrigkeit** nach § 63 Abs. 1 Nr. 4, die mit einer Geldbuße bis zu 2.000 Euro bei vorsätzlichem und 1.000 Euro bei fahrlässigem Handeln geahndet werden kann (§ 63 Abs. 2). Schließlich können zugunsten des Trägers der Grundsicherung **Schadensersatzansprüche** nach § 62 Nr. 2 bestehen (s. § 62 Rn. 16 ff.).

VII. Einsicht von Geschäftsunterlagen (Abs. 5)

1. Voraussetzungen. a) Antrag oder Bezug einer Leistung nach **42** **dem SGB II.** Der SGB II-Träger ist nach Abs. 5 nur bei Arbeitgebern von Antragstellern, Beziehern oder früheren Beziehern von Leistungen nach dem SGB II zur Einsicht in die Geschäftsunterlagen berechtigt. Unerheblich ist die Leistungsart, insbesondere, ob es sich um eine laufende Leistung handelt.

b) Beschäftigung des Leistungsberechtigten. Die Verpflichtung **43** aus Abs. 5 besteht nur, wenn der Leistungsberechtigte eine Beschäftigung ausübt. Eine **Beschäftigung** ist die nichtselbständige Arbeit, insbesondere in einem Arbeitsverhältnis (§ 7 Abs. 1 S. 1 SGB IV). Anhaltspunkte für eine Beschäftigung ergeben sich insbesondere aus der Weisungsgebundenheit bezüglich Zeit, Ort und Art der Arbeit sowie der Eingliederung in die Arbeitsorganisation des Weisungsgebers (§ 7 Abs. 1 S. 2 SGB IV).

c) Erforderlichkeit. Erforderlich ist die Einsicht in die Geschäfts- **44** unterlagen insbesondere, wenn die Unterlagen Daten enthalten können, die für die Beurteilung der Voraussetzungen oder der Höhe des Anspruchs auf Leistung nach dem SGB II von Bedeutung sein können.

Nicht erforderlich ist sie, wenn der SGB II-Träger bereits – etwa durch vorliegende Entgeltabrechnungen – Kenntnis von den maßgebenden Tatsachen hat. Nicht erforderlich ist die Einsicht ferner, wenn der Leistungsanspruch bereits aus anderen Gründen ausscheidet.

45   **d) Zugehörigkeit zum verpflichteten Personenkreis.** Verpflichteter nach Abs. 5 S. 1 ist der Arbeitgeber des Leistungsberechtigten.

46   **e) Verlangen des SGB II-Trägers.** Ein Verlangen des SGB II-Trägers ist nicht erforderlich. Allein aus Praktikabilitätsgründen wird in aller Regel ein entsprechendes Verlangen vorausgehen.

47   **2. Rechtsfolge.** Liegen die genannten Voraussetzungen vor, **muss** der Arbeitgeber **Einsicht** in die in Abs. 1 S. 1 bezeichneten Unterlagen **gewähren.**

48   **Unterlagen** i. S. v. Abs. 5 sind Lohnunterlagen, Geschäftsbücher, die Geschäftsunterlagen und Belege sowie Listen, Entgeltverzeichnisse und Entgeltbelege.

49   Das **Einsichtsrecht** nach Abs. 5 beinhaltet lediglich das Einsehen, das Prüfen und das Anfertigen von Notizen und Abschriften durch die Bediensteten des SGB II-Trägers beim Arbeitgeber. Ein Recht auf Fotokopien, auf Übersendung oder auf Mitnahme der Unterlagen ist Abs. 5 nicht zu entnehmen. Zur Erstellung von Listen und ähnlichem ist der Arbeitgeber nicht verpflichtet. Im Hinblick auf den Datenschutz ist zweifelhaft, ob der Arbeitgeber berechtigt ist, dem SGB II-Träger die Unterlagen zu überlassen (vgl. zur entsprechenden Rechtslage nach § 319 SGB III abl. *Gagel* § 319 Rn. 7, GK-SGB III § 319 Rn. 4; bej. dagegen *Niesel* § 319 Rn. 5).

50   Dem Arbeitgeber steht **kein Entschädigungsanspruch** für die durch die Einsichtnahme entstandenen Kosten (z. B. Personalkosten) zu (vgl. zur entsprechenden Rechtslage nach § 144 AFG *BSG* 18. 5. 1995 SozR 3-4100 § 144 Nr. 1).

51   **3. Folgen eines Verstoßes gegen Abs. 5.** Die Ermöglichung der Einsicht der Geschäftsunterlagen durch Mitarbeiter des SGB II-Trägers ist eine öffentlich-rechtliche Verpflichtung des Arbeitgebers. Lässt der Arbeitgeber den SGB II-Träger die Geschäftsunterlagen nicht einsehen, kann er das Einsichtsrecht ggfs. mit Mitteln des **Verwaltungszwangs** nach dem VwVG durchsetzen. Ein vorsätzlicher oder fahrlässiger Verstoß gegen Abs. 5 ist eine **Ordnungswidrigkeit** (§ 63 Abs. 1 Nr. 5), die mit einer Geldbuße bis zu 2000 € bei vorsätzlichem und bis zu 1000 € bei fahrlässigem Handeln geahndet werden kann (§ 63 Abs. 2). Keine Ordnungswidrigkeit liegt vor, wenn Rechtsmittel aufschiebende Wirkung haben oder einstweiliger Rechtsschutz gewährt wurde (vgl. zur entsprechenden Rechtslage nach dem SGB III *Gagel* § 319 Rn. 9).

Auskunftspflichten bei Leistungen zur Eingliederung in Arbeit

61 (1) [1]Träger, die eine Leistung zur Eingliederung in Arbeit erbracht haben oder erbringen, haben der Agentur für Arbeit unverzüglich Auskünfte über Tatsachen zu erteilen, die Aufschluss darüber geben, ob und inwieweit Leistungen zu Recht erbracht worden sind oder werden. [2]Sie haben Änderungen, die für die Leistungen erheblich sind, unverzüglich der Agentur für Arbeit mitzuteilen.

(2) [1]Die Teilnehmer an Maßnahmen zur Eingliederung sind verpflichtet,

1. der Agentur für Arbeit auf Verlangen Auskunft über den Eingliederungserfolg der Maßnahme sowie alle weiteren Auskünfte zu erteilen, die zur Qualitätsprüfung benötigt werden, und

2. eine Beurteilung ihrer Leistung und ihres Verhaltens durch den Maßnahmeträger zuzulassen.

[2]Die Maßnahmeträger sind verpflichtet, ihre Beurteilungen des Teilnehmers unverzüglich der Agentur für Arbeit zu übermitteln.

I. Allgemeines

§ 61 soll die Rechtmäßigkeit der Leistungserbringung sicherstellen. **1** Außerdem sollen die SGB II-Träger die Möglichkeit erhalten, die Eingliederung in Arbeit aktiv zu begleiten und ggfs. rechtzeitig zu intervenieren (vgl. *Herold-Tews* in: Löns/Herold-Tews § 61 Rn. 1). Abs. 1 verpflichtet Träger von Leistungen zur Eingliederung in Arbeit, dem SGB II-Träger leistungserhebliche Tatsachen mitzuteilen und leistungserhebliche Änderungen anzuzeigen (s. Rn. 2 ff.). Abs. 2 S. 1 verpflichtet die Maßnahmeteilnehmer zur Auskunft gegenüber dem SGB II-Träger (s. Rn. 14 ff.). Abs. 2 S. 2 verpflichtet die Maßnahmeträger zur unverzüglichen Übermittlung von Teilnehmerbeurteilungen (s. Rn. 19 ff.). § 61 dient der Verwaltungsvereinfachung. Ferner soll die Kontrolle der Angaben des Leistungsberechtigten ermöglicht werden. **Zugelassene kommunale Träger** (§ 6 b) treten an die Stelle der AA, dürfen also selbst die Leistungsbezieher zur Auskunft auffordern.

II. Mitteilungs- und Anzeigepflichten der Maßnahmeträger (Abs. 1 S. 1)

1. Voraussetzungen. a) Träger einer Maßnahme zur Eingliederung in Arbeit. Mitteilungs- und anzeigepflichtig nach Abs. 1 S. 1 **2** sind nur Träger von Maßnahmen zur Eingliederung in Arbeit (näher dazu die Kommentierung zu § 17), die gegenwärtig eine Maßnahme erbringen oder in der Vergangenheit erbracht haben.

b) Leistungserhebliche Tatsachen. Leistungserheblich sind die **3** Tatsachen, wenn sie sich auf die Voraussetzungen oder die Höhe von

Leistungen nach dem SGB II auswirken. Unerheblich ist, ob es sich um Leistungen zur Eingliederung zur Arbeit oder um Leistungen zur Sicherung des Lebensunterhalts handelt. Auf die Leistungen nach dem SGB II können sich z. B. Fehlzeiten des Teilnehmers, Unterrichtsausfall und Nebeneinkommen des Teilnehmers auswirken.

4 **2. Rechtsfolge.** Liegen die genannten Voraussetzungen vor, ist der Träger der Eingliederungsmaßnahme zur unverzüglichen Auskunft über die leistungserheblichen Tatsachen **verpflichtet**. Eine Aufforderung hierzu ist nach dem eindeutigen Gesetzeswortlaut nicht erforderlich. Die Verpflichtung entfällt nur, wenn dem SGB II-Träger die betroffenen Tatsachen bereits bekannt sind (vgl. zur entsprechenden Rechtslage nach dem SGB III *Gagel* § 318 Rn. 1; a. A. BSG 12. 2. 1980 SozR 4100 § 152 Nr. 10).

5 **Unverzüglich** bedeutet ohne schuldhaftes Zögern (s. § 121 BGB). Nicht schuldhaft ist das Zögern, wenn die mitzuteilende Tatsache nicht bekannt ist oder wenn der Träger die Bedeutung der Tatsache für die Leistung nicht erkannt hat (vgl. zur entsprechenden arbeitsförderungsrechtlichen Rechtslage *BSG* E 28 (33)).

6 Mitzuteilen sind nur **Tatsachen**.

7 **3. Folgen eines Verstoßes gegen Abs. 1 S. 1.** Die Auskunftspflicht des Maßnahmeträgers nach Abs. 1 S. 1 ist eine öffentlich-rechtliche Verpflichtung gegenüber dem SGB II-Träger. Kommt der Träger seiner Verpflichtung nicht nach, kann der SGB II-Träger sie ggfs. mit Mitteln des **Verwaltungszwangs** nach dem VwVG durchsetzen. Ein vorsätzlicher oder fahrlässiger Verstoß gegen die Auskunftspflicht nach Abs. 1 S. 1 ist eine **Ordnungswidrigkeit** (§ 63 Abs. 1 Nr. 4), die bei vorsätzlichem Handeln mit einer Geldbuße bis zu 2.000 Euro, bei fahrlässigem Handeln bis zu 1.000 Euro geahndet werden kann (§ 63 Abs. 2).

III. Pflicht zur Mitteilung leistungserheblicher Änderungen (Abs. 1 S. 2)

8 **1. Voraussetzungen. a) Träger einer Maßnahme zur Eingliederung in Arbeit.** (s. Rn. 3)

9 **b) Leistungserhebliche Änderung.** Eine **Änderung** liegt vor, wenn sich von der dem SGB II-Träger vorliegenden Tatsachenlage nachträglich Abweichungen ergeben haben.

10 **Leistungserheblich** ist die Änderung, wenn sie bezüglich der Voraussetzungen oder der Höhe einer Leistung nach dem SGB II zu einer anderen Beurteilung – Minderung oder Wegfall der Leistung – führt. Leistungserhebliche Änderungen sind z. B. Fehlzeiten bei Bildungsteilnehmern.

11 **2. Rechtsfolge.** Liegen die genannten Voraussetzungen vor, ist der Maßnahmeträger zur unverzüglichen Mitteilung der Änderung ver-

pflichtet. Eine Aufforderung des SGB II-Trägers ist nicht erforderlich. Die Verpflichtung entfällt nur, wenn dem SGB II-Träger die betroffenen Tatsachen bereits bekannt sind.

Unverzüglich bedeutet ohne schuldhaftes Zögern (s. § 121 BGB). **12** Nicht schuldhaft ist das Zögern, wenn die mitzuteilende Tatsache dem Träger nicht bekannt ist oder wenn er die Bedeutung der Tatsache für die Leistung nicht erkannt hat (vgl. zur entsprechenden Rechtslage nach dem SGB III *BSG* E 28 (33)).

3. Folgen eines Verstoßes gegen die Anzeigepflicht nach Abs. 1 **13** **S. 2.** Ein Verstoß gegen die Anzeigepflicht nach § 61 Abs. 1 S. 2 hat weder eine Schadensersatzpflicht nach § 62 noch eine Geldbuße zur Folge.

IV. Auskunftspflicht der Teilnehmer an einer Maßnahme (Abs. 2 S. 1 Nr. 1)

1. Voraussetzungen. a) Förderung in einer Maßnahme nach **14** **Abs. 1 S. 1.** Auskunftspflichtig sind nach dem SGB II geförderte Teilnehmer an einer Maßnahme der beruflichen Eingliederung.

b) Verlangen des SGB II-Trägers. Die Auskunftspflicht nach **15** Abs. 2 S. 1 Nr. 1 setzt ein entsprechendes Verlangen des SGB II-Trägers voraus. Näher zu den Anforderungen an ein Verlangen s. § 57 Rn. 4.

c) Zulässiger Gegenstand der Auskunft. Die Auskunftspflicht **16** besteht bezüglich des Eingliederungserfolges und der Qualität der Eingliederungsmaßnahme.

2. Rechtsfolgen. Liegen die genannten Voraussetzungen vor, ist **17** der Teilnehmer an der Maßnahme zur beruflichen Eingliederung verpflichtet, dem SGB II-Träger die verlangten Auskünfte zu geben. Eine bestimmte Form ist hierfür nicht vorgesehen.

3. Folgen eines Verstoßes gegen die Auskunftspflicht. Die Aus- **18** kunftspflicht nach Abs. 2 S. 1 Nr. 1 ist die öffentlich-rechtliche Verpflichtung des Maßnahmeteilnehmers gegenüber der AA. Kommt er seiner Verpflichtung nicht nach, kann der SGB II-Träger die Auskunftspflicht ggfs. mit Mitteln des **Verwaltungszwangs** nach dem VwVG (vor allem Festsetzung eines Zwangsgeldes) durchsetzen. Die Festsetzung einer Geldbuße ist dagegen nicht zulässig, da § 63 Abs. 1 Nr. 4 nur auf Abs. 1 S. 1, nicht aber auf Abs. 2 Bezug nimmt. Auch die Geltendmachung von Schadensersatz scheidet aus. § 61 wird in § 62 nicht erwähnt; Schadensersatzansprüche aus den §§ 823 ff. BGB werden durch die abschließende Regelung in § 62 ausgeschlossen.

V. Pflicht zur Zulassung einer Beurteilung des Trägers (Abs. 2 S. 1 Nr. 2)

19   **1. Voraussetzungen.** Zur Ermöglichung der Beurteilung durch den Träger sind nur **Teilnehmer** an einer Maßnahme zur Eingliederung in Arbeit verpflichtet.

20   **2. Rechtsfolge.** Abs. 2 S. 1 Nr. 2 **verpflichtet** die Teilnehmer an Maßnahmen zur Eingliederung in Arbeit zur Zulassung ihrer Beurteilung durch den Maßnahmeträger. Mit der Vorschrift soll insbesondere eine Grundlage zur Datenerhebung und Weitergabe der Daten an den Leistungsträger geschaffen werden (so zur entsprechenden Regelung in § 318 SGB III *Gagel* § 318 Rn. 4).

VI. Verpflichtung der Maßnahmeträger zur Übermittlung der Beurteilung (Abs. 2 S. 2)

21   Die Maßnahmeträger sind verpflichtet, die Beurteilung des Maßnahmeteilnehmers unverzüglich an die BA weiterzuleiten.

Schadensersatz

62   Wer vorsätzlich oder fahrlässig
1. eine Einkommensbescheinigung nicht, nicht richtig oder nicht vollständig ausfüllt,
2. eine Auskunft nach § 57 oder § 60 nicht, nicht richtig oder nicht vollständig erteilt,
ist zum Ersatz des daraus entstehenden Schadens verpflichtet.

I. Allgemeines

1   § 62 enthält mehrere Schadensersatztatbestände zugunsten der SGB II-Träger. Die Vorschrift bezweckt, die durch fehlerhafte Bescheinigung und Auskünfte sowie unzureichende Mitwirkung der Arbeitgeber verursachten Schäden der SGB II-Träger auszugleichen. Demgegenüber bezweckt § 62 nicht die Bestrafung oder die Erziehung der Auskunfts- und Bescheinigungspflichtigen (vgl. zur entsprechenden Regelung in § 145 AFG *BSG* SozR 4100 145 Nr. 1).

2   **Verhältnis zu anderen Vorschriften:** Die Schadensersatztatbestände werden in § 62 abschließend aufgezählt. Die Verletzung anderer in § 62 nicht aufgezählter Pflichten (z. B. § 98 Abs. 5 SGB X) begründet keinen Schadensersatzanspruch der SGB II-Träger. Die §§ 823 Abs. 2, 826 BGB sind neben § 62 nicht anwendbar (vgl. zur entspre-

chenden Rechtslage nach dem AFG *BSG* SozR 3-4100 § 155 Nr. 1 –
zur Verletzung von Mitwirkungspflichten nach § 66 SGB I).

Der Arbeitgeber kann den einem SGB II-Träger gezahlten Scha- **3**
densersatz **nicht vom Arbeitnehmer zurückfordern.** Dies hätte
eine Umgehung von § 45 SGB X zur Folge.

Nicht in § 62 geregelt sind Schadensersatzansprüche **gegen** den **4**
Leistungsberechtigten. Ein Schadensersatzanspruch gegenüber diesem kann sich ggfs. aus der Eingliederungsvereinbarung ergeben (s.
§ 15 Rn. 1 ff.). Ferner sind ggfs. Ersatzansprüche nach § 34 denkbar (s.
§ 34 Rn. 1 ff.). Der Arbeitnehmer kann demgegenüber Schadensersatzansprüche gegen den Arbeitgeber haben, wenn er infolge der fehlerhaften Bescheinigung oder Auskunft geringere oder keine Leistungen
des SGB II-Trägers erhält. Hat er keine Rechtsmittel gegen die Entscheidung des SGB II-Trägers über seine Leistung eingelegt, kann
allerdings Verschulden vorliegen, das zu einer Herabsetzung des Scha-
densersatzanspruches führen kann.

II. Schadensersatz bei fehlerhaftem Ausfüllen einer Einkommensbescheinigung (Nr. 1)

1. Voraussetzungen. a) Bestehen einer Bescheinigungspflicht **5**
nach § 58. Schadensersatzansprüche nach Nr. 1 setzt voraus, dass eine
Verpflichtung zur Bescheinigung nach § 58 (näher dazu die Kommentierung zu § 58) besteht. Werden Umstände falsch oder unvollständig
bescheinigt, die nicht bescheinigt werden mussten – z. B. weil diese
nicht erheblich sind – besteht keine Schadensersatzpflicht.

b) Verstoß gegen die Bescheinigungspflicht. Die Schadenser- **6**
satzpflicht nach § 62 Nr. 1 besteht nur, wenn man die Einkommensbescheinigung nach § 58 nicht, nicht richtig oder nicht vollständig ausgefüllt
wurde. **Unrichtig** ist die Bescheinigung ausgefüllt, wenn eindeutige
Fragen falsch beantwortet sind. Schadensersatzpflichtig macht sich der
Verpflichtete aber nur, wenn er **Tatsachen** falsch angibt. Bei fehlerhafter rechtlicher Bewertung muss er keinen Schadensersatz zahlen, selbst
wenn die rechtliche Bewertung auf Grund der von dem SGB II-Träger
beigefügten Erläuterungen ohne weiteres möglich gewesen wäre (so
zur entsprechenden Rechtslage nach dem AFG BSG SozR 3-4100
§ 145 Nr. 4). **Unvollständig** ist die Bescheinigung, wenn die in § 58
geforderten Angaben ganz oder teilweise fehlen (vgl. zur entsprechenden Rechtslage nach dem SGB III GK-SGB III § 321 Rn. 6). Probleme
können bei missverständlichen oder unklaren Fragen des SGB II-Trägers bestehen (vgl. *Gagel* § 312 Rn. 40 ff.). Bei **verspäteter Erstellung**
der Bescheinigung besteht keine Schadensersatzpflicht.

c) Verschulden. Die Schadensersatzpflicht nach § 62 Nr. 1 setzt vor- **7**
sätzliches oder fahrlässiges Verhalten voraus. Schuldhaft handeln kön-

nen nur **verschuldensfähige Personen**. Insoweit gelten die §§ 827 f.
BGB entsprechend. **Fahrlässig** handelt, wer die im Verkehr erforderliche Sorgfalt außer Acht lässt (§ 276 Abs. 1 S. 2 BGB). Fahrlässig ist
z. B. wenn Hinweise in einem Vordruck nicht gelesen oder beachtet
werden (vgl. *BSG* SozR 4100 § 145 Nr. 3). Leichte Fahrlässigkeit ist
ausreichend. Kein Verschulden liegt vor, wenn das Formular des SGB
II-Trägers Mängel hat oder die Erläuterungen des Formulars fehlerhaft
sind. Dasselbe gilt, wenn der SGB II-Träger unzulässige Fragen in seinem Formular verwendet (vgl. *BSG* SozR 11. 1. 1989 SozR 3-4100
§ 145 Nr. 4) oder überflüssige Angaben macht (vgl. BSG 30. 1. 1990
SozR 3-4100 § 145 Nr. 1; *Gagel* § 321 Rn. 8).

8   Verschulden eines **Erfüllungsgehilfen** wird dem Arbeitgeber nach
§ 278 BGB zugerechnet (vgl. *BSG* SozR 4100 § 145 Nr. 2 und 3). Eine
Exkulpation des Arbeitgebers wegen sorgfältiger Auswahl und Anlei-
tung des Erfüllungsgehilfen ist nicht möglich, da § 831 BGB nicht zur
Anwendung kommt (vgl. BSG SozR 4100 § 145 Nr. 2).

9   **2. Rechtsfolge. a) Verpflichtung zum Schadensersatz.** Liegen
die genannten Voraussetzungen vor, hat der SGB II-Träger einen Schadensersatzanspruch gegen den Verursacher des Schadens.

10   I. d. R. wird der **Schaden** in Höhe der zu viel ausgezahlten Sozialleistungen bestehen. Nicht zum Schaden gehören die **Verwaltungskosten** (vgl. KassHB § 32 Rn. 77; vgl. *Niesel* § 321 Rn. 14; differenzie-
rend GK-SGB III § 321 Rn. 11).

11   Der Schaden muss durch eine Pflichtverletzung **verursacht** worden
sein. Dies ist z. B. nicht der Fall, wenn der Träger der Grundsicherung
die Überzahlung rückgängig machen kann (vgl. zur entsprechenden
Regelung in § 145 AFG BSG SozR 4100 § 145 Nr. 2).

12   **b) Keine Verzinsung.** Der Schaden ist mangels entsprechender Regelung nicht zu verzinsen (vgl. zur entsprechenden Regelung im Arbeitsförderungsrecht *BSG* SozR 7610 § 291 Nr. 1; BSG SozR 2200 § 27
Nr. 3; *BSG* SozR 3-4100 § 145 Nr. 1; *BSG* SozR 2100 § 27 Nr. 3).

13   **c) Schadensminderungspflicht des SGB II-Trägers und Mitverschulden.** Der Träger der Grundsicherung ist zur **Schadensmin-
derung** verpflichtet (vgl. zur entsprechenden Regelung in § 145 AFG
BSG SozR 3-4100 § 145 Nr. 1). Insbesondere ist er verpflichtet, Erstattung zu viel geleisteter Sozialleistungen nach § 50 SGB X geltend zu
machen (vgl. BSG SozR 4100 § 145 Nr. 3), soweit dies Aussicht auf Erfolg hat, und offensichtliche Unstimmigkeiten aufzuklären.

14   **Mitverschulden** – z. B. die ungeprüfte Übernahme zweifelhafter
Angaben (vgl. Herold-Tews in: *Löns/Herold-Tews* § 62 Rn. 3) – muss
sich der SGB II-Träger zurechnen lassen (§ 254 Abs. 2 BGB).

15   **d) Verjährung.** Der Schadensersatzanspruch verjährt in **3 Jahren**
ab dem Zeitpunkt, zu dem dem SGB II-Träger der Schaden und die
Person des Ersatzpflichtigen bekannt ist (§§ 195, 199 Abs. 1 BGB; so das
BSG zur entsprechenden Rechtslage nach § 145 AFG *SozR* 3-4100

§ 145 Nr. 3). Die Verjährungsfrist beginnt mit Ablauf des Jahres, in dem der SGB II-Träger Kenntnis von dem Schaden der/des Ersatzpflichtigen erlangte oder erlangen musste. Ungeachtet der Kenntnis verjährt der Anspruch in **10 Jahren** ab Entstehung des Anspruches (§ 199 Abs. 3 Nr. 1 BGB). Die Höchstverjährungsfrist beträgt **30 Jahre** von der Begehung der Handlung an (§ 199 Abs. 3 Nr. 2 BGB). Der Lauf der Verjährungsfrist wird durch den Verwaltungsakt, mit dem der Anspruch geltend gemacht wird, gehemmt (§ 52 SGB X; vgl. *BSG* SozR 4100 § 145 Nr. 3).

III. Schadensersatz bei Verstoß gegen Auskunftspflichten (Nr. 2)

1. Voraussetzungen. a) Bestehen der Auskunftspflicht nach 16 § 57 oder 60. Der Schadensersatzanspruch aus Nr. 2 setzt voraus, dass der in Anspruch Genommene nach § 57 (s. die Kommentierung zu § 57) oder nach § 60 (s. die Kommentierung zu § 60) auskunftspflichtig ist.

b) Verstoß gegen die Auskunftspflicht. Schadensersatzpflichtig 17 nach Nr. 2 ist nur, wer die Auskunft nicht, nicht richtig oder nicht vollständig erteilt (vgl. insoweit die obigen Ausführungen zu den §§ 57, 60).

c) Verschulden. Auch insoweit gilt das oben Gesagte entsprechend 18 (vgl. Rn. 8 f.).

3. Rechtsfolgen. Bezüglich der Rechtsfolgen gilt das oben Gesagte 19 entsprechend (s. Rn. 10 ff.)

IV. Verfahren

Der Schadensersatzanspruch ist durch **Verwaltungsakt** geltend zu 20 machen (vgl. zur entsprechenden Rechtslage nach § 145 AFG *BSG* SozR 3-4100 § 145 Nr. 1).

Für die Geltendmachung der Schadensersatzforderungen ist der 21 Rechtsweg zu den **Sozialgerichten** gegeben (vgl. zur entsprechenden Rechtslage nach § 145 AFG *BSG* SozR § 145 Nr. 1 und 3; *BSG* SozR 3-4100 § 145 Nr. 1 und 3).

Kapitel 9. Bußgeldvorschriften

Bußgeldvorschriften

63 (1) Ordnungswidrig handelt, wer vorsätzlich oder fahrlässig
1. entgegen § 57 Satz 1 eine Auskunft nicht, nicht richtig, nicht vollständig oder nicht rechtzeitig erteilt,
2. entgegen § 58 Abs. 1 Satz 1 oder 3 Art oder Dauer der Erwerbstätigkeit oder die Höhe des Arbeitsentgelts oder der Vergütung nicht, nicht richtig, nicht vollständig oder nicht rechtzeitig bescheinigt oder eine Bescheinigung nicht oder nicht rechtzeitig aushändigt,
3. entgegen § 58 Abs. 2 einen Vordruck nicht oder nicht rechtzeitig vorlegt,
4. entgegen § 60 Abs. 1, 2 Satz 1, Abs. 3 oder 4 Satz 1 oder als privater Träger entgegen § 61 Abs. 1 Satz 1 eine Auskunft nicht, nicht richtig, nicht vollständig oder nicht rechtzeitig erteilt,
5. entgegen § 60 Abs. 5 Einsicht nicht oder nicht rechtzeitig gewährt oder
6. entgegen § 60 Abs. 1 Satz 1 Nr. 2 des Ersten Buches eine Änderung in den Verhältnissen, die für einen Anspruch auf eine laufende Leistung erheblich ist, nicht, nicht richtig, nicht vollständig oder nicht rechtzeitig mitteilt.

(2) Die Ordnungswidrigkeit kann in den Fällen des Absatzes 1 Nr. 6 mit einer Geldbuße bis zu fünftausend Euro, in den übrigen Fällen mit einer Geldbuße bis zu zweitausend Euro geahndet werden.

I. Allgemeines zum Ordnungswidrigkeitenrecht

1   § 63 legt in Abs. 1 einzelne Bußgeldtatbestände und in Abs. 2 die Höhe der Geldbuße fest. Im Übrigen gelten die allgemeinen Regelungen zum Ordnungswidrigkeitenrecht des **OWiG:**
– Ein Verhalten darf nur als Ordnungswidrigkeit verfolgt und geahndet werden, wenn es bereits vor seiner Begehung gesetzlich als Ordnungswidrigkeit eingestuft war (§ 3 OWiG; **nulla poena sine lege**).
– Der **Aufbau eines Bußgeldtatbestandes** entspricht dem eines Straftatbestandes des StGB. Zunächst ist zu klären, ob das zu ahndende Verhalten objektiv und subjektiv den **Tatbestand** der einschlägigen Ordnungswidrigkeit erfüllt. Bei **unechten Unterlassungsordnungswidrigkeiten** muss der Täter eine Garantenpflicht dafür haben, dass der tatbestandliche Erfolg nicht eintritt (§ 8

OWiG). Der subjektive Tatbestand ist erfüllt, wenn der Täter vorsätzlich oder fahrlässig handelte. Nicht vorsätzlich handelt ein Täter, wenn er sich in einem sog. **Tatbestandsirrtum** befindet (§ 11 Abs. 1 OWiG). **Fahrlässig** kann eine Ordnungswidrigkeit nur begangen werden, wenn dies ausdrücklich gesetzlich vorgesehen ist (§ 10 OWiG). Fehlt ein entsprechender gesetzlicher Hinweis, kann die Ordnungswidrigkeit nur vorsätzlich begangen werden. In einem zweiten Prüfungsschritt ist die **Rechtswidrigkeit** zu prüfen, d. h. vor allem das Vorliegen von Rechtfertigungsgründen wie etwa Notwehr oder Notstand. In einem dritten Prüfungsschritt ist schließlich zu klären, ob der Täter **schuldhaft** gehandelt hat. Der Täter muss **schuldfähig** sein (§ 11 OWiG) und er darf sich nicht in – vermeidbarem – **Verbotsirrtum** befinden. Unvermeidbar ist ein Verbotsirrtum, wenn er zuvor vom SGB II-Träger falsch informiert wurde.

– Der **Versuch** einer vorsätzlichen Ordnungswidrigkeit kann nur geahndet werden, wenn dies ausdrücklich gesetzlich angeordnet ist (§ 13 Abs. 2 OWiG). Die Ahndung des Versuchs setzt voraus, dass der Täter nach seiner Vorstellung unmittelbar zur Begehung der Ordnungswidrigkeit angesetzt hat (§ 13 Abs. 1 OWiG).

– **Beteiligen** sich mehrere an der Ordnungswidrigkeit, handelt jeder ordnungswidrig (§ 14 OWiG). Anders als das Strafrecht unterscheidet das Ordnungswidrigkeitenrecht nicht zwischen unmittelbarer und mittelbarer Täterschaft, Anstiftung und Beihilfe. Voraussetzung der Ahndung eines Beteiligten ist, dass dieser den Tatbestand rechtswidrig verwirklicht hat (§ 14 Abs. 2 OWiG).

– Begeht ein Vertreter einer juristischen Person oder einer rechtsfähigen Personengesellschaft bei der Wahrnehmung seiner Aufgaben eine Straftat oder eine Ordnungswidrigkeit, durch die Pflichten der **juristischen Person** oder **rechtsfähigen Personengesellschaft** verletzt wurden oder die juristische Person bereichert wurde oder werden sollte, kann gegen die juristische Person eine Geldbuße bei vorsätzlichem Handeln bis zu 1.000.000 Euro und bei fahrlässigem Handeln bis zu 500.000 Euro festgesetzt werden (§ 30 OWiG).

– Ein **Inhaber** eines privaten oder öffentlichen **Betriebs** oder **Unternehmens**, der vorsätzlich oder fahrlässig die zur Verhinderung von Zuwiderhandlungen gegen mit Strafe oder Geldbuße bedrohten Pflichten erforderlichen Aufsichtsmaßnahmen unterlässt, handelt ordnungswidrig, wenn die Zuwiderhandlung durch gehörige Aufsicht verhindert oder wesentlich erschwert worden wäre (§ 130 OWiG). Zu den erforderlichen Aufsichtsmaßnahmen gehören auch die Bestellung, sorgfältige Auswahl und Überwachung von Aufsichtspersonen (§ 130 Abs. 1 OWiG). Die Ordnungswidrigkeit kann bei strafbarem Verhalten mit einer Geldbuße bis zu 1.000.000 Euro und bei ordnungswidrigem Handeln entsprechend dem Höchstmaß der für die Ordnungswidrigkeit angedrohten Geldbuße geahndet werden (§ 130 Abs. 3 OWiG).

– Die Verfolgung und Ahndung einer Ordnungswidrigkeit ist ausgeschlossen, wenn sie **verjährt** ist. Die Dauer der Verfolgungsverjährungsfrist ist von der angedrohten Geldbuße abhängig und beträgt maximal 3 Jahre (§ 31 OWiG). Da fahrlässig begangene Ordnungswidrigkeiten nur mit der halben Geldbuße bedroht sind, kann die Verfolgungsverjährungsfrist bei diesen kürzer sein. Die Verfolgungsverjährungsfrist wird insbesondere durch die Einleitung des Bußgeldverfahrens unterbrochen mit der Folge, dass sie von neuem zu laufen beginnt.

– **Wenn gesetzlich nichts anderes bestimmt ist, beträgt die Geldbuße zwischen** 5 Euro und 1.000 Euro (§ 17 Abs. 1 OWiG). Bei fahrlässig begangenen Ordnungswidrigkeiten ist die angedrohte Geldbuße halbiert (§ 17 Abs. 2 OWiG). Für die Bußgeldtatbestände des Abs. 1 wird die Höhe der Geldbuße in Abs. 2 festgelegt. Zusätzlich zur Geldbuße soll der SGB II-Träger den durch die Ordnungswidrigkeit erlangten Vermögensvorteil abschöpfen (§ 17 Abs. 4 OWiG).

– Leichtere Verstöße können durch eine **Verwarnung** mit oder ohne Verwarnungsgeld geahndet werden (§ 56 OWiG). Die Verwarnung wird wirksam, wenn der Betroffene nach entsprechender Belehrung einverstanden ist und fristgemäß das Verwarnungsgeld zahlt. Ansonsten wird das Bußgeldverfahren durchgeführt und ggfs. ein Bußgeldbescheid erlassen.

– Für das **Bußgeldverfahren** enthält § 64 Abs. 2 **SGB II-spezifische Regelungen** bezüglich der sachlichen Zuständigkeit, der Kostenlast für das Verfahren und der Einziehung der Geldbußen. Im Übrigen gilt das OWiG und die Strafprozessordnung für das Bußgeldverfahren. Das SGB X ist nicht anwendbar (§ 1 Abs. 2 SGB X).

– Die Verfolgung der Ordnungswidrigkeit steht im pflichtgemäßen Ermessen des Trägers (§ 47 OWiG; sog. **Opportunitätsprinzip**).

– Stellt sich im Ermittlungsverfahren heraus, dass Anhaltspunkte für eine Straftat bestehen, ist der Grundsicherungsträger **verpflichtet**, das Verfahren an die **Staatsanwaltschaft abzugeben** (§ 41 OWiG). Ein einfacher Anfangsverdacht – z. B. auf Grund einer falschen Angabe des Zeitpunkts der Aufnahme einer Arbeit durch einen Bezieher von Arbeitslosengeld II – ist ausreichend. Ermessen bezüglich der Abgabe des Verfahrens steht dem SGB II-Träger im Rahmen eines Bußgeldverfahrens nicht zu. Die Strafanzeige steht nur im Ermessen des SGB II-Trägers, wenn sich der Straftatverdacht auf Handlungen bezieht, die nicht als Ordnungswidrigkeit eingestuft sind, z. B. die durch § 63 Abs. 1 Nr. 6 nicht erfasste Falschangabe über eine Nebenbeschäftigung im Leistungsantrag.

- Bestätigt sich der Verdacht einer Ordnungswidrigkeit im Bußgeldverfahren nicht, wird das Verfahren **eingestellt**, ansonsten erfolgt eine **Ahndung** mit einer Verwarnung oder einer Geldbuße.
- Gegen den Bußgeldbescheid kann der Betroffene innerhalb von 2 Wochen nach Zustellung beim SGB II-Träger, der den Bußgeldbescheid erlassen hat, **Einspruch** einlegen (§ 67 OWiG).
- In einem **Zwischenverfahren** hat der SGB II-Träger zunächst die Zulässigkeit und Begründetheit zu prüfen (§ 69 OWiG). Verwirft sie den Einspruch nicht als unzulässig und hilft sie ihm auch nicht ab, legt sie den Einspruch über die Staatsanwaltschaft dem zuständigen Amtsgericht vor, das durch Beschluss über den Einspruch entscheidet.
- Gegen die Entscheidung des Amtsgerichts ist die Erhebung einer **Rechtsbeschwerde** möglich, soweit diese nicht ausgeschlossen ist (§ 79 OWiG). Über die Rechtsbeschwerde entscheidet das Oberlandesgericht.

II. Bußgeldtatbestände des § 63

1. Verstoß gegen die Auskunftspflicht nach § 57 (Abs. 1 Nr. 1). 2
Arbeitgeber müssen auf Verlangen des SGB II-Trägers über für die Entscheidung erhebliche Tatsachen einschließlich der Beendigung eines Arbeitsverhältnisses und der Gründe hierfür Auskunft geben (§ 57). Kommen sie dieser Pflicht nicht, nicht richtig, nicht vollständig oder nicht rechtzeitig nach, liegt eine Ordnungswidrigkeit vor, die bei vorsätzlichem Handeln mit einer Geldbuße bis zu 2.000 € und bei fahrlässigem Handeln bis zu 1.000 € geahndet werden kann (vgl. § 17 Abs. 2 OWiG). Zusätzlich soll der durch die Ordnungswidrigkeit erlangte Vermögensvorteil abgeschöpft werden (§ 17 Abs. 4 OWiG). Die Ordnungswidrigkeit verjährt bei vorsätzlichem Handeln in 1 Jahr, bei fahrlässigem Handeln in 6 Monaten. Der Grundsatz ne bis in idem steht der erneuten Ahndung der Ordnungswidrigkeit nicht entgegen, wenn der Auskunftspflichtige nach rechtskräftigem Abschluss des ersten Verfahrens erneut zur Auskunft aufgefordert wird und wiederum gegen die Auskunftspflicht verstößt.

2. Verstoß gegen die Bescheinigungspflicht nach § 58 (Abs. 1 3
Nr. 2). Arbeitgeber haben einem Antragsteller oder einem Bezieher einer laufenden Geldleistung – also insbesondere von Arbeitslosengeld II – Art oder Dauer der Erwerbstätigkeit oder die Höhe des Arbeitsentgelts oder der Vergütung zu bescheinigen. Kommen sie dieser Verpflichtung vorsätzlich oder fahrlässig nicht, nicht richtig, nicht vollständig oder nicht rechtzeitig nach oder händigen sie die Bescheinigung nicht oder nicht rechtzeitig aus, liegt eine Ordnungswidrigkeit vor, die bei vorsätzlichem Handeln mit einer Geldbuße bis zu 2.000 €,

bei fahrlässigem Handeln bis zu 1.000 € bedroht ist (vgl. § 17 Abs. 2 OWiG). Zusätzlich soll der durch die Ordnungswidrigkeit erlangte Vermögensvorteil abgeschöpft werden (§ 17 Abs. 4 OWiG). Die Ordnungswidrigkeit verjährt bei vorsätzlichem Handeln in 1 Jahr, bei fahrlässigem Handeln in 6 Monaten. Der Grundsatz ne bis in idem steht der erneuten Ahndung der Ordnungswidrigkeit nicht entgegen, wenn der Bescheinigungspflichtige nach rechtskräftigem Abschluss des ersten Verfahrens erneut gegen die Bescheinigungspflicht verstößt.

4   **3. Nichtvorlage einer Einkommensbescheinigung (Abs. 1 S. 1 Nr. 3).** Antragsteller und Bezieher von Arbeitslosengeld II oder einer sonstigen laufenden Geldleistung nach dem SGB II sind verpflichtet, eine Einkommensbescheinigung des Arbeitgebers dem SGB II-Träger vorzulegen (§ 58 Abs. 2). Kommen sie dieser Verpflichtung vorsätzlich oder fahrlässig nicht oder nicht rechtzeitig nach, liegt eine Ordnungswidrigkeit vor, die bei vorsätzlichem Handeln mit einer Geldbuße bis zu 2.000 €, bei fahrlässigem Handeln bis zu 1.000 € bedroht ist (vgl. § 17 Abs. 2 OWiG). Zusätzlich soll der durch die Ordnungswidrigkeit erlangte Vermögensvorteil abgeschöpft werden (§ 17 Abs. 4 OWiG). Die Ordnungswidrigkeit verjährt bei vorsätzlichem Handeln in 1 Jahr, bei fahrlässigem Handeln in 6 Monaten. Der Grundsatz ne bis in idem steht der erneuten Ahndung der Ordnungswidrigkeit nicht entgegen, wenn der Verpflichtete nach rechtskräftigem Abschluss des ersten Verfahrens erneut gegen seine Vorlagepflicht verstößt.

5   **4. Verstoß gegen Auskunftspflichten nach § 60 (Abs. 1 Nr. 4 Hs. 1).** Personen, die einem Bezieher oder Antragsteller von Leistungen nach dem SGB II Leistungen erbringen oder erbringen müssen, Arbeitgeber, Partner, deren Einkommen und Vermögen in der Grundsicherung für Arbeitsuchende zu berücksichtigen ist und Dritte, die für diese Personen Guthaben führen oder Vermögensgegenstände verwahren, haben dem SGB II-Träger auf Verlangen Auskünfte zu erteilen (§ 60 Abs. 1 bis 4; s. § 60 Rn. 2 ff.). Ordnungswidrig handeln die genannten Personen, wenn sie eine Auskunft nicht, nicht richtig, nicht vollständig oder nicht rechtzeitig erteilen. Die Träger einer Maßnahme zur Eingliederung in Arbeit haben dem SGB II-Träger unverzüglich Auskunft über Tatsachen zu geben, aus denen sich ergibt, ob und inwieweit diese Leistungen rechtmäßig erbracht wurden (§ 61 Abs. 1 S. 1). Die Ordnungswidrigkeit ist bei vorsätzlichem Handeln mit einer Geldbuße bis zu 2.000 €, bei fahrlässigem Handeln bis zu 1.000 € bedroht (vgl. § 17 Abs. 2 OWiG). Zusätzlich soll der durch die Ordnungswidrigkeit erlangte Vermögensvorteil abgeschöpft werden (§ 17 Abs. 4 OWiG). Die Ordnungswidrigkeit verjährt bei vorsätzlichem Handeln in 1 Jahr, bei fahrlässigem Handeln in 6 Monaten. Der Grundsatz ne bis in idem steht der erneuten Ahndung der Ordnungswidrigkeit nicht entgegen, wenn der Verpflichtete nach rechtskräftigem Abschluss des ersten Verfahrens erneut gegen seine Auskunftspflicht verstößt.

5. Verweigerung von Auskünften durch einen privaten Träger 6
einer Eingliederungsmaßnahme (Abs. 1 Nr. 4 Hs. 2). Die Träger
einer Maßnahme zur Eingliederung in Arbeit haben dem SGB II-Träger unverzüglich Auskunft über Tatsachen zu geben, aus denen sich ergibt, ob und inwieweit diese Leistungen rechtmäßig erbracht wurden
(§ 61 Abs. 1 S. 1). Ein privater Träger handelt ordnungswidrig, wenn er
vorsätzlich oder fahrlässig die Auskünfte nicht erteilt. Die Ordnungswidrigkeit ist bei vorsätzlichem Handeln mit einer Geldbuße bis zu
2.000 €, bei fahrlässigem Handeln bis zu 1.000 € bedroht (vgl. § 17
Abs. 2 OWiG). Zusätzlich soll der durch die Ordnungswidrigkeit erlangte Vermögensvorteil abgeschöpft werden (§ 17 Abs. 4 OWiG). Die
Ordnungswidrigkeit verjährt bei vorsätzlichem Handeln in 1 Jahr, bei
fahrlässigem Handeln in 6 Monaten. Der Grundsatz ne bis in idem
steht der erneuten Ahndung der Ordnungswidrigkeit nicht entgegen,
wenn der Verpflichtete nach rechtskräftigem Abschluss des ersten Verfahrens erneut gegen seine Auskunftspflicht verstößt.

6. Verweigerung der Einsicht in Unterlagen nach § 60 Abs. 5 7
(Abs. 1 Nr. 5). Der Arbeitgeber eines Antragstellers oder Beziehers
einer Leistung nach dem SGB II ist verpflichtet, dem SGB II-Träger
auf Verlangen Einsicht in die Geschäftsunterlagen zu gewähren (§ 60
Abs. 5; zu Einzelheiten s. § 60 Rn. 51). Kommt er dieser Verpflichtung
vorsätzlich oder fahrlässig nicht nach, liegt eine Ordnungswidrigkeit
vor, die bei vorsätzlichem Handeln mit einer Geldbuße bis zu 2.000 €,
bei fahrlässigem Handeln bis zu 1.000 € bedroht ist (vgl. § 17 Abs. 2
OWiG). Zusätzlich soll der durch die Ordnungswidrigkeit erlangte
Vermögensvorteil abgeschöpft werden (§ 17 Abs. 4 OWiG). Die Ordnungswidrigkeit verjährt bei vorsätzlichem Handeln in 1 Jahr, bei fahrlässigem Handeln in 6 Monaten. Der Grundsatz ne bis in idem steht
der erneuten Ahndung der Ordnungswidrigkeit nicht entgegen, wenn
der Verpflichtete nach rechtskräftigem Abschluss des ersten Verfahrens
erneut die Einsicht verweigert.

7. Unterlassene Anzeige von wesentlichen Änderungen in 8
den Verhältnissen (Abs. 1 Nr. 6). Antragsteller oder Bezieher von Arbeitslosengeld II oder einer sonstigen laufenden Geldleistung nach
dem SGB II sind verpflichtet, für die Leistung erhebliche Änderungen
in den Verhältnissen unverzüglich mitzuteilen (§ 60 Abs. 1 S. 1 Nr. 2
SGB I). Leistungserheblich ist die Änderung, wenn sie zum Wegfall
oder zur Minderung der Leistung führt. Kommen sie dieser Verpflichtung nicht, nicht richtig, nicht vollständig oder nicht rechtzeitig nach,
handeln sie ordnungswidrig. Eine Ordnungswidrigkeit liegt z. B. vor,
wenn ein Bezieher von Arbeitslosengeld II den Beginn einer aufgenommen Beschäftigung falsch angibt oder die Beschäftigung ganz ver-
schweigt. In diesem Fall wird das Verfahren indessen häufig an die
Staatsanwaltschaft nach § 41 OWiG wegen Betrugsverdachts abzugeben sein. Die Ordnungswidrigkeit ist bei vorsätzlichem Handeln

mit einer Geldbuße bis zu 5.000 €, bei fahrlässigem Handeln bis zu
2.500 € bedroht (vgl. § 17 Abs. 2 OWiG). Zusätzlich soll der durch die
Ordnungswidrigkeit erlangte Vermögensvorteil abgeschöpft werden
(§ 17 Abs. 4 OWiG). Die Ordnungswidrigkeit verjährt bei vorsätzlichem Handeln in 2 Jahren, bei fahrlässigem Handeln in 1 Jahr.

Kapitel 10. Bekämpfung von Leistungsmissbrauch

Zuständigkeit

64 (1) Für die Bekämpfung von Leistungsmissbrauch gilt § 319 des Dritten Buches entsprechend.

(2) Verwaltungsbehörden im Sinne des § 36 Abs. 1 Nr. 1 des Gesetzes über Ordnungswidrigkeiten sind in den Fällen
1. des § 63 Abs. 1 Nr. 1 bis 5 die Bundesagentur, in den Fällen des § 44 b Abs. 3 Satz 1 die Arbeitsgemeinschaft und in den Fällen des § 6 a der zugelassene kommunale Träger,
2. des § 63 Abs. 1 Nr. 6 die Bundesagentur, in den Fällen des § 44b Abs. 3 Satz 1 die Arbeitsgemeinschaft und in den Fällen des § 6 a der zugelassene kommunale Träger, und die Behörden der Zollverwaltung jeweils für ihren Geschäftsbereich.

I. Entsprechende Anwendung von § 319 SGB III

Mit dem Verweis auf § 319 soll die Einsicht der BA, der Arbeitsgemeinschaft oder des zugelassenen kommunalen Trägers in die Geschäftsunterlagen bereits im Verwaltungsverfahren sichergestellt werden (vgl. zur entsprechenden Regelung im SGB III KassHB § 32 Rn. 64). **1**

§ 319 Mitwirkungs- und Duldungspflicht

(1) Wer eine Leistung der Arbeitsförderung beantragt, bezogen hat oder bezieht oder wer jemanden, bei dem dies der Fall ist oder für den eine Leistung beantragt wurde, beschäftigt oder mit Arbeiten beauftragt, hat der Bundesagentur, soweit dies zur Durchführung der Aufgaben nach diesem Buch erforderlich ist, Einsicht in Lohn-, Meldeunterlagen, Bücher und andere Geschäftsunterlagen und Aufzeichnungen und während der Geschäftszeit Zutritt zu seinen Grundstücken und Geschäftsräumen zu gewähren. Werden die Unterlagen nach Satz 1 bei einem Dritten verwahrt, ist die Bundesagentur zur Durchführung der Aufgaben nach diesem Buch berechtigt, auch dessen Grundstücke und Geschäftsräume während der Geschäftszeit zu betreten und Einsicht in diese Unterlagen zu nehmen.

(2) In automatisierten Dateien gespeicherte Daten hat der Arbeitgeber auf Verlangen und auf Kosten der Agenturen für Arbeit auszusondern und auf maschinenverwertbaren Datenträgern oder in Listen zur Verfügung zu stellen. Der Arbeitgeber darf maschinenverwertbare Datenträger oder Datenlisten, die die erforderlichen Daten enthalten, ungesondert zu Verfügung stellen, wenn die Aussonderung mit einem unverhältnismäßigem Aufwand verbunden wäre und

überwiegende schutzwürdige Interessen des Betroffenen nicht entgegenstehen. In diesem Fall haben die Agenturen für Arbeit die erforderlichen Daten auszusondern. Die übrigen Daten dürfen darüber hinaus nicht verarbeitet und genutzt werden. Sind die zur Verfügung gestellten Datenträger oder Datenlisten zur Durchführung der Aufgaben nach diesem Buch nicht mehr erforderlich, sind sie unverzüglich zu vernichten oder auf Verlangen des Arbeitgebers zurückzugeben.

2   **1. Recht zur Einsicht von Unterlagen und zum Betreten von Grundstücken (Abs. 1 i. V. m. § 319 Abs. 1 S. 1 SGB III). a) Voraussetzungen. aa) Antrag oder Bezug einer Leistung nach dem SGB II.** Die SGB II-Träger sind nur zur Einsicht der Unterlagen und zum Betreten des Grundstücks berechtigt, wenn SGB II-Leistungen beantragt oder bezogen werden bzw. wurden. Unerheblich ist, ob es sich um einmalige oder um laufende Leistungen handelt. Auf Grund des weiten Wortlauts gilt die Vorschrift nicht nur für Leistungen für Hilfebedürftige und die Angehörigen ihrer Bedarfsgemeinschaft, sondern auch für Leistungen an Arbeitgeber und an Träger.

3   **bb) Ausübung einer Beschäftigung oder Erfüllen eines Auftrags durch den Leistungsberechtigten.** Die Unterlagen dürfen nur eingesehen und ein Grundstück darf nur betreten werden, wenn der Leistungsberechtigte eine Beschäftigung i. S. v. § 7 SGB IV ausübt oder auf Grund eines Auftrages (z. B. Selbständige im Rahmen eines freien Dienst- oder eines Werkvertrages, Heimarbeit) tätig wird.

4   **cc) Erforderlichkeit.** Die Einsicht in die Geschäftsunterlagen ist nur zu gewähren und der Zutritt zu den Grundstücken nur zu ermöglichen, wenn dies zur Durchführung der Aufgaben nach dem SGB II erforderlich ist. Dies ist insbesondere der Fall, wenn die Unterlagen Daten enthalten können, die für die Beurteilung der Voraussetzungen oder der Höhe einer Leistung nach dem SGB II von Bedeutung sein können.

5   **dd) Zugehörigkeit zum verpflichteten Personenkreis.** Verpflichtete nach Abs. 1 i. V. m. § 319 Abs. 1 S. 1 SGB III sind die Leistungsberechtigte selbst sowie dessen Arbeitgeber bzw. Auftraggeber einschließlich der Auftraggeber von Heimarbeit. Bei anderen Personen kann sich eine Verpflichtung aus Abs. 1 i. V. m. § 319 Abs. 1 S. 2 SGB III ergeben (s. Rn. 13 ff.).

6   **b) Rechtsfolge.** Liegen diese Voraussetzungen vor, hat der Leistungsberechtigte, der Arbeitgeber bzw. der Auftraggeber Einsicht in die in § 319 Abs. 1 S. 1 SGB III bezeichneten Unterlagen und während der Geschäftszeiten Zutritt zum Grundstück zu gewähren. Nach dem Gesetzeswortlaut ist hierzu kein Verlangen erforderlich. Aus Praktikabilitätsgründen wird i. d. R. ein entsprechendes Verlangen vorausgehen.

7   Das **Einsichtsrecht** nach Abs. 1 S. 1 berechtigt Bedienstete des SGB II-Trägers beim Arbeitgeber die Unterlagen einzusehen, zu prüfen und

sich ggfs. Notizen und Abschriften zu nehmen. Ein Recht auf Fotokopien, die Übersendung oder die Mitnahme der Unterlagen ist Abs. 1 i. V. m. § 319 Abs. 1 S. 1 demgegenüber nicht zu entnehmen. Der Arbeitgeber ist nicht verpflichtet, Listen oder Ähnliches zu erstellen. Ob er berechtigt ist, den genannten Trägern die Unterlagen zu überlassen, ist im Hinblick auf den Datenschutz str. (abl. zur entsprechenden Rechtslage nach dem SGB III *Gagel* § 319 Rn. 7, GK-SGB III § 319 Rn. 4; bej. dagegen *Niesel* § 319 Rn. 5).

Die durch die Einsichtnahme dem Arbeitgeber entstandenen Kosten **8** (z. B. Personalkosten) müssen **nicht entschädigt** werden (vgl. zur entsprechenden Rechtslage nach dem *BSG* 18. 5. 1995 SozR 3-4100 § 144 Nr. 1).

Die Mitarbeiter der BA, der Arbeitsgemeinschaft bzw. des zugelasse- **9** nen kommunalen Trägers dürfen nur **Geschäftsräume** betreten. Zu Privaträumen muss ihnen kein Zutritt gewährt werden, selbst wenn in diesen Geschäftsunterlagen aufbewahrt sind.

Das Zutrittsrecht besteht nur während der **Geschäftszeiten**. Welche **10** Zeiten dies sind, richtet sich nach den Gegebenheiten des jeweiligen Betriebes.

2. Einsicht von Unterlagen und Betreten von Grundstücken 11 bei Dritten (Abs. 1 i. V. m. § 319 Abs. 1 S. 2 SGB III). a) Vorausset- zungen. aa) Vorliegen der Voraussetzungen von § 319 Abs. 1 S. 1 SGB III. Da der Wortlaut von § 319 Abs. 1 S. 2 SGB III unmittelbar an den von § 319 Abs. 1 S. 1 SGB III anknüpft, dürfen die Bediensteten des SGB II-Trägers die Unterlagen bei Dritten nur einsehen und deren Grundstücke nur betreten, wenn die Voraussetzungen von § 319 Abs. 1 S. 1 SGB III vorliegen (s. Rn. 4 ff.).

bb) Dritter i. S. v. § 319 Abs. 1 S. 2 SGB III. Dritte sind alle, bei **12** denen Unterlagen verwahrt werden. Hierzu gehören insbesondere Lohnabrechnungsstellen und Steuerberatungsbüros.

cc) Durchführung von Aufgaben nach dem SGB II. Die Unter- **13** lagen dürfen bei Dritten nur eingesehen und die Grundstücke dürfen nur betreten werden, wenn eine Aufgabe nach dem SGB II wahrgenommen wird. Bei Aufgaben nach anderen Gesetzen, z. B. Bewilligung von Kindergeld nach dem EStG oder Erteilung der Zustimmung zu Arbeitserlaubnissen nach dem Aufenthaltsgesetz, sind sie zur Einsicht der Unterlagen und zum Zutritt auf das Grundstück nur berechtigt, wenn dies anderweitig angeordnet ist.

b) Rechtsfolgen. Liegen die genannten Voraussetzungen vor, ist **14** der SGB II-Träger zur Einsicht der Unterlagen sowie zum Betreten der Grundstücke und Geschäftsräume zu Geschäftszeiten berechtigt. Das oben in Rn. 8 ff. Gesagte gilt entsprechend.

3. Aussonderung von Daten. Der Arbeitgeber ist verpflichtet, **15** auf Verlangen der BA, der Arbeitsgemeinschaft bzw. des zugelassenen kommunalen Trägers in automatisierten Dateien gespeicherte Daten auszusondern und auf maschinenverwertbaren Datenträgern oder in Listen zur Verfügung zu stellen (Abs. 1 i.V. m. § 319 Abs. 2 S. 1 SGB III). Die Kosten hierfür hat der SGB II-Träger zu tragen (Abs. 1 i.V. m. § 319 Abs. 2 S. 1 SGB III).

16   Der Arbeitgeber darf maschinenverwertbare Datenträger oder Datenlisten mit den erforderlichen **Daten ungesondert** zur Verfügung stellen, wenn die Aussonderung mit unverhältnismäßigem Aufwand verbunden wäre und überwiegende schutzwürdige Interessen des Betroffenen nicht entgegenstehen (Abs. 1 i.V. m. § 319 Abs. 2 S. 2 SGB III). In diesem Fall hat der SGB II-Träger die Daten auszusondern (Abs. 1 i.V. m. § 319 Abs. 2 S. 3 SGB III). Die übrigen Daten dürfen weder verarbeitet noch genutzt werden (Abs. 1 i.V. m. § 319 Abs. 2 S. 4 SGB III). Entgegenstehende Interessen Dritter können z.B. Angaben über Krankheiten des Dritten sein. Im Einzelfall können die Interessen des Dritten das Prüfungsinteresse überwiegen (vgl. zur entsprechenden Rechtslage nach dem SGB III *Niesel* § 306 Rn. 6).

17   Sind die zur Verfügung gestellten Datenträger oder Datenlisten für die Zwecke nach § 319 nicht mehr erforderlich, sind sie zu **vernichten** oder auf Verlangen des Arbeitgebers **zurückzugeben** (Abs. 1 i.V. m. § 319 Abs. 2 S. 5 SGB III).

18   **4. Folgen eines Verstoßes gegen Abs. 1.** Ein vorsätzlicher oder fahrlässiger Verstoß gegen Abs. 1 ist anders als im SGB III nicht als Ordnungswidrigkeit eingestuft. Der SGB II-Träger ist deshalb bei einem Verstoß gegen Abs. 1 auf die Mittel des Verwaltungszwangs beschränkt.

II. Sachliche Zuständigkeit in Bußgeldangelegenheiten (Abs. 2).

19   Nach § 36 Abs. 1 Nr. 1 OWiG ist in Bußgeldverfahren die Stelle sachlich zuständig, die durch Bundesgesetz bestimmt wird. Hieran anknüpfend bestimmt Abs. 2 die sachlich zuständigen Behörden für Ordnungswidrigkeiten nach SGB II. Zuständige Bußgeldbehörde ist danach die BA, die Arbeitsgemeinschaft bzw. der zugelassene kommunale Träger. Für die Ordnungswidrigkeiten nach § 63 Abs. 1 Nr. 6 sind zusätzlich die Zollverwaltungen zuständig.

Kapitel 11. Übergangs- und Schlussvorschriften

Allgemeine Übergangsvorschriften

65 (1) ¹Die Träger von Leistungen nach diesem Buch sollen ab 1. Oktober 2004 bei erwerbsfähigen Hilfebedürftigen, die Arbeitslosenhilfe, Eingliederungshilfe für Spätaussiedler oder Sozialhilfe beziehen, und den mit ihnen in einer Bedarfsgemeinschaft lebenden Personen die für die Erbringung von Leistungen zur Sicherung des Lebensunterhalts nach diesem Buch ab 1. Januar 2005 erforderlichen Angaben erheben. ²Sie können die Angaben nach Satz 1 bereits ab 1. August 2004 erheben. ³§ 60 des Ersten Buches gilt entsprechend.

(2) Die Bundesagentur qualifiziert Mitarbeiter für die Wahrnehmung der Aufgaben nach diesem Buch.

(3) § 40 Abs. 2 Satz 2 gilt entsprechend, wenn neben der Leistung nach § 19 Satz 1 Nr. 1 und Satz 2 sowie § 28 Wohngeld nach dem Wohngeldgesetz geleistet wurde.

(4) ¹Abweichend von § 2 haben auch erwerbsfähige Hilfebedürftige Anspruch auf Leistungen zur Sicherung des Lebensunterhaltes, die das 58. Lebensjahr vollendet haben und die Regelvoraussetzungen des Anspruchs auf Leistungen zur Sicherung des Lebensunterhalts allein deshalb nicht erfüllen, weil sie nicht arbeitsbereit sind und nicht alle Möglichkeiten nutzen und nutzen wollen, ihre Hilfebedürftigkeit durch Aufnahme einer Arbeit zu beenden. ²Vom 1. Januar 2008 an gilt Satz 1 nur noch, wenn der Anspruch vor dem 1. Januar 2008 entstanden ist und der erwerbsfähige Hilfebedürftige vor diesem Tag das 58. Lebensjahr vollendet hat. ³§ 428 des Dritten Buches gilt entsprechend. ⁴Satz 1 gilt entsprechend für erwerbsfähige Personen, die bereits vor dem 1. Januar 2008 unter den Voraussetzungen des § 428 Abs. 1 des Dritten Buches Arbeitslosengeld bezogen haben und erstmals nach dem 31. Dezember 2007 hilfebedürftig werden.

(5) § 12 Abs. 2 Nr. 1 gilt mit der Maßgabe, dass für die in § 4 Abs. 2 Satz 2 der Arbeitslosenhilfe-Verordnung vom 13. Dezember 2001 (BGBl. I S. 3734) in der Fassung vom 31. Dezember 2004 genannten Personen an die Stelle des Grundfreibetrags in Höhe von 150 Euro je vollendetem Lebensjahr ein Freibetrag von 520 Euro, an die Stelle des Höchstfreibetrags in Höhe von jeweils 9.750 Euro ein Höchstfreibetrag in Höhe von 33.800 Euro tritt.

(6) § 15 Abs. 1 Satz 2 gilt bis zum 31. Dezember 2006 mit der Maßgabe, dass die Eingliederungsvereinbarung für bis zu zwölf Monate geschlossen werden soll.

1   **Abs.**1 hatte während der Umstellung der in dieser Vorschrift genannten Sozialleistungen auf das Arbeitslosengeld II und das Sozialgeld Bedeutung. Die Vorschrift sollte gewährleisten, dass die Bezieher der in dieser Vorschrift aufgezählten Sozialleistungen nahtlos Leistungen zur Sicherung des Lebensunterhalts nach dem SGB II erhielten.

2   Aus der Verpflichtung der BA zur Schulung ihrer Mitarbeiter (**Abs.** 2) folgt kein Anspruch des einzelnen Mitarbeiters hierauf (vgl. *Hünecke* in Gagel SGB III § 65 SGB II Rn. 20; *Berlit* in LPK-SGB II, § 65 Rn. 6).

3   Bezieher von Arbeitslosengeld II, Zuschlag nach Bezug von Arbeitslosengeld, Fortzahlung von Leistungen während Arbeitsunfähigkeit und Sozialgeld müssen nach **Abs.** 3 die erhaltenen Unterkunfts- und Heizungskosten in vollem Umfang erstatten, wenn sie neben den genannten Leistungen Wohngeld nach dem WoGG bezogen haben und ein Fall nach § 45 Abs. 2 S. 3 SGB X vorliegt, sie also den SGB II-Träger hierüber getäuscht, ihn bedroht oder bestochen haben, sie vorsätzlich oder grob fahrlässige unrichtige oder unvollständige Angaben in wesentlicher Beziehung gemacht haben oder die Rechtswidrigkeit des Bewilligungsbescheides kannten oder grob fahrlässig nicht kannten (näher zu § 45 Abs. 2 S. 3 SGB X *Winkler*: Sozialverwaltungsverfahren und Sozialdatenschutz. 2004. § 5 Rn. 384 ff.)

4   Anspruch auf Leistungen zur Sicherung des Lebensunterhalts nach dem SGB II haben grundsätzlich nur erwerbsfähige Hilfebedürftige, die arbeitsbereit sind und alle Möglichkeiten nutzen und nutzen wollen, ihre Hilfebedürftigkeit durch Aufnahme einer Arbeit zu beenden (§ 2, zu Einzelheiten s. die Kommentierung zu § 2). Hiervon ausgenommen waren nach **Abs.** 4 S. 1 im Jahre 2005 Hilfebedürftige, die das 58. Lebensjahr vollendet haben. Ab dem 1. Januar 2006 gilt die Ausnahme nur noch, wenn der Anspruch auf Leistungen zur Sicherung des Lebensunterhalts bis zum 31. Dezember 2005 entstanden ist und der erwerbsfähige Hilfebedürftige vor diesem Tag das 58. Lebensjahr vollendet hat (Abs. 4 S. 2).

5   Aus der entsprechenden Anwendung von § 428 SGB III nach Abs. 4 S. 3 folgt, dass die AA den Hilfebedürftigen nach dreimonatigem Leistungsbezug auffordern muss, innerhalb eines Monats **Altersrente** zu **beantragen**, wenn er Altersrente in der gesetzlichen Rentenversicherung beanspruchen kann (§ 428 Abs. 2 S. 1 Hs. 1 SGB III). Dabei ist der Hilfebedürftige darauf hinzuweisen, dass der Anspruch auf Leistungen zur Sicherung des Lebensunterhalts nach dem SGB II ruht, wenn er nicht fristgemäß Altersrente beantragt (§ 428 Abs. 2 S. 2 SGB III).

6   Der Anspruch auf Leistungen zur Sicherung des Lebensunterhalts nach dem SGB II ist ausgeschlossen, wenn dem Arbeitslosen Teilrente wegen Alters aus der gesetzlichen Rentenversicherung oder eine ähnliche Leistung öffentlich-rechtlicher Art zuerkannt ist (Abs. 4 S. 3 i.V. m. § 428 Abs. 3 SGB III).

Bei Personen, die bis zum 1. Januar 1948 geboren sind, gelten nicht 7
die in § 12 Abs. 2 Nr. 1 (s. § 12 Rn. 4) festgelegten, sondern erhöhte Vermögensfreibeträge. Je vollendetem Lebensjahr ist statt 150 € 520 € je Lebensjahr anzusetzen, und es gilt ein Höchstfreibetrag von 33.800 € statt 9.750 € (**Abs. 5** i.V. m. § 4 Abs. 2 S. 2 Arbeitslosenhilfe-Verordnung).

Abs. 6 ermöglicht während der ersten zwei Jahre nach Inkrafttreten 8
des SGB II bei den Eingliederungsvereinbarungen nach § 15 verlängerte Laufzeiten. Statt der in § 15 vorgesehenen Regellaufzeit von sechs Monaten können die Eingliederungsvereinbarungen bis zum 31. Dezember 2006 für bis zu 12 Monate geschlossen werden.

65a, 65b *(aufgehoben)*

Übergang bei verminderter Leistungsfähigkeit

65c In Fällen, in denen am 31. Dezember 2004
1. Arbeitslosenhilfe auf Grund von § 198 Satz 2 Nr. 3 in Verbindung mit § 125 des Dritten Buches erbracht wurde oder
2. über den Antrag auf Rente wegen Erwerbsminderung eines Empfängers von Hilfe zum Lebensunterhalt nach dem Bundessozialhilfegesetz, der das 15. Lebensjahr vollendet und das 65. Lebensjahr noch nicht vollendet hat, noch nicht entschieden ist,
gilt die Einigungsstelle nach § 44a Abs. 1 Satz 2 und § 45 am 1. Januar 2005 als angerufen.

§ 65 c sollte sicherstellen, dass bei Personen, bei denen die Erwerbs- 1
fähigkeit unklar oder strittig war, ab dem 1. 1. 2005 nahtlos Leistungen zur Sicherung des Lebensunterhalts nach dem SGB II gewährt wurden. Da die Einigungsstelle in diesen Fällen als angerufen galt, waren die AA und der kommunale Träger verpflichtet, bis zur Entscheidung der Einigungsstelle Leistungen zu erbringen (§ 44 Abs. 1 S. 3 SGB II; vgl. *Rixen* in Eicher/Spellbrink SGB II § 65 c Rn. 3; *Hänlein* in Gagel § 65c SGB II Rn. 7).

Übermittlung von Daten

65d (1) Der Träger der Sozialhilfe und die Agentur für Arbeit machen dem zuständigen Leistungsträger auf Verlangen die bei ihnen vorhandenen Unterlagen über die Gewährung von Leistungen für Personen, die Leistungen der Grundsicherung für Arbeitsuchende beantragt haben oder beziehen, zugänglich, soweit deren Kenntnis im Einzelfall für die Erfüllung der Aufgaben nach diesem Buch erforderlich ist.

(2) Die Bundesagentur erstattet den Trägern der Sozialhilfe die Sachkosten, die ihnen durch das Zugänglichmachen von Unterlagen entstehen; eine Pauschalierung ist zulässig.

1   § 65 d sollte den Datenaustausch zwischen den Sozialhilfeträgern und den SGB II-Trägern sicherstellen. Die Vorschrift verpflichtete deshalb die Träger der Sozialhilfe nach dem BSHG und die AA als Trägerin der Arbeitslosenhilfe, die vorhandenen Unterlagen den SGB II-Trägern auf deren Verlangen zu übermitteln (Abs. 1). Die Vorschrift enthielt zugleich eine Übermittlungsbefugnis i. S. v. § 67 b Abs. 1 SGB X. Um die vor allem betroffenen Kommunen vor den Kosten zu bewahren, wurde die BA zur Erstattung der Kosten verpflichtet (Abs. 2).

Übergangsregelung zur Aufrechnung

65e   [1]**Der zuständige Träger der Leistung nach diesem Buch kann mit Zustimmung des Trägers der Sozialhilfe dessen Ansprüche gegen den Hilfebedürftigen mit Geldleistungen zur Sicherung des Lebensunterhalts nach den Voraussetzungen des § 43 Satz 1 aufrechnen. [2]Die Aufrechnung wegen eines Anspruchs nach Satz 1 ist auf die ersten zwei Jahre der Leistungserbringung nach diesem Buch beschränkt.**

1   § 65 e ermöglichte die Aufrechnung von Ansprüchen eines Sozialhilfeträgers gegen den Hilfebedürftigen mit seinen Ansprüchen auf Geldleistungen zur Sicherung des Lebensunterhalts nach dem SGB II, wenn der Sozialhilfeträger dies verlangte und die Voraussetzungen von § 43 S. 1 (näher dazu die Kommentierung zu § 43) vorlagen. S. 2 begrenzte die Aufrechnungsmöglichkeit zeitlich. Str. ist, ob diese Frist am 1. 1. 2005 (so LSG Hamburg BeckRS 2007, 47252; *Berlit* in LPK-SGB II § 65 e Rn. 6) oder erst bei Inkrafttreten der neuen Fassung von § 65e am 1. 8. 2006 (so LSG NRW BeckRS 2007, 48137; *Hengelhaupt* in Hauck/Noftz, SGB II § 65 e Rn. 43) zu laufen begann.

Rechtsänderungen bei Leistungen zur Eingliederung in Arbeit

66   **(1) Wird dieses Gesetzbuch geändert, so sind, soweit nichts Abweichendes bestimmt ist, auf Leistungen zur Eingliederung in Arbeit bis zum Ende der Leistungen oder der Maßnahme die Vorschriften in der vor dem Tag des Inkrafttretens der Änderung geltenden Fassung weiter anzuwenden, wenn vor diesem Tag**
1. der Anspruch entstanden ist,
2. die Leistung zuerkannt worden ist oder

3. die Maßnahme begonnen hat, wenn die Leistung bis zum Beginn der Maßnahme beantragt worden ist.

(2) Ist eine Leistung nur für einen begrenzten Zeitraum zuerkannt worden, richtet sich eine Verlängerung nach dem zum Zeitpunkt der Entscheidung über die Verlängerung geltenden Vorschriften.

Die seit dem 1.1.2009 geltende Fassung stellt sicher, dass bei einer   **1** Gesetzesänderung bereits entstandene, bewilligte oder begonnene Maßnahmen nach der zuvor geltenden Gesetzesfassung zu Ende geführt werden können. Etwas anderes gilt nur dann, wenn etwas anderes – insbesondere in dem Änderungsgesetz – bestimmt ist (Abs. 1).

Ist die Maßnahme zu verlängern, beurteilt sich diese Entscheidung   **2** nach der im Zeitpunkt der Entscheidung geltenden Gesetzesfassung (Abs. 2).

Freibetragsneuregelungsgesetz

67 Die §§ 11 bis 30 in der bis zum 30. September 2005 geltenden Fassung sind weiterhin anzuwenden für Bewilligungszeiträume (§ 41 Abs. 1 S. 4), die vor dem 1. Oktober 2005 beginnen, längstens jedoch bis zur Aufnahme einer Erwerbstätigkeit.

Das Freibetragsneuregelungsgesetz änderte zum 1. Oktober 2005   **1** die Anrechnung von Einkommen aus einer Erwerbstätigkeit auf die Leistung der Grundsicherung für Arbeitsuchende. Aus Gründen der Verwaltungspraktikabilität schloss § 67 die Anwendung dieser Vorschrift auf laufende Bewilligungszeiträume – also bis spätestens zum 1. April 2006 – aus. Die Vorschrift hat nur noch geringe praktische Bedeutung.

Gesetz zur Änderung des Zweiten Buches Sozialgesetzbuch und anderer Gesetze

68 (1) Die §§ 7, 9, 11 und 20 Abs. 1, 3 und 4 in der bis zum 30. Juni 2006 geltenden Fassung sind weiterhin anzuwenden für Bewilligungszeiträume (§ 41 Abs. 1 Satz 4), die vor dem 1. Juli 3006 beginnen.

(2) § 22 Abs. 3a Satz 1 gilt nicht für Personen, die am 17. Februar 2006 nicht mehr zum Haushalt der Eltern oder eines Elternteils gehören.

Das Gesetz zur Änderung des Zweiten Buches Sozialgesetzbuch be-   **1** zog u.a. unverheiratete junge Volljährige bis zum 25. Lebensjahr in die Bedarfsgemeinschaft der Eltern mit ein, ermöglichte die Berücksichtigung von Einkommen und Vermögen der Kinder bei den Eltern und passte die Bemessung der Regelleistung an. Aus Gründen der Verwaltungspraktikabilität musste diese Regelung nicht auf laufende Leistungen angewandt werden, sondern wurde bei diesen erst ab dem neuen Bewilligungszeitraum berücksichtigt (Abs. 1).

2   Das Gesetz zur Änderung des Zweiten Buches Sozialgesetzbuch und anderer Gesetze schränkte außerdem die Übernahme von Unterkunftskosten bei Leistungsberechtigten, die das 25. Lebensjahr noch nicht vollendet haben, ein (vgl. § 22 Abs. 2a; vgl. § 22 Rn. 54 ff.).

Gesetz zur Fortentwicklung der Grundsicherung für Arbeitsuchende

69 (1) § 28 Abs. 1 Satz 3 Nr. 2 in der bis zum 31. Juli 2006 geltenden Fassung ist weiterhin anzuwenden für Bewilligungszeiträume, die vor dem 1. August 2006 beginnen.

(2) § 31 Abs. 3 Satz 1 und 2 gilt mit der Maßgabe, dass Pflichtverletzungen vor dem 1. Januar 2007 keine Berücksichtigung finden.

1   Bis zum 31. 7. 2006 sah § 28 Abs. 1 S. 3 Nr. 2 a. F. vor, dass Sozialgeldempfänger ungeachtet ihres Alters den Mehrbedarfszuschlag für behinderte Menschen nach § 21 Abs. 4 SGB II auch dann erhielten, wenn sie Hilfe zur schulischen Ausbildung (§ 54 Abs. 1 S. 1 Nr. 1 SGB XII) oder Hilfe zur schulischen Ausbildung für einen angemessenen Beruf (§ 54 Abs. 1 S. 1 Nr. 2 SGB XII) erhielten. Ab dem 1. 8. 2006 steht der Zuschlag nur noch jenen behinderten Menschen zu, die das 15. Lebensjahr vollendet haben. Abs. 1 sollte verhindern, dass während eines bei Inkrafttreten der Änderung laufenden Bewilligungszeitraums neu entschieden werden musste.

2   Zum 1. 8. 2006 wurden ferner die Sanktionsregelungen des § 31 Abs. 3 S. 1 bis 4 und Abs. 5 S. 2 bis 4 verschärft. Mit Abs. 2 wird rechtsstaatlichen Vorbehalten Rechnung getragen (vgl. BT-Drucks. 16/1696).

Übergangsregelung zum Gesetz zur Umsetzung aufenthalts- und asylrechtlicher Richtlinien der Europäischen Union

70 Für Ausländer, die einen Aufenthaltstitel nach § 104a Abs. 1 Satz 1 des Aufenthaltsgesetzes erhalten, am 1. März 2007 leistungsberechtigt nach § 1 Abs. 1 des Asylbewerberleistungsgesetzes waren und Sachleistungen erhalten haben, kann durch Landesgesetz bestimmt werden, dass sie weiterhin Sachleistungen entsprechend den Vorschriften des Asylbewerberleistungsgesetzes vom Land erhalten. Insoweit erhalten diese Personen keine Leistungen zur Sicherung des Lebensunterhalts nach diesem Buch.

§ 104 a AufenthG ermöglichte, an langjährig in der Bundesrepublik 1
Deutschland geduldete Ausländer eine Aufenthaltserlaubnis zu erteilen. Die Verlängerung der Aufenthaltserlaubnis ist davon abhängig,
dass der Lebensunterhalt des Ausländers durch eine Erwerbstätigkeit
gesichert ist. Sind sie arbeitslos, haben sie grundsätzlich Anspruch auf
Arbeitslosengeld II, da § 7 SGB II sie nicht aus dem leistungsberechtigten Personenkreis ausschließt. Satz 1 gibt den Ländern aber das Recht,
durch Landesrecht zu bestimmen, dass die genannten Ausländer weiterhin die niedrigeren Leistungen nach § 3 AsylbLG als Sachleistung
erhalten. Macht ein Bundesland von dieser Regelung Gebrauch, sind
die Leistungen zur Sicherung des Lebensunterhalts nach dem SGB II
ausgeschlossen (Satz 2). Die Leistungen zur Eingliederung in Arbeit
bleiben hiervon unberührt (vgl. BT-Drucks. 16/5065).

Zweites Gesetz zur Änderung des Zweiten Buches Sozialgesetz-
buch – Perspektiven für Langzeitarbeitslose mit besonderen Vermittlungshemmnissen – JobPerspektive

71 (1) § 16e ist bis zum 31. März 2008 mit der Maßgabe anzuwenden, dass als Arbeitgeber nur Träger im Sinne des § 21 des
Dritten Buches und nur Arbeiten im Sinne des § 260 Abs. 1 Nr. 2 und 3
des Dritten Buches gefördert werden können.

(2) § 16e Abs. 1 Nr. 2 gilt mit der Maßgabe, dass der Zeitraum von
sechs Monaten nach dem 30. September 2007 liegt. In besonders begründeten Einzelfällen kann der Zeitraum von sechs Monaten auch
vor dem 1. Oktober 2007 liegen.

Die durch das Zweite Gesetz zur Änderung des Zweiten Buches So- 1
zialgesetzbuch – Perspektiven für Langzeitarbeitslose mit besonderen
Vermittlungshemmnissen – JobPerspektive – vom 10. 10. 2007 (BGBl.
I 2326) eingefügte Vorschrift beschränkte die Anwendung von § 16 a
auf Arbeitgeber, die Träger i. S. v. § 21SGB III und auf Arbeiten i. S. v.
§ 260 Abs. 1 Nr. 2 und 3 SGB III (Abs. 1). Hiermit sollte eine Prüfung
der beihilferechtlichen Zulässigkeit des Beschäftigungszuschusses nach
§ 16 a ermöglicht werden (vgl. BT-Drucks. 16/5715).

Der Beschäftigungszuschuss nach § 16 a wird erst gewährt, wenn 2
der erwerbsfähige Hilfebedürftige sechs Monate betreut wurde und er
Eingliederungsleistungen erhalten hat. Abs. 2 soll die Evaluation der
Leistung (§ 16 a Abs. 10) dadurch gewährleisten, dass der sechsmona-
tige Zeitraum erst nach dem 30. 9. 2007 begonnen hat. Nur ausnahmsweise werden auch davor erbrachte Eingliederungsleistungen berücksichtigt, z. B. wenn bereits zuvor intensiv betreute Personen erfolglos
Eingliederungsleistungen erhalten haben (vgl. BT-Drucks. 16/5715).

Siebtes Gesetz zur Änderung des Dritten Buches Sozialgesetzbuch und anderer Gesetze

72 ¹Abweichend von § 11 Abs. 1 Satz 1 ist an erwerbsfähige Hilfe-bedürftige geleistetes Arbeitslosengeld nicht als Einkommen zu berücksichtigen, soweit es aufgrund des § 434r des Dritten Buches für einen Zeitraum geleistet wird, in dem sie und die mit ihnen in Bedarfsgemeinschaft lebenden Personen Leistungen nach diesem Buch ohne Berücksichtigung des Arbeitslosengeldes erhalten haben. ²Satz 1 gilt entsprechend für erwerbsfähige Hilfebedürftige, denen aufgrund des § 434r des Dritten Buches ein Gründungszuschuss nach § 57 des Dritten Buches oder Leistungen der Entgeltsicherung für Ältere nach § 421j des Dritten Buches geleistet wird.

1   Die durch Art. 2 Nr. 7 des Siebten Gesetzes zur Änderung des Dritten Buches Sozialgesetzbuch und anderer Gesetze vom 8. 4. 2008 (BGBl. I S. 681) rückwirkend zum 1. 1. 2008 in das SGB II eingefügte Vorschrift soll Unbilligkeiten durch das verspätete Inkrafttreten des genannten Gesetzes verhindern (vgl. *Harich* in BeckOK, SGB II, § 72 Rn. 1).

2   Das Siebte Gesetz zur Änderung des Dritten Buches Sozialgesetzbuch und anderer Gesetze verlängerte die Bezugsdauer des Arbeitslosengeldes bei älteren Arbeitnehmern rückwirkend ab dem 1. 1. 2008. Arbeitslose, die zwischenzeitlich wegen des Auslaufens des Arbeitslosengeldes im Arbeitslosengeld II-Bezug waren, erhielten eine Nachzahlung in Höhe des Differenzbetrages zwischen den Arbeitslosengeld II und dem Arbeitslosengeld nach dem SGB III. Die Anrechnung dieser Nachzahlung auf das Arbeitslosengeld II wurde als ungerecht empfunden. **Satz 1** schließt deshalb die Einkommensanrechnung aus. Diese Sonderregelung ist auf die Einkommensanrechnung nach § 434r SGB III beschränkt. Nachzahlungen von Arbeitslosengeld aus anderen Gründen sind nicht erfasst. Unberührt bleibt die Vermögensberücksichtigung (vgl. *Hänlein* in Gagel § 72 SGB II Rn. 1). Ist nach Ablauf des Bedarfsmonats das nachgezahlte Arbeitslosengeld noch vorhanden und überschreitet dieses – gemeinsam mit dem sonstigen Vermögen – die Vermögensfreibeträge –, ist es als Vermögen zu berücksichtigen.

3   **Satz 2** weitet den Anwendungsbereich dieser Regelung auf Nachzahlungen des Gründungszuschusses (§ 57 SGB III) und die Entgeltsicherung für ältere Arbeitnehmer (§ 421j SGB III) nach § 434r SGB III aus.

Gesetz zur Neuausrichtung der arbeitsmarktpolitischen Instrumente

73 § 28 Abs. 1 Satz 3 Nr. 4 in der bis zum 31. Dezember 2008 geltenden Fassung ist weiterhin anzuwenden für Bewilligungszeiträume, die vor dem 1. Januar 2009 beginnen.

§ 28 Abs. 1 Satz 3 Nr. 4 sah in der bis zum 31. Dezember 2008 für **1** nicht erwerbsfähige Personen, die Inhaber eines Schwerbehindertenausweises mit dem Merkzeichen G waren, einen Mehrbedarfszuschlag in Höhe von 17 Prozent der maßgebenden Regelleistung vor. Durch das Gesetz zur Neuausrichtung der arbeitsmarktpolitischen Instrumente wurde der berechtigte Personenkreis eingeschränkt. Seit dem 1. Januar 2009 haben nur noch voll erwerbsgeminderte Menschen Anspruch auf den Mehrbedarfszuschlag. § 73 ermöglicht die Weitergewährung des Mehrbedarfszuschlags an früher berechtigte Personen, wenn der Bewilligungszeitraum bereits vor dem 1. Januar 2009 begonnen hat. Bei diesen fällt der Mehrbedarfszuschlag erst mit Ende des Bewilligungszeitraums weg.

Gesetz zur Sicherung von Beschäftigung und Stabilität in Deutschland

74 Abweichend von § 28 Absatz 1 Nummer 1 beträgt die Regelleistung ab Beginn des 7. Lebensjahres bis zur Vollendung des 14. Lebensjahres in der Zeit vom 1. Juli 2009 bis zum 31. Dezember 2011 70 vom Hundert der nach § 20 Absatz 2 Satz 1 maßgebenden Regelleistung.

§ 74 erhöht die Regelleistung der Kinder zwischen 7 und 13 Jahren **1** auf 70% der Eckregelleistung. Hiermit sollen den Haushalten mit Arbeitslosengeld II-Beziehern während der Finanzkrise weitere finanzielle Mittel zur Verfügung gestellt werden. Die Erhöhung ist deshalb bis zum 31. 12. 2010 befristet. Gegen die bisherige Höhe der Regelleistung der Kinder der genannten Altersgruppe hat das BSG verfassungsrechtliche Bedenken geäußert und die Verfahren dem Bundesverfassungsgericht zur Entscheidung vorgelegt (vgl. BSG 27. 2. 2009 – B 14/ 11b AS 9/07 R u. a.).

Ausführungsgesetze der Länder zum SGB II

[Baden-Württemberg]
Gesetz zur Ausführung des Zweiten Buches Sozialgesetzbuch (AGSGB II) vom 14. Dezember 2004, GBl. 2004, 907, letzte berücksichtigte Änderung: §§ 4 und 4 b geändert durch Artikel 20 der Verordnung vom 25. April 2007 (GBl. S. 252, 254)

Der Landtag hat am 9. Dezember 2004 das folgende Gesetz beschlossen:

§ 1 Kommunale Träger der Grundsicherung für Arbeitsuchende

Die kommunalen Träger der Grundsicherung für Arbeitsuchende nach dem Zweiten Buch Sozialgesetzbuch (SGB II) vom 24. Dezember 2003 (BGBl. I S. 2954, 2955) in der jeweils geltenten Fassung sind die Stadt- und Landkreise. Die kommunalen Träger der Grundsicherung führen ihre Aufgaben als weisungsfreie Pflichtaufgaben durch.

§ 2 Heranziehung kreisangehöriger Gemeinden

(1) Die Landkreise können die Durchführung der ihnen nach § 6 Abs. 1 Satz 1 Nr. 2 SGB II obliegenden Aufgaben kreisangehörigen Gemeinden oder vereinbarten Verwaltungsgemeinschaften durch Satzung ganz oder teilweise als Weisungsaufgaben im Sinne von § 2 Abs. 3 der Gemeindeordnung übertragen, sofern die Gemeinde oder die erfüllende Gemeinde mit Zustimmung von zwei Dritteln aller Stimmen des gemeinsamen Ausschusses einwilligt und die Gewähr für die ordnungsgemäße Erfüllung der Aufgabe bietet. Die Satzung bestimmt, in welchem Umfang der Landkreis als Fachaufsichtsbehörde Weisungen erteilen kann.

(2) Die Landkreise können kreisangehörige Gemeinden beauftragen, ihnen als Trägern der Grundsicherung für Arbeitsuchende obliegende Aufgaben im Einzelfall durchzuführen.

(3) Die Absätze 1 und 2 gelten auch in den Fällen des § 6 a SGB II.

§ 3 Verwaltungskosten der Grundsicherung für Arbeitsuchende

Soweit mit dem Landkreis keine andere Regelung vereinbart wird, trägt der Landkreis die Verwaltungskosten für die Durchführung der Grundsicherung für Arbeitsuchende durch die in § 2 Abs. 1 genannten Gemeinden oder vereinbarten Verwaltungsgemeinschaften in Höhe von zwei Dritteln der Personalkosten, die beim jeweiligen Landkreis für die Durchführung der den Gemeinden übertragenen Aufgaben der Grundsicherung für Arbeitsuchende entstehen würden. Die Höhe der Personalkosten wird von den Landkreisen festgesetzt. Näheres regelt die Satzung nach § 2 Abs. 1. Die Sätze 1 und 2 gelten in den Fällen des § 2 Abs. 3 entsprechend.

§ 4 Aufsicht und Prüfung

(1) Die kommunalen Träger nach § 6 Abs. 1 Satz 1 Nr. 2 SGB II und die nach § 6 a SGB II zugelassenen kommunalen Träger unterliegen der Rechtsaufsicht. Die Rechtsaufsicht führen das Regierungspräsidium als obere Rechtsaufsichtsbehörde und das Ministerium für Arbeit und Soziales als oberste Rechtsaufsichtsbehörde.

(2) Das Ministerium für Arbeit und Soziales ist zuständige oberste Landesbehörde im Sinne von § 44 b Abs. 3 Satz 4 SGB II. Es führt die Aufsicht über die Arbeitsgemeinschaften als Rechtsaufsicht. Obere Rechtsaufsichtsbehörde ist das Regierungspräsidium.

(3) Die kommunalen Träger nach § 6 Abs. 1 Satz 1 Nr. 2 SGB II stellen sicher, dass die örtlichen und die überörtlichen Prüfungseinrichtungen das Recht haben, Arbeitsgemeinschaften nach § 44 b SGB II nach Maßgabe der §§ 110 Abs. 1 und 114 Abs. 1 der Gemeindeordnung zu prüfen.

§ 4 a Weitergabe der Erstattungsleistung des Bundes

Das Land leitet die vom Bund nach § 46 Abs. 5 bis 10 SGB II an das Land zu leistenden Erstattungen nach den tatsächlich ausgezahlten Nettoleistungen an die Stadt- und Landkreise weiter. Das Land regelt das Verfahren in Abstimmung mit dem Landkreistag Baden-Württemberg und dem Städtetag Baden-Württemberg.

§ 4 b Weitergabe der Entlastung des Landes

(1) Das Land gibt den Betrag, der sich aus der Verrechnung der Ent- und Belastung für den Landeshaushalt auf Grund von Artikeln 25 und 30 des Vierten Gesetzes für moderne Dienstleistungen am Arbeitsmarkt jährlich ergibt (Nettoentlastung), an die Stadt- und Landkreise weiter.

(2) Das Wirtschaftsministerium setzt den Entlastungsbetrag, der sich aus Artikel 25 des Vierten Gesetzes für moderne Dienstleistungen am Arbeitsmarkt ergibt (Wohngeldentlastung), im Einvernehmen mit dem Finanzministerium nach Anhörung der kommunalen Landesverbände spätestens zum 1. Juni eines Jahres für das vorangegangene Jahr fest. Das Finanzministerium beziffert den Belastungsbetrag, der sich aus Artikel 30 des Vierten Gesetzes für moderne Dienstleistungen am Arbeitsmarkt ergibt (Anteil Landeshaushalt an der Sonderergänzungszuweisung Ost).

(3) Die Stadt- und Landkreise erhalten Abschlagszahlungen. Die Abschlagszahlung für das Jahr 2005 beträgt 33 Millionen Euro, für die Folgejahre 90 Prozent des jeweils für das vorangegangene Jahr festgesetzten Nettoentlastungsbetrages.

(4) Die Abschlagszahlungen werden ab dem Jahr 2006 jeweils zum 1. Juli eines Jahres geleistet. Die Abrechnung erfolgt zum 1. Juli für das vorangegangene Jahr. Unter- und Überzahlungen für das vorangegangene Jahr werden mit der Abschlagszahlung für das laufende Jahr verrechnet.

(5) Die Verteilung des Nettoentlastungsbetrages erfolgt nach dem Verhältnis der tatsächlich ausgezahlten Nettoleistungen der Stadt- und Landkreise für Unterkunft und Heizung nach § 22 SGB II zu den landesweiten Gesamtausgaben. Die Abschlagszahlung für das Jahr 2005 wird nach den im Dezember 2004 bis einschließlich 30. Juni 2005 tatsächlich ausgezahlten Nettoleistungen der Stadt- und Landkreise verteilt. Maßgebend für die Verteilung der Abschlagszahlungen für das Jahr 2006 und die Folgejahre sind die tatsächlich ausgezahlten Nettoleistungen im vorangegangenen Jahr. Die endgültige Verteilung des Nettoentlastungsbetrages erfolgt nach den tatsächlich gezahlten Nettoleistungen in dem Jahr, für das die Abrechnung erfolgt.

(6) Grundlage für die Verteilung der Abschlagszahlungen ab dem Jahr 2006 und für die abschließende Verteilung der Nettoentlastungsbeträge sind die jeweils im Vorjahr tatsächlich gezahlten Nettoleistungen für Unterkunft und Heizung nach § 22 SGB II, die dem Ministerium für Arbeit und Soziales im Verfahren nach § 4 a verbindlich gemeldet wurden.

§ 5 In-Kraft-Treten

Dieses Gesetz tritt am 1. Januar 2005 in Kraft.

[Bayern]
Gesetz zur Ausführung der Sozialgesetze (AGSG) vom 8. Dezember 2006 (GVBl. S. 942, BayRS 86-7-A), zuletzt geändert durch § 8 des Gesetzes vom 22. Juli 2008 (GVBl. S. 479)

Der Landtag des Freistaates Bayern hat das folgende Gesetz beschlossen, das hiermit bekannt gemacht wird:

Teil 2 Vorschriften für den Bereich des Zweiten Buches Sozialgesetzbuch – Grundsicherung für Arbeitsuchende –

Art. 2 Zuständigkeit, Wirkungskreis, Aufsicht

(1) [1]Die kreisfreien Gemeinden und die Landkreise sind kommunale Träger im Sinn des § 6 Abs. 1 Satz 1 Nr. 2 des Zweiten Buches Sozialgesetzbuch (SGB II). [2]Sie und die zugelassenen

Träger nach § 6a SGB II nehmen die ihnen nach dem Zweiten Buch Sozialgesetzbuch obliegenden Aufgaben als Angelegenheit des übertragenen Wirkungskreises wahr.

(2) [1]Die Fachaufsicht über die Träger nach Abs. 1 obliegt den Regierungen. [2]Das Staatsministerium für Arbeit und Sozialordnung, Familie und Frauen (Staatsministerium) ist obere Fachaufsichtsbehörde.

(3) [1]Die kreisfreien Gemeinden und die Landkreise sind zuständig für alle Leistungen im Sinn des § 6 Abs. I Satz 1 Nr. 2 SGB II. [2]Die Bezirke sind gegenüber den zuständigen Landkreisen und kreisfreien Gemeinden verpflichtet sicherzustellen, dass Suchtberatung gemäß § 16 Abs. 2 Satz 2 Nr. 4 SGB II angeboten werden kann; sie tragen gegenüber den zuständigen Landkreisen und kreisfreien Gemeinden die entstehenden Kosten.

(4) [1]Die Aufsicht über nach § 44b SGB II errichtete Arbeitsgemeinschaften zwischen Arbeitsagenturen und kommunalen Trägern obliegt dem Staatsministerium. [2]Die kreisfreien Gemeinden und die Landkreise stellen, soweit sie kommunale Träger im Sinn des § 6 Abs. 1 Nr. 2 SGB II sind, sicher, dass die Organe der örtlichen und überörtlichen Rechnungsprüfung das Recht haben, Arbeitsgemeinschaften (§ 44b SGB II) zu prüfen (Art. 106 der Gemeindeordnung (GO), Art. 92 der Landkreisordnung (LKrO)).

Art. 3 Erstattungsleistungen des Bundes

[1]Die an den Freistaat Bayern erbrachten Erstattungsleistungen des Bundes nach § 46 Abs. 10 SGB II werden jeweils unmittelbar nach Eingang beim Freistaat Bayern an die kreisfreien Gemeinden und die Landkreise weiter geleitet. [2]Die Durchführung obliegt dem Staatsministerium oder der von ihm bestimmten Stelle.

Art. 4

(außer Kraft)

Art. 5 Belastungsausgleich zum Vierten Gesetz für moderne Dienstleistungen am Arbeitsmarkt und zu den Leistungen an Ausländer, Aussiedler, Spätaussiedler

(1) [1]Der Freistaat Bayern gewährt den Landkreisen und den kreisfreien Gemeinden in den Jahren 2007 bis 2011 jährlich eine Zuweisung zu den Belastungen, die ihnen im jeweiligen Vorjahr (Bezugsjahr) aus dem Vierten Gesetz für moderne Dienstleistungen am Arbeitsmarkt sowie aus der zum 1. Januar 2006 erfolgten Änderung von Art. 7 und 11 des Gesetzes zur Ausführung des Sozialgesetzbuches (AGSGB) in der bis zum 31. Dezember 2006 geltenden Fassung erwachsen sind. [2]Die Höhe der Zuweisungsmasse wird im Staatshaushaltsplan festgelegt.

[3]Verteilungsmaßstab ist der Anteil eines Landkreises oder einer kreisfreien Gemeinde an den ausgleichsfähigen Belastungen aller Landkreise und kreisfreien Gemeinden nach Abs. 2 im Bezugsjahr. [4]Übersteigen die im Staatshaushalt bereitgestellten Mittel die ausgleichsfähigen Belastungen, werden die übersteigenden Mittel so verteilt, dass ein einheitliches Mindestentlastungsniveau je Einwohner entsteht.

(1a) Soweit ausgleichsfähige Belastungen des Jahres 2006 im hierzu erfolgenden Belastungsausgleich nicht voll ausgeglichen werden können, werden sie aus der für das Jahr 2007 zur Verfügung stehenden Zuweisungsmasse vorab ausgeglichen.

(2) [1]Ausgleichsfähige Belastungen eines Landkreises oder einer kreisfreien Gemeinde sind nur solche Belastungen, die nach dem Abzug der jeweiligen Entlastungen aus dem Vierten Gesetz für moderne Dienstleistungen am Arbeitsmarkt und den Entlastungen aus den Auswirkungen auf die Bezirksumlage gemäß Satz 4 verbleiben. [2]Den Bezirken, den Landkreisen und den kreisfreien Gemeinden entstandene Ent- und Belastungen im Jahr 2006 sind unter Berücksichtigung statistischer Daten

1. zum Zweiten Buch Sozialgesetzbuch und zum Zwölften Buch Sozialgesetzbuch des Jahres 2006,
2. zum Bundessozialhilfegesetz und zum Grundsicherungsgesetz, jeweils in der bis 31. Dezember 2004 geltenden Fassung,

zu ermitteln; dabei sind die Ausgaben nach dem Zweiten Buch Sozialgesetzbuch um die Bundesleistung nach § 46 SGB II zu mindern und die Daten des Jahres 2004 mit einem geeigneten Faktor fortzuschreiben, um die sich im Fall des Fortgeltens der früheren Rechtslage ergebende hypothetische Entwicklung in den Jahren 2005 und 2006 zu ermitteln. [3]Die nach Satz 2 für das Jahr 2006 errechneten Ent- und Belastungen werden in jedem weiteren Belastungsausgleich als Festbeträge zugrunde gelegt; abweichend hiervon werden für das Jahr 2007, und soweit die Verordnung nach Abs. 5 dies bestimmt, auch für die darauffolgenden Jahre die Ausgaben nach §§ 22 und 23 Abs. 3 SGB II, gemindert um die Bundeserstattungen nach § 46 SGB II, unter Berücksichtigung statistischer Daten zum Zweiten Buch Sozialgesetzbuch ermittelt und dem Belastungsausgleich zugrunde gelegt. [4]Den Landkreisen und den kreisfreien Gemeinden wird jeweils die sich rechnerisch ergebende Bezirksumlageentlastung zugerechnet, die sich aus einer vollständigen Weitergabe der den Bezirken im Bezugsjahr aus dem Vierten Gesetz für moderne Dienstleistungen am Arbeitsmarkt sowie aus der zum 1. Januar 2006 erfolgten Änderung von Art. 7 und 11 AGSGB in der bis zum 31. Dezember 2006 geltenden Fassung erwachsenen Entlastungen auf die Kreisebene ergibt; dabei wird die dem einzelnen Bezirk zuzurechnende Entlastung nach der Summe der Umlagegrundlagen nach Art. 21 Abs. 3 Satz 2 FAG auf die Landkreise und die kreisfreien Gemeinden aufgeteilt. [5]Bei der jährlichen Berechnung der Bezirksumlagenentlastung wird jeweils eine zugunsten der Zuweisungsmasse erfolgte Kürzung der Mittel nach Art. 15 FAG mindernd berücksichtigt.

(3) Stellen sich nach der Berechnung der Zuweisung nach Abs. 1 im Einzelfall erhebliche Unrichtigkeiten heraus, so wird der Ausgleich bei der Berechnung der Zuweisung für das nächste Haushaltsjahr durch Korrektur der dieser Berechnung zu Grunde liegenden Daten vorgenommen.

(4) [1]Der Freistaat Bayern gibt seine im Bezugsjahr aus dem Vierten Gesetz für moderne Dienstleistungen am Arbeitsmarkt erwachsenen Netto-Entlastungen in die Zuweisungsmasse nach Abs. 1. [2]Die dem Freistaat Bayern entstandenen Entlastungen sind durch Vergleich der Ist-Ausgaben des Freistaates Bayern für das Wohngeld im Jahr 2004 mit den Ist-Ausgaben im Jahr 2006 zu ermitteln; dabei sind die Ist-Ausgaben des Jahres 2004 mit einem geeigneten Faktor fortzuschreiben, um die sich im Fall des Fortgeltens der früheren Rechtslage ergebende hypothetische Entwicklung in den Jahren 2005 und 2006 zu ermitteln; die für das Jahr 2006 errechneten Entlastungen werden in jedem weiteren Belastungsausgleich als Festbetrag zugrunde gelegt. [3]Die Entlastungen vermindern sich um Mindereinnahmen infolge der anteiligen Belastung des Freistaates Bayern aus der Umschichtung für den Ausgleich-Ost (Art. 29 und 30 des Vierten Gesetzes für moderne Dienstleistungen am Arbeitsmarkt). [4]Die Mindereinnahmen werden gekürzt um den Minderbetrag bei der Schlüsselzuweisung, der sich dadurch ergibt, dass sich die Verbundmasse nach Art. 1 Abs. 1 Satz 1 FAG durch die Mindereinnahmen nach Satz 3 mindert; maßgebend für die Berechnung des Minderbetrags ist der Verbundzeitraum nach Art. 1 Abs. 1 Satz 1 FAG . [5]Die Höhe des in die Zuweisungsmasse eingehenden Netto-Entlastungsbetrags des Freistaates Bayern wird im Staatshaushaltsplan festgelegt; dabei wird auch ein Abrechnungsergebnis der um den Ausgleich-Ost verminderten Wohngeldentlastung aus Vorjahren berücksichtigt.

(5) [1]Das Nähere zur Ermittlung der den Landkreisen, den kreisfreien Gemeinden und den Bezirken entstandenen Ent- und Belastungen nach Abs. 2 und der Netto-Entlastung des Freistaates Bayern nach Abs. 4 sowie zur Verteilung und Auszahlung der Zuweisungsmasse an die Landkreise und die kreisfreien Gemeinden wird durch Rechtsverordnung des Staatsministeriums im Einvernehmen mit den Staatsministerien des Innern und der Finanzen bestimmt. [2]Die Berechnung und Festsetzung des Belastungs-

ausgleichs obliegt dem Landesamt für Statistik und Datenverarbeitung.

Art. 5a Soziale Versorgung von Ausländern mit einem Aufenthaltstitel nach § 104a des Aufenthaltsgesetzes

(1) [1]Ausländer mit einem Aufenthaltstitel nach § 104a Abs. 1 Satz 1 des Aufenthaltsgesetzes erhalten anstelle von Leistungen zur Sicherung des Lebensunterhalts nach dem Zweiten Buch Sozialgesetzbuch Leistungen entsprechend den Vorschriften des Asylbewerberleistungsgesetzes (AsylbLG), wenn sie am 1. März 2007 nach § 1 Abs. 1 AsylbLG leistungsberechtigt waren und Sachleistungen erhalten haben. [2]Die Regelungen des Zweiten Buches Sozialgesetzbuch finden insoweit keine Anwendung, insbesondere werden Einkommen und Vermögen nicht nach §§ 9, 11, 12 SGB II, sondern nach den Vorschriften des Asylbewerberleistungsgesetzes angerechnet.

(2) Die Zuständigkeit und Kostenträgerschaft richten sich nach § 10 AsylbLG und den auf dieser Grundlage erlassenen Vorschriften.

[Berlin]

Es wurde kein Ausführungsgesetz erlassen (Stand 15. 8. 2009).

[Brandenburg]
Gesetz zur Ausführung des Zweiten Buches Sozialgesetzbuch im Land Brandenburg (Bbg AG-SGB II) vom 8. Dezember 2004 (GVBl. I/04, [Nr. 21], S.458), geändert durch Artikel 23 des Gesetzes vom 23. September 2008 (GVBl. I/08, [Nr. 12], S.202, 209)

Der Landtag hat das folgende Gesetz beschlossen:

§ 1 Kommunale Träger der Grundsicherung für Arbeitsuchende

(1) Die Landkreise und kreisfreien Städte (kommunale Träger) nehmen die Aufgaben der Grundsicherung für Arbeitsuchende nach § 6 Abs. 1 Satz 1 Nr. 2 und nach § 6a Abs. 1 in Verbindung mit § 6b Abs. 1 des Zweiten Buches Sozialgesetzbuch als pflichtige Selbstverwaltungsaufgabe wahr.

(2) Die Rechtsaufsicht über die Aufgabenwahrnehmung nach § 6 Abs. 1 Nr. 2 des Zweiten Buches Sozialgesetzbuch obliegt dem für Arbeit zuständigen Ministerium.

§ 2 Zuständige Landesbehörde

Zuständige Landesbehörde im Sinne von § 6a Abs. 4 und 7, § 44b Abs. 3 Satz 4 und § 47 Abs. 1 Satz 3 des Zweiten Buches Sozialgesetzbuch ist das für Arbeit zuständige Ministerium.

§ 3 Heranziehung von Ämtern und amtsfreien Gemeinden

(1) Die Landkreise, Ämter und amtsfreien Gemeinden können unter den Voraussetzungen von § 97 Abs. 1 des Zehnten Buches Sozialgesetzbuch vereinbaren, dass die Ämter und amtsfreien Gemeinden für die Landkreise deren Aufgaben nach § 6 Abs. 1 Satz 1 Nr. 2 und § 6 a Abs. 1 in Verbindung mit § 6 b Abs. 1 des Zweiten Buches Sozialgesetzbuch ganz oder zum Teil durchführen. Dies gilt nicht, soweit die Durchführung der Aufgaben nach § 6 Abs. 1 Nr. 2 des Zweiten Buches Sozialgesetzbuch bereits auf eine Arbeitsgemeinschaft nach § 44 b des Zweiten Buches Sozialgesetzbuch übertragen ist.

(2) Die nach Absatz 1 herangezogenen Ämter und amtsfreien Gemeinden handeln im Namen der heranziehenden Landkreise. Die Landkreise können den herangezogenen Ämtern und amtsfreien Gemeinden für die Durchführung der Aufgaben Weisungen erteilen.

(3) Für das Verhältnis der Landkreise zu den herangezogenen Ämtern und amtsfreien Gemeinden gelten vorbehaltlich des Satzes 2 die Bestimmungen des § 89 Abs. 3 bis 5, § 91 Abs. 1 bis 3 sowie des § 92 des Zehnten Buches Sozialgesetzbuch entsprechend. Eine Erstattungspflicht für Aufwendungen und Kosten entsprechend § 91 des Zehnten Buches Sozialgesetzbuch besteht nicht, soweit Sozialleistungen zu Unrecht erbracht oder Ansprüche gegen Dritte nicht geltend gemacht worden sind und dies auf einer vorsätzlichen oder grob fahrlässigen Verletzung von Pflichten durch die durchführende Körperschaft beruht.

(4) Der Vertrag nach Absatz 1 bedarf der Schriftform. Der Vertrag ist dem für Arbeit zuständigen Ministerium anzuzeigen und in den amtlichen Bekanntmachungsorganen der Vertragspartner zu veröffentlichen. Er wird am Tage nach der letzten Veröffentlichung wirksam, sofern nicht ein späterer Zeitpunkt bestimmt ist. Für die Beendigung des Vertragsverhältnisses gelten die Sätze 1 bis 3 entsprechend.

(5) § 122 Abs. 5 der Kommunalverfassung des Landes Brandenburg gilt nicht.

§ 4 Inanspruchnahme der Bundesmittel

(1) Der vom Bund nach § 46 Abs. 6 bis 9 des Zweiten Buches Sozialgesetzbuch festgesetzte zweckgebundene Bundesanteil an den Leistungen für Unterkunft und Heizung nach § 46 Abs. 5 des Zweiten Buches Sozialgesetzbuch ist vom Land an die Landkreise und kreisfreien Städte weiterzuleiten. Der Abruf der Erstattungen durch die Landkreise und kreisfreien Städte erfolgt nach Maßgabe des § 46 Abs. 10 des Zweiten Buches Sozialgesetzbuch gegenüber dem Land. Hierfür melden diese einmal monatlich bis

zum fünften Werktag vor Mitte oder Ende des laufenden Abrechnungsmonats dem für Arbeit zuständigen Ministerium diejenigen
Daten, die für die Durchführung des Abruf- und Erstattungsverfahrens des Landes gegenüber dem Bund erforderlich sind. Auf der
Grundlage der nach Maßgabe von Satz 3 gemeldeten Daten ruft
das für Arbeit zuständige Ministerium den Erstattungsbetrag unverzüglich beim Bund ab. Das für Arbeit zuständige Ministerium
leitet die Mittel nach Eingang der Bundeserstattung unmittelbar
und unverzüglich an die kreisfreien Städte und Landkreise weiter.

(2) Absatz 1 gilt entsprechend für Abschlagszahlungen des
Bundes an das Land nach § 46 Abs. 10 Satz 3 und 4 des Zweiten Buches Sozialgesetzbuch.

(3) Das für Arbeit zuständige Mitglied der Landesregierung
wird ermächtigt, die Zuständigkeit des für Arbeit zuständigen Ministeriums für die Durchführung des Abruf- und Erstattungsverfahrens nach Absatz 1 durch Rechtsverordnung auf eine nachgeord-
nete Behörde oder auf Dritte zu übertragen.

§ 5 Zuweisungen des Landes

Der auf das Land Brandenburg entfallende Anteil an den durch
Artikel 25 Nr. 2 des Vierten Gesetzes für moderne Dienstleistungen am Arbeitsmarkt vom 24. Dezember 2003 (BGBl. I S. 2954,
2985) zu erzielenden Einsparungen an Wohngeldleistungen
wird unter Berücksichtigung der Belastungen des Landes durch
Artikel 30 Nr. 1 des Vierten Gesetzes für moderne Dienstleistungen am Arbeitsmarkt vom 24. Dezember 2003 (BGBl. I
S. 2954, 2990) den kommunalen Trägern zugewiesen (Nettoentlastung). Die Höhe der Ausgleichszuweisungen des Landes wird
für jedes Kalenderjahr durch das jeweilige Haushaltsgesetz festgesetzt. Für die Verteilung und Auszahlung der Mittel gilt § 15
Satz 2 des Brandenburgischen Finanzausgleichsgesetzes entsprechend.

§ 6 In-Kraft-Treten

Dieses Gesetz tritt am Tage nach der Verkündung (8. 12. 2004)
in Kraft.

[Bremen]

Es wurde kein Ausführungsgesetz erlassen (Stand 15. 8. 2009).

Anordnung zur Durchführung des Zweiten Buches Sozialgesetzbuch – Grundsicherung für Arbeitsuchende – Vom 21. Dezember 2004, Amtl. Anz. 2004, S. 2613

I

Zuständig für die Durchführung des Zweiten Buches Sozialgesetzbuch – Grundsicherung für Arbeitsuchende – (SGB II) vom 24. Dezember 2003 (BGBl. I S. 2954, 2955), zuletzt geändert am 30. Juli 2004 (BGBl. I S. 2014), ist, soweit der Senat der Freien und Hansestadt Hamburg die Wahrnehmung dieser Aufgaben nicht auf die Hamburger Arbeitsgemeinschaft SGB II übertragen hat und nach stehend nichts anderes bestimmt ist, die Behörde für Wirtschaft und Arbeit.

II[1]

Die Aufgaben der obersten Landesbehörde im Sinne des § 44b Absatz 3 Satz 4 SGB II werden der der Behörde für Wirtschaft und Arbeit übertragen mit Ausnahme der Aufgaben der obersten Landesbehörde in Bezug auf §§ 22 und 23 SGB II; diese werden der Behörde für Soziales, Familie, Gesundheit und Verbraucherschutz übertragen.

III[2]

Zuständig für die Vertretung der Freien und Hansestadt Hamburg in der Einigungsstelle nach § 45 Absatz 1 Satz 1 SGB II ist die Behörde für Soziales, Familie, Gesundheit und Verbraucherschutz.

IV

Diese Anordnung tritt mit Wirkung vom 22. Dezember 2004 in Kraft.

Hessisches OFFENSIV-Gesetz vom 20. Dezember 2004 GVBl. I 2004, 488, letzte berücksichtigte Änderung: §§ 2a bis 2f, 11c eingefügt, § 12 geändert durch Artikel 1 des Gesetzes vom 14. Dezember 2006 (GVBl. I S. 666).

§ 1 Kommunale Träger der Grundsicherung für Arbeitsuchende nach § 6 des Zweiten Buches Sozialgesetzbuch

(1) Kommunale Träger nach § 6 Abs. 1 Satz 1 Nr. 2 des Zweiten Buches Sozialgesetzbuch sind die kreisfreien Städte und die

---

[1] Geändert 29. 8. 2006 (Amt. Anz. s. 2165, 2177).
[2] Geändert 29. 8. 2006 (Amt. Anz. s. 2165, 2177).

Landkreise; sie führen die Aufgaben der Grundsicherung für Arbeitsuchende als Selbstverwaltungsangelegenheit durch.

(2) Die kommunalen Träger der Grundsicherung für Arbeitsuchende erlassen den Widerspruchsbescheid nach dem Sozialgerichtsgesetz, sofern sie die ihnen nach dem Zweiten Buch Sozialgesetzbuch obliegenden Aufgaben nicht auf eine Arbeitsgemeinschaft nach § 44 b des Zweiten Buches Sozialgesetzbuch übertragen haben.

§ 2 Heranziehung kreisangehöriger Gemeinden durch die Landkreise

(1) Die Landkreise können auf Antrag kreisangehöriger Gemeinden mit mehr als 50 000 Einwohnern bestimmen, dass diese Gemeinden den Landkreisen als kommunale Träger der Grundsicherung für Arbeitsuchende obliegende Aufgaben nach § 6 Abs. 1 Satz 1 Nr. 2 des Zweiten Buches Sozialgesetzbuch ganz oder teilweise durchführen und dabei selbstständig entscheiden. Die Landkreise können für die Durchführung der Aufgaben Weisungen erteilen. Die Weisungen sollen sich auf allgemeine Anordnungen beschränken und in der Regel nicht in die Einzelausführung eingreifen.

(2) Abs. 1 gilt entsprechend für die Heranziehung kreisangehöriger Gemeinden für Aufgaben nach § 6 Abs. 1 Satz 1 Nr. 1 des Zweiten Buches Sozialgesetzbuch in den Landkreisen, die durch Rechtsverordnung des Bundesministeriums für Wirtschaft und Arbeit zu zugelassenen kommunalen Trägern nach § 6 a des Zweiten Buches Sozialgesetzbuch bestimmt worden sind.

(3) Über die Heranziehung von kreisangehörigen Gemeinden beschließt der Kreisausschuss; der Beschluss ist wie eine Satzung (entsprechend § 5 Abs. 3 der Hessischen Landkreisordnung) öffentlich bekannt zu machen und dem für die Grundsicherung für Arbeitsuchende zuständigen Ministerium anzuzeigen.

(4) Die Heranziehung einer kreisangehörigen Gemeinde kann nur mit deren Zustimmung aufgehoben werden. Satz 1 gilt nicht, wenn der zuständige Landkreis Aufgaben der Grundsicherung für Arbeitsuchende nach § 6 Abs. 1 Satz 1 Nr. 1 des Zweiten Buches Sozialgesetzbuch wahrnimmt oder die kreisangehörige Gemeinde nicht Aufgaben nach § 99 Abs. 1 des Zwölften Buches Sozialgesetzbuch wahrnimmt. Abs. 2 und 3 gelten entsprechend.

§ 2 a Aufgabenwahrnehmung durch kommunale Gemeinschaftsarbeit

(1) Soweit die kommunalen Träger zur gemeinsamen Wahrnehmung von Aufgaben nach dem Zweiten Buch Sozialgesetzbuch einen Zweckverband nach dem Dritten Abschnitt des Geset-

zes über kommunale Gemeinschaftsarbeit vom 16. Dezember 1969 (GVBl. I S.307), zuletzt geändert durch Gesetz vom 21. März 2005 (GVBl. I S.229), bilden, gilt der Zweckverband als kommunaler Träger nach § 6 Abs. 1 Satz 1 Nr. 2 des Zweiten Buches Sozialgesetzbuch. Soweit Aufgaben im Sinne von Satz 1 durch öffentlich-rechtliche Vereinbarung nach dem Vierten Abschnitt des Gesetzes über die kommunale Gemeinschaftsarbeit übertragen werden, gilt der übernehmende Rechtsträger als kommunaler Träger.

(2) Das für die Grundsicherung für Arbeitsuchende zuständige Ministerium ist abweichend von § 35 des Gesetzes über kommunale Gemeinschaftsarbeit Aufsichtsbehörde nach § 10 Abs. 1, § 21 Abs. 3 und § 26 Abs. 1 des Gesetzes über kommunale Gemeinschaftsarbeit.

(3) Der Zweckverband oder die Gebietskörperschaft, die Aufgaben durch öffentlich-rechtliche Vereinbarung übernommen hat, erlässt den Widerspruchsbescheid nach dem Sozialgerichtsgesetz.

§ 2 b Aufgabenwahrnehmung durch Anstalten öffentlichen Rechts

(1) Die kommunalen Träger nach § 1 sowie nach § 2 a Abs. 1 können zur Wahrnehmung von Aufgaben nach dem Zweiten Buch Sozialgesetzbuch rechtsfähige Anstalten öffentlichen Rechts errichten. Wenn kommunale Träger oder Zweckverbände Anstalten öffentlichen Rechts errichten, gelten diese an ihrer Stelle als kommunale Träger.

(2) Soweit in diesem Gesetz oder in der Satzung nichts anderes geregelt ist, gelten für die Anstalten öffentlichen Rechts die Vorschriften der Hessischen Gemeindeordnung entsprechend. Die entsprechende Anwendung der §§ 123 a und 125 der Hessischen Gemeindeordnung kann durch die Satzung nicht ausgeschlossen werden.

(3) In einer von der Vertretungskörperschaft zu beschließenden Satzung sind mindestens Regelungen zu treffen über
1. die Rechtsverhältnisse der Anstalt öffentlichen Rechts,
2. die Zusammensetzung der Organe nach § 2 c und die Anzahl der Mitglieder sowie das Verfahren und die Dauer ihrer Bestellung,
3. das Verfahren zur Änderung der Satzung,
4. das Verfahren bei Auflösung der Anstalt öffentlichen Rechts und
5. das für die Haushaltswirtschaft und das Rechnungswesen maßgebliche Recht.

Wird die Anstalt öffentlichen Rechts durch einen Zweckverband nach § 2 a errichtet, beschließen die Vertretungskörperschaften der beteiligten kommunalen Träger die Satzung; in diese Satzung sind auch Regelungen über die Durchführung der örtlichen Rechnungsprüfung aufzunehmen.

(4) Regie- und Eigenbetriebe können in eine Anstalt öffentlichen Rechts überführt werden; hierzu bedarf es einer Eröffnungsbilanz. Gesellschaften und andere Vereinigungen und Einrichtungen in privater Rechtsform, die dem kommunalen Träger gehören, können in Anstalten öffentlichen Rechts umgewandelt werden. Für Umwandlungen nach Satz 2 gelten die Vorschriften des Umwandlungsgesetzes vom 28. Oktober 1994 (BGBl. I S. 3210, 1995 I S. 428), zuletzt geändert durch Gesetz vom 14. August 2006 (BGBl. I S. 1911), über den Formwechsel entsprechend.

(5) Die kommunalen Träger tragen die Kosten der Wahrnehmung ihrer Aufgaben durch die Anstalt öffentlichen Rechts; insoweit haften sie für die Verbindlichkeiten der Anstalt öffentlichen Rechts (Gewährträgerschaft).

(6) Die Satzung einer Anstalt öffentlichen Rechts bedarf der Genehmigung des für die Grundsicherung für Arbeitsuchende zuständigen Ministeriums.

§ 2 c Organe

(1) Organe der Anstalt öffentlichen Rechts sind der Vorstand und der Verwaltungsrat.

(2) Der Vorstand leitet die Anstalt öffentlichen Rechts in eigener Verantwortung, soweit nicht durch die Satzung etwas anderes bestimmt ist. Er vertritt die Anstalt öffentlichen Rechts gerichtlich und außergerichtlich.

(3) Der Verwaltungsrat überwacht die Geschäftsführung des Vorstandes. Der Verwaltungsrat entscheidet außerdem über

1. die Änderung der Satzung,
2. die Feststellung des Haushalts- oder Wirtschaftsplanes und des Jahresabschlusses,
3. die Bestellung des Abschlussprüfers,
4. die Ergebnisverwendung,
5. die Aufstellung und Einhaltung des Stellenplans und
6. die Beteiligung der Anstalt öffentlichen Rechts an Unternehmen.

Entscheidungen nach Satz 2 Nr. 1 und 6 bedürfen der Zustimmung der Vertretungskörperschaft oder der Verbandsversammlung des kommunalen Trägers und des für die Grundsicherung für Arbeitsuchende zuständigen Ministeriums. Eine Beteiligung der Anstalt öffentlichen Rechts an Unternehmen nach Satz 2 Nr. 6 ist nur im Rahmen der Wahrnehmung von Aufgaben nach dem Zweiten Buch Sozialgesetzbuch zulässig.

(4) Mitglieder des Verwaltungsrats können nicht sein:
1. Bedienstete der Anstalt öffentlichen Rechts,
2. leitende Bedienstete von juristischen Personen oder sonstigen Organisationen des öffentlichen oder privaten Rechts, an denen die Anstalt öffentlichen Rechts mit mehr als 50 vom Hundert beteiligt ist; eine Beteiligung am Stimmrecht genügt,
3. Bedienstete der Aufsichtsbehörde, die unmittelbar mit der Aufsicht über die Anstalt öffentlichen Rechts befasst sind.

§ 2 d Dienstherrnfähigkeit

(1) Die Anstalt öffentlichen Rechts hat das Recht, Dienstherr von Beamtinnen und Beamten zu sein.

(2) Wird die Anstalt öffentlichen Rechts aufgelöst, haben die kommunalen Träger, die sie errichtet haben, deren Beamtinnen und Beamte, Versorgungsempfängerinnen und Versorgungsempfänger zu übernehmen. Sind einem Zweckverband nach § 2 a die Aufgaben eines kommunalen Trägers übertragen worden, ist in seiner Satzung die Übernahme seiner Beamtinnen und Beamten, Versorgungsempfängerinnen und Versorgungsempfänger im Falle der Auflösung der Anstalt öffentlichen Rechts zu regeln.

§ 2 e Vollstreckung von Verwaltungsakten im hoheitlichen Bereich

Übt die Anstalt öffentlichen Rechts aufgrund der Aufgabenübertragung nach dem Zweiten Buch Sozialgesetzbuch hoheitliche Befugnisse aus, so ist sie, soweit in der Satzung nichts anderes bestimmt ist, zur Vollstreckung von Verwaltungsakten im gleichen Umfang berechtigt wie der kommunale Träger.

§ 2 f Zugelassene kommunale Träger

(1) Die Vorschriften der §§ 2 a bis 2 e finden auf die zugelassenen kommunalen Träger entsprechende Anwendung.

(2) Soweit Aufgaben der zugelassenen kommunalen Träger nach dem Zweiten Buch Sozialgesetzbuch in einem Zweckverband nach § 2 a oder in einer Anstalt öffentlichen Rechts nach § 2 b gemeinsam wahrgenommen werden, sind die Aufgaben organisatorisch und finanziell getrennt auszuweisen.

§ 3 Zugelassene kommunale Träger nach § 6 a des Zweiten Buches Sozialgesetzbuch

(1) Das für die Grundsicherung für Arbeitsuchende zuständige Ministerium ist für den Antrag nach § 6 a des Zweiten Buches Sozialgesetzbuch zuständig.

(2) Die zugelassenen kommunalen Träger der Grundsicherung für Arbeitsuchende erlassen den Widerspruchsbescheid nach dem Sozialgerichtsgesetz.

§ 4 Kostenträger

Werden Aufgaben nach § 2 von kreisangehörigen Gemeinden durchgeführt, so hat der Landkreis die aufgewendeten Kosten zu erstatten.

§ 5 Aufgaben des Landes

(1) Das für die Grundsicherung für Arbeitsuchende zuständige Ministerium unterstützt die kommunalen Träger und zugelassenen kommunalen Träger der Grundsicherung für Arbeitsuchende nach den §§ 6 und § 6 a des Zweiten Buches Sozialgesetzbuch beratend bei der Durchführung ihrer Aufgaben sowie bei der Optimierung der Dienstleistungen, bei der Überprüfung von Leistungen und bei der Qualitätssicherung.

(2) Bei der Durchführung der Aufgaben nach Abs. 1 sollen die örtlichen Träger der Sozialhilfe nach § 3 Abs. 2 des Zwölften Buches Sozialgesetzbuch entsprechend berücksichtigt werden.

§ 6 Verhältnis zu Kirchen, zur freien Wohlfahrtspflege und zu Dritten

(1) Die Stellung der Kirchen und Religionsgesellschaften des öffentlichen Rechts sowie der Verbände der freien Wohlfahrtspflege als Träger eigener sozialer Aufgaben und ihre Tätigkeit zur Erfüllung dieser Aufgaben werden durch dieses Gesetz nicht berührt.

(2) Bei der Durchführung dieses Gesetzes ist die Vielfalt der Träger von Einrichtungen zu wahren.

(3) Die kommunalen Träger und die zugelassenen kommunalen Träger der Grundsicherung für Arbeitsuchende sollen bei der Durchführung des Zweiten Buches Sozialgesetzbuch mit den Kirchen und Religionsgesellschaften des öffentlichen Rechts, den Verbänden der freien Wohlfahrtspflege und Dritten zusammenarbeiten. Auf die Selbstständigkeit sowohl der Kirchen und Religionsgesellschaften des öffentlichen Rechts als auch der Verbände der freien Wohlfahrtspflege in Zielsetzung und Durchführung ihrer Aufgaben sollen die Träger achten.

(4) Die Zusammenarbeit soll darauf gerichtet sein, dass sich die Hilfen und die Tätigkeit der Verbände der freien Wohlfahrtspflege zum Wohle der Hilfe suchenden Personen wirksam ergänzen. Die kommunalen Träger und zugelassenen kommunalen Träger der Grundsicherung für Arbeitsuchende nach § 6 oder § 6 a des Zweiten Buches Sozialgesetzbuch sollen die Verbände der freien Wohlfahrtspflege und Dritte in ihrer Tätigkeit auf dem Gebiet der Hilfen nach diesem Buch angemessen unterstützen.

(5) Bei der Durchführung von Maßnahmen zur Aktivierung erwerbsfähiger Hilfe suchender Personen in das Erwerbsleben soll auf den Vorrang der freigemeinnützigen und privaten Träger gegenüber öffentlichen Trägern geachtet werden.

(6) Wird die Hilfe im Einzelfall durch die freie Wohlfahrtspflege oder durch Dritte gewährt, sollen die kommunalen Träger und die zugelassenen kommunalen Träger der Grundsicherung für Arbeitsuchende von der Durchführung eigener Maßnahmen absehen; dies gilt nicht für die Gewährung von Geldleistungen.

(7) Die kommunalen Träger und die zugelassenen kommunalen Träger der Grundsicherung für Arbeitsuchende können an der Durchführung ihrer Aufgaben nach dem Zweiten Buch Sozialgesetzbuch und nach diesem Gesetz die Verbände der freien Wohlfahrtspflege und Dritte beteiligen oder ihnen die Durchführung solcher Aufgaben übertragen, wenn die betroffenen Verbände oder Dritten mit der Beteiligung oder Übertragung einverstanden sind. Die kommunalen Träger und die zugelassenen kommunalen Träger der Grundsicherung für Arbeitsuchende bleiben der Hilfe suchenden Person gegenüber verantwortlich.

§ 7 Kommunale Vermittlungsagenturen (Kommunale Job-Center)

(1) Die Aufgaben nach dem Zweiten Buch Sozialgesetzbuch sind für alle Personen einer Bedarfsgemeinschaft von den zugelassenen kommunalen Trägern der Grundsicherung für Arbeitsuchende nach § 6a des Zweiten Buches Sozialgesetzbuch in besonderen Einrichtungen (kommunale Vermittlungsagenturen) wahrzunehmen.

(2) Die Zusammenarbeit mit der Agentur für Arbeit und dem örtlichen Träger der Sozialhilfe soll durch geeignete Maßnahmen sichergestellt werden.

§ 8 Aufgaben der kommunalen Vermittlungsagenturen

(1) Die kommunalen Vermittlungsagenturen nach § 7 Abs. 1 haben nach dem Zweiten Buch Sozialgesetzbuch die Aufgabe, erwerbsfähige Hilfe suchende Personen zu aktivieren und durch Arbeitsvermittlung, Maßnahmen zur Förderung der Beschäftigung und Qualifizierung in das Erwerbsleben zu integrieren.

(2) Die kommunalen Vermittlungsagenturen sollen Vereinbarungen mit Ärzten oder ärztlichen Diensten abschließen, um Krankmeldungen erwerbsfähiger Hilfe suchender Personen und den Grad der Erwerbsminderung begutachten zu können.

(3) Die kommunalen Vermittlungsagenturen wirken darauf hin, offene Arbeitsplätze zu ermitteln und für die Vermittlung zu gewinnen.

§ 9 Zusammenarbeit mit anderen Sozialleistungsträgern und Stellen

(1) Die für die Grundsicherung für Arbeitsuchende zuständige oberste Landesbehörde soll mit der zuständigen Regionaldirek-

tion nach dem Dritten Buch Sozialgesetzbuch Verwaltungsverein-
barungen über die Grundsätze der Zusammenarbeit zwischen
den kommunalen Vermittlungsagenturen und den Agenturen für
Arbeit abschließen.

(2) Die kommunalen Vermittlungsagenturen der zugelassenen
kommunalen Träger sollen zur Überwindung der Arbeitslosigkeit
von erwerbsfähigen Hilfe suchenden Personen und Leistungsbeziehern nach dem Dritten Buch Sozialgesetzbuch mit den örtlichen Agenturen für Arbeit Verwaltungs- oder Kooperationsver-
einbarungen abschließen und durchführen. Mit den Vereinbarungen sollen unter Berücksichtigung der örtlichen Verhältnisse alle
Möglichkeiten ausgeschöpft werden, um die Vermittlung in Arbeit zu verbessern, die Wirksamkeit der Hilfen zur Eingliederung
in eine Erwerbstätigkeit zu steigern und das Verwaltungsverfahren bürgernah und einfach zu gestalten.

(3) Die kommunalen Vermittlungsagenturen sollen mit sozialen
Diensten zusammenarbeiten und für die Hilfe bedürftigen Personen im Rahmen der Eingliederungsvereinbarung die notwendigen Hilfen vermitteln.

§ 10 Aufsicht

(1) Die kommunalen Träger und die zugelassenen kommunalen Träger der Grundsicherung für Arbeitsuchende unterliegen
der Rechtsaufsicht des Staates. Entsprechendes gilt für die Arbeitsgemeinschaften nach § 44b des Zweiten Buches Sozialgesetzbuch.

(2) Kommen kommunale Träger, zugelassene kommunale Träger oder eine Arbeitsgemeinschaft nach Abs. 1 einer ihnen nach
diesem Gesetz oder nach dem Zweiten Buch Sozialgesetzbuch
obliegenden Verpflichtung nicht oder nicht ordnungsgemäß
nach, so stellt die zuständige Aufsichtsbehörde die Verpflichtung
fest. Zuständige Aufsichtsbehörde ist das Regierungspräsidium,
obere Aufsichtsbehörde das für die Grundsicherung für Arbeitsuchende zuständige Ministerium.

(3) Für weitere Maßnahmen gegenüber den Trägern ist die
Kommunalaufsichtsbehörde zuständig.

§ 11 Weiterleitung der Kostenerstattung des Bundes

(1) Die Zahlungen des Bundes aufgrund seiner Kostenbeteili-
gung an den Leistungen für Unterkunft und Heizung nach § 46
Abs. 5 des Zweiten Buches Sozialgesetzbuch werden vom Land
an die Kreise und kreisfreien Städte auf Grundlage der bei ihnen
tatsächlich entstandenen Aufwendungen nach Maßgabe des
§ 46 Abs. 6 bis 9 des Zweiten Buches Sozialgesetzbuch weitergeleitet.

(2) Die Kreise und kreisfreien Städte melden zum 10. und 25. eines jeden Monats dem für die Finanzen zuständigen Ministerium die entstandenen Aufwendungen. Fällt dieser Termin auf einen arbeitsfreien Tag, erfolgt die Meldung an dem letzten vorausgehenden Arbeitstag. Durch Rechtsverordnung des für die Grundsicherung für Arbeitsuchende zuständigen Ministeriums kann im Einvernehmen mit dem für die Finanzen zuständigen Ministerium ein von Satz 1 und Abs. 5 abweichendes Kostenerstattungsverfahren festgelegt werden.

(3) Auf der Grundlage der gemeldeten Daten ruft das Land nach § 46 Abs. 10 Satz 1 und 2 des Zweiten Buches Sozialgesetzbuch den Erstattungsbetrag beim Bund ab. Nach Eingang des Erstattungsbetrages leitet das Land den Kreisen und kreisfreien Städten den ihnen jeweils zustehenden Betrag zu. Die Einzelheiten der Zahlungsabwicklung regelt das für die Finanzen zuständige Ministerium im Einvernehmen mit dem für die Grundsicherung für Arbeitsuchende zuständigen Ministerium und mit dem für Inneres zuständigen Ministerium. Das für die Finanzen zuständige Ministerium kann eine andere Stelle mit der Zahlungsabwicklung beauftragen.

(4) Soweit fehlerhafte Meldungen eines kommunalen Trägers zu überhöhten Erstattungen führen oder soweit der Bund die auf Meldungen eines kommunalen Trägers beruhenden Mittelanforderungen des Landes nicht anerkennt und seine Erstattungen an das Land entsprechend kürzt, sind die Festsetzungen des Landes gegenüber dem betreffenden kommunalen Träger zurückzunehmen. Dieser hat die insoweit erbrachten Leistungen an das Land zu erstatten.

(5) Soweit der Bund dem Land nach § 46 Abs. 10 Satz 3 und 4 des Zweiten Buches Sozialgesetzbuch Abschläge zahlt, gelten für die Weiterleitung an die Kreise und kreisfreien Städte Abs. 1 bis 3 entsprechend.

(6) Über die Einzelheiten der Zahlungsabwicklung nach Abs. 3 soll zuvor mit den hessischen kommunalen Spitzenverbänden das Benehmen hergestellt werden.

§ 11 a Vertragsgestaltung und Rechtsform

(1) Arbeitsgemeinschaften nach § 44 b des Zweiten Buches Sozialgesetzbuch können durch öffentlich-rechtlichen Vertrag errichtet werden. Sie können auch in der Rechtsform der Gesellschaft mit beschränkter Haftung und, abweichend von § 122 Abs. 1 Nr. 2 der Hessischen Gemeindeordnung, als Gesellschaften bürgerlichen Rechts errichtet werden.

(2) Den Abschluss und die Änderung des Vertrages zur Errichtung einer Arbeitsgemeinschaft nach § 44 b Abs. 1 des Zweiten

Buches Sozialgesetzbuch und zur Übertragung von Aufgaben
auf die Arbeitsgemeinschaft hat der kommunale Träger rechtzeitig vorher dem für die Grundsicherung für Arbeitsuchende zuständigen Ministerium anzuzeigen.

§ 11 b Beleihung

(1) Die zugelassenen kommunalen Träger werden ermächtigt,
die ihnen im Rahmen ihrer sachlichen Zuständigkeit nach § 6 b
Abs. 1 des Zweiten Buches Sozialgesetzbuch obliegenden Verwaltungsaufgaben durch Verwaltungsakt oder öffentlich-rechtlichen Vertrag auf juristische Personen des Privatrechts zu übertragen, die als besondere Einrichtungen nach § 6 a Abs. 6 des
Zweiten Buches Sozialgesetzbuch errichtet wurden. Der Beliehene muss die Gewähr für die ordnungsgemäße Erfüllung der
ihm übertragenen Aufgaben bieten und die Beleihung muss im
öffentlichen Interesse liegen.

(2) Der Beliehene nimmt die übertragenen Aufgaben im eigenen Namen wahr. Er unterliegt den Weisungen des beleihenden
zugelassenen kommunalen Trägers. Das Weisungsrecht ist unbeschränkt und kann nicht beschränkt werden. Erfüllt der Beliehene
die übertragenen Aufgaben nicht oder nur ungenügend, so ist
der beleihende zugelassene kommunale Träger befugt, die Aufgaben selbst durchzuführen.

(3) Der zugelassene kommunale Träger hat die beabsichtigte
Beleihung rechtzeitig, jedoch mindestens zwei Wochen vor Erlass des Verwaltungsakts oder Abschluss des öffentlich-rechtlichen Vertrags, dem für die Grundsicherung für Arbeitsuchende
zuständigen Ministerium anzuzeigen. Die Beleihung ist in ortsüblicher Weise öffentlich bekannt zu machen.

(4) Die Abs. 1 bis 3 gelten entsprechend für die Übertragung
der den kommunalen Trägern nach § 6 Abs. 1 Satz 1 Nr. 2 des
Zweiten Buches Sozialgesetzbuch obliegenden Aufgaben auf
die besonderen Einrichtungen nach Abs. 1 sowie auf die Arbeitsgemeinschaften nach § 44 b des Zweiten Buch Sozialgesetzbuch.
Abs. 2 Satz 2 und 3 gilt abweichend hiervon nicht bei einer
Übertragung auf die Arbeitsgemeinschaften.

§ 11 c Arbeitsgemeinschaften als Anstalten öffentlichen Rechts

(1) Kommunale Träger nach dem Zweiten Buch Sozialgesetzbuch können durch Vereinbarung mit den Agenturen für Arbeit
Arbeitsgemeinschaften nach § 44 b des Zweiten Buches Sozialgesetzbuch bilden oder sich an einer solchen Arbeitsgemeinschaft
beteiligen. Im Rahmen einer Vereinbarung nach Satz 1 können
die kommunalen Träger mit den Agenturen für Arbeit Arbeitsgemeinschaften nach § 44 b des Zweiten Buches Sozialgesetzbuch

in der Rechtsform einer rechtsfähigen Anstalt öffentlichen Rechts errichten oder sich an dieser als weiterer Träger beteiligen. Im Rahmen dieser Vereinbarung legen die Bundesagentur für Arbeit und die kommunalen Träger die Satzung der Anstalt öffentlichen Rechts fest. Sie enthält mindestens Bestimmungen über

1. das für die Haushaltswirtschaft, das Rechnungs- und das Prüfungswesen maßgebliche Recht,
2. die Bereitstellung des Personals, insbesondere die Übernahme der Beamtinnen und Beamten sowie der Versorgungsempfängerinnen und Versorgungsempfänger im Falle der Auflösung der Anstalt öffentlichen Rechts,
3. das Verfahren zur Bestimmung der Geschäftsführerin oder des Geschäftsführers nach § 44 b Abs. 2 Satz 3 des Zweiten Buches Sozialgesetzbuch und ihre oder seine Befugnisse,
4. die Verteilung der Sitze im Verwaltungsrat auf die Träger der Anstalt öffentlichen Rechts, das Verfahren zur Besetzung der Sitze und die Rechtsverhältnisse der Mitglieder des Verwaltungsrats,
5. die Verpflichtung der Bundesagentur für Arbeit, die Kosten der Wahrnehmung ihrer Aufgaben durch die Anstalt öffentlichen Rechts zu tragen, und
6. die Haftung der Bundesagentur für Arbeit für die Verbindlichkeiten der Anstalt öffentlichen Rechts und den gegenseitigen Haftungsausgleich im Innenverhältnis.

(2) Im Übrigen gelten die §§ 2 b, 2 c, § 2 d Abs. 1 und § 2 e entsprechend. Die Geschäftsführerin oder der Geschäftsführer nach § 44 b Abs. 2 des Zweiten Buches Sozialgesetzbuch tritt an die Stelle des Vorstandes nach § 2 c Abs. 1 und 2.

§ 11 d Statistik

Für die Sozialberichterstattung, die Wirkungsforschung und die Überprüfung des Anteils des Bundes an den Leistungen für Unterkunft und Heizung nach § 22 Abs. 1 des Zweiten Buches Sozialgesetzbuch in Verbindung mit § 46 Abs. 6 bis 9 des Zweiten Buches Sozialgesetzbuch soll das Hessische Statistische Landesamt eine Geschäftsstatistik erstellen. Zu diesem Zweck werden von den Trägern der Grundsicherung für Arbeitsuchende die erforderlichen Daten übermittelt.

§ 12 Ordnungswidrigkeiten

Zuständige Verwaltungsbehörde für die Verfolgung und Ahndung von Ordnungswidrigkeiten nach § 63 des Zweiten Buches Sozialgesetzbuch im Falle der Aufgabenwahrnehmung durch die zugelassenen kommunalen Träger nach § 6 a des Zweiten Buches Sozialgesetzbuch ist

1. in kreisfreien Städten und in Gemeinden, die nach §§ 1 bis 3 Aufgaben der Grundsicherung für Arbeitsuchende durchführen, der Gemeindevorstand,
2. in Landkreisen der Kreisausschuss,
3. beim Zweckverband nach § 2a der Verbandsvorstand und
4. bei der Anstalt öffentlichen Rechts nach den §§ 2b bis 2f der Vorstand sowie nach § 11c die Geschäftsführerin oder der Geschäftsführer.

§ 13 In-Kraft-Treten, Außer-Kraft-Treten

Dieses Gesetz tritt am 1. Januar 2005 in Kraft. Es tritt mit Ablauf des 31. Dezember 2010 außer Kraft.

[Mecklenburg-Vorpommern]
Gesetz des Landes Mecklenburg-Vorpommern zur Ausführung des Zweiten Buches Sozialgesetzbuch (Landesausführungsgesetz SGB II – AG-SGB II) vom 28. Oktober 2004, GVOBl. M-V 2004, S. 502[1]

Der Landtag hat das folgende Gesetz beschlossen:

§ 1 Trägerschaft

Die kreisfreien Städte und Landkreise (kommunale Träger) führen die Aufgaben der Grundsicherung für Arbeitssuchende nach § 6 Abs. 1 Satz 1 Nr. 2 und § 6a Abs. 1 des Zweiten Buches Sozialgesetzbuch als Aufgabe des eigenen Wirkungskreises durch.

§ 2 Heranziehung

(1) Die Landkreise, die die Wahrnehmung ihrer Aufgaben nicht einer Arbeitsgemeinschaft nach § 44b Abs. 3 Satz 2 des Zweiten Buches Sozialgesetzbuch übertragen haben, können Ämter und amtsfreie Gemeinden durch Satzung zur Durchführung aller oder eines Teils der in § 6 Abs. 1 Satz 1 Nr. 2 des Zweiten Buches Sozialgesetzbuch genannten Aufgaben heranziehen. Dies gilt auch dann, wenn die Landkreise nach § 6a des Zweiten Buches Sozialgesetzbuch als Träger der Grundsicherung für Arbeitssuchende zugelassen sind.

(2) Die nach Absatz 1 herangezogenen Ämter und amtsfreien Gemeinden handeln im Namen der heranziehenden Landkreise. Die Landkreise können den herangezogenen Ämtern und amtsfreien Gemeinden Weisungen erteilen.

(3) § 89 Abs. 3 und 5 des Zehnten Buches Sozialgesetzbuch gilt entsprechend.

---

[1] § 7 geändert durch Artikel 24 des Gesetzes vom 19. Dezember 2005 (GVOBl. M-V S. 640); § 6 geändert durch Gesetz vom 23. Mai 2006 (GVOBl. M-V S. 248)

(4) Für die Erstattung der von den herangezogenen Ämtern und amtsfreien Gemeinden erbrachten Leistungen gelten § 91 Abs. 1 Satz 1 und 2 sowie Abs. 3, §§ 111 und 113 des Zehnten Buches Sozialgesetzbuch entsprechend. Eine Erstattungspflicht besteht nicht, soweit Leistungen zu Unrecht erbracht oder Ansprüche gegen Dritte nicht geltend gemacht worden sind und dies auf einer vorsätzlichen oder grob fahrlässigen Verletzung von Pflichten durch die herangezogenen Gemeinden oder Ämter beruht.

(5) Verwaltungskosten und Auslagen der herangezogenen Gemeinden und Ämter werden nicht erstattet. Dies gilt nicht, sofern in einem Landkreis nicht alle Ämter und amtsfreien Gemeinden herangezogen werden.

§ 3 Zustimmung

(1) Die Zulassung eines kommunalen Trägers als Träger der Leistungen nach § 6 Abs. 1 Satz 1 Nr. 1 des Zweiten Buches Sozialgesetzbuch anstelle der Agentur für Arbeit kann durch das Bundesministerium für Wirtschaft und Arbeit nach § 6 a des Zweiten Buches Sozialgesetzbuch erteilt werden. Der Antrag auf Zulassung bedarf der Zustimmung des Innenministeriums.

(2) Die Zustimmung nach Absatz 1 wird erteilt, wenn zu erwarten ist, dass Aufgaben und Zielsetzungen der Grundsicherung für Arbeitssuchende gemäß § 1 des Zweiten Buches Sozialgesetzbuch durch den kommunalen Träger erfüllt werden.

(3) Stellen mehr kommunale Träger einen Antrag auf Zulassung nach Absatz 1 als nach dem Länderkontingent gemäß § 6 a Abs. 3 des Zweiten Buches Sozialgesetzbuch für Mecklenburg-Vorpommern zulässig sind, schlägt das Innenministerium dem Bundesministerium für Wirtschaft und Arbeit vor, in welcher Reihenfolge die antragstellenden kommunalen Träger zugelassen werden sollen.

§ 4 Arbeitsgemeinschaften

(1) Soweit Träger der Leistungen nach § 6 Abs. 1 Satz 1 des Zweiten Buches Sozialgesetzbuch die Wahrnehmung ihrer Aufgaben Arbeitsgemeinschaften nach § 44b des Zweiten Buches Sozialgesetzbuch übertragen haben, führen diese die Aufgaben im eigenen Namen für die Träger der Leistungen nach § 6 Abs. 1 Satz 1 des Zweiten Buches Sozialgesetzbuch durch. Die Rechte und Pflichten der Träger der Leistungen nach § 6 Abs. 1 Satz 1 des Zweiten Buches Sozialgesetzbuch bleiben hiervon unberührt. Die Träger der Leistungen nach § 6 Abs. 1 Satz 1 des Zweiten Buches Sozialgesetzbuch können in ihrem Zuständigkeitsbereich der Arbeitsgemeinschaft Weisungen erteilen. Die Arbeitsgemeinschaft besitzt keine Dienstherrenfähigkeit.

(2) Der Vertrag zwischen dem kommunalen Träger und der Agentur für Arbeit, mit dem eine Arbeitsgemeinschaft nach § 44b des Zweiten Buches Sozialgesetzbuch errichtet wird, bedarf als wichtige Angelegenheit der Beschlussfassung des jeweiligen Vertretungsorgans des kommunalen Trägers. Der Beschluss ist dem Innenministerium als zuständiger Rechtsaufsichtsbehörde unverzüglich anzuzeigen. Ein privatrechtlicher Vertrag wird erst wirksam, wenn das Innenministerium die Verletzung von Rechtsvorschriften nicht innerhalb eines Monats nach Eingang der erforderlichen Unterlagen geltend gemacht hat oder wenn es vor Ablauf der Frist erklärt hat, dass es keine Verletzung von Rechtsvorschriften geltend macht.

(3) Die Arbeitsgemeinschaft kann zu ihrer Unterstützung Dritte, insbesondere Ämter und amtsfreie Gemeinden, mit der Wahrnehmung von Aufgaben durch Vertrag beauftragen.

§ 5 Aufsicht

(1) Soweit die kommunalen Träger Aufgaben als Träger der Grundsicherung für Arbeitssuchende nach § 6 Abs. 1 Satz 1 Nr. 2 und § 6a Abs. 1 des Zweiten Buches Sozialgesetzbuch durchführen, unterliegen sie der Rechtsaufsicht des Innenministeriums.

(2) Soweit die Aufgaben der Grundsicherung für Arbeitssuchende von Arbeitsgemeinschaften nach § 44b des Zweiten Buches Sozialgesetzbuch durchgeführt werden, führt das Innenministerium die Rechtsaufsicht über die Arbeitsgemeinschaften im Benehmen mit dem Bundesministerium für Wirtschaft und Arbeit.

§ 6 Finanzieller Ausgleich

(1) Im Rahmen des Vierten Gesetzes für moderne Dienstleistungen am Arbeitsmarkt erhalten die kommunalen Träger ab dem Jahr 2005 vom Land Zuweisungen, die sich aus folgenden Bestandteilen zusammensetzen:

1. in den Jahren 2005 bis 2009 aus den Sonderbedarfs-Bundesergänzungszuweisungen, die das Land zum Ausgleich von Sonderlasten durch die strukturelle Arbeitslosigkeit und der daraus entstehenden überproportionalen Lasten bei der Zusammenführung von Arbeitslosenhilfe und Sozialhilfe für Erwerbsfähige erhält, abzüglich des Anteils des Landes zur Finanzierung des jährlich um 1.000.000.000 Euro verringerten Umsatzsteueranteils der Länder,
2. aus dem Landesanteil an den Einsparungen beim Wohngeld abzüglich der Einsparungen für die Bedarfsgemeinschaften, für die das Land den kommunalen Trägern die Kosten nach dem Flüchtlingsaufnahmegesetz (2.850.000 Euro) erstattet

und abzüglich der Mehrbedarfe in der überörtlichen Sozialhilfe (3.000.000 Euro), die auf den Änderungen des Wohngeldgesetzes durch das Vierte Gesetz für moderne Dienstleistungen am Arbeitsmarkt (BGBl. I 2003 S. 2954) beruhen.
Die Höhe der Ausgleichszuweisungen des Landes wird für jedes Haushaltsjahr im Landeshaushaltsplan vorläufig und nach
Ablauf des Haushaltsjahres endgültig festgesetzt. Die Zuweisungen nach Satz 1 Nr. 2 werden 2005 zu 20 vom Hundert und ab
2006 zu 40 vom Hundert investiv gebunden, soweit der Verwal-
tungshaushalt dadurch keinen Fehlbedarf ausweist.

(2) Die Verteilung der Ausgleichszuweisungen des Landes erfolgt in zwei Stufen, und zwar in einer ersten Stufe in Höhe von
96 vom Hundert und in einer zweiten Stufe in Höhe von 4 vom
Hundert an die Landkreise und kreisfreien Städte.

1. Die Mittel der ersten Stufe werden zu 70 vom Hundert den
   Landkreisen und zu 30 vom Hundert den kreisfreien Städten
   zugewiesen. Die Verteilung der sich danach ergebenen Beträge wird jeweils unter den Landkreisen und den kreisfreien
   Städten untereinander nach ihrem prozentualen Anteil vorgenommen. Dieser Anteil wird jeweils hälftig aus dem Anteil der
   Kommune an den Bedarfsgemeinschaften, die Leistungen nach
   dem Zweiten Buch Sozialgesetzbuch erhalten, und dem Anteil
   an den Ausgaben für Unterkunft und Heizung nach § 22
   Abs. 1 des Zweiten Buches Sozialgesetzbuch ermittelt. Für die
   Berechnungen nach Satz 3 ist jeweils das arithmetische Mittel
   der vorjährigen monatlichen Erstattungsbeträge der Kommunen nach § 7 sowie der monatlichen Anzahl der Bedarfsgemeinschaften des Vorjahres abzüglich der Bedarfsgemeinschaften, die Leistungen nach dem Flüchtlingsaufnahmegesetz
   erhalten, entsprechend der Statistik der Bundesagentur für Arbeit gemäß § 53 des Zweiten Buches Sozialgesetzbuch des
   Vorjahres zu verwenden. Soweit Aufgaben anstelle der Agentur für Arbeit nach § 6a des Zweiten Buches Sozialgesetzbuch
   durch einen kommunalen Träger erbracht werden, erfolgt die
   Berechnung auf der Basis der von diesem kommunalen Träger
   nachgewiesenen Vorjahresdaten.

2. Das Sozialministerium wird ermächtigt, für die Verteilung der
   Mittel der zweiten Stufe im Benehmen mit dem Finanzministerium eine Rechtsverordnung zu erlassen. Die Mittel der zweiten Stufe sollen zum Ausgleich besonderer Härten insbesondere Kommunen erhalten, die überdurchschnittlich hohe Belastungen durch Ausgaben für Unterkunft und Heizung nach § 22
   Absatz 1 des Zweiten Buches Sozialgesetzbuch zu tragen haben oder die durch die Zusammenlegung von Arbeitslosen-
   und Sozialhilfe unterdurchschnittlich bei der Sozialhilfe entlas-

tet wurden. Über die Einzelheiten der Verteilung der zweiten
Stufe soll das Benehmen mit den kommunalen Landesverbän-
den hergestellt werden.

Die Einsparungen des Landes beim Wohngeld nach Absatz 1
Satz 1 Nr. 2 werden im Rahmen der ersten Stufe ausgezahlt.

(3) Die Verteilung der Ausgleichszuweisungen des Landes gemäß Absatz 2 wird zu Beginn des jeweiligen Haushaltsjahres
vom Sozialministerium im Benehmen mit dem Finanzministerium
vorläufig und spätestens bis zum 30. April des Folgejahres endgültig festgesetzt. Die Zahlungen der ersten Stufe erfolgen für die
Anteile gemäß Absatz 1 Satz 1 Nr. 1 zu jeweils einem Viertel
des Betrages am 15. März, 15. Juni, 15. September und 15. Dezember und für die Anteile gemäß Absatz 1 Satz 1 Nr. 2 jeweils
in monatlichen Anteilen zum 15. des laufenden Monats. Die
Zahlungen der zweiten Stufe, eventuelle Nachzahlungen, Verrechnungen sowie Rückforderungen erfolgen spätestens bis zum
15. Juni des Folgejahres. Soweit bis zu diesem Zeitpunkt von der
Verordnungsermächtigung gemäß Absatz 2 Nr. 2 kein Gebrauch
gemacht wird, erfolgt die Verteilung der Mittel der zweiten Stufe
entsprechend Absatz 2 Nr. 1. Abweichend von Satz 1 und 3
werden für 2006 die vorläufigen Festsetzungen der Mittel innerhalb von sechs Wochen, sich hieraus ergebende Nachzahlungen, Verrechnungen und Rückforderungen innerhalb von drei
Monaten nach dem 31. Mai 2006 vorgenommen.

(4) Für das Jahr 2005 verbleiben die nach der bisherigen Re-
gelung ausgezahlten Beträge den Landkreisen und kreisfreien
Städten. Die noch nicht weitergeleiteten Einsparungen des
Landes beim Wohngeld des Jahres 2005 werden entsprechend
Absatz 2 Nr. 1 verteilt.

(5) Das Land fördert arbeitsmarktpolitische Maßnahmen gegen
soziale Ausgrenzung mit Hilfe des Europäischen Sozialfonds
nach Maßgabe der gemeinschaftsrechtlichen Regelungen und
des Operationellen Programms des Landes Mecklenburg-Vorpommern.

§ 7 Beteiligung des Bundes an den Kosten der Unterkunft

(1) Das Land erstattet den kommunalen Trägern den vom Bund
nach § 46 Abs. 5 des Zweiten Buches Sozialgesetzbuch zu tragenden Anteil an den Leistungen für Unterkunft und Heizung
nach § 22 Abs. 1 des Zweiten Buches Sozialgesetzbuch monatlich bis zum Monatsende auf der Grundlage der tatsächlich ausgezahlten Leistungen. Ausgenommen sind Leistungen für Unterkunft und Heizung, für die das Land den kommunalen Trägern
bereits nach dem Flüchtlingsaufnahmegesetz die Kosten erstattet.
Die kommunalen Träger stellen die Erstattungsanträge an das So-

zialministerium mit einer Erklärung über die tatsächlich geleisteten Ausgaben für Unterkunft und Heizung bis zum Zehnten des laufenden Monats. Die kommunalen Träger teilen dem Landesamt für innere Verwaltung bis zum Zehnten des laufenden Monats die Höhe der tatsächlich geleisteten Ausgaben für Unterkunft und Heizung für diejenigen Bedarfsgemeinschaften mit, für die das Land nach dem Flüchtlingsaufnahmegesetz die Kosten erstattet.

(2) Erhöht sich der vom Bund zu tragende Anteil an den Leistungen für Unterkunft und Heizung aufgrund der Überprüfung nach § 46 Abs. 6 bis 8 des Zweiten Buches Sozialgesetzbuch, erstattet das Land den kommunalen Trägern den jeweiligen Differenzbetrag nach Eingang der Bundesmittel beim Land.

(3) Reduziert sich der vom Bund zu tragende Anteil an den Leistungen für Unterkunft und Heizung aufgrund der Überprüfung nach § 46 Abs. 6 bis 8 des Zweiten Buches Sozialgesetzbuch, erstatten die kommunalen Träger dem Land den jeweiligen Differenzbetrag. Der Erstattungsbetrag wird fällig innerhalb von drei Monaten nach Zahlungsaufforderung durch das Sozialministerium.

(4) Der kommunale Träger haftet gegenüber dem Land für Schäden, die dem Land dadurch entstehen, dass der kommunale Träger Leistungen für Unterkunft und Heizung nach § 22 Abs. 1 des Zweiten Buches Sozialgesetzbuch zu Unrecht erbracht oder im Erstattungsantrag an das Land falsche Angaben gemacht hat.

§ 8 Übergangsvorschrift

(1) Die Landkreise können Ämter und amtsfreie Gemeinden bis längstens zum 31. Januar 2005 zur Durchführung ihrer Aufgaben nach §§ 65 und 65a des Zweiten Buches Sozialgesetzbuch heranziehen.

(2) § 2 Abs. 2 bis 5 gilt entsprechend.

§ 9 In-Kraft-Treten

Dieses Gesetz tritt mit Wirkung vom 1. September 2004 in Kraft.

[Niedersachsen]
Niedersächsisches Gesetz zur Ausführung des Zweiten Buchs des
Sozialgesetzbuches (Nds. AG SGB II) vom 16. 9. 2004 (Nds. GVBl.
Nr. 26/2004 S. 358), geänd. d. G v. 18. 11. 2004 (Nds. GVBl. Nr. 35/
2004 S. 498), v. 18. 5. 2006 (Nds. GVBl. Nr. 13/2006 S. 203), durch
Art. 10 d. G v. 15. 12. 2006 (Nds. GVBl. Nr. 33/2006 S. 597) und durch
G v. 7. 6. 2007 (Nds. GVBl. Nr. 16/2007 S. 220)

Der Niedersächsische Landtag hat das folgende Gesetz beschlossen:

§ 1 Kommunale Träger

(1) Kommunale Träger im Sinne des § 6 Abs. 1 Nr. 2 des Zweiten Buchs des Sozialgesetzbuchs (SGB II) sind die Landkreise und die kreisfreien Städte sowie die Region Hannover für ihr gesamtes Gebiet. Soweit die Träger nach Satz 1 zur unmittelbaren Wahrnehmung von Aufgaben nach dem Zweiten Buch des Sozialgesetzbuchs Zweckverbände oder gemeinsame kommunale Anstalten errichten, sind diese an ihrer Stelle kommunale Träger. Als kommunale Träger im Sinne dieses Gesetzes gelten die Träger nach den Sätzen 1 und 2 auch, soweit sie nach § 6 a SGB II zur Wahrnehmung von Aufgaben der Bundesagentur für Arbeit zugelassen worden sind.

(2) Für Zweckverbände im Sinne des Absatzes 1 Satz 2 gelten die Vorschriften des Vierten Teils des Niedersächsischen Gesetzes über die kommunale Zusammenarbeit. Auf gemeinsame kommunale Anstalten im Sinne des Absatzes 1 Satz 2 finden die Vorschriften des Zweiten Teils des Niedersächsischen Gesetzes über die kommunale Zusammenarbeit und die hierin in Bezug genommenen Vorschriften der Niedersächsischen Gemeindeordnung (NGO), mit Ausnahme von § 108 Abs. 1 und § 113 d NGO, entsprechende Anwendung. Die Kommunen haben den von ihnen nach Absatz 1 Satz 2 errichteten gemeinsamen kommunalen Anstalten die für die Durchführung ihres Betriebes erforderlichen Mittel zur Verfügung zu stellen und haften für deren Verbindlichkeiten.

(3) Die kommunalen Träger nehmen die mit der Trägerschaft nach dem Zweiten Buch des Sozialgesetzbuchs verbundenen Aufgaben im eigenen Wirkungskreis wahr.

§ 2 Oberste Landesbehörde, Aufsicht

Oberste Landesbehörde im Sinne des § 6 a Abs. 4 und 7, des § 44 b Abs. 3 und des § 47 Abs. 1 SGB II ist das für Soziales zuständige Ministerium. Die oberste Landesbehörde kann sich jederzeit über die Durchführung der den kommunalen Trägern obliegenden Aufgaben unterrichten. § 129 Abs.1 Satz 2 NGO gilt entsprechend. Für weitergehende Maßnahmen ist die Kommunalaufsichtsbehörde zuständig.

§ 2 a Errichtung von Arbeitsgemeinschaften

(1) Kommunale Träger können durch Vereinbarung mit der Bundesagentur für Arbeit (Bundesagentur) Arbeitsgemeinschaften nach § 44 b SGB II in der Rechtsform einer rechtsfähigen Anstalt des öffentlichen Rechts errichten oder sich an einer solchen Arbeitsgemeinschaft als weiterer Träger beteiligen.

(2) Die kommunalen Träger übertragen den nach Absatz 1 errichteten Arbeitsgemeinschaften die ihnen nach dem SGB II obliegenden Aufgaben. Die Arbeitsgemeinschaft nimmt diese Aufgaben im eigenen Namen wahr. Die Errichtung der Arbeitsgemeinschaften lässt die Aufgabenverantwortung der kommunalen Träger unberührt.

(3) Die Organisation und das Verfahren der Arbeitsgemeinschaften nach Absatz 1 richten sich nach dem für die kommunalen Träger geltenden Recht, soweit sich nicht aus dem Ersten, Zweiten, Dritten und Zehnten Buch des Sozialgesetzbuchs oder diesem Gesetz etwas anderes ergibt oder die Beteiligung der Bundesagentur als Einrichtung des Bundes dieses zwingend ausschließt.

(4) Vereinbarungen nach Absatz 1 sind von den kommunalen Trägern öffentlich bekannt zu machen; § 6 Abs.3 NGO und §7 Abs. 3 NLO gelten entsprechend. Die Vereinbarungen sind zugleich der obersten Landesbehörde vorzulegen. Diese kann Vereinbarungen, die das Recht verletzen, gegenüber den kommunalen Trägern mit den Wirkungen des § 130 Abs.1 NGO beanstanden.

§ 2 b Anstalt des öffentlichen Rechts

(1) Im Rahmen einer Vereinbarung nach § 2 a Abs.1, die die Errichtung einer Anstalt des öffentlichen Rechts zum Inhalt hat, legen die Bundesagentur und die kommunalen Träger die Satzung der Anstalt fest. In der Satzung sind die Rechtsverhältnisse der Anstalt, das Verfahren zur Änderung der Satzung und das Verfahren bei Auflösung der Anstalt zu regeln.

(2) Die Vereinbarung nach § 2 a Abs.1 enthält mindestens Bestimmungen über

1. das für die Haushaltswirtschaft, das Rechnungs- und das Prüfungswesen der Anstalt maßgebliche Recht,
2. die Bereitstellung des Personals,
3. das Verfahren zur Bestimmung des Geschäftsführers nach § 44 b Abs. 2 Satz 1 SGB II und seine Befugnisse,

4. die Verteilung der Sitze im Verwaltungsrat auf die Träger der Anstalt, das Verfahren zur Besetzung der Sitze und die Rechtsverhältnisse der Mitglieder des Verwaltungsrats,

5. die Verpflichtung der Bundesagentur, die Kosten der Wahrnehmung ihrer Aufgaben durch die Anstalt zu tragen, und

6. die Haftung der Bundesagentur für die Verbindlichkeiten der Anstalt im Innenverhältnis und den gegenseitigen Haftungsausgleich im Innenverhältnis.

(3) Die kommunalen Träger sind verpflichtet, die Kosten der Wahrnehmung ihrer Aufgaben durch die Anstalt zu tragen. Sie haften für die Verbindlichkeiten der Anstalt.

(4) Im Übrigen gelten für die Rechtsverhältnisse der Anstalt die §§ 111 und 113 a Abs. 3, § 113 e Abs. 1 bis 3 Sätze 1, 3 Nrn. 2 bis 6 und Sätze 4 bis 6 und Abs. 7 Satz 2, die §§ 113 f und 113 g Abs. 2 sowie bei eigenem Personal § 80 Abs. 1 Satz 1, Abs. 2 und 3 NGO nach Maßgabe des § 2 a Abs. 3 entsprechend. Dabei tritt der Geschäftsführer nach § 44 b Abs. 2 SGB II an die Stelle des Vorstands nach § 113 e NGO.

§ 3 Heranziehung von Gemeinden

(1) Die kommunalen Träger können zur Durchführung der mit der Trägerschaft verbundenen Aufgaben durch öffentlich-rechtlichen Vertrag ihnen angehörende Gemeinden und Samtgemeinden heranziehen (Heranziehungsvereinbarung). Die herangezogene kommunale Gebietskörperschaft entscheidet im Namen des kommunalen Trägers.

(2) Die Landkreise und die Region Hannover können zur Durchführung der ihnen als Träger der Grundsicherung für Arbeitsuchende im Rahmen der §§ 65 bis 65 e SGB II obliegenden Aufgaben durch Satzung ihnen angehörende Gemeinden und Samtgemeinden heranziehen, soweit diese zur Durchführung der Aufgaben nach dem Bundessozialhilfegesetz herangezogen sind. § 4 Abs. 1 und 3 sowie § 5 Abs. 1 Sätze 1, 2 und 4, Abs. 2 und 3 Sätze 1 und 2 des Niedersächsischen Gesetzes zur Ausführung des Bundessozialhilfegesetzes gelten entsprechend.

(3) Widerspruchsbehörde ist der jeweilige kommunale Träger.

§ 4 Inanspruchnahme der Bundesmittel

Die kommunalen Träger erhalten den nach § 46 Abs. 5 bis 9 SGB II festgelegten zweckgebundenen Bundesanteil an den Leistungen der Grundsicherung für Arbeitsuchende, die gemäß § 22 Abs. 1 SGB II für Unterkunft und Heizung geleistet werden. Der Abruf der Erstattungen durch die kommunalen Träger erfolgt nach Maßgabe des § 46 Abs. 10 SGB II beim Land. Hierfür melden die kommunalen Träger bis zum 15. jedes Monats der zuständigen Behörde

1. die Anzahl der Bedarfsgemeinschaften, die im vorangegangenen Monat Leistungen nach § 22 Abs. 1 SGB II erhalten haben, und

2. den Gesamtbetrag der um die Einnahmen bereinigten Aufwendungen, die nach § 22 Abs. 1 SGB II im vorangegangenen Monat für Arbeitsuchende geleistet wurden.

Die zuständige Behörde zahlt die Mittel nach Satz 1 unmittelbar nach Erhalt an die kommunalen Träger aus. Erstattungen im Verhältnis zwischen dem Land und dem Bund (Satz 1) sowie Nachzahlungen und Erstattungen bezüglich der Leistungen nach Satz 3 sind bei der Ermittlung der Beträge nach Satz 1 oder 3 anzurechnen.

§ 5 Landeszuschuss

(1) Das Land beteiligt sich an den Kosten der kommunalen Träger für Leistungen der Grundsicherung für Arbeitssuchende mit jährlich 136 Mio. Euro.

(2) Eine Hälfte des Zuschusses wird entsprechend der jählichen Mehrbelastung der kommunalen Träger für Leistungen der Grundsicherung für Arbeitssuchende durch das Inkrafttreten des Artikels 1 des Vierten Gesetzes für moderne Dienstleistungen am Arbeitsmarkt vom 24. Dezember 2003 (BGBl. I S. 2954) gemäß der Anlage verteilt.

(3) [1]Im Übrigen wird der Zuschuss entsprechend den Ausgaben der kommunalen Träger für Unterkunft und Heizung im Rahmen der Grundsicherung für Arbeitssuchende von der zuständigen Behörde jährlich vor Beginn des Zahlungsjahres festgesetzt. [2]Der Festsetzung legt sie die Ausgaben der kommunalen Träger ab Mitte des vorvergangenen Jahres bis zur Mitte des Jahres, das dem Festsetzungszeitraum vorangeht, zugrunde. [3]Abweichend von Satz 2 setzt sie den Zuschuss für das Jahr 2007 auf der Grundlage der Ausgaben für das Jahr 2006 fest.

(4) [1]Die zuständige Behörde zahlt den Landeszuschuss in gleichen monatlichen Beträgen an die kommunalen Träger aus. [2]Für das Jahr 2007 werden die Monatsbeträge, die auf Zeiträume bis zur Festsetzung entfallen, nachgezahlt.

§ 6 Übergangsvorschriften

Abweichend von § 4 Satz 3 sind für die Meldung am 15. Januar 2005 die Aufwendungen maßgeblich, die im Dezember 2004 für den Monat Januar geleistet worden sind.

§ 7 In-Kraft-Treten, Außer-Kraft-Treten
(1) Dieses Gesetz tritt am Tag seiner Verkündung in Kraft.
(2) § 3 Abs.2 tritt am 1.Januar 2005, § 6 am 1.Februar 2005
und § 5 Sätze 2 und 3 am 1.Januar 2007 außer Kraft.[1]

Anlage: Jährliche Verteilung des Landeszuschusses nach § 5 Abs. 2

Kommunale Träger	Betrag in tausend Euro
Region Hannover	2.956
Landkreise	
Ammerland	3.341
Aurich	0
Celle	0
Cloppenburg	2.002
Cuxhaven	2.881
Diepholz	0
Emsland	2.470
Friesland	206
Gifhorn	4.070
Goslar	2.091
Göttingen	5.810
Grafschaft Bentheim	1.783
Hameln-Pyrmont	0
Harburg	4.662
Helmstedt	11
Hildesheim	0
Holzminden	773
Leer	0
Lüchow-Dannenberg	202
Lüneburg	3.140
Nienburg (Weser)	160
Northeim	447

---

[1] Geändert durch Gesetz vom 3. 12. 2007 (GVBl. S. 272)

Kommunale Träger	Betrag in tausend Euro
Oldenburg	1.748
Osnabrück	3.955
Osterholz	716
Osterode am Harz	0
Peine	1.121
Rotenburg (Wümme)	1.726
Schaumburg	0
Soltau-Fallingbostel	0
Stade	0
Uelzen	0
Vechta	2.470
Verden	1.126
Wesermarsch	738
Wittmund	276
Wolfenbüttel	1.511
Kreisfreie Städte	
Braunschweig	4.396
Delmenhorst	3.185
Emden	0
Oldenburg (Oldenburg)	4.059
Osnabrück	3.120
Salzgitter	0
Wolfsburg	285
Wilhelmshaven	561

[Nordrhein-Westfalen]
Gesetz zur Ausführung des Zweiten Buches Sozialgesetzbuch
für das Land Nordrhein-Westfalen (AG-SGB II NRW)
vom 16. Dezember 2004[1]

§ 1[2]

Die kreisfreien Städte und Kreise als kommunale Träger nehmen die ihnen nach dem Zweiten Buch Sozialgesetzbuch obliegenden Aufgaben der Grundsicherung für Arbeitsuchende als Pflichtaufgaben zur Erfüllung nach Weisung wahr.

§ 2[3]

(1) Zuständige oberste Landesbehörde im Sinne der §§ 6a und 44b des Zweiten Buches Sozialgesetzbuch und zuständige Landesbehörde im Sinne des § 47 Abs. 1 Satz 3 des Zweiten Buches Sozialgesetzbuch sowie die aufsichtsführende Behörde über die Kreise und kreisfreien Städte nach § 6 Abs. 1 Nr. 2 des Zweiten Buches Sozialgesetzbuch ist das Ministerium für Arbeit, Gesundheit und Soziales (zuständiges Ministerium). Es kann Aufgaben auf die Bezirksregierungen übertragen.

(2) Das zuständige Ministerium unterstützt die kommunalen Träger, die zugelassenen kommunalen Träger und die Arbeitsgemeinschaften beratend bei der Durchführung ihrer Aufgaben sowie bei der Verbesserung der Dienstleistungen und bei der Qualitätssicherung. Zwischen den Beteiligten nach Satz 1 sollen Zielvereinbarungen zur Umsetzung der Aufgaben nach § 6 Abs. 1 Nr. 2 und § 6b des Zweiten Buches Sozialgesetzbuch abgeschlossen werden.

(3) Das zuständige Ministerium kann sich jederzeit über die Angelegenheiten der kommunalen Träger, der zugelassenen kommunalen Träger und der Arbeitsgemeinschaften nach § 44b des Zweiten Buches Sozialgesetzbuch unterrichten.

(4) Das zuständige Ministerium kann den kommunalen Trägern und den zugelassenen kommunalen Trägern Weisungen erteilen, um die gesetzmäßige und zweckmäßige Erfüllung der Aufgaben nach dem Zweiten Buch Sozialgesetzbuch zu sichern.

---

[1] GV. NRW. S. 821, in Kraft getreten am 30. Dezember 2004; geändert durch Artikel 1 d. Gesetzes v. 27. Juni 2006 (GV. NRW. S. 292), in Kraft getreten am 8. Juli 2006; Gesetz vom 19.6.2007 (GV. NRW. S. 207), in Kraft getreten am 29. Juni 2007 und am 1. Januar 2008; Artikel 22 des Gesetzes vom 21. April 2009 (GV. NRW. S. 224); in Kraft getreten mit Wirkung vom 1. April 2009.
[2] § 1 neu gefasst durch Gesetz vom 19.6.2007 (GV. NRW. S. 207), in Kraft getreten am 29. Juni 2007.
[3] §§ 2 und 7 zuletzt geändert durch Gesetz vom 19.6.2007 (GV. NRW. S. 207), in Kraft getreten am 29. Juni 2007.

(5) Die Absätze 3 und 4 gelten auch gegenüber den Arbeitsgemeinschaften nach § 44 b des Zweiten Buches Sozialgesetzbuch, soweit die kommunalen Träger ihre Aufgaben auf eine Arbeitsgemeinschaft übertragen haben.

§ 2 a[1]

Soweit Arbeitsgemeinschaften nach § 44 b Abs. 1 Zweites Buch Sozialgesetzbuch durch öffentlich-rechtlichen Vertrag errichtet worden sind, sollen die Kreise und die kreisfreien Städte diese zu Teildienststellen gem. § 1 Abs. 3 des Personalvertretungsgesetzes für das Land Nordrhein-Westfalen erklären. Leiter der Teildienststelle ist der Geschäftsführer im Sinne des § 44 b Abs. 2 Satz 1 Zweites Buch Sozialgesetzbuch. Im Übrigen finden die Regelungen des Personalvertretungsgesetzes für das Land Nordrhein-Westfalen entsprechend Anwendung.

§ 3

(1) Kommunale Träger können durch öffentlich-rechtlichen Vertrag mit der Bundesagentur für Arbeit (Bundesagentur) Arbeitsgemeinschaften nach § 44 b SGB II in der Rechtsform einer rechtsfähigen Anstalt des öffentlichen Rechts errichten.

(2) Die Verträge nach Absatz 1 regeln Aufbau und Organisation der Arbeitsgemeinschaft. Sie sind von den kommunalen Trägern öffentlich bekannt zu machen.

§ 4[2]

(1) Im Rahmen eines Vertrages nach § 3 legen die Bundesagentur und die kommunalen Träger die Satzung der Anstalt fest. In der Satzung sind die Rechtsverhältnisse der Anstalt, das Verfahren zur Änderung der Satzung und das Verfahren bei Auflösung der Anstalt zu regeln.

(2) Die Anstalt hat das Recht, Dienstherr von Beamten zu sein. Wird die Anstalt aufgelöst oder umgebildet, so gelten für die Rechtsstellung der Beamten und der Versorgungsempfänger Kapitel II Abschnitt III des Beamtenrechtsrahmengesetzes sowie Abschnitt 3 des Beamtenstatusgesetzes und Abschnitt 3 des Landesbeamtengesetzes NRW.

---

[1] §§ 2a und 8 neu eingefügt durch Gesetz vom 19.6.2007 (GV. NRW. S. 207), in Kraft getreten am 29. Juni 2007.
[2] § 4 geändert durch Artikel 22 des Gesetzes vom 21. April 2009 (GV. NRW. S. 224); in Kraft getreten mit Wirkung vom 1. April 2009.

§ 5[1]

(1) Als Teil der Arbeitsgemeinschaften nach § 44 b des Zweiten Buches Sozialgesetzbuch können Kreise im Benehmen mit den kreisangehörigen Gemeinden diese zur Durchführung der von ihnen den Arbeitsgemeinschaften übertragenen Aufgaben durch Satzung heranziehen.

(2) Nach § 6 a des Zweiten Buches Sozialgesetzbuch zugelassene Kreise können im Benehmen mit den kreisangehörigen Gemeinden diese zur Durchführung der ihnen als Trägern der Leistungen nach dem Zweiten Buch Sozialgesetzbuch obliegenden Aufgaben durch Satzung heranziehen; diese entscheiden dann in eigenem Namen.

(3) In den Satzungen ist zu bestimmen, welche Aufgaben ganz oder teilweise zu erfüllen sind.

(4) Bei einer Heranziehung nach Absatz 1 können Kreise im Benehmen mit den kreisangehörigen Gemeinden diese durch Satzung an den Aufwendungen beteiligen.

(5) Bei einer Heranziehung nach Absatz 2 tragen die Gemeinden 50 vom Hundert der Aufwendungen für kommunale Leistungen nach § 6 Abs. 1 Nr. 2 des Zweiten Buches Sozialgesetzbuch. Abweichend von Satz 1 können zugelassene Kreise durch Satzung im Benehmen mit den kreisangehörigen Gemeinden eine andere quotale Verteilung der Aufwendungen bestimmen, wenn die Beteiligung der kreisangehörigen Gemeinden an den Aufwendungen 50 vom Hundert nicht überschreitet. Die Kreise können durch Satzung einen Härteausgleich festlegen, wenn infolge erheblicher struktureller Unterschiede im Kreisgebiet die Beteiligung kreisangehöriger Gemeinden an den Aufwendungen für diese zu einer erheblichen Härte führt. Abweichend von Satz 1 und Satz 2 können zugelassene Kreise und kreisangehörige Gemeinden eine andere Verteilung der Aufwendungen vereinbaren.

(6) Eine Erstattungspflicht entsprechend § 91 des Zehnten Buches Sozialgesetzbuch besteht nicht, soweit Sozialleistungen zu Unrecht erbracht oder Ansprüche gegen Dritte nicht geltend gemacht worden sind und dies auf einer vorsätzlichen oder grob fahrlässigen Verletzung von Pflichten durch die herangezogene Körperschaft beruht.

---

[1] § 5 zuletzt geändert durch Gesetz vom 19. 6. 2007 (GV. NRW. S. 207), in Kraft getreten am 1. Januar 2008.

§ 6[1]

(1) Die Beteiligung des Bundes an den Leistungen für Unterkunft und Heizung gemäß § 46 Abs. 5 Zweites Buch Sozialgesetzbuch wird vom Land an die Kreise und kreisfreien Städte auf Grundlage der bei ihnen tatsächlich verausgabten Leistungen nach Maßgabe der § 46 Abs. 6 bis 10 Zweites Buch Sozialgesetzbuch weitergeleitet.

(2) Die Kreise und kreisfreien Städte melden den Bezirksregierungen zum 15. eines jeden Monats die im jeweiligen Monat verausgabten Leistungen. Die Bezirksregierungen leiten die Meldungen unverzüglich an das fachlich zuständige Ministerium weiter.

(3) Auf der Grundlage der gemeldeten Daten ruft das Land gemäß § 46 Abs. 10 Satz 1 bis 3 Zweites Buch Sozialgesetzbuch den Erstattungsbetrag beim Bund ab. Nach Eingang des Erstattungsbetrages leitet das Land über die Bezirksregierungen unverzüglich den Kreisen und kreisfreien Städten den ihnen jeweils zustehenden Betrag weiter. Die Einzelheiten der Zahlungsabwicklung regelt das zuständige Ministerium im Einvernehmen mit dem Finanzministerium und dem Innenministerium.

§ 7[2]

(1) Die Kreise und kreisfreien Städte erhalten im Zusammenhang mit der Umsetzung des Vierten Gesetzes für moderne Dienstleistungen am Arbeitsmarkt jährlich Zuweisungen nach Maßgabe dieses Gesetzes.

(2) Die Gesamthöhe der Zuweisungen resultiert aus der sich im Zusammenhang mit der Umsetzung des Vierten Gesetzes für moderne Dienstleistungen am Arbeitsmarkt ergebenden Landesersparnis bei den Wohngeldausgaben abzüglich des interkommunalen Entlastungsausgleichs zugunsten der Kommunen der neuen Länder infolge der Änderung des Finanzausgleichsgesetzes durch Artikel 30 des Vierten Gesetzes für moderne Dienstleistungen am Arbeitsmarkt in der jeweils geltenden Fassung. Sie wird im Landeshaushaltsplan festgesetzt. Für das Jahr 2008 beträgt die Gesamthöhe der Zuweisungen 303.666.000 Euro (Basisbetrag). Für das Jahr 2009 wird die Gesamthöhe der Zuweisungen nach Satz 3 entsprechend dem Verhältnis der Entwicklung der jahresdurchschnittlichen Anzahl der Bedarfsgemeinschaften nach § 7 Abs. 2 des Zweiten Buches Sozialgesetzbuch in Nordrhein-West-

---

[1] § 6 geändert durch Gesetz vom 19. 6. 2007 (GV. NRW. S. 207), in Kraft getreten am 29. Juni 2007.

[2] §§ 2 und 7 zuletzt geändert durch Gesetz vom 19. 6. 2007 (GV. NRW. S. 207), in Kraft getreten am 29. Juni 2007.

falen im Jahre 2007 zur jahresdurchschnittlichen Anzahl der Bedarfsgemeinschaften im Jahre 2006 (Basisjahr) angepasst. Maßgeblich ist die nach § 6 Abs. 2 bis zum 28. Februar für das Vorjahr gemeldete Anzahl der Bedarfsgemeinschaften. In den Folge-
jahren wird der Basisbetrag entsprechend der Sätze 4 und 5 an
die Entwicklung der jahresdurchschnittlichen Anzahl der Bedarfsgemeinschaften des jeweiligen Vorvorjahres im Vergleich zum Basisjahr 2006 angepasst.

(3) Die Gesamthöhe der Zuweisungen wird auf die Kreise und
kreisfreien Städte unter Berücksichtigung der jeweiligen Be- und
Entlastungen durch das Vierte Gesetz für moderne Dienstleistungen am Arbeitsmarkt verteilt. Ziel ist es, dass bei jedem Kreis
und jeder kreisfreien Stadt Belastungen durch das Vierte Gesetz
für moderne Dienstleistungen am Arbeitsmarkt vermieden und
Entlastungen erreicht werden. Zur Ermittlung des Verteilungs-
maßstabes werden von den Belastungsdaten gemäß Absatz 4
die in Anlage A enthaltenen Entlastungsdaten der Kreise und
kreisfreien Städte und ein Betrag für die Beteiligung des Bundes
an den Kosten der Unterkunft und Heizung gemäß Satz 4 abgezogen. Der Betrag für die Beteiligung des Bundes an den Kosten
der Unterkunft und Heizung errechnet sich aus dem im Auszah-
lungsjahr geltenden Prozentsatz nach § 46 Abs. 5 bis 10 des
Zweiten Buches Sozialgesetzbuch und den nach Absatz 4 maßgeblichen Daten der Leistungen für Unterkunft und Heizung. Ergibt sich für einen Kreis oder eine kreisfreie Stadt ein Belastungsbetrag, wird dieser vorab aus der Gesamthöhe der Zuweisungen
ausgeglichen. Der danach verbleibende Betrag der Gesamthöhe
der Zuweisungen wird im Verhältnis der nach § 6 Abs. 2 bis zum
28. Februar für das Vorjahr gemeldeten Aufwendungen, auf deren Grundlage das Bundesministerium für Arbeit und Soziales
Zahlungen gem. § 46 Abs. 10 des Zweiten Buches Sozialgesetzbuch geleistet hat, auf die Kreise und kreisfreien Städte verteilt.
Übersteigt die Summe der Belastungsbeträge die Gesamthöhe
der Zuweisungen, erfolgt die Verteilung in dem Verhältnis des
nach Satz 1 bis 5 ermittelten Belastungsbetrages zur Gesamthöhe der Zuweisungen. Der Zuweisungsbetrag nach Satz 1 bis
7 wird durch die Bezirksregierungen auf der Grundlage der
durch das zuständige Ministerium ermittelten Beträge festgesetzt.

(4) Im Jahre 2007 sind die in Anlage B aufgeführten Belastungsdaten der Kreise und kreisfreien Städte maßgeblich. Ab
dem Jahre 2008 werden die Belastungen für die Kreise und
kreisfreien Städte aus den nach § 6 Abs. 2 bis zum 28. Februar
für das Vorjahr gemeldeten Aufwendungen, soweit auf deren
Grundlage das Bundesministerium für Arbeit und Soziales Zahlungen gem. § 46 Abs. 10 des Zweiten Buches Sozialgesetzbuch

geleistet hat, sowie einem Zuschlag von 12 vom Hundert von diesen Aufwendungen für weitere Belastungen ermittelt.

(5) Der Zuweisungsbetrag nach Absatz 3 Satz 8 wird hälftig zum 30. Juni und zum 30. November an die Kreise und kreisfreien Städte ausgezahlt. Im Jahr 2007 erfolgt die Auszahlung nach Satz 1 zum 30. Oktober 2007.

(6) Die endgültige Gesamthöhe der Zuweisungen nach Absatz 2 Sätze 1 bis 7 wird für die Jahre 2005 bis 2007 nach Ablauf des Jahres überprüft. Für die Jahre 2005 und 2006 erfolgt die Überprüfung anhand der Haushaltsrechnung. Für das Jahr 2007 gilt das Prüfergebnis des Jahres 2006 entsprechend. Weicht die sich danach ergebende Gesamthöhe der Zuweisungen von dem im Landeshaushaltsplan festgesetzten Betrag ab, ist diese spätestens im jeweils übernächsten Haushaltsjahr durch Erhöhung oder Verringerung der Gesamthöhe der Zuweisungen nach Absatz 2 auszugleichen.

§ 8[1]

(1) Das zuständige Ministerium untersucht die Wirkung der Einführung der Pflichtaufgabe zur Erfüllung nach Weisung gem. § 1 durch das Erste Gesetz zur Änderung des Gesetzes zur Ausführung des Zweiten Buches Sozialgesetzbuch für das Land Nordrhein-Westfalen, sowie die Wirkung des § 5 Abs. 4 und unterrichtet den Landtag bis zum 31. Dezember 2010. Soweit zweckmäßig, können für die Untersuchungen nach Satz 1 Dritte mit der Wirkungsforschung beauftragt werden.

(2) Die Höhe des Basisbetrages nach § 7 Abs. 2 Satz 3 sowie die Auswirkungen der Anpassung des Basisbetrages gem. § 7 Abs. 2 Satz 4 und 5 werden zum Stichtag 31. Dezember 2010 untersucht. Ergibt die Untersuchung eine abweichende Höhe des Basisbetrages infolge der sich im Zusammenhang mit der Umsetzung des Vierten Gesetzes für moderne Dienstleistungen am Arbeitsmarkt ergebenden Landesersparnis bei den Wohngeldausgaben abzüglich des interkommunalen Entlastungsausgleichs zugunsten der Kommunen der neuen Länder, erfolgt eine gesetzliche Anpassung.

§ 9[2]

(1) Dieses Gesetz tritt am Tag nach der Verkündung im Gesetz- und Verordnungsblatt des Landes Nordrhein-Westfalen in Kraft.

---

[1] §§ 2a und 8 neu eingefügt durch Gesetz vom 19.6.2007 (GV. NRW. S. 207), in Kraft getreten am 29. Juni 2007.

[2] § 9 umbenannt (vorher § 8) durch Gesetz vom 19.6.2007 (GV. NRW. S. 207), in Kraft getreten am 29. Juni 2007.

(2) Über die Erfahrungen mit diesem Gesetz ist dem Landtag bis zum 31. Dezember 2010 zu berichten.

[Rheinland-Pfalz]
Landesgesetz zur Ausführung des Zweiten Buches Sozialgesetzbuch
(AGSGB II) vom 22. Dezember 2004, GVBl 2004, S. 569[1]

Der Landtag Rheinland-Pfalz hat das folgende Gesetz beschlossen:

§ 1 Kommunale Träger der Grundsicherung für Arbeit Suchende

Kommunale Träger der Grundsicherung für Arbeit Suchende nach dem Zweiten Buch Sozialgesetzbuch sind die Landkreise und die kreisfreien Städte. Sie erfüllen die den kommunalen Trägern der Grundsicherung für Arbeit Suchende und, wenn sie nach § 6a des Zweiten Buches Sozialgesetzbuch zugelassen sind, die den zugelassenen kommunalen Trägern obliegenden Aufgaben als Pflichtaufgaben der Selbstverwaltung.

§ 2 Heranziehung von Verbandsgemeinden und verbandsfreien Gemeinden durch die Landkreise

(1) Die Landkreise können bestimmen, dass Verbandsgemeinden oder verbandsfreie Gemeinden Aufgaben, die den Landkreisen als kommunalen Trägern der Grundsicherung für Arbeit Suchende obliegen – auch wenn deren Wahrnehmung nach § 44b des Zweiten Buches Sozialgesetzbuch einer Arbeitsgemeinschaft übertragen ist –, ganz oder teilweise durchführen und dabei in eigenem Namen, im Fall der Übertragung auf eine Arbeitsgemeinschaft in deren Namen entscheiden. Die Verbandsgemeinden oder verbandsfreien Gemeinden sind vorher zu hören. Für die Durchführung dieser Aufgaben können die Landkreise Richtlinien erlassen und Weisungen erteilen; die Weisungen sollen sich in der Regel auf allgemeine Anordnungen beschränken.

(2) Die Landkreise können Verbandsgemeinden oder verbandsfreie Gemeinden auf deren Antrag beauftragen, Aufgaben, die den Landkreisen als kommunalen Trägern der Grundsicherung für Arbeit Suchende obliegen – auch wenn deren Wahrnehmung nach § 44b des Zweiten Buches Sozialgesetzbuch einer Arbeitsgemeinschaft übertragen ist –, ganz oder teilweise durchzuführen und dabei im Namen des Landkreises, im Fall der Übertragung auf eine Arbeitsgemeinschaft in deren Namen zu entscheiden.

(3) Werden Aufgaben nach Absatz 1 oder Absatz 2 durchgeführt, hat der Landkreis die Aufwendungen zu erstatten; von den

---

[1] Geändert durch Gesetz vom 3.12.2007 (GVBl. S. 272)

Aufwendungen sind die damit zusammenhängenden Einnahmen abzuziehen. Verwaltungskosten werden nicht erstattet. § 3 bleibt unberührt.

(4) Die Absätze 1 bis 3 Satz 1 gelten entsprechend, soweit ein Landkreis nach § 6a des Zweiten Buches Sozialgesetzbuch als Träger der Leistung nach § 6 Abs. 1 Satz 1 Nr. 1 des Zweiten Buches Sozialgesetzbuch zugelassen ist. Die Verwaltungskosten werden insoweit erstattet; eine Pauschalierung der Erstattung der Verwaltungskosten ist zulässig.

§ 3 Beteiligung von Verbandsgemeinden und verbandsfreien Gemeinden an den Aufwendungen der Landkreise

(1) Die Verbandsgemeinden und die verbandsfreien Gemeinden erstatten dem Landkreis 25 v. H. seiner um die Beteiligung des Bundes nach § 46 Abs. 5 bis 10 des Zweiten Buches Sozialgesetzbuch bereinigten Aufwendungen für die Leistungen nach § 22 des Zweiten Buches Sozialgesetzbuch sowie 25 v. H. seiner Aufwendungen für die Leistungen nach § 23 Abs. 3 des Zweiten Buches Sozialgesetzbuch.

(2) Zur Erstattung ist die Verbandsgemeinde oder verbandsfreie Gemeinde verpflichtet, in deren Gebiet die oder der Leistungsberechtigte den gewöhnlichen Aufenthalt hat oder bei einer Aufnahme in eine stationäre Einrichtung oder in eine ambulant betreute Wohnmöglichkeit im Rahmen des betreuten Wohnens in selbst genutztem Wohnraum in den beiden Monaten vor der Aufnahme zuletzt gehabt hat.

§ 4 Ausgleichsleistungen

(1) Die Beteiligung des Bundes an den Leistungen für Unterkunft und Heizung nach § 46 Abs. 5 bis 10 des Zweiten Buches Sozialgesetzbuch wird vom Land an die kommunalen Träger der Grundsicherung für Arbeit Suchende weitergeleitet. Die Bundesmittel werden nach Eingang beim Land anteilig nach den Aufwendungen, die die kommunalen Träger der Grundsicherung für Arbeit Suchende für die Leistungen für Unterkunft und Heizung nach § 22 Abs. 1 des Zweiten Buches Sozialgesetzbuch tragen, auf diese verteilt. Zur Gewährleistung eines zeitnahen Abrufs der Bundesmittel sowie zur Sicherstellung ihrer ordnungsgemäßen Verteilung melden die kommunalen Träger der Grundsicherung für Arbeit Suchende bis zum 15. jedes Monats der nach § 5 Abs. 2 zuständigen Behörde

1. die Anzahl der Bedarfsgemeinschaften, die im vorangegangenen Kalendermonat Leistungen nach § 22 Abs. 1 des Zweiten Buches Sozialgesetzbuch erhalten haben und
2. den Gesamtbetrag der um die Einnahmen bereinigten Aufwen-

dungen für Leistungen nach § 22 Abs. 1 des Zweiten Buches Sozialgesetzbuch im vorangegangenen Kalendermonat.

(2) Die Entlastung des Landes, die sich durch die Änderung des Wohngeldgesetzes durch Artikel 25 des Vierten Gesetzes für moderne Dienstleistungen am Arbeitsmarkt vom 24. Dezember 2003 (BGBl. I S. 2954) unter Berücksichtigung der Belastung durch die Änderung des Finanzausgleichsgesetzes durch Artikel 30 des Vierten Gesetzes für moderne Dienstleistungen am Arbeitsmarkt ergibt, wird im Landeshaushalt festgesetzt. Die festgesetzten Landesmittel werden in einer ersten Stufe zum Ausgleich des jeweiligen Belastungssaldos (Absatz 3) in monatlichen Raten an die kommunalen Träger der Grundsicherung für Arbeit Suchende weitergeleitet. Die nach Satz 2 nicht verbrauchten Landesmittel werden in einer zweiten Stufe entsprechend dem in Absatz 1 Satz 2 festgelegten Verteilungsschlüssel in Teilbeträgen an die kommunalen Träger der Grundsicherung für Arbeit Suchende weitergeleitet.

(3) Die Höhe der monatlichen Ausgleichsleistungen nach Absatz 2 Satz 2 wird aus den Ergebnissen der Kommunalen Datenerhebung (KDE) des Vorjahres berechnet und von dem fachlich zuständigen Ministerium im Einvernehmen mit dem für den Landeshaushalt zuständigen Ministerium und im Benehmen mit dem Landkreistag Rheinland-Pfalz und dem Städtetag Rheinland-Pfalz festgesetzt. Grundlage für die Festsetzung sind die in der KDE ausgewiesenen Be- und Entlastungen (Belastungssaldo) der kommunalen Träger der Grundsicherung für Arbeit Suchende unter Berücksichtigung der Beteiligung des Bundes an den Leistungen für Unterkunft und Heizung. Bis zur Vorlage der jeweiligen abschließenden KDE werden von dem fachlich zuständigen Ministerium im Einvernehmen mit dem für den Landeshaushalt zuständigen Ministerium auf der Basis vorläufiger Ergebnisse der KDE monatliche Abschlagszahlungen berechnet. Differenzen zwischen den Abschlagszahlungen und den endgültigen Monatsbeträgen sind durch Hinzurechnung oder Kürzung der verbleibenden monatlichen Ausgleichsleistungen des laufenden Jahres auszugleichen. Liegt eine KDE nicht vor, werden die im Vorjahr berücksichtigten Belastungen anteilmäßig jeweils zur Hälfte entsprechend der Entwicklung der Kosten für Unterkunft und Heizung und der Zahl der Bedarfsgemeinschaften angepasst.

(4) Die Entlastung des Landes, die sich durch die Änderung des Wohngeldgesetzes durch Artikel 25 des Vierten Gesetzes für moderne Dienstleistungen am Arbeitsmarkt ergibt, wird von dem für den Landeshaushalt zuständigen Ministerium zum 1. Mai 2006 für das Haushaltsjahr 2005 und zum 1. Mai 2007 für das Haushaltsjahr 2006 durch Vergleich mit der Haushalts-

rechnung 2004 überprüft. Bei Abweichungen von dem im Doppelhaushalt 2005/2006 veranschlagten Betrag erfolgt ein Ausgleich spätestens acht Monate nach Abschluss des jeweiligen Haushaltsjahres.

§ 5 Zuständige Behörden

(1) Das fachlich zuständige Ministerium ist zuständige Aufsichtsbehörde über

1. die kommunalen Träger der Grundsicherung für Arbeit Suchende und
2. die zugelassenen kommunalen Träger nach § 47 Abs. 1 Satz 3 des Zweiten Buches Sozialgesetzbuch.

Es kann ihm nach Satz 1 obliegende und sonstige Aufgaben durch Rechtsverordnung auf die Aufsichts- und Dienstleistungsdirektion, auf das Landesamt für Soziales, Jugend und Versorgung oder auf die Ämter für soziale Angelegenheiten übertragen.

(2) Das Landesamt für Soziales, Jugend und Versorgung ist zuständig für die Durchführung der Aufgaben des Landes nach § 4.

§ 6 In-Kraft-Treten

Dieses Gesetz tritt am 1. Januar 2005 in Kraft.

[Saarland]
Gesetz Nr.1561 zur Ausführung des Zweiten Buches Sozialgesetzbuch „Grundsicherung für Arbeitsuchende" (Ausführungsgesetz-SGB-II) (AGSGB II) vom 15.1. 2005 (Amtsbl.05, 50) geändert durch Art. 6 Abs. 7 i.V.m. Art. 14 des Gesetzes Nr. 1632 zur Reform der saarländischen Verwaltungsstrukturen vom 21. 11. 2007 (Amtsbl 07,2393)

Der Landtag des Saarlandes hat folgendes Gesetz beschlossen, das hiermit verkündet wird:

§ 1 AGSGB II Kommunale Träger nach § 6 des Zweiten Buches Sozialgesetzbuch

Kommunale Träger nach § 6 Abs. 1 Satz 1 Nummer 2 des Zweiten Buches Sozialgesetzbuch nehmen die entsprechenden Aufgaben als Selbstverwaltungsangelegenheit wahr.

§ 2 AGSGB II Zugelassene kommunale Träger nach § 6 a des Zweiten Buches Sozialgesetzbuch

Zugelassene kommunale Träger nach § 6 a Abs.2 des Zweiten Buches Sozialgesetzbuch nehmen die entsprechenden Aufgaben als Selbstverwaltungsangelegenheit wahr.

§ 3 AGSGB II Zulassung als kommunaler Träger nach § 6 a des Zweiten Buches Sozialgesetzbuch

Zuständige oberste Landesbehörde im Sinne des § 6 a Abs. 4 und 7 des Zweiten Buches Sozialgesetzbuch ist das Ministerium für Wirtschaft und Arbeit.

§ 4 AGSGB II Aufsicht

(1) Die Aufsicht über die kommunalen Träger, über die Arbeitsgemeinschaften im Sinne des § 44 b Abs. 3 Satz 3 des Zweiten Buches Sozialgesetzbuch und über die zugelassenen kommunalen Träger im Sinne des § 47 Abs. 1 Satz 3 des Zweiten Buches Sozialgesetzbuch führt das Ministerium für Wirtschaft und Arbeit.

(2) Die Bestimmungen des Teils A, Vierter Teil des Kommunalselbstverwaltungsgesetzes in der jeweils geltenden Fassung finden entsprechende Anwendung.

§ 5 AGSGB II Heranziehung von Gemeinden durch kommunale Träger und zugelassene kommunale Träger

(1) [1]Kommunale Träger und zugelassene kommunale Träger können im Benehmen mit den betroffenen Gemeinden durch Satzung bestimmen, dass diese Aufgaben, die den kommunalen Trägern und den zugelassenen kommunalen Trägern obliegen, ganz oder teilweise durchführen und dabei selbstständig entscheiden. [2]Für die Durchführung dieser Aufgaben können die kommunalen Träger und die zugelassenen kommunalen Träger Weisungen auch im Einzelfall erteilen.

(2) Kommunale Träger und zugelassene kommunale Träger können Gemeinden im Einzelfall beauftragen, Aufgaben im Sinne des Absatzes 1 durchzuführen und dabei in ihrem Namen zu entscheiden.

(3) Die Absätze 1 und 2 gelten für die Aufgaben der Landkreise und des Regionalverbandes [1] Saarbrücken im Rahmen der §§ 65 ff des Zweiten Buches Sozialgesetzbuch entsprechend mit der Maßgabe, dass die betroffenen Gemeinden anzuhören sind.

§ 6 AGSGB II Kostenerstattung

Im Fall der Heranziehung nach § 5 werden die von den Gemeinden aufgewendeten Kosten, außer den Personal- und Sachkosten, vom kommunalen Träger oder vom zugelassenen kommunalen Träger erstattet.

§ 7 AGSGB II Weiterleitung der Bundesmittel

(1) Das Land leitet den gemäß § 46 Abs.5 bis 9 des Zweiten Buches Sozialgesetzbuch festgelegten Anteil des Bundes an den Leistungen für Unterkunft und Heizung an die kommunalen Träger weiter.

(2) ¹Die Verteilung erfolgt nach Eingang der Mittel auf der Grundlage der vom Bund anerkannten Nettoaufwendungen der kommunalen Träger für Unterkunft und Heizung gemäß § 22 Abs.1 des Zweiten Buches Sozialgesetzbuch. ²Die Einzelheiten der Zahlungsabwicklung regelt das Ministerium für Wirtschaft und Arbeit im Einvernehmen mit dem Ministerium der Finanzen sowie dem Ministerium für Inneres, Familie, Frauen und Sport.

(3) Die kommunalen Träger melden an das Ministerium für Wirtschaft und Arbeit bis zum 15.des laufenden Abrechnungsmonats

1. die Aufwendungen für Unterkunft und Heizung gemäß § 22 Abs. 1 des Zweiten Buches Sozialgesetzbuch im laufenden Abrechnungsmonat, einschließlich der darauf anzurechnenden Einnahmen, gegliedert nach Gemeinden,

2. die Anzahl der Bedarfsgemeinschaften, die Leistungen für Unterkunft und Heizung gemäß § 22 Abs.1 des Zweiten Buches Sozialgesetzbuch im laufenden Abrechnungsmonat erhalten, gegliedert nach Gemeinden.

(4) Die Absätze 1 bis 3 gelten entsprechend, soweit vom Bund Abschläge nach § 46 Abs.10 Satz 3 und 4 des Zweiten Buches Sozialgesetzbuch gezahlt werden.

§ 8 AGSGB II
(aufgehoben)

§ 9 AGSGB II In-Kraft-Treten
Dieses Gesetz tritt am 1. Januar 2005 in Kraft.

[Sachsen]
Es wurde kein Ausführungsgesetz erlassen (Stand 15.8.2009).

[Sachsen-Anhalt]
Es wurde kein Ausführungsgesetz erlassen (Stand 15.8.2009).

[Schleswig-Holstein]
**Gesetz zur Ausführung des Zweiten Buches Sozialgesetzbuch
für das Land Schleswig-Holstein
(AG-SGB II) vom 14. Dezember 2004**

Verkündet als Artikel 1 des Gesetzes zur Ausführung des Zweiten Buches Sozialgesetzbuch für das Land Schleswig-Holstein sowie zur Änderung und Aufhebung anderer Rechtsvorschriften, Gl. Nr. B 860-200. GVOBl. 2004, S. 484[1]

Der Landtag hat das folgende Gesetz beschlossen:

§ 1 Kommunale Träger der Grundsicherung für Arbeitsuchende

Die Kreise und kreisfreien Städte als kommunale Träger führen die ihnen nach dem Zweiten Buch Sozialgesetzbuch (SGB II) vom 24. Dezember 2003 (BGBl. I S. 2954), zuletzt geändert durch Gesetz vom 30. Juli 2004 (BGBl. I S. 2014), obliegenden Aufgaben der Grundsicherung für Arbeitsuchende als pflichtige Selbstverwaltungsaufgabe durch.

§ 2 Zuständige Behörden

Zuständige oberste Landesbehörde im Sinne der §§ 6a, 44b und 47 Abs. 1 Satz 3 des SGB II ist das Ministerium für Justiz, Arbeit und Europa. Die Rechtsaufsicht für Aufgaben nach § 6 Abs. 1 Satz 1 Nr. 2 des SGB II obliegt dem Ministerium für Justiz, Arbeit und Europa. Abweichend von § 129 der Gemeindeordnung und § 68 der Kreisordnung kann die Aufsichtsbehörde Maßnahmen im Sinne der §§ 123 und 124 der Gemeindeordnung sowie im Sinne der §§ 62 und 63 der Kreisordnung im Einvernehmen mit dem Innenministerium treffen. Die Anordnung von Zwangsmaßnahmen nach den §§ 125 und 127 der Gemeindeordnung und den §§ 64 und 66 der Kreisordnung bleibt dem Innenministerium vorbehalten.

§ 3 Heranziehung von amtsfreien Gemeinden und Ämtern durch die Kreise

(1) Die Kreise können bestimmen, dass kreisangehörige amtsfreie Gemeinden und Ämter den Kreisen obliegende Aufgaben nach § 6 Abs. 1 Satz 1 Nr. 2 des SGB II durchführen und dabei in eigenem Namen entscheiden; für die Durchführung der Aufgaben können die Kreise Richtlinien erlassen und Weisungen erteilen. § 19a des Gesetzes über kommunale Zusammenarbeit bleibt unberührt.

---

[1] § 2 geändert (LVO v. 12. 10. 2005, GVOBl. S. 487).

(2) Absatz 1 gilt entsprechend, soweit ein Kreis nach § 6 a des SGB II als Träger der Leistung nach § 6 Abs. 1 Satz 1 Nr. 1 SGB II zugelassen ist.

(3) Werden Aufgaben nach den Absätzen 1 oder 2 von den amtsfreien Gemeinden und Ämtern durchgeführt, gilt für die Erstattung von Aufwendungen § 91 des Zehnten Buches Sozialgesetzbuch.

§ 4 Ausgleichsleistungen

Die Beteiligung des Bundes an den tatsächlichen Kosten der Unterkunft nach § 46 Abs. 5 des SGB II wird vom Land an die Kreise und kreisfreien Städte unter Berücksichtigung der in § 46 Abs. 6 bis 8 SGB II vorgesehenen Überprüfung und Anpassung weitergeleitet.

§ 5 Kostenerstattung der kreisangehörigen Gemeinden

(1) Die Kreise können durch Satzung bestimmen, dass die kreisangehörigen Gemeinden den Kreisen bis zu 23 % der von ihnen zu erbringenden Leistungen für Unterkunft und Heizung nach § 22 Abs. 1 SGB II erstatten. Bei der Festsetzung der Erstattungsbeträge ist die Beteiligung des Bundes an den Leistungen für Unterkunft und Heizung nach § 22 Abs. 1 SGB II und der vom Land an die Kreise gewährte Ausgleichsbetrag für die entstehende Entlastung des Landes jeweils in voller Höhe von den Leistungen nach Satz 1 abzusetzen. Zur Erstattung ist diejenige Gemeinde verpflichtet, in der die Grundsicherungsempfängerin oder der Grundsicherungsempfänger ihren oder seinen gewöhnlichen Aufenthalt hat. Die Ämter können mit Zustimmung der beteiligten Gemeinden die Erstattung übernehmen.

(2) Der Prozentsatz nach Absatz 1 wird von den Kreisen für jedes Haushaltsjahr durch Satzung festgesetzt. § 28 Abs. 4 FAG gilt entsprechend.

(3) Die Kreise können auf die Erstattung für erbrachte Leistungen nach Absatz 1 Abschläge anfordern.

§ 6 Prüfungsrechte

(1) Der Landesrechnungshof ist berechtigt, die Haushalts- und Wirtschaftsführung sowie die sonstige Verwaltungstätigkeit der Arbeitsgemeinschaften nach § 44 b SGB II zu prüfen, soweit die Arbeitsgemeinschaften Aufgaben der kommunalen Träger nach dem SGB II durchführen. Die Bestimmungen des Abschnitts I des Kommunalprüfungsgesetzes in der Fassung der Bekanntmachung vom 28. Februar 2003 (GVOBl. Schl.-H. S. 129) gelten entsprechend.

(2) Die Rechnungsprüfungsämter der Kreise und kreisfreien Städte sind berechtigt, die Rechtmäßigkeit, Zweckmäßigkeit und

Wirtschaftlichkeit der Arbeitsgemeinschaften nach § 44 b SGB II
zu prüfen, soweit sie Aufgaben der kommunalen Träger nach
dem SGB II durchführen.

[Thüringen]
**Thüringer Gesetz zur Ausführung des Zweiten Buches Sozialgesetz-
buch (ThürAG SGB II) vom 10. Dezember 2004, GVBl 2004, S. 881**[1]

Der Landtag hat das folgende Gesetz beschlossen:

§ 1
(aufgehoben)

§ 2
(aufgehoben)

§ 3 Aufgaben, Zuständigkeiten

(1) Die kommunalen Träger und die zugelassenen kommuna-
len Träger der Grundsicherung für Arbeitsuchende führen die
Aufgaben nach dem Zweiten Buch Sozialgesetzbuch im eigenen
Wirkungskreis durch. Sie unterliegen der Rechtsaufsicht.

(2) Das für Arbeit zuständige Ministerium ist oberste Rechtsaufsichtsbehörde, das Landesverwaltungsamt Rechtsaufsichtsbehörde. Die Aufsichtsbehörden unterstützen die Träger nach Absatz 1 beratend bei der Durchführung ihrer Aufgaben sowie der
Optimierung der Dienstleistungen. Die oberste Rechtsaufsichtsbehörde ist befugt, sich jederzeit über die Durchführung der den
kommunalen Trägern obliegenden Aufgaben zu unterrichten;
§ 119 der Thüringer Kommunalordnung in der Fassung vom
28. Januar 2003 (GVBl. S. 41) in der jeweils geltenden Fassung
gilt entsprechend. Kommen die Träger einer nach dem Zweiten
Buch Sozialgesetzbuch oder diesem Gesetz obliegenden Pflicht
nicht oder nicht ordnungsgemäß nach, kann auch die oberste
Rechtsaufsichtsbehörde die Verpflichtung feststellen.

§ 4 Beleihung

(1) Die zugelassenen kommunalen Träger werden ermächtigt,
die ihnen im Rahmen ihrer sachlichen Zuständigkeit nach § 6 b
Abs. 1 SGB II obliegenden Verwaltungsaufgaben durch Verwaltungsakt oder öffentlich-rechtlichen Vertrag auf juristische Personen des Privatrechts zu übertragen, die als besondere Einrichtungen nach § 6 a Abs. 6 SGB II errichtet wurden. Der Beliehene
muss die notwendige Gewähr für die ordnungsgemäße Erfüllung

---

[1] Überschrift geändert, §§ 1, 2, 6 aufgehoben durch Artikel 6 des Gesetzes
vom 20. Dezember 2007 (GVBl. S. 267, 270)

der ihm übertragenen Aufgaben bieten und die Beleihung muss im öffentlichen Interesse liegen.

(2) Der Beliehene bietet die notwendige Gewähr, wenn

1. er die zur Erfüllung seiner Aufgaben notwendige Ausstattung und Organisation hat,
2. die Personen, die nach dem Gesetz, dem Gesellschaftsvertrag oder der Satzung die Geschäftsführung und Vertretung ausüben, zuverlässig und fachlich geeignet sind und
3. sichergestellt ist, dass die Vorschriften zum Schutz personenbezogener Daten sowie von Betriebs- und Geschäftsgeheimnissen eingehalten werden.

(3) Der Beliehene nimmt die übertragenen Aufgaben im eigenen Namen und in den Handlungsformen des öffentlichen Rechts wahr. Er unterliegt den Weisungen des beleihenden zugelassenen kommunalen Trägers. Das Weisungsrecht ist unbeschränkt und kann nicht beschränkt werden. Erfüllt der Beliehene die übertragenen Aufgaben nicht oder nur ungenügend, so ist der beleihende zugelassene kommunale Träger befugt, die Aufgaben selbst durchzuführen.

(4) Der zugelassene kommunale Träger hat die beabsichtigte Beleihung rechtzeitig, jedoch mindestens zwei Wochen vor Erlass des Verwaltungsakts oder Abschluss des öffentlich-rechtlichen Vertrags, dem für Arbeit zuständigen Ministerium anzuzeigen. Die Beleihung ist in ortsüblicher Weise öffentlich bekannt zu machen.

§ 5 Anzeigepflicht

Den Abschluss und die Änderung des Vertrages zur Errichtung einer Arbeitsgemeinschaft nach § 44 b Abs. 1 SGB II und zur Übertragung von Aufgaben auf die Arbeitsgemeinschaft hat der kommunale Träger rechtzeitig vorher der für die Rechtsaufsicht über die Arbeitsgemeinschaften zuständigen obersten Landesbehörde anzuzeigen.

§ 6

(aufgehoben)

§ 7 In-Kraft-Treten

Dieses Gesetz tritt am Tage nach der Verkündung (10. 12. 2004) in Kraft.

Sachverzeichnis

Die fettgedruckten Zahlen bezeichnen die Paragraphen, die mageren
Zahlen die Randnummern.

Sachverzeichnis

Sachverzeichnis

Sachverzeichnis

Sachverzeichnis

Sachverzeichnis

Sachverzeichnis

Sachverzeichnis

Sachverzeichnis

magere Zahlen = Randnummern

Sachverzeichnis